劳动哲学

上卷

刘永佶 著

中国社会科学出版社

图书在版编目（CIP）数据

劳动哲学／刘永佶著．—北京：中国社会科学出版社，2009.6
ISBN 978-7-5004-7841-6

Ⅰ．劳… Ⅱ．刘… Ⅲ．劳动—研究 Ⅳ．F014.2

中国版本图书馆 CIP 数据核字（2009）第 087647 号

出版策划	任　明
特邀编辑	张飞岸
责任校对	林福国
封面设计	张志伟
技术编辑	李　建

出版发行	中国社会科学出版社
社　　址	北京鼓楼西大街甲 158 号　邮　编　100720
电　　话	010—84029450（邮购）
网　　址	http://www.csspw.cn
经　　销	新华书店
印　　刷	河北省高碑店市鑫宏源印刷包装有限责任公司
版　　次	2009 年 6 月第 1 版　　印　次　2009 年 6 月第 1 次印刷
开　　本	880×1230　1/32
印　　张	25.75
字　　数	650 千字
定　　价	58.00 元（上下卷）

凡购买中国社会科学出版社图书，如有质量问题请与本社发行部联系调换
版权所有　侵权必究

中央民族大学
"211工程"中国少数民族经济发展研究
"985工程"中国民族地区经济社会发展与
公共管理哲学社会科学创新基地　出版物

序

社会主义制度,是人类在二十世纪最伟大的创造和希望。世纪末的剧变打碎了希望,使社会主义声誉一落千丈。仁慈的"正统学者"们"客观地"将社会主义归结为马克思"空想"的产物,是列宁、毛泽东因为不懂而对"自然规律""造反"的恶果。

这场剧变为大资本财团主导的"全球化"铺平了路,开创了"市场经济"的"王道乐土"。不过十几年时间,"全球化"运动就制造了辉煌的业绩——有史以来最普遍、最深刻的经济危机。当政要和老板们及其雇佣的"正统学者"以"自然规律"将经济危机说成是"自然现象"时,作为人的我们不能不思索:难道劳动者就应当永远在资本统治下,为资本的增殖奉献剩余劳动,并周期性地失业,从而永远陷于苦难之中?难道资本的增殖是"自然规律"的要求,不仅要坚定人世的阶级对立,还要毁坏自然资源和环境——这可是连政要和老板也都身受其害的哟!

人类的出路何在?

还在社会主义。

"你这是要退回苏联模式,恢复专制,破坏市场,实行短缺。""正统学者"立即就会把他们"和平演变"社会主义国家政权的陈词滥调全盘端出,义正辞严地批判。

我不想为"苏联模式"辩护。作为在资本主义不发达国家以武装革命夺取政权后建立的特殊社会制度,"苏联模式"的一般性应是社会主义的,它在特定国度的历史条件下的形成,是这些国家劳动者觉悟和进步的集中体现。但这并不能否认"苏联模式"的局限和缺陷,当其短暂的合理期过去并没有及时改革的时候,这些局限和缺陷就成了"苏联模式"内在的破坏因素。"苏联模式"的失败,当然有国际垄断资本财团及其国家工具的威胁、利诱,但这只是外因,是通过内因而发挥作用的。

认识和克服"苏联模式"的局限和缺陷,总结二十世纪社会主义运动的经验教训,是更新社会主义的要求,也是必须完成的历史任务。对这个问题的探讨,是一个从具体到抽象的过程,而抽象的归结点,就是哲学观念。

以唯物主义为哲学观念,是"苏联模式"脱离社会主义主体、本质和原则而步入歧途的根本原因。

唯物主义是资本主义的哲学观念。以物质为本位,以认识和占有物质为目的,是资本所有者利益和意识的体现。唯物主义基本观念具体化的社会观,是以物质财富所有权为核心对经济、政治、文化的规定。资本是物质财富所有权自我扩张的集合,唯物主义从哲学上将资本扩张、增殖的要求论证为物质的自然规律,将资本对人类的控制、主导论证为自然秩序,资本主义制度就是建立在物质自然规律基础上的自然秩序。在这个制度中,唯一合理、应该的就是资本的增殖,它是目的,是核心,也是领导。人类不过是实现这个目的的手段,所有人都应围绕这个核心,都要服从其领导。

二百余年的历史证实了唯物主义是资本主义哲学观念这个论断。

唯物主义是封建主义哲学观念的上帝主义、官僚集权主义哲学观念的天命主义(包括自然神主义)的否定。哲学观念是时代精神的集中体现，是特定社会阶段居主导地位的阶级利益和意识的概括。唯物主义的合理性在于它的历史阶段性，资本主义制度之前的社会不可能出现唯物主义，否定资本主义制度的社会主义制度也不应该以唯物主义为哲学观念。

"社会主义"是一个不确切的术语①，但由于一百多年来的习惯，我们还在使用它。对工业文明和公民社会中劳动者利益意识的概括，我用"劳动社会主义"来表示。若与它所否定的资本主义相对应，则可以用"劳本主义"，即以劳动为本位，以劳动者为主体。

劳动社会主义的哲学观念是其主体劳动者利益和意识的集中概括，是以劳动为根据和核心的，我称之为"劳动主义"。

劳动主义是对唯物主义的否定。这种否定吸取了唯物主义哲学体系中一般性的合理成分，但在基本观念和整个体系上又与唯物主义有本质的区别。

只有从劳动主义观念、方法论和社会观出发，才能总结规定劳动者的利益和意识，并将之集合为劳动社会主义理论，指导劳动社会主义运动，创建和改革劳动社会主义制度。在理论、运动和制度的统一中体现着劳动社会主义的本质。

"苏联模式"虽然是资本主义不发达国家以武装革命夺取政权后建立的社会主义的初级形式，但它却错误地以唯物主义为哲学基本观念，虽然为表示与"旧唯物主义"的区别而称之为"辩证唯物主义"，但基本点和根据依然是"物质"，由此引发理论、运动和制度中的一系列问题，以致它的改变（并非所有改变都可以称为"改革"）者从唯物主义经济观唯生产力论对制度和体制

---

① 见本书第八章第一节。

进行改变时，可以顺理成章地保持"社会主义"名号，并声称是依据唯物主义观念的。

史无前例的经济大危机再一次昭示了资本主义的腐朽、没落，证明了它与人本质发展和人性升华的对立冲突。各国政要和大财团联手以滥印钞票，扩充"流动性"的"激素疗法"，可以暂时使资本主义及比它更落后的制度逃过这次危机，但大量使用"激素"导致的后遗症必然越积累越严重。社会矛盾的尖锐与斗争，将促进劳动者素质技能的提高，从而充实和发展劳动社会主义理论，壮大劳动社会主义势力及其运动。劳动主义对唯物主义否定的前提和首要环节，势必导引劳本主义制度对资本主义制度的彻底否定。

以劳动为本位、为根据、为核心的"自由人的联合体"，必将在以劳动者的觉悟和斗争为内容的社会变革中实现！

劳动的哲学和哲学的劳动创造人类文明新时代。

刘永佶

二〇〇九年五月一日

目 录

上 卷

导　论　哲学的时代性与时代的哲学 ……………………（1）
　一、一个偏离主题的命题——"全部哲学的基本问题是
　　　思维与存在的关系" ……………………………………（1）
　二、哲学是对人生存和发展的集中概括与论证 ……………（7）
　三、并不存在由古至今而后的唯物主义和唯心主义
　　　"两大阵营" ………………………………………………（14）
　四、哲学观念是历史各阶段社会主要矛盾集中体现的
　　　时代精神的概括 …………………………………………（21）
　五、哲学观念在否定中的发展 ………………………………（31）

第一章　唯物主义是资本主义的哲学观念 ………………（40）
　一、资本主义是资产阶级利益和意识的集合 ………………（40）
　二、自然神论阶段及其对上帝主义的初步否定 ……………（47）
　三、唯物主义的形成及其对上帝主义的进一步否定和
　　　对自然神论的清算 ………………………………………（58）
　四、自然的物质与物质的自然 ………………………………（68）
　五、人是物质自然界的一部分 ………………………………（77）
　六、意识是物质的人所具有的特殊功能 ……………………（84）
　七、人的存在与利益 …………………………………………（93）
　八、自然权利、社会契约和国家 ……………………………（101）

九、唯生产力论：对物质财富的占有与竞争 …………（116）
　　十、政治民主主义：对物质财富所有权及其所有者
　　　　自由的规定与保证 ……………………………………（125）
　　十一、文化个人主义：以物质财富所有权为依据的
　　　　　价值观和道德 ………………………………………（134）
　　十二、唯物主义观念贯彻于资本主义理论、运动和制度
　　　　　之中 ……………………………………………………（149）

第二章　对唯物主义的质疑、修正、充实与否定 …………（158）
　　一、贝克莱以唯心主义对唯物主义的质疑 …………………（158）
　　二、休谟对贝克莱质疑的回应和对唯物主义的修正 ………（166）
　　三、康德对唯物主义的进一步修正 …………………………（181）
　　四、黑格尔从理性对唯物主义的充实 ………………………（198）
　　五、费尔巴哈从人本主义对唯物主义的否定 ………………（223）

**第三章　马克思创立以劳动者为主体的"完成了的
　　　　　人道主义"** ……………………………………………（241）
　　一、"问题在于改变世界" ……………………………………（242）
　　二、劳动者主体与劳动的理性 ………………………………（250）
　　三、劳动和异化劳动 …………………………………………（256）
　　四、人的本质是一切社会关系的总和 ………………………（267）
　　五、人权、平等、自由、解放 ………………………………（278）
　　六、"批判的革命的"辩证法 …………………………………（296）
　　七、对社会基本矛盾和历史阶段的规定 ……………………（313）
　　八、劳动价值和剩余价值 ……………………………………（327）
　　九、无产阶级革命和无产阶级专政 …………………………（336）
　　十、"自由人的联合体"与"重建个人所有制" ………………（348）

下 卷

第四章 劳动主义是社会主义的哲学观念 ……………… (361)
  一、社会主义是工业文明和公民社会劳动者利益
    意志的集中概括 ……………………………………… (361)
  二、不能以资本主义的哲学观念唯物主义作为
    社会主义的哲学观念 ………………………………… (373)
  三、社会主义的哲学观念是劳动主义 ……………… (381)
  四、劳动主义对唯物主义的批判继承 ……………… (388)

第五章 劳动主义基本观念 …………………………… (399)
  一、劳动 ……………………………………………… (400)
  二、劳动是人本质的核心 …………………………… (409)
  三、劳动是人性创造和升华的根据 ………………… (419)
  四、劳动异化与劳动者 ……………………………… (427)
  五、劳动的分类：生产产品的劳动、提供服务的
    劳动和科学知识研究传授劳动 …………………… (433)
  六、劳动者与劳动物质条件的统一 ………………… (444)
  七、理性的劳动 ……………………………………… (453)
  八、劳动的理性 ……………………………………… (459)

第六章 实践辩证法 …………………………………… (469)
  一、实践辩证法：劳动主义方法论 ………………… (469)
  二、人本质发展和人性升华的导引 ………………… (478)
  三、端正人生目的，变革社会关系 ………………… (487)

四、矛盾：存在和实践的集结点 …………………… (497)
五、主要矛盾和主要矛盾方面 …………………… (505)
六、内省外化，系统抽象 …………………………… (514)
七、逻辑与历史的统一 …………………………… (527)
八、矛盾规律及其范畴体系 ……………………… (536)

第七章　劳动社会观 ……………………………… (547)
一、唯物主义社会观的没落及劳动主义社会观
　　形成的必然性 ………………………………… (547)
二、劳动者主体：素质技能与社会地位的矛盾 ………… (558)
三、个体人的社会存在：人格、价值、权利、自由 …… (565)
四、经济：人生和社会发展的基础 ………………… (571)
五、政治：对人社会地位关系的规定和社会
　　发展的导引 …………………………………… (579)
六、文化：对人生和社会关系的意识 ……………… (586)
七、社会历史阶段 ………………………………… (599)
八、阶级、国家与革命 …………………………… (606)

第八章　劳动社会主义 …………………………… (616)
一、劳动者个人主义的集合与实现 ………………… (616)
二、以劳动者为主体的社会变革：理论、运动、制度
　　的内在统一 …………………………………… (627)
三、劳动社会主义的本质：劳动者在建立、完善公有
　　制与民主制的进程中，实现其社会主体地位和
　　自由发展 ……………………………………… (644)
四、劳动社会主义原则：以民主促进并强化
　　劳动者的自由联合 …………………………… (649)

五、劳动价值论：规定资本雇佣劳动制和民主
　　劳动制的基石 ………………………………………（657）
六、资本雇佣劳动制度批判 ……………………………（679）
七、劳动社会主义运动 …………………………………（707）
八、公有制经济与公共价值 ……………………………（722）
九、民主制政治 …………………………………………（749）
十、自由文化 ……………………………………………（767）
十一、对需求的制约和自然资源的合理利用 …………（778）
十二、中国的劳动社会主义 ……………………………（784）

跋 ……………………………………………………………（801）

导 论

哲学的时代性与时代的哲学

哲学是时代精神的集中概括。时代是人的时代，是人类发展过程的阶段。任何人都在特定时代生存，人生存、繁育的连续性构成时代的继承。人的生存和发展是各个时代共有的一般性，其基本矛盾也就成为哲学的一般性主题。不同的时代精神都体现着这个主题，而时代的特殊矛盾，决定了时代精神的特殊性。哲学的时代性与时代的哲学，是我们立论的前提。在这个前提下，我们集中探讨现时代的哲学，即劳动哲学。

一、一个偏离主题的命题——"全部哲学的基本问题是思维与存在的关系"

苏联和中国的哲学教科书，都以"辩证唯物主义和历史唯物主义"来命名"马克思主义哲学"，其中，辩证法是方法论，唯物主义是基本观念，历史唯物主义是基本观念在历史观上的展开运用。以此命名的哲学体系是20世纪的社会主义运动中一大派系的哲学依据，"苏联模式"的建立和解体，与之密切相关；中国革命也受其制约，现实的中国社会矛盾也与之有关。为此，有必要追溯这个命名的由来，并对之进行分析。

"辩证唯物主义和历史唯物主义"的命名，来源于恩格斯。他在《路德维希·费尔巴哈和德国古典哲学的终结》一文中，提出了"全部哲学的基本问题是思维与存在的关系"的命题，这个命题是他将以马克思名义的哲学命名为"辩证唯物主义和历史唯物主义（也称唯物主义历史观）"的大前提。后来考茨基、普列汉诺夫、列宁、斯大林一直沿用此命名来称谓"马克思主义哲学"。恩格斯的论证如下：

> 全部哲学，特别是近代哲学的重大的基本问题，是思维和存在的关系问题。在远古时代，人们还完全不知道自己身体的构造，并且受梦中景象的影响，于是就产生一种观念：他们的思维和感觉不是他们身体的活动，而是一种独特的、寓于这个身体之中而在人死亡时就离开身体的灵魂的活动。从这个时候起，人们不得不思考这种灵魂对外部世界的关系。既然灵魂在人死时离开肉体而继续活着，那么就没有任何理由去设想它本身还会死亡；这样就产生了灵魂不死的观念，这种观念，在那个发展阶段上决不是一种安慰，而是一种不可抗拒的命运，并且往往是一种真正的不幸，例如，在希腊人那里就是这样。到处引起这种个人不死的无聊臆想的，并不是宗教上的安慰的需要，而是由普遍的局限性所产生的困境：不知道已经被认为存在的灵魂在肉体死后究竟怎么样了。同样，由于自然力被人格化，最初的神产生了。随着宗教的向前发展，这些神愈来愈具有了超世界的形象，直到最后，由于智力发展中自然发生的抽象化过程——几乎可以说是蒸馏过程，在人们的头脑中，从或多或少有限的和互相限制的许多神中产生

了一神教的唯一的神的观念。

　　因此，思维对存在、精神对自然界的关系问题，全部哲学的最高问题，像一切宗教一样，其根源在于蒙昧时代的狭隘而愚昧的观念。但是，这个问题，只是在欧洲人从基督教中世纪的长期冬眠中觉醒以后，才被十分清楚地提了出来，才获得了它的完全的意义。思维对存在的地位问题，这个在中世纪的经院哲学中也起过巨大作用的问题：什么是本原的，是精神，还是自然界？——这个问题以尖锐的形式针对着教会提了出来：世界是神创造的呢，还是从来就有的？①

　　先是明确全部哲学，特别是近代哲学的基本问题，是思维和存在的关系问题。进而，又将问题变为"精神对自然界的关系问题"，由此，就可以把从古至今的全部哲学分成唯物主义和唯心主义两大阵营了。这样，不仅哲学教科书要按这个"基本问题"来编写，而且哲学史也就据此分成两大"阵营"或派系了。然而，不论"思维与存在的关系"，还是"精神与自然界的关系"，都并非哲学的一般性基本问题。恩格斯的论证，是很难成立的。

　　第一，思维与存在的关系，是认识论的问题，具体说是逻辑学的问题。即使是按欧洲传统，哲学也是分成本体论、认识论和逻辑学三部分的，而且本体论是基本的、主要的内容。认识论和逻辑学是从属于本体论的，是对本体论中某一命题的辅助论证。"思维与存在的关系"这个提法，本身也是不明确的。思维的主体是人，但存在的主体是什么？这里恩格斯显然是在依黑格尔《逻辑学》的"客

---

① 恩格斯：《路德维希·费尔巴哈和德国古典哲学的终结》，《马克思恩格斯选集》第4卷，北京：人民出版社1972年版，第219—220页。

观逻辑"关于存在的界定,将存在界定为自然界。而自然界作为思维的对象与思维的关系,也就只是唯物主义认识论的命题,唯心主义则不承认这个命题,因为它并不承认自然界的存在或存在的自然界,它只承认感觉,将感觉作为思维的对象。这样,思维与存在的关系就不是"全部哲学的基本问题",而只是哲学中一个派别的认识论问题了。

第二,恩格斯也意识到以"思维与存在的关系作为全部哲学的基本问题"是不恰当的,因此,话锋一转,"思维和存在的关系问题"立即变成了"精神对自然界的关系问题"。几乎很少有人注意"思维与精神"和"存在与自然界"两个提法的差别,而是将它们视为完全相同的概念了,进而,问题又以这样的方式提了出来:"思维对存在的地位问题,这个在中世纪的经院哲学中也起过巨大作用的问题:什么是本原的,是精神,还是自然界?——这个问题以尖锐的形式针对着教会提了出来:世界是神创造的呢,还是从来就有的?"这又将问题转向了本体论。精神是思维的体现和结果,它表现于思维的全过程,并以观念、意志等形式作用于人的行为。而思维是一个过程,是人脑对所接受的现象材料的加工整理,呈现概念、判断、推理等形式。世界的本原问题,是思维所要思考的一个问题,而非思维本身。"精神"和"自然界",都是思维所得出的概念性认识,对它们谁是世界本原的思考与争论,是思维的问题,而非存在的问题,更不是思维与存在的关系的问题。虽然在确定了精神或自然界为本原的哲学家那里,会由其本人的观点而对思维与存在的关系得出自己的规定,即形成相应的认识论和逻辑学,但这已是从属性问题了。

第三,以精神对自然界的关系问题作为"全部哲学的最高问题,"实际上是将认识论问题作为本体论问题。恩格斯在这里论证的主要是灵魂与宗教问题,宗教在当时的德国和欧洲,还是一个普遍性问题，但已不是主要问题，以此来规定有史以来"全部哲学"的"基本问题"或"最高问题"，显然是不充分的。关于灵魂不死和宗教的源起，确实曾是古代及近代人们意识中的一个重要问题，也曾有思想家对之进行探讨和论证，但除欧洲封建领主制下的经院哲学外，并未在全世界成为思想界的主要问题，这里最突出的就是中国古代思想界，虽然也有宗教和灵魂不灭的传说，但一直不占主导地位。而"世界是神创造的呢，还是从来就有的"问题，在中国两千余年前的"天命论"中就已经解答，并不成为问题。因此，在不能将"精神对自然界的关系问题"等同于"思维对存在的关系问题"的同时，也不能将它作为"全部哲学的最高问题"。

第四，哲学的主体是人，人不仅是认识的主体，也是被认识的主要客体。对此，恩格斯的"精神对自然界的关系问题"是"全部哲学的最高问题"的论说，只注意到人是认识主体这一层，而对人作为被认识的主要客体则注意不够，甚至将人排除在哲学对象之外。况且，"精神"与人又是有差别的，精神只是人意识的一部分，将精神超脱意识、超脱人，单独论说精神与自然界的关系，似乎主体已不是人，而是超脱于人而独立的精神。至于"思维和存在的关系"，思维的主体是人，但不谈人，只谈思维这种人脑的活动，也有将思维及其结果作为主体的意思。而存在的主体本来应该是人。人的思维对人的存在的认识，涉及人的存在条件，但恩格斯这里所说的存在，却是自然界。思维只对自然界进行认识，只与自然界发生关系。这样的哲学，势必将人的存在与社会关系排除在认识对象之外，或者，把人的存在和社会关系也说成自然界的内容，才可以自圆其说。

第五，为了证明思维和存在的关系是"全部哲学的基本问题"，恩格斯还从另一个角度，提出了思维与存在的同一性问题。他写道：

但是，思维和存在的关系问题还有另一个方面：我们关于我们周围世界的思想对这个世界本身的关系是怎样的？我们的思维能不能认识现实世界？我们能不能在我们关于现实世界的表象和概念中正确地反映现实？用哲学的语言来说，这个问题叫做思维和存在的同一性问题。①

这是从认识论角度对"思维和存在的关系问题"的论证，或者说，这才是认识论所要解决的问题。恩格斯先是对黑格尔的思维和存在的同一性观点进行了分析，进而对康德的"自在之物"作了批驳：

对这些以及其他一切哲学上的怪论的最令人信服的驳斥是实践，即实验和工业。既然我们自己能够制造出某一自然过程，使它按照它的条件产生出来，并使它为我们的目的服务，从而证明我们对这一过程的理解是正确的，那么康德的不可捉摸的"自在之物"就完结了。②

这里，恩格斯开始涉及人的实践，但他并未把问题进一步展开，只是将实践作为批驳"自在之物"论的一个论据，而非从实践论证人的生存和发展，因此，他并未真正明确哲学的基本问题，而是把认识论中的一个问题扩充为哲学的基本问题。对于哲学的性质及其基本问题，我们还应沿着马克思的有关思路，继续进行

---

① 恩格斯：《路德维希·费尔巴哈和德国古典哲学的终结》，《马克思恩格斯选集》第4卷，北京：人民出版社1972年版，第221页。
② 同上。

探讨和规定。

二、哲学是对人生存和发展的集中概括与论证

既然哲学的基本问题不是思维和存在的关系,不是精神对自然界的关系,那么,哲学的基本问题是什么?进一步说,哲学的性质是什么,人为什么要研究哲学?

对此,马克思有一句名言:

> 哲学家们只是用不同的方式解释世界,而问题在于改变世界。①

值得注意的是,马克思的这句话是在《关于费尔巴哈的提纲》中写的,而这个《提纲》,恰恰是恩格斯写《路德维希·费尔巴哈和德国古典哲学的终结》时,首次以附录的形式发表的,并称其为"包含着新世界观的天才萌芽的第一个文件,是非常宝贵的。"② 显然,恩格斯是认真读过马克思这个《提纲》的,而且他是以权威阐释者的身份来阐释马克思的思想的。然而,他却没有注意到他的阐释与马克思本人的思想是有明显差别的,这突出的表现就是他所谓的哲学"基本问题"是"思维和存在的关系",哲学"最高问题"是"精神对自然界的关系问题"的论说,与马克思的"哲学家们只是用不同的方式解释世界,而问题在于改变世界"的论断的区别。从

---

① 马克思:《关于费尔巴哈的提纲》,《马克思恩格斯选集》第 1 卷,北京:人民出版社 1972 年版,第 19 页。

② 恩格斯:《路德维希·费尔巴哈和德国古典哲学的终结》,《马克思恩格斯选集》第 4 卷,北京:人民出版社 1972 年版,第 208—209 页。

前面所引的恩格斯的论述中可以看出，他对哲学性质的认识，以及哲学所要解决的"基本"和"最高"问题，都是如何"用不同的方式解释世界"，而非"改变世界"。特别是他根据对世界本原的不同看法，将哲学家分成唯物主义和唯心主义两大阵营的论断，依然是从"解释世界"的角度进行的分析。只是在论证世界的可知性时，恩格斯才提到实践，并把实验和工业作为认知自然界的手段和批判"自在之物"论的主要论据。也正是这个区别，使"马克思主义者"对哲学的性质和基本问题的规定从马克思所说的"改造世界"，又退回到"解释世界"，并据此而将唯物主义作为"马克思主义"或社会主义的基本哲学观念。

与恩格斯对唯物主义的态度不同，马克思在《关于费尔巴哈的提纲》中对唯物主义进行了深刻批判，他认为，唯物主义的主要缺点是：

> 对事物、现实、感性，只是从客体的或者直观的形式去理解，而不是把它们当做人的感性活动，当做实践去理解，不是从主观方面去理解。所以，结果竟是这样，和唯物主义相反，唯心主义却发展了能动的方面，但只是抽象地发展了，因为唯心主义当然是不知道真正现实的、感性的活动本身的。费尔巴哈想要研究跟思想客体确实不同的感性客体，但是他没有把人的活动本身理解为客观的活动。所以，他在《基督教的本质》一书中仅仅把理论的活动看做是真正人的活动，而对于实践则只是从它的卑污的犹太人活动的表现形式去理解和确定。所以，他不了解"革命的"、"实践批判的"活动的意义。[①]

[①] 马克思：《关于费尔巴哈的提纲》，《马克思恩格斯选集》第1卷，北京：人民出版社1972年版，第16页。

马克思在指出唯物主义及唯心主义的缺陷后,说明了费尔巴哈比唯物主义和唯心主义的实质性进步,但这种进步还远远不够,仅仅是揭示了新的哲学观念应该形成,以及形成的方向,即将人作为哲学的主体。费尔巴哈只是将人的理论活动看做是人的活动,并没有注意人的实践。因此,他所说的人还是理论的、理性的人,而非实践的、发展的人。马克思承继费尔巴哈将人作为主体的这一思路,进一步明确了人在哲学中的地位。

哲学不是神学,它的主体是人,它的对象也主要是人,只有以人为对象,并在研究人的生存和发展的矛盾时,涉及作为其必要条件的自然物质和经人改造了的物质资料。哲学的基本问题,是要规定人的生存和发展中的矛盾,并探讨人的生存发展与物质条件的关系。这个基本问题在不同的时代有不同的表现,即对各时代矛盾的集中概括,由此形成时代的哲学。

人之所以要研究哲学,绝非像黑格尔所说的是由于人作为绝对精神的"外化"物内在地具有绝对精神在创造人时就赋予人的使命——以自己的理性思维去认知绝对精神先于人"外化"并由其演化出人类的自然界中所包含的"客观逻辑",即以绝对精神设计的"主观逻辑"去论说同样是绝对精神设计的"客观逻辑"。黑格尔的这种说法实际上是在证明唯物主义的合理性,但却以否定唯物主义的形式表现出来。不论是黑格尔,还是他之前的唯物主义者,以及天主教的经院神学家都把哲学家排除于研究对象之外,或者说哲学家是一个特别的人群,他们不是现实社会矛盾中生存的人,而是作为其哲学观念所标榜的本体——世界本原的代表,向世人宣扬其所代表的世界本原是如何构造自然界和人类,而自然界和人类又依什么样的规律存在的。虽然实际上他们谁个也不能脱离现实社会矛盾而存在,而且都因自己的社会存在而代表着特定社会群体——阶级、阶层、集团的利益，但他们都力图回避自己的社会存在，并超脱社会存在而谈论自然界和人类社会的创造者或本原。仅这一点，就使他们的学说在出发点上具有缺陷和虚假成分。

西方传统哲学分为本体论、认识论和逻辑三部分，其中本体论是基础，也是核心，认识论和逻辑都是从属、服务于本体论的。对世界本体，不论是规定为精神、上帝，还是物质，这些范畴都是人的意识所形成的观念。而对作为认识论和逻辑思维主体的人，都不认为是本体，人的认识和逻辑，只是受本体支配并为了更好地适应这种支配而认知本体的过程。

不论哲学家们在其著述中如何论说，也不论其是否真的相信他们所论说的本体，他们对哲学的研究和著述，都是基于其生存的利益，并因利益而与某个阶级、阶层、集团相统一。他们的哲学观念实则与其个人利益统一的阶级、阶层、集团利益的集中体现。

人作为特殊的、高级的动物，是以其意识而认知并支配存在的，其存在的特殊性，在于有意识地改造自然物和服务于人的劳动和社会交往；通过劳动而满足作为人的需要，并创造出新的需要。人存在的四要素中，劳动是核心，需要、交往和意识都是劳动的要素或条件。

人虽然有这些特殊性，但人仍是动物，人必须生活于自然中。动物性是人性中的一般性，自然界是人生存和发展的前提和条件。人的意识，既要认知人自身和社会关系，也要认知自然界。人的劳动相当一部分是针对自然物的，这部分劳动，是以对自然和对人需要的认识的结合而在意识主导下运用体力对自然物的改造。另一部分劳动则是直接作用于人的，即提供各种服务，这类也需要一定的工具，也有技能。人的生存以劳动为基础和主要内容。劳动的社会化构成生产过程，生产方式和生活方式的对立统一，是经济生活，在经济生活的基础上并围绕经济生活形成了社会关系和政治关系，形成了文化。由此构成人的社会总体存在。社会总体存在是所有个体存在的集合，又是所有个体存在的必要形式和条件。任何个体都不能脱离总体而存在，个体存在的集合又必然发生交往，形成矛盾。在社会总体矛盾中，个体之间出现利益冲突，并形成制约、协调的体制与机制。正是在总体社会矛盾中，体现了个体人的相互关系和发展，个体人的发展又促成了社会总体的发展。在生存和发展的矛盾中生活的人，必然要以其意识反映和导引个体行为，这种意识，既是个体的，又是总体的。从个体意识认知总体，从总体意识导引个体意识和行为。

个体人的意识，根据在于存在，其对象也是存在。生命体现为活动，活动必然要与外界发生关系，这个外界，既是个体之外的社会，又包括自然的物质。从个体论，自然是存在的条件，社会也是存在的条件。从总体论，社会则是人存在的形式。个体意识要认知其存在和条件，众多个体意识的集合，就形成总体意识。个体意识的表现是因人而异的，有的停留在比较初级的对感性材料和自身感受的理性思考上，有的则上升至思想、观点、概念的层面。上升到这些层面的意识，已不再是单纯的个体意识，而是对社会总体的意识。这些总体性的社会意识集合于少数思想家那里，就表现为总体性的关于存在和发展的各种学说、理论，其包括两个层次：一是关于生存和发展的人及其社会关系的学说，二是关于人生存和发展的自然条件的学说。现在已将前者界定为社会科学，将后者界定为自然科学。自然科学看似对自然界的"客观"认识，但实际上完全是根据人生存和发展的需要对其条件的研究，它是有明确目的性和选择性的，并非自然界的一切都会按其"客观"的需要去研究，而是按主体的人的需要而进行的有目的的"主观"认识。只是在奉行唯物主义的资本主义社会中，自然科学才人为地带上独立的、"客观的"色彩，并成为社会科学的楷模，似乎只有用自然科学的标准和方法研究社会，才是真正的科学。即令如此，自然科学及其对自然界的研究，依然是从属于人生存和发展的。这一点，在资本主义社会之前的各社会形态中是明显的,而在否定资本主义社会的社会主义社会,势必将自然科学确定于它应有的地位。

哲学是对总体性的关于生存和发展的各种学说、理论的集中概括,也可以说是关于存在和发展的最抽象的学论、理论。哲学并非脱离各种具体学说、理论之外的,而是通过对各种具体学说、理论的概括其中包含的一般性认识的抽象规定。

从哲学角度探讨人生和发展,不可避免地要回答:人的本质是什么,人的社会关系和个人命运等基本问题。这是每个个体人的生存所遇到的共同问题,也是所有个体意识和总体意识,即各种思想和学说都要探讨的问题。虽然各自的回答有所差别,甚至是对立的,但问题却是共同的,也正因此反映了人类社会的矛盾,而矛盾又是发展的根据。哲学并不是孤立地研究这些问题的,或者说并不是只有哲学才研究这些问题。哲学是以对个体意识和总体意识的概括为基础而研究人的本质、人类社会关系和个人命运等问题的,它的范畴、探讨问题的角度、研究的方法有其抽象性和总体性,从而在思维层次上有别于具体学说和理论,但探讨的内容却是相同的。

不同时代的哲学,因其所反映的社会群体阶级地位的不同,对上述基本问题作出不同的回答。而为了回答这些问题,又必然涉及恩格斯所说的"世界本原"问题。这在原始的图腾意识中并不明显,图腾只是原始人崇拜、敬畏的某自然物,他们还没有探求世界本原的意识。到奴隶社会各氏族的诸神崇拜,开始有了对人的来源和自然物由什么创造的思考,但氏族活动的范围太小,尚达不到对世界本原的探求。世界本原问题的提出,是从封建领主制的上帝主义哲学开始的。作为部落联盟首领及各部落领主统治其臣民、农奴的意识形态,上帝主义将人与万物都说成上帝创造的,上帝是世界的本原,也是各部落共同的精神依托和联系。而在时间上先于欧洲上帝主义的中国天命主义,在逻辑上却是后于上帝主义的,中国也曾在西周初年出现过对上帝的崇拜，但并未形成宗教，而且很快就为天命主义所取代。天命主义将世界本原归结为天命，否定了某一神的创世说，也为唯物主义提供了逻辑前导。近代欧洲哲学家引进天命主义作为否定其上帝主义的重要论据，形成自然神论，并以此为中介，提出了唯物主义。唯物主义将自然物质视为世界本原，由物质性来规定自然界，由自然性来论证人类社会。

然而，世界本原问题并非哲学的基本和最高问题，它只是论证人生存与发展问题的必要前提和论据，即使信奉上帝主义的经院哲学，也是把俗世人的生存和社会关系作为主要内容，上帝创世说不过是论证封建领主制和天主教会制度的论据。天命主义和唯物主义也都是如此，前者是论证集权官僚制的工具，后者是论证资本主义制度的手段。至于上帝主义之前的诸神崇拜，实则将奴隶主神化的意识形态。这些哲学观念，都是时代的产物，都有其历史阶段性和阶级性，当它们成为社会的主导意识时，它们是统治阶级利益及其制度的集中体现，但在形成期，又都曾代表着社会的变革势力，并与当时占统治地位的统治意识发生矛盾。诸神取代图腾，上帝（一神）打败诸神，天命取代上帝，物质否定天命，都是如此。也正是在这个过程中，体现着人类社会的发展。

现代世界仍是资本统治的时代，因而唯物主义是主导性哲学观念，实用主义、实证主义、科学主义、技术主义等，不过都是唯物主义的分支。马克思开创了以劳动为根据和核心的"完成了的人道主义"，由此创建了社会主义的思想体系，但这个过程的方向很快就被恩格斯以"辩证唯物主义和历史唯物主义"所改变，考茨基、普列汉诺夫、列宁、斯大林及苏联与中国的哲学家，承继并拓展了这种改变，导致社会主义在理论、运动、制度方面的严重缺陷。但是，现代劳动者素质技能的不断提高，他们争取提高社会地位，以致成为社会主体的进程是不可阻断的，因而，劳动主义作为社会主义的哲学观念，也必然在现代社会矛盾中孕育，在矛盾斗争的发展中不断充实和发展，并成为新时代的哲学观念。

三、并不存在由古至今而后的唯物主义和唯心主义"两大阵营"

恩格斯在将"全部哲学"的"基本问题"和"最高问题"归结为"思维对存在、精神对自然界的关系问题"之后，立即写道：

> 哲学家依照他们如何回答这个问题而分成了两大阵营。凡是断定精神对自然界说来是本原的，从而归根到底以某种方式承认创世说的人（在哲学家那里，例如在黑格尔那里，创世说往往采取了比在基督教那里还要混乱而荒唐的形式），组成唯心主义阵营。凡是认为自然界是本原的，则属于唯物主义的各种学派。[①]

正是依据这个论断，恩格斯将"马克思主义哲学"的基本观念说成"辩证唯物主义"。而苏联和中国的哲学家则进一步按这个论断将社会主义的哲学观念说成唯物主义，还对整个哲学史做了泾渭分明的"两大阵营"的划分。把从原始人的图腾到有文字记载的所有哲学著述，都像排兵布阵一样分成敌我双方：凡是被归入唯物主义的为一方，被归入唯心主义的为另一方。唯物主义是正方，唯心主义是反方。而判断谁是唯物主义或唯心主义的标准又很难确定，以致在对古希腊、中国古代及欧洲中世纪那些根本不知道唯物主义、

[①] 恩格斯：《路德维希·费尔巴哈和德国古典哲学的终结》，《马克思恩格斯选集》第4卷，北京：人民出版社1972年版，第220页。

唯心主义的思想家下断语的时候就相当为难，并因此而形成分歧和争论。这种争论曾一度成为苏联和中国哲学史界的热点。仅举几例：一是对古希腊苏格拉底、柏拉图、亚里士多德等人到底属于唯物主义还是唯心主义的争论；二是对欧洲中世纪经院哲学家们的唯物主义、唯心主义性质的争论；三是对中国春秋战国时的老聃、孔丘、孟轲、荀况、墨翟及其他诸子属于哪个阵营的争论；四是对宋明理学家、心学家朱熹、张载、王守仁等人是唯物主义还是唯心主义的争论。由于这些思想家谁也不曾使用抽象的物质概念，因而判断他们是否唯物主义的依据，就在于是否使用了具体的物质概念，如金、木、水、火、土，遇到像道、天、气等抽象范畴，则争论不休。

苏联和中国哲学史界的这种贴标签式的"研究"，不过几十年，其价值不是证明了"哲学家依照他们如何回答这个问题而分成了两大阵营"的论断，反而证明了其不能成立。包括这期间在内的近代以来关于哲学史的研究，都表明：一、唯物主义的形成及唯心主义对它的反对，只是哲学史上一个阶段的内容；二、并不存在由古至今而后的唯物主义与唯心主义"两大阵营"；三、唯物主义出现之前，哲学史已有若干阶段；四、唯物主义作为哲学史的一个阶段，也会被新的哲学观念所否定并取代。

哲学观念是人类总体意识的抽象形态，其一般或共性是探讨并论证人的生存和发展，但在不同历史阶段又有各自的特殊性。大体说来，人类已有的哲学观念经历了这样几个阶段：一、原始社会的图腾意识；二、奴隶社会的诸神崇拜；三、封建领主制社会的上帝主义；四、集权官僚制社会的天命论；五、资本主义社会的唯物主义；六、社会主义运动和势力的劳动主义。这些哲学观念都是特定时代的主导观念，与其同时存在的还有一些不居主导地位的哲学观念，如唯物主义出现后旧封建专制势力代表提出的唯心主义。

图腾意识是原始社会中各氏族特有的共同意识。氏族是以血缘为基础的社会形式，每个氏族的人口并不多，大多在千人左右。各氏族生活于不同的自然环境中，以初级的原始性劳动采集、猎取自然的动植物，自然界对其生存是至关重要的。为了聚合本氏族个体意识，每个氏族都形成自己特有的对某种自然物的崇拜意识，如植物、动物，乃至土地、河流、山川、日月等。图腾既是本氏族的共同（集体）意识，也是相互区别的徽记。严格说图腾意识尚达不到哲学观念的程度，它与其后的诸神崇拜均为哲学观念的前导。

诸神崇拜是奴隶制社会各氏族联合体和部落的共同意识。部落是在氏族基础上的扩展，是以地缘关系为基础的社会存在形式。在氏族和部落之间有氏族联合体为中介，奴隶制是建立于氏族联合体和初级部落形式中的社会制度。每一个氏族联合体或部落，都有所崇拜的神，相关的对此神的传说和崇拜，就成为本氏族联合体或部落的总体意识的一般内容。神是人的意识与自然物的力的结合，如风神、雷神、山神、河神、海神，以及马神、狮神、鹰神、虎神等，其要点是都有人的形象（特别是头）和意识，再加某种自然物的力，或者说拥有相应自然物的力，由此来凝聚本氏族联合体或部落的成员，震慑外部的人群（包括已被俘获的奴隶）。本氏族联合体或部落的神，往往是其首领的化身，或者说其首领要以该神的形象来统率本氏族联合体或部落。神是有意识的，其意识，已有阶级性，即本氏族联合体或部落的奴隶主对奴隶的所有权和绝对控制，同时又集合了本氏族联合体或部落成员的共同利益，要求全体成员维护总体利益。诸神是多个氏族联合体或部落同时存在的表现，诸神之间的关系往往是各氏族联合体或部落关系的反映。古希腊神话和中国周商时的神话（流传于民间并集中表现于《封神榜》等文艺作品中），以及非洲、美洲等地的神话传说，都体现出这一点。诸神崇拜已有一定的抽象成分，因而也带有一定的哲理，是上帝主义的前导。

上帝主义是部落联盟的封建领主制社会的哲学观念。上帝是诸神中的胜利者，它战胜了诸神，确立了自己一神的权威，进而被塑造成人和万物的创造者，控制着人的意志行为和万物动态。上帝主义的典型在欧洲，它以宗教形式存在，并有系统的教义，由严密的宗教组织加以宣传和维护。中国的封建领主制时期也有上帝，但只是诸神的首领，是人间部落联盟首领的化身，并未形成宗教，如西周初年各种典籍中都宣扬"上帝"，以为周天子权威的根据。上帝主义在欧洲达到系统化，它只承认上帝一神为造物主，并已形成其哲学观念，经院哲学家在论证上帝造人造物的前提下，将封建领主制的等级观念和社会关系以上帝名义规范下来，通过教会严格执行和监督。上帝主义哲学观念以教义和法律的形式展开，控制人们的生存，制约社会发展。这种状态延续了七八个世纪，出现了宗教改革和文艺复兴运动，以动摇上帝主义的绝对统治，并孕育着新的哲学观念。

欧洲的先进思想家们曾依循历史的逻辑，与奉行兼并专制和重商主义政策的国王以及因此而兴起的商人资产阶级一起，企图建立类似中国那样的集权专制国家，并曾引进中国的天命主义哲学观念。但由于商人资产阶级势力日盛，特别是商品经济和市民社会的发展，天命主义在欧洲并未居统治地位，而是像其依恃的短暂的集权专制只是从封建领主制向资本主义制度的过渡环节一样，成为一种中介，即自然神论，是从上帝主义向唯物主义过渡的必要环节。也正因此，由欧洲人所界定的哲学史并未将在中国盛行的天命主义列为历史逻辑的主要环节，而是将其作为一种"例外"或"早熟未发育"的观念。但当我们考察全人类的哲学史时，又必须明确规定天命主义的地位和性质。

天命主义是集权官僚制社会居统治地位的哲学观念，它形成、发展、成熟于中国，影响朝鲜、越南等周边国家，并在欧洲十五至十八世纪成为否定上帝主义、形成自然神论和唯物主义的重要因素。

天命主义从逻辑上说是对上帝主义的否定。虽然中国古代并未形成类似欧洲那样政教合一的封建领主制，但上帝也是存在并以最高统治者的名义统治思想界，实际上已形成上帝主义。上帝是周天子权威的哲学体现，随着周天子权威的弱化，上帝在中国哲学中的地位也在弱化，而新兴变革势力则提出"天命"来取代地位不稳且不系统的上帝。"天"是一个高度抽象的概念，它既有"地之上"的意思，也有"一切"的含义，"天命"则把生命、意识加于"天"，使之既是一个自然存在，又是有生命的抽象意识，并即将原有的上帝抽象地纳入其中。春秋以后诸子百家普遍以天命论为哲学观念，形成了"天—地—人"的大系统和"天时"、"地宜"、"阴阳"、"五行"等观点。天命决定一切，一切受命于天。阶级和阶级统治都是由天命决定的。变革势力的思想家据天命观来论证对封建领主制的变革，变革以后形成的集权专制的辩护者则以"天不变，道亦不变"为由反对进一步的社会变革。大一统最高专制者皇帝自称为"天子"，其所行使权力来自于天命，其社会制度也来自天命。与此同时，"阴阳""五行"等观念，又结合当时所达到的自然知识，对农耕、医术等起着指导作用。天命主义作为哲学观念，无疑是比上帝主义进步的，但其局限也是明显的，中国自秦以后集权官僚制两千余年的统治，与之有密切关系。而当天命主义被欧洲人引入作为批判、否定上帝主义的前提后，随着欧洲否定上帝主义的唯物主义哲学主导的资本主义的入侵，才引发了中国人对天命主义的批判和相应的社会变革。

唯物主义是以天命主义为中介对上帝主义的否定。由于欧洲并未形成系统的天命主义，因而，其思想家是引入中国天命主义加上古希腊时期作为诸神崇拜一种的有关自然神论[①]等观点相结合，构成

---

① 欧洲近现代的思想家将古希腊哲学的地位和作用夸大，以致将其脱离诸神崇拜这个大系统。实际上，古希腊哲学不过是在诸神崇拜这个大系统中对自然神论进行了较为深入系统的论证——而这对其后否定上帝主义的自然神论和唯物主义无疑是一个必要前提。

了批判和否定上帝主义的前提。这在"文艺复兴"运动中开始，到"启蒙"运动为结，伏尔泰等人以新的自然神论对上帝主义进行了深刻的批判。唯物主义是资本主义的哲学观念，它的社会基础，就是随商品经济发展而出现的市民社会中的资产阶级。在唯物主义形成的过程中，自然科学起到了重要作用，进步思想家对上帝主义的否定，很多论据都是自然科学的成果，即以自然科学成果证明人和万物并非上帝创造的，而是自然的。据此，唯物主义者提出了其对人生存和发展的观点，以为资本主义取代封建主义和专制主义的理论根据。只是在唯物主义形成以后，才出现了专门以质疑、反对唯物主义为目的的唯心主义，即以人的感觉与物自体的差异来否认物质的实在，认为人的观念、永恒精神来自上帝，人的感知能力和形式只能认知感觉，不能认知物自体，企图由此推倒唯物主义的立论根据。唯心主义实则旧的封建专制势力反对资本主义制度的集中体现，其所论虽然可以自圆其说，但并不能否定唯物主义，也无任何进步意义。反而在它的质疑下出现的休谟、康德的对唯物主义的修正以致黑格尔的思辨哲学，以绝对精神论证了自然界的存在和可知性，而对黑格尔思辨哲学的批判，又引发唯物主义的具体化、实证化、实证主义、实用主义、科学主义、技术主义等，不过是唯物主义的分支与扩展。

能够取代唯物主义哲学观念的，只能是社会主义的劳动主义哲学，这在黑格尔之后的费尔巴哈的人本主义那里发端，马克思进一步提出他的以劳动为核心的"真正的人道主义"。但马克思并未系统论证他的哲学体系，而以马克思合作者和权威诠释者身份出现的恩格斯，则依他本人对哲学的理解，将"全部哲学"分成唯物主义和唯心主义两大阵营，并把"马克思主义哲学"归入唯物主义阵营。从而将社会主义哲学观念与资本主义哲学观念相混淆，导致社会主义哲学观念不能依其性质和原则发展，并影响了社会主义理论、运动、制度的发展。

从以上对人类哲学史发展阶段的概述中,我们可以得出这样的认识:作为对人生存和发展的最抽象层次的探讨和规定,哲学观念必然随着人生存和发展的时代而演进。唯物主义是资本主义的哲学观念,它是在商品经济发展和市民社会形成之后资产阶级利益的集中体现,唯心主义只是旧封建专制势力反对资本主义的表现,它是相当脆弱的,甚至不构成一个体系,只能对唯物主义的观点提出诡辩式的质疑,并不能提出任何有创建的认识,连公开为其信奉的上帝主义辩护的勇气都没有。无论从哪个角度说,唯心主义都不能成为与唯物主义相对抗的哲学体系。"唯物主义与唯心主义两大阵营"在当时就不存在。至于"全部哲学",就更没有这"两个阵营"的对立了。哲学史上不仅没有由古至今而后的唯物主义与唯心主义"两大阵营"的对立,而且没有与主流哲学观念长期分庭抗礼的另一种哲学观念。相应的对抗只存在历史大变革时期,新的代表变革势力的哲学观念与旧的居统治地位的哲学观念的对立和斗争,如唯物主义与上帝主义(包括其衍生的唯心主义)的斗争,也只是短期的。而且历史上的一些时代变革,如奴隶制取代原始社会,封建领主制取代奴隶制,在哲学观念上的对抗并不明显——起码是在文献记载中表现得不明显。因此,以"两大阵营"的对立来概括哲学史,是不确当的。哲学观念的演进,是以代表新社会制度的变革势力的观念取代已经没落的旧统治势力的观念为主线的,这是人类总体进步的体现,也是以逻辑的否定对历史变革的集中概括。否定的过程当然会有激烈的对抗,但旧统治势力对新哲学观念往往是采取哲学之外的各种压制手段,而非平等地与之进行理论上的辩争。这样的压制,则促使新的哲学观念不断地充实,成为聚合变革势力的精神内核。当变革势力在新的哲学观念聚合下不断壮大,以致推翻旧势力统治,完成社会变革后,其哲学观念也就成为新的主导哲学观念,当其所依据的统治势力所主导的社会矛盾演化到一定程度后，又会遇到新变革势力的哲学观念的挑战。现代资本主义制度依然是世界上的基本制度，资产阶级仍占统治地位，因此唯物主义在哲学上还是主导性的，社会主义势力要进行变革，必须在哲学上否定唯物主义。而将"全部哲学"都分成"唯物主义与唯心主义两大阵营"，并把社会主义的哲学观念归入"唯物主义阵营"，则不仅阻碍对唯物主义的否定，还有将社会主义与资本主义混同的可能——苏联的剧变和中国现在的社会矛盾，都体现着这一点。

四、哲学观念是历史各阶段社会主要矛盾集中体现的时代精神的概括

一个时代只有一种主导的哲学观念，它是特定历史阶段社会主要矛盾集中体现的时代精神的概括，也是社会主要矛盾中居主要矛盾方面的阶级或社会势力的利益和意志的集合。时代精神的更替，是历史进步的导引，新哲学观念的形成是社会矛盾斗争的结果，是变革势力壮大发展并上升为社会主要矛盾主要方面的体现，它导引着社会变革的方向。

人的生存与发展，是一个复杂的矛盾演进过程。这个过程中，会出现多种矛盾，这些矛盾看似杂乱纷繁，实则有其内在联系，构成一个大的社会矛盾系统。社会矛盾系统的根据和出发点，在于人生存的四要素，即劳动、需要、交往、意识，其中劳动是核心要素。这四要素在不同自然条件下的不同程度的发展，形成人生和社会的众多矛盾，其中基本的矛盾，就是劳动者素质技能和社会地位的矛盾，它是在任何社会都存在的，并在不断演进中表现为各个层次和阶段的特殊性的矛盾。人类社会历史发展阶段的划分，是以劳动者素质技能和社会地位的矛盾状态为基础和标志的。据此，我将人类

历史分成这样几个大的历史阶段：一、原始社会，所有有劳动能力的人都劳动，在本氏族内人的基本社会权利是平等的，但素质技能高并能发挥其作用者地位就会高些；二、奴隶制社会，出现了奴隶主和奴隶的阶级对立，奴隶主要来自对外部氏族、部落的俘虏，以及购买，奴隶是主要劳动者，他们被强制劳动，素质技能有所提高，但由于没有任何社会权利，因而没有生产积极性；三、封建领主制社会，主要劳动者是农奴，他们的人身权属于领主，但有独自耕作小块土地的使用权，积极性较奴隶有所提高，但受社会地位的限制，不能充分提高和发挥；四、集权官僚制社会，主要劳动者是农民，他们的人身权名义上只属于皇帝，因而有相对多的人身自由，并拥有国家均配或个人买来的土地占有权，以及租来的土地使用权，具有较高的生产积极性，素质技能明显提高并能够发挥；五、资本雇佣劳动制社会，主要劳动者是体力、脑力雇佣劳动者，他们有人身权和劳动力所有权，可以自由地出卖自己的劳动力使用权，并按劳动的质和量获取劳动力使用权的价格，因而素质技能得到较快提高和比较充分发挥；六、民主劳动社会，废除了不劳而获的剥削制度，全体公民都从事劳动，拥有平等的人身权和劳动力所有权，以及对公有生产资料的所有权、对政治的民主权等，由此为劳动者素质技能的提高和发挥提供充分条件，现在建立的社会主义制度，仍是民主劳动社会的初级阶段。

哲学是以人生存和发展为根据，并对人生存和发展的矛盾进行概括性研究的，哲学的演进和发展，也只能以研究者所生存的社会矛盾为基础和对象。因而其所能探讨并规定的，首要的就是其所处社会历史阶段的主要矛盾。这是哲学家的职责所在，也只有对社会主要矛盾作出抽象规定的哲学家，才会被历史承认，并在哲学史上有相应的地位。

哲学研究，也要涉及人生存和发展的自然条件，即从人生存和发展的角度对自然界（包括人的自然属性）进行研究。这也是对自然科学的抽象，其重要性是明显的，但是要明确，这种研究是对人生存和发展条件的研究，不是脱离人生存和发展的独立研究，因而也是从属于对历史各阶段社会主要矛盾的研究的。即使某些研究者有意夸大对自然研究的作用，甚至将其作为哲学观念的主要内容，但实质仍是服从于他们所代表的阶级或社会势力来表达其对社会主要矛盾的规定。

人类社会随着劳动者素质技能的提高与发挥而演进。从社会总体论，劳动者素质技能表现为生产力，劳动者社会地位表现为生产关系和社会关系。社会主要矛盾就集中于对劳动者的劳动及其生产力的控制和物质财富的占有上，由此而形成阶级、阶层、集团的关系，并形成经济、政治、文化等多层次的矛盾。哲学研究，不仅要规定这些矛盾，还要从矛盾中揭示其发展的趋势和途经。

历史上的哲学家，几乎都不能明确其所处时代的阶段性，其论证也往往是以人类总体的一般性的规定出现。虽然如此，其时代的特殊性依然是不可能抹去的。不论是关于诸神、上帝、天命、物质等范畴的规定，以及据此所表述的人类社会，乃至世界本原等，都是特定历史阶段社会主要矛盾的反映，只不过是以扭曲的形式的反映罢了。也正因此，这些哲学家的著述让人觉得高深莫测、玄奥难懂，其实不过是将特殊的社会矛盾以一般性语言表达所导致的逻辑混乱，或者说因为没有对历史阶段性的分析而不能清楚地规定社会主要矛盾应体现的时代精神。

图腾意识是人脱离动物界的一般性形成其特殊性的最初表现。从现在的观点看，图腾是愚昧的象征，也是认识的局限性的体现。但对于原始人来说，能够将所面对的某一对本氏族生存有重大作用或影响的自然物确定为全氏族共同的崇拜或敬畏的对象，无疑是一个革命性的意识升华。它确立了本氏族的一般意识,并由此而聚合全氏族成员,是原始社会的时代精神。正是图腾意识,导引着原始人缓慢地提高自身的素质技能,进而在发展生产力的进程中,扩展生存空间,形成社会关系的分化。

诸神崇拜是原始人素质技能提高和社会关系分化的集中表现。从单一氏族的以血缘为纽带的社会存在,扩展为几个氏族的联合体,进而形成部落。各氏族联合体或部落的首领被神化,即将其人与旧时的图腾相结合,成为崇拜的对象,标志着社会关系的进一步密切,也在将俘虏变成奴隶,而不是作为食物直接消费的过程中,提高了社会的生产力,同时使人群分成了阶级。奴隶主和奴隶的矛盾是主要矛盾,还有奴隶主与本氏族联合体或部落中其他成员(平民、自由民)的差异和矛盾。对神的崇拜,不仅确立了首领的权威,也凝聚着本氏族联合体或部落成员,同时威慑奴隶。以诸神崇拜取代图腾意识,标志着人的主体性的确立,而其作为时代精神的集中体现,又制约并导引人类生存和发展。

上帝主义是诸神崇拜的集中与否定,它的产生,是奴隶制社会矛盾斗争演化的结果,其主要原因,是奴隶和平民素质技能提高与其社会地位的矛盾。最初的奴隶是各氏族联合体或部落间相互争斗的俘虏,但演化几百年后,奴隶的后代依然是奴隶,而他们已没有了被俘虏的意识,不再有因战败不被杀害而甘心为奴的意识。更重要的是长期被迫从事劳作,技能逐步提高,产生了改变奴隶身份,争取做人的权利。而平民虽然有人身权,但因奴隶主势力扩大,平民与奴隶主之间的不平等和矛盾也逐步激化。这样,就在奴隶和平民中形成了以上帝(一神)为崇拜对象的宗教,突出表现就是原始犹太教,其要点是只承认一个造世主,所有人都是上帝所造亚当和夏娃的后代,因此在上帝面前是平等的,而以一神(上帝)消灭诸神,又是社会交往扩大,部落向部落联盟演化的要求。上帝主义在犹太教中产生，后演化出基督教、天主教和伊斯兰教，虽然教义有所变化和分歧，但实质是一致的。上帝主义在形成期是相当先进的，其时代精神的特征非常明显。正是上帝主义所导引的奴隶起义和平民斗争，以及部落兼并，促成了奴隶制向封建领主制的变革。封建领主制确立以后，上帝主义也就成为统治意识，并作为封建领主制的理论基础随政教合一的制度而遍布其统治势力所及的范围。至此，上帝主义的时代精神性质已发生变化，从社会变革的主导意识变成阶级统治的精神支柱，进步性逐步消失，代之保守性和反动性。

天命主义在逻辑上说是对上帝主义的否定，但在其产出地中国，上帝主义并未像欧洲、西亚那样形成宗教，因此其哲学上的矛盾和斗争并不突出，而是随着周对商的"革命"，形成大的部落联盟并建立封建领主制，"和平"地在思想界转变的。天命主义最初曾包含"上帝"的因素，如《尚书·召诰》中"皇天上帝改厥元子"[1]的说法，以及《多士》篇中提到周公对殷旧臣说殷灭亡在于"惟帝不畀"，"上帝引逸"，殷王"诞淫厥泆，罔顾于天显民祇，惟时上帝不保，降若兹大丧。"[2]但到春秋以后基本上去掉了"上帝"成分。中国未能形成上帝主义宗教的主要原因在于劳动者素质技能较高，并创造了先进的农业文明，而诸侯之间的兼并又破坏了宗教产生的基础。天命主义体现了发达农业文明条件下对自然界和人身的系统认知。《周易》和"阴阳"、"五行"学说，以及《黄帝内经》与农学等典籍，充分说明了这一点。这也是不能形成宗教信仰的重要原因。天命主义的进步意义在于：它以自然而有生命、有意识的天取代了上帝，并以天道运行规律论证人世变革的必然性，"天行健，君

---

[1]《尚书·召诰》。
[2]《尚书·多士》。

子以自强不息。"① "大道泛兮,其可左右。"② 以天命主义为指导,诸子百家竞相探讨社会变革,并由秦按法家学说率先变革,吞并诸侯,建立集权官僚制。汉初尚道家,武帝刘彻"罢黜百家,独尊儒术",由此确立儒家道统。天命主义作为时代精神,表现为对封建领主制向集权官僚制变革的导引,又作为集权官僚制的哲学基础,而通行两千年。集权官僚制社会的主要矛盾是以皇帝为代表的官僚地主阶级与农民阶级的矛盾,天命主义集中表现了皇帝(天子)为代表的官僚地主阶级的利益及其统治的合理性,同时也在一定程度上为农民的生存提供了条件,即在服从官僚地主统治的同时有一定的生存之道,并以"民意"作为天命的表现形式,以制约官僚地主的统治。也正因此,儒家道统以"中庸之道"为方法论,以"仁"、"理"为核心,以"礼"为目的和标准,形成了系统的统治学说。

作为集权官僚制的哲学观念,天命主义概括并规定了这个制度存在的时代精神,当其统治地位确立以后,变革精神就被压抑于严密的集权专制之中,代之以保守精神。虽然到明朝末年曾有一些思想家力求更新儒家道统,但只在具体层面做了一些尝试,并未能突破天命主义,甚至还以天命主义作为其前提。这是中国社会主要矛盾并未发生大的变化的体现,与官僚地主阶级对立的农民及其小农经济,没有也不可能形成一股大的变革势力以变革集权官僚制。力求更新儒家道统的思想家试图从商人那里找到变革的根据,但中国的商人在官僚专制下始终未能形成大的社会势力。而满洲人入主中原,又阻断了在思想上更新儒家道统的思路。所谓"康乾盛世",不过是落后的满洲人皇帝将对其自身而言尚是先进的儒家道统发扬,从而导致集权官僚制的进一步延续。天命主义也就由此而保持。

---

① 《易传》。
② 《老子》。

然而，在中国已经没落的天命主义，却在欧洲人否定上帝主义的过程中发挥了积极作用。与中国春秋战国时期诸侯争霸主要依靠发展农业来增加实力不同，欧洲从13世纪开始的诸侯争霸和兼并，主要靠发展商业，实行重商主义政策，容许城市市民脱离封建领主，成为只对国王承担义务的市民社会，由此形成了资产阶级。资产阶级与国王在短期内有着共同利益，即资产阶级给国王的对内削除封建割据和对外扩张以财政支持，国王以重商主义政策和赋予市民权利帮助资产阶级发展。而对内削除封建割据和对外扩张，也是商业资本发展的必要条件。在这种情况下，作为封建领主制社会时代精神的上帝主义已经没落，并成为阻碍商品经济发展和实行大一统专制的反动观念。国王为代表的专制主义者和资产阶级需要一种新的哲学观念以取代上帝主义。新派思想家们从不同角度展开了对上帝主义的否定，以文艺复兴运动为开端，即复兴古希腊罗马诸神崇拜时代的自然神观念，并在启蒙运动中结合传自中国的天命主义，形成与上帝主义相对抗的意识形态。

自然神观念和天命主义有许多相似处，它们在特殊条件下的结合，虽然不能否定上帝主义，却为否定上帝主义的唯物主义哲学观念创造了必要条件。从逻辑上说，唯物主义比自然神论只是去掉了神性，比天命主义只是去掉了"命"的观念。但绝非这样简单的"去掉"就可以使自然神论和天命主义变成唯物主义的。唯物主义是新的时代精神，它以经济实力和对物质财富占有的欲望日益增强的资产阶级为主体，以用自然神论和天命主义对上帝主义的突破为条件所进行的自然科学研究为论据，展开了对上帝主义的批判。资产阶级利益和自然科学的研究是统一的，资产阶级为自然科学的研究提供要求和资金，自然科学的研究为资产阶级开拓增殖其资本的手段。唯物主义以此为基础，从自然神论和天命主义中脱胎而生，并逐步演化成一个新的哲学体系，它对上帝主义的批判和对资本主义制度的论证，以及对自然科学的指导，构成新时代的精神。在它刚刚形成时，无疑是相当进步而革命的，正是它导引着资产阶级及市民、农民、农奴去反抗封建残余和形成不久的集权专制，并成为资本主义制度的内在精神和原则。而当资本主义制度确立以后，它又是维护资本主义制度并引导人们为占有物质财富而自由竞争的精神动因。迄今，现代人类的主导精神，依然是唯物主义，它已演化成各种具体形式，如实证主义、实用主义、科学主义、技术主义等，在社会生活的各方面都发挥着作用，特别是浸入反对资本主义的社会主义运动中，从观念和原则上扭曲社会主义理论、运动和制度。

社会主义作为近现代劳动者利益和意志的集中体现，其哲学观念应该是以劳动者为主体的劳动主义。这是现代时代精神的新要素，是与唯物主义相对立并将逐步否定唯物主义的新的哲学观念。现代劳动者是工业文明的主体，他们的生存和发展是工业文明的主要内容，他们的素质技能和社会地位的矛盾，要求并促使他们反对和否定资本统治。资本主义社会以前的阶级社会，劳动者作为社会主要矛盾的次要方面，虽然也是文明的主体，但他们的素质技能并未使他们意识到要成为并能够成为社会的主体，而是希求有一个相对宽松的统治和自由的生存环境，因此并未提出以本阶级为主体的社会变革主张，只是参与了社会变革。劳动者阶级在意识上还受统治阶级意识支配，并未形成与统治阶级意识对立并能否定统治阶级意识的阶级意识。这样，劳动者的利益并不能以哲学观念表现出来，而是作为被统治的对象纳入统治阶级利益所集中体现的哲学观念中。

唯物主义似乎表达了劳动者的利益，起码包含了劳动者素质技能提高的因素。唯物主义所主张的人以劳动、智慧、财富所有权对自然物的占有和自由竞争，是早期资产阶级的利益和要求，这在一定程度上也是早期工人和农民的利益和要求。但随着资本雇佣劳动制的确立和发展，对自然物及物质财富的占有和自由竞争，已成为资本所有者的专有权利，劳动者只能以出卖其劳动力使用权而成为物质财富生产的手段，他们的劳动成果是占有和自由竞争的对象。这个矛盾是资本雇佣劳动制的主要矛盾，唯物主义从维护资本雇佣劳动制的角度，论证了对物质财富占有和自由竞争的合理性，强调以物的所有权来增殖物质财富、占有物质财富。

早期的雇佣劳动者和个体生产者，也依据唯物主义观念，强调劳动对自然物的改造和劳动者占有物质财富的必然性。这是在同一哲学观念前提下利益的争夺，也是早期社会主义的基本理念。马克思批判继承黑格尔、费尔巴哈的思想，提出了以人的解放为目标、以劳动为根据的"完成了的人道主义"、"彻底的人道主义"，这是对唯物主义的突破，是新哲学观念的萌芽。但是，由于劳动者素质技能和初级社会主义运动的限制，社会主义运动的领导者却在哲学观念上退回与资本主义相同的唯物主义，并据此将社会主义理论限定在与资产阶级争利益，将社会主义的目标放在夺取生产资料所有权，改变生产关系，将社会主义制度的原则定在发展生产力和由劳动者占有财富上。而将人的解放和自由发展、劳动者成为社会主体等忽略或排斥于社会主义之外。这样就导致"苏联模式"的出现及其衰败，致使社会主义运动受到巨大挫折。

社会主义作为现代劳动者争取解放并成为社会主体的变革运动，不仅要改变资本主义制度，更要改变资本主义观念，为此就要探索和规定新的时代精神，形成新的哲学观念。如果像"苏联模式"那样以资本主义的哲学观念为指导，或许可以争取政权，但不能形成真正的社会主义运动，不能建立真正的社会主义制度。而以唯物主义哲学观念为前提的所谓"改革"，也势必回到资本主义，甚至是官僚资本主义的老路。

恩格斯在论到"马克思的历史观"和他本人的自然辩证法时，曾提出这样的论点：

> 这种历史观结束了历史领域内的哲学，正如辩证的自然观使一切自然哲学都成为不必要的和不可能的一样。现在无论在哪一方面，都不再是要从头脑中想出联系，而是要从事实中发现这种联系了。这样，对于已经从自然界和历史中被驱逐出去的哲学来说，要是还留下什么的话，那就只留下一个纯粹思想的领域：关于思维过程本身的规律的学说，即逻辑和辩证法。①

也就是说，由他"概述"的"马克思的历史观"和他本人的"辩证的自然观"结束了哲学，或者说达到了哲学的最高、最后阶段，是对历史规律和自然规律的终极性规定。哲学在自然界和历史的研究中已经不起作用，哲学观念到此终结，只剩下"关于思维过程本身的规律的学说，即逻辑和辩证法。"

恩格斯的这个论点，曾引发苏联和中国哲学界的一场论争，但争论的双方都是把恩格斯的论点当做真理来对待的，因而不可能得出正确的结论。特别是把辩证法归结于"关于思维过程本身的规律的学说"，则使之脱离人这个主体，脱离人生存和发展的矛盾，严重地限制了辩证法的研究和发展。按恩格斯的这个论点，人们只要掌握和运用以"马克思的历史观"为名义的由他本人概述的"历史唯物主义"，和他所发现的"辩证法的自然观"，就可以解决"思维与存在、精神与自然界"的关系问题。这个论点本身就是非辩证法的。且不说他将"马克思的历史观"概述为"历史唯物主义"是否准确，也不论他的"辩证的自然观"是否充实，单从人类历史的不断

---

① 恩格斯：《路德维希·费尔巴哈和德国古典哲学的终结》，《马克思恩格斯选集》第4卷，北京：人民出版社1972年版，第253页。

演进过程，就可以看出他为了证明"全部哲学的基本问题是思维与存在的关系"，以及"哲学家们依照他们如何回答这个问题而分成了两大阵营"——唯物主义阵营和唯心主义阵营，所作出的上述论点——存在的问题中分为自然界和人类历史两个方面都已经解决，只剩没有了存在问题的思维问题了，就可以看出这个论点的缺陷。既然只剩下思维一方的问题，也就没有"思维和存在的关系"，也就没有了哲学的基本问题，不需要哲学研究及其基本观念了。

哲学观念作为社会主要矛盾所集中体现的时代精神的概括，是随历史的发展不断演进的，一种哲学观念在它形成时往往是先进的，引导历史前进的，而当其所代表的阶级或社会势力成为统治者并逐步保守没落，该哲学观念也成为保守和反动的，并会被代表变革势力的新的哲学观念所取代。曾经新的哲学观念也要随着人生存和发展的社会状况而被更新的哲学观念取代。这就是哲学史——人类思想史和历史的最抽象层次上的概括，而哲学也就存在于哲学观念的更替与矛盾中。只要人类还在生存和发展，只要历史的阶段性还在延续，哲学观念就会存在和发挥作用，并继续演化。而历史上各阶段的哲学观念在演化和更替中，又表现为辩证的否定和发展，有着内在的批判继承关系。

五、哲学观念在否定中的发展

哲学的时代性并不排斥其历史的统一性，正是在时代性的更替中，体现着哲学观念的历史统一性。哲学观念的时代性是其历史阶段主要矛盾的集中体现，其统一性则在于人的生存和发展的基本矛盾，在于以劳动者素质技能提高及其表现的社会生产力为基础的文明发展和社会关系的演进。各历史阶段的社会主要矛盾，是人类生存和发展基本矛盾的阶段性特殊表现，正是在社会主要矛盾及其否定中,体现着人类生存和发展基本矛盾的特殊性和发展性。历史的阶段是发展的阶段,阶段的更替不是历史的终结。社会主要矛盾的否定不是取消社会主要矛盾,而是以新的矛盾取代旧的矛盾,在这个过程中,人类的生存和发展也随之上升到一个新的阶段。相应地,社会主要矛盾所概括的时代精神也会随之而升华,这也就是哲学观念在否定中的发展。

近来,在西方出现了一股否认历史方向性和规律性的观点,认为人类历史是无所谓向上或向前的,也没有发展,更没有规律,只有各种要素和个人的随机组合。其要点,当然是要否认社会主义取代资本主义的必然性,传到中国,则成了以资本主义取代社会主义的理论依据。

如果按此观点,那么哲学也就无所谓否定和发展,而所有已形成的观念,也都可以同时存在于某一国家或民族,或者说还能够出现若干互不相关的哲学观念。这是一种看似超脱潇洒,但实际上却不负责任的观点,除了混淆是非,干扰对历史、对哲学的研究之外,没有任何价值。

就像一个人的生命是在不断发展一样,人类的历史也是不断发展的,其标志,就是作为社会基本矛盾的劳动者素质技能和社会地位的提高。这同时也就是历史发展的方向。以劳动者素质技能和社会地位为标志,就可以确定各历史阶段的特点及其发展程度,而且能够明确地规定历史是向前和向上发展的。劳动者素质技能表现为生产力、技术水平、文明程度、物质财富、生活水平等各个方面,人们也常以其中某一或两个方面来规定社会发展的程度,这不能说没有道理,但往往停留表面或限于片面。比如,20世纪50年代末苏联的赫鲁晓夫曾以钢和煤、石油、机器制造等几个工业产品的产量作为衡量社会主义制度与资本主义制度的标准;今天中国某些官员和学者以国内生产总值作为发展的目的,将"致富"作为社会主义的标准等。这里的关键,还在于劳动者的社会地位及其表现的社会关系。如果只有量上的"致富",没有劳动者社会地位的提高,这样的社会并不是真正的发展,甚至不可能有这样的社会。而把"全民致富"作为发展的方向,本身就是不可能实现的。劳动者的根本利益,不在于逃脱劳动成为剥削者,而是在提高素质技能的同时提高社会地位,以致成为社会主体,由此而自由发展。

从这个意义上说,社会的发展,是以劳动者素质技能和社会地位的提高为内容的,而这同时也是哲学观念历史否定和发展的根据。以此来考察社会历史,历史就是一个不断向前的进程;以此来研究哲学史,哲学就是一个不断否定的发展过程;以此来规定现代的哲学观念,就应按历史的否定与发展中批判继承的主线,从对唯物主义的否定中认知劳动主义的应该与必然,并对之进行系统论证。

人类的历史是连续的,哲学史也是连续的。这种连续并不是简单重复以前的历史,而是在不断的否定中充实、丰富对人生存和发展规律的认知。图腾意识、诸神崇拜、上帝主义、天命主义、唯物主义、劳动主义这几个能概括人类社会各阶段时代精神的哲学观念,是历史地出现的,这同时也是逻辑的顺序。虽然各个国家或地区的发展不是"齐步走",而且在某个阶段上经历的时间也不相同,哲学观念在该国或地区演进的逻辑环节也有充分与不充分的差异,但各个环节是不可能跨越的,就像一个人的正常理性思维必须经历相应环节一样,一个民族的总体性哲学观念的演进也必须经历其必要环节。迄今为止,仍有一些民族并未完全经历哲学史上的各个阶段,其哲学观念还处于比较初级的形式,全部经历了上述六个阶段的,大概只有中国和欧洲,但它们在六个阶段经历的程度又有差别:图腾意识阶段由于没有文字记载,且历时很长,因此很难考证各地区的差异,但却是各地区原始人类所共有的;中国的诸神崇拜阶段所留下记载也不多,但从各种神话传说和相关记载中,都表现出它的存在；上帝主义在欧洲是相当重要的哲学阶段，而在中国却只是诸神崇拜和天命主义之间的短暂过渡中介；远在欧洲上帝主义形成前几百年，中国的天命主义就已出现，并在欧洲盛行上帝主义的一千年左右时间内，中国的天命主义得以充分发展和系统化，但却停滞不前；欧洲的进步势力在否定上帝主义的过程中，不能不借助天命主义，形成向唯物主义转化的必要中介环节自然神论，而中国进步势力对天命主义的否定，也以引进产自欧洲的唯物主义为哲学观念。

当我们考察哲学观念的历史演进时，可以而且应该按照其逻辑的顺序探讨各环节的否定演化。从全人类的角度论，上述六个阶段，正是哲学观念演进的六个必要逻辑环节。在历史的否定过程中，在先出现的哲学观念是随后出现的哲学观念的批判对象，在后的哲学观念取代了在先哲学观念的主导地位。这个过程，在历史上可能要经过几个世纪，批判与反批判也是相当尖锐和曲折的。相比之下，在先的哲学观念是成熟的、系统的，并有政治、经济等权力的支撑，其掌控者往往是以压制、打击的方式对待新的哲学观念，但除了教条式重复旧有的观念之外，并无新意；而新的哲学观念，虽然不成熟、不系统，但代表着进步的社会势力，体现着变革的趋向，是充满活力的，并在反对旧哲学观念的进程中不断充实发展。这样，当后人考察这段历史时，所看到的主要是记录新的哲学观念的资料，旧的以统治者名义和政令、条例等形式出现的哲学观念，几乎已被历史所遗忘。但当时绝非这种情况，旧的统治势力为了维护其地位和利益，不遗余力地打压变革势力和新的哲学观念，所发出的政令文告、训诫等是思想界的主流——这种情况，我们可以从今天的情况得到印证。因此，后人往往忽略处于变革期的旧观念，只注重流传下来的新观念的资料。

这种情况突出地表现在两个时段，一是中国的春秋战国时期，百家争鸣，诸子纵横，留下了丰富的思想文献。今人按恩格斯"两大阵营"说研究这段历史,总要分出谁个唯心,谁个唯物,煞费苦心,不得要领;要从诸子百家中划分谁为变革势力,谁为保守反动势力,牵强附会,歪曲历史。实际情况是当时的保守观念虽然见诸文字,且为主流,但历史本身就将它们淘汰了,因而今人看不到资料,但并不等于没有,更不应该只从流传下来的文献中硬将诸子百家分成革新与保守两大派别。诸子百家的文字资料之所以流传下来,主要原因就在于它们是有新意,符合历史潮流的。其中最突出的儒墨道法四家都是要求变革的,不过代表的阶级、阶层不同,其观念有所差异罢了。能够否定旧的上帝主义观念,就在于百家争鸣的局面。百家争鸣并非进步与保守势力两派的论战,而是百家争鸣如何变革,如何确立新的观念。旧的保守观念虽然在当时处强势,但被变革大潮冲击后几乎荡然无存。

二是 15 世纪至 18 世纪欧洲的文化变革。作为统治方的上帝主义者依靠封建、专制势力和教会,对变革势力的文艺复兴、新教、自然神论、唯物主义都进行了坚决的打压。当时由教会、国王或经院哲学家所发布的训诫、条令、著作,在总量上处绝对多数,控制大多数民众的思想。这些资料有些还是被保存下来的,但为什么在哲学史上却几乎没有地位,只是在为了证明变革观念时才被人提及?原因就在于它们没有任何新意,只是重复已有的上帝主义的教条。按"两大阵营"说研究这段历史的著述,都只注重从文艺复兴和新教中找出哪些是唯物主义,哪些是唯心主义;并将自然神论说成唯心主义,与唯物主义对立起来,忽略了这些观念在与旧观念斗争中的进步意义。特别是唯物主义之前的各种学说,往往被归入尚未出现唯心主义的"唯心主义阵营"。

哲学观念的否定和发展,是人生存和发展的必然表现。一种哲学观念在历史上的主导作用,大体是几百年、上千年,甚至更长,新旧观念的更替,也要二三百年的时间。这种更替,绝非只是范畴、概念的演变，而是社会矛盾斗争的集中体现。社会的变革，并不是将所有的一切都毁掉再从零建设，哲学观念的否定，也要对旧观念进行批判分析，抛弃与时代发展不符的旧的特殊性成分，承继其中具有一般性的因素，将之纳入新的体系。

图腾意识是最初的人类抽象意识，将自然物作为崇拜对象，同时也作为人的映象物、想象物，标志着人意识到自己与动物界的区别，是对动物的无意识的否定。图腾意识存在的时间最长，对它的否定，是神的出现。诸神崇拜是将某人（优秀的氏族或部落首领）与图腾相结合，以人的形象和意识能力加上自然力构成神，以对神的崇拜来凝聚本氏族联合体或部落成员。诸神崇拜否定了图腾意识，同时将图腾纳入、改造为神的一部分。

上帝主义是诸神崇拜的否定。上帝是诸神中的某一神战胜他神而确立的权威意识，与此同时，上帝又集合了他神的威力，因而具有至高无上的能量、势力和权威。这是部落间冲突兼并，形成部落联盟的表现，也是奴隶、平民反抗奴隶主统治的斗争意识的概括。借助奴隶和平民的斗争，某一强大部落的首领联合其他部落，形成部落联盟，先是推翻旧的奴隶主制度，进而建立封建领主制。这在中国是周对商的"革命"，在欧洲则是日耳曼人为首的部落联盟摧毁罗马帝国。中国的上帝主义并不系统，而欧洲的上帝主义则以宗教形式和政教合一的制度表现出来，是一个严密系统的意识形态。诸神崇拜中的一些因素，被吸纳和改造为上帝主义成分。

对上帝主义的否定发端于中国的春秋战国时期。中国的上帝主义是比较薄弱的，虽然它曾是周王联合其他部落灭商，进而建立包括商部落在内的各部落大联盟的哲学观念，但其系统性并不强。随着各部落间的矛盾冲突，以至兼并，周天子义无力制约各部落首领，因此很快就衰落。代之而起的天命主义是各部落中非领主的儒、士阶层利益的体现，他们联合下层农奴和平民，以自然的天（包括地）

为根据，以"天人合一"、"人与天地参"等为基本观念，形成了要求废除封建领主制，建立大一统王朝的思想体系。其所推出的《周易》、《周礼》打着周朝创立者文王、周公的旗号，要求社会变革。天命主义将上帝主义的某些观念也吸纳进来，但去掉了上帝的名号，代之以上天之命。这样，无论帝王还是臣民，都是天命的产物，也都受天命支配。只承认人间的"帝"——天子，不承认具有至高无上权威的虚幻的"上帝"。但天命又是不可违抗的，民要服从帝，帝也要爱惜民、保护民、领导民。天命主义中的阴阳五行说和寰道论等，都体现出对上帝主义的批判继承，但又取消了上帝的名分，从而使哲学观念向前迈进了一大步。

唯物主义是对上帝主义和天命主义的否定。由于形成唯物主义的欧洲并未形成天命主义，唯物主义的否定对象主要是上帝主义，但仔细考察欧洲文艺复兴和宗教改革，以致启蒙运动这一文化变革全过程，就可以发现，文艺复兴在哲学上是将古希腊的自然神论恢复并发扬，以此否定上帝主义。而宗教改革主要是宣扬"上帝面前人人平等"，以个人对上帝的信仰权取代教会对个人思想行为的控制。但这二者都不能有效地批判上帝主义，只能对之产生怀疑，动摇其基础。自然神论促进了自然科学的发展，宗教改革加速了商品经济和市民社会的形成，这都是否定上帝主义的社会条件。在这个过程中，进步的思想家，从中国引入了天命主义，将之与自然神论结合，用之对抗和批判上帝主义。这在法国和德国的思想家伏尔泰、狄德罗、莱布尼兹等人的著作中有充分体现。唯物主义就是在这样的思想条件下形成的，唯物主义批判的对象，既有上帝主义，也有作为盟友的自然神论和天命主义，只不过对后者的批判并不那么激烈、尖锐、而且大量地吸收了自然神论和天命主义的观点和方法。从这种意义上说，欧洲上帝主义的被否定，曾有一个自然神论和天命主义的阶段，但这个阶段很短，大体与欧洲的君主专制时期相当，其观点又大多是取自古希腊和中国，因此并不明显。唯物主义是对上帝主义的彻底否定，是承继自然神论和天命主义进行这种否定的，唯物主义者在批判上帝主义的时候，与自然神论和天命主义者曾是"盟友"，他们之间的对立并不突出，只是表现为差异，对此，他们或者提出批判，或者在吸纳其观点时加以改造。对自然神论，唯物主义排除了自然神论者本来不明确的对神的崇拜，而突出、强调了自然的物质性；对天命主义，则批判了其对自然界有意识（命）的观念，取其将天规定为自然界的观念。当然，只有这些改造是不能确立唯物主义的，唯物主义的基础还是自然科学的研究和商品经济与市民社会的发展。但在哲学观念层面上，对天命主义的否定是否定上帝主义的必要环节，欧洲近代的哲学史也就以压缩了的历史走完了从上帝主义到天命主义到唯物主义的逻辑进程。

唯物主义作为资本主义的哲学观念，是资本主义形成和发展的导引，资本主义从理论到运动到制度的演化过程，充分体现着唯物主义的导引作用。与历史上曾有过的哲学观念否定阶段相比，对唯物主义的否定是在它确立后不久就开始了的，这是工业文明的快速发展和资本主义制度的矛盾性质所决定的。

唯物主义观念确立后，受到唯心主义的攻击，但这只能是质疑和刁难，并不能否定唯物主义休谟、康德试图避开唯物主义的物质本原论和对"物自体"的论证，从认识论角度修正唯物主义，黑格尔又以理性的绝对精神恢复了自然神论和天命主义的基本原则，并以这个原则为前提，论证并充实了世界是自然的、物质的观念。费尔巴哈在对黑格尔的批判中提出了人道主义，马克思承继费尔巴哈的思路，明确地将哲学的主体确定为劳动的人，由此形成了以劳动为根据的"真正的人道主义"、"完成了的人道主义"。这是对与资本统治相对立的雇佣劳动者根本利益和意识的先行性概括，但与当时的雇佣劳动者现实利益和长远相统一的，因此当他从事政治经济学的研究时,更多地侧重揭示以唯物主义为哲学观念的资本主义制度的矛盾,并按他改造了的唯物主义原则规定这个矛盾。他对以劳动为根据的"真正的人道主义"的探讨并未展开。而恩格斯提出的"辩证唯物主义和历史唯物主义",大体上也与当时的劳动者素质技能和利益要求是相符合的,也是适应社会主义运动在这个时期目标的,因此才会被接受。而它在俄国和中国的传播和作用,又是与这两国的社会变革与文化变革相适应的,当时的俄国刚开始对上帝主义的否定,中国则处在天命主义的严密统治之下,"辩证唯物主义和历史唯物主义"对于这两国的革命都有指导意义。至于"苏联模式"也需要这个哲学观念,但其自身的矛盾又很快暴露出这个哲学观念的局限。未能坚持社会主义方向和原则的"改革",实则是退回唯物主义哲学观念,丢掉辩证法的革命精神的表现。对"辩证唯物主义和历史唯物主义"的质疑,出现在欧洲的社会主义运动和"西方马克思主义"学者中,这是其代表的现代劳动者素质技能提高和要求成为社会主体的意愿的体现,但还不明确、不系统。

唯物主义在今天仍是这个世界的主导哲学观念,它展开、具体化为各个分支、学派,无论实证主义、实用主义、科学主义、技术主义都是唯物主义的具体表现。但资本统治的扩展和"全球化",充分暴露了唯物主义的局限和缺陷,不仅劳资双方的阶级对立日趋尖锐,经济和政治危机不断扩大,气候、环境、资源等方面的问题都要求对资本主义及唯物主义的批判与否定。这种否定也和历史上出现过的各次否定一样,也要吸纳唯物主义的某些一般性因素,将之改造为新哲学观念的有机成分。而新的哲学观念,就是以劳动者为主体的,争取劳动者解放并使所有人都成为劳动者,实现全人类平等自由发展的劳动主义。

第一章

唯物主义是资本主义的哲学观念

看到这个标题,那些背记和考试过"马克思主义哲学"的人(在中国所有受过高中以上教育者)会感到不解,在他们的记忆中,唯物主义是"马克思主义哲学"的一部分,是社会主义的哲学观念。也正是这种认识,构成19世纪下半叶至今,特别是对建立了社会主义制度的苏联和中国在思想上的最大、最根本的误区。我们的研究,也就从对唯物主义进行历史的定位,破除这个误区开始。

一、资本主义是资产阶级利益和意识的集合

资本主义是以资产阶级为主体的社会意识,是资产阶级利益和意识的集合。资本主义作为一种社会意识,具有其理论体系,并体现、贯彻于社会运动和制度中。

资本主义最初形成于13、14世纪欧洲出现的市民社会,是市民社会中商人和手工业主的社会意识。随着市民社会和商品经济的发展,商人和手工业主势力增大,形成了商业和产业资本家,并推动了工业生产方式取代农业生产方式,由他们构成初级的资产阶级。

进而资产阶级发动文化和政治变革，夺取政权，将资本主义制度化，资产阶级成为社会的统治阶级。这一历程大约三、四百年的时间，到 19 世纪中叶，在英法等国建立了资本主义制度，并迅速向欧洲、美洲及亚洲、澳洲、非洲扩展，至今已成为全世界的主导和基本制度，资产阶级也成为全人类的统治阶级。

资本主义的理论随其运动和制度的演变而演变，在不同的历史时期和不同的国家都有其特殊形式，但正是在这众多的特殊中包含着共性，即都是以资产阶级为主体的社会意识，并都要体现和贯彻于相应的运动、制度中。

资本主义是对封建主义和集权专制主义的否定。作为资产阶级利益和意识的集合，资本主义是以资本为根据的，而资本是表现于物质财富的所有与增殖中的社会关系，它以货币形式出现并作用于全部经济过程。资产阶级是资本所有者集合的社会群体，资本所有者作为资本的人格化，执行着资本增殖的职能，并固守资本的所有权。每个资本所有者都有其利益，在资本所有者之间还不时有利益的冲突，但他们在自由竞争对财富的占有时，又深切地意识到总体性的共同利益，并由此形成资产阶级的阶级意识。资本主义就是资产阶级意识的集中体现，是在资产阶级的形成和发展过程中逐步确立的。关于资本主义的性质和内容，是资产阶级思想家论证的中心，几百年来，他们在各自的著述中，从哲学、经济学、政治学、伦理学、社会学，甚至在生物学、心理学等学科中，围绕这个中心发表了诸多议论，正是这些议论聚合了个体资本家的利益和意识，形成了资产阶级意识，并使资本主义明确和系统。马克斯·韦伯在《新教伦理与资本主义精神》一书，将资本主义规定为"理性的工业组织与市场相协调"，是"理性的劳动组织"，资本主义的主要特点，就是"理性"。

> 对财富的贪欲，根本就不等同于资本主义，更不是资本主义的精神。倒不如说，资本主义更多的是对这种非理性欲望的一种抑制或至少是一种理性的缓解。不过，资本主义确实等同于靠持续的、理性的、资本主义方式的企业活动来追求利润，并且是不断再生的利润。因为资本主义必须如此：在一个完全资本主义式的社会秩序中，任何一个个别的资本主义企业若不利用各种机会去获取利润，那就注定要完蛋。①
>
> 古恩伯格把美国佬的哲学概括为这么两句话："从牛身上刮油，从人身上刮钱。"期在必得的宗旨之所以奇特，就在于它竟成为具有公认信誉和诚实人的理想，而且成为一种观念：认为个人有增加自己的资本的责任，而增加资本本身就是目的。②

韦伯的观点，是斯密"经济人"和"看不见的手"等观点的引申，是从资产阶级立场对资本主义的集中论证。而非资产阶级的思想家弗罗姆在《对自由的恐惧》（亦有译本名为《逃避自由》）中，对资本主义则做了这样的论述：

> 个人作为经济目的的工具，这种依附地位建立在特殊的资本主义生产方式的基础上，它使社会经济活动都是以资本聚敛为目的。人们从事工作就是为了赚钱，所赚的钱不是为了个人花费，而是将它作为新的资本投入生产中；

---

① 马克斯·韦伯：《新教伦理与资本主义精神》，北京：三联书店1987年版，第8页。
② 同上书，第35页。

这些新增资本所带来的赢利再被作为投资,如此循环往复不息。当然,把钱花在奢侈品上或"挥霍浪费"的资本家不乏其人,但真正典型的资本家是以资本循环过程本身为乐趣,而不是靠花费来满足。增殖资本而不是把钱用于消费,这一原则是现代工业社会能够蓬勃发展的前提……

在现代社会中,那些资本拥有者可以把他们的利润转化为新的资本去投资。不论大小的资本家,他们的生活是为了履行自己的经济职责,集聚资本,那么,那些要靠出卖自己劳动力为生的人,情况又如何呢?从对自己经济地位的心理反应上说,他们与资本家差别不大,在被人雇佣的情况下,他们无须考虑市场变动的规律和技术更新的效果,这些都是雇主的事。雇主是必须服从的至高无上的权势代表……在任何社会中,整个文化精神都由社会中最强有力的集团所左右,其原因部分是由于这些集团有能力去控制教育制度、学校、教会、出版界、影剧界;因而使整个社会成员的思想都受其熏染;而且,这些强有力的集团声望显赫,以致社会低阶层的人们不仅准备接受这种影响,而且尽力去效仿,产生一种心理上的认同。①

资产阶级的思想家在论资本主义的时候,往往是将所有个人都看成资本家,都是处于自由竞争中,按照"理性"来运用自己的能力、智慧去占有物质财富。但实际上,只有少数人才能成为资本家。资本家是依据其资本来赚钱,占有物质财富的,并把增加资本作为目的。资产阶级就是依据其对社会全部资本的所有权,来雇佣并指挥全体劳

---

① 弗洛姆:《对自由的恐惧》,北京·国际文化出版公司1988年版,第78—79页。

动者，占有他们创造的全部剩余价值以增殖资本，进而巩固其对资本的所有权的阶级。资本主义作为资产阶级利益和意识的集合，不仅体现于思想上，更贯彻于运动和制度上。资本主义制度是资本主义运动的成果，它确保了资产阶级的阶级利益，而且将资本主义作为统治思想，不仅主导资本家，还控制劳动者的个人意识，使之自以为也能和资本家一样拥有资本，并可以"理性"地赚钱发财。从这个意义上说，资本主义就是促进并保证"理性"地赚钱发财的主义。

"理性"地赚钱发财，说起来简单，行起来难。一是要使人有赚钱的意识，二是要有"理性"，三是要有相应的规则和制度，四是有必要的社会环境、市场和资源。

赚钱，似乎是人的天性，几乎没有人不想赚钱，但这话只适合近现代人，对于原始人是明显不适宜的，因为那时既没有钱（货币），也没有私有制。古代的奴隶和农奴，也受其社会地位的制约，不可能有赚钱发财的意念，就是在封建领主中，还受宗教教义的制约，不能把赚钱作为"具有公认信誉和诚实人的理想"。只有进入近代，在市民社会这个特殊的条件下，才将赚钱发财作为社会地位和个人价值的标志。而"理性"地赚钱和赚钱的"理性"，又是对长期的经验和矛盾冲突进行总结概括才形成，并且成为全社会普遍认可的意识。赚钱的"理性"，不仅作为社会意识和个人意识，还体现于人们行为规则和社会制度上，以各种形式的法律、法规制约人们的行为。制度的制约由法制而达到道德层面，形成"合理"赚钱的社会环境，要有大家都为赚钱而出卖和购买商品、服务、劳动力的市场，同时还要有赚钱所必需的物质资源，这就要求资本为赚钱不断向世界各个角落扩张。

资本主义是从少数人那里逐步被认识并在不断地与旧的封建势力和专制势力斗争中发展的。欧洲的封建领主制时期实行重农抑商政策，封建割据也极大地阻抑着商品经济的发展，而信奉上帝主义的天主教会也从思想道德上压制商品经济。但到13、14世纪,某些大领主开始兼并小领主,并在本国削弱其他领主的势力,进而向外扩张。为了得到必要的财政支持,这些由大领主转化的国王或君主,开始实行重商主义政策,对商人和手工业者聚集的城市予以特殊保护,使之脱离小领主们的控制,成为直接归国王统治的城市,并形成市民社会。汤普逊在《中世纪经济社会史》中指出:

> 新形成的资产阶级要求承认城市的权利与特权,这项要求从政治上来说是:那在封建世界几百年来有效的契约原则应扩充到非封建世界。平民也要求"权利"与"自由"来执行自己的司法、征税、铸币、市场管理等等,像封建王公在他们领土上所做的那样;而且在这些有关切身利益的地方事务方面,他们不再愿意服从封建主的权力。他们要求在封建统治内的而非在封建制度下的一个地位。①

"市民"成为社会的一个特殊范畴,他们为了争取自己的利益,激烈地反对封建领主和教会的特权,其中首要和主要的,就是其对土地的实际所有权,使城市摆脱领主的控制,越过领主而直接作为国王的臣民。而这种以雄厚财富和流血牺牲争得的"市民权",是由法律保证的,许多城市都将国王或教会(大主教)认可的"宪章"刻写在城市最明显之处。市民社会孕育了最初的资产阶级,资产阶级成为市民社会的主干和主导,在"市民权"的保证下,发展商品经济,为"理性"地赚钱开拓市场,进而依据雄厚的经济实力,反对封建割据、支持科学研究,资助反上帝主义和教会的思想运动。

---

① 汤普逊:《中世纪经济社会史》(下册),北京:商务印书馆1963年版,第425页。

资产阶级的发展，经历了若干阶段，在市民社会中形成时，它还是相当弱小的，还要靠国王的保护，并表示效忠国王。资产阶级的成长与国王专制势力的增强是密切结合的，不断成长的资产阶级在经济上支撑了国王削除封建割据、对外扩张，实行集权专制的社会变革，从而在欧洲出现了短暂的（约二三百年）的集权官僚制；由国王主导的以集权专制对封建领主制的变革，是资产阶级形成的必要条件，资产阶级在这个过程中的形成和发展也为社会变革提供了经济条件，但集权官僚制建立后，却又成为资产阶级进一步发展的障碍。资产阶级与国王这原来的盟友，因封建领主势力的消亡而形成新的对立，反对和推翻集权专制，以至由资产阶级掌控政权，已成为由资产阶级主导的社会变革，即资本主义运动的主要内容。这个过程历经一、二百年，到19世纪，西欧和美国完成了资本主义运动的制度化，在残酷掠夺殖民地和附属国的同时，播种了资本关系，形成了反资本的劳动者。资本主义制度的建立，标志着旧的封建势力和专制势力退出历史舞台，资本主义理论由以前的革命理论变成保守的统治的意识形态，资本主义运动由反抗专制势力变成剥削、压制劳动者的新的专制行为。

资本主义从形成到现在，历经五、六百年，它作为变革势力的理论体系、社会运动，演化为制度，成为统治现代人类的意识形态，充分体现了资产阶级的利益和意识，促进了农业文明向工业文明的转化。资本主义是人类进化过程的必要环节，但也如它能够产生和演化一样，它也必然从先进变成保守，以致反动。现代世界的矛盾，人类所面临的各种严重危难，从周期性出现的经济危机到核战威胁、地球变暖、能源危机、环境恶化，从贫富两极分化到政治腐败，都与资本主义密切相关。资本主义已从促进历史发展的理论、运动和制度，变成障碍历史进步的意识形态、行为和制度，而这些又正是资产阶级历史地位和作用演化的体现。

研究和揭示资本主义的本质，说明其哲学观念，并由此探讨其否定的必然性和方向，是现时代人类基本和共同的课题。

二、自然神论阶段及其对上帝主义的初步否定

资本主义的形成和发展是一个过程，其哲学观念也是逐步明确、成熟的，大体上经历了四个阶段：一是从13世纪到17世纪的自然神论对上帝主义的初步否定；二是从17世纪到18世纪唯物主义的形成；三是18世纪末到19世纪初休谟、康德、黑格尔对唯物主义的修正与充实；四是19世纪中期以后唯物主义具体化为实证主义、实用主义、科学主义、技术主义等分支。

上帝主义是封建主义的哲学观念，它以天主教会为载体，论证并维护封建领主制，限制农奴和平民的自由，阻抑商品经济，它在欧洲近一千年的统治严重束缚了文明发展。资产阶级的利益和意识要求否定封建领主制及其哲学观念上帝主义。但对上帝主义的否定并非易事，这不仅在于教会和领主的压制，还在于要探求一种新的哲学观念来取代它，也就是说，对上帝主义的否定，同时也是新的哲学观念形成的过程。这种新的哲学观念，既要有强大的阶级主体，又要有相应的经济、政治基础，还要有充分的社会和自然知识为之支撑，因此，新哲学观念的形成必须是逐渐的探索、斗争过程。

欧洲的农业文明远比中国落后，其社会制度的演进也因此比中国晚，当中国于西周（公元前11世纪）进入封建领主制时，欧洲才开始其奴隶制，直到中国的封建领主制被集权官僚制取代后七、八百年的5世纪，欧洲才建立封建领主制，形成部落联盟。与中国的封建领主制不同，欧洲封建领主制的部落联盟并没有一个像周天子那样的大盟主，而是由天主教会的教皇为其主导，教会是一个系统组织，握有文化、政治和经济权利，它为了维持自己的统治，强固

封建主义，反对大领主削弱小领主的特权和领主间的兼并，压制商业，阻抑经济发展。而封建领主制度实行七、八百年以后，其内部矛盾日益激化，领主间的矛盾冲突加剧，大领主开始对内削弱小领主的特权，并相互争霸、吞并，商人和手工业者不满和对抗封建领主与教会的压制，农奴则不断举行起义和各种反抗斗争。在这种情况下，大领主为了取消其内部小领主的封建权利，并扩大争霸的实力，逐步向集权专制转化，其所需要的财政支持不是像中国战国时期的秦国那样来自发展农业，而是来自发展工商业；不是实行重农政策，而是实行重商政策。这样，各大领主即国王开始与商人结成联盟，由此形成只服从国王的市民社会。

在这种条件下，思想界出现了文艺复兴和宗教改革运动。前者以复兴古希腊罗马的思想和艺术为旗号，后者以反对教会统治，要求个体信教自由为号召，二者相互呼应，对天主教会统治予以巨大冲击，形成了对上帝主义的初步挑战。

虽然宗教改革运动还主要是针对教会统治，并未对上帝主义进行直接的理论性批判，但它以个性自由对天主教会的冲击，却为批判上帝主义提供了必要的社会条件。文艺复兴运动倡导自然科学来复兴古希腊的自然神论，主张人文主义，质疑和批判上帝主义，由此开始了对上帝主义的否定。

自然神论也称泛神论，是古希腊思想家的基本观念，也是人类处于诸神崇拜时期的一个特殊思想流派。与其他部落所推崇的人格化的神不同，自然神论将神等同于自然，或者看成自然和万物的创造者与支配者。从哲学观念上看，它与同时期在中国出现的天命主义有相似处，但由于还承认神的存在，因而在逻辑和历史的进程中远落后于天命主义。从黑格尔以来的西方哲学史家，以致苏联、中国的哲学史著作，都奉行"欧洲中心论"，为此，将古希腊哲学说成全人类古代哲学的最高成就，是哲学历史逻辑的集中体现。我们并不想贬低古希腊哲学的历史地位,特别是其自然神论所导引的对自然的关注,为近代自然科学的研究提供了历史前导。但由于古希腊的奴隶制处于相对平稳期,并没有尖锐的社会矛盾和变革趋向,因而对社会问题的探讨只限于奴隶制的关系,明显浅薄而保守,其程度大大低于同期中国的诸子百家。由于社会矛盾平缓,奴隶主和自由民中的学者们将注意力集中于自然现象,并开始探讨自然本原等抽象问题。他们并未突破同期欧洲的诸神崇拜阶段,但在思维层次上却远高于其他部落,即将神视为自然的总体和抽象,而非某一具体的人格化的神。古希腊思想开端期的泰勒斯将海神作为创世者;赫拉克利特认为神是永恒的火;克塞诺芬认为有一个球形体的神,它比诸神都伟大,左右着一切。到苏格拉底则进一步把神扩大化,认为神是一种力,它将世界的一切都安排并维系着。柏拉图把神称之为创造者("得穆革")和"神圣的工匠",是最高的主宰,它用永恒不变的理念作模型,以无定形的"基质"作原料,在"善的指导下,创造世界"。神先创造灵魂,并把灵魂撒向宇宙,由此构成万物。亚里士多德认为神是无质料的形式,是宇宙的原动者,统率一切天体,使之运动。

古希腊是欧洲奴隶制时期的一个较大部落,其思想家关于神的论说,是本部落的神,是当时诸部落的神之一种。当然,由于希腊(雅典)比较发达,其思想家对神创世界的论述要较其他部落的诸神崇拜深刻、抽象、系统。古希腊思想家所论的神并非人格化的,而是抽象的、自然的。因此,我认为其思想在哲学史上是处于诸神崇拜阶段的最高成就,但并未超过这个阶段。黑格尔等西方思想家在描述古希腊哲学时,故意将之说成是欧洲,乃至全世界的一个历史阶段,是不切实际的。而文艺复兴运动对古希腊思想的推崇,目的就是要反对其当时占统治地位的由天主教会所奉行的上帝主义。

上帝主义是诸神崇拜的否定。从犹太教到基督教，为反对诸神崇拜所代表的部落奴隶制，提出了一神——上帝创世说。"上帝"是人格化的神，他创造了人和万物，因而所有的人在上帝面前都是平等的，人间社会也应该是统一的。这先是奴隶和下层平民意识的集中反映，后来被日耳曼部落作为联合其他部落反对古罗马帝国专制的思想武器，成为欧洲部落联盟时期的统治意识。路德和加尔文宗教改革的宗旨在于恢复基督教原教旨和平等观。文艺复兴运动以古希腊的自然神论反对上帝主义，推崇神的自然性和自然的神性，主张人文主义，强调人是自然的，是不受上帝和教会约束的。这种思潮，与宗教改革相结合，促成了对欧洲封建领主制的大变革，并一直延续到启蒙运动。而借此潮流推行君主专制的国王，在与资产阶级联合，建立市民社会的过程中，发展商品经济，促进了自然科学的研究，由此形成了短暂的自然神论时期。

欧洲近代的自然神论，承继了古希腊的自然神论的要素，同时受来自中国的天命主义影响，既为主张大一统专制的国王所认可，又是早期资产阶级意识的概括。从13、14世纪开始，到18世纪，自然神论也有一个不断演进的过程，作为对上帝主义的初步否定，它的历史地位是应当肯定的，但它毕竟还承认一个非物质、先于物质、创造物质的神，因而不可能彻底否定上帝主义。正是在自然神论的基础上，形成了唯物主义，唯物主义继承了自然神论关于物质的一些思想，承继其经验主义的认识论，批判并否定了自然神论，进而也就彻底否定了上帝主义。

自然神论的代表人物有但丁、达·芬奇、哥白尼、伽利略、尼古拉、特莱肖、布鲁诺、培根、笛卡尔、伽桑狄、斯宾诺莎、莱布尼兹、沃尔大、伏尔泰、孟德斯鸠、卢梭等人。

拥护中央集权、反对封建割据是大多数自然神论者的共同点，也是这个时期欧洲历史进步的要求。但丁（1265—1321年）以他的《帝制论》率先表达了这一要求。他假托古罗马的历史，论证统一帝国的合理性和必然性，驳斥了教会权力高于国王权利的观点，主张政教分立、反对教皇及教会的统治，对教会干预政治造成的恶果作了无情批判。他在《神曲》中无情揭露了教会及教皇、主教等人的罪恶，将之打入地狱受惩罚。但丁的这种思想，是大多数自然神论者的基本政治态度，他们拥护君主专制，反对教会及其支持的封建割据。这是历史发展的大趋势，而同样拥护君主专制的资产阶级，也将自然神论作为自己的阶级意识。后来的自然神论者，之所以拥护君主专制，则主要是基于资产阶级的利益。只是到资产阶级已经强大并与君主专制发生冲突时，自然神论者才开始反对君主专制。

自然神论者虽然不否认神，但他们所说的神并非人格化的上帝，而是类似中国人所说的"天命"之"命"，是创造、支配世界的理性，并具体化于世界万物之中。这在尼古拉（1401—1464年）那里得到最初、也是最基本的表述。他承认上帝创造了万物，但他强调上帝不是万物。上帝是作为无限实体而存在的，是万物的本质。上帝是极大，它把自身展现为整个世界，呈现在世界的每一个部分和每一个事物之中，每个事物都潜在或分有着上帝。世界是杂多而统一的，上帝就存在于杂多的统一之中。上帝是超越一切有限物的无限，是不变不动的。事物中有上帝，但事物都是有限的，并不是上帝的完全实现，事物还有自身的原因，这些原因是偶然的，不是必然地来自上帝。这表明，尼古拉已经开始将上帝看成超越宇宙的绝对完满，从其自然神论说是一个自相矛盾的说法，而这也正蕴涵着这个矛盾解决的出路就在于抛弃上帝，从自然本身去找事物的原因。

后来的自然神论者对上帝的论证越来越脱离基督教教义，并逐步向彻底否定上帝迈进。特莱肖（1509—1588年）认为上帝不过只赋予人以灵魂，而灵魂是由精细的物质构成的，位于脑中，通过神经遍布全身，支配、协调有机体的各个部分，感觉也是灵魂作用的体现。布鲁诺（1548—1600年）进一步提出"普遍理智"是促进事物构成的原因。他说："普遍的物理的作用因是普遍的理智，这是世界灵魂的第一的和主要的能力，世界灵魂是普遍的世界形式。"①"这个理智，从自身将某种东西传递和转移给物质，便产生万物，而它自身仍停留于静止和不动状态。"② 而世界的本原都是物质实体，这是在内部促成物的构成并仍存在其中的。物质实体是永恒的，各种各样的事物，都是物质实体运动的、变易的外观，是物质实体的具体表现。人的眼睛可以看到世界万物，人的理性则能把握存在于万物之中的物质实体。"普遍理智"、"世界灵魂"只是物质实体表现为万物的作用因。

到16世纪末17世纪初，近代哲学的重点由意大利移到英国和法国。这两个国家的哲学家还以自然神论面目出现，但上帝的形象和作用又有重大变化。在培根（1561—1626年）那里，上帝已成为不得不保留的一个符号，他认为自然是自己的原因，没有其他原因，但却注明"上帝当然要永远除外"，并把神的启示与感觉经验并作知识的两个来源。在培根那里，研究的重点是经验和知识的形成，承认上帝不过是认知不彻底，用其经验论不能证明上帝不存在的表现而已。笛卡尔（1596—1650年）是法国近代哲学的创始人，他认为上帝是自然界的秩序和规律，是"一般的自然"。但他对上帝的论证只在形而上学里，至于物理学，则是研究纯粹的自然物质或物质的自然。他认为物质是唯一实体，并提出了"动物是机器"的论断。笛卡尔的形而上学受到伽桑狄（1592—1655年）的批判，伽桑狄认

---

① 布鲁诺：《论原因·本原和以太》，第43页。
② 同上书，第52页。

为上帝观念并不是先天的，在无神论者的心中，就没有上帝的观念。他认为世界有两个本原，即原子和虚空，原子以自然运动和反射运动相结合构成万物。但他认为原子是由上帝创造的，其运动的力量也是从上帝那里来的。上帝创造万物变成了上帝创造原子，这是自然神论的又一演化。斯宾诺莎（1632—1677年）明确否认基督教的上帝，认为神既没有理智，也没有意志，但是有形体，就是自然本身，宗教所信奉的人格神是人们按照人的形象创造出来的。神和自然在他那里是同一个概念，是实体，是绝对无限的，其基本属性是思维和广延，由此形成世界上两类现象：一是具有广延性的物质现象；二是不具有广延性的思想的产物，思维和广延可以概括世界上已知的一切。

德国的近代哲学明显晚于英法两国，当英国的霍布斯、洛克已不再以自然神来批判上帝，并提出唯物主义时，德国的莱布尼兹（1646—1716年）和沃尔夫（1679—1754年）才拿起自然神论批判其本国还严重存在的上帝主义，但他们的自然神论也有其特点。莱布尼兹认为上帝不是人格化的神，而是单子的创造者。单子是没有广延、形状、可分性的实体。单子是物质的基本单位，不同的单子间存在质的差异，是有变化和连续性的。单子可分为三类：一是纯粹的单子；二是有知觉和记忆的单子，即灵魂；三是能认识自己和上帝的具有必然与永恒真理的单子，即精神。进而他又认为上帝是"原初的单子"，是没有形体的，是其他单子的创造者和力量的来源。沃尔夫在哲学上主要是对莱布尼兹思想加以系统化，并从目的论来论证自然神，认为神创造自然时已给各种事物都赋予了目的，每一事物都因目的而与他事物联系并相互作用。值得注意的是，莱布尼兹和沃尔夫在以自然神论否定上帝主义时，充分注意并吸收了中国哲学的理性和天命主义。这对法国的伏尔泰等人有明显的影响。

伏尔泰（1694—1778年）认为上帝是宇宙的"第一推动者"和"立法者"，是最高的理性和创造的本原，但是上帝创世之后就不再干预世界的事物，世界受自然规律支配。宇宙是一架巨大的机器，上帝只是使它运动而又不干涉它的活动的"伟大数学家"。虽然伏尔泰对莱布尼兹的单子论进行了批判，但他也像莱布尼兹一样广泛地接受了来自中国的天命主义，他的自然神论更努力接近天命主义。从自然神论出发，伏尔泰激烈地批判了天主教会及其信守的上帝主义，骂天主教教皇是"两足兽"，主教们是"恶棍"，把宗教裁判所比作拦路抢劫的强盗——比强盗抢的还要多，是抢生命、思想和财物等一切。他主张"自然法权论"，赞成开明君主制，依靠君主实行自上而下的改革，以彻底消灭封建制和改良君主专制。孟德斯鸠（1689—1755年）承认上帝，但认为上帝只是物质运动的根源，物质世界的存在与运动是永恒的，有其规律，不需要上帝干预。人类社会是由物质运动规律决定的法则所构造和运行的，据此他提出了"三权分立"学说。卢梭（1712—1778年）也是自然神论者，他认为宇宙的来原是精神和物质两个永恒实体，精神是能动的、积极的，具有组合、改变事物的能力，而物质是消极的、惰性的，其运动是由精神力量推动的。上帝对自然界的作用，在赋予其规律性，并以强大而智慧的意志推动宇宙、统治世界。他的自然神论中的上帝，更类似中国人所说的天命。也正是依据自然神论所设定的人类"自然状态"和"自然法"，卢梭对专制制度进行了深入批判，主张消灭私有制，以建立符合"自然状态"和"自然法"的人人平等的社会制度。卢梭的思想，可以说是自然神论者在几百年的反封建、反专制斗争中，否定上帝主义所取得的最高成果。

对于欧洲近代哲学史的自然神论阶段，以往的哲学史研究并未注意，其或许看到了自然神论者有关将上帝自然化的论述，但又按照恩格斯"唯物主义与唯心主义两大阵营"的划分,将这些哲学家分别归入唯物主义或唯心主义阵营。对凡归入唯物主义阵营的,就将其自然神论观点说成是"唯物主义的不彻底";对凡归入唯心主义阵营的,就将其自然神论说成"唯心主义的表现"。总之,在这一派"马克思主义者哲学"哲学史家的评论中,自然神论还是属于唯心主义范畴的,但他们对自然神论者又不一概斥之为"唯心主义",那样的话这个阶段就几乎没有唯物主义了。而其他哲学史家,对于自然神论则往往不予理睬,如罗素在其哲学史著作中,只注意用他本人的观点来择取相关资料。

这样,就导致对欧洲近代哲学史研究中的一大缺环,这与对欧洲近代史研究忽略集权官僚制阶段是一致的。欧洲文明在历史上虽然落后中国十几个世纪,但毕竟不能越过历史的逻辑而直接从封建领主制进入资本雇佣劳动制,它也有一个短暂而急促的集权官僚制阶段。不过由于其专制君主所依恃的经济实力是来自工商业而非像中国的农业,因而资产阶级得以在这个时期形成,并形成自己的阶级意识。自然神论在哲学观念上类似中国的天命主义,从逻辑上说,它承认神的存在,是落后于不再谈"怪、力、神"的天命主义的。但从内容上看,由于其阶级基础和商品经济、市民社会等基本条件,以及对自然的深入系统的研究,因而比天命主义更为深刻、精细。更为重要的是,自然神论在批判并初步否定上帝主义时,孕育和产生了早期的唯物主义。从这个角度说,欧洲近代的自然神论又是比中国天命主义先进的哲学观念,特别是后期的自然神论者,如斯宾诺莎、伏尔泰等人,上帝在他们那里已成自然的代名词,他们之所以还使用"上帝"或神这个词,一是传统思想的作用,二是方便自己观念的发表。也正是在上帝的名义下,他们对自然和社会进行了更为深入、系统的研究,从而进一步否定了上帝主义,而其思想的实质,已接近唯物主义,但毕竟与唯物主义者在基本观念上有本质区别。

对于这种区别,马克思看到了,但却不是看成本质性的区别,更没有将自然神论界定为欧洲近代哲学史上的一个阶段,反而认为自然神论是唯物主义"最初表现"和"朴素的形式"。在他与恩格斯合著的《神圣家族》中,由他写作的"第六章第3节(C)对法国革命的批判的战斗"中,他这样评论自然神论:

> 唯物主义是大不列颠的天生的产儿。大不列颠的经院哲学家邓斯·司各脱就曾经问过自己:"物质能不能思维?"
>
> 为了使这种奇迹能够实现,他求助于上帝的万能,即迫使神学本身来宣扬唯物主义。此外,他还是一个唯名论者。唯名论是英国唯物主义者理论的主要成分之一,而且一般说来它是唯物主义的最初表现。
>
> 英国唯物主义和整个现代实验科学的真正始祖是培根。在他的眼中,自然科学是真正的科学,而以感性经验为基础的物理学则是自然科学的最重要的部分。阿那克萨哥拉连同他那无限数量的原始物质和德谟克利特连同他的原子,都常常被他当做权威来引证。按照他的学说,感觉是完全可靠的,是一切知识的泉源。科学是实验的科学,科学就在于用理性方法去整理感性材料。归纳、分析、比较、观察和实验是理性方法的主要条件。在物质的固有的特性中,运动是第一个特性而且是最重要的特征,——这时所说的运动不仅是机械的和数学的运动,而且更是趋向、生命力、紧张,或者用雅科布·伯麦的话来说,是物质的痛苦[Oual]。物质的原始形式是物质内部所固有的、活生生的、本质的力量,这些力量使物质获得个性,并造成各种特殊的差异。
>
> 唯物主义在它的第一个创始人培根那里,还在朴素的形式下包含着全面发展的萌芽。物质带着诗意的感性光辉

对人的全身心发出微笑。但是，用格言形式表述出来的学说本身却反而还充满了神学的不彻底性。①

霍布斯消灭了培根唯物主义中的有神论的偏见，而科林斯、多德威尔、考尔德、哈特莱、普利斯特列等人则铲除了洛克感觉论的最后的神学藩篱。自然神论——至少对唯物主义者来说——不过是摆脱宗教的一种简便易行的方法罢了。②

司各脱从属的唯名论，是经院哲学的一个派系，将唯名论说成唯物主义显然是不确当的。虽然司各脱在物质和共相关系的认识上主张物质在先，共相只是来源于个体的一般概念，是在物后的，或者说物质先于共相。但他认为物质是上帝创造的，教义是不能论证而只能信仰的，如神的存在、三位一体、灵魂不死等都必须信仰，而不能也不必论证。物质与共相的关系只是认识论的问题，忽略司各脱在本体论上的基本观点，只从认识论来认定他是唯物主义，是不能成立的。马克思之所以将培根说成"唯物主义和整个现代实验科学的真正始祖"，所依据的也是培根的认识论。相比之下，培根对上帝的信仰远逊于司各脱，但他在本体论上依然相信上帝的存在，并认为上帝是物质的创造者，虽然他说的上帝已经是自然神，但毕竟是神。培根在哲学上的主要功绩，是提出并论证了经验主义，但这属于认识论范畴，而且是以自然神论的本体论为前提和基础的。经验主义的认识论是唯物主义形成的前导，正是经验主义认识论开启了对上帝的质疑，进而从认识论角度渗入本体论，形成了取代自然神论和上帝主义的唯物主义。而马克思则将自然神论归入唯物主义，

---

① 马克思恩格斯:《神圣家族》,《马克思、恩格斯全集》第2卷,北京:人民出版社1957年版,第163页。

② 同上书,第165页。

甚至说成是"摆脱宗教的一种简便易行的方法",不仅抹杀了自然神论在哲学史上作为一个特定阶段的地位,更使唯物主义加进了自然神的内容。马克思的这种思路,影响了"马克思主义者"对哲学和哲学史的研究,以致在苏联和中国的教科书中成为定论。为此,必须进行认真考证和分析,以明确自然神论的历史地位及其与唯物主义的本质区别。

三、唯物主义的形成及其对上帝主义的进一步否定和对自然神论的清算

唯物主义是在自然神论的演化进程中孕育和形成的,从这个意义上说,它是自然神论的否定。但由于欧洲近代的特殊历史条件,自然神论者,特别是晚期的自然神论者实际上和唯物主义是站在同一立场共同批判和否定上帝主义的,因而唯物主义的形成及其主要目的和作用,是对上帝主义的进一步否定,与此同时,也对作为盟友的自然神论进行了清算。

自然神论是专制君主与资产阶级结盟的体现,自然神论者或是站在国王和国家的立场,反对天主教会以神权干涉政权,力主消除封建割据,并推行重商主义,在这个意义上他们也代表新兴资产阶级的利益;或是站在资产阶级立场,拥护君主专制,主张消除封建割据,要求宽松的发展工商业环境;或是站在资产阶级的、小市民的、工人阶级的立场,反对君主专制,但受传统观念影响,不能抛弃关于神的意识,而其实质上已经放弃上帝主义。与之相比,唯物主义者则明确地站在资产阶级立场上,排除了传统观念,或是反对封建领主制,要求君主立宪;或是反对君主专制,要求君主立宪制和民主制。

唯物主义出现于资本主义经济发达的英国,成熟于法国的启蒙运动,是资产阶级革命的理论根据。唯物主义的出现,是资产阶级

不断壮大,并与残存的封建主义和处于统治地位的专制主义发生尖锐冲突的体现。16世纪末17世纪初,英国的商品经济和手工业发展迅速,君主专制在削除封建领主势力方面取得了重大胜利,资产阶级势力不断扩大并形成明确的政治要求,许多开明贵族也从事资本主义经营。在这种情况下,作为封建残余势力意识形态的上帝主义已经没落,但仍然顽固地反对变革,成为反动势力的思想武器。消除封建残余,进而变革君主专制,成为英国资产阶级思想家在理论上的主要任务。集中到哲学观念上,就是进一步否定上帝主义并对自然神论予以清算。这个任务由霍布斯和洛克承担,由此形成了不再以神为符号的唯物主义。

霍布斯(1588—1679年)是培根的继承者,但他不再像培根那样承认上帝和神启,而是以物质为本体和主体。他认为,物体有两类,一是自然的,二是由人们的意志和契约造成的国家,据此,他的哲学分为自然哲学和公民哲学。在自然哲学中,霍布斯对自然物体的运动、量、因果性、偶性进行了重点研究;在公民哲学中,他提出了社会契约论,并主张维护君主专制。他的哲学体系充分体现了资产阶级的基本意识,对自然的认识和对社会的认识是统一的,前者是后者的论据,他的目的,是以自然界物质的主体性来论证社会中资产阶级的主体性,但他也表现了当时资产阶级的软弱,主张屈从于君主专制。霍布斯认为,世界的统一性在于物质性,思想的实体是物质,物体可以分解和组合,因此也是可以认知的。马克思曾指出"霍布斯消灭了培根唯物主义中有神论的偏见,"[①] 霍布斯认为"物质是一切变化的主体。"[②] 霍布斯哲学体系是来源于培根,但

---

① 马克思:《神圣家族·第六章(3)绝对批判的第三次征讨》,《马克思恩格斯全集》第2卷,北京:人民出版社1957年版,第165页。
② 同上书,第164页。

他与培根的质的差别在于无神论。这一点马克思并未充分注意，还是认为培根是唯物主义的，不过只持有"有神论的偏见"。殊不知，正是这种"有神论的偏见"，使培根处于自然神论阶段，而霍布斯"消灭了"这一"偏见"，他就开创了一个新的哲学时代。

霍布斯的唯物主义在洛克（1632—1704年）那里得到支持和发扬。如果说霍布斯的主要功绩是在本体论上提出唯物主义，洛克的主要功绩则是在霍布斯本体论的前提下，对经验主义认识论的系统探讨。洛克受益于培根的认识论和归纳逻辑，他完全抛弃了旧形而上学体系，集中力量"探讨人类知识的起源、确定性和范围，以及信仰、意见的和同意的各种根据和程度。"[1] 他的努力体现于《人类理解论》一书中。在这本书中，洛克论证了知识和观念源于感性的原则、知识的确定性和范围。他明确地批判了上帝主义和自然神论者的天赋观念论，认为观念和知识起源于感性世界，人具有天赋的感知事物的能力，运用这些能力就可以形成观念。他进一步批判了天赋观念论的主要论据"普遍同意"说，强调"根本就没有什么令人类普遍同意的原则"，甚至上帝观念也是如此，在一些国度就没有上帝观念，即使有上帝观念的国家里，其内容也是不一样的。对于天赋观念论者所说的"观念心印说"，洛克指出这无非是一种狡辩，既然是人心印入了天赋观念，那么人们就应当知道它，但天赋观念论者又说人们不知道它，那又如何证明人心印入了天赋观念呢？洛克明确提出人的一切知识都来源于经验，心灵就像一张白纸，是经验在其上形成了知识和观念。为了揭示观念的本质，洛克研究了物体的性质及其产生观念的途径，以及不同性质的观念之间的区别。他将物体的性质分为两类：一是体积、广延、形状、可动性；二是可感觉的性质，如颜色、声音、滋味等。知识是对各种观念进行思

---

[1] 洛克：《人类理智论》，北京：商务印书馆1983年版，第1页。

维后才形成的，而且也有等级之分。

洛克的经验主义认识论是对唯物主义的重要充实。虽然霍布斯也曾论及认识论，但还是比较初级的，只是强调了对物体的感觉和经验，而洛克则把包括自然神论者培根的经验主义都在唯物主义的前提下加以改造，形成系统的经验论，由此将唯物主义向前推进了一大步。

洛克对唯物主义的贡献还体现在历史观和政治观上。他认为人类社会是不断由低级向高级演进的，而这就证明人类是自然界演化的结果。对于资产阶级革命后保皇党人费尔麦极力主张维护君主专制而提出的"君权神授"论，他在《政府论》中予以明确驳斥，指出如果是神最初把王位授给了亚当，那么根据长子继承法，世界就只能有一个国王，可是世界上又有那么多的国王，这如何解释呢？他认为，人类在建立国家之前，是处于自然状态的，自然状态中有一种人人都依理性而循环的自然法，按照自然法而生活的人是自由、平等、有财产所有权的。但自然状态缺少法律、公共裁判者、公共权力，为了保全生命和财产，人们通过契约结合成国家，过渡到政治状态。但与同样主张社会契约论的霍布斯不同，洛克并不拥护君主专制，而是主张君主立宪制，认为君主也是订立契约的一方，必须受契约的约束、履行契约规定的义务，如果君主违背了契约，人民就有权推翻他。为此，他主张立法权、执行权、对外权三权分立，而且立法权是最高权力，执行权和对外权都要隶属于立法权。人民正是通过立法权来约束国王及其政府的。洛克的历史观和政治观，是与他的唯物主义经验论相一致的，而这也正是英国唯物主义作为资产阶级意识的集中体现。

英国的唯物主义主要体现在霍布斯和洛克两人的著作中，充分表现了英国资产阶级的软弱性和妥协性。而法国的资产阶级思想家则更多地表现出其所代表阶级的革命性和战斗性，公开、坚定、明确地批判上帝主义，不客气地清算自然神论中残余的上帝主义传统，使唯物主义成熟并成为资产阶级革命的理论武器。法国唯物主义者的彻底性不仅表现在他们对上帝主义的坚决、明确的批判，还表现在他们将批判的对象扩展到所有科学领域和政治问题，在这方面，狄德罗起了重要作用，他主编的《科学、艺术和工艺详解辞典》（即《百科全书》）聚合了启蒙思想家，并形成了系统而有分工的研究批判队伍。其中核心人物是狄德罗，主要代表有梅特里、爱尔维修、霍尔巴赫。

狄德罗（1713—1784年）早期曾是自然神论者，主张专制反对封建残余，随着法国社会矛盾的演化，他站在资产阶级立场反对君主专制，哲学观念也转变为唯物主义。他于1749年发表《供明眼人参考的谈盲人的信》公开反对神，被监禁三个月，出狱后更坚定积极地组织先进思想家编著《百科全书》，并研究和宣传唯物主义。狄德罗认为，物质是自然的、永恒的、唯一的实体，并没有超自然的"理性实体"上帝的存在。意识是从物质派生的，而不是物质由意识或"理性实体"创造的。运动和形状、广袤、不可入性一样是物质的固有属性，物体是"充满活力的"，是不断运动和变化的。物体因其各因素的作用和反作用破坏和组合、升华、分解、化合。物质是异质的，自然界中有无数不同的元素。物质的运动有其规律，并非由上帝安排的。物质的运动形式主要有两种：一是"激动"，即物体内部分子的运动；二是"移动"，即由外力引发的位置变动。运动是绝对的，静止只是相对的。狄德罗的这些思想，构成唯物主义的基本内容，苏联和中国出版的"马克思主义哲学"教科书中关于唯物主义的论述，大部分也取自狄德罗等人的相关思想。狄德罗假定感受性是物质的一种基本性质，并由此论证了感觉源于物质，而思维是物质高度发展的产物，是人脑这种特殊物质的机能。他认为，人认识事物主要有三种方法，即观察、思考和实验，事物是可知的，人也可以对事物进行改造。

狄德罗坚决地反对君主专制，他从唯物主义得出的自然权利和社会契约论为前提，强调自由是天赐的东西，每一个个体人，只要享有理性，就有享受自由的权利。凭借暴力取得的权力是一种篡夺，合法的权威只能来自拥有自然权利者订立的契约。当时法国国王路易十四宣称"朕即国家"，强化君主专制，狄德罗对此进行了尖锐批判，指出在专制独裁国家中国王是一切，而国家算不了什么，一个独夫的意志就是法律，而社会却没有自己的代表。暴君的统治是人类中最残酷的折磨。合理的权威只能来自法，国王也要服从法，政治权利本质上应属于人民，并不属于君主，君主则属于国家。在狄德罗那里，世界的物质性与人的自然性是统一的，也是社会制度和政治关系的根据。

梅特里（1709—1751年）的主要著作是《人是机器》，是他继承了笛卡尔关于动物是机器的思想而写作的，但他对笛卡尔以及莱布尼兹、沃尔夫的自然神论予以批判，明确地表现出唯物主义与自然神论的区别，并对自然神论进行清算。他写道：

莱布尼兹主义者们，以他们的所谓单子建立了一个谁也不懂的假定。与其说他们物质化了心灵，不如说他们把物质心灵化了……

笛卡尔以及所有的笛卡尔主义者们（人们把马尔布朗希派也算做笛卡尔主义者是很久的事了），也犯了同样的错误。他们认为人身上有两种不同的实体，就好像他们亲眼看见，并且曾经好好数过一下似的。

那些最明智不过的人是这样说的：只有凭着信仰的光辉，心灵才能认识自己；但是，以理性动物的资格，他们相信可以为自己保留一种权利，来考察圣经上说到人的心灵时所用的精神这两个字究竟是什么意义；并且，如果说在他们的研究里，在这一点上他们和神学家们是不一致的，在所有的其他点上，神学家们自己之间意见难道就更一致些吗？

用很少几句话来概括他们的一切思想结果，就是：

如果有一个上帝，那么，他就既是自然的创造者，也是启示的创造者；他给了我们一个来解释另一个；他又给了我们理性来使这两者一致起来。

不信任我们从生命体中所能汲取来的各种知识，这就等于视自然和启示为两个互相敌对互相破坏的对立物，因此便胆敢主张这一种谬论：认为上帝在他的各种不同的作品里自相矛盾，并且欺骗我们。

所以，如果有一种启示，它就不能是和自然相矛盾的。只有依靠自然，我们才能明了福音书里那些话语的意义，只有经验才是福音书的真正的解释者。[①]

对莱布尼兹和笛卡尔自然神论的清算，使梅特里更加明确了唯物主义的基本观念，而他对人是机器的唯物主义论证也就更为清楚。他认为，整个宇宙只有一种实体，即物质实体，一切事物和活动，包括人及其思维，都是物质实体的产物和表现形式。广延性是物质的第一属性，具有活动的内在动力是物质的第二属性。他将人的活动纳入物质运动的普遍性，企图用机械运动来说明人的活动。他认为，动物是机器，人是"一种自成一类的动物"，因此也是一架机器，是更"聪明的机器"。人与动物的不同处，是比动物"多几个齿轮"，"多几条弹簧"。他在《人是植物》一书中进一步将人等同于植物，是能"游行的植物"。他认为，人的认识源于其自身的物质构造，感官和人脑的特殊功能使人可以感知并思考事物。

[①] 梅特里：《人是机器》，北京：商务印书馆1959年版，第15—16页。

心灵的一切作用既然是这样地依赖着脑子和整个身体的组织,那么很显然,这些作用不是别的,就是这个组织本身:这是一架多么聪明的机器!①

心灵只是一种运动的始基,或者脑子的一个物质的、感性的部分。②

梅特里以当时科学所达到的知识,论证了人是机器这一命题,虽然未能对精神如何主导机体运动进行充分论证,但却是可以否定上帝造人的上帝主义观点及人的心灵来自神、观念是天赋的自然神论思想,使唯物主义贯通于人体构造、感觉和思维的生理组织等层面。

爱尔维修(1715—1771年)的主要贡献在认识论和历史观。他指出,物质的自然界是人认识的对象,这些对象与我们之间有一定关系,以及它们之间的关系,对于这些关系的认识,就构成了精神。对象作用于人的感官,或者说人的感官与对象发生关系,就会产生感觉,感觉是人认识的基础和第一个环节。人有两种认识能力,一是感受性,二是保存印象的能力,即记忆,记忆是延续的、然而减弱的感觉。感受性和记忆是形成各种思想的根据,人们精神的活动的各种形式或环节,都可以归结为感觉。人的一切精神活动归根结底是具有感觉能力的器官与外界事物发生关系,由此对之进行的反映。虽然爱尔维修明显地忽视了理性思维的特点及其对感性认识的作用,但他从身体构造及感受力、记忆力对认识论的规定,有力地批判了上帝主义和自然神论在认识论方面的观点。

在历史观方面,爱尔维修从其感觉论出发,系统地论证了利己

---

① 梅特里:《人是机器》,北京:商务印书馆1959年版,第52页。
② 同上书,第60页。

主义。他认为寻求快乐和逃避痛苦是因感觉而形成的人类共同本性，也是人生的自然法则。肉体的感受性是人生和意识的基础，因此，自私自利是人的天性，也是社会前进的动力。感官的快乐与痛苦促使人们去思考去行动，它们是推动道德世界的唯一杠杆。如果说物理世界服从运动规律，那么社会生活就要服从利益规律。人是物质的、自然的，人的感受力也是自然的，其追求利益的行为是物质性决定的，是社会道德的基础，因此，每个人都应有平等地趋利避害的权利，封建领主制的等级和君主专制对民众的控制，都是违背人的自然本性的，必须革除。从物质一般性规定的"人是生而平等的"，"人的一切差别都是后天获得的"出发，爱尔维修提出了"人是环境的产物"的论断，为了实现人的自然本性，使人都能享受快乐，就要改变环境，建立与人的本性相适应的社会制度，特别是要有高明的法律。在此基础上，还要加强教育，他甚至提出"教育万能论"，只要有适当的教育，人不仅可以具有实现其追求快乐的能力，而且会产生互相尊重，不侵害他人利益的道德，由此使人的利己主义贯彻于整个社会生活。

霍尔巴赫（1723—1789年）是唯物主义体系的建立者，他承继前人的唯物主义思想，系统论证了唯物主义的范畴，对上帝主义进行了彻底批判，并明确了自然神论与唯物主义的界限，他的主要著作有《揭穿了的基督教》、《神圣的瘟疫》、《自然的体系》、《健全的思想》、《社会体系》、《自然政治论》、《普遍道德》。这些著作标志着唯物主义哲学观念已经系统并成熟。

霍尔巴赫认为，自然是由各种不同的物质、由这些物质的各种不同的组合、由各种不同的运动集合而成的"方全位"，宇宙是一切存在物的总汇。物质是自然的，不能创造，也不能消灭，并不存在超自然的力量。物质永远存在，也永远运动，运动就是物质的存在和本质，物质表现为广延、重量、不可入性、形状等。物质的运动有其规律，人们看到的一切自然现象，都是由其本身的原因而必然产生的，宇宙是一条原因和结果的链条，宗教神学所宣扬的各种"奇迹"，不过是对因果联系无知的表现。灵魂是大脑的属性，是大脑这个器官发挥作用的表现，因此，灵魂的活动和机能，都是物质性的。人的认识源于感觉，感觉则是各种感官与物质对象发生关系后引起并传到大脑里形成的。经验要求人活动，理性要求人思考，二者的统一构成知识，从现象达到对本质的认识。依据对自然物质的规定，霍尔巴赫坚决地批判了上帝主义，清除了自然神论中上帝主义观念的残余。他指出，上帝"是一种不反映任何事物的概念"，"崇拜上帝，无异崇拜人的想象创造的虚构物，或者简直就是崇拜乌有的东西。"① "基督教过去之所以得到传播只是因为专制制度庇护了它，和所有的宗教一样，基督教也是专制制度最可靠的保卫者。"② 专制统治者把自己与神明等同起来，行使着绝对权力，利用恐怖进行统治，神被用来为放肆的暴政作辩解，宗教成了"神圣的瘟疫"。虽然霍尔巴赫并未明确宗教的本质，而且简单地认为只要加强教育就可以消除宗教迷信，但他对基督教和专制制度的批判，却成为当时资产阶级革命运动的重要思想武器。尤其值得注意的是，他明确指出，自然神论的根据是一种幻想，必定会堕落为荒唐而危险的迷信，唯物主义必须与自然神论划清界限。

霍尔巴赫强调，人是自然的产物并存在于自然之中，依从自然的规律。人类社会也要依自然法而建立，那些违背自然法的社会秩序和制度，是造成人间罪恶和痛苦的根源，为了消除罪恶和痛苦，必须按自然法来改变社会秩序，建立与自然法相适应的制度。他认为，国家的目的就在于保障人的"自然权利"，为此就要推翻君主专

---

① 霍尔巴赫：《健全的思想》，北京：商务印书馆1966年版，第33页。
② 同上书，第147页。

制,实行由资产阶级主导的"开明专制"。

唯物主义作为哲学观念,经英国的霍布斯和洛克,到法国的狄德罗、梅特里、爱尔维修、霍尔巴赫达到成熟,成为英法两国资产阶级夺取政权、进行全面统治的哲学基础。其中英国资产阶级统治是以渐进改良的"君主立宪"方式逐步实现的,法国则是以革命方式展开的。到 18 世纪末,唯物主义在抽象层面的发展也就停止了,随后进行的,是面对唯心主义的质疑和挑战,由休谟、康德开始的对唯物主义的修正,引发黑格尔从思辨对唯物主义的论证,并形成了费尔巴哈对唯物主义的否定,这种否定在马克思那里继续进行,他同时创始了以实践为根据的"完成了的人道主义",以作为社会主义哲学观念。然而马克思的创造一开始就被恩格斯以"辩证唯物主义"扭转了方向,唯物主义得以在"马克思主义"名义下延续其抽象论证。而资产阶级在取得全面统治后,则把英、法两国唯物主义哲学家的抽象观念在修正主义导引下具体化,形成实证主义、实用主义、科学主义、技术主义等流派。

在对唯物主义的形成及其对上帝主义的进一步否定,对自然神论进行清算的历史概述之后,下面我们就对唯物主义的基本观念和范畴进行探讨,以说明它作为资本主义哲学观念这一命题。

四、自然的物质与物质的自然

在苏联和中国已出版的"西方哲学史"著作或教材中,按恩格斯"两大阵营"的论断,都未把欧洲近代的自然神论作为一个阶段,而是将自然神论者分别归入唯物主义或唯心主义两大阵营,这样,被归入唯物主义阵营的一些自然神论者的观点,就以"唯物主义不彻底"为由纳入唯物主义之中。也正因此,这些著作对唯物主义在近代历史的演进,是先论说认识论,评价培根等人是以其经验论为规定其是唯物主义者的根据，而对其从自然神论对世界本原的论述则只能以"唯物主义不彻底"为由来搪塞。这样做，即使是按恩格斯"两大阵营"的论断，也是不当的。"泛唯物主义论"不仅不能真正规定唯物主义的历史地位，也不能准确地概括唯物主义观点。

唯物主义作为欧洲近代哲学史上特定阶段的一个学派，它的基本观念不是体现在认识论上，而是集中于按传统所划分的本体论上。唯物主义者与自然神论者和上帝主义者的本质区别，就在于他们认为世界是物质的，物质是自然的。从这个基本点出发，他们认为人也是物质的一种存在形式，人的认识是物质的特有属性。进而，又论证了有意识的人如何根据其感受和理智，来判定自己的利益，并由此形成人的社会关系，以及伦理、道德、宗教、哲学等意识形态。这是一个系统的逻辑体系，是自圆其说的，并不是所谓"在自然观上是唯物主义的，在历史观上是唯心主义的"。这个体系的基本点，就是自然的物质与物质的自然，是否承认这个基本点，也是判定某哲学家是否唯物主义者的根据。

首先明确世界的物质性，而物质是自然形成的观点的，是霍布斯。马克思虽然没有将自然神论与唯物主义区别开，并把培根等人称为"唯物主义者"，但他还是注意到了霍布斯与培根的差异。他指出："霍布斯消灭了培根唯物主义中的有神论的偏见，"[①]而且霍布斯已经发现了自然神论的矛盾。马克思认为，

> 除了我们想象的永远单一的存在物之外，还有某种普遍的存在物，那就矛盾了。无形体的实体也像无形体的物

[①] 马克思恩格斯:《神圣家族》,《马克思恩格斯全集》第2卷，北京：人民出版社1957年版，第165页。

体一样,是一个矛盾。物体、存在、实体是同一种实在的观念。决不可以把思维同那思维着的物质分开。物质是一切变化的主体。①

马克思将霍布斯的思想概括在"物质是一切变化的主体"这句话中,是很恰当的。这句话也可以说是所有唯物主义者的基本观点,虽然他们都没有用这样准确的话来表达,但我们也可以将这句话作为判断是否唯物主义者的标志。至于霍布斯,他是这样表述自己观点的:

物体一词在其最普遍的意义下,指的是充满或占据某个空间或假想地方的东西;它不取决于构想,而是我们所谓的宇宙中真实的一部分。因为宇宙是所有物体的集合,所以其中任何真实的部分都不可能不同时是物体,而任何正式的物体也不可能不是宇宙(全部物体的集合)的一部分。由于物体易生变化,也就是对于生物的感官说来可能具有不同的表象,所以,物体便也称为实体。所谓易生变化,就是说,它可以有不同的偶性,例如,有时运动、有时静止;对我们的感官说来有时热、有时冷;其色、嗅、味、声等有时是一个样,有时又是另一个样等。这种不同的表象是由于物体对我们的感觉器官所发生的不同作用而产生的,我们归之于发生作用的物体的变化,称之为这些物体的偶性。根据这种意义说来,实体一词和物体一词所指的就是同一种东西;因此,非实质实体两词放在一起时

---

① 马克思恩格斯:《神圣家族》,《马克思恩格斯全集》第 2 卷,北京:人民出版社 1957 年版,第 164 页。

就会互相矛盾，正像我们说非实质物体一样。①

《利维坦》一书的主题是以人间的君主否定上帝，为此，霍布斯不承认上帝造物造人的观念，而是认为物体是自然生成的，世界上也只有物体的存在。至于神灵等由教义所杜撰出来的"非实质实体"，就像"非实质物体"一样是不存在的。

洛克的主要贡献也在认识论上，对于本体论中的唯物主义，他论述得很少，而且由于他在认识论上还存在马克思所说的"最后的神学藩篱"，他对唯物主义的论述也不明确。显然他是在尽力回避"上帝造物"，但又不想像霍布斯那样充分肯定物质的主体性。不过，他的感觉论和经验主义都要求他承认世界的物质性，也正因此，他写出了这样的话：

> 宇宙中一定有一种无始以来就存在的东西——宇宙中一定从无始以来就有某种东西，而且这种说法乃是明显不过的一种真理。②

虽然有霍布斯对物质实体的肯定，但英国唯物主义者在基本观念上的论证并不多，也正因此，他们受到贝克莱以唯心主义的攻击，对于贝克莱的唯心主义，英国哲学家中洛克的追随者们无力反驳，而是由休谟从经验实证角度进行修正。未受贝克莱唯心主义干扰，明确坚持并系统化了唯物主义观念的，是法国的梅特里、狄德罗、爱尔维修和霍尔巴赫。他们对世界的物质性和物质的自然性进行了

---

① 霍布斯：《利维坦》，北京：商务印书馆1985年版，第308页。
② 洛克：《人类理解论》（下册），北京：商务印书馆1983年版，第618页。

分层次的系统论证。

其一，世界是物质的。

梅特里是从"人是机器"这一命题来展开论证的，他认为，人身的组织犹如一架细致、灵巧的机器，而人又是动物，或者是"一株能游行的植物"。他从人与机器、动物、植物的共同点中得出结论，"在整个宇宙里只存在着一个实体，只是它的形式有各种变化。"① 这个实体就是物质。"动物界的一切都取决于物质组织的不同：这就足够可以解释各种事物的谜和人类的谜了。我们看到，宇宙间只存在着一种物质组织，而人则是其中最完善的。"②

霍尔巴赫则更明确、概括地指出："宇宙，这个一切存在物的总汇，到处提供给我们的只是物质和运动。"③ 这是唯物主义基本观点的集中体现，以前的唯物主义者们往往是从具体层面论证物质，而霍尔巴赫则以概括性语言清楚地表达了自己的观点，并以此划清了唯物主义与自然神论和上帝主义的界限。进而他又对这个观点展开论证：

> 变化多端、以无穷无尽的方式组合的物质，不断接受并且传导各式各样的运动。这些物质的不同特性、不同组合、这样变化多端的活动方式（这些方式是活动的必然结果），给我们构成了事物的本质；由这样多样化的本质产生出这些事物所处的不同秩序、等级或体系，它们的总和就形成我们所称的自然。
>
> 所以，自然，从它最广泛的意义来讲，就是由不同的物

---

① 梅特里：《人是机器》，北京：商务印书馆1959年版，第73页。
② 同上书，第64—65页。
③ 霍尔巴赫：《自然的体系》（上卷），北京：商务印书馆1977年版，第9页。

质、不同的组合以及我们在宇宙中的不同的运动的集合而产生的一个大的整体。自然，狭义地讲，或是在每一个存在物内部加以观察的自然，乃是由本质，就是说，由于有别于其他存在物的一切特性、组合、运动或活动方式所产生的整体。因此，人也是一个整体。是由某些物质组合而成的，不过这些物质具有特殊的性质，它们的适当排列就叫做机体；而作为人这个整体的本质，则是感觉、思维、行动，一句话，是按照和他比较来看是有别于其他存在物的那种方式的活动。根据这个比较，人可以单独列入与动物不同的一种秩序、体系、类别里去，因为在动物身上看不到有和人相同的特性。各种存在物之不同的体系，或者，如果人们愿意这样说的话，它们的特殊本性，是依赖于那个大整体的总体系，是依赖于它们只是作为部分的那个普遍的自然的体系，凡是存在的事物必然与普遍的自然的体系联系着。①

其二，物质的属性。

对物质的属性，自然神论者也曾有过论证，但由于他们认为物质是上帝创造的，因此物质的属性也就带有"神性"，或者说是"神性"的物质化。狄德罗对自然神论进行了批驳，认为物质具有永恒性、广袤性、多样性、不可入性和运动性。"如果不坚持在自己的头脑中考察事物，而在宇宙中考察事物，就会信服现象的多样性，基本物质的多样性，力的多样性，作用与反作用的多样性，运动的必然性。"② 霍尔巴赫则以物质存在及其运动的原因来论物质的属性。"运动乃是物质的

---

① 霍尔巴赫：《自然的体系》（上卷），北京：商务印书馆1977年版，第10页。
② 狄德罗：《关于物质和运动的哲学原理》，《狄德罗哲学选集》，北京：商务印书馆1983年版，第118页。

存在、它的本质、它的诸如广延、重力、不可入性、形状之类物质原始属性的必然结果。"① 正是由于物质具有这本质的、基础的属性,所以才有不同的物质构成,也就有永恒的彼此倾轧、向中心运动、相遇相碰、吸引与排斥、聚合而又分散等按照每类物质及它们的每一种组合所特有的能力,并以不同的方式活动和运动。

其三,物质的运动。

对于物质的运动,法国唯物主义者进行了深入、系统的探讨。狄德罗专门写了一篇题为《关于物质和运动的哲学原理》的论文,他认为,一切物体都彼此互相吸引,各个物体的一切微粒也都彼此互相吸引。宇宙中的一切都在移动和"激动"(物体内部的运动)中,或者同时既在移动中又在激动中。他反驳了物质本身没有活动和力,运动只能借助于物质之外的力即神力才能运动的观点。指出,物质是以分子为活动单位的,使分子运动的力,或者来自分子之外,或者是分子内涵的、固有的力,分子具有火、水、硝石、碱、硫磺分子的本性,这些本性都会引起力,引起分子从内向外作用的活动,引起其他分子作用于它的活动。每一个分子都为三种活动所鼓动,即重力或引力的活动、其本性所固有的内部的力的活动、其他分子对它的活动。这三种活动可以是集合的,也可以是分散的。进而,他又批判了那些"坚决地设想物质静止"的人。"静止与运动的真正区别,就在于绝对的静止是一个抽象概念,根本不存在于自然中,而运动则是一种与长度、宽度和高度同样实在的性质。"②

---

① 霍尔巴赫:《自然的体系》(上卷),北京:商务印书馆1977年版,第23页。
② 狄德罗:《关于物质和运动的哲学原理》,《狄德罗哲学选集》,北京:商务印书馆1983年版,第114页。

霍尔巴赫则进一步明确"宇宙这个一切存在物的总汇,到处提供给我们的只是物质的运动。它的总体显示给我们的,不过是一条原因和结果的无尽而且没有中断的锁链。"① 以无穷无尽的方式组合的物质,不断接受并传导各式各样的运动。这些物质的不同特性、不同组合、变化多端的活动方式,构成了事物的本质,由多样化的本质产生不同的秩序、等级或体系,这就是自然。在宇宙中,一切都在运动。自然的本质就是运动。如果我们注意考察自然的各个部分,就会看到没有一个部分是停在绝对静止状态的。那些看来似乎没有运动的部分,事实上只不过是处在相对的或表面的静止中,它们正在感受着种非常细微而不显著的运动。一切仿佛静止的事物,实际上是绝没有片刻停留在同一状态的。一切存在物只是继续不断地、或慢或快地在产生、壮大、衰退和消亡。物体和重量,虽然总体上相对于我们像是静止的,但它们之中却有一种继续不断的作用和反作用、经常的努力、不间断的抵抗和冲动。

在自然里,一切都是处在不断的运动之中;自然的各个部分没有一个是真正静止着的;总之,自然就是一个活动着的整体,如果它不活动,或是在自然里没有运动,什么也不能产生,什么也不能保存,什么也不能活动,那么,自然也就不成其为自然了。所以,在自然的观念中必然包含着运动的观念。不过,人家也许要问我们:那么这个自然又是从哪里获得它的运动的呢?我们回答:既然自然是一个巨大的整体,在它之外什么也不能存在,因此自然只能从它本身得到运动。我们要说,运动乃是存在的一种方式,它是从物质的本质中必然产生的;物质由于它自己特

---

① 霍尔巴赫:《自然的体系》,北京:商务印书馆1977年版,第9页。

有的能而活动；它的运动产生于它所固有的力；而各式各样的运动以及由运动产生的各式各样的现象，是从原来就存在于以自然为其总体的不同的原始物质中的各种特性、性质和组合而来的。[①]

霍尔巴赫强调，尽管一些物体变坏了甚至消灭了，但对自然界来说却什么也没有丧失。一个物体在解体中的各种产物，就成了另一些物体的形成、增长、保守的元素、材料或基础。整个自然，由于物质之不可感觉的分子和原子或可以感觉的部分之永恒不断的流通、转移、交换和变更位置，才得以存在和保存。上帝主义和自然神论所推崇的上帝，"自从一坐上这宝座以来，就剥夺了自然的再生和活动的能力。"[②] 必须将上帝这个形而上学的产物从其宝座上推翻，确立物质的自然和自然的物质这个基本观点。

> 因此，让我们承认物质是由于自己而存在，由于自己的能力而活动并且是永远不会消灭的罢。让我们说，物质是永恒的，自然在过去、现在和未来，永远都在从事于产生、毁坏、制作和改作，遵守着从它必然的存在中所产生出来的种种法则。为要做成一切东西，它只需把在本质上各不相同的元素和物质配合一下就成了。这些元素和物质相吸引又相排拒，相冲突又相结合，相远离又相接近，相凝聚又相分开。自然就像产生种种没有感觉和思维的实体

[①] 霍尔巴赫：《自然的体系》（上卷），北京：商务印书馆1977年版，第18—19页。

[②] 霍尔巴赫：《自然的体系》（下卷），北京：商务印书馆1977年版，第148—149页。

那样，产生着植物、动物、人——这些有机的、有感觉而能思维的实体。所有这些东西，在它们各自的生存期间，就都按照一些不变的，由它们的特性、配合，相似性和不相似性、形状、质量、重量等所规定的法则而活动。这就是我们所看到的一切东西之真实来源；这就是自然如何由于自己的力量而能产生我们亲眼所见的一切结果，以及多样地作用于我们所具有的器官并根据这些器官之被感动的方式我们才能加以判断的一切物体。①

霍尔巴赫及其他唯物主义者的论证，充分地明确了物质的自然性和自然的物质性。进而，唯物主义者这个基础上进入其主题——人，首先，他们认为人是物质自然的演化结果，人是依循自然规律而存在的。

五、人是物质自然界的一部分

哲学家之所以要探讨、论说世界的本原，并不是因为他们真的对这个问题感兴趣，或者说有着高超的智能可以解答这个问题，而是要对他作为人对人生和社会关系作出符合他及其代表的群体（阶级、阶层、集团）利益的论证。世界本原问题不过是作为利益论证的前提。上帝主义者之所以将世界本原说成是上帝，并不是因为他们认知了上帝，或者对上帝有什么感情，而是因为他们的利益需要以上帝的名义来维护。上帝成了封建领主和僧侣们利益的集中体现，是他们的保护神。自然神论者则将上帝自然化，由此论证君主专制

---

① 霍尔巴赫：《自然的体系》（下卷），北京：商务印书馆1977年版，第149页。

和集权统治的合理性。唯物主义者之所以反对上帝主义和自然神论，原因不仅在于自然科学研究发现了更多的自然规律（直到今天，上帝主义的没落保守者依然用上帝造物来解释这些自然规律），而在于处于第三等级的资产阶级需要从物质自然来论证自己的利益。对此，梅特里有一段话说得很是清楚：

> 不要在无限里彷徨吧，我们生就不能对无限有丝毫的认识；对于我们，绝没有可能一直追溯事事物物的根源。况且，不管物质是永恒的，还是创造出来的，上帝是存在的，还是不存在的，我们都可以同样地过安静的生活。为了一个不可能认识的东西，为了一个即使认识了也不能使我们更幸福的东西而自寻苦恼，这是一个多么愚蠢的事！[①]

正是以自然物质为大前提，资产阶级的哲学家才有了反对以上帝为根据的封建统治和以自然神（天命）为根据的集权专制的根据：既然世界本原是自然的物质，那么人也就是自然物，是自然物质的一部分，每个人的权利和地位从自然论都应是平等的，其不平等取决于个体的构造及其主观努力。唯物主义者也是精英主义者，不过他们认为精英是源于个人的先天构造和后天努力，而非上帝主义所主张的精英来自血统。唯物主义也主张由精英者统治非精英者，但认为这种统治是自然规律、自然秩序所决定的。

正是出于上述原因，霍布斯首先提出了人与动物一样，都是类似机器的物质存在，而"国民的整体"或"国家"，也是一架庞大的机器。

[①] 梅特里：《人是机器》，北京：商务印书馆1959年版，第47—48页。

由于生命只是肢体的一种运动，它的起源在于内部的某些主要部分，那么我们为什么不能说，一切像钟表一样用发条和齿轮运行的"自动机械结构"也具有人造的生命呢？是否可以说它们的"心脏"无非就是"发条"，"神经"只是一些"游丝"，而"关节"不过是一些齿轮，这些零件如创造者所意图的那样，使整体得到活动的呢？艺术则更高明一些：它还要模仿有理性的"大自然"最精美的艺术品——"人"。①

霍布斯的这个命题被梅特里所发挥，形成了"人是机器"的著名论断。梅特里认为，人是动物的一种，是一架结构复杂的机器，体质决定人的精神、性格、风俗。他从疾病、死亡、睡眠、心情、环境、血液循环，以及鸦片和酒、咖啡对人的刺激等各个方面论证"人是机器"这一命题。指出：

人体是一架会自己发动自己的机器：一架永动机的活生生的模型。体温推动它，食料支持它。没有食料，心灵便渐渐瘫痪下去，突然疯狂地挣扎一下，终于倒下，死去。这是一支蜡烛，烛光在熄灭的刹那，又会疯狂地跳动一下。但是你喂一喂那个躯体吧，把各种富于活力的养料，把各种烈酒，从它的各个管子里倒下去吧；这一来，和这些食物一样丰富开朗的心灵，便立刻勇气百倍了，本来一杯白水吃得他要临阵逃跑的那个兵士，这会儿变得慓悍非凡，应着战鼓的声音，迎着死亡，勇往直前了。这就叫做冷水浇得定下来的血，热水又使它沸腾起来。②

---

① 霍布斯：《利维坦》，北京：商务印书馆1985年版，第1页。
② 梅特里：《人是机器》，北京：商务印书馆1959年版，第20—21页。

梅特里又从食物、疾病、年龄、相貌、天气、气候、社会关系等对人的影响来说明人是自然的动物。进而他从内脏、脑、各器官的构造等方面探讨了人与动物的异同，指出："人是什么呢？只是一种自成一类的动物而已，他所具有的自然本能远不及其他动物多，因之那时候他并不以万兽之王自命。"[①] 人比其他动物强的地方是有了词汇、语言、法律、科学、艺术等，而这些都是经过教育、培训，并经过脑形成观念，指导人的行为。"如果脑子构造得很好，同时又受到很好的教育，那么它就是一块肥沃的并且很好的播了种的土地，将会百倍地把它所接纳到的又重新生产出来。"[②]

梅特里所依据的，还是当时很初级的关于人体和自然的知识，但在他所论证的层面，就已经能比较充分地说明"人是机器"这个命题，论证了人的心灵与脑和身体组织的关系，否定了"上帝造人"的命题。

> 心灵的一切作用既然是这样地依赖着脑子和整个身体的组织，那么很显然，这个作用不是别的，就是这个组织本身：这是一架多么聪明的机器！因为即使唯有人才分享自然的法则，难道人因此便不是一架机器么？比最完善的动物再多几个齿轮，再多几条弹簧，脑子和心脏的距离成比例地更接近一些，因此所接受的血液更充足一些，于是那个理性就产生了；难道还有什么别的不成？有一些不知道的原因，总是会产生出那种精致的、非常容易受损伤的良知来，会产生出那种羞恶之感来，而后者距离物质还没

---

① 梅特里：《人是机器》，北京：商务印书馆1959年版，第31页。
② 同上书，第37页。

有思想距离物质远,总之,会产生出人们在这里所假定的一切差别。那么组织便足以说明一切么?是的,我再说一遍,组织足以说明一切。因为既然思想是很明显地随着器官的发展而发展起来的,那么,那造成器官的物质当随着时间的进展而一旦获得了感觉的功能的时候,为什么不同样可以感受羞恶的感情呢?①

在梅特里的已有基础上,霍尔巴赫系统论证了人的自然物质属性,说明人是自然的一部分。他指出,在以自然为总汇的众多存在物中,人占有一个位置。人的本质,即使他有利于其他事物的那个存在方式,使他具有不同的活动或运动方式。人的运动,有些是单纯的、明显的,有些是复杂的、隐藏的。"人的生命,不过是长长的一系列必然的、互相联系的运动。"② 作为这些运动根据的,包括内外两方面原因。内在的原因是组成人身体的固定和流动的物质,如骨、肉、血液、神经等;外部原因是从外部作用于人,并以各种方式影响、改变人存在的各种物质,如空气、食物及刺激人感官的"一切东西"。与所有生物一样,人努力保持自己的生存,反抗破坏,经受惰力影响,具有自己的重心,被与他同类的东西所吸引,被同他相反的东西所排斥,他追求一些东西,逃避或躲开另外一些东西。

> 人这部机器的活动方式——外观的也好,内在的也好,无论它们看起来或实际上是多么神妙、多么隐蔽、多么复

---

① 梅特里:《人是机器》,北京:商务印书馆1959年版,第62—63页。
② 霍尔巴赫:《自然的体系》(上卷),北京:商务印书馆1977年版,第60页。

杂，如果仔细加以研究，我们就会看出，人的一切动作、运动、变化、各种不同的状态、变革，都是经常被一些法则所支配的。自然为万物制定了这些法则，它使它们发展，丰富它们的机能，使它们长大，保存它们一个时期，最后使它们改变形态，以消灭或解体告终。[1]

霍尔巴赫指出，人起初不过是一颗看不见的微粒，这颗微粒在适宜它的子宫中不断吸取了与其相类的、一起组合、同化的物质，由此而发展、伸张、生长起来，经过一定时期的保存、发展，使这部机器的幼弱胚芽变成了人，一个能感觉、能思维的活生生的动作着的物体。这个物体凭着自己内部完成的不断吸引作用和组合作用，逐渐地使没有感觉的、没有生命的物质变成其营养和滋补，形成生命的整体，能感觉、能判断、能推理、能愿欲、能考虑、能选择、能不同程度地致力于自身的保存与和谐。在人从生到死的过程中，所经历的不过是一系列必然的、符合于一切自然物体所共同遵守的法则的原因与结果罢了。他所做的一切以及在他内部所发生的一切，都是惰力、他自身的重力作用、吸引与排斥的物质、自我保存的倾向，都是"一切存在物所共同具有的那种能力的结果。"[2] 这个能力，只是在人那里是以一种特殊的、出于人的特殊本质所表现出来的特殊方式。

> 经验将要指示我们，在人身上，也和在一切对我们起作用的东西里面一样，存在的只不过是富有种种不同特性

---

[1] 霍尔巴赫：《自然的体系》（上卷），北京：商务印书馆1977年版，第61页。

[2] 同上书，第62页。

的物质，这物质被多式多样地组合着，被多式多样地改变着，而且根据自己的特性而活动。一句话，人是一个由各种不同的物质组成的有机的整体；与自然的其他一切产物一样，他遵守一般和已知的法则，同样他也遵守他自己的特殊的、未知的法则或活动方式。

因此，如果有人问：人是什么？我们就可以说：人是一种物质的东西，他的组织或构造使他能够感觉、思维，能够以对他自己、对他的机体、对聚集在他身上的物质之特殊组合才是适宜的方式去接受种种变化。如果有人问我们：人类的起源是什么？我们就可以说：像其他一切存在物一样，人乃是自然的一种产物，有些方面，他与其他产物相似而服从同一的法则，有些方面，他又与别的产物不同而遵守特殊的法则，这些特殊的法则是被他的机构的多样性所决定的。①

对于人类的起源，霍尔巴赫及他以前的唯物主义者都因当时自然科学知识的不足，未能得出明确的规定，但他从人是自然物质的一部分这个命题出发，认为人是自然在一定时间内完成的产物，是地球所特有的，因而人的产生只能在地球形成以后开始，是支配地球的特殊法则的结果。不管人们采取怎样的假定，人和植物、动物都是其在地球上所处特殊地位和环境的产物。随着自然科学的发展，在霍尔巴赫上述论说之后大约八十年左右，达尔文的生物进化论说明了人类的起源，从而更为充实地证明了人是自然物质的一部分这个唯物主义命题。

---

① 霍尔巴赫：《自然的体系》（上卷），北京：商务印书馆1977年版，第67页。

六、意识是物质的人所具有的特殊功能

意识与存在的关系作为哲学的基本问题,是由自然神论者提出的,是他们批判上帝主义的重要环节。自然神论者依然将这个问题归结于神,是自然的神或神的自然,作为存在和意识的共同根源,这样就可以说明意识与存在的关系了。但是神又是什么?是最基本的存在吗?这个存在又如何能够证明?而存在的主体是神还是物质,它又怎样形成意识?这些问题都是自然神论者所不能回答的,或者说只是用神造自然这个先验性命题以不变应万变的。正是不满足于自然神论者对上述问题的解答,唯物主义者进一步以人是物质的特殊形式,意识是人这个特殊物质体所具有的特殊功能这个基本点上,论说了意识与存在的关系,从而为进一步探讨人的社会存在、利益、关系等确立了一个新的前提。

自然神论者大都强调人意识的主观能动性,或者强调从感觉和经验认知自然,或者强调理性思维能够揭示对象的本质和规律。前者被称为经验主义,代表人物是培根;后者被称为理性主义,代表人物是笛卡尔。培根主张知识和观念起源于感性,"全部解释自然的工作从感官开始,是从感官的认知途径由一条径直的、有规则的和防护好的途径以达于理解力的认知,也即达到真确的概念和公理。"[1] 感官得到的表象愈丰富和愈精确,认识的过程就有充分的根据。除了"自然发生"的经验,还应有"有意寻找"的经验,即实验,来为理性认知提供依据。培根提出了他关于理性认知的"真正的归纳法",将归纳分为三步:一是在实验和观察的基础上,用拒绝和排斥的办法分析自然、占有足够的材料;二是对材料的

---

[1] 培根:《新工具》,北京:商务印书馆1984年版,第216页。

整理，并将相关材料列入"具有表"、"接近中的缺乏表"、"程度表"；三是"真正而适当的归纳"，排斥那些偶然相关的性质，得出肯定的、坚固的、真实的并以明确定义表示的结论。笛卡尔则强调理性，他将获取"明白清楚"的知识作为认识的目的，为此他提出了怀疑、分析和演绎的方法。怀疑的方法是消除感觉中的偏见，以求达到确实可靠的知识；分析的方法由果及因，尽可能把问题分成细小部分，一直到适于解决的程度为止；演绎则是把研究的对象排列次序，从简单自明的对象规定一般公理，然后再推导其他命题。作为自然神论者，笛卡尔还主张"天赋观念"，从而引起洛克的批判。

培根代表的经验论和笛卡尔代表的理性论，都是对旧认识论的突破，但由于方法的差异，二者也有诸多分歧和论争，这些论争暴露了自然神论的根本缺陷，即将认识的根据和来源都归结于他们自己也说不清楚的神上。唯物主义者承继了自然神论者在认识论上的成就，并克服了其以神作为根据的错误，从物质的自然性这个基本观点出发，进一步解答了意识的来源与根据问题。

霍布斯认为，每一种思想都是我们对身外物体的"某一性质或另一种偶性的表象或现象，"他将这种身外物体通称为"对象"，它对人类的眼、耳和其他部分发生作用，由于作用各有不同，所以产生的现象也各自相异。人类关于事物的概念都是由感觉中产生的。

> 感觉的原因就是对每一专司感觉的器官施加压力的外界物体或对象。其方式有些是直接的，比如，在味觉和触觉等方面便是这样；要不然便是间接的；比如，在视觉、听觉和嗅觉等方面便是这样。这种压力通过人身的神经以及其他经络和薄膜的中介作用，继续内传而抵于大脑和心

脏，并在这里引起抗力、反压力或心脏自我表达的倾向，这种倾向由于是外向的，所以看来便好像是外在之物。这一假象或幻象不是人们所谓的感觉。对眼睛说来这就是光或成为形状的颜色，对耳朵说来这就是声音，对鼻子说来这就是气味，对舌和腭说来这就是滋味。对于身体的其他部分说来就是冷、热、软、硬和其他各种通过知觉来辨别的性质。一切所谓可感知的性质都存在于造成他们的对象之中，它们不过是对象借以对我们的感官施加不同压力的许多各自不同的物质运动。①

霍布斯的上述论断可以说是认识论历史上的一大转折，他第一次清楚地说明感觉来源于外界物体对感官施加的压力，而一切可感知的性质都存在于它们所造成的对象之中，是对象借以对人的感官施加不同压力的各自不同的物质运动。尤为重要的是，霍布斯否定了上帝造人造物的观念，强调人是物质世界的一部分，人的感觉不过是特殊物质的人对外部物质运动的反映。

洛克更为系统地论证了经验主义认识论。他在《人类理解论》中，从批判"天赋观念论"出发，提出了著名的"白板说"。"天赋观念论"是自然神论者笛卡尔提出的，他认为人类的基本知识是先天赋予的，并不借助感觉和经验，而且是分析整理感觉和经验的基础条件。洛克对此提出异议，他认为人心中并没有天赋的原则和观念，在没有感觉和经验之前（如初生婴儿）的心理状态就像一张白板或白纸，上面没有任何字迹，即没有任何观念。只有经受感觉和经验，才能形成知识和观念。

---

① 霍布斯：《利维坦》，北京：商务印书馆1985年版，第4—5页。

一切观念都是由感觉或反省来的——我们可以假定人心如白纸似的，没有一切标记，没有一切观念，那么它如何又有了那些观念呢？人的匆促而无限的想象既然能在人心上刻画出几乎无限的花样来，则人心究竟如何能得到那么多的材料呢？他在理性和知识方面所有的一切材料，都是从哪里来的呢？我可以一句话答复说，它们都是从"**经验**"来的，我们的一切知识都是建立在经验上的，而且最后是导源于经验的。我们因为能观察所知觉到的外面的可感物，能观察所知觉、所反省到的内面的心理活动，所以我们的理解才能得到思想的一切材料。这便是知识的两个来源：我们所已有的，或自然要有的各种观念，都是发源于此的。①

洛克关于观念来源于感觉和反省的心理活动的思想，常被后来的唯物主义者，特别是苏联和中国哲学史研究者指责为"二元论"，认为前者是唯物主义的，后者是唯心主义的。这有一定道理，洛克关于反省的心理活动的论述，带有一定的"天赋"成分，并被贝克莱钻了空子，但据此指责主张反省的心理活动观念的来源之一就是唯心主义也未免过分。在实际的认识过程，心理活动发挥着接收器的功能，感觉与反省是统一的。心理活动也是物质运动，是人这个特殊物质存在体的特有功能。洛克注意到了这一层，但他的表述并不清楚，因而引起误读。洛克的这种深刻但不明确的见解，引发了唯心主义，并导致法国唯物主义者在批判自然神论和唯心主义的过程中，进一步探讨了意识来源于物质运动这个命题。

梅特里在《人是机器》中明确指出，人的观念来自于他特殊的

---

① 洛克：《人类理解论》（上册），北京：商务印书馆1959年版，第68页。

身体构造，特别是大脑和各种感官对外界事物的反映。

> 正像提琴的一根弦或钢琴的一个键受到振动而发出一个声响一样，被声浪所打击的脑弦也被激动起来，发出或重新发出那些触动它们的话语。但是，正如脑子这个器官的构造是这样的，只要视觉结构健全的眼睛一接受到事物的形色，脑子便不能不呈现出事物的影像和相互间的区别，同样情形，只要脑子里一刻画出这些区别的符号，心灵也就必然检别出这些区别之间的种种关系了；如果没有符号的发现或语言的发明，心灵是不可能作出这种检别的。①

他关于"人是机器"的观点是解决认识来源的基础，由此出发，他认为心灵的一切作用都是依赖着大脑和整个身体的组织，它们是我们一切感觉、快乐、情绪、思想的来源。他推测，"正像我们的腿有它的用来走路的肌肉一样，我们的脑子也有它的用来思想的肌肉。"② 在大脑的"神经起源的地方"，存在着作为运动始基的灵魂，"它通过神经，对身体的其余部分行使着权力。"③ 这些推测虽还未有科学的实验予以证明，但却足以表明梅特里在唯物主义基本观念上对认识论的努力探求，这种探求在狄德罗和霍尔巴赫那里得以继续并取得进一步成就。

狄德罗假设感受性是物质的一种普遍的基本性质，以此来论证意识、观念来源于物质，是物质的特殊运动形式的表现。这种感受性集合于动植物的机体组织中，分为活跃和迟钝两种，前者表现在

---

① 梅特里：《人是机器》，北京：商务印书馆1959年版，第32—33页。
② 同上书，第56页。
③ 同上书，第57页。

动物上，后者表现在植物上。他的假设是从动物到植物，从植物到土壤矿物推论的，在表述时又反过来，例如，将大理石捣成极细的粉末掺进腐殖土里，经过一段时间就变成了粪土，在粪土中种植蔬菜，蔬菜为人所食用，变成肌肉和人的各种器官，这些器官就可以感觉和记忆。他将人的器官的纤维比作一些"有感觉的振动的弦子"，弹它时会引起震荡、回响。

就是这种震荡，这种必然的回响，在保持对象的继续呈现，同时理智正在注意适合这个对象的性质。但是振动的弦还有另一种特性，就是使别的弦也振动起来；就是像这个样子，第一个观念唤起第二个观念，这两个观念又唤起第三个，这三个合起来又唤起第四个，这样一直下去，没有人能够划定哲学家静静地暗中沉思默想时心中所唤起、所联想到的那些观念的限度。①

哲学家乐器是有感觉的；他同时既是音乐家也是乐器。作为一个有感觉的东西，他对于他所作出的声音有当下的意识；作为一个动物，他有对这个声音的记忆。这种有机的能力把自己内部的那些声音联系起来，便在自己内部产生出和保持着旋律……我们就是赋有感受性和记忆的乐器。我们的感官就是键盘，我们周围的自然弹它，它自己也常常弹自己；依照我的判断，这就是一架与你我具有同样结构的钢琴中所发生的一切。首先有一个印象，它的原因是在乐器的内部或外部，然后一个感觉从这个印象中产生，并且持续一个时候；因为我们无法想象感觉是在一个不可

---

① 狄德罗：《达朗贝和狄德罗的谈话》，《狄德罗哲学选集》，北京：商务印书馆1983年版，第128页。

分的瞬间产生和消灭的；然后又有另一个印象随之而来，它的原因也同样是在动物的内部和外部；然后又有第二个感觉和一些语音出现，用一些自然的声音或约定的声音表示出它们。①

上述说法似乎显得粗浅，但却表明狄德罗正在探索一条解决意识来源的唯物主义路线，即将意识作为物质运动的一种特殊形式，而这种特殊形式又必然地集中于人这个特质形态上。比梅特里进步的地方在于，狄德罗在自然科学还不够发达的条件下，努力寻找从普通物质到特殊物质人的内在联系，由此论证人的感觉、经验、观念乃至情绪等的物质根据。

唯物主义的认识论在霍尔巴赫那里得到了充分的论证，他汇合霍布斯以来各位唯物主义者的思想，并在对自然神论的批判中形成了对意识产生的根源及感觉与理性的关系等比较系统的认识。

在活着的人里面，我们看见的第一种机能——其他一切机能都是从它产生出来的，就是感觉。不管这种机能乍一看去是多么不可解释，如果我们对它仔细加以考察，便会发现，一如引力、磁力、电力等等之产生于某些其他事物的本质或本性一样，感觉乃是有机物之本质与特性所产生的一种结果，并且我们还看到，上面这些现象和感觉的一些现象是同样不可解释的。不过，如果我们想要对它形成一个明确的观念，就会发现，感觉乃是这样一种被触动的特殊形式：它是有生命的物体的某些器官所特有，因作

---

① 狄德罗：《达朗贝和狄德罗的谈话》，《狄德罗哲学选集》，北京：商务印书馆1983年版，第129页。

用于这些器官的物质客体的出现而引起,这些器官的运动或震动便传达于脑。我们借助于散布在全身的神经才能感觉,所以说,我们的身体不过是一根大的神经,或者,它像一棵大树,它的细枝感受到由树干传达而来的树根的活动。在人体里面,神经汇集于脑而又在脑中消失;这个器官乃是感觉的真正中心;感觉,就像我们看见悬在网心的那个蜘蛛一样,把蛛丝或细丝布遍躯体的最末梢,很迅速地接获一切明显变动的报告。经验给我们证明,如果身体与脑的交通被阻断,人身体的各部分便停止感觉;当这个器官本身被扰乱或刺激得太厉害的时候,它就感觉得不太灵活,或完全不再有感觉了。[1]

这是霍尔巴赫关于认识论的基本点。感觉既是人的第一种机能,也是基本的认识活动,人类意识的各种形式,都由感觉而生发。他批驳了认为感性是物质普遍性质的观点,指出物质分为两种,一是粗糙而无感觉的,二是特别的动物组合的结果。二者之间是可以转化的,如面包、牛奶、葡萄酒变为人的血肉,这种转化就使其有了感性,而人死后其血肉又转化为无感觉的物质。人和动物一样都有感觉,其原因就在于"一大堆筋络和神经,联合在一个共同中心,时时准备着活动,彼此互相连结。"[2] 在人体这样复杂的一部机器中,各个部分都与脑连接,对于人体各个部分的冲击,全部汇集于脑,并作出反应。认识的第一个环节是感觉,第二个环节是知觉,即感觉到的变化为内部器官所知,第三个环节是观念,即内部器官把这

---

[1] 霍尔巴赫:《自然的体系》(上卷),北京:商务印书馆1977年版,第86—87页。

[2] 同上书,第88页。

些变化联系到产生变化的对象。"任何感觉只不过是给予我们器官的一个振动；知觉就是传到脑子的这个振动；观念则是对于使感觉和知觉得以产生的那个对象的影像。"①

霍尔巴赫提出了人的"能动性"这个范畴，能动性源于人的机体组织，机体组织的差异导致能动性的差异，能动性的差异表现于人肉体和精神或理智方面。"精神、感觉、想象、兴趣等，就是由于这或大或小的能动性产生的。"② 人的认识都是因外部事物作用于感官而形成的。眼睛具有视觉，人体的外皮形成触觉，鼻子形成嗅觉，口产生味觉，耳朵形成听觉。眼、皮、鼻、口、耳这些感官，都是与脑相连的。脑与各器官的连续不断的改变，使刺激感官的那些事物所产生的结果又变成了原因，形成了思维、反省、记忆、想象、判断、意志等活动。这些活动在上帝主义和自然神论者那里，是以灵魂、精神等来表示，并说成是"一个具有一种未知本性的实体"，它单纯、不可分、没有广延、不能被感官所把握。灵魂是神秘不可知的，因此被称为神或上帝赋予的。霍尔巴赫集中批判了这种观点，指出：

> 灵魂只不过是物质运动的体现，只有物质能作用于我们的感官，没有感官，就没有什么东西能被我们认识。他们丝毫没有看到，一个没有广延的东西是既不能自己运动，也不能把运动传导给物体的，因为这些东西，既然没有部分，它就不可能改变和其他物体之间的距离的相对关系，也不可能在物质的人体之内引起运动。我们叫做灵魂的这

---

① 霍尔巴赫：《自然的体系》（上卷），北京：商务印书馆1977年版，第91页。

② 同上书，第91—92页。

个东西，同我们一起运动；而运动乃是物质的一种性质。这个灵魂使我们手臂运动；而我们由于灵魂而运动起来的手臂，则造成一个遵守运动的一般法则的冲击，这样，如果力量不变，而质量加倍，那么，这个冲击也将会大一倍。再有，这个灵魂，在它从肉体那方面感受到的种种不能克服的困难中，也表现出自己是物质的。①

一切理智的机能，即人们归之于灵魂的一切活动方式，"都可以归之由于运动在脑中所产生的一些改变、一些存在方式和一些变化，"②脑是感觉的中心，也是人一切活动的本原。人的活动受欲望驱动，而欲望正是被对象所决定的意志的表现，是内部器官的一些变化。欲望转达于脑，并由脑支配人为满足欲望采取行动。

霍尔巴赫充分而系统地论证了唯物主义的认识论，不仅对自然神论和上帝主义予以清楚的批判，还从认识论证明了唯物主义的基本观点，并为进一步探讨人的社会存在、利益、关系创造了前提。

七、人的存在与利益

哲学的核心在于论证人的存在和社会关系，上帝主义如此，自然神论如此，唯物主义也如此。虽然哲学家们会从世界本原论起，而且在世界本原上还会有诸多分歧，但其目的都在论证自己所代表的那部分人（阶级、阶层、集团）在社会中应占主体地

---

① 霍尔巴赫：《自然的体系》（上卷），北京：商务印书馆1977年版，第76页。
② 同上书，第97页。

位。所谓世界本原问题,不过是作为其作为社会主体存在和利益的论据。唯物主义将人规定为物质世界的一部分,从人是特殊的物质来论人的存在,从人的感觉来规定人的利益,从物质的人的构造和行为来规定人的自然权利,进而从自然权利来论人的社会关系。

霍布斯认为,人是自然物质的特殊形式,处于物质运动的链条之中,人的活动从属于动物的活动,是物质运动的一种形式。

> 动物有两种特有的运动。一种被称为生命运动,从出生起就开始,而且终生不间断;如血液的流通、脉搏、呼吸、消化、营养、排泄等过程便属于这一类。这种运动无需构想帮助。另一种运动是动物运动,又称为自觉运动;按照首先在心中想好的方式行走、说话、移动肢体等便属于这类运动。感觉是人类身体的器官和内在部分中的运动,是由我们所看到或听到的事物的作用引起的。幻象是这类运动在感觉之后所留下的痕迹。①

人的存在是运动的,或者说运动就是作为物质的人的存在方式,不论生命运动还是自觉运动,其根据都是物质。而自觉运动的"觉",就是由外部事物对人体器官的作用引起的。映象是自觉运动最初的内在开端,进而表现为意向。当意向朝向引起它的某种事物时,就是欲望或愿望,而当意向避离某种事物时,就称之为嫌恶。欲望和嫌恶有些是与生俱来的,如对食物的欲望,排泄和排除的欲望——也可以说是对体内所感到的某些事物的嫌恶。还有的欲望是由经验而来的,有的嫌恶则不仅来自经验所知道的曾有损于自身的

---

① 霍布斯:《利维坦》,北京:人民出版社 1985 年版,第 35 页。

事物，还包括未经验是否有损害的事物。欲望引起的运动，从其表象说就是高兴或愉快，它是生命运动的一种加强和辅助，嫌恶的事物由于阻挠和干扰生命运动而被称为烦恼。霍布斯进而列举了与愉快和烦恼相关的感受与心态，包括：快乐、痛苦、悲伤、希望、失望、畏惧、勇气、愤怒、自信、不自信、义愤、仁慈、善意、贪婪、野心、怯懦、豪迈、勇敢、刚毅、大方、可怜、寒酸、爱、亲切、情欲、咏味、爱情、激情、嫉妒、报复、好奇心、宗教、迷信、恐慌、欣羡、自荣、沮丧、虚荣、笑、哭、羞愧、赧颜、厚颜、怜悯、共感、同情、残忍、竞赛、斟酌、意志、意愿、自愿的行为、外观的善、外观的恶、成功、福祉等。难得霍布斯的精明与细致，将人如此多的心态及其与感觉，进而与物质运动的内在联系揭示出来！而他这样做，目的就在于说明人的物质性及其存在的运动性，并以此为基础，规定个体人利益。运动的人的各种感受和心态，基本上就是两点：爱与憎。正是爱与憎形成了人的利与害，趋利避害就构成个人的基本利益。

洛克也从人的感觉论证人的存在及其利益。他认为，在由感觉和反省得来的观念中，痛苦和快乐是两个很重要的观念。人们借助于经验，得出善恶的意识，即反省自己心中所感到的不外是对我们心上所起的各种作用。

善、恶是什么——事物所以有善、恶之分，只是由于我们有苦、乐之感。所谓善就是能引起（或增加）快乐或减少痛苦的东西；要不然它亦能使我们得到其他的善，或消灭其他的恶。在反面说来，所谓恶就是能产生（或增加）痛苦或能减少快乐的东西；要不然，就是它剥夺了我们的快乐，或给我们带来痛苦。我所谓苦乐是兼指身、心二者的，就如普通所分的那样。不过正确来说，它们只是人心底各种不同的组织；只是这些组织有时为身体底秩序所引起，有时为人心底思想所引起罢了。①

快乐和痛苦是人的基本感觉，而不同的外界事物作用于人的感官，就会产生相应的心理变化和情感，这包括：爱情、憎恶、欲望、欢乐、悲痛、希望、恐惧、失望、愤怒、妒忌、羞耻等，这些情感，对于有感觉能力的特殊物质存在形式的人来说，就是其利益的根据。

梅特里虽然没有直接论及人的利益，但他关于"人是机器"的命题，为法国唯物主义者从感觉论人这种特殊动物的利益提供了必要前提。爱尔维修明确地将人的幸福作为哲学的对象，他试图像建立实验物理学那样建立伦理学，以阐明人类幸福的含义和获得幸福的手段。他认为，人类到世界上，只带着感受的能力，即肉体的、生理的、物理的感受性，理智的能力是从感受能力发展出来的。这种观点，他是依据对婴儿成长过程的考察得出的，婴儿根本没有什么天赋观念，人的感觉源自肉体，观念是对感觉的集合与提升。而基本的观念，就是基于感受的愉快和痛苦，人的利益也就由此而生，即趋向或追求愉快，回避痛苦。趋乐避苦是人的本性，也是人的基本利益，各种具体的利益都是建立在这个基本利益之上的。

爱尔维修将趋乐避苦的基本利益归结为"自爱"，或自我保存。他指出："自然从我们的幼年起就铭刻在我们心里的唯一情感，是对我们自己的爱。这种以肉体感受性为基础的爱，是人人共有的。不管人们的教育多么不同，这种情感在他们身上永远一样：在任何时代，任

---

① 洛克：《人类理解论》（上册），北京：商务印书馆1959年版，第199页。

何国家，人们过去、现在和未来都是爱自己甚于爱别人的。"① 他进而从自爱来论利益，认为"利益在世界上是一个强有力的巫师"，② 是个人行为和社会发展的动力。"如果说自然界是服从运动的规律的，那么精神界就是不折不扣地服从利益的规律的。"③ 人由于自爱本性首先追求个人利益，"个人利益是人们行为价值的唯一而且普遍的鉴定者；因此，与一个人相联系的正直，按照我的定义来说，无非就是对这个人个人有利的行为习惯。"④ 而团体利益和公共（国家）利益无非是个人利益的集合，是对个人利益的维护或从总体上予个人以利益。道德是个人对总体性的团体、国家利益的认知，即认识到其与个人利益的统一后所采取的对他人和国家的意识与行为方式。

在概括以前唯物主义者观点的基础上，霍尔巴赫明确而系统地论证了唯物主义关于人的存在、运动、感觉与利益的关系。他认为，人作为一种特殊的物质存在，其运动除了生理上的不能由人的思想操控的活动外，还有由思想、理智、精神、灵魂等操控的运动，这些运动正是人的存在特殊性的表现。在人体的构造中，脑是神经的中心，而神经是感觉的接收和反映器官，它们所受外部事物的刺激及对身体各器官的感受，都要汇合到脑，由脑产生反作用，使各个器官动起来，或是对外部有所反应，或是作用于自己。人的存在就由此形成利益。也可以说，正是在大脑汇合各器官的感觉的基础上，形成对利益的意识。

人的利益源自其存在，而保持存在也就成为每个人的基本利益。

---

① 爱尔维修：《论人的理智能力和教育》，《十八世纪法国哲学》，第501页。
② 同上书，第460页。
③ 同上。
④ 同上。

人在以自然作为总汇的众多存在物中，占有一个位置。他的本质，就是说，使他有利于其他事物的那个存在方式，使他能具有不同的活动或运动方式；这些运动，有些是单纯的、明显的，有些是复杂的、隐藏的。人的生命，不过是长长的一系列必然的、互相联系的运动。作为这些运动的根源的，或者是包含在他自身之内的一些原因，例如，他的血液、他的神经、他的筋络、他的肉、他的骨，一句话，组成他的全体或身体的那些坚固的和流动的物质；或者，是作用于他、以各种方式改变着他的那些外在原因，例如，他周围的空气，使他得到营养的食物，以及不断刺激他的感官因而在他内部产生不断变化的一切东西。

和所有的存在物一样，人努力于保持自己既得的生存，反抗对它的破坏，经受惰力影响，具有自己的重心，被同他相类的东西所吸引，被同他相反的东西所排斥，他追求一些东西，他逃避或躲开另外一些东西。①

人为了保持自己既得的生存，反抗对他的破坏，将感官所受外界事物的作用及人体生存的内在活动形成的感觉，汇合于脑，脑对之进行的思考，得出知觉和观念，并作出判断：可爱或可厌、有利或有害。进而形成欲望，"欲望不外是被对象所决定的意志的活动"②，这些活动是因人的存在方式与对象是否相似或相容由气质力量而驱使意志运动起来的。"欲望就是内部器官的一些存在方式或变

---

① 霍尔巴赫：《自然的体系》（上卷），北京：商务印书馆1977年版，第60—61页。
② 同上书，第96页。

化,内部器官是受对象的吸引或排斥的,因此,它也是以自己的方式服从于吸引力和排斥力的物理法则的。"① 使人活动起来的那个内在器官的状况或变化,叫做精神、贤明、善良、谨慎、德行等。人依据其所具有的能力来创造经验、回忆往事、预知结果、避开于己有害的事物、获取有利于自身保存、有利于我们的肉体活动和精神活动所追求的幸福的种种事物,就构成理性,而理性又成为利益的依据。利益的核心内容就是幸福。

幸福是一种存在方式,一种我们希望它延续不断,或我们愿意在它之中长久生存下去的存在方式。幸福的大小是按其延续时间的长短和强烈程度而定的。最大的幸福就是最能经久不渝的幸福;暂时的或历时不长的幸福叫做快乐。快乐越是强烈,便越容易消逝,因为我们的感官只能容受一定数量的运动;凡是超过这数量的快乐就变成痛苦,或变成一种难堪的存在方式,一种我们渴望它赶快中止的存在方式,这就是为什么快乐和痛苦往往只是一纸之隔。②

个人的利益往往是相冲突的,为了追求本人的幸福,经常会发生损害他人幸福的情况。为此,必须明确社会的普遍利益,并以法律加以规定。普遍利益就是"绝大多数公民的利益",他们也是因为这些利益才结合起来的。普遍利益是自由、所有权和安全。

自由,就是为了自己的幸福可以去做凡是无损于其他

---

① 霍尔巴赫:《自然的体系》(上卷),北京:商务印书馆1977年版,第96页。
② 同上书,第112页。

社会成员的一切事物的能力；每个个人，既然结合在一起，他就抛弃了自己的可能损及他人自由的自然的自由的一部分。有害于社会的自由的行为叫做放肆。所有权，就是享受劳动和技能给予每个社会成员的利益的能力。安全，则是每个成员只要忠实履行他和社会的契约，就应在法律保护下享有自己人身和财产的一种确实性。①

这样，霍尔巴赫就从唯物主义的基本观念论证了人的存在及其个人利益，以致普遍利益，由此得出对人的社会关系的唯物主义规定。

恩格斯曾对"旧唯物主义"的历史观做过这样的评价：它本质上是实用主义的，"它按照行动的动机来判断一切。"据此，他认为，"旧唯物主义在历史领域内自己背叛了自己，因为它认为在历史领域中起作用的精神的动力是最终原因，而不去研究隐藏在这些活动后面的是什么，这些动力的动力是什么。"② 苏联和中国的"马克思主义者"就据此判定英、法两国的唯物主义者在历史观上是唯心主义的——这种观念表现于几乎所有哲学教科书和哲学史的著述中。

从动机来判断人的行为就是唯心主义吗？世界上哪一个活人不是以动机来支配行为的？从霍布斯到霍尔巴赫，几乎所有唯物主义者都把人的动机归结于趋利避害，而趋利避害又是根据脑这个特殊物质体对作用人身体的外物及人生存的内在需要的感觉所形成的观念，即动机来源于存在，而人的存在的动力又在于物质的运动。在这个问题上，并没有唯心主义，也没有"认为在历史领域中起作用

---

① 霍尔巴赫：《自然的体系》（上卷），北京：商务印书馆1977年版，第118页。

② 恩格斯：《路德维希·费尔巴哈和德国古典哲学的终结》，《马克思恩格斯选集》第4卷，北京：人民出版社1972年版，第244页。

的精神动力是最终原因"。与苏联、中国"马克思主义者"的评判相反,我们从唯物主义者的著述中所看到的,恰是他们努力地将其唯物主义基本观念贯彻于对自然界和人类社会的规定中。相比之下,"旧唯物主义"者更多的是从个体人的存在论其利益,恩格斯及前苏联、中国的"马克思主义哲学"教科书编写者则偏重于从人类总体的生产力与生产关系等论社会规律,相比之下,前者似乎更"唯物"一些。也正是在对个体存在和利益规定的基础上,唯物主义进一步探讨了人的自然权利、社会契约和国家。

八、自然权利、社会契约和国家

自然权利、社会契约和国家是唯物主义历史观的三个基本概念。在对人的存在与利益的规定基础上,唯物主义者以自然权利概念来否定上帝主义的神权观和君权神授、等级制等观念,以社会契约概念来论证否定封建领主制和集权专制后的社会基本制度和国家。由此,他们形成了对资本主义社会的系统理论规定。

自然权利是资产阶级反对封建领主制和集权专制的基本概念。自然神论者也曾以自然权利或天赋人权来反对封建等级制和神权,但由于其将神自然化,他们说的自然权利依然还保有一定的神性,因此还是不彻底的。唯物主义者从物质性来规定人,进而规定人的自然权利,由个体人自然权利的相互关系,规定人的社会关系和矛盾。

霍布斯对自然权利是相当重视的,他认为:

> 著作家们一般称之为自然权利的,就是每一个人按照自己所愿意的方式运用自己的力量保全自己的天性——也就是保全自己的生命——的自由。由此,这种自由就是用他自己的判断和理性认为最适合的手段去做任何事情的

自由。

> 自由这一语词,按照其确切的意义说来,就是外界障碍不存在的状态。这种障碍往往会使人们失去一部分做自己所要做的事情的力量,但却不能妨碍按照自己的判断和理性所指出的方式运用剩下的力量。

他进一步将自然权利概括为"利用一切可能的办法来保卫我们自己。"[①] 这也就是个人的基本利益,而保卫自己利益的一切可能的办法就来源于权势。权势分为两种:其一是原始的或自然的权势,即个人身心官能的优越性;其二是获得的权势,来自个人身心官能优越性的发挥及幸运所取得的财富、名誉、朋友等。霍布斯认为,每个个体人都在运用其权势来谋取利益,其中自然权势的差异并不大,而获得的权势的差异很大,由此造成虽然能力平等,但目的和希望的不平等,加之竞争、猜疑、荣誉的天性,争斗必不可避。"在没有一个共同权力使大家慑服的时候,人们便处在所谓的战争状态之下。这种战争是每一个人对每个人的战争。"[②] 对于这段话,有人指责霍布斯认为人类在"自然状态"下是处于相互敌对的战争,并将"自然状态"规定为"在国家产生之前"。这是与霍布斯的思路不符的。他所说的"自然状态",并不是特定的历史时期,而是"在没有一个共同权力使大家慑服的时候",是在将人类社会中的"共同权力"抽出去之后的理论状态。从《利维坦》中我们可以看出,霍布斯是将"自然状态"作为抽象的状态首先论述的,进而再论证国家作为"共同权力"对"自然状态"的制约。"自然状态"不仅是指国家产生之前,还包括国家产生以后,以致现实社会,是人类历史各阶段的抽象状态。而从原始社会

---

① 霍布斯:《利维坦》,北京:商务印书馆1985年版,第94页。
② 同上。

开始,"共同权力"就存在着,它是"自然状态"矛盾的产物,也是调节人类社会关系的必要因素。

霍布斯认为,在自然状态中,虽然人们可以运用自然权利及一切可能的办法来争取利益,但由于每个人都处于敌对状态,虽然每一个人对每一种事物都具有权利,甚至对彼此的身体也都是这样,每个人的相互制约导致"任何人不论如何强悍或聪明,都不可能获得保障,完全活完大自然通常允许人们生活的时间。"① 个人之间利益的冲突,使每个人都逐步认知了这样的"理性的诫条或一般法则":"每一个人只要有获得和平的希望时,就应当力求和平;在不能得到和平时,他就可以寻求并利用战争的一切有利条件和助力。"② 可见,和平也是个人的一种利益,而要达到和平,就必须放弃一部分自然权利,或者让出某些自然权利。让出权利可以是单纯的放弃,也可以是转让给另一个人。让出权利就等于有义务接受约束,"不得妨害他所捐弃或允诺让出的权利的人享有该项权益。"③ "权利的互相转让就是人们所谓的契约。"④ 人与人之间的关系,只要不是战争状态,就是契约关系。社会契约是总体的社会关系。为了从总体上制约人们的相互关系,并形成社会契约,国家就成为一个必要的环节。

如果要建立这样一种能抵御外来侵略和制止相互侵害的共同权力,以便保障大家能通过自己的辛劳和土地的丰产为生并生活得很满意,那就只有一条道路:——把大家所有的权力和力量付托给某一个人或一个能通过多数的意

---

① 霍布斯:《利维坦》,北京:商务印书馆1985年版,第98页。
② 同上。
③ 同上书,第99页。
④ 同上书,第100页。

见把大家的意志化为一个意志的多人组成的集体。这就等于是说，指定一个人或一个由多人组成的集体来代表他们的人格，每一个人都承认授权于如此承当本身人格的人在有关公共和平或安全方面所采取的任何行为、或命令他人作出的行为，在这种行为中，大家都把自己的意志服从于他的意志，把自己的判断服从于他的判断。这就不仅是同意或协调，而是全体真正统一于唯一人格之中；这一人格是大家人人相互订立信约而形成的，其方式就好像是人人都向每一个其他的人说：我承认这个人或这个集体，并放弃我管理自己的权利，把它授与这人或这个集体，但条件是你也把自己的权利拿出来授与他，并以同样的方式承认他的一切行为。这一点办到之后，像这样统一在一个人格之中的一群人就称为国家，在拉丁文中称为城邦。这就是伟大的利维坦（Leviathan）的诞生，——用更尊敬的方式来说，这就是活的上帝的诞生；我们在永生不朽的上帝之下所获得的和平和安全保障就是从它那里得来的。因为根据国家中每一个人授权，他就能运用付托给他的权力与力量，通过其威慑组织大家的意志，对内谋求和平，对外互相帮助抗御外敌。国家的本质就存在于他身上。用一个定义来说，这就是一大群人相互订立信约、每人都对它的行为授权，以便使它能按其认为有利于大家的和平与共同防卫的方式运用全体的力量和手段的一个人格。①

霍布斯认为国家建立的方式有两种：一种是通过战争的暴力建立的，另一种是按契约建立的。前者是使人慑于其暴力并以求赦免

---

① 霍布斯：《利维坦》，北京：商务印书馆1985年版，第131—132页。

生命为条件来服从征服者的意志,这也等于以武力将被征服者即由于畏惧死亡而不进行反抗者的自然权利剥夺,或者是畏惧死亡者被迫将其自然权利交给征服者。这样的国家是专制的,是按血统而传承的,也是背离或不遵循社会契约的。后者才是基于社会契约而建立的,是霍布斯所主张的。按契约建立的国家有三种:代表者是一个人的国家是君主国,集合在一起的全体人的会议是民主国,一部分人组成的会议是贵族国家。霍布斯是倾向君主国的,认为这是保证社会契约稳定的主权形式。

当时的英国,商品经济和市民社会已经相当发达,资产阶级形成了强大的经济和社会势力,与封建领主阶级进行着争夺政治权力的斗争。霍布斯倾向的君主国,实际上是立宪君主制国家,虽然承认君主,但明确其权力是民众授予的,而非上帝授给的,因此要受到民众的制约,但不明确民众有按契约收回君主权力的权力。君主是全体民众的代表,他行使的国家权力主要是保证按社会契约所形成的市民社会的协调。

自然权利、社会契约和国家的范畴,在洛克那里得以进一步发展。他从人的自然状态来论自然权利,作为生命体,人的自然权利首先是生存的权利,进而是自由、平等和财产所有权。在自然状态中,自然法起着支配作用,而自然权利就是自然法的体现。

> 自然状态有一种为人人所应遵守的自然法对它起着支配作用;而理性,也就是自然法,教导着有意遵从理性的全人类:人们既然都是平等和独立的,任何人就不得侵害他人的生命、健康、自由或财产。因为既然人们都是全能和无限智慧的创世主的创造物,既然都是唯一的最高主宰的仆人,奉他的命令来到这个世界,从事于他的事务,他们就是他的财产,是他的创造物,他要他们存在多久就存

在多久,而不由他们彼此之间作主;我们既赋有同样的能力,在同一自然社会内共享一切,就不能设想我们之间有任何从属关系,可使我们有权彼此毁灭,好像我们生来是为彼此利用的,如同低等动物生来是供我们利用一样。正因为每一个人必须保存自己,不能擅自改变他的地位,所以基于同样理由,当他保存自身不成问题时,他就应该尽其所能保存其余的人类,而除非为了惩罚一个罪犯,不应该夺去或损害另一个人的生命以及一切有助于保存另一个人的生命、自由、健康、肢体或物品的事物。①

如将霍布斯的"自然状态"理解为人类的原始社会一样,苏联和中国的一些哲学史家也将洛克的"自然状态"说成是指原始社会。实际上,洛克所说的"自然状态",也是人类历史的一种抽象状态,或者说是他所认为的人类应有的、合乎自然本性的状态。而自然权利,就是在这样的自然状态中个体人应有的权利。

也只有这样理解,才能理解洛克的"战争状态"。他认为,根据同一个自然法,人有权保卫自己,并维护自由和所有权。一个人可以毁灭向他宣战或对他的生命怀有敌意的人。如果所有人都这样对待每一个人,那么,就处于敌对和毁灭的战争状态。"凡在自然状态中想夺去处在那个状态中的任何人的自由的人,必然被假设为具有夺去其他一切东西的企图,这是因为自由是其余一切的基础。"② 洛克批评霍布斯将自然状态与战争状态混为一谈,他强调战争状态与自然状态是"迥不相同"的,它们之间的区别,就像和平、善意、互助和安全的状态与敌对、恶意、暴力和相互残杀的状态之间的区

---

① 洛克:《政府论》(下篇),北京:商务印书馆1964年版,第5页。
② 同上书,第12页。

别。"人们受理性支配而生活在一起,不存在拥有对他们进行裁判的权力的人世间的共同尊长,他们正是处在自然状态中。但是,对于另一个人的人身用强力或表示企图使用强力,而又不存在人世间可以向其诉请救助的共同尊长,这是战争状态。"① 可见,洛克所说的自然状态和战争状态都是在抽去了"共同尊长"之后自由行使自然权利的状态,也可以说是在没有总体性权力制约的条件下人们行使自然权利可能出现的两种状态。这样抽象的状态在历史和现实中都不存在,因为总体性权力自人类出现就在人群存在并起作用。洛克之所以这样论证,目的在于表明总体性权力在社会生活中的重要:为了摆脱战争状态,实现理性的自然状态,就应形成总体的社会权力,由这个权力来制约和协调人们的相互关系。

洛克认为,君主专制虽然是高于个人的权力,但社会仍然处于自然状态和战争状态,而且人们被剥夺了裁判或保卫他的权利,至于独揽一切权力的君主并无人、也无权力能够制约他。洛克认为,

人类天生都是自由、平等和独立的,如不得本人的同意,不能把任何人置于这种状态之外,使受制于另一个人的政治权力。任何人放弃其自然自由并受制于公民社会的种种限制的唯一的方法,是同其他人协议联合组成为一个共同体,以谋他们彼此间的舒适、安全和和平的生活,以便安稳地享受他们的财产并且有更大的保障来防止共同体以外任何人的侵犯。无论人数多少都可以这样做,因为它并不损及其余的人的自由,后者仍然像以前一样保有自然状态中的自由。当某些人这样地同意建立一个共同体或政

---

① 洛克:《政府论》(下篇),北京:商务印书馆1964年版,第12—13页。

府时，他们因此就立刻结合起来并组成一个国家，那里的大多数人享有替其余的人作出行动和决定的权利。①

国家是由个人协议联合组成的，这种协议就是社会契约，即将个人的自然权利集合起来形成一个共同体的总体权利，进而按参与共同体的大多数人的意见来处理公共事务和协调人们的关系，而参与共同体的少数人，也应按照契约来服从大多数人意见，这也就是民主国家。人们联合成为国家和置身于政府之下的主要目的，是保护他们的财产。这种观念正是新兴资产阶级利益的体现。而他所说的"联合为国家"，如果理解为通过个人的联合组建市民社会的国家更为妥当。

由于国家的权力是由个人以自然权利联合而形成的，因此，其最高的权力应是立法权，应由民选的议会来掌握。但立法权对于人民的生命财产不是、也不可能是绝对地专断的，它只是社会各个成员交给作为立法者的个人或议会的联合权力，它"不能多于那些参加社会以前处在自然状态中的人们曾享有的和放弃给社会的权力。"② 立法权的最大范围，以社会的公众福利为限，除了保护公众福利没有其他目的的权力，更不能有毁灭、奴役或故意使民众陷于贫困的权力。自然法所规定的义务并不在社会中消失，而是在许多场合下表达得更加清楚，并由人类法附以明白的刑罚来迫使人们加以遵守。自然法是立法者"永恒的规范"。立法权必须通过颁布的经常有效的法并由有资格的法官来执行司法的权力，以及执行法律的执行权和处理国际事务的对外权。司法权、执行权、对外权应分由不同机构行使，它们都是隶属于立法权的，它们的行使机构应对立法机构负责。洛克的这种观点，后来演化为立法权、行政权、司法

---

① 洛克：《政府论》（下篇），北京：商务印书馆1964年版，第59页。
② 同上书，第84页。

权的三权分离、制约和制衡的思想体系，在其指导下建立了资本主义国家的基本权利体系。

霍布斯提出并由洛克丰富和发展的自然权利、社会契约、国家的范畴，是唯物主义的核心理念，也是资产阶级利益的集中概括。从物质规定自然，从自然规定人的物质性和运动的特殊性，从感觉规定观念，以观念规定人的利益，从人的利益规定人的自然权利，从自然权利的转让、制约规定社会契约，从社会契约规定国家，这一系列的逻辑推演是相当严密而一贯的，充分体现了唯物主义的基本观念在人类社会的实现。他们的思想体系，不仅是资产阶级利益的集中概括，也是对上帝主义以"君权神授"规定国家，进而以君主无限权力规定社会等级和每个臣民地位的思想体系的否定。这种否定确立了新的文化基础，也是新的资本主义社会的基础。

霍布斯和洛克关于自然权利、社会契约、国家的论证，在欧洲引发了哲学和文化的大变革，首先响应并对这一学说进行充实发展的是法国的启蒙思想家，其中最突出的就是孟德斯鸠和卢梭。他们二人在哲学基本观念上着力不多，介乎于自然神论和唯物主义之间，在论证自然法、社会契约、国家时，却往往强调自然的物质性。孟德斯鸠的主要贡献在于，他继承并发挥了洛克关于国家权力制衡的观点，形成了比较系统的"三权分立"学说。他认为，能保障公民自由的是开明的君主立宪政权，应实行立法权、行政权（包括对内行政和对外权）、司法权的分立，各自有独立的行使机构，彼此限制、相互制约、维持平衡，以避免和克服独裁。他的这种学说对后来所建立的资本主义国家有相当大的影响。卢梭关于社会不平等三阶段的划分，特别是对第二阶段与第三阶段的区别，比较准确地界定了欧洲历史的演化过程，也证明了欧洲近代集权专制的短暂存在。卢梭的作用主要在对社会契约进行了重新界定，并由此改造了国家范畴。他认为人类的不平等起源于私有财产，为了保护私有财产和自由，就要订立社会契约和建立国家，并由君主统治社会，而君主必然以其拥有的国家权力统治民众，民众又会以暴力推翻君主，社会又转变为平等，并建立更高级的社会契约和国家。他将人类社会的不平等分为三个阶段：一、由贫富分化到对立，设定了法律保护私有财产权；二、世袭的封建领主制剥夺了人们自由平等的自然权利，并设置官职强化对穷人的统治；三、政治权力更为集中，形成君主专制政治，君主的意志就是法律。而达到第三阶段时，民主以暴力废除暴君也就是合乎自然秩序和必然的。卢梭关于社会不平等第三阶段的划分；特别是对第二阶段与第三阶段的区别，比较准确地界定了欧洲历史的演化过程，也证明了欧洲近代集权专制的短暂存在。卢梭不同意霍布斯的权利转让论，强调"人作为整体来说是主权者。"[①] 人的权力是不能转让的，社会契约的订立，不是把民众的权利转让给君主，或者放弃，而是在保证他们权利的同时，

> 寻求一种结合的形式，使它能够以全部共同的力量来防御和保护每个结合者的人身和财富；而同时又使每一个与全体相联合的人只不过是在服从自己本人，并且仍然像以往一样地自由。[②]

这表明他已和洛克一样，意识到权利的派生关系，即保持个人主权者权利的基础上将其一部分权能派生并集合为公共权利，以其来处理公共事务，并保证个人权利和自由。但他也和洛克一样，不能认知权利与权能的关系，从而也不能从个人权利的派生来规定公共权利。在国家范畴上，卢梭坚决主张民主制，强调由人民掌握立法权，

[①] 卢梭：《爱弥儿》（下卷），北京：商务印书馆1978年版，第709页。
[②] 同上书，第20页。

只有全体人民参加立法,才能保证自由。

经孟德斯鸠和卢梭这个中介,霍尔巴赫从唯物主义基本观念对自然权利、社会契约、国家范畴作了更明确的规定。他强调,社会性和社会感是人的本性要求的。

> 人爱社会是因为人处在安全环境中才珍视幸福生活并感到自己身心健愉。这些感情是自然而然的,即从人的本性或本质中产生的。人的本性是极力保存自己,爱护自己,渴望幸福生活并且满怀热情地去采取实现这种目的手段。一切向人们证明:是社会生活把人置于比较有利的地位,是习惯使人依恋社会;他一旦发现自己得不到诸如此类的支持,就会感到不幸。这就是社会感的真正基础。①

他认为霍布斯所说的"自然状态",只是一种想象,是虚构、稀奇古怪、违背人性的。"人性始终是生存在社会之中。"② 人是在社会状态中出生并存在于社会的,而且习惯于社会状态的生活。"只有社会才能保障他必需的生活福利,才能保证他有能力对付大自然给予的考验。"③ 人们联合起来组成社会是为了满足自身的利益,社会只有一个目的,就是让人们能够充分地利用大自然的恩惠并增进自己的体力和智力,这个目的决定了社会同它的成员的相互关系,这些关系又产生了相互的义务。不仅各个成员要依赖整个社会,社会总体也要依赖它的各个成员。人的社会感是其利益和需要的结果,社会对它的每一个公民都有保障物质福利、享用他有权享用的一切、保

---

① 霍尔巴赫:《自然政治论》,北京:商务印书馆1994年版,第4页。
② 同上。
③ 同上书,第6页。

障公民安全，但要以社会所能相容为度。

与霍布斯不同，霍尔巴赫是从社会契约论自然权利的。他认为，如果个人对社会承担义务，那么社会对个人也承担明确的义务，每一个公民都与社会缔结契约。

> 社会契约把人和社会以及把社会和人联系起来，它的条件就是这些。社会契约常会更新。人总是反复盘算从他生活所在的社会得到的利益或害处，全面权衡利害，评价得失。如果利大于害，通情达理的人就对自己的命运表示满意。如果社会保证他享受多种同联合的本意相符合的福利，他就会因为得到他有权期待的一切福利而感到快乐。反之，如果害大于利，他只能取得不多的报偿，那就是社会践踏了公民权利，他就要脱离社会，因为他本能地觉得，离群索居是最好的解脱之路。①

正是在社会中，才有了个人之间的相互关系，每个人都有对社会的义务，义务是满足本身需要而要求人们必须承担的，是实现目的的必要手段。理性给了人类自然法，自然法是由人的本性决定的。组成为人类的一切个人都从大自然那里获得同样的权利、心愿和需要，以及对同样一些东西的憎恶。他必然会得出结论：他自己所希望得到的一切就是他应该为他人所做事情的标准。自然法所规定的权利就是自然权利。霍尔巴赫吸取了霍布斯关于人们因自私自利而处于敌对状态，并因体力和智力、嗜好和思想、关于幸福的观念和获得幸福的方法等的差别引发不平等的观点，但他认为，并不是自然使人变成爱虚荣、邪恶和堕落的，而是无知造成了社会恶习和灾

---

① 霍尔巴赫：《自然政治论》，北京：商务印书馆1994年版，第11页。

难。为此，社会应当规定人人都要互相帮助，联合起来谋求共同利益。但人对自己的幸福总是比对别人的幸福关心得多，人总是把自己的全部才力都用来为自己谋福利，爱自己、讲利害、满足情欲是他行动的唯一动机，考虑个人利益在他的一切活动中占据中心地位。为了满足私欲人们会破坏社会生活的基础，社会作为一个整体就应有组织地反对那些以私欲冲动危害社会的成员，它运用法律来制约他们。法律是社会理性的化身，是社会全体成员利益和意志的表示。自然法是源于人的自然本性的各种必然关系的结果，自然法应用到社会，就叫做公民法，公民法规定社会成员的权利和义务。霍尔巴赫注意到了自然法和公民法和区别。

> 自然法是永恒不变的，人类存在到什么时候，它也会存在到什么时候；可是把它写成公民法的形式，就应当随着生活条件和社会需要的变化而变化。社会像自然界任何物体一样，常常发生变革、变化和革命；又像一切生物一样，经历着发生、成长和毁灭的过程。同样的法不可能适用于社会发展的各个阶段：在一个时代有益的法，在另一个时代可能变成无益的，甚至有害的。因此，为了社会的福利，社会理性应该对法加以修改或废除，因为社会福利始终应当是立法的目的。[①]

霍尔巴赫的这种观点是相当深刻的，克服了自霍布斯以来在自然法、自然权利、社会契约等范畴上的混乱。他强调，公民法的演变有一个基本原则，就是保护民众的公民权利。公民权利是自然权利的法律体现。"权利就是自然法和社会法所同意实现的一切可能

---

① 霍尔巴赫：《自然政治论》，北京：商务印书馆1994年版，第24页。

性。自然赋予的权利是永恒的和不可剥夺的。社会产生的权利可能是短时性的，并且会随着该社会生活条件的变化而改革。"① 他认为，个人的权利中，自由权和所有权是基本的权利，人类的自然法准许人用一切办法来实现自己的自由权和所有权。自由权是保证人行为和思想自由的权利，所有权"只是人独自利用他凭自己的才干、劳动和技艺所创造出来的物品的可能性。"② 他反对废除私有制的主张，认为人们拥有财产的差异是"天赋不平等"造成的，由于人们体力和智力不平等，天生的事业心和积极性不平等，所以想把财产变成公有的企图是徒劳无益之举。所有权保障了自由，而自由又保证所有权的实现。

政治或国家的意义就是责成并制约社会成员切实履行社会契约规定的条件，鼓励或迫使他们行之以德，增进公共福利。

> 政府是根据社会意志而建立的政权，用以调节全体社会成员的行动并责成他们促进实现社会意志所提出的目的。这个目的就是谋求整个社会以及它的一切部分的安全、幸福和完整。③

因此，政权只在它能够保障社会福利的时候才是合法的，对政权的服从只有在这种服从能够保障社会幸福的时候才是合乎理性和合乎道德的。霍尔巴赫分析了贵族政体、联邦共和国、君主政体、民主政体、封建政府、有限的君主政体等各种政体，并认为它们都有优缺点，因而并不明确表示主张哪种政体，但认为：

---

① 霍尔巴赫：《自然政治论》，北京：商务印书馆1994年版，第30页。
② 同上书，第32页。
③ 同上书，第45页。

使权力和自由处于公正的平衡状态,结果就产生了好的政体。所以,任何政府如果能保证大多数从属于它的公民过幸福生活,不管用什么名称,都是好政府。这种政府提供给公民的自由同每个公民有可能为自己的幸福(又不损害他人)而劳动所需的自由相当,它就达到了上述目的。①

并在论立法权时强调法律应当是全体公民意志的表示,"社会只有借助于按照联合目的而制定的法律才能联合起来。"② 进而又在论人民代表制时主张"人民的意志始终是最高的意志,人民的权力始终是不可剥夺的权力。"③ 人民是组成社会的大多数个人,他们通过自己的代表表达统一的意愿,保证他们自然权利的实现。这是在法国大革命前所发的议论,霍尔巴赫只能婉转地表达自己的意见,但他还是强调:

如果国王拒绝倾听社会呼声,拒绝帮助陷于穷困的人民,那他就没有资格继续管理人民。于是社会就剥夺这位国王的权力,再对他作出应有的评判。它这样做只不过是行使自己固有的权利而已。它的权力产生在统治者的权力之前,它选出统治者原是要他出来为社会谋幸福的。④

正是在霍尔巴赫等唯物主义者先进思想的导引下,法国及欧洲

---

① 霍尔巴赫:《自然政治论》,北京:商务印书馆1994年版,第63页。
② 同上书,第75页。
③ 同上书,第91页。
④ 同上书,第92页。

的资产阶级和广大民众奋起反抗封建统治和君主专制,或是革命,或是胁迫君主立宪,开创了资本主义制度,建立了不同形式的资产阶级国家政权。

九、唯生产力论:对物质财富的占有与竞争

唯物主义的社会观并不限于哲学家的抽象论证,而是具体化于社会科学的各领域,包括经济学、法学、政治学、伦理学等。对唯物主义社会观的探讨,应该也必须涉及这些领域受唯物主义哲学影响的思想家们,从而达到抽象与具体的统一。

唯生产力论是唯物主义社会观的基础和核心,也是资本主义政治经济学的基本理念,其要点,是主张生产力的发展水平决定一国的富强和文明程度,为此,应当尽最大可能将一切资源:劳动、资本、土地及其他自然条件都用于发展生产力。而要做到将一切资源都用于发展生产力,必须营造相应的社会制度,这个制度既要保证每个人的自由,更要能促使拥有资源的人将其用于生产力的发展:劳动者要克服懒惰,将其劳动力出卖资本家,资本所有者要节俭,将其资财作为资本投向产业,迫使地主将其土地租给资本家用于产业并压低地租。政府要尽可能地缩小规模,压缩开支,保证资本产业的发展。一个国家的富强取决于生产力的发展,一个国家内个体人的社会地位取决于他们在生产力发展中的作用。为此,最好的社会制度,就是保证财产的所有权,鼓励并促进对物质财富的占有与竞争。

对物质财富的占有与竞争,是提高生产力的根据,也是人的物质性所决定的自然权利的体现。大自然演化出人类这种动物、这种机器,就已经赋予他们感受自然、体验生命、改造物质的能力。生产力是人类认识能力、活动能力的集合,也是优越于其他动物的标志。生产力的发展是无限的,自然界和自然法也要求并保证人无限

占有物质财富的权利。社会只是要制约其个体人相互的冲突,但人类总体对于自然界的改造却是不受限制的,而且人类社会制度的变革要以促进每个个体人为了自己的自由和幸福而竞争,由此个体人扩大了对物质财富的占有,人类总体则不断发展生产力。

唯物主义者认为,人作为自然的物质的存在,具有源自自然的权利,即生命、自由和对物质财富的所有权。这是唯物主义立论的根据,也是其历史观和对社会变革主张的基本点。正是出于这个目的,他们在逻辑上从具体推论到抽象,从人是动物再到物质一般,进而否定自然神论和上帝主义,否定神权和封建权与专制权的合理性,再由抽象到具体推论人的自然权利和社会契约,以致建立国家(在他们的观念中,君主专制和封建领主制还都不是成熟的或不是合法的国家)。而与动物相比,人的自然权利中生命和自由权是相似的,但对财富的所有权却是动物所没有的。唯物主义者从动物的生存需要食物和其他自然条件为据说明其与人的相似性,而人之所以拥有这个自然权利,也是为了生存,以保证生命和自由。但所有权所指的物质财富,已远非动物当下的食物和安身之所,而是以意识控制的对自然物质的劳动所得。最初的唯物主义者霍布斯和洛克都注重劳动对自然物的改造是财富的来源,而所有权应与劳动相统一。不过,在他们的观念中,所有权范畴都包含着对已经为人所有的物质财富再作为劳动条件(生产资料、工具等)所生产拥有的物质财富的所有权,这是与直接劳动生产拥有的物质财富所有权不同的,但他们都将二者等同。这一点在后来的依循唯物主义的经济学家那里更为明显,并提出了资本所有权及其对利润的所有权。资本主义经济也就由此出发。

在财富所有权上,洛克是很明确地将之与劳动统一的。

> 土地和一切低等动物为一切人所共有,但是每人对他自己的人身享有一种所有权,除他以外任何人都没有这种权利。

他的身体所从事的劳动和他的双手所进行的工作，我们可以说，是正当地属于他的。所以只要他使任何东西脱离自然所提供的和那个东西所处的状态，他就已经掺进他的劳动，在这上面参加他自己所有的某些东西，因而使它成为他的财产。既然是由他来使这件东西脱离自然所安排给它的一般状态，那么在这上面就由他的劳动加上了一些东西，从而排斥了其他人的共同权利。因为，既然劳动是劳动者的无可争议的所有物，那么对于这一有所增益的东西，除他以外就没有人能够享有权利，至少在还留有足够的同样好的东西给其他人所共有的情况下，事情就是如此。①

而最初的或符合自然权利的土地所有权，也应以人的劳动为根据，"劳动在万物之母的自然所已完成的作业上面加上一些东西，这样它们就成为他的私有的权利了。"② 而且"一个人能耕耘、播种、改良、栽培多少土地和能用多少土地的产品，这多少土地就是他的财产。"③ 在自然权利上，"财产的幅度是自然根据人类的劳动和生活需要的范围而很好地规定的。"④

洛克认为，人们在土地上施加劳动的收获物，都应属于劳动者本人所有，对这些物品他可以自己享用，也可以与他人的产品交换。交换形成了货币，货币是"一种人们可以保存而不至于损坏的能耐久的东西，他们基于相互同意，同它来交换真正有用但易于败坏的生活必需品。"⑤ "货币的这一发明给了他们以继续积累和扩大他们

---

① 洛克：《政府论》（下篇），北京：商务印书馆1964年版，第19页。
② 同上。
③ 同上书，第31页。
④ 同上。
⑤ 同上。

的财产的机会。"① 货币使人对财富的所有权突破了受需要而消费的限制，从而扩展了交换乃至投资，这样就使人们对财富的占有欲不断扩大，成为支配人类经济活动的主要动机。虽然洛克在道义上主张人们应尽可能地依从自然权利，尽可能地根据需要来占有，但他又强调在政治社会中，国家应鼓励和保证扩大财富所有权的努力。

生产力这个术语，在斯密的《国民财富的性质和原因的研究》第一篇的标题中"论劳动生产力增进的原因，并论劳动生产物自然而然地分配给各阶级人民的顺序"中出现，显然，他是将生产力看做物质财富的根据和来源，这部论物质财富的著作，也可以说是论生产力的著作。为了发展生产力，不仅要进行劳动的分工，还要展开交换，扩大需求和消费，更要注重物质财富在不同阶级间的分配，即对物质财富的占有。对物质财富的占有，既是生产力发展的结果，更是生产力进一步发展的原因。正是出于占有物质财富的目的，人们才展开竞争，使生产的各种要素充分调动起来，并在资本所有者的主导下，有效地将这些要素配置，组织劳动分工，合理地利用资本和土地及其上的资源，增进生产力，增加物质财富。对增加了的物质财富的占有又会刺激竞争和生产，促进生产力的发展。

占有物质财富是个人的经济利益，也是人从事经济活动的出发点，明确个人利益并理性地按照个人利益的导引来从事经济活动的人，就是"经济人"。"经济人"都是理性的利己主义者，他们为了自己的利益去参与竞争。"经济人"在自然状态下是相互敌对的，按照霍布斯所说每个人都会把每个人看成自己的利益对象，而对象个人及其拥有的物质财富都应作为被占有的内容。但社会契约和国家会以各种方式制约人们相互间的敌对与战争，从而使追求私利的竞争促进生产力发展，增加社会总体财富，进而对其他社会成员也有

---

① 洛克：《政府论》（下篇），北京：商务印书馆1964年版，第31页。

利。不仅劳动者如此，资本所有者也是如此。

　　劳动的结果是劳动对其对象或对施以劳动的原材料所增加的东西。劳动者利润的大小，同这生产物价值的大小成比例。但是，把资本用来支持产业的人，既以年取利润为唯一目的，他自然总会努力使他用其资本所支持的产业的生产物能具有最大价值，换言之，能交换最大数量的货币或其他货币。

　　但每个社会的年收入，总是与其产业的全部年产物的交换价值恰好相等，或者毋宁说，和那种交换价值恰好是同一样东西。所以，由于每个个人都努力把他的资本尽可能用来支持国内产业，都努力管理国内产业，使其生产物的价值能达到最高程度，他就必然竭力使社会的年收入尽量增大起来。确实，他通常既不打算促进公共的利益，也不知道他自己是在什么程度上促进那种利益。由于宁愿投资支持国内产业而不支持国外产业，他只是盘算他自己的安全；由于他管理产业的方式目的在于使其生产物的价值能达到最大程度，他所盘算的也只是他自己的利益。在这场合，像在其他许多场合一样，他受着一只看不见的手的指导，去尽力达到一个并非他本意想要达到的目的。也并不因为并非出于本意，就对社会有害。他追求自己的利益，往往使他能比在真正出于本意的情况下更有效地促进社会的利益。[①]

斯密认为，人之所以追求、竞争财富的占有，原因有二，其一

---

① 斯密：《国民财富的性质和原因的研究》（下卷），北京：商务印书馆1974年版，第27页。

是迷恋发明、改良和革新的本性与本能。正是这种天生的作为自然物质运动所集中体现的本性和本能,驱使经济人参加生产和提高生产力。人对发明、改良和革新本能的"迷恋",激发了他们辛勤工作的热情。天性"促使人类耕种土地,建筑房屋,创立城市和国家,在所有的科学和艺术领域中有所发现、有所前进。"[①] 科学和艺术提高了人类的生活水平。其二,实现和维持社会地位的需要。人是社会的,需要同伴的同情,而同伴的同情更倾向于同情快乐而非悲伤,所以使人养成一种习惯,把夸耀财富、掩饰贫穷作为动机。人生的目标和利益,就是"追求财富而避免贫困"。[②] 对财富的占有程度决定了人的社会地位,占有了财富也就有了在社会上对他人的权力。

所有地位不同的人的那个竞争是什么原因引起的呢?按照我们所说的人生的伟大目标,即改善我们的条件而谋求的利益又是什么呢?引人注目、被人关心、得到同情、自满自得和博得赞许,都是我们根据这个目的所能谋求的利益。吸引我们的,是虚荣而不是舒适或快乐。不过,虚荣总是建立在我们相信自己是关心和赞同的对象的基础上。富人因富有而洋洋得意,这是因为他感到他的财富自然而然地会引起世人对他的注意,也是因为他感到,在所有这些由于他的有利地位而很容易产生的令人愉快的情绪之中,人们都倾向于赞同他。想到这里,他的内心仿佛充满了骄傲和自满情绪。而且,由于这个缘故,他更加喜爱自己的财富。相反,穷人因为贫穷而感到羞辱。他觉得,贫穷使得人们瞧不起他;或者即使对他有所注意,也不会对他所

---

① 斯密:《道德情操论》,北京:商务印书馆1997年版,第229页。
② 同上书,第60页。

遭受的不幸和痛苦产生同情。他为这两个原因而感到羞辱。因为，虽然被人忽视和不为人所赞同完全是两码事，但是，正如微贱使我们得不到荣誉和赞许的阳光照耀一样，感到自己不被人所注意必然会抑制非常令人愉快的希望，使得人类天性中最强烈的愿望落空。①

富人是贪婪和自私的，他们雇用千百人来为自己劳动，目的只是满足"无聊而又贪得无厌的欲望"，但他们还是要同穷人分享其成果。"一只看不见的手引导他们对生活必要品作出几乎同土地在平均分配给全体居民的情况下作出的一样的分配，从而不知不觉地增进了社会利益。"②

从个人利益出发去参与竞争、占有物质财富，而对个人利益的追求必将促进生产力发展，由此达到社会富裕和繁荣，形成社会利益。斯密的这种观点，是唯物主义历史观的集合和展开。在斯密的影响下，萨伊和李嘉图进一步发展了相关思想，从而将唯物主义扩展于政治经济学。

萨伊强调对物质财富的占有和竞争是生产力发展的必要条件，他认为经济包括三个方面：财富的生产、财富的分配、财富的消费，不论生产、分配、消费，都体现于财富的积累，体现于生产力的发展，而其关键就在于明确并保证财产所有权。他写道：

> 关于财产所有权的由来，规定财产所有权移转的法律的由来以及阐明保障财产所有权最稳妥方法的政治学的由来，这属于思辨哲学的探讨范围。就政治经济学说，它只

---

① 斯密:《道德情操论》，北京：商务印书馆1997年版，第61页。
② 同上书，第230页。

把财产所有权看做鼓励财富的积累的最有力因素,并满足于财产所有权的实际稳定性,既不探讨财产所有权的由来,也不研究财产所有权的保障方法。事实上,如果政府不能使人遵守法律,如果政府自己从事掠夺,或没有力量禁人掠夺,如果由于法律条文过于繁杂,或由于法理过于玄妙,以致所有权始终不稳固,那么,法律上的财产不可侵犯性显然就是一种笑话。此外,如果财产既不是现实的东西又不是权利,那就不能说财产存在。只在财产是权利和现实的东西的场合下,生产的源泉即土地、资本和劳动才能发挥其最大生产力。①

劳动、资本、土地是斯密所规定的生产三要素,萨伊认为发展生产力的关键在"这些生产要素怎样个别地和协同地执行生产工作",② 以法律保证各生产要素所有者的所有权,形成为扩大所有权所占有的财富而自由竞争的制度和机制,就可以使生产要素发挥最大生产力。

李嘉图的思想除受斯密影响外,还受到边沁功利主义的影响,他比斯密更注重资本在发展生产力中的作用,把发展生产力作为研究经济问题的原则。作为一个在工业革命和资本主义发展时期因证券交易而暴发的资本家,李嘉图明确地将资产阶级作为生产力发展和全人类共同利益的代表。他认为以资本为主导并把资本积累作为导向的资本主义经济制度是最为合理的。对此,马克思有深刻的评论:

李嘉图把资本主义生产方式看做最有利于生产、最有利

---

① 萨伊:《政治经济学概论》,北京:商务印书馆1963年版,第136—137页。
② 同上书,第136页。

于创造财富的生产方式,对于他那个时代来说,李嘉图是完全正确的。他希望为生产而生产,这是正确的。如果像李嘉图的感伤主义的反对者们那样,断言生产本身不是目的本身,那就是忘记了,为生产而生产无非就是发展人类的生产力,也就是发展人类天性的财富的这种目的本身。①

李嘉图认为,只有发展生产,才能增加社会财富,为此,就应使经济制度有助于提升资本的利润,不论是劳动者的工资,还是地主的地租,都应有其度,勿使他们影响利润率。而资本家则应尽量将其利润转化为资本,即积累,由此保证生产力的不断发展。

> 因为人们积累只是为了使积累能够生产,而且也唯有这样使用,它才会产生利润。没有积累的动机就没有积累,所以这种物价状态决不可能发生。劳动者没有工资就活不下去,农场主和制造业者没有利润也是一样。他们的积累动机会随着利润的每一减少而减少,当利润低落到不足以补偿其用于生产的资本所必然碰到的麻烦和风险时,积累动机就会全然终止。②

积累动机的终止,不仅是资本家个人的职能停止,也是社会生产力发展的停止。为了避免这种情况,就应保证利润率,以促进积累的动机,而且要引导人们减少生活消费,增加生产性消费。

---

① 马克思:《剩余价值理论》,《马克思恩格斯全集》第 26 卷(Ⅱ),北京:人民出版社 1974 年版。

② 李嘉图:《政治经济学及赋税原理》,北京:商务印书馆 1962 年版,第 103 页。

在一个国家中,除非必需品涨价使工资非常高昂,因之使资本利润十分少,以致使积累的动机停止,其所积累的资本无论多少,都不会得不到有利的运用。当利润很高的时候,人们就会有积累的动机。一个人只要有没有得到满足的欲望,他就需要更多的商品;只要他有任何新的价值可以提供出来交换这些商品,那就会是一种有效需要。[①]

为了提高生产力发展而生产,为了发展生产而保持有效需求,有效需求又会进一步刺激生产。生产力的提高增加物质财富,对物质财富的占有和竞争又会增加积累,增加积累又能发展生产,发展生产势必提高生产力。这就是李嘉图及古典政治经济学家的唯生产力论,也是唯物主义社会观在经济领域的展开。正是在经济领域的展开,使唯物主义社会观得以充实,也使其基本观念立足于经济基础之上。以后资本主义经济学的演化,虽然形成了诸多流派,但唯生产力论及其主张的对物质财富的占有与竞争依然是共有的原则,而唯物主义社会观也由此贯彻于资本主义经济理论、制度、体制、政策、经营管理之中。

十、政治民主主义:对物质财富所有权及其所有者自由的规定与保证

唯物主义者所唯的"物",在一定意义可以上说就是物质财富,唯物主义就是唯物质财富主义。这在经济上表现为以占有和竞争物质财富为内涵的唯生产力论,在政治上则是以物质财富所有权为依

[①] 李嘉图:《政治经济学及赋税原理》,北京:商务印书馆1962年版,第247页。

据的民主主义，在文化上是以物质财富所有者的意识为核心的个人主义。这三个层面是内在统一的，其中经济上的唯物质财富主义是基础，政治上的民主主义是内在机制，文化上的个人主义是价值观导引和道德制约。

唯物主义的政治思想集中体现于洛克的著作中，霍布斯从人性恶出发对政治的论证和君主专制的主张，只适宜依附于君主专制并和君主结成联盟反对封建领主制时期的资产阶级利益，但他引发了洛克对政治的哲学思考。洛克在《政府论》中所阐述的基本观点，直接影响了法国启蒙学者，是霍尔巴赫等人以唯物主义论证政治的理论来源，进而成为法国革命和美国革命的理论指导。

与霍布斯主张的以政治来抑制人的自然权利，制止战争状态，由此保护人们共同利益，而政治应实行君主专制，臣民无条件服从君主的观点不同，洛克强调政治的目的首要的是保证人们的财产所有权，以及生命和自由。

> 如果人在自然状态中是如前面所说的那样自由，如果他是他自身和财产的绝对主人，同最尊贵的人平等，而不受任何人的支配，为什么他愿意放弃他的自由呢？为什么他愿意丢弃这个王国，让自己受制于其他任何权力的统辖和控制呢？对于这个问题，显然可以这样回答：虽然他在自然状态中享有那种权利，但这种享有是很不稳定的，有不断受别人侵犯的威胁。既然人们都像他一样有王者的气派，人人同他都是平等的，而大部分人又并不严格遵守公道和正义，他在这种状态中对财产的享有就很不安全、很不稳妥。这就使他愿意放弃一种尽管自由却是充满着恐惧和经常危险的状况；因而他并非毫无理由地设法和甘愿同已经或有意联合起来的其他人们一起加入社会，以互相保

护他们的生命、特权和地产,即我根据一般的名称称之为财产的东西。

因此,人们联合成为国家和置身于政府之下的重大的和主要的目的,是保护他们的财产;在这方面,自然状态有着许多缺陷。①

自然状态的缺陷在于:一、缺少为共同的同意接受和承认是非的标准和裁判纠纷尺度的法律;二、缺少依照法律裁判争执的公正的裁判者;三、缺少支持正确判决得以执行的权力。正是因为这些缺陷,人们被迫加入社会,放弃单独行使的惩罚权力交由他们指定的人专门行使,而且要按照社会所一致同意的或他们为此目的而授权的代表所一致同意的规定来行使。这就是立法权和行政权之所以产生的缘由,政治也就由此而形成并发挥作用。

洛克认为,由于政治权力来源于个人自然权利的集合,因此最合理的或最符合自然法的国家形式是民主制,也可以实行立宪君主制。为了保证个人的财产所有权和生命、自由,政治的首要环节,就是立法。国家形式由立法权的归属而决定,君主制显然不能实现和保证个人的财产所有权,只有民主制才能做到这一点。或者说,为了保证个人财产的所有权和生命、自由,就要实行民主制。立法权是一个国家的最高权力,它除了保护人民的生命和财产以外并无其他目的的权力,绝不能有毁灭、奴役或故意使臣民陷于贫困的权利;立法机关不能揽有权力,而是颁布法律并由法官来司法判断。

最高权力,未经本人同意,不能取去任何人的财产的任何部分。因为,既然保护财产是政府的目的,也是人们加入

---

① 洛克:《政府论》(下篇),北京:商务印书馆1964年版,第77页。

社会的目的,这就必然假定而且要求人民应该享有财产权,否则就必须假定他们因参加社会而丧失了作为他们加入社会的目的的东西;这种十分悖理的事是无论何人也不会承认的。因此,在社会中享有财产权的人们,对于那些根据社会的法律是属于他们的财产,就享有这样一种权利,即未经他们本人的同意,任何人无权从他们那里夺去他们的财产或其中的任何一部分,否则他们就并不享有财产权了。因为,如果别人可以不得到我的同意有权随意取走我的所有物,我对于这些东西就确定并不享有财产权。所以,如果以为任何国家的最高权力或立法权能够为所欲为,任意处分人民的产业或随意取走其任何部分,这是错误的想法。如果政府中的立法权,其全部或一部分属于可以改选的议会,其成员在议会解散时与其余的人一样,也受他们国家的共同法律的支配,那就不用担心会发生这种情况。①

立法权是如此,执行法律的行政权和司法权也应依照法律保护个人的财产所有权。

政治活动,按洛克的见解,主要体现于立法和执行法律的行政和司法过程,在立法权及其行使中保护个人财产所有权和生命、自由是其核心和主要内容。他认为民主制主要体现于立法权上,至于执行权和对外权,则可以交由国王,但要受立法权控制。国王必须依法行事,而且人民可以通过立法权来制约他。这种观点,确立了资产阶级政治观的基本,由资产阶级主导的反封建、反专制斗争就是以这种观点为指导原则的,同理它也成为资本主义政治的指导原则。洛克的思想,直接影响了法国的启蒙学者,孟德斯鸠在《论法的精神》中反复强调

---

① 霍尔巴赫:《自然政治论》,北京:商务印书馆1994年版,第86—87页。

个人的财产所有权是自然权利，法律及其行使、司法都必须保护这种权利，这同时就是保障自由。他进一步发展了洛克的三权分立说，主张君主立宪制。卢梭则强调"人作为整体来说是主权者"，主张全面民主制，不同意将主权分为立法权、行政权、司法权并由人民、君主和贵族分享，坚持人民有直接的立法权，只有全体人民参加立法，才能保证财产所有权和自由。他认为，在几种权利中，最基本、最神圣的是财产所有权，它甚至比自由还重要。

霍尔巴赫强调财产所有权是自然法授予个人的，所有权"是人独自利用他凭自己的才干、劳动和技艺所创造出来的物品的可能性。"① 政治作为"强使人们增进社会安全和幸福的艺术，"② 必须依据自然法，尊重和保证人的自然权利，其中最重要的就是财产所有权。政治应以法律和政府行为来保证人的权利，但现实中往往有违反自然法的政治，尤其是无限专制的君主专制制度，这种制度靠暴力和狡计侵入社会，靠暴力、欺骗，特别是宗教迷信奠定基础。"只有宗教迷信能够迫使人们放弃原有的自然法，放弃自己的价值和不可剥夺的权利。"③ 而专制君主也就以暴力肆意侵害被宗教迷信阻抑了理性的臣民，剥夺所有权和自由。

> 限制人的自由和所有权意味着剥夺人的自保手段和妨碍人的幸福。人类的自然法准许人用一切办法来实现自己的自由权和财产权。社会应该给人提供机会去享有这些权利。社会如果违反了公道待人的原则，那就会丧失了对人的一切吸引力。社会只有在公民危害别人的场合才能够剥

---

① 霍尔巴赫：《自然政治法论》，北京：商务印书馆1994年版，第32页。
② 同上书，第276页。
③ 同上书，第197页。

夺他的自由;但社会却不能剥夺公民的所有权,因为社会之所以存在就是为了保卫这种所有权。①

据此,霍尔巴赫深刻地批判了专制政治——他称之为"暴政"。暴政的特点是:为了满足私人欲望,不遵守自然法和不关心社会利益;利用人民委托给国家的公共权力来奴役人民;企图用不法手段主宰臣民的生命、财产、人身自由;毫无理由迫使人民流血和糜费人民财富;抹杀人类良心,强迫人类听从自己的宗教、观点、成见和偏见;采取强制手段使法律失效,使人民遭受摧残;剥夺有功之人所应得的奖赏,用以奖励无益有害之人;违反人民意图而力图统治人民。进而他批判了专制制度荒谬的原则——它的命令不仅在任何情况下都不应该遇到抗拒,而且一般说它的权力永远不应该作出让步。据此原则,专制君主骄傲自大,专制制度表现出诸多狂妄行为,但专制君主也不过是一个自然人,"生活的经验表明,国王的能力不会超过他人的平均能力,因此,统治者的天赋能力就要靠恐怖和暴力来加强。"② 专制君主的势力严重阻抑农业和商业的发展,毁灭了一切公道原则。大国特别容易受专制制度之害,而军人阶层的权力会导致专制制度,神职人员是专制制度之友。专制制度压制思想自由和科学,破坏风俗习惯、影响人民性格,使人民陷于愚昧、道德败坏、生活荒唐。霍尔巴赫指出,专制制度是违背自然法,破坏人的自由和所有权的,它创造了自我毁灭的前提,人民不能容忍专制制度,必然依据自然法推翻专制统治,从而实现自己的财富所有权和自由。

霍尔巴赫和卢梭、孟德斯鸠的政治学说,是法国大革命的思想

---

① 霍尔巴赫:《自然政治法论》,北京:商务印书馆1994年版,第32页。
② 同上书,第210页。

指导。而前于法国大革命的美国独立战争和革命，则在洛克等人政治思想的影响下，率先建立了资产阶级的民主政治，这又是法国大革命的重要前导。18世纪末发生的人类历史上发生于美国和法国的两次伟大革命，是17世纪英国革命的继续和发展，英国革命产生了洛克为代表的民主政治思想，在美国革命中诞生了《独立宣言》，在法国革命中形成了《拿破仑法典》。这两个划时代的文件标志着资产阶级政治的确立和运作，其核心都是保证财富所有权及其所有者的自由。从哲学上说，他们又都是唯物主义社会观的集中体现。

北美洲作为英国的殖民地，历史地聚合了率先实行民主政治的各种因素，移居北美的大多是为了逃避本国政治、宗教迫害的欧洲各国进步人士，以及逃避债务、谋求生路的农民和手工业者，而欧洲唯物主义者和启蒙思想家的人权、自由、平等观念也就为移民普遍接受。洛克等人的自然权利、社会契约思想在欧洲似乎一种理论抽象，但却与北美大陆移民的实际相符。随着经济交往的扩展与密切，逐步形成了以英语为统一语言的美利坚民族，它生存于北美洲的南半部。在殖民地形成过程中，几乎赶尽杀绝了土著的印第安人，从而切断了北美洲的历史，形成了霍布斯和洛克所设想的"自然状态"和"战争状态"。而反对宗主国英国，争取独立的过程，也恰好是由自然权利结成社会契约、建立国家的过程。在这个过程中，洛克的思想显然起着主导作用，霍布斯的君主专制和孟德斯鸠的立宪君主制思想虽然也有人倡导，但未能居主导地位，其突出表现是在独立战争胜利后有一派势力主张建立君主立宪制，甚至帝国体制，由华盛顿当国王，而识时务的华盛顿却顺应民主派对这一主张的反对，只当总统，不当国王。由民主派主导的美国政治，是人类有史以来在一个大国首次实行的民主政治，它不仅充分体现了唯物主义政治思想，而且以其实践极大地丰富了这一思想，美国民主政治的制度建设及其实施、演化，为法国革命提供了榜样，也为以后欧洲各国的社会变革创造了前导。

美国革命的思想家主要有潘恩和杰斐逊,其中最重要的是杰斐逊。潘恩认为理想的政府主权应属于人民,批判了主权归于上帝和君主的观点。他指出,政府是人们相约放弃并让予一定权利通过契约建立的,它不是任何个人或集团的私有财产,而是归全体人民所有。每个人都是股东,都对政府拥有一定的权利。人民是个人的集合体,人民是政权的最终拥有者。"主权作为一种权利只能属于国民,而不属于任何个人;一国的国民任何时候都具有一种不可剥夺的专有权利去废除一种它认为不适合的政府,并建立一个符合他的利益愿望和幸福的政府。"① 他进一步规定了人民、个人与政府的关系:"政府颁布的法令只能把人们作为个别的人来管辖,而国民通过的宪法却可以管辖整个政府,而且天然有能力这样做。"② 在社会生活中每一个个人都不能借口自己是主权者忽视政府的权力和法令,但政府却要由全体国民依法行使其个人民主权来选举、监督和罢免。从而确立了民主政治的基本权利关系。

杰斐逊是《独立宣言》的起草者,他不仅是思想家,还是革命家,是美国第二位总统。他继承了洛克关于生命和自由是自然权利的观点,但认为财产所有权不是自然权利,而是法律上的权利,人们移居北美洲是为了追求幸福和自由。组成政府的目的就是保障公民的权利,政府无非是为保护公民的权利并经人民同意建立起来的。"如果遇有任何形式的政府损害这些目的时,人民就有权利改变或废除它,以成立新的政府。"③ 只要政府侵犯了人民的权利,人民就有

---

① 潘恩:《人权论》,《潘恩选集》,北京:商务印书馆1981年版,第213页。
② 同上书,第257页。
③ 杰斐逊:《独立宣言》,《杰斐逊集》,北京:三联书店1996年版,第128页。

反抗的权利。为了防止政府权力的扩张和腐化，杰斐逊吸取了洛克的观点，主张立法、行政和司法三个权力机构"永远分立"，在其中一个机构中行使权力的人不得在其他机构中任职。他还强调三权中的任何一权都不得干涉其他两权，政治权利要均匀地分布于三权之中，此外，他还主张保持联邦、州及地方政府的纵向分权，实行层层分权的地方自治。更有进步意义的是，他主张废除对选举权的财产限制，把选举扩大到每一个男性公民，这一主张虽然当时未能实现，而且也未考虑到妇女的选举权，但毕竟比以前思想家们所界定的以财产拥有量限制选举权的认识有了实质性进步。

受美国革命的影响，加之本国社会矛盾的激化，经启蒙运动和唯物主义思想改变了的法国民众，于18世纪末展开了有史以来最为深刻的革命。在革命中发表的《人权和公民权利宣言》，将唯物主义的政治思想转化为纲领，各种政治派别和组织纷纷走上政治舞台，进行史无前例的革命实践。法国大革命历经斐扬统治、吉伦特派统治、雅各宾派统治、热月党人统治，到拿破仑的帝国统治，虽然暂时失败，但它在人类历史上的伟大意义却是永存的。拿破仑这位"革命皇帝"所主持制定的《法国民法典》被人称为《拿破仑法典》，确立了资本主义政治对财产所有权的保证原则，并制定了相应细则，使资本主义经济制度得以系统化并通行于世。

《人权和公民权利宣言》明确规定了资本主义政治基本原则，宣称"在权利方面，人们生来而且始终是自由平等的。"强调任何政治结合和政治活动的目的都应保证人的财产、自由、安全和反抗压迫的权利。法律是公共意志的体现，在法律面前所有公民都是平等的。并弘扬卢梭的"主权在民"思想，提出所有公民都能平等地担任一切官职，除德行或才能的差别外，不得有其他差别。在国家制度上，提出了分权的原则，并按孟德斯鸠的观点提出了防止国家权力滥用和腐化的权力制衡机制。《拿破仑法典》是从民法角度对政治保证财产所有权和自由的法律规定，它分为三编，第一编是人法，包含关于个人和亲属关系的法律规定，也是对民事权利主体的规定；第二编是物法，包括各种财产的所有权及相关权利规定；第三编是对"取得所有权的各种方法"的规定，包括继承、赠予、遗嘱和夫妻财产关系，以及债法、质权和抵押权法，还有取得时效和消灭时效，即财产所有权在不同权利主体间转移的可能性、合法性的规定。《拿破仑法典》充分体现了唯物主义的自然权利、社会契约和国家各范畴的关系，确立并体现了政治以保证财产所有权为核心的原则。拿破仑曾自诩道："我的光荣不在于打胜了四十个战役，滑铁卢会摧毁这么多的胜利，……但不会被任何东西摧毁的，会永远存在的，是我的民法典。"① 滑铁卢战败后，法国革命在政治上宣告失败，但《拿破仑法典》却作为资本主义制度的基本规定保存下来，并成为欧洲各国后来规定的民法的"母法"，其原则一直贯彻于现代资本主义社会。

十一、文化个人主义：以物质财富所有权为依据的价值观和道德

文化是政治、经济的集中体现和导引，是对人生和社会关系的意识，包括价值观、思想和道德三个环节。唯物主义的文化观是个人主义，其思想环节在前两节中已做了探讨，这里重点分析价值观和道德。

个人主义是在反对封建主义和专制主义的过程中形成的文化观念，也是唯物主义在文化上的主要特征，虽然自然神论者中也有一些人主张个性自由，但由于他们都在一定程度上承认造物主，因而也就不能主张彻底的自由。个人主义的基本原则是在霍布斯那里确

---

① 转引自《拿破仑法典》译者序，北京：商务印书馆1979年版。

立，并经洛克等人丰富发展形成体系。

霍布斯认为人是自然的一部分，人的生理心理过程，受一般物体运动规律的制约，人只是一架按照力学性质进行活动的机器，一切情欲、情感，都服从因果性的机械运动规律，因而人的价值观是以其基本欲望为依据，是基本欲望的体现。他认为，人的基本欲望是财富欲、权力欲、知识欲、安全欲和对死亡的恐惧。在自然状态下，个人的行为动机是追求自身利益，即满足基本利益，为此，他可以用一切办法来保证自己利益的实现。人的自然权利是指他为了自己利益和安全，对所有物体，包括他人的生命都有无限的自然权利。利己是人作为物质体的基本属性，也是价值观的核心。保全生命、追求幸福既是自然权利，也是个人价值的体现。但每个人自然权利的运用必然会发生冲突，因此需要通过理性建立社会契约，形成法律和国家，以政治的方式来制约，但这还不够，还应以道德从总体上给每一个人以限制、协调，即从理性上使每个人都认识到每个人都是人，都有自然权利，在保全生命和追求幸福方面的权利是平等的，为了避免冲突和战争，就应当考虑到他人的权利，对自己的行为有所约束，不去侵占他人财产，不去伤害他人的生命，不去破坏他人对幸福的追求，只有这样才能保全自己的生命和幸福。

道德的根据是自然法，自然法是对自然权利的界定，也是对自然权利相互冲突的制约。自然法是基于人的自然本性，因而是"永恒不变的"。以自然法为根据的道德是在"内心范畴"发挥其约束力的，也就是说，只要出现一种欲望便有一种约束力，但这种约束力在"外部范畴"中往往会因其他人不受约束而受到破坏，只有所有人都受其约束时才会表现出来。霍布斯将道德的作用与社会契约关系统一起来考察，也就是说，道德的作用就在人们的契约关系中。他认为，社会契约的核心是权利相互转换和交换，其主要内容是财产所有权，这正是市民社会中新兴资产阶级利益及其商业活动的体现。市民社会道德的首要一条,就是守信,即履行契约,否则就是失信。守信是正义的,不守信是非正义的。

> 正义的性质在于遵守有效的信约,而信约的有效性则要在足以强制人们守约的社会权力建立以后才会开始,所有权也就是在这个时候开始。①

他认为,行为的正义包括两种:一是交换的;二是分配的。交换的正义是立约者的正义,"也就是在买卖、雇佣、借贷、交换、物物交易以及其他契约行为中履行契约。"② 分配的正义是公断人的正义,一个人受到人们推选成为公断人后,将各人的本份额分配给了每一个人,就是合乎正义的分配,即公道。交换的正义和分配的正义是商品经济得以存在和运行的基本道德,在此基础上,引申出自然或道德的其他内容:对自由赠予的恩惠要感恩,即努力使施惠者"没有合理的原因对自己的善意感到后悔"③;每一个人都应当力图使自己适应其余的人;当悔过的人保证将来不再重犯,并要求恕宥时,就应当恕宥他们过去的罪过;在报复中,人们应当看到的不是过去的恶行大,而是将来的益处多;任何人都不应侮辱他人,即不得以行为、言语、表情、姿态表现仇恨或蔑视他人;不自傲,每个人都应承认他人与自己生而平等;任何人都不应当要求为自己保留任何他不赞成或其余每个人要为自己保留的权利;不能分割之物如能共享,就应共享,数量允许时,应不加限制,否则就应根据有权可分享的人数按比例分享;凡斡旋和平的人都应当给予安全通行的保证。

---

① 霍布斯:《利维坦》,北京:商务印书馆1985年版,第109页。
② 同上书,第114页。
③ 同上书,第115页。

霍布斯认为，以上都是人们以和平手段在社会中保全自己的道德，它们是文明社会的原理。

霍布斯在论证他的道德哲学后，将之概括为：

> 这些法则已被精简为一条简易的总则，甚至最平庸的人也能理解，这就是：己所不欲，勿施于人。这条总则说明，认识自然法时所要办到的只是以下一点：当一个人把他人的行为和自己的行为放在天平里加以权衡，发现他人的行为总显得太重时，就要把他人的行为换到另一边，再把自己的行为换到他人行为的位置上去，以便使自己的激情与自重感不在里面增加重量，这时前述的自然法就没有一条在他看来不是十分合理的了。[①]

所有个人都是有着自我生命保全需要的独立平等的个体，人生目的就是为了保全自己的生命和追求幸福，为达此目的，对财产的所有权是根本的保证，明确和实现财产所有权是个人生存和社会关系的核心。个人的价值观和社会思想、道德都是围绕这个核心而形成的。人的一切行为都是由自保自利的价值观所导引，为了自保自利而遵从自然法为依据的道德，认可他人的自保自利，避免战争状态，形成个人存在和幸福的社会环境。霍布斯的个人主义划清了与封建主义、专制主义的界限，表述了资产阶级的基本意识，并为资本主义思想及其经济、政治发展奠定了基础。在霍布斯的基础上，唯物主义者进一步丰富发展了个人主义，使之成为导引资产阶级自由竞争占有物质财富，变革政治关系，建立以财产所有权为核心和标准的民主政治的主导文化。

---

① 霍布斯：《利维坦》，北京：商务印书馆1985年版，第120页。

洛克虽然与霍布斯在对自然状态的认识上有所差异，认为自然状态并非战争状态，而是"一种完备无缺的自由状态"。战争状态是对自然的破坏，政治和道德就是要限制、消除战争状态，恢复并保证人们在自然状态中享有的所有权和自由。

> 人的自然自由，就是不受人间任何上级权力的约束，不处在人们的意志或立法权之下，只以自然法作为他的准绳。处在社会中的人的自由，就是除经人们同意在国家内所建立的立法权以外，不受其他任何立法权的支配；除了立法机关根据对它的委托所制定的法律以外，不受任何意志的统辖或任何法律的约束。①

在对人生目的和价值观的规定上，洛克与霍布斯是基本一致的，即保全生命和追求自由、幸福，他尤其强调个人的思想自由和良心自由，主张人格独立。为此，就要坚持自然权利，特别是财产所有权和自由权。以自然权利来保证个人的生存和幸福。他认为，自由是心理选择和行为动作的统一，人的能力和人心理的选择能力是有区别的，意志是人心理选择能力的作用，是"官能的属性"。在主体内部受意欲支配的心理选择作出意志决定，在主体外部则要受外界因素的制约和作用，由当下的苦乐感决定动机和意志，表现为趋乐避苦、追求幸福的必然性。自由是以主体的能力为内在条件的，只有具备相应的能力才能实现自由，因此自由是有限度的。"自由只是指有动作能力的东西而言，不自由只是指无动作能力的东西而言。"②

---

① 洛克：《政府论》（下篇），北京：商务印书馆1964年版，第16页。
② 洛克：《人类理解论》（上册），北京：商务印书馆1959年版，第214页。

在洛克看来，只有人的自由，没有意志自由的问题。以自由为目的的价值观，不是没有条件的主观意愿，而是有个体内在条件和社会条件的人的现实利益的集中体现。

洛克从个人保全生命，追求自由的价值观论证社会的道德。他认为道德是个人依据自然权利自己给自己立法。所谓道德规则，也就是道德法，是个人给自己的意志和行为确立的法则。人类按其本性趋利避害，不仅需要法律的强制，更需要道德的制约。道德是人类控制自己行为的主要规范，它来自于人的自然属性和自然权利，并因自然和历史条件而有所差异。洛克从唯物主义认识论出发，批驳了"天赋道德原则论"，指出道德原则并不是先在的、独立的、普遍的、确定的、必然的"上天所在人人心中的"、"到处有力量的"绝对真理。他强调道德原则是"实践原则"，是人存在和实践中形成的，是从经验中获得的，是生活经验、传统教导、国家教育、习俗熏染和权威影响的结果。道德产生于人们的苦乐感觉，由苦乐感觉形成善和恶的观念，所谓善，就是引起快乐或减少痛苦，所谓恶，就是产生痛苦或减少快乐。人的善恶观是引起人情感的根源，人类共有的情感分为快乐和痛苦两类，前者包括爱慕、欲望、欢乐、希望，后者包括憎恶、悲痛、恐惧、失望。人们根据善恶观来界定道德规则，趋利避害，也即追求快乐避免痛苦。依据道德规则，评判人的行为，确定相互关系，明确在道德上正邪、善恶的价值，进而考察每个人行为的道德价值，正确地施行赞、讥、毁、誉的道德制裁。道德规则不仅体现于人们的自然权利关系中，还体现于政治（公民）社会的契约关系中，这包括个人对家庭、社会、国家的义务，以及如何处理"制度的关系"，即财产关系及以其为基础的政治关系。义务与权利是统一的，只有履行义务，才能行使权利，得到权利所规定的利益。而人之所以要依从道德规则，又是与他本人自由精神和追求幸福的目的相统一的，幸福的根本在于获得物质财富，由此才能达到精神的自由和享受。自由的内容就是幸福与快乐，它只能在遵循社会的普遍道德规则中得以实现。

> 把德性和公益联结在一块，并且使实行道德成了维系社会的必要条件，并且使凡与有德相接的人们分明看到德性底利益，因此，我们不必惊异，人为什么不止要允许那些规则，而且要向别人来赞美，来讴歌那些规则了，因为他确信，他人如果能遵守德性，他是会得到利益的。因此，人们所以赞扬这些规则是神圣的，不但可由于信心，而且可由于利益；因为这些规则如果一被人践踏，一被人亵渎，他们自己就会不安全的。①

个人主义的价值观和道德在法国唯物主义者那里得到进一步发展。爱尔维修认为，人作为物质世界的一部分，他的生命带着感觉的能力，即肉体的、生理的、物理的感受性，理智力量是从感受力中发展出来的。人的价值观是理智对感受的概括而形成的对人生目的的规定。人通过感觉感受到快乐或痛苦，以记忆、想象产生希望和失望、忧虑和恐惧等情感，根据反复的经验和教训，形成了追求快乐、回避痛苦的基本观念。趋乐避苦是人的本性，也是价值观的主要内容，同时又是道德的基础。他提出"自爱"的原则，并将之贯彻于价值观和道德的论证中。自爱是一种内心的情感，由它产生人的爱好和欲望，成为人行为的动力，自爱可以产生美德，也可以产生恶习。自爱导源于人的感受性或感受能力，趋乐避苦就是自爱，它支配着人的生存和行为。"我们应当把感情和性格的千差万别归之

---

① 洛克：《人类理解论》（上册），北京：商务印书馆1959年版，第30页。

于自爱这种情感的各种不同的变相,这些变相是依人们所受的教育、支配人们的政治以及人们所处的不同地位而定的。"①

爱尔维修从人的自爱情感去规定善恶。他认为自爱情感产生幸福的欲望,幸福的欲望生出权力的欲望,权力的欲望产生悭吝、野心等人为的情感。道德的基本环节是对善恶的规定,而善恶就体现在社会关系中由自爱生发的各种情感中。凡是使人得到快乐的,就是善;凡是使人痛苦的,就是恶。凡是对自己有利的行为,就认之为合乎道德的,凡是对自己有害的行为,就界定为恶。快乐和痛苦,利益与损害,就是道德的基础,也是道德判断的根据。他认为利益可以归结为对财富的所有,或者如一般人所说的是"爱钱",但应从对财富的所有权进一步看到它可以使我们增进快乐、减少痛苦。也就是说,对财富的所有权及对财富的所有,是增进快乐、减少痛苦的必要条件。个人以此来判断他人的行为,也应以此支配自己的行为。道德也就是对社会中个人利益关系的界定与协调。

霍尔巴赫也从自爱来规定价值观和道德。他承继爱尔维修的自爱观,认为人的本性是自爱,他的价值观的根本也是自爱。"人从本质上就是自己爱自己、愿意保存自己、设法使自己的生存幸福。所以,利益或对于幸福的欲求,就是人的一切行动的唯一动力。这利益取决于人的自然机体、他的需要、他获得的观念,以及他沾染上的种种习惯。"② 而利益,"就是每个人按照他气质和特有的观念把自己的安乐寄托在那上面的那个对象;由此可见,利益就只是我们每个人看做是对自己的幸福所不可少的东西。"③ 他认为,利益可以

---

① 爱尔维修:《论人的理智能力与教育》,《西方伦理学名著选辑》(下卷),北京:商务印书馆1987年版,第55页。
② 霍尔巴赫:《自然的体系》(上卷),北京:商务印书馆1977年版,第262页。
③ 同上书,第259—260页。

具体规定为自由、所有权和安全,其中对财富的所有权是核心,也是自由和安全的保证。每个人都是以自己的方式致力于自己的幸福,他的行为也都是为了取得幸福的。幸福是一种存在方式,是我们愿意在它之中长大生存下去的存在方式。人的情欲都以幸福为对象,它们是合法的和自然的,使人的行为有善与恶、好与坏之分的,是人的情欲活动产生的结果和影响。教育、范例、风气等决定了情欲趋向善与恶、好与坏,因此他特别强调教育和环境对人的影响。

在主张以自爱为内容的个人主义价值观的基础上,霍尔巴赫与爱尔维修一样,认为为了满足个人的需要,必须结成社会,他人是最宝贵的,孤立的个人不可能获得幸福,只有同类幸福,个人才能幸福。道德以社会为前提,道德学要教导人正确认识自己,正确对待他人,正确对待利益。他人幸福是自己幸福的条件,爱美德不过是把我们的利益同有利于人类的利益结合起来。为了获得幸福,必须克制自己某些有害他人的冲动,维护他人的利益,得到他人的拥护,才能获得自己的幸福。正如人自我保全和追求幸福的本性是必然的,为实现幸福目的的人们之间建立相互需要、相互依赖的关系也是必然的。这二者是目的和手段的统一。德行是为别人的幸福而采取的行为,而德行可以给行德者带来幸福,因此,德行就是它自己的报酬。

> 德行,就是真实地并且经常地对结成社会的人类有益的一切;不德,就是有害于他们的一切。最伟大的德行就是给人们提供最大的、最持久的利益这类行为;而最大的不德,就是最扰乱他们对于幸福的倾向、最扰乱社会所必要的秩序的行为。有德行的人是这样的人,他的行动经常使得他的同类生活幸福;不德的人则是这样的人,他的行为使跟他在一起生活的人遭到不幸,而他自己的不幸通常

也正是从这里产生的。凡给我们提供真实而永久的幸福的一切,都是合乎理性的;凡侵扰我们自己的福利或侵扰为我们幸福所必需的那些人的福利的一切,都是不合理性的。为害他人的人就是坏人;自己害自己的人就是个傻子,因为他既不认识理性,也不认识自己的利益,更不认识真理。①

为了实施德行,不仅要有自愿,还要有必要的强迫,这就是义务。霍尔巴赫认为,义务是经验和理性指给人们为达到确定的目的所必须采取的一些方法,义务是在同样渴求幸福、同样渴求自我保存的人们之间的关系所必然产生的。义务是有强迫性的,之所以如此,就在于不采取这些方法,就不能达到个人本性所规定的目的。

> 道德的强制,就是不得不使用一些适宜的方法,让同我们一起生活的人得到幸福,促使这些人也使我们自己得到幸福的一种必然性。对于我们自身的强制,则是这样一种必然性,即必须采取某些方法,不采取这些方法我们就既不能保存自己,更谈不上使自己的生存得到巩固的幸福。道德,一如宇宙,是建立在必然之上,或建立在各种事物之间的永恒关系之上的。②

个人主义的价值观和道德在斯密那里得到了有机结合,他从对

---

① 霍尔巴赫:《自然的体系》(上卷),北京:商务印书馆1977年版,第111页。
② 同上书,第112页。

资本主义市民社会的深刻理解，系统地从社会道德和个人财富所有的关系中，论证了个人主义文化。斯密承继洛克和法国唯物主义者的观念，并吸收了休谟有关人性的思想，从经济关系的分析中，揭示了以个人财产所有权为核心的价值观和道德观。他认为，每个人都是以自己为中心，以私利为主要利益的。"每个人生来首先和主要关心自己；而且，因为他比任何其他人都更适合关心自己，所以他如果这样做的话是恰当和正确的。因此每个人更加深切地关心同自己直接有关的、而不是对任何其他人有关的事情。"① 关于人的利己性，斯密主要是在他的《国民财富的性质和原因的研究》中以"经济人"来概括的，其基本内容是对以前唯物主义者观念的吸纳和展开。他认为，"经济人"是市民社会和商品经济的基本单位，经济中的个人是为了自己的以对财产所有权为核心和保证的利益而自由竞争的，这个过程充分体现着利己价值观。自由竞争的过程提高了社会生产力，促进了经济繁荣，从而使所有人都从总体上得到利益。在对经济人及其自由竞争的论证中，斯密贯彻着唯物主义的因利己而利他的观点。但当他论到社会道德时，却不同意从自爱推及德行的观点，而是从同情论及仁爱和道德。

在论道德时，斯密依然承认人的利己性，认为利己性是人性的主要方面，也是道德得以发生的必要条件。道德是基于利己性的同情心的体现，同情心是人性的一个方面，《道德情操论》正文一开始，斯密就这样写道：

> 无论人们会认为某人怎样自私，这个人的天赋中总是明显地存在着这样一些本性，这些本性使他关心别人的命运，把别人的幸福看成是自己的事情，虽然他除了看到别

---

① 斯密：《道德情操论》，北京：商务印书馆1997年版，第101—102页。

人幸福而感到高兴以外,一无所得。这种本性就是怜悯或同情,就是当我们看到或逼真地想象到他人的不幸遭遇时所产生的感情。我们常为他人的悲哀而感伤,这是显而易见的事实,不需要用什么实例来证明。这种情感同人性中所有其他的原始感情一样,决不只是品行高尚的人才具备,虽然他们在这方面的感受可能最敏锐。最大的恶棍,极其严重地违犯社会法律的人,也不会全然丧失同情心。[①]

同情不只是对他人不幸的情绪反映,也包括对他人福乐的同感。斯密认为,同情源于心理的联想和经验,人类的个体都具有一样的感官,因而对同一对象或情境能产生相同的感受,这是同情的基础。由此而设身处地进行联想,就会产生情感共鸣。此外,站在"公正旁观者"的角度也可以进行联想,形成情感共鸣。情感共鸣会使人产生愉快或不愉快的情绪并协调相应的行为。在旁观者努力体谅当事人的情感和当事人努力把自己的情绪降到旁观者所能赞同程度的基础上,形成了两种美德。一是温柔、有礼、和蔼可亲、公正、谦让、宽容;二是崇高、庄重、自我克制、尊严、荣誉。据此他认为情感共鸣是决定人们行为的主要力量,是人间友谊和道德的纽带。他认为,道德判断中的善与恶,正当与不正当等,都要依据情感共鸣,进而规定人们情感之间的合宜性,这包括产生的原因、动机、结果及其之间的关系。在对他人进行道德判断的同时,人还对自己的品行进行道德判断,其原则也是依据感情共鸣。由对他人和自己的道德判断,斯密推论出道德原则形成的机理,他认为,道德原则并不是"社会规定",而是"共同的感觉",由"共同的感觉"决定道德规范中的禁止与提倡。人类

---

① 斯密:《道德情操论》,北京·商务印书馆1997年版,第5页。

的美德包括谨慎、正义、仁慈及由之形成的自制。谨慎是对情感的适度克制，源于生命机体的自保需要，衍生出追求名誉和期求社会尊重的需要，以保持健康、财产、社会地位，并以此为基础图谋发展；正义是对情感和利益偏颇性的克服，以维系社会关系的公平，"保护弱者，抑制强暴和惩罚罪犯"；仁慈是同情之情的外化，体现为宽宏、人道、善良、怜悯、友谊、谦让、温厚等品德。斯密认为，以上这三种美德应集合于自制，并由自制而表现出来。在没有什么诱惑阻止和干扰的情况下，按照谨慎、正义、仁慈的要求行事，似乎并不具备高贵的品质。

> 但是，在巨大的危险和困难之中冷静审慎地行动；虔诚地奉行神圣的正义准则，不顾可以引诱我们违反这些准则的重大利益，也不顾可以激怒我们去违反这些法则的重大伤害；从不听任自己的仁慈的性情由于个别人的狠毒和忘恩负义而受到抑制和妨害——这种仁慈可能对这些人实施过，属于最高贵的智慧和美德这样的品质。自制不仅其本身是一种重要的美德，而且，所有其他美德的主要光辉似乎也源自自制。①

自制主要是对自我情感中的激情的控制，这些激情有恐惧和愤怒，以及舒适、享乐和赞扬。正是自制，使人具有了对自己行为的掌控，在保全自己的同时，也得到他人的尊重。

文化个人主义在边沁那里得到集结，并形成功利主义体系。边沁明确地将趋乐避苦作为价值观的核心，并由此论证道德的原则。在《道德与立法原理导论》中，他首先指出：

---

① 斯密：《德道情操论》，北京：商务印书馆1997年版，第313页。

自然把人类置于两个至上的主人——"苦"与"乐"——的统治之下。只有它们两个才能够指出我们应该做些什么，以及决定我们将要怎样做。在它们的宝座上紧紧系着的，一边是是非的标准，一边是因果的链环。凡是我们的所行、所言和所思，都要受它们的支配；凡是我们所作一切设法摆脱它们的努力，都是足以证明和证实它们的权威之存在而已。一个人在口头上尽可以自命弃绝它们的统治，但事实上他却始终屈从于它。①

快乐和痛苦决定并制约个人的行为，趋乐避苦是行为的动机和目的。简单的快乐分为感官的快乐、财富的快乐、技艺的快乐、友好的快乐、美名的快乐、权力的快乐、虔敬的快乐、仁慈的快乐、恶意的快乐、回忆的快乐、想象的快乐、期望的快乐、联想的快乐、放松的快乐14种；简单的痛苦分为感官的痛苦、贫困的痛苦、笨拙的痛苦、憎恨的痛苦、恶名的痛苦、虔诚的痛苦、仁慈的痛苦、恶意的痛苦、回忆的痛苦、想象的痛苦、希望的痛苦、联想的痛苦12种。几种简单的快乐或痛苦可以构成复杂的快乐或痛苦，一种复杂的快乐或痛苦也可以分解为几种简单的快乐或痛苦。个人的乐与苦都是与他人、与所处环境密切相关的。边沁认为，乐与苦有四个来源或四种制裁：自然制裁、政治制裁、道德制裁、宗教制裁。乐与苦价值的大小由强度、持久性、确定性、远近性、继生性、纯粹性和范围七种条件决定。他又提出一套计算的办法，以确定快乐和痛苦的价值。在此基础上，他提出了价值观的"最大幸福原则"，也即功利

---

① 边沁：《道德与立法原理导论》，《西方伦理学原著选辑》（下卷），北京：商务印书馆1987年版，第210页。

原则。

进而边沁又从动机与效果的关系论证了功利的效果。他认为，一个行为由行为本身、环境、意向、意识、动机和一般习性六因素构成，行为的后果是由动机产生的，而动机有九种：善意、爱名誉、求友、宗教心、自然欲望、金钱欲、权力欲、自保和不愉快。动机一般是中性的，仅从动机上是不能判定善恶的，行为的功利只在后果中，只能根据功利来判断行为是否符合道德。也正是从这个环节，边沁的逻辑从价值观转入道德。他认为，每个人都是依从"最大幸福原则"来行为的，社会是所有单个成员的利益之总和。从社会总体论，功利原则就表现为"最大多数人的最大幸福"原则，即增多社会成员幸福的趋向尽可能多于减少社会幸福的趋向。社会要用法律和道德的方式保证个人的生存、富裕和安全。社会在保证每个人追求个人利益时，自然而然地就增加了社会的利益。只要每个人都能真正追求并达到个人的最大幸福，也就会达到社会上最大多数人的最大幸福。

从霍布斯到边沁，在唯物主义基本观点的指导下，以对经济、政治思想的规定为基础，形成了文化个人主义的价值观和道德，从而使唯物主义从基本观点到自然观到社会观成为一大系统。个人主义的价值观和道德是与其经济、政治思想内在统一的，如果脱离经济、政治思想，似乎个人主义价值观和道德都是"唯心主义"的。恩格斯也就是由此作出断语的。当我们将经济、政治、文化统一起来考察，这些思想家从感受、情感、善、恶、公平、正义等对价值观和道德的论证中的经济、政治内容也都充分展示出来了。这里的关键就在于财富的所有权，不论快乐与痛苦，还是幸福、善、恶、公平、正义等，都是围绕物质财富的，唯物主义思想家并没有忘记这一点，在他们论述价值观和道德的时候，都在一定程度上与其经济、政治思想内在联系，有时虽然表述不充分，但其逻辑的统一性始终是存在的。也正是财产所有权概念将他们的价值观和道德与经济、政治思想展开成为其基本观点的理论体系，并贯彻于资本主义运动、制度之中。

十二、唯物主义观念贯彻于资本主义理论、运动和制度之中

唯物主义是在特定历史条件下形成的哲学观念，以它为基础构建的哲学体系贯彻于资本主义理论、运动和制度之中，或者说，资本主义理论、运动和制度体现和实现了唯物主义观念。

受恩格斯的影响，苏联和中国的哲学界曾将唯物主义一般化为人类各社会通行的哲学观念，并仅限于对自然界的规定。这样，就使唯物主义脱离了其现实的社会基础和阶级基础，成为空洞的关于"世界本原"问题的论证。尤为严重的是将17、18世纪唯物主义者的学说分为截然对立的两部分：在自然观上是唯物主义，在历史观上是唯心主义。不仅曲解了唯物主义观念，更不能理解唯物主义与资本主义理论、运动和制度的关系。

唯物主义不是凭空而来的，也不是自古就有的，而是在欧洲近代史上因市民社会和商品经济的发展所形成的反封建、反专制统治的资产阶级意识的集中体现，它以经验和初步形成的自然科学成果为论据，批判并否定了上帝主义和自然神论，确立了世界是物质的、物质是自然的基本观点，以这个观点解释自然现象为佐证，集中探讨了作为物质世界特殊一部分的人类社会关系，从资产阶级利益出发，论证了自然权利、社会契约和国家等市民社会的基本范畴，进而规定了商品经济初级阶段的资本主义经济与作为其内在机制的民主政治的原则，论证了与政治、经济相统一的文化个人主义。这是一个全面而系统的体系，虽然没有一个思想家对此进行全部论证，但从我们上面的考察中完全可以看出其分散于各个思想家著述中的思想的逻辑统一

性。作为资产阶级思想代表的唯物主义者,并没有一个综合性的总体系的论述者,霍尔巴赫的著述面比较广,但逻辑系统性远远不够。虽然如此,他们的思路传承却是明确的,其根据还在资产阶级利益和社会矛盾,更重要的是由此而形成的资本主义运动。

资本主义是以资本为核心,以雇佣劳动为资本增殖手段的思想体系之总称。它形成于资本雇佣劳动关系的创始,发展于由资产阶级主导的社会变革运动,成熟、确立于资产阶级居统治地位的社会制度之建立和巩固。

资本主义理论是对封建主义和集权官僚主义理论的否定,是从理论上对否定封建领主制和集权官僚制的社会变革运动及变革后建立社会制度的规定。它包括对旧制度及其理论的批判和对新制度的论证、辩护。资本主义理论是动态的进程,是与资本主义运动及其制度化内在统一的,既是运动和制度的指导,又随运动和制度的演进而不断调整和修正。

与以前各社会的统治阶级意识形态不同,资本主义理论并没有一个标志性的如儒家道统的孔丘、佛教的释迦牟尼、基督教的耶稣、伊斯兰教的穆罕默德等的代表人物,资本主义理论是在商品经济和市民社会的发展中,由一系列的思想家在发展中创立并演进的,它有几个阶段性的代表,如霍布斯、洛克、霍尔巴赫、斯密、黑格尔、凯恩斯等,但都未像以前社会思想界那样对他们形成崇拜和教条主义,后来者对前人的思想既有继承,更有批判和否定。这是资产阶级的特殊性决定的,也是资本主义所标榜的个性自由的体现。资本主义理论的生命力也在这里。

资本主义理论是众多思想家在不同历史时期从各自所处的社会矛盾及其变革的实际中提出的,虽然没有一个总的系统理论体系,但却有与其总的阶级利益统一的逻辑体系,概括起来说包括这样几个环节式层次:一、哲学观念,即唯物主义,它的基本观点、自然观、社会观；二、经济学说，对资本主义经济关系和制度的规定，并探讨国家经济政策和企业经营管理；三、政治学说，对资本主义政治制度的论证，包括对以前政治制度的批判、国家、法律、政党、政府、政策等；四、文化学说，也称伦理学，包括对宗教批判、价值观、道德等的探讨，以及从文化角度对经济、政治思想的概括；五、社会学说，探讨经济、政治、文化学说尚不包含的生活方式、民族、人种、风俗等社会范畴。

唯物主义哲学观念是资本主义理论体系的抽象层次，也是起始部分，这种起始，既是逻辑上的，也是历史的。最初的资本主义理论，集中体现于唯物主义哲学家的著述中，霍布斯和洛克所研究的，不仅是抽象意义上的哲学，也是全部资本主义理论，这种情况在霍尔巴赫那里依然有所表现。也正因此，他们所论证的，既有基本的唯物主义观点和自然观、社会观，同时也从抽象意义上概述了对经济、政治、文化、社会生活的规定。随着资本主义运动的发展，经济、政治、文化、社会各种学说才逐步从唯物主义哲学中分化，形成相对独立的学说体系。但在分化的开始阶段，相关的思想家还是比较关注抽象层次的哲学探讨，如斯密、萨伊、李嘉图对经济学的研究，以及边沁对伦理学的研究，他们的著作中有很大成分是属于唯物主义社会观中对经济、文化的抽象规定。只是到资本主义制度巩固之后，经济学说和其他学说的独立性日益明显，思想家们对哲学层次上的抽象规定不再注重探讨，而是直接以哲学中的规定为前提和指守。表面上似乎脱离了唯物主义，但实际上更为具体地贯彻了唯物主义。从资本主义理论的这些层次的发展史中，可以清楚地看到唯物主义的指导和展开。正是这些学说的分化和独立发展，验证并实现了唯物主义。

唯物主义和历史上其他居统治地位的哲学观念一样，都不是空洞地议论世界本原之类的问题，这些问题之所以能引起思想家们的关注，在于它们是规定和变革现实社会关系的前提。上帝主义之所以认为人和世界都是上帝创造的，并不在于耶稣及其信徒真的认知有个上帝，而是要用上帝一神取代诸神，据此否定各部落自有独立信仰的奴隶制，代之以上帝名义的部落联盟的封建领主制。自然神论效法天命主义，以自然为神，将神自然化或将自然神化，目的在于变革封建领主制，建立君主专制的集权官僚制。同样的道理，唯物主义者之所以否定自然神论和上帝主义，目的在于批判因这两种哲学观念同时存在①而支撑的尚不完备的集权官僚制和残存的封建领主制。唯物主义作为针对包含封建残余的君主专制的社会变革运动的指导观念，充分体现并贯彻于其运动和制度之中。

资本主义运动与制度，是同一过程的两种形态，运动是动态的，制度是静态的，又是运动的集结和进一步运动的前提。资本主义运动在建立制度之前，是批判和否定旧制度，与旧制度所维系的旧势力的斗争；建立资本主义制度之后，表现为对制度所展现的阶段性体制的改革，并与威胁资本主义制度的残存的旧势力和新生的反对势力进行斗争，以巩固和充实资本主义制度。唯物主义密切地贯彻于资本主义运动的各个阶段，集中体现于资本主义制度之中，并在制度建立后的阶段性体制变革中发挥着指导作用。

霍布斯的学说产生于英国革命的大动荡时期。17世纪40年代的英国革命是资产阶级和新贵族以及手工业者、农民联合起来反封建、反专制的社会变革运动，由于各种势力的要求并不一致，在推翻国王之后陷入混乱，以致形成了克伦威尔专政。霍布斯的哲学观念就是代表大资产阶级利益的克伦威尔政权的体现。他一方面主张个性

---

① 欧洲近代由于商品经济的发展，自然神论所代表的君主专制势力还未取得完全统治，就形成了强大的资产阶级变革势力，因此，作为资本主义哲学观念的唯物主义，既要批判自然神论，又要批判上帝主义。

自由和自然权利，另一方面又要通过社会契约形成代表所有人的专制政权，由这个政权保护个人自由和所有权。这种主张虽然遭到了反专制势力和保皇党人两方面的反对，但对于初期的资本主义运动还是有指导意义的，反映这个时期一部分资产阶级利益和意识的特点。尤其重要的是，他的自然权利和社会契约思想，以及对上帝造物的否定，都为以后资本主义运动提供了思想武器。克伦威尔专政虽然未能抵抗复辟势力，但革命的大趋势谁也阻挡不住，1688年资产阶级又发动了政变，形成了妥协的君主立宪制。洛克的思想就是在这种条件下产生的。马克思曾指出："约翰·洛克是一切形式的新兴资产阶级的代表。"① 英国的资产阶级为了自己的利益，采取与土地贵族和专制君主妥协的政策，实行君主立宪制。洛克的思想代表了资产阶级的要求，既强调个人自由和自然权利，又主张君主立宪制。洛克的这种思想，主导了英国资本主义运动及其制度化。

唯物主义对资本主义运动的指导作用，更为突出地表现在美国革命和法国革命中。美国资产阶级的独立战争推翻英国殖民统治的斗争，也可以看成英国革命的继续和深化。美国这个由移民构成的国家，恰是霍布斯自然权利和社会契约思想的最好证明。远渡重洋的移民，或是受迫害的新教教徒，或是破产、逃债的手工业者和农民，他们来自英国和欧洲大陆。平等的自然权利在霍布斯的著述中似乎只是理论的抽象和理想，在英国和欧洲是没有其现实与历史存在的，但在北美洲的移民中却充分体现出来了。他们来自不同国家和地区，相互间并没有人身依附和血统关系，大家都是平等的因经济、政治原因被迫逃到这块新大陆谋求生存、发展之路的"自然人"，都没有世袭的特殊权利，只有作为自然人所有的自然权利。而

---

① 马克思：《政治经济学批判》，《马克思恩格斯全集》第13卷，北京：人民出版社1998年版，第67—68页。

为了殖民对印第安人的赶尽杀绝政策，充分证明了人与人的战争状态。战争状态同样表现在移民者之间，对于每个移民而言，这里的一切都是他生存和发展的条件，他都有权占有和使用，人与人之间的敌对和战争不可避免。经过冲突和竞争，移民们逐步明白了社会契约的必要，而且形成了建立由公众控制的国家政权，以从总体上保护个体利益、协调相互关系。由于北美洲移民的特殊性，此地并没有传统的君主和贵族，因而虽有人依从霍布斯和洛克的学说主张实行君主专制或立宪君主制，但遭到大多数人的反对，连被推举的华盛顿本人也不敢做新的君主。潘恩、杰斐逊的民主共和主张占了上风，并成为美国独立和革命的主导思想。美国革命在资本主义运动中占有突出地位，它继英国革命之后又一次光辉地证明了唯物主义的历史意义。

唯物主义对资本主义运动的指导意义，紧随着美国革命在法国大革命中又一次辉煌地展现。由狄德罗组织的"百科全书派"及以其为中心的启蒙运动，主导思想就是唯物主义，它旗帜鲜明地反封建、反专制，批判宗教迷信，主张自由、平等、所有权。不太关注哲学基本观点因而有自然神论倾向的孟德斯鸠和卢梭思想上也受唯物主义社会观的影响，他们和霍尔巴赫等形成统一阵线，为法国大革命做了充分的思想准备，并形成一批具有革命思想和理想的政治领袖。虽然这些领袖在思想上也有差异和矛盾，但总体上都是反对封建、专制统治的，包括当了皇帝的拿破仑，其基本理念还是革命的。更为重要的是，唯物主义主导的启蒙运动是一场文化革命，它先行于政治革命，使广大民众在思想上破除了宗教迷信，破除了封建、专制政权的权威，树立了革命的觉悟。这样，当社会矛盾激化，革命运动爆发后，立刻就形成了浩浩荡荡的革命势力。法国革命的进程可以说是各种政治学说的实践场，不论立宪派、吉伦特派、雅各宾派，还是巴贝夫和拿破仑，都秉承启蒙运动所涌现的政治学说在政坛上一展身手,虽然各派之间矛盾冲突,但经此革命运动,将旧的封建主义和专制主义政治思想及其依托的上帝主义和自然神论冲击得落花流水。革命政权曾暂时被旧王朝余孽所推翻,但上帝主义及其政治思想、经济思想却不能在人们观念中"复辟"了。

英、美、法的革命,带动了欧洲及全世界的资本主义运动,从西欧到北欧、东欧,乃至亚洲、南美洲、非洲、澳洲,包括欧美宗主国的殖民地和附属国,纷纷掀起了反封建、反专制的社会变革。这是一股世界性的大潮,而其趋向,又都受唯物主义及其社会观的主导。唯物主义改变了人类的思想,在变革文化的进程中变革了社会的经济、政治制度。

唯物主义在资本主义制度中的贯彻,也主要表现于率先展开资本主义运动的英、美、法三国。

资本主义运动因各国的特殊历史条件而呈现差异,资本主义运动的差异导致其制度化的特殊。英、美、法三国的资本主义制度各有特点,也正是在这些特点中体现着共性,贯彻着唯物主义的基本观点和一般原则。

资本主义制度最早确立于英国,英国革命在政治上形成的是君主立宪制,在经济上则因与封建领主和国王妥协,并有开明贵族参与变革,因此保留了领主对土地的所有权,但废除了其对农奴的人身所有权,因此,领主就变成了地主,而且土地可以买卖,资本家也能通过购买土地所有权变成地主,地主又可出卖土地所有权后成为资本家或破产后变成雇佣劳动者。英国的资本主义经济就由资本家、雇佣劳动者、地主三大阶级构成,其经济制度就是从总体上对这三个阶级关系的界定。英国资本主义经济制度的核心,就是规定并保证财产所有权,并将土地和劳动力纳入财产或财产的范围,容许或规范财富所有权的交换及其派生占有权、使用权的法律关系。政治制度也是以经济关系为基础并从政治角度对经济关系的保证。

英国革命后的政治制度虽然采取君主立宪制，但其性质已是资本主义的，并由日益强大的资本家阶级来主导，资本家阶级的经济实力不断增长，它在政治上的主导作用也在不断加强。依从洛克和孟德斯鸠的三权分立说，英国的立法权归议会，行政权归国王名义的政府，司法权归法院。议会分上、下两院，上院为贵族院，下院为平民院，随着资本主义经济的发展，下院势力和作用日益突出，上院则日渐式微；行政权受议会控制，国王的权力逐步减少，以致成虚位。下议院议员由民选，但规定对选民的财产限制，不给妇女选举权，以保证资本家阶级对政权的控制和政权对资本家阶级利益的维护。

美国不像英国那样有传统的封建、专制势力，其独立后所建立的制度，更为直接地体现着资本主义性质。经济制度明确地以维护财产所有权为核心。虽没有由领主转化的地主，但有由资本家转化的地主。资本家和雇佣劳动者是主要的社会阶级，经济制度的重心放在规范这两个阶级的关系，以及资本家之间的关系上。虽然美国在资本主义制度上是相当先进的，却容许落后的奴隶制。政治上也采取三权分立，但行政权由总统执掌；两院为众议院和参议院，前者按人口比例，后者按行政区划分配名额，议员由选举产生；司法权由法院执掌。选民也有财产数量限制，大多数穷人和妇女、黑人及非欧洲移民均无选举权，以此保证政治对财产所有权的保护和对自由竞争的协调。直到20世纪中期，才实行普选制。

法国革命的斗争性是最强的，对封建、专制统治的否定也是最彻底的，但由于时间不长即遭遇复辟，因而其政治制度在这个短时期的动荡中并未成形，直到19世纪70年代借"巴黎公社"对旧势力的坚决打击，重新夺取政权的资产阶级才真正确立了资本主义政治制度，1875年最终建立共和制，并于1884年由议会通过"政府的共和形式不得成为修改提议的对象"，由此法兰西共和国得以延续至今。法国的资本主义政治制度也实行"三权分立",但行使立法权的议会不分两院,行政权则分由总统和政府总理行使,总统由公民直接选举,掌管国际、外交和内政中的部分权力,总理由议会选举,握有部分行政权,司法权也分立。公民选举权受财产数量限制,妇女也没有选举权。法国革命历经 80 多年才确立资本主义政治制度,而其资本主义经济制度却在《拿破仑法典》中基本确立,虽有专制势力在政治上的复辟,但由于雅各宾专政时在经济上对封建残余的坚决打击,并实行土地改革将逃亡领主的土地由政府"赎买"再贱卖给农奴,彻底废除了农奴制,拿破仑专政又对农民权利予以保护,因而复辟后的专制统治也不能再恢复领主特权,资本主义经济制度得以实行。其要点就是明确并保证财产所有权,由资本家阶级为主导,雇佣劳动者阶级出卖劳动力使用权,地主的土地所有权大多是购买而来,已经资本化。法国资本主义经济制度保证了其经济的发展,并为确立资本主义政治制度奠定了基础。

法国革命后在欧洲各国及其他国家进行的资本主义运动所建立的资本主义制度,都各有其特点,但在政治制度上不外英、美、法三种类型,其共同点是都要以财产所有量限定选举权,并不给妇女选举权——这是封建和专制制度在资本主义制度中最明显的存留。而经济制度的核心都是保证财产所有权和自由竞争。这些都是唯物主义的基本原则的实现。

不论英、美、法还是其他国家,资本主义制度建立以后,资本主义运动都未停止,都经历了不断的变革,既有反复辟的斗争,也有对旧体制的改革,从而在唯物主义指导下逐步巩固和延续资本主义制度。其中最为突出的以体制改革表现的资本主义运动,就是 20 世纪 30 至 50 年代由罗斯福、凯恩斯发起的从自由竞争体制向市场经济体制的转变,使资本主义制度得以继续并证明着唯物主义的生命力。

第二章

对唯物主义的质疑、修正、充实与否定

作为资本主义哲学观念的唯物主义在其演进中受到贝克莱的质疑，休谟、康德为了回应这种质疑，对唯物主义进行了修正，由此将哲学的主流导向对思维与感觉的关系及实证主义。黑格尔则从精神的思辨充实了唯物主义的内容，进而是费尔巴哈通过对黑格尔的批判所展开的对唯物主义的否定，这个否定被马克思所承续，并开启了创立社会主义哲学观念的历程。

一、贝克莱以唯心主义对唯物主义的质疑

唯心主义，这个被恩格斯称做有史以来就存在并与唯物主义对立的哲学观念，其实只是在唯物主义兴起并取代了上帝主义的主导地位后，由贝克莱主教从上帝主义对唯物主义的挑战，因为底气和能力都不足以与浩荡的唯物主义思潮相对抗，只得在认识论上钻洛克体系中的一些漏洞，胆怯怯地提出了一些质疑。从上帝主义论，能有这样一个逆历史潮流并会说一些哲学术语的人为之辩护，也算是临终前的一点安慰，或曰回光返照；对哲学史而言，唯心主义不过是贝克莱主教为他信奉的上帝主义所烧的一片冥币。虽然休谟、

康德等人对这片冥币燃起的火花做了一番研究,在认识论上对唯物主义做了一些修正,并引发黑格尔从思辨对唯物主义的充实,进而导致费尔巴哈在对黑格尔体系的批判中开始了对唯物主义的否定,但唯心主义这片冥币还是很快就烧灭了,根本没有形成与唯物主义相对抗的哲学体系。而把唯心主义扩大化,硬说是自古以来就存在并与自古以来也存在的唯物主义相对抗的"两大阵营",不仅严重阻碍了对哲学本质的认识,更干扰了社会主义哲学观念在对资本主义哲学观念否定中的形成和发展。

由于将自古以来的哲学统归入唯物主义和唯心主义"两大阵营",贝克莱被苏联和中国的哲学史教科书抬到唯心主义阵营"首领"、"近代主观唯心论的老祖宗"的地位。贝克莱确实是唯心主义哲学观念的"首领"、"祖宗",但这个哲学观念并未形成派别,只是他本人的一种观念。他之前的历史上并未有什么唯心主义,至于他对后世的影响,也仅限于他从认识论上对唯物主义的诘难,或许神学家们由此找到了新的生存理由,如18世纪美国的约翰逊、爱德华兹等人以贝克莱唯心主义论证上帝,但却已与哲学主流无关。苏联和中国哲学史教科书编写者们还将贝克莱说成"资产阶级代言人",这与同期出版的经济学史教科书将马尔萨斯说成"资产阶级代表"一样荒谬。他们两人作为神职人员,都是站在上帝主义立场,为没落的封建贵族和僧侣的利益辩护。比贝克莱晚了近一个世纪的马尔萨斯,针对斯密和李嘉图学说的缺陷,反对资本主义自由经济,而贝克莱则针对洛克认识论的局限,全面质疑唯物主义哲学。

贝克莱的唯心主义并不构成一个体系,它只是利用洛克体系中的某些缺陷,以逆推理方式作出的质疑,而其术语和一些论据,都是取自洛克的著作。其目的,并不是更新哲学观念,创立一种新的哲学体系,而是抓住洛克认识论中的个别问题,企图全面推翻唯物主义体系,由此维护上帝的权威。

贝克莱并未自称"唯心主义者",这个称谓是后人"加封"的。但"唯物主义"这个术语之所以成立,并被恩格斯视做自古以来通行的一个哲学"阵营",苏联和中国学者又以此给古往今来的诸多哲学家贴了标签,还是得益于贝克莱。为了反对唯物主义,他以"心灵"与"物质"相对立,并强调心灵是感觉、观念的根据,而包括物质、自然等概念都是心灵的产物。由此出发,他就给自己开了一个场子,从心灵来考察、推论、评判、质疑唯物主义的认识论,进而否认物质的实在性。贝克莱是坚定的上帝主义者,他认为,上帝创造了人的心灵,人的知识、观念一切都来自心灵。

> 上帝待人类是较为仁慈的,他并不能只给人们以企图获得知识的强烈欲望,却使他们永远得不到那种知识。如果不是这样,那就和上帝一向惯用的优容方法不相符合了;因为他不论赋予各种生物以什么欲念,他总要常常供给它们以一些方法,使它们在正确应用了这些方法以后,一定会得到满意的结果。[1]

贝克莱指出,心灵是知识唯一的来源,而洛克等人却认为抽象思维有形成观念和事物概念的能力,但也正因此,会出现各种错误的知识。抽象思维使心灵对事物性质的认识可以分开,从而形成"离开广延的颜色观念,和离开颜色和广延的运动观念。"[2] 抽象同时又具有概括作用、组合作用,正是这种抽象,以及用语言、文字对抽象观念的表述,都会产生错误。由抽象而形成的观念,是不可靠的,洛克等坚持抽象观念的人"陷于重复缭绕的错误和争论的迷

---

[1] 贝克莱:《人类知识原理》,北京:商务印书馆1973年版,第4页。
[2] 同上书,第5页。

宫中",他们的争论和学说,"其中只有一小部分因为还能供人玩乐、供人游戏开心,才能给人一点真正的利益。"①

贝克莱在这里将心灵与抽象对立起来,以心灵来排斥抽象观念,而心灵形成知识只是凭借感觉。他认为,人类知识的对象就是观念,包括:一、由实在印入感官的;二、心灵的各种情感和作用所产生的;三、在记忆和想象的帮助下形成的。视觉、触觉、嗅觉、味觉、听觉感知了各种观念,形成了知识。"观念的存在,正在于其被感知。"② 进而,他又推论出"存在就是被感知"这个标志性论断。

> 人人都承认,我们的思想、情感和想象所构成的观念,并不能离开心灵而存在。而在我看来,感官所印入的各种感觉或观念,不论如何组合,如何混杂(就是说不论它们组成怎样一个对象),除了在感知它们的心灵以内就不能存在,这一点是同样明显的。我想,只要人一思考"存在"二字用于可感知事物时作何解释,他是可以凭直觉知道这一点的。我写字用的这张桌子所以存在,只是因为我看见它,摸着它;我在走出书室后,如果还说它存在过,我的意思就是说,我如果还在书室中,我原可以看见它;或者是说,有别的精神当下就真看见它。我所以说曾有香气,只是说我曾嗅过它,我所以说曾有声音,只是说我曾听过它,我所以说,曾有颜色,有形象,只是说我曾看见它或触着它。我这一类的说法,意义也就尽于此了。因为要说有不思想的事物,离开知觉而外,绝对存在着,那似乎是完全不可理解的。所谓它们的存在(esse)就是被感知

---

① 贝克莱:《人类知识原理》,北京:商务印书馆1973年版,第14页。
② 同上书,第20页。

(percepi)，因而它们离开能感知它们的心灵或能思想的东西，便不能有任何存在。①

任何对象都是人通过感官而感知的东西，而人所感知的又只有观念或感觉，因此，这些观念之一或某组合体是不可能离开感知而存在的。

> 天上的星辰，地上的山川景物，宇宙中所含的一切物体，在人心灵以外都无独立的存在；它们的存在就在于其为人心灵所感知、所认识，因此它们如果不真为我所感知，不真存在于我的心中或其他被造精神的心中，则它们便完全不能存在，否则就是存在于一种永恒精神的心中。要说事物的任何部分离开精神有一种存在，那是完全不可理解的，那正是含着抽象作用的一切荒谬之点。②

除了精神或感知的东西以外，再没有什么别的实体。

在以心灵、感知否认了抽象的观念之后，贝克莱立即向洛克等人的唯物主义发起质疑：你们规定物质时提到了广延、形象、运动三种性质，但它们只是存在于人"心中的一些观念"。无论观念自身或它们的原型，都不能存在于一种无感知作用的实体中。因此，"所谓物质（或有形实体）的概念本身就含着一个矛盾。"③ 他认为，物质不过是一般性的概念，是抽象作用的结果。外界事物的存在是不能证明的。人只能借助感官或理性才能知道外界物体的存在，但这并不能证明这

---

① 贝克莱：《人类知识原理》，北京：商务印书馆1973年版，第21页。
② 同上书，第22页。
③ 同上书，第24页。

种存在就是真实的,因为这只是人的感知,是人的抽象思维,它们只能证明感知和抽象,并不能证明物体的存在。

贝克莱相当清楚,他的敌人所依据的主要就是物质这一概念。

> 物质的实体从来就是无神论者的莫逆之友,这一点是无须论证的。他们所有的一切妖妄的系统,都分明地、必然地依靠于物质的实体。因此,我们如果把这块基石一移掉,则全部结构只有垮台了。因为这种缘故,所以我们就无须乎单独来考察无神论者的各个可鄙教派中的种种荒谬主张了。[1]

他认为,物质是不能感知的,它只是抽象的观念。不仅物质不能被感知,就是所有外界物体都不能被感知。人们所感知的只是广延、形象、运动以及颜色、声音、重量等观念,而这些观念并不等于物体本身。他进一步说,即使外界物体存在着,又如何证明人的观念及其产生的方式呢?

> 我们纵然向唯物主义者承认他们那些外界的物体,可是他们仍然承认自己并不能因此就会进一步地认识我们的观念是怎样产生的。因为他们承认,自己并不能了解物体以何种方式能够对精神发生作用的,何以物质会在心灵中印上任何观念。因此,显然我们心中虽然产生了各种观念或感觉,可是我们并不能据此为理由就假设有物质或有形的实体,因为他们承认,无论有无这种假设,观念的产生是一样不可了解的。因此,物体纵然有在心外存在的可能性,他们这种主张也不能不说是一种危险的意见。因为这

---

[1] 贝克莱:《人类知识原理》,北京:商务印书馆1973年版,第62页。

样就毫无根据地假设，上帝所创造的无数事物，都是完全无用的，并没有任何功用了。①

这是贝克莱所提出来的对唯物主义带有实质性的质疑，也正是对这个问题的思考和解答，引发了休谟、康德对唯物主义的修正。但对贝克莱来说，目的只在于提出这个质疑，并以此证明物质是不存在的，或者并不是自然自在的。对于信奉上帝主义的他，对这个问题的回答是现成的：上帝创造了无数事物，上帝创造了人，不论事物或人的性质和功用都由上帝规定好了，根本用不着去探讨别的答案。

推论至此，贝克莱进一步论证了上帝。他说，产生观念的原因既然不是并不存在或不能证明其存在的物质实体，那么，"社会的原因乃是一个无形体的、能动的实体或精神。"② 听觉和其他感官，印于它们之上的观念"并不是我的意志的产物。因此，一定有别的意志或精神来产生它们。"③ 那么，这"别的意志或精神"是什么呢？就是上帝。上帝不仅在人的心灵中"印下"各种观念并给人以感觉能力，还创造了自然规律。"上帝的意志就是自然规律。"④

自然规律：感觉观念要比想象观念更为强烈，更为活跃，更为清晰。它们是稳定的，有秩序的，而且是互相衔接的；它们并不是意志的结果，并不能任意刺激起来；它们是在有规则的系列中出现的，其互相联系之神妙，足以证明造物主的智慧和仁慈。我们所依靠的那个"心灵"，在

---

① 贝克莱：《人类知识原理》，北京：商务印书馆1973年版，第28页。
② 同上书，第31页。
③ 同上书，第32-32页。
④ 同上书，第33页。

我们心中刺激起感觉观念来时,要依据一定的规则或确定的方法,那些规则就是所谓自然规律。这些规律是由经验得来的,因为经验可以告知我们,在事物的日常进程中,某些一定的观念是常会引起某些一定的其他观念的。①

正是由于上帝制定了规律,人在被创造时可以得到一种先见,以此来作为自己行为的规范,以促进人的利益。如果没有上帝所给的这种先见,那么人类将永远陷于迷惑之中,永远不知道怎样去做一件事,不知道怎样得到更多的快乐、避免最小的痛苦。依靠这种先见,人才知道了怎样生活,怎样处理事物。而事物是什么?"造物主在我们感官上所印的各种观念就叫做实在的事物。"② 名为自然作品的那些事物,都不是因人的意志所产生的,也不是依靠人的意志的。

因此,必须有别的精神才能把它们产生出来,因为要说它们能自存,那是矛盾的。但是我们如果仔细考察自然事物的恒常的秩序、规律和连贯,考察宇宙中较大物体的惊人的宏壮、美丽和完善,考察较小物体的精巧的构造,考察全部结构的精确调和同一致,考察那些妙不可言的苦痛和快乐的法则,考察各种动物的本能(或自然倾向),嗜欲和情感——我们如果考察这些,并且仔细注意"唯一的"、"永久的"、"全知的"、"全善的"、"完美的"诸种品德的含义和重要性,我们就可以分明看到,这些品德只能属于前说的精神;因为他是最高权力,一切事物都是依靠于他而存在的。③

---

① 贝克莱:《人类知识原理》,北京:商务印书馆1973年版,第33页。
② 同上书,第34页。
③ 同上书,第88页。

贝克莱强调，上帝的存在较人的存在还更为明显，它是直接地为人所认识的。

> 上帝的存在还更被人感知明显万分。因为自然的结果，比人类的结果多无数倍，重要无数倍。凡能指示有人的任何符号，或凡能表示人所产生的结果的任何东西，都更能指示出精神的存在，都更能指示出造物主的存在。因为显而易见，在影响别人时，人的意志没有别的作用，只有使自己的肢体运动起来，可是这个运动所以能在别人心中刺激起任何观念来，那全凭借于造物主的意志。只有他可以"凭表示自己权力的言词，来支持万物"，只有他可以使各个精神互相交通，使他们互相能察看出对方的存在。①

贝克莱本人相当清楚，他并不是像洛克等人那样在研究哲学，也不是在探讨什么认识论问题，他只是通过对唯物主义的质疑，来消除物质实体这块唯物主义的基石，而他的目的，"首要的是考察上帝和考察我们的职责……我既然指出学者们所主要从事的那些空洞的思辨是虚妄无用的，因此，我们或者较容易使他们恭敬接受益人利物的福音真理，因为认识并实行那些真理，人性才能达到最美满的境地。"②

二、休谟对贝克莱质疑的回应和对唯物主义的修正

在苏联和中国的一些哲学史教材中，将休谟说成是"不可知

---

① 贝克莱：《人类知识原理》，北京：商务印书馆1973年版，第88—89页。
② 同上书，第93页。

论"、"折中主义者",甚至是"唯心主义者"。这是按唯物主义和唯心主义"两大阵营"的界定来标签所有哲学家的必然结果。

休谟既不是"不可知论者",也不是"折中主义者",更不是"唯心主义者"。他力求从唯物主义认识论来回应贝克莱的质疑,或者说解答相关问题。他虽然不能驳倒贝克莱的质疑,却在解答的过程中,深化了经验主义认识论,并坚持无神论,驳斥了贝克莱以"心灵实体"证明上帝存在和作用的观点。同时认为物质实体虽说不能由人的认识所证明,但人的认识又必须以它们为对象,它们的存在是可以怀疑的,但却是不可用人的认识来证明它们是不存在的。因而可以说休谟在认识论上对唯物主义做了某些修正,他的这些努力,引发了康德对人的认识能力和过程的系统探讨,并对实证主义的形成有重要的前导意义。

贝克莱曾向唯物主义者发出挑战:

> 如果您能设想,一个有广延而能被运动的实体,或者(较一般地说)一个观念,或者一个与观念相似的东西,不在能感知它的心内也可存在,那我可以立刻放弃我的主张。至于您所坚持的那些外物组成的系统(compages),则我也可以相信它的存在,纵然您不能给我解释(1)您何以相信物质的存在;(2)纵然您不能指示出它如果存在时有什么功用。只要您的意见稍有一点真的可能性,并且作为您的意见的论据事实上是真的,我就可以承认它是真的。①

贝克莱是用人的感性认识来否认对象的物质存在,强调感性所形成的观念是来自上帝对心灵的创造和控制。休谟看清了贝克莱反对唯

---

① 贝克莱:《人类知识原理》,北京:商务印书馆1973年版,第29页。

物主义的诡辩逻辑,他知道贝克莱的诘问中包含的逻辑陷阱,因此,他并不直接回答是否存在物体或是否有可以脱离心灵而独立存在的物体,而是论说"什么原因促使我们相信物体的存在?"[1] 他把对物体存在的认识看成是人的知性,是人性的第一部分,人性的第二部分是情感,第三部分是道德。仅从《人性论》的体系,就可以看出休谟与贝克莱的区别。他实际上是在论证存在着的人的本性,是对人性这个最明显也与哲学家本性直接相关的问题的探讨。这样,他就在前提和外延上回答了贝克莱:包括你我和所有你我的同类,都是人,你我是存在的,人类也是存在的,人类存在的外部条件及认识的对象,同样是存在的。我们就在这个前提和范围内探讨人的知性、情感和道德。

休谟思想的社会历史原因在于:随着资本主义运动的发展和制度的建立,上帝主义的势力和影响日益减弱,对于新兴的资产阶级来说,反封建、反专制的斗争已退居次要地位,主要的任务是如何发展生产力,扩大财产所有权,完善资本主义制度。霍布斯和洛克的时代,唯物主义哲学的根本目的是以物质驱逐上帝,以财产所有权取代封建特权,因而他们都以肯定的论断,由经验主义认识论来论证世界是物质的,物质是自然的。贝克莱以诡辩的方式将认识的各个环节割裂,进而将认识与对象割裂,由此否认物质的存在,证明上帝决定心灵,心灵的感知就是世界。这确实在哲学上制造了混乱,或者说以唯心主义挑战着唯物主义的基本观念。休谟是相信世界的物质性的,但面对贝克莱的质疑,他认为不应重复霍布斯和洛克的结论,而是要接受挑战,进一步从认识论上证明人如何认知对象,或者说如何在认识各环节的关系中发现其与对象的内在联系,探讨"促使我们相信物体的存在"的认识论原因,以进一步展开对

---

[1] 休谟:《人性论》(上卷),北京:商务印书馆1980年版,第214页。

物体存在的认识。

> 我们现在探讨的题目乃是关于促使我们相信物体存在的那些原因:对这个问题进行推理之初,我要先立出一个区别,这个区别初看起来似乎多余,但是它将大有助于彻底理解下面的道理。我们应当分别考察那两个平常被混淆起来的问题:一个问题是,即使当物体不呈现于感官时,我们为什么还以一种继续的存在赋予它们;另一个问题是,我们为什么假设它们有独立于心灵和知觉以外的一种存在。在最后这个项目下,我包括了各个对象的地位和关系,它们的外在位置以及它们存在和作用的独立性。关于物体的继续存在和独立存在的这两个问题是密切联系着的。因为如果我们感官的对象即使在不被知觉时仍然继续存在,那么对象的存在自然是独立于知觉之外,而与知觉有区别的;反过来说,对象的存在如果独立于知觉之外,而与知觉有区别的,那么这些对象即使不被知觉,也必然继续存在。不过一个问题的解决虽然也解决了另一个问题,可是为了更易于发现这种解决所根据的人性原则起见,我们将一路带着这种区别,同时去考察,产生一种继续存在或独立存在的信念的是感官、是理性、还是想象?对于现在的题目来说,这些问题是唯一可以理解的问题。[①]

《人性论》第一部分"论知性",是休谟修正唯物主义的重点,他承继洛克有关认识论的思想,论证了人的认识与对象的关系及认识各环节的联系。分四章,第一章是对观念、观念的起源、组合、

---

① 休谟:《人性论》(上卷),北京:商务印书馆1980年版,第214页。

抽象、联系等的一般规定；第二章专论空间和时间观念；第三章是重点，也是休谟的创意所在，论知识和概然推断；第四章论怀疑主义和其他哲学体系，对贝克莱及上帝主义的一些观念进行了批判。

休谟将知性看成人性的基本内容，而他所说的"知性"与康德的知性是有区别的，不是指与感性、理性相区分的认识的一个环节，而是指人的全部认知和能力，即包括感性、知性和理性的认知过程的性质与联系。他认为，一切科学都是与人性相关的，总是会通过各种途径回到人性。即使数学、自然哲学和自然科学，也都是在某种程度上依靠于人的科学。因此，研究并认识知性的范围和能力，以说明观念的性质和"我们在作推理时的心理作用的性质"，那将会对科学产生巨大变化和改进。人性论是"科学的首都或心脏"，掌握了人性，就"可以扩展到征服那些和人生有较为密切关系的一切科学。"① 对于人的科学研究是其他科学的基础，而对人的科学研究的基础又是经验和观察。《人性论》的副标题"在精神科学中采用实验推理方法的一个尝试"，表明了休谟的意向和方法。他对牛顿的实验方法相当推崇，他力求将实验方法运用于对人的研究，为此，就要抛弃纯粹先验的立论方法，要像一个解剖家那样来研究人性。他将自己的方法称之为"实验推理方法"，包括经验归纳和心理分析。他认为，运用这个方法，可以寻找一些普遍的人性原则并解释人的知性、情感、道德。

关于知性。休谟认为，人类心灵中的一切知觉都是由印象和观念组成的，印象是"所有初次出现于灵魂中的我们的一切感觉、情感和情绪。"观念"指我们的感觉、情感和情绪在思维和推理中的微弱的意象。"② 它们是互相对应的，印象一定要传达到观念，而观念

---

① 休谟：《人性论》（上卷），北京：商务印书馆1980年版，第7页。
② 同上书，第1页。

又必须来源于印象。进而，他将知觉分为简单和复合两种，简单知觉即简单或单一的印象和观念，不容再分析，复杂知觉则可以区分为许多部分，如对苹果的知觉是由不同的颜色、滋味、香味等组合的。一切观念都起源于印象，而印象来自经验，人的心灵中并没有先天观念。"除了心灵的知觉或印象和观念以外，没有任何东西实际上存在于心中，外界对象只是借着它们所引起的那些知觉才被我们认识。恨、爱、思维、触、视：这一切都只是知觉。"[1] 人不可能想象或形成与观念和印象有种类差别的任何事物的观念。有人认为休谟是在主张实体不可知，但实际上他是在强调通过知觉认识外界对象，在没有经验的印象时不可能有先验的对外界对象的观念，这包括人类所没有印象的物体，也包括没有印象的上帝。在《人类理解研究》中，他指出，抽象科学和解证的唯一对象，只在于量和数，也就是说凡是感官感觉的对象，或出现于心中的印象，总是有确定的数量的。没有出现于感官感觉的对象，不能在心中形成印象，也没有数量的界定，因此也是不能抽象推论的。

我们如果相信这些原则，那我们在巡行各个图书馆时，将有如何大的破坏呢？我们如果在手里拿起一本书来，例如神学或经院哲学书，那我们就可以问，其中包含着数和量方面的任何抽象推论么？没有。那么，我们就可以把它投在烈火里，因为它所包含的没有别的，只有诡辩和幻想。[2]

休谟认为，印象可以分为感觉和反省两种，感觉最先刺激感官，使人知觉种种冷、热、饥、渴、苦、乐，感觉这个印象在心中留下

---

[1] 休谟：《人性论》（上卷），北京：商务印书馆1980年版，第83页。
[2] 休谟：《人类理解研究》，北京：商务印书馆1957年版，第145页。

一个复本,即观念,当相关观念回复到心中时,它就产生欲望和厌恶、希望和恐惧等新印象,这就是反省印象。这些反省印象又被记忆和想象所复现,成为观念,这些观念或许又会产生其他的印象和观念。观念间的联系包括关系、样态和实体三类,构成知识的系统。从哲学上论,观念间的关系可以归纳为七类:一、类似关系,二、同一关系,三、空间和时间的关系,四、数量关系,五、同性质的不同对象的差别程度,六、相反关系,七、因果关系。

休谟认为,这七种关系中最重要的是因果关系,而他对因果关系的探讨也着力最多。人关于观念的因果关系的知识并非来自直接观察,不是感官能见、能触的。"因果关系的观念必然是从对象间的某种关系得来,"① 认识因果关系,第一是凡被认为原因或结果的那些对象总是接近的,第二是在时间上原因先于结果,即二者是接续的。规定了接近和接续两种关系之后,他又提出必然联系,认为这是规定因果关系的更重要的关系。休谟指出,对必然联系的认识不但是由感觉印象得来,而且也是从反省印象得来。在对探讨必然联系的逻辑环节做了一大堆连他本人也不清楚,但对读者的思维有锻炼器作用的议论,② 包括因果推理的组成部分、器官印象和记忆印象、从印象到观念的推断、观念或信念的本性、信念的原因和影响、机会的概然性、原因的概然性、非哲学的概然推断之后,休谟才开始论述必然联系的观念和判断原因与结果所依据的规则。在休谟看来,所谓因果关系,并非对象之间的关系,而是对象反映到观念中的关系,而因果关系中的必然联系,也是观念的联系。必然与能力

---

① 休谟:《人性论》(上卷),北京:商务印书馆1980年版,第91页。
② 读这些外国人的书,你会发现他们不是在考虑读者如何接受,而只是他们如何表述自己的思维过程,并不考究文章的章法,于是就掺进了大量与他所论主题无关或关系不大,但严重冲击、断裂读者接受逻辑的议论。——真该让这些人来中国学八股文。

或效能是同一的东西，必然性是观察的结果，是心灵的一个内在印象，"或者是把我们的思想由一个对象带到另一个对象的倾向。"①因果的必然联系是在因果之间推断的基础，

> 必然性观念发生于某种印象。一切由感官传来的任何印象都不能产生这个观念。因此，它必然是由某种内在印象或反省印象得来的。没有一个内在印象与现在的问题有任何关系，与现在问题有关系的只有习惯所产生的由一个对象推移到它的通常伴随物的观念上的那种倾向。因此，这就是必然性的本质。整个说来，必然性是存在于心中，而不是存在于对象中的一种东西；我们永远也不可能对它形成任何哪怕是极其渺茫的观念，如果它被看做是物体中的一种性质的话。②

必然性是存在于心中，而不是存在于对象中的一种东西。这样说，似乎是在主张唯心主义，不过，休谟的意思在于必然性的观念存在于心中，但"必然和能力都存在于我们所考察的对象之中、而不存在于考察它们的心灵中，"③ 对能力的考察，是他规定必然联系，进而规定因果关系的关键。而能力和效能是指在物质和精神的对象中"我们所完全不知道的"一些性质。他认为，因果关系中的接近、接续等关系是独立于知性的活动之外或之先发生的，但能力或必然联系却不能在对象中发现，"必须从我们思维它们时内心的感

---

① 休谟：《人性论》（上卷），北京：商务印书馆1980年版，第190页。
② 同上。
③ 同上书，第192页。

觉得到这个能力观念。"① 他实际上是在表达这样的意思：必然联系并不是由感觉所能发现的，而是通过思维将各种感觉的经验反复思考才能得到必然联系的观念。而这种必然联系的观念只是针对感觉到的对象，并不是先验地就存在于对象之中的。必然性观念是由某种内在印象或反省印象得来的，只是依照被经验过的结合而由因及果和由果及因进行推论的那种思想倾向。

> 如果我们给原因下定义说，它是先行于、接近于另一个对象的一个对象，而且在这里凡与前一个对象类似的一切对象都和与后一个对象类似的对象处在类似的先行关系和接近关系中；那么我们就很容易想到，所谓每一个开始的存在都应当伴有那样一个对象这件事，并没有绝对的或形而上学的必然性。如果我们把一个原因下定义为一个先行于、接近于另一个对象的对象，而且它和另一个对象在想象中密切地结合起来，以致一个对象的观念决定心灵形成另一对象的观念，而且一个对象的印象也决定心灵形成另一对象的较为生动的观念，那么我们就更不难同意这个意见了。②

可见，休谟并不否认外部事物的存在，但他不同意先验地界定其性质，而是根据、依靠对对象的经验、观念来规定其关系，原因是"一个对象的观念决定心灵形成另一对象的观念"。不是谈对象之间的关系，而是谈对对象的观念之间的关系。他并不是"不可知论"，而是"未经验不说知论"，而所知可知的只是经验到的对象形成的观念及其关系。

---

① 休谟：《人性论》（上卷），北京：商务印书馆1980年版，第194页。
② 同上书，第197页。

> 如果单凭观察，不求助于经验，那么我们便不能确定任何对象为其他对象的原因；我们也不能在同样方式下确实地断定某些对象不是原因。任何东西都可以产生任何东西。创造、消灭、运动、理性、意志；所有这些都可以互相产生，或是产生于我们所能想象到的其他任何对象。①

对原因和结果的认识是休谟认识论的重点也是其特色，从相关认识出发，他把人类知识的对象分为两类：一是观念的关系，二是实际的事实。除了几何、代数、三角等是研究观念的科学，其他各种科学都是对于实际事实的研究，而"关于实际事情的一切理论似乎都建立在因果关系上。"② 也就是说，他把对因果关系的规定延伸于对这些实际事实的研究中。与苏联和中国的哲学史家将休谟说成"怀疑主义者"相反，他本人是反对怀疑主义的，而且在《人性论》第四章用两节专门批判理性的和感官方面的怀疑主义。

> 如果有人问我说，我是否真心同意我所不惮其烦地以之教人的这个论证，我是否是那些怀疑主义者之一，主张一切都不确实，而且我们对任何事情的判断都没有任何区别真伪的尺度；那么我就会答复说，这个问题完全是多余的，而且不论我或任何人都不曾真心地并恒常地抱着这个意见。自然借着一种绝对而不可控制的必然性，不但决定我们要呼吸和

---

① 休谟：《人性论》（上卷），北京：商务印书馆1980年版，第198页。
② 休谟：《人类理解研究》，北京：商务印书馆1957年版，第27页。

感觉,而且也决定我们要进行判断;由于某些对象和现前印象有一种习惯性的联系,我们就不能不在一种较为强烈而充分的观点下来看待那些对象,这就像我们在醒着的时候不能阻止自己思维,或是在明朗的阳光之下我们用眼睛向周围观看对象的时候,不能阻止自己看到它们一样。"①

休谟进一步指出,我们自己的身体显然是属于我们的,有些印象显然是在身体以外的,我现在写字用的纸是在我的手以外的,桌子又是在纸以外的,房间的墙壁又是在桌子以外的,窗外大片田野和房屋是在我的房子以外的。"从这一切我们也许可以推断说,除了感官以外,并不需要其他的官能,就可以使我们相信物体的外界存在。"② "无需求助于理性或任何哲学的原则来衡量我们的意见,我们就能赋予对象以一种独立的继续的存在。"③

可见,休谟是不同意贝克莱关于外部物体不存在的观点的,但他并不是照抄霍布斯、洛克等人的观点,强调世界就是物质的,而是从感觉和经验入手,指出只要有感觉,就有印象,而印象又必然与对象有关。他认为,除个别哲学家以外,农民、儿童和大部分人类显然都不是受了关于物体对象独立存在的论证的指导,才把对象归之于某些印象,而不归之于其他印象。一般人在这个问题上所形成的结论,与唯心主义哲学家的结论恰恰是相反的。一般人并不同意呈现心灵前的每样东西只是一个知觉,并且是间断的、依靠于心灵的说法。休谟从哲学家的角度出发,从印象和观念的关系间一系列逻辑环节的推进,将焦点集中于印象的产生及其和对象的关系上,

---

① 休谟:《人性论》(上卷),北京:商务印书馆1980年版,第209页。
② 同上书,第217页。
③ 同上书,第219页。

得出对象独立于印象,而印象来源于对象的结论。"我们所认为有一种继续存在的一切对象,都有一种特殊的恒定性,使它们区别于那些依靠我们的知觉才能存在的印象。"①"对象的恒常结合既然就是因果的本质,所以就我们对那种关系有任何概念而言,物质和运动往往可以看做思想的原因。"②

确定了这一点,既是对贝克莱唯心主义的一种回应,更使休谟摆脱了抽象地规定世界是物质的这个遭人质疑观点的困境,他还是从认识的主体、认识的各个环节之间及其与对象的关系中来探讨认识进程,从而开始了对唯物主义的修正。康德继续了他的思路,实证主义者也以他为前提展开了不对对象做先验性抽象规定,只对经验进行研究的进程。

在对知性进行探讨之后,休谟探讨了情感和道德,继续着修正唯物主义的路线,对经济、政治和文化提出了自己的见解。

休谟认为,对人行为起决定作用的不是理性,而是情感。他指出,虽然理性也是人性的内容,但人们行为的区别不是来自理性,而是来自情感。原因是:一、引发人们行为的是欲求和需要,而不是理性的推论。二、理性在指导意志方面并不能反对情感,相对于理性而言,情感是原本印象,而理性则是复本的观念,只能让理性符合情感,不能用理性来纠正或反对情感。三、通过理性、推论获得的信念,不能直接导致行为。他指出,身体的苦乐是心灵所感觉和考虑的许多情感的来源,这些苦乐是不经先前的思想或知觉而原始发生于灵魂或身体中的。

我所谓直接情感,是指直接起于善、恶、苦、乐的那些

---

① 休谟:《人性论》(上卷),北京:商务印书馆1980年版,第221页。
② 同上书,第280页。

情感。所谓间接情感是指由同样一些原则所发生、但是有其他性质与之结合的那些情感。这种划分我现在不能再进一步加以辩解或说明。我只能概括地说，我把骄傲、谦卑、野心、虚荣、爱、恨、妒忌、怜悯、恶意、慷慨和它们的附属情感都包括在间接情感之下。而在直接情感之下，则包括了欲望、厌恶、悲伤、喜悦、希望、恐惧、绝望、安心。①

他将骄傲和谦卑作为单纯的、基本的印象，作为情感，骄傲和谦卑是相反的，但它们有一个共同的对象，"就是自我，或我们所亲切记忆和意识到的接续着的一串相关观念和印象。"② 心灵的性质，不论其属于想象，属于判断、记忆或性情，如机智、见识、学问、勇敢、正义、正直，以及身体方面的美貌、体力、敏捷、体态、舞术、骑术、剑术、体力劳动和技艺，乃至国家、家庭、儿女、亲戚、财富、房屋、花园、犬马、衣服等与自我有关系的对象，都会成为骄傲和谦卑的原因。情感就是从对象和原因的关系中产生，并随这种关系的变化而变化。各种间接情感都是由于不同对象与原因的关系而表现的骄傲和谦卑的具体形式。

在与自我有关系的对象中，也即产生情感的外部原因中，最基本，也最重要的是财产所有权关系。

财产权可下定义为：在不违犯正义的法则和道德上的公平的范围以内，允许一个人自由使用并占有一个物品、并禁止其他任何人使用和占有这个物品的那样一种人与物

---

① 休谟：《人性论》（下卷），北京：商务印书馆1980年版，第310页。
② 同上书，第311页。

的关系。①

财富是获得令人快乐的任何事物的财产权的一种能力,因此影响情感。财富产生快乐和骄傲,贫穷引起不快和谦卑,同样,"控制他人的权力或权威能够满足我们的全部欲望,而奴役却使我们服从他人的意志,使我们会遭受无数的缺乏和耻辱。"②

财产所有权在休谟的体系中占有相当重要的地位,他认为,不仅情感,而且人的价值观也受它的制约,社会的政治、法律和道德都要围绕所有权展开。财产所有权是引起快乐和不快这两种关于自己情感的内在和外在原因的集合,又是爱和恨这两种对他人情感的原因,进而制约着意志与直接情感。休谟对情感的各种表现都做了不厌其烦的论述,并以此来说明个人的存在及其与他人的关系,其目的是修正"独断"的唯物主义,并回击唯心主义的质疑,企图从人的知性和情感来论证法律、道德。他这样做开创了一条对唯物主义的修正主义路线,但并没有脱离唯物主义作为资本主义哲学观念的基本点。在财产所有权的论述中充分证明他虽然力求把所有权情感化,但所有权作为人与人的关系在物上的体现这一实质,却是他所不能改变并加以维护的,他所做的,是将所有权的关系中包含并引发的知性和情感因素展开论证。

休谟认为,财产所有权的观念产生于在社会关系保证"对我们凭勤劳和幸运而获得的所有物的享用。"③ 在自然状态中,侵害和不正义是经常发生的,由此形成了对他人(他人也对自己)的不道德或恶。人们缔结了关于所有物的协议,就有了正义和非正义的观念,

---

① 休谟:《人性论》(下卷),北京:商务印书馆1980年版,第345页。
② 同上书,第351页。
③ 同上书,第528页。

也发生了财产所有权、权利和义务的观念。"财产只是被社会法律、也就是被正义的法则、所确认为可以恒常占有的那些财物。"[①] 自私是建立正义的原始动机,对于公益的同情是以自私为基础的道德的来源。休谟将法律与国家都纳入其道德学,在他看来,政府的主要作用,也是维护财产所有权及其引发的各种权利和义务关系。他不同意洛克从劳动规定财产所有权的观念,或者说他并不关心财产从何而来,只是强调对"现实占有"所根据正义规则协议的稳定占有,以及时效、添附和继承。法律的基本内容就是稳定财物占有的法则、根据同意转移所有物的法则、履行许诺的法则。利己心是正义法则的来源,一个人的利己心和其他人的利己心是相对立的,法律是对所有人利己心所产生的矛盾的制约,它们不仅保证了个人的私利,也对公众有利。道德则是对法律所定规则的遵守,道德感的形成还需要社会和家庭的教育,从而在面对他人财产严格约束自己行为时形成荣誉感和义务感。

由于自私和公益所形成的正义,才有了政府和人们对政府的忠顺。休谟不同意从自然权利和社会契约来规定国家,而是从政府的作用,即正义的执行和判断,保护人们实行协议、促进公共目的来规定政府的形成。至于政府的权威,他认为并非来自人民出让其部分自然权利,而是源于人民对政府的忠顺。他认为,这种忠顺来源于利益,其一是维持社会安宁和秩序,其二是政府在稳定财物的占有、转移和履行承诺、执行正义。忠顺的限度在于利益,当政府带给人们的利益停止了的时候,服从的义务也就停止了。确定政府权威的原则一是长期占有,二是现实占有,三是征服权,四是继承权,五是成文法。可见,政府的权威与所有权基本相似,而政府也正是因对所有权的维护才有其存在和作用的理由。

[①] 休谟:《人性论》(下卷),北京:商务印书馆1980年版,第531页。

休谟还进一步论证了从国情出发的道德关系,他认为国情就是印象和观念的互相联结,是人们交往中所形成的知性,道德就由此形成。凡能给人以快乐的行为和品质,就是德,否则就是恶。这实际上是对霍布斯、洛克观点从另一个角度的复述。在《道德原理探究》中,他又提出了利益、效用原则来补充德(善)与恶的界定。在社会中,每个人都不是孤立存在的,尤其是在商品经济中,人们是以交换来满足需要的,个人利益的实现既要通过社会,也有助于社会发展,"只要私人经商和私有财产得到社会权力机构的较大保障,社会本身就会随着私人商业的繁荣发达而相应强盛起来。"① 他认为,正义、诚实、忠实、真诚、仁慈等都是有益于社会的品质,同时也是利己的必要条件。而那些只有益于己但不为害他人的品质,如小心、谨慎、勤奋、俭朴、容忍、坚贞等,因其可以增强个人的生存力和发展,也会得到赞扬。相反,如懒散、疏忽、固执、鲁莽、轻信等,其虽只对个人有益或有损,但由于同情心的作用,仍会受到旁人的谴责。

休谟的体系从实质而言,仍然坚持霍布斯和洛克的为新兴资本主义进行论证的思路,但由于时代的变化,他在对贝克莱进行回击之后,采取了修正唯物主义的路线,由此开创了在资本主义制度确立的条件下不谈本体,只进行对经验到的现象实证的哲学路线。这在一定程度上,也可以看成是对唯物主义否定的开端。

三、康德对唯物主义的进一步修正

"二元论"、"不可知论"、"唯心主义先验论"、"对唯物主义和

---

① 休谟:《论商业》,《休谟经济论文选》,北京:商务印书馆1984年版,第5页。

唯心主义的调和论、折中主义"，这一系列的术语，都是苏联和中国哲学史家贴给康德哲学的标签。但是，这些标签全都贴错了。康德的哲学是在休谟已有的基础上对唯物主义的进一步修正。这种修正的用意在于回应贝克莱唯心主义对唯物主义的质疑的同时，把哲学从本体论为主转向以认识论为主，不去探讨世界本原，而是集中研究人的认识能力、形式、程序，以规定所能经验现象的规律。

作为一名科学家，康德并不否认世界的物质性和物质的自然性，但他认为唯物主义的这个基本命题也只能说到这一点上，再进一步论证也就无话可说，也没有意义了。虽然康德也对道德和政治等发表了一些见解，但他的主要目的，仍在探讨和规定人的认识能力和程序，也即认识论和逻辑，他在哲学史上的地位也取决于此。所谓"三大批判"中的《实践理性批判》和《判断力批判》，不过是《纯粹理性批判》的衍生品。

与休谟一样，康德也不否认物质世界的存在，但不满足以前唯物主义者不经理性验证，也没有充分的理性能力来规定世界是物质这个命题，他认为这是与规定世界是神造的一样没有说服力的。他强调，物体存在着，并成为人感觉的对象，这是不容怀疑的。他提出了"物自身"（亦译为"物自体"、"自在之物"）的概念表示外界物体的存在，但同时又认为人们是不可能穷尽对物自身的认识的。人的认识仅限于对感性所得到的现象材料的知性判断。他在《未来的形而上学导论》中强调，他"从来不怀疑"物自身的存在，"把现实的事物（不是显象）变成纯然的表象就是一种事实上卑下的唯心主义。"[1] 并明确说：

---

[1] 康德：《未来的形而上学导论》，《康德著作全集》第4卷，北京：中国人民大学出版社2005年版，第296页。

唯心主义认为除思维的存在体外无别物，认为直观所感知的不过是思维之内的表象，外界并无任何对象与之相应。我的看法相反。我认为，作为我们感官对象在我们之外的东西是存在的，这些东西本身是什么，我们毫无所知，我们只知道它们的现象，即当它们作用于我们感官时在我们之内所产生的表象。因之，我承认在我们之外有物体存在。即是说，存在这样一些东西，这些东西本身怎样固然不可知，但由于它们作用于我们的感性，便使我们知道它们，我把这些东西叫做"物体"，这个名称虽然指的只是我们所不可知的东西的现象，但它意味着实在的对象是存在的。①

这里所说的物自身"不可知"，常被人作为康德是"不可知论"的证据。但是，如果康德（或者其他人）是主张"不可知论"的，那么就有一个不可解脱的矛盾：既然明知对象是不可知的，那为什么还要研究它呢？哲学乃至各门科学如果都以对象不可知为前提，或者说在大前提上就认为其对象是不可知的，那么怎样进行研究（即求知）呢？读这段引语的全文，特别是对康德著作的整体理解，我认为他之所以说物自身（或物自体）是不可知的，并不是指全部不可知，也不是不可能认知，而是在未经理性规定之前是不能说知的，即使经过理性规定，也不可能全知、尽知。人的认识是有限度的，只能通过感性把握对象的现象，而知性和理性对这些现象进行概括，得出相应的规定，即一定程度的认知。虽然他本人没有明确这一层，而且往往在论述中使对象和现象分隔，从而给人一种"不可知论"的印象。而在康德的这些论述中，我们还能体会到这样的意思：对象是自己存在的，并不因人的感觉或理性而改变。感觉到

---

① 康德：《未来的形而上学导论》，§13，附释2。

的现象和理性思维的结论,都是因人而异的,有着不同程度的区别,不能直接等同于对物自身的"全知"、"尽知",或者进一步说,所知的并不等于物自身,而且人的认知还会有偏差、错误,为此,就要从哲学上系统地探讨人的理性能力、程序和方法,以准确而全面地概括现象,加深对物自身的认知。就这样,康德回应了贝克莱对唯物主义的质疑,并表示了他对唯物主义基本观点的认可。但他认为这远远不够,而且不应纠缠于世界"本原"的论争,而应把认识论作为主要内容。

康德的哲学就是以此为目的的,《纯粹理性批判》也就是对人的理性能力、程序和方法的规定。在此书的"导论"里,他一开始就写道:

> 我们的一切知识都以经验开始,这是无可置疑的;因为认识能力受到激发而行动,如果这不是由于对象激动我们的感官,一方面由自己造成表象,另一方面使我们的知性行动运作起来,对这些表象加以比较,把它们联结起来或者分离开来,并这样把感性印象的原始材料加工成叫做经验的对象的知识,那又是由于什么呢?因此**在时间上**,我们没有任何知识先行于经验,一切知识都从经验开始。
>
> 但是,尽管我们的一切知识都以经验开始,它们却并不因此就都产生自经验。因为很可能即便我们的经验知识,也是由我们通过印象所接受的东西和我们自己的认识能力(通过仅仅由感性印象所诱发)从自己本身提供的东西的一个复合物;至于我们的这个附加,在长期的训练使我们注意到它并善于将它分离出来之前,我们还不会把它与那种基本材料区别开来。[1]

---

[1] 康德:《纯粹理性批判》,北京:中国人民大学出版社2004年版,第31页。

知识形成于经验和认识能力,这是康德认识论的基本点。不过,仔细考虑就会发现,这个基本点并没有什么特别。洛克等唯物主义者,乃至休谟,也都是这样说的,而且即使不是哲学家的普通人,也都明白这个道理。康德的特殊作用,或者说他在认识论上的主要贡献,是对认识能力的系统考察及其独有的视角。康德力求探讨的,是"纯粹的理性",即"根本没有经验或感觉混入其中的知识,"是先于经验、别于经验的。

> 因为理性是提供先天知识**原则**的能力。所以,纯粹的理性是包含着绝对先天地认识某种对象的原则的理性。纯粹理性的一种**工具论**就会是能够获得并现实地完成所有的纯粹先天知识所遵循的那些原则的总和。这样一种工具论的详尽应用就会造就一个纯粹理性的体系。但由于这一体系要求颇多,且在这里一般来说,我们知识的一种扩展是否可能,以及在什么样的场合是可能的,尚不能肯定,所以我们可以把纯然判断纯粹理性及其来源和界限的科学视为纯粹理性体系的**预科**。这样一门科学就不能叫做纯粹理性的**学说**,而是必须叫做纯粹理性的**批判**,而它的用途在思辨方面就确实只是消极的,不是用于扩展我们的理性,而是用于澄清我们的理性,使它避免失误,这已是收获颇丰了。我把一切不研究对象、而是一般地研究我们关于对象的认识方式——就这种方式是先天地可能的而言——的知识称为**先验的**。[①]

---

① 康德:《纯粹理性批判》,北京:中国人民大学出版社2004年版,第48页。

在人的认识中，理性思维与感觉是统一的，将二者区分进行研究，无疑是应该的。但康德却力求探讨"纯粹理性"，为此，就必须将所有感觉、经验都剔除，而且要设定先于经验的理性。他所谓"先验"、"先天"的理性，对于认识的个体似乎是存在的，但对人类总体是不存在的。他所能做的，实际是对人类总体的理性思维能力、规则、方法的概括，这对个体来说可能是先验的，但却是人类总体认识史的经验总结。人类总体的一般理性与其感觉和经验是统一，是对感觉和经验的众多个体理性认识的概括。康德所要规定的，是认识论和逻辑学的问题，但他用"纯粹理性"和"先验哲学"来表示，并强调是感觉和经验之先的理性，由此陷入一种困境：这种与感觉和经验无关的理性存在哪里？现实的理性，不论是个体的还是总体的，都只能存在于与感觉经验内在统一的认识过程，而认识过程又内生于实践活动中。康德也不可能在这个过程之外去探讨"纯粹理性"，就像黑格尔在论绝对精神时不得不以人的思维为依据，他也只能从与感觉经验统一的思维中规定"纯粹理性"，或者说，他对"纯粹理性"的"先验哲学"的探讨，还是对与感觉经验统一的思维进程的抽象。这一点是康德不愿意承认的，他努力去做的，就是在尽量排除与感觉经验的关系来规定"纯粹理性"，而排除又是不可能的，只得在论述中故意避开相关内容，并以莫名其妙的语句表达类似神话的意思，从而显得玄奥高深。他之后的黑格尔与他有异曲同工之妙。

康德把理性分为三个环节或阶段：一是感性，二是知性，三是狭义的理性。

关于感性——空时观。康德认为，"通过我们被对象刺激的方式获得表象的能力（感受性）叫做感性。"[1] 借助于感性，"对象被给

---

[1] 康德：《纯粹理性批判》，北京：中国人民大学出版社2004年版，第56页。

予我们",感性给我们提供直观,直观通过知性被思维,从知性产生出概念。由于"感性包含着构成对象被给予我们的条件的先天表象,那么,它就会属于先验哲学。"① 对感性的规定,首先把知性所思维的东西,如实体、力、可分性等除去,再把感觉的东西,如不可入性、硬、颜色等除去,仅仅留下纯直观,这样,就可以"发现两种作为先天知识原则的感性直观纯形式,即空间和时间。"② 空间不是一个从外部经验抽象得来的经验性概念,也不是关于一般事物的关系的推理概念,它不表象任何物自身的属性。"空间无非是外感官的一切显象的形式,也就是说,是感性的主观条件,唯有在这一条件下外部直观对我们来说才是可能的。"③ 时间也不是以某种方式从经验中抽象出来的经验性概念,而是作为一切直观基础的一个必不可少的表象;时间也不是推理概念,而是感性直观的一种纯形式。"时间无非是内感官的形式,即直观我们自己和我们的内部状态的形式。"④ 时间既非某种独立的东西,也不是"作为客观的规定依附于事物"的东西,而是所有一般显象的先天形式条件。人只有并且一定要通过空间和时间这两种主观的感性认识形式,才能感知对象。

关于知性——范畴论。康德认为,人的感觉表象是零乱、混杂的,在感性直观中将这些表象纳入空间和时间这两个直观形式,进行了初步的整理,但还不能形成条理性联系的认识,不能形成概念和判断,即不能成为科学知识。为此,要进一步运用知性加工整理,才能使感觉表象带上条理性和规律性,形成科学知识。康德将心灵在以某种方式受到刺激时接受表象的感受性称为感性,将自己产生

---

① 康德:《纯粹理性批判》,北京:中国人民大学出版社2004年版,第51页。
② 同上书,第58页。
③ 同上书,第62页。
④ 同上书,第67页。

表象的能力,或者知识的自发性,称为知性。"对感性直观的对象进行思维的能力是知性。"① 感性所接受的表象是思维的对象,"无感性就不会有对象被给予我们,无知性就不会有对象被思维。思想无内容则空,直观无概念则盲。"② 对知性的考察,也应针对"纯粹形式"或"先验形式",即只探讨知性的规律,康德将这种考察称为"先验分析论"。

康德指出,"我们可以把知性的所有行动归结为判断,以至于一般的知性可以被表象为一种判断的能力。"③ 判断能力分为四种,其中每种又包含三个环节,他列表示之:

1.
判断的量
全称的
特称的
单称的

2.
判断的质
肯定的
否定的
无限的

3.
判断的关系
定言的
假言的
选言的

4.
判断的模态
或然的
实然的
必然的④

---

① 康德:《纯粹理性批判》,北京:中国人民大学出版社2004年版,第83页。
② 同上。
③ 同上书,第95页。
④ 同上书,第96页。

此表既汇集了亚里士多德以来形式逻辑关于判断的规定，又显示了康德对判断这种思维形式功能的新认识，即"综合统一"的功能，由此形成"纯粹的知性概念或范畴"。他将范畴视为"纯粹知性真正的基本概念，"①进而列出范畴表：

范畴表

1.
量的范畴
单一性
复多性
全体性

2.
质的范畴
实在性

否定性

限定性

3.
关系的范畴
依存性与自存性
（substantia et accidens［实体与偶性］）
因果性与隶属性
（原因与结果）
共联性
（行动者与承受者之间的交互作用）

4.
模态的范畴
可能性——不可能性
存在——不存在
必然性——偶然性②

---

① 康德：《纯粹理性批判》，北京：中国人民大学出版社2004年版，第103页。
② 同上书，第102页。

范畴作为"基本概念",也是"源始的和原始的概念",由它们再派生概念,这些派生概念附属于范畴,构成"纯粹知性的谱系"。而范畴表中四组范畴并不是孤立的,每组中第三个范畴都是前两个范畴的综合,又是下一组范畴的前提。这样,加上一系列派生概念就构成纯粹知性的概念体系。这个概念体系作为知性的"先验构架"运用于感性所初步整理的经验材料,进行"先验演绎"。先验演绎阐明了纯粹知性概念是经验的可能性原则,这一原则先天地适用于知识的一切对象。康德指出,"范畴是先天地给显象、从而给作为一切显象之总和的自然规定规律的概念。"① 那么,既然范畴不是自然派生的,那么,范畴如何能够先天地规定自然的杂多的联结,而不是从自然得出这种联结呢?他承认"物自身必然地会在认识它们的一种知性之外固有其规律性。"② 然而,显象仅仅是就其自身所能是的东西而言未被认识地存在着的事物的表象,除了联结能力所规定的规律之外,它们不从属于任何别的联结规律。纯粹知性能力"仅仅能推及一般而言的自然作为空间和时间中的种种显象的合规律所依据的那些规律。"③ 一切可能的知觉,还有一切能够达到经验性意识的东西,也就是自然的一切显象,就其联结而言都从属于范畴,"自然依赖于范畴,把它们当做自己必然的合规律性(作为从形式方面看的自然)的根据。"④ 这似乎很有些唯心主义味道了。但康德所要表达而未表达清楚的意思是:人感觉到的物自身只是物自身的一部分内容,物自身还有相当多的内容未被感觉,知性只能针对事物被感觉的表象部分来规定其规律,这个规律是与物自身的规律

---

① 康德:《纯粹理性批判》,北京:中国人民大学出版社2004年版,第135页。
② 同上书,第136页。
③ 同上。
④ 同上。

有差异的，而人对自然规律的了解也就只能依据知性对感觉到的表象的分析、综合。不能将认识到的自然的杂多表象的联结规律等同于自然规律本身。这其中还包含一层意思，或者我们可以从中推论出的一种观念：对物自身的认识并不止于既有的感觉到的表象，知性也要不断深入和继续，因此对自然规律的认识还应不断发展。

关于理性——先验辩证论。将人的思维分为感性、知性、理性三个阶段，是康德认识论的特色，黑格尔继承了这一点。感性是人接受感受的功能与形式，知性是理解的功能和形式。而理性，即"纯粹思辨理性"的对象是知性，是对思维的思辨。在论证先验辩证论时，康德首先提出了"超验幻相"这个概念，并"把一般辩证法称为幻相的逻辑。"[①] 这是理解他先验辩证法的一个关键。他认为，在知性中也可能出现经验性幻相，这种幻相是在通常正确的知性规则的经验性应用中出现的，由此以想象诱惑判断力，使判断的主观根据与客观根据发生混乱。但这种幻相却是好识别，并能消除的。

一旦加强了对当前实例的重视，这种幻相就将完全消失。先验的幻相则相反，即使我们已经揭露了它，并通过先验的批判清晰地看出了它的无价值（例如"世界在时间上必定有一个开端"这一命题中的幻相），它也仍然不终止。其原因就在于：在我们的理性（它被主观地视为一种人的知识能力）中蕴涵着其应用的一些基本规则和准则，它们完全具有客观原理的外表，由于它们而导致，为了知

---

① 康德：《纯粹理性批判》，北京：中国人民大学出版社2004年版，第271页。

性而对我们的概念进行某种联结的主观必然性被视为物自身的规定的客观必然性。①

先验辩证论要揭露超验判断所形成的幻相，防止它骗人。但是，想要让它消失，不再是一种幻相，却是先验辩证论永远做不到的。因为它是这样一种幻觉，"它本身基于主观的原理，并把主观的原理偷换成客观的原理，而逻辑的辩证论在解决错误推理时却只是涉及在遵循这些原理方面的错误，或者涉及模仿这些原理方面的人为的幻相。"② 先验的幻相之所以能够产生，原因在于理性首先不关涉经验或对象，而是关涉知性，"通过概念赋予杂多的知性知识以先天的统一性。"③ 脱离知性概念的经验内容，只就其概念形式进行推论，由此产生先验幻相。对先验幻相的消解，也要通过纯粹理性的辩证推理予以澄清。

正是由于纯粹理性的这种性质，因此它为"一种先验的灵魂说[理性心理学]、为一种先验的宇宙学[理性宇宙论]、最后也为一种先验的上帝知识[先验神学]提供理念。"④ 这些学问根本不是从知性出发的，也没有任何经验基础，仅仅是纯粹理性的纯粹产物，"没有任何同某个能够与它们相符合地被给予的客体的关系。"⑤ 康德以大量的篇幅对这些学问进行分析，指出其作为"先验幻相"形成的逻辑原因，认为上帝的存在根本不能证实，这只是一个主观信仰问题。至于"先验神学"对上帝的论证，也只能是基于先验幻相的推理，并没有经验和对象的依据。一个具有最高实在性的存在者

---

① 康德：《纯粹理性批判》，北京：中国人民大学出版社2004年版，第273页。
② 同上书，第274页。
③ 同上书，第276页。
④ 同上书，第295页。
⑤ 同上书，第296页。

的概念在可能事物的所有概念中间最适合成为一个无条件地必然的存在者的概念，这是强加于人的，但我们别无选择，被迫依据它。

人类理性的自然进程就是这种性质。首先，它相信某一个必然的存在者的存在。在这个存在者中，它认识到一种无条件的实存。于是，它就去寻找不信赖于任何条件者的概念，并且在本身就是其他一切事物的充足条件的东西中，也就是说，在包含着一切实在性的东西中找到了这一概念。但是，没有限制的大全就是绝对的统一性，并且带有一个唯一的存在者亦即最高的存在者的概念；这样，它就推论出，最高的存在者作为一切事物的始基，是以绝对必然的方式存在的。①

上帝是逻辑推论的产物，它的存在既不可能从本体论证明，也不能从宇宙论证明。而自然神论的证明也是不可能的，一切神学都是思辨的结果。既然人们已经习惯于把上帝的概念理解为不纯然是作为万物根源的一个盲目起作用的永恒自然，而是应当通过知性和自由规定的万物创造者的一个最高存在者，康德认为，只有从这个意义上，上帝的概念才使我们感兴趣。

理性在神学方面的一种纯然思辨的应用的一切尝试都是完全没有结果的，就其内部性状而言是毫无价值的，而它的自然应用的原则却根本不导致任何神学；因此，如果人们不把道德原则作为基础或者用做导线，那么，在任何

---

① 康德：《纯粹理性批判》，北京：中国人民大学出版社2004年版，第462页。

地方都不可能有理性的神学。因为知性的一切综合原理都只有内在的应用；但是，一个最高存在者的知识却要求这些原理的一种超验的应用，而我们的知性却根本没有为此装备起来。如果经验性地有效的因果性规律导致元始存在者，那么，这一存在者就必须也属于经验对象的链条；但在这种情况下，它就会和一切显象那样本身又是有条件的。但是，即使人们允许凭借结果与其原因的力学规律跳跃到经验的界限之外，这种行事方式又能给我们带来什么概念呢？远远不是关于一个最高存在者的概念，因为经验绝不给我们提供一切可能结果的最大结果（对其原因的见证应当提供这样的结果）。如果仅仅为了在我们的理性中不留下任何空当，我们就应当被允许通过最高的完善性和源始的必然性的纯然理念来填补完全规定的这种缺陷，那么，这虽然可以出自偏爱来接受，却不能出自一种令人折服的证明的权利来要求。①

康德从认识论对上帝及与之相关的灵魂不灭、自由意志的批判，明确地否定了上帝的存在，否定了论证上帝存在的各种神学，也否定了17世纪以来莱布尼兹为代表的形而上学或自然神论。这在当时的德国无疑是一场思想革命。虽然康德不是像霍布斯、霍尔巴赫那样以针锋相对的语言直接批判并否定上帝，但他这种从纯粹理性的逻辑论证上帝之不存在，可能更有说服力。同时他还给上帝"这个概念"留下一条生路，即它在论证自由意志和道德时是有一定作用的。海涅在《德国宗教和哲学的历史》中从一个诗人的视角，将

---

① 康德：《纯粹理性批判》，北京：中国人民大学出版社2004年版，第493页。

《纯粹理性批判》比为法国大革命时的国民议会：罗伯斯庇尔将法王路易十六送上断头台，康德将上帝送到了同一个场所。可见，虽然德国哲学起步晚于英、法两国哲学，其对上帝主义和自然神论的批判也没有英、法两国唯物主义者那样激烈，但从康德开始的在认识论上对上帝和自然神的探讨，却更加深刻地否定了上帝主义和自然神论。这一点为黑格尔所继承，并在费尔巴哈那里形成对上帝主义和自然神论的彻底批判。

康德在论证思辨理性时突出了"辩证法"，他认为这是揭示先验幻相的逻辑，在关于宇宙论的分析中，他提出了四个"二论背反"（也有译为"二律背反"的）。所谓"二论背反"，就是理性运用知性的范畴论证"世界"、"宇宙"时，可以产生两种截然对立的矛盾论断。不管正论和反论都是由先验的思辨推理得出的，因而也都没有经验的根据，它们都是可以成立的，又是无法证明的。

> 这里显示出人类理性的一种新现象、一种完全自然的对立，无须任何人苦思冥想或者人为地设置圈套，相反，理性是完全自动地并且不可避免地陷入其中的；理性虽然由此得到保护，得以免除纯然片面的幻相所造成的一种自负信念的安睡，但同时也使它受到诱惑，要么沉浸于怀疑的绝望，要么采取一种独断的固执态度，顽固地担保某些主张，不让反面的根据得到倾听和公正对待。[①]

"二论背反"亦称"先验理念的冲突"，康德列出以下四个先验理念的冲突。

---

① 康德：《纯粹理性批判》，北京：中国人民大学出版社2004年版，第354页。

先验理念的第一个冲突

正论

世界有一个时间中的开端,就空间而言也被封闭在界限之中。

反论

世界没有开端,没有空间中的界限,相反,无论就时间而言还是就空间而言,它都是无限的。[1]

先验理念的第二个冲突

正论

在世界中每一个复合的实体都是由单纯的部分构成的,而且除了单纯的东西或者由单纯的东西复合而成的东西之外,任何地方都没有任何东西实存着。

反论

在世界中没有任何复合的事物由单纯的部分构成,而且在世界中任何地方都没有单纯的东西实存着。[2]

先验理念的第三个冲突

正论

按照自然规律的因果性,并不是世界的显象全都能够由之派生出来的唯一因果性。为了解释这些显象,还有必要假定一种通过自由的因果性。

反论

没有任何自由,相反,世界上的一切都仅仅按照自然规律发生。[3]

---

[1] 康德:《纯粹理性批判》,北京:中国人民大学出版社2004年版,第365页。

[2] 同上书,第371页。

[3] 同上书,第378页。

先验理念的第四个冲突

正论

有某种东西属于世界，它或者作为其部分或者作为其原因，是一个绝对必然的存在者。

反论

任何地方，无论是在世界之中，还是在世界之外，都没有作为世界的原因的绝对必然的存在者实存。①

在对上述四个二论背反双方的证明和说明中，康德实际上是将正论看成"独断学说的总和"，也是他所要批驳的观点，而反论基本上是他所要表述的观点，或者说是他依循纯粹理性逻辑所提出的对正论的批判，是"按照理性的普遍知识彼此之间的冲突及其原因来考察这些普遍知识。先验的反论是对纯粹理性的二论背反及其原因和结果的一种研究。"②

康德在认识论上的探讨，推进了休谟所开始的对唯物主义的修正，也为后来的逻辑实证主义创造了一个必要前提，同时，他在认识论上的观点，又引起黑格尔的关注，导致黑格尔从思辨理性的角度对唯物主义的充实。而康德对唯物主义的修正，不仅将哲学的方向转向认识论，更在于将认识的主体人突出，从而为本体论转化为主体论提供了一个必要条件。也正是在这种意义上，他认为，作为感性存在，人是自然界的一部分，受自然规律的支配。但作为理性的存在，人可以超脱自然规律而按理性的原则去行动，因此人是有意志自由的。人本身就是目的，而非手段。"意志"就是"实践理性"，它所规定的道德律，是一道至上的命令，人按照道德律去行

---

① 康德：《纯粹理性批判》，北京：中国人民大学出版社2004年版，第383页。
② 同上书，第362页。

动，就是在出于"义务"感而执行命令。要肯定人是有道德的，就必须信仰人的意志是自由的，人可以在感性世界中不受自然的必然性的支配而去执行理性的道德律。

对于康德，西方的哲学史家们给予相当高的评价，其主要理由是他在认识论上的作用及其对实证主义的影响。这一点是明确的，但是哲学史家和实证主义者都忽略了这一点：认识不仅是个体的，也是总体的，人类的总体性即基于社会关系总和而对个体人认识的制约是认识论中一个必不可少的内容。康德意识到了这一层，但没有将之纳入其学说体系，反而用连他本人也莫名其妙的"纯粹知性"、"纯粹理性"来表述人的思维形式和过程。实际上，不论理性、知性（这种区分是不必要的，只能将问题搅乱）还是感性认识，都是作为认识主体的人在社会实践中对事物的认知过程。从形式上看，这个认知过程是由个体进行的，但社会总体的作用却时时体现于个体的认知，不仅在知性和理性阶段，就是感性阶段，也明显受总体性的制约。康德及后来的实证主义者弄不懂这一点，一味地孤立论证个体的感性、知性和理性，又不得不在某些环节将总体性掺和进来，但由于不能明确界定总体对个体认识的制约，因此论证相当混乱。这在康德关于知性、理性的论述中很明显，他所说的纯粹知性的范畴、纯粹理性的辩证法，只能从人类的总体认识才能理解，而他在论证中所不清楚或不可能解决的矛盾，也只有从总体与个体的关系中才能明确并解决。相应的问题，在黑格尔那里依然存在，但由于黑格尔更注重总体性，因此问题的焦点又与康德不尽相同。

四、黑格尔从理性对唯物主义的充实

"客观唯心主义哲学家"，这是苏联和中国的哲学史编写者对黑格尔的评判。他们在做这种评判的时候，大概没有考虑将"客观"

与"唯心主义"结合起来有什么不妥当,在他们的辞典和语境中,"客观"这个在黑格尔《逻辑学》中的重要范畴已经被赋予现实的、真实的、实际的等含义,而"唯心"这个术语则是指主观的、臆造的、不符合实际的。客观与唯心这两个对立的范畴和术语如何成为同一个哲学家的基本观念?即令黑格尔这位辩证法大师本人,也不可能圆此之说。而"唯心主义"不过是贝克莱所主张的"唯感觉主义"①,是他对唯物主义质疑的观点和手法,严格说并不构成哲学的观念体系。只是由于将从古至今的哲学通分为唯物主义和唯心主义"两大阵营",才不得不对所有哲学家贴"唯物"或"唯心"的标签。在给强调理性并承认"物自身"的康德贴上"主观唯心主义"标签之后,又给黑格尔贴上"客观唯心主义"标签。这样做的结果,不仅没有理清哲学史的逻辑,反而造成混乱。

列宁在研读黑格尔《逻辑学》时,写下了这样的话:

> 黑格尔逻辑学的总结和概要、最高成就和实质,就是辩证的方法,——这是绝妙的。还有一点:在黑格尔这部最唯心的著作中,唯心主义最少,唯物主义最多。"矛盾",然而是事实!②

虽然列宁并没有摆脱"两大阵营"的影响,但他在认真研读了黑格尔的著作之后,却发现了上述"矛盾,然而是事实!"这段话大概是列宁说过的最有哲理的话,也是对黑格尔的恰当评价。列宁实际上发现了用"两大阵营"的标签区分哲学家作法的不当,但他又不想

---

① 见本章第一节。
② 列宁:《黑格尔〈逻辑学〉一书摘要》,《列宁全集》第38卷,北京:人民出版社1956年版,第253页。

或不能摆脱其影响，于是作出了这种"矛盾"的结论。什么是"唯心主义最少，唯物主义最多"？一个人的哲学观念，是不能以数量表示的，黑格尔的哲学在性质上是一，而非多，并不是"最少的唯心主义＋最多的唯物主义"构成的。列宁这段话的意思似乎应当理解为：这部《逻辑学》虽然貌似唯心主义著作，但实际上却是唯物主义的。而苏联和中国的哲学史编写者称黑格尔为"客观唯心主义者"也有照顾列宁这段话的意思。

现在我不想再以列宁这段话作为对黑格尔评价的前提了，而1975年春夏写作关于黑格尔逻辑学批判的书稿①时，却很明确地将"矛盾，然而是事实"作为书名。这里之所以引述这段话，只在强调列宁已经发现了问题。

在去掉黑格尔头上的"唯心主义"标签之后，恰可以按照历史的逻辑，从事实出发去评价黑格尔哲学，并解答列宁所说的"矛盾"了。

与康德不同，黑格尔不仅有强烈的时代责任感，而且有建立系统哲学体系的雄心。他的哲学，是对资本理性的系统表述，从理性论证了资本主义的基本逻辑。对于贝克莱的唯心主义，黑格尔并没有予以过多关注，他是从对康德哲学的继承入手，针对康德对唯物主义的修正进行批判，以思辨理性的绝对精神充实了唯物主义观念，而他的这种充实又开启了对唯物主义的否定。在这个过程中，他建立了庞大系统的哲学体系，以绝对精神为核心，从一般层次上论证了世界本原、自然、社会、文化、艺术等几乎人类面临的所有问题。似乎绝对理念在他那里已经全部展现了出来，但黑格尔的体系不过

---

① 此书稿是我写的第一部书稿，但迄今还没有时间，或者说思维的逻辑仍没有规划出时间专门修订它，——不仅有处世的俗务，更在于对它过于重视了。

是作为资本主义哲学观念的唯物主义的终结。他对资本主义的系统理性表达终结了对资本理性的探讨——他之后的资本主义哲学转向了为资本增殖服务的实证主义和技术主义,但却引发了费尔巴哈以人本主义对唯物主义的否定,以及马克思对社会主义哲学观念的创始。

黑格尔是个理想主义者,他真诚而理智地确信,人类是向上的、发展的,现实社会中存在的矛盾会在发展中依循绝对精神的逻辑解决。这种解决,就是建立以资本为核心、为主导的社会秩序和制度,由此促进人的自由,达到绝对精神所要求的理想境界。早在1809年他担任纽伦堡中学校长时,就在一个学生的纪念册上写下了这样的话:

不是好奇,不是虚荣,不是出于权宜的考虑,也不是义务和良心,而是不容妥协的一种无可遏止的、不幸的渴望,引导我们走向真理。①

这是黑格尔所说的时代精神——绝对精神在特定时代的体现——在他本人生命中的意识。他并不清楚资本主义这个概念,但他所探讨和论证的,恰恰是在唯物主义者那里发端的资本主义的精神与原则。在这一点上,黑格尔是唯物主义者所体现的启蒙思想的集大成者,他本人并不认为自己仅是资产阶级的代表——当时的资产阶级还很弱小,还没有建立自己的阶级统治,其阶级性也不明显,他确实是在认为自己是从人类总体的角度,来发表他关于现实社会变革真理的。这和孔丘所说"天生德于予"是很相似的。在他的思想中,那

---

① 转引自考夫曼:《黑格尔——一种新解说》,北京:北京大学出版社1989年版,第220页。

些最能体现绝对精神,或者说对绝对精神有更多自我意识的人,遵循绝对精神的自由原则,去改造自然物,去占有财富,而他们也就因此成为社会的带头人。社会就是要为所有人提供自由竞争的条件,同时限制对别人自由的损害,至于在竞争中的失败者和弱者,当然要服从成功者和强者。在这里,柏拉图《理想国》中的设计,又一次以理性的形式再现,不过,黑格尔的"国家",比起柏拉图的"理想国"已是否定之否定。柏拉图是以阶级为前提,黑格尔是以阶级为结果。黑格尔所理想的,是由体现绝对精神的先行者们领导全人类,按照绝对理念关于权利、市民、社会、国家的原则来实践绝对精神。

也正因如此,黑格尔并不反对唯物主义,而是不满意英、法唯物主义者对资本主义精神的粗浅论证,也不满意他所直接针对的康德对唯物主义的修正。从历史的逻辑上看,在他与康德之间有费希特和谢林两人,但这两人在哲学上并没有什么真正的建树,不构成黑格尔哲学的必要前提,他所承接的是康德,透过康德,还是要回答唯物主义者所提出但未论证明白的问题。对于新生的资产阶级来说,世界的物质性和物质的自然性是其存在与发展最基本的命题,只有从这一点出发,才能克服封建与专制统治,实行以财产所有权为核心的自由竞争。贝克莱对唯物主义的质疑引发了对这个命题的探讨,休谟、康德虽然不否定这个命题,但他们从认识论上的努力却形成了对唯物主义的修正。黑格尔要面对这个命题,同时解决康德体系中的矛盾。将本体论、认识论、逻辑这三个原来分立的层次统一起来,是黑格尔解决康德的矛盾,证明世界的物质性和物质的自然性命题的基本思路。

唯物主义认为世界是物质的,物质是自然的,但物质的自然又是如何形成的,或者说物质是如何自然的?唯物主义者并未提出这个问题,因而被贝克莱所质疑,康德也认为英、法唯物主义者的论证是"独断"的,但他又不想回答这个问题,认为只能对人感觉经验到的物质进行理性认知。黑格尔则从人的理性来解答物质的自然形成问题,也就是说将"自然"理解成有"客观逻辑"在其中主导的运动过程。"客观逻辑"的基础和根据就是"绝对精神",那么"绝对精神"从何而来?黑格尔实际上是对人类的思维规律与已达到的对自然界和人类社会的规律性认识进行总体性概括,形成抽象的概念性规定,以辩证法将其系统化并说成是决定、制约自然界和人类思维与社会发展的"绝对精神"。也就是说,"绝对精神"并非自然物质之外的某种精神和力量,从而与上帝主义和自然神论相区别。而用对自然界规律的抽象来论说绝对精神如何决定、制约自然界的演化,用对人类社会矛盾运动规律的认识论说"绝对精神"对人类社会发展的决定、制约,用对人类思维规律的认识论说"绝对精神"在人的主观逻辑上的体现,恰恰是可以做到"思有同一",并言之成理的。

黑格尔以这样的"绝对精神"及其在自然界、人类思维和社会中的体现建立的哲学体系,充实并证明了唯物主义的基本观念,使发端于这个基本观念的资本主义精神得到理性的论证。这个体系主要包括:自由意识、逻辑学、自然哲学、精神哲学。

自由意识。黑格尔承继康德的思路将哲学的主体进一步从物转向人,但他所关注的人是意识的人或人的意识,在他的思想中,人的本质就是意识,劳动是意识的体现,交往是意识的联系。因此,对意识的规定就成为他的体系的首要环节。这部分内容是在《精神现象学》中进行论证的。黑格尔认为,人与动物的本质区别就是意识。人是在意识的支配下活动的,人以劳动将意识注入物质,占有并利用物质。而占有和利用又是对物质的进一步意识。意识的根本属性是自由,但也受到必然性的制约,对必然性的认识,对自然物的占有与利用,就是实现了的自由。意识是在不断追求自由中发展的，他在《精神现象学》中探讨了意识的发展历程，其主要阶段是：意识——自我意识——理性——精神——宗教——绝对知识，其中又分若干小阶段，它们构成一个连环，在矛盾中转化。自由作为意识的本质属性，必然性的意识的发展过程就是不断克服它表现出来的"僵硬的外在性"，逐步显示和实现本质，即"由必然性转化到自由的过程"。自由是对必然性的认识和自觉。

> 对必然性加以思维，也就是对上述最坚硬的必然性的消解。因为思维就是在他物中自己与自己结合在一起。思维就是一种解放，而这种解放并不是逃避到抽象中去，而是指一个现实事物通过必然性的力量与别的现实事物联结在一起，但又不把这别的现实事物当成异己的他物，而是把它当成自己固有的存在和自己设定起来的东西。这种解放，就其为自为存在着的主体而言，便叫做我；就其发展成一全体而言，便叫做自由精神。①

自由的主体和主体的自由、个体自由与总体自由的统一，是自由意识的内在精神。自由的意识和意志，使人具有对自然物绝对的认识的权力和能力，任何达到自由意识的人都可以认识并占有（占有是更深一层的认识）自然物，使之成为为我之物，即我的意识的体现。人的存在有内在的认知和占有他物的冲动，当这种冲动变成自觉的行动时，也就上升为真正的、自在自为的自由。"自由的东西就是意志。意志而没有自由，只是一句空话；同时，自由只有作为意志，作为主体，才是现实的。"② 自由意志不是单纯追求外在事

---

① 黑格尔：《小逻辑》，北京：商务印书馆1980年版，第325—326页。
② 黑格尔：《法哲学原理》，北京：商务印书馆1961年版，第12页。

物，而是以自由为目的，实现意识的自由发展。正是在自由意志的支配下，才产生了劳动，形成了对物的改造和占有。合理的社会制度就是要保证自由意志的活动，保障对物的改造和占有，由此实现个体的自由。黑格尔在这里也论到霍布斯所提出的个体自然权利之间的冲突，他是从意识的相互关系探讨其解决的。他说，每个个体都按意识的自由而发展、竞争，因此个体的自由又会成为彼此自由的限制。这个矛盾的解决，取决于个人自我意识和社会总体意识的统一，而总体意识就是人类对自然和社会规律的认识。他在《精神现象学》的序言中满怀激情地说，人类正处于一个新时期的"降生和过渡时代"，人的精神已经跟他们旧的生活与观念世界决裂。"升起的太阳就如闪电般一下子建立起了新世界的形象"，新的精神创造并主导着新世界。新的精神先以一般的、普遍意识的形式出现，进而逐步为个体人的意识所接受。

精神是最高贵的概念，是新时代及其宗教的概念。唯有精神的东西才是现实的；精神的东西是本质或自在而存在着的东西，——自身关系着的和规定的东西，它在和自为存在——并且它是在这种规定性或在它的他在性中仍然停留于其自身的东西；——或者说，它是自在而自为。——但它首先只对我们而言或自在地是这个自在而自为的存在，它是精神的实体。它必须为它自身而言也是自在而自为的存在，它必须是关于精神的东西的知识和关于作为精神的自身的知识，即是说，它必须是它自己的对象，但既是直接的又是扬弃过的、自身反映了的对象。当对象的精神内容是由对象自己所产生出来的时候，对象只对我们而言是自为的；但当它对它自身而言也是自为的时候，这个自己产生，即纯粹概念，就同时又是对象的客观因素，而对象在这种客观因素里取得它的具体存在，并且因此在它的具体存在里对它自身而言是自身反映了的对象。①

黑格尔认为，总体的精神异化并贯彻于个体的意识，也外化于人的对象之中。总体精神是由个体人分别实行和实现的，每个个体又必须自我意识，明确自己的独立存在。进而，自我意识还要发展，并逐步演化、综合为总体的绝对知识。在《精神现象学》中，异化是一个相当重要的范畴，它指意识的运动形式，意识的发展就是由一系列异化环节构成的，即一连串的否定之否定过程：意识——自我意识——理性——精神——宗教——绝对知识。在这个过程中贯彻着辩证法，也体现着资本主义精神。更为重要的是，黑格尔把意识和自我意识的演化与人的劳动统一起来，他将劳动看成意识的实行、实践，同时又是人与对象关系、人与人的关系的结合点。马克思指出：

> 黑格尔的《现象学》及其最后成果——作为推动原则和创造原则的否定性的辩证法——的伟大之处首先在于，黑格尔把人的自我产生看做一个过程，把对象化看做失去对象，看做外化和这种外化的扬弃；因而，他抓住了劳动的本质，把对象性的人、现实的因而是真正的人理解为自己的劳动的结果。人同作为类存在物的自身发生现实的、能动的关系，或者说，人使自身作为现实的类存在物即作为人的存在物实际表现出来，只有通过下述途径才是可能

---

① 黑格尔：《精神现象学》（上卷），北京：商务印书馆1979年版，第15页。

的：人实际上把自己的类的力量统统发挥出来（这又是只有通过人类的全部活动，只有作为历史的结果才有可能），并且对这些力量当做对象来对待，而这首先又是只有通过异化的形式才有可能。①

逻辑学。黑格尔在哲学上的主要贡献，是他的辩证法，这集中表述于《逻辑学》中。他的《哲学全书》就是以《逻辑学》（俗称"小逻辑"，另有以《逻辑学》为名的"大逻辑"）、《自然哲学》、《精神哲学》构成。马克思指出："逻辑学是精神的货币，是人和自然界的思辨的思想的价值。"② 黑格尔不同意康德将物自身、感性、知性、理性隔开的思路，他强调这些环节是内在统一的，其统一性就在绝对精神。黑格尔所论的逻辑，不仅是形式逻辑中的人的思维形式，而且是绝对精神形成和展开的规律与形式，同时又是人的思维对体现于客观世界中的绝对精神的认识过程。由此，他将《逻辑学》分为三部分：

1. 关于思想的直接性——自在或潜在的概念的学说。
2. 关于思想的反思性或间接性——自为存在和假象的概念的学说。
3. 关于思想返回到自己本身和思想的发展了的自身持存——自在自为的概念的学说。③

---

① 马克思：《1844年经济学—哲学手稿》，《马克思恩格斯全集》第42卷，北京：人民出版社1979年版，第163页。
② 同上书，第160页。
③ 黑格尔：《小逻辑》，北京：商务印书馆1980年版，第185页。

他又将第 1、2 部分归入"客观逻辑",将第 3 部分作为"主观逻辑"。其"客观逻辑"既是对"客观"事物进行思维的逻辑,又是"客观"事物自身的规律。"思想的真正客观性应该是:思想不仅是我们的思想,同时又是事物的自身,或对象性的东西的本质。"[①] 他在"客观逻辑"中所论述的,似乎是绝对精神在自我生成、演进的规律,但实际上仍是人对事物认识过程的规律。黑格尔将思维的规律说成既是思维的规律,又是思维与存在统一的客观规律。他将主体变成绝对精神,是绝对精神在展示自己的逻辑于客观,是对象在自我生成和展现。

这样,黑格尔就打破了康德将物自身与认识相隔离,将感性、知性、理性相隔离的观点,形成"思有同一"的思路,并将经验与知性、理性统一起来,在探讨思维规律时展示绝对精神。黑格尔实际上已经发现了人类思维与其对象的对立统一,这是他逻辑学的基本矛盾:当他在逻辑上表述这种统一的时候,他对作为对象的事物的规定是以已经形成的概念为依据的,思维与对象的统一成了现行的思维与曾经的思维结果的关系。

> 当我们要谈事物时,我们就称它们的本性或本质为它们的概念,而概念只是为思维才有的;但是谈到事物的概念,我们更不能说我们统治了它们,或说结合成了概念的思维规定为我们服务;恰恰相反,我们的思维必须依据概念而限制自己,而概念却不应依我们的任意或自由而调整。因此,既然主观思维是我们最为特有的、最内在的活动,而事物的客观概念又构成了事物本身,那么,我们便不能站在那种活动之上,不能超出那种活动之外,同样也不能

[①] 黑格尔:《小逻辑》,北京:商务印书馆 1980 年版,第 120 页。

超出事物本性之外。①

黑格尔的逻辑学是以辩证法对亚里士多德以来形式逻辑的否定，其主要特点，就在于将思维过程及其形式与对象本身的矛盾运动相统一，将概念作为思维的基本、核心和主体，并在概念的运动中集合各思维形式的作用，由此来论证思维与事物统一的规律。

形式逻辑是以概念既定为前提的，它不考虑概念的规定及其变化，只是展开概念，并进行判断和推理。因此，它不去探讨对象本身的矛盾和运动，只是注重以规定了的概念去说明对象。黑格尔则把以概念规定对象的矛盾运动视为辩证逻辑的主要任务，把人的思维过程与对象的运动过程统一起来，虽然这是统一于所谓的"绝对精神"，而且在"主观逻辑"之前有"客观逻辑"。但他毕竟将这二者统一起来了，并认为人的主观逻辑要根据客观逻辑来展开，也就是说，作为思维对象的事物是矛盾的、运动的，思维也要适应对象的性质，以不断变化、运动的思维方法来认识对象。思维的主体与客体是统一的，而且思维的形式与其内容也是统一的。

在形式逻辑中，概念、判断、推理是平等、并列的思维形式，黑格尔认为这种关系是不合理的，为此，他在辩证逻辑中将概念运动视为核心和主体。概念运动是以否定之否定的形式进行的。在后的概念是在先的概念的否定，但这不是"消解为无"，而是一个被规定了的否定，它有一个新的内容，比先行的概念更高、更丰富，并包含先行的概念于自身。

概念的系统，一般就是按照这条途径构成的，——并

---

① 黑格尔：《逻辑学》（上卷），北京：商务印书馆1974年版，第12—13页。

且是在一个不可遏止的、纯粹的、无求于外的过程中完成的。[1]

其他各思维形式，包括判断和推理，都是围绕概念运动而展开，是概念运动的必要环节。概念运动以"三段论"的方式展开，即正、反、合——正、反、合——正、反、合……，从正反双方的对立，得出二者统一的合，而合又是下一阶段正的前提。由这众多"三段论"构成的体系，其中有些环节不免是牵强的。问题最突出的是"合"这个环节，合是本阶段的归结点，又是下一阶段的始发点，但黑格尔却用两个概念来表示。虽然有缺陷，但以概念运动作为思维的核心和主体，以概念运动揭示对象的矛盾，并建立体系的方法，却是逻辑学的一场革命。

也正是在概念运动的体系中，展现了黑格尔逻辑的"矛盾"——列宁所说的"唯心主义最少，唯物主义最多。"从总体上看，大的"三段论"是存在论——本质论——概念论，其中"存在论"和"本质论"是客观逻辑，"概念论"是主观逻辑。他认为，存在或有，是绝对精神外化的起点，是客观事物的自我展现，但实际上他所能论述的还是思维对事物的初级认识，而且将对象作为先于思维的客观存在。本质也是如此，不是主体认识、规定客观存在的本质，而是绝对精神通过客观存在展示其本质，并过渡为现象和现实。客观逻辑运动到"现实"这个环节，才出现了"主观逻辑"，即体现绝对精神的人从概念对"客观逻辑"的理性规定。从这一系列概念运动中可以看出，他所说的"绝对精神"，实际上是对人类已有关于自然与社会发展规律认识的概括，逻辑学不仅展示思维的规律，而且是在思维规律与客观对象规律的统一中进行论证，也正是

---

[1] 黑格尔：《逻辑学》，上卷，北京：商务印书馆1974年版，第36页。

从这个意义上,黑格尔将对自然界已有的抽象规定以"绝对精神"的名义做了肯定的论证,并从其可知性和认识论的角度,对世界的物质性和物质的自然性做了一般的证明。在这个前提下,进一步从自然哲学证明并充实了唯物主义的基本观念。

自然哲学。这是黑格尔充实并证明唯物主义基本观念的重要环节。这样说,似乎与已有的认为黑格尔的自然观是唯心主义的结论大相径庭,而且黑格尔本人也明确地说自然是由"理念产生"的——正是因此他才得到了"客观唯心主义者"的称号。但是,黑格尔所说的"理念"或"绝对精神",实际上是理性思维对自然规律的规定,是人类已经达到的自然科学知识的高度概括。他的自然哲学,不过是以"理念"或"绝对精神"的名义对已经认识到的自然规律的表述而已。他认为,自然物质是有内在"精神"的,也是有理性、有逻辑、有规律的。自然的理性或精神是自然,因而也是"绝对"的。他以概念运动概括了自然精神的规律,这种以概念运动的方式所系统表述的自然规律,比起各门自然科学具有明显的总体性、概括性;比起英、法两国唯物主义的"独断论"式关于世界物质性和物质自然性的论断,又显得充分而具体。也正是从这个意义上,我说黑格尔充实了唯物主义的基本观念。当然,由于时代的局限,黑格尔所能概括的自然科学知识还是相当初级的,企图以此来构建一个终极性的自然哲学体系,不能不在许多环节以"揣测或悬想"来充数,而且会有众多的缺环。依据现代自然科学知识是有许多理由指责黑格尔的错误与缺点的,但当我们将思路定格于18世纪末19世纪初,不能不承认黑格尔的理性概括和系统化的能力,他所勾勒的自然规律大系统不仅有力地回击了唯心主义对物质存在的攻击,也使世界物质性和物质自然性的命题在理性的名义下得到证明和充实。

在黑格尔看来,自然是理念或绝对精神的外化。

自然是作为他在形式中的理念产生出来的。既然理念现在是作为它自身的否定东西而存在的,或者说,它对自身是外在的,那么自然就并非仅仅相对于这种理念(和这种理念的主观存在,即精神)才是外在的,相反的,外在性就构成自然的规定,在这种规定中自然才作为自然而存在。①

黑格尔在自然哲学中集中表述了上升时期资产阶级的自然观,认为自然是有其规律的,在感性意识看来,自然表现出必然性和偶然性,各种现象都是杂乱的,缺少内在联系,但从理性来规定自然,却可以发现其规律。因此,自然是可以为人所认知并以实践来改造的。人之所以能认知和占有自然物的原因,就在于理性,它外化出自然,自然又在其否定之否定中演化出人。人运用主观逻辑的理性认知自然的理性,进而改造并占有自然物。

神圣的理念恰恰在于自己决然将这种他物从自身置于自身之外,又使之回到自身之内,以便自己作为主观性和精神而存在。自然哲学本身属于这条回归的道路,因为正是自然哲学扬弃自然和精神的分离,使精神能认识自己在自然内的本质。这就是自然界在整体中所占的地位;自然界的规定性是这样的:理念自己规定自己,即设定自身内的区别,设定一个他物,不过设定的方法却是将它的整个丰富内容分给他在,而它在其不可分割中则是无限的善。②

---

① 黑格尔:《自然哲学》,北京:商务印书馆1980年版,第19—20页。
② 同上书,第20页。

正是理念或绝对精神,使人与自然统一起来。人对自然物的认识和改进,是绝对精神的要求和体现,必须在理性的导引下进行。黑格尔认为自己是人类理性的代表,而能体现并依循理性改造自然的人,不仅理所当然地应该多占有物质财富,而且应成为人类的领导者。这正是从农业文明向工业文明转化时期的资产阶级意识,黑格尔的自然哲学充分表达了这个时期的资产阶级自然观。

黑格尔自然哲学的特点,在于将理性的辩证法纳入对自然界的认识,把自然看成有规律的生成过程,而人以理性对自然的认识也是一个逐步发展的过程。

> 自然必须看做是一种由各个阶段组成的体系,其中一个阶段是从另一个阶段必然产生的,是得出它的另一阶段的最切近的真理,但并非这一阶段好像会从另一阶段自然地产生出来,相反地,它是在内在的、构成自然根据的理念里产生出来的。形态的变化只属于概念本身,因为唯有概念的变化才是发展。不过,概念在自然界一方面仅仅是一种内在的东西,另一方面则仅仅是作为有生命的个体而现实存在的,因此,现实存在着的形态变化也仅限于有生命的个体。[①]

他将自然和自然哲学分成三个阶段,即力学、物理学、有机物理学。这三个阶段是依理性的逻辑而发展的。其一,作为自然的理念首先存在于彼此外在状态的规定中,存在于无限个别化的规定之内,形式的统一性是在这种个别化之外,因此是作为一种观念的、

---

① 黑格尔·《自然哲学》,北京:商务印书馆1980年版,第28—29页。

仅仅自在存在着的统一性，这就是物质及其观念的体系——力学。力学考察空间和时间、物质和运动、自由运动中的物质。其二，物理学，物质在其自身中自为存在，从而物质在其自身中得到规定，就具有个体性，物质以这种方式摆脱重力，在其自身规定自己时显现自身，并通过其内在的形式，面对重力。这就是物理学，它的内容有：普遍的个体性、特殊的个体性、总体而自由的个体性。其三，有机物理学，个体性把自己规定为特殊性或有限性，而又否定这种有限性，并向自身回归，理念达到了现实存在，首先是达到了直接的现实存在，达到了生命。生命作为形态有三种：一是地质有机体，二是植物有机体，三是动物有机体。

> 每个阶段都是一个独特的自然领域，它们都显得是独立存在着的，但最后的阶段则是所有先前的阶段的具体统一，正像每一后继阶段在自身一般都包含较低阶段，反过来也使这些阶段同自身对立一样，而这些阶段是后继阶段的无机自然界。一个阶段是作用于其他阶段的力量，而且这种关系是相互的。力能的真实含义就在这里。无机东西是和个体东西、主观东西对立的力能——无机东西破坏有机东西。但反过来说，有机东西同样也是和它那些普遍的力量、即气与水对立的力量，有机东西不断排除这些力量和元素，同样也不断还原和同化它们。①

黑格尔关于自然界分阶段、分层次，在否定之否定中发展，而且各层次相互渗透的思想，在他那个时代，对于从总体上系统认识自然是相当高明的思路。虽然他的"三段论"显得牵强，而且所用

---

① 黑格尔：《自然哲学》，北京：商务印书馆1980年版，第39页。

资料也较贫乏，但对于证明世界的物质性及其演化、生成的规律，却也能自圆其说。黑格尔从尚处初期的自然科学概括其规律，不仅证明物质的存在，更为人类改造自然，生产并占有物质财富提供了依据。尤其重要的是，他在不成熟的生物学知识的基础上，以辩证法论证了人的出现是动物由低向高发展的必然结果。

> 人作为生命力最完善的有机体，则是最高的发展阶段。这种以发展阶段为根据的分类形式最近在动物学中获得了特别重要的意义；因为用这种形式可以自然而然地从不发达的有机体进展到高级的有机体。①

正是由于人类的出现，才使"绝对精神"在自然界的外化得以完成，由此过渡到下一阶段，即从客观逻辑进入主观逻辑。黑格尔的哲学也从自然哲学转化为精神哲学。

精神哲学。黑格尔认为哲学的对象是理念，它分三个层次或环节，其中逻辑学研究自在自为的理念；自然哲学研究外化的理念；精神哲学则研究由外在返回自身，即自在自为生成着的理念，或体现为人的精神，在人的精神里实现自我认识的理念，是"自知的理念"。《精神哲学》由"主观精神"、"客观精神"、"绝对精神"三部分构成。其中"主观精神"是《精神现象学》的概要，"绝对精神"是对艺术、宗教、哲学的论说。我们这里主要针对"客观精神"并结合《法哲学原理》探讨黑格尔的社会观。

黑格尔从理念论证并充实了唯物主义者所提出的社会观，他更从主观精神的演进，特别是将主观精神的最高阶段自由精神作为论证个人权利、社会关系和国家的前提。从辩证的逻辑进程看，自由精神不

---

① 黑格尔：《自然哲学》，北京：商务印书馆1980年版，第584—585页。

仅是主观精神的集中体现，也是从逻辑学到自然哲学再到精神哲学的归结点，或者说自由精神是绝对精神自在自为的演化及其外化于自然的全过程的本质与规律的集合。这样说，比起唯物主义者从物质的自然性论人的自由更有内容，也更复杂，但其实质是一致的。以自由精神为前提，并将自由精神贯彻于对自然权利、社会契约、国家等范畴的论证中，由此建构了他所理想的资本主义制度及道德。

自由精神就是理性的意志，自由意志的活动是在外在客观的方面去实现它的概念，它要在客观现实中得以实现。自由精神在塑造成为一个世界的现实时就获得了必然性的形式。自由意志的定在，就是法或权利，法和权利不能只理解为有限制的法律的法或权利，"而是要广泛地理解为自由的一切规定的定在，它们就主观意志而论即是它的义务。"① 这里，黑格尔提出了权利与义务的统一，"凡是权利也都是义务，凡是义务也都是权利。"② 权利的首要一项，就是财产所有权。

> 精神在其自身自为地存在着的自由的直接性里是个别的精神，但这个别的精神知道他的个别性是绝对自由的意志；他是人（Person），即对这个自由的自知，这个自知作为自身内抽象的和空虚的，还不是在它自己身上，而是在一个外在的事物那里有其特殊法和实现。这个事物相对于理智和任意的主体性是一个没有权利的无意志的东西，而被那主体性改变为它的偶性，即它的自由的外部范围，即占有物。③

---

① 黑格尔：《精神哲学》，北京：人民出版社2006年版，第314页。
② 同上。
③ 同上书，第317页。

占有物就是财产，它是自由意志的实现，是人格定在的手段。我把某物置于我的外部力量的支配之下，就构成占有。而我由于需要、冲动和任性而把某物变成为我的东西，就是占有的特殊利益。"我作为自由意志在占有中成为我自己的对象，从而我初次应成为现实的意志，这一方面构成占有的真实而合法的因素，即构成所有权的规定。"① 所有权的形成，是以体力、狡智、技能等"我们借以用身体来把握某物的一切手段为条件的。"② 即通过身体，将我的意志外化于物上，此物即为我所有。所有权在意志对物的关系上有三层规定：一是直接占有，二是使用，三是转让。在规定所有权时，黑格尔相当注重人格这个概念。他认为，人是以人格形式存在的，人格是权利的基本单位。个人首先占有的，是他的生命和身体，这是所有权的内在形式，而财产所有权则是人格的外在表现。所有权的确定和保证，是人格的定在。之所以要规定所有权，不仅在于明确个人与某物的关系，更是要明确人与人之间因物而发生的关系。在所有权的基础上，就形成了契约。

契约是所有权的转让而形成的订约双方意志的关系，是特殊意志中的普遍意志的表现，在契约中，财产被设定为抽象的、普遍的物，契约使所有权的转让合法化。而违背契约，或不订契约就强占不属于自己的财产，就是不法。法律就是要以强制来克服、制止不法行为，保护所有权。这是绝对精神的要求，是对自由意志的保证，也是资本主义原则的实现。在对所有权、契约和不法，即"抽象法"的论述中，黑格尔从更深层次上论证并充实了唯物主义关于所有权和社会契约的观点，强化了资本主义的理性原则。

从抽象法的规定黑格尔进一步论证了"道德"。道德包括故

---

① 黑格尔：《法哲学原理》，北京：商务印书馆1961年版，第54页。
② 同上书，第60页。

意——意图和福利——善和恶三个环节。黑格尔认为,道德是"主观意志的法",是"自由意志在主体内部的规定"。

> 自由的个体,在(直接的)法里只是人,现在就被规定为主体,即在自身内映现了的意志,以致一般的意志规定性,作为个体内的定在,即作为他自己的意志规定性,是不同于自由在一个外在事物中的定在的。由于意志规定性是这样地在内心里设定起来,意志就同时是作为一个特殊的意志,而且出现了意志的种种进一步的特殊化及其相互联系。意志规定性部分地是作为自在存在着的,即意志之理性的规定性,也就是自在的法的东西(和伦理东西),部分地是作为在行为的表现里存在的、发生着的和与那种表现发生着关系的定在。主观意志在道德上是自由的,因为这些规定是由它在内心作为他自己的规定设定起来的,并且是为他所意愿的。主观意志的带着这种自由的行动上的表现就是行为,它在行为的外在性上只承认它曾对之有所知和有所意愿的东西是它自己的东西,并让自己对此负责。①

他认为,由于自由的权利,人必须拥有关于一般善恶区别的知识,不仅要有伦理和宗教的"某个权威的外在的法则和规范",而且要在"人的心、意向、良心、理解等里面拥有对它们的赞同、承认",② 因此,道德是一种自觉的规定,是一个向善的过程,它的任务是扬弃其自身的有限性以达于伦理。

伦理是总体性的范畴,包括家庭、市民社会和国家。黑格尔认

---

① 黑格尔:《精神哲学》,北京:人民出版社2006年版,第323页。
② 同上书,第324页。

为，伦理是自由的理念，是活的善，通过自我意识的行动而达到它的现实性。正是自由意志促进了伦理的发展，使社会从封建领主制进入市民社会。与之相应，形成了国家这个社会的政治形式。伦理是以家庭为基本单位的，家庭包括婚姻、财产、子女教育，以及家庭的解体，子女经教养而成为自由的人格，即成人而具有法律人格，有能力拥有自己的财产和组成自己的家庭。而当拥有财产的个人死亡时，他在此前有权利以遗嘱的形式将财产交给子女或亲友继承，黑格尔认为，这是个人自由意志经财产而继续。

伦理中的重点是市民社会。黑格尔认为，市民社会是在"现代世界"形成的，包括需要、司法、警察和同业公会。

> 在市民社会中，每个人都以自身为目的，其他一切在他看来都是虚无。但是，如果他不同别人发生关系，他就不能达到他的全部目的，因此，其他人便成为特殊的人达到目的的手段。但是特殊目的通过他人的关系就取得了普遍性的形式，并且在满足他人福利的同时，满足自己。①

这实际上是斯密"经济人"的哲学注解，也是唯物主义社会观的引申。个人的意识首先以需要表现出来，它以劳动为中介，通过外物，包括对某物的改造使之适合自己的需要，或适合别人的需要而与之相交换以满足自己的需要。而满足需要的劳动，也分为特殊和一般，劳动都是个人从事的，因而有特殊性，但不论什么劳动都是劳动，都是人的自由意志的体现，因此各种特殊的劳动都有其一般性，也就可以相互交换其产品以相互满足需要。

---

① 黑格尔：《法哲学原理》，北京：商务印书馆1961年版，第211页。

在劳动和满足需要的上述依赖性和相互关系中,主观的利己心转化为对其他一切人的需要得到满足是有帮助的东西,即通过普遍物而转化为特殊物的中介。这是一种辩证运动。其结果,每个人在为自己取得、生产和享受的同时,也正为了其他一切人的享受而生产和取得。在一切人的相互依赖全面交织中所含有的必然性,现在对每个人说来,就是普遍而持久的财富。①

黑格尔已经看到商品经济发展引起劳动的分工和机器化,由此更加密切了人与人之间相互的依赖,财富的普遍化导致资本的出现。

分享普遍财富的可能性,即特殊财富,一方面受到自己的直接基础(资本)的制约,另一方面受到技能的制约,而技能本身又转而受到资本,而且也受到偶然情况的制约;后者的多样性产生了后来不平等的禀赋和体质在发展上的差异,这种差异在特殊性的领域中表现在一切方面和一切阶段,并且连同其他偶然性和任性,产生了各个人的财富和技能的不平等为其必然后果。②

资本在商品经济中占有越来越重要的地位,因资本而导致财富占有的不平等。资本又是竞争的必要条件,资本占有的差别引起竞争的不平等,形成社会等级。法律的原则是保护财产所有权,也就是保

---

① 黑格尔:《法哲学原理》,北京:商务印书馆1961年版,第210页。
② 同上书,第211页。

护不平等的财产所有制,由此刺激人们将财产用于资本,取得利润,扩大积累。而以谋利为目的的资本主义生产,又会以各种方式刺激和诱导人们的需要,增加利润,增殖资本。不论立法还是司法,都要把保证所有权为基本,以此来规定并维护市民社会。意识是法的实体内容,以普遍的意识立法,由普遍意识转化为个体意识使法得以贯彻,司法仲裁机构是法院,法律的实施要通过警察和同业公会来完成。国家是法律和同业公会的综合。

> 国家的本质是自在自为的普遍东西,意志的合理的东西,但是,作为自知和自实现着的,它完全是主体性,而作为现实性则是一个个体。它的工作,就作为一群个体的个别性这个极端来看,一般说来是双重的:一方面保持个别性作为人,因而使法成为必然的现实,然后促进其原本是每个人自己照顾的、便绝对有共同方面的福利,保护家庭和引导市民社会;但另一方面把这两者和力求独自成为中心的个人的全部意向和活动引回到普遍实体的生命中去,并在这个意义上作为自由的力量对从属于它们的那些范围进行抑制,而把它们保持在实体性的内在性里。[①]

国家不是外在于人,不是对人的外在统治,而是内在于市民社会中的个人自由意识的集合与实现形式。现代国家是市民社会的本质,也是个人所有权的存在方式与保证。国家权力是按宪法有组织地划分的,它包括政府也即君主的权力、执行权和立法权。从黑格尔对国家范畴的规定看,他的观点更接近霍布斯,这在对君主的权力规定上显现出来。

---

① 黑格尔:《精神哲学》,北京:人民出版社2006年版,第341—342页。

> 在作为有机总体的政府里,主体性,作为概念发展中概念与自己本身的无限的统一性,就是那保持一切、决定一切的国家的意志,国家至高无上的顶端,贯穿一切的统一性,即君主的统治权力。在国家的完善形式里概念的所有环节都达到了它们的自由的实存,在那里主体性不是某个所谓道德个人,或由一个多数产生的决定,即进行决定的意志的统一性在那里没有现实实存的一些形式,而是作为现实的个体性,即一个进行决定的个人的意志;这就是君主政体。因而君主制的宪法是发展了的理性的宪法;一切别的宪法都属于理性的发展和实现的较低阶段。①

与霍布斯相似,黑格尔关于君主制的论述是其所处德国的特殊历史时代的反映,是其所代表的资产阶级不成熟的表现。对黑格尔来说,还有一层特殊含义,即当时的德国仍处于封建割据状态,强调君主制是资产阶级要求统一的体现。

黑格尔"唯心主义最少,唯物主义最多"的哲学体系,以辩证法证明并充实了唯物主义,使资本主义的哲学观念上升到理性的层次。从这个意义上说,他的哲学可以称为"理性自然主义"或"理性物质主义"。也正因此,黑格尔以后对唯物主义基本观念的探讨在资本主义哲学家那里也停止了,他们所关注的,不再是世界本原等问题,而是沿着休谟和康德的路数去探讨实证主义及技术主义的具体问题。只有代表劳动者阶级的思想家还抓住哲学的基本观念不放,力图为批判和否定资本主义制度寻找新的哲学根据。黑格尔的学生费尔巴哈在这方面开了一个头,从批判黑格尔体系入手,开始了对唯物主义的否定。

---

① 黑格尔:《精神哲学》,北京:人民出版社2006年版,第348页。

五、费尔巴哈从人本主义对唯物主义的否定

黑格尔的"理性自然主义"在一定程度上说是对自然神论的否定之否定,并在将唯物主义推向理性化的同时包含着对它的否定。费尔巴哈作为早期社会主义者,不满意黑格尔将主体定位为自然精神对资本主义的理性论证,他将理性主体定位于人,以人为本位和本体建立新的哲学体系,由此开始了对资本主义哲学观念唯物主义的否定。虽然费尔巴哈的新体系是不充分、不成熟的,但毕竟是新的哲学观念的开端,是马克思对唯物主义进一步的否定和创新的前提。

费尔巴哈的哲学观念是人本主义或人道主义。从唯物主义的物本到费尔巴哈的人本,中间经历了贝克莱从唯心主义对唯物主义的质疑,以及休谟、康德从认识论对唯物主义的修正与黑格尔从理性的充实和证明,这一系列过程都在将哲学的本体从物向人转移。费尔巴哈继续了这一趋势,明确了人是哲学的本体和主体。他指出:"唯物主义、唯心主义、生理学、心理学都不是真理;只有人本学是真理"。[1] 人本主义的"新哲学将人连同作为人的基础的自然当做哲学唯一的,普遍的,最高的对象。"[2] "真理并不存在于思维之内,并不存在于自为的认识之内。真理只是人的生活和本质的总体。"[3]

费尔巴哈认为,他的人本主义哲学是哲学发展的必然,是对所

---

[1] 费尔巴哈:《反对身体和灵魂、肉体和精神的二元论》,《费尔巴哈哲学著作选集》(上卷),北京:三联书店1959年版,第205页。
[2] 费尔巴哈:《未来哲学原理》,北京:三联书店1955年版,第77页。
[3] 同上书,第78页。

有旧的哲学体系的否定,更是对神学的彻底否定。

> 这个新哲学,与迄今为止的哲学具有本质上的区别,它是与人之真正的、现实的、整个的本质相适应的,正因为如此,所以是与一切由于沉迷于超乎人的、反人的和反自然的宗教和思辨之中而执迷不悟的人相抵触的。①

这个新哲学将关于事物的思想和事物本身清楚地分开,并不像黑格尔思辨哲学那样将抽象理性作为真正的事物,而是认为只有那成为现实而完整的人的对象的、从而其本身就是完整而现实的事物,才是真正的事物。

> 这个新哲学,并不是依据于自为的理智,并不是依据于不知属于何人的、无有名称的绝对理智,而是依据于人——当然是指并没有思辨化和基督教化的人——的理智。因而这个新哲学说着属人的语言,而不是说着没来历的和无以名之的语言;它言行一致地认为哲学之本质就在哲学之否定中,就是说,它声明只有有血有肉的、人化了的哲学才是真正的哲学。从而,当它看到一切把哲学之假象当成哲学之本质的不学无术的人甚至根本不将它当做哲学的时候,就不免要庆幸自己获得了最高的胜利。②

费尔巴哈人本主义的提出,是哲学发展规律的体现。康德之后的德国哲学,大体上是沿着从物转向人的路线发展,费希特、谢林

---

① 费尔巴哈:《基督教的本质》,北京:商务印书馆1984年版,第14页。
② 同上书,第15页。

到黑格尔已基本上将哲学的主体确定为人,但不是人本身,而是"自我意识"或理性。他们在把这些非实体(既不是物,也不是人)范畴作为本体进行论证的时候,也就陷入了巨大的矛盾。费尔巴哈看到了这个矛盾,并找到了解决矛盾的突破口。他认为,哲学只能以具有现实性和总体性的实际事物为对象,"因此新哲学的认识原则和主题并不是'自我',并不是绝对的亦即抽象的精神,简言之,并不是仅仅自为的理性,而是实在的和完整的人的实体。"① 新哲学不是不要理性,但"不是以无本质,无色彩,无名称的理性为基础,而是以饱饮人血的理性为基础的。"② 理性是人的理性,并非人是理性的人。旧哲学认为只有理性的东西才是真实的和实在的东西,新哲学则认为"只有人性的东西才是真实的实在的东西;因为只有人性的东西才是有理性的东西;人乃是理性的尺度。"③

将人作为主体,并不是孤立地研究人,而是把"连同作为人的基础的自然"也作为人本主义哲学的对象。这实际上也就是对唯物主义的否定。唯物主义把自然作为对象,把物质作为世界的主体,将人看成自然的一部分,从而将人物化,从对物的规定来规定人。休谟、康德对唯物主义的修正使哲学转向认识,进而经费希特、谢林到黑格尔,将认识集中于理性,使人和自然从属于理性。这一方面证明了世界的自然性,另一方面也使哲学接近了人这个主体。费尔巴哈将人确定为主体的同时,将自然作为人存在的基础和条件。也就是说,哲学不是为了研究物才涉及人,而是为了研究人,为了人的存在和发展才涉及自然。恩格斯及前苏联的哲学家们不清楚这个历史转变的内在逻辑,简单地认为费尔巴哈只是"退回到唯物主

---

① 费尔巴哈:《基督教的本质》,北京:商务印书馆1984年版,第73页。
② 同上书,第74页。
③ 同上。

义",并将他的人本主义说成是"唯心主义的"。这是一大误解,而这种误解不仅影响到对费尔巴哈的认识,也影响到对哲学规律的认识,更影响到对马克思哲学创新的认识。费尔巴哈的人本主义是在批判黑格尔理性主义的过程中对唯物主义的否定。这种否定是历史进步的标志,也是社会主义形成并取代资本主义在人类发展中主导作用的信号。

费尔巴哈的人本主义将自然作为人存在的基础与条件,这不仅端正了人与自然的关系,也从理论上在否定唯物主义的同时将其基本观念改造、包容于人本主义体系之中。他认为自然是不依赖人的主观感觉或理性而存在的,自然是普遍,人只是物质自然界的一部分,人的生存依赖自然界。

> 空气是感觉和生命的第一需要;我们靠空气生活,但不是单靠空气生活,还靠无数其他的物和物质;我们不仅呼吸,我们也吃和喝。我们所喝和所吃的东西,我们必须看到、听到、嗅到和尝到。但是我们不限于只有这些感情关系;我们还用我们的不懂美感的牙齿咬碎和咀嚼食物,不仅为了尝它的味道——这里味道以及其他感觉都只是手段,——而且为了把它正式消化,使它变为肉和血,把它的本质变为我们的本质。[①]

人借助其他生物来再生产自己,即通过摄食器官与这些生物连接起来,这个过程包括劳动生产,由此形成人与自然物质的主体与客体关系。人的感觉是主观的,但它的基础或原因是客观的,人与自然

[①] 费尔巴哈:《论唯灵论和唯物主义,特别是从意志自由为面着眼》,《费尔巴哈哲学著作选集》(上卷),北京:三联书店1959年版,第529页。

物质相互渗透并联合。

> 我所吃所喝的东西是我的"第二个自我",是我的另一半,我的本质,而反过来说,我也是它的本质。因此,可喝的水,即能够成为血的组成部分的水是带有人的性质的水,是人的本质,正是因为人本身至少有一部分是具有含水的血和本质的含水的生物。

作为人本主义的范畴,自然是人存在的基础和条件。费尔巴哈广泛地吸收和改造了唯物主义乃至自然神论者的自然观。这里值得注意的是对斯宾诺莎的评判,费尔巴哈认为,斯宾诺莎提出了自然是永恒的、无限的观点,但他却还保留上帝的名义并把自然神化,因而是有局限的。费尔巴哈对自然神论进行了深入批判。进而他指出,自然形成的原因就是自然,不论有机物,还是地球,甚至太阳的起源和演化,都是自然的过程。所谓世界的起点和终端,只是人的表象。自然界是具体的、有形的质的实体,是可以被感性把握并由理性思考的。更为重要的是,费尔巴哈批判了康德关于空间和时间是人感性直观先验形式的观点,强调空间和时间是一切物质实体的存在形式,并把空间、时间与人及其思维、实践和历史发展相联系,人总是处于一定的空间和时间之中。"空间与时间并不是单纯的现象形式,而是本质条件,理性形式,存在的规律,也是思维的规律。"[①] 自然有其规律性和因果关系,主导自然界的不是上帝,而是自然的力量及其元素和实体。人是自然演化的最高产物,是一个以肉体为基础的精神与肉体、物质与思维统一的实体,并强调了生理对心理现象的制约,以及人的心理、生理过程对外部世界的依赖性。

---

① 费尔巴哈:《未来哲学原理》,北京:三联书店1955年版,第67页。

思维是人脑的功能,"只要我们阐明了这个绝妙的和最难理解的思维物质,亦即大脑物质,那么我们便能迅速地阐明其他物质和一般物质。"① 费尔巴哈人本主义的核心范畴,是对人本质的规定。

> 究竟什么是人跟动物的本质区别呢?对这个问题的最简单、最一般、最通俗的回答是:意识。只是,这里所说的意识是在严格意义上的;因为,如果是就自我感或感性的识别力这意义而言,就根据一定的显著标志而作出的对外界事物的知觉甚或判断这意义而言,那么,这样的意识,很难说动物就不具备。只有将自己的类、自己的本质性当做对象的那种生物,才具有最严格意义上的意识。动物固然将自己的个体当做对象,因此它有自我感,但是,它不能将自己的类当做对象,因此它没有那种由知识而得名的意识。什么地方有意识,什么地方就有从事科学的才能。科学是对类的意识。在生活中,我们跟个体打交道,而在科学中,我们是跟类打交道。但是,只有将自己的类、自己的本质性当做对象来对待的生物,才能够把别的事物或实体各按其本质特性作为对象。②

以此物与他物的区别来规定此物的本质,是初级的分析而且没有综合的思维的体现,这样做所能规定的只是外延上的差异,或者说以外延的差异来规定本质。费尔巴哈对人本质的规定就是采取的这种办法,他的问题就是"人跟动物的本质区别",而"最简单、

---

① 费尔巴哈:《论唯灵主义和唯物主义,特别是从自由意志方面着眼》,《费尔巴哈哲学著作选集》(上卷),北京:三联书店1959年版,第479页。
② 费尔巴哈:《基督教的本质》,北京:商务印书馆1984年版,第29页。

最一般、最通俗的回答是：意识。"这与黑格尔的思路有相通之处，但也有所区别。黑格尔是将人的意识抽象、提升至绝对精神，并作为自然界的本原和本质，进而在外化为自然又演进出人之后成为人本质的规定。在黑格尔那里，意识及其理性是作为先于人、外于人的绝对精神存在，是决定人的存在的本质。费尔巴哈则认为人是自然的产物，意识是人大脑活动的表现，是将类当做对象的意识。而人的本质，就是对类的意识。动物是没有类的意识的，只有人才有类的意识，因此意识是人的本质。

> 动物只有单一的生活，而人却具有双重的生活。在动物，内在生活跟外在生活合而为一，而人，却既有内在生活，又有外在生活。人的内在生活，是对他的类、他的本质发生关系的生活。人思维，其实就是人跟自己本人交谈、讲话。没有外的另一个个体，动物就不能行使类的职能；而人，即使没有另一个人，仍旧能够行使思维、讲话这类的职能，因为，思维、讲话是真正的类的职能。人本身，既是"我"，又是"你"；他能够将自己假设成别人，这正是因为他不仅把自己的个体性当做对象，而且也把自己的类、自己的本质当做对象。①

费尔巴哈认为，仅仅以意识规定人的本质还是不够的，还应进一步概括、集中，他把问题进一步概括为：有意识的人自己"意识到的人的本质究竟是什么呢？或者，在人里面形成类、即形成本来的人性的东西究竟是什么呢？"② 他在这个问题之下加注说："不学

---

① 费尔巴哈：《基督教的本质》，北京：商务印书馆1984年版，第30页。
② 同上书，第30—31页。

无术的唯物主义者说道：'人与动物的唯一区别，就是意识。人就是动物，然而具有意识。'可见，他没有注意到，在一个逐渐觉醒而上升到意识的存在者那里，发生着整个本质的质变"① 从这里可以看出费尔巴哈并不满意唯物主义者对人本质的规定，而是认识到人与动物在本质上有个质变。那么，他所规定的人的本质又是什么呢？

> 就是理性、意志、心。一个完善的人，必定具备思维力、意志力和心力。思维力是认识之光，意志力是品性之能量，心力是爱。理性、爱、意志力，这就是完善性，这就是最高的力，这就是作为人的人底绝对本质，就是人生存的目的。人之所以生存，就是为了认识，为了爱，为了愿望。但是，理性的目的是什么呢？就是理性。爱的目的是什么呢？就是爱。意志的目的是什么呢？就是意志自由。我们为认识而认识，我们为爱而爱，为愿望而愿望——愿望得到自由。真正的存在者，是思维着的、爱着的、愿望着的存在者。只有为自己本身而存在着的东西，才是真正的、完善的、属神的。而爱、理性、意志，就正是这样。在人里面而又超乎个别的人之上的属神的三位一体，就是理性、爱和意志的统一。②

将理性、意志、心、爱等规定为人的本质，比唯物主义者和黑格尔已有实质性进步，但是仍然限于外延上，更局限于个体人，并没有深入人本质的内涵，也没有从人的总体性上进行规定。虽然如此，费尔巴哈对人本质的规定，却使这个命题大大推进了一步，为

---

① 费尔巴哈：《基督教的本质》，北京：商务印书馆1984年版，第31页。
② 同上。

马克思的深入探讨提供了前提。

也正是以对人本质的规定为基础，费尔巴哈主张人的认识来源于存在，是存在的反映。他反复强调思维与存在是统一的，而统一的基础和主体就是人。

> 思维与存在的统一，只有在将人理解为这个统一的基础和主体的时候，才有意义，才有真理。只有实在的实体才能认识实在事物，只有当思维不是自为的主体，而是一个现实实体的属性的时候，思想才不脱离存在。因此思维与存在的统一并不是那种形式的统一，即以存在作为自在自为的思维的一个特性，这个统一是以对象，以思想的内容为依据的。[①]

费尔巴哈的这一思想是相当深刻的，既克服了英、法唯物主义者在认识论上的机械性，又批判地继承、改造了康德和黑格尔的理性。人是思维与存在统一的"基础和主体"，这个命题，只有在人本主义观念的前提下才能形成，同时也证明了"人本"这个观念。英、法唯物主义者将自然界与人视为对立的认识的双方，尤其是洛克的"白板说"将人的认识只看成对自然物的被动反映，忽略乃至不承认人思维的主动性。康德将感性、知性、理性隔离，因而也不能明确人在认识中的主体性和能动性。黑格尔则把人的理性看成主体，将人从属于抽象的理性，在他那里，存在统一于思维，从属于将思维绝对化的理性，因此颠倒了思维与存在的关系。费尔巴哈明确地将人作为思维与存在关系的基础和主体，人不仅是思维的主体，认识的主体，也是存在的主体，自然物只是人存在的条件。人是因其存在才有思维的，是为了存在才认识自然物和人自身的。没有主体，

---

① 费尔巴哈：《未来哲学原理》，北京：三联书店1955年版，第74页。

客体就无所谓存在,但客体又是自然的,并不是黑格尔所说的由主体创造、外化了客体。主体不仅是认识的主体,更是实在的实体,"只有实在的实体才能认识实在事物,"人是为了存在和发展才去认识自然物的,自然物也只有作为人存在的基础和条件才能成为人认识的对象。人的认识以对象为依据,对象是思维的内容。

费尔巴哈强调,哲学家也是人,不要作与人不同的哲学家,只需作一个思维的人。

> 不要以思想家的身份来思想,就是说:不要以一种从人的实在本质的整体中脱离出来的,自为地孤立起来的能力的身份来思想;要以活生生的,现实的实体的身份来思想,你是作为这样一种实体而置身于宇宙之海的汹涌波涛之中的。要在生活中,世界中作为世界一分子来思想,不要在抽象的真空中作为一个孤独的单子,作为一个专制君主,作为一个了无障碍的,世外的上帝来思想——然后你才能谈到你的思想是思维和存在的统一。①

这个道德很普通,但却是以前哲学家所没有认识到,或者说故意不承认的,他们以有别于人的神的代言人、物质世界的代言人或理性的代言人身份,努力用非人的言语表达玄奥神妙的思想——其实不过是少数非劳动者利益的抽象意识。费尔巴哈作为劳动者的代表,更准确地理解了人,并将人视为哲学的主体,从而也就使哲学回到人的思维。他反问道:作为一个现实实体的人的活动的思维,怎么能不去掌握现实的实体的事物呢?只有将思维与人分开,并将思维固定为一个独立的主体,才会产生这种认识上的困难,

---

① 费尔巴哈:《未来哲学原理》,北京:三联书店1955年版,第74页。

你只有将自己降低为客体,降低为别人的客体,才能将自己提高为客体。你在思想,那只是因为你的思想本身能够被思想。你的思想只有通过客观的考验,为作为你的客体的别人承认的时候,才是真实的。你只是作为一个本身可以被看见的实体来观看,作为一个本身可以被感觉到的实体来感觉。世界只对于开放的大脑才是开放的,而头脑的门户只是感官。但是那个孤立的,封闭在自身之内的思维,那个没有感觉,没有人的,在人以外的思维,却是不能也不应当成为别人的客体的绝对主体,但也正因为如此,所以它无论怎样努力也永远不能找到一条走向客体,走向存在的道路,正如一个从身躯上砍下来的头脑之不能了解找到一个对象的道路一样,因为了解的手段,官能,已经失去了。[1]

这样,费尔巴哈就从基本点上解决了康德、黑格尔将思维独立并与人的存在分离所引发的矛盾,并使唯物主义的认识论上升到人本主义认识论。不是抽象的理性作为主体在思维,而是活生生的人在思维,不是为了思维而思维,而是为了生存而思维。因此,人的思维不可能总揽全部世界,只能是根据其存在,在其感性所及的范围内进行。

实际事物并不能全部反映在思维中,而只能片断地部分地反映在思维中。这种差别是一种正常的差别——是以思维的本性为根据的,思维的本质是普遍性,而现实的本

---

[1] 费尔巴哈:《未来哲学原理》,北京:三联书店1955年版,第75页。

质是个别性，它们的不同点就在这里。但是这个差别并不会形成思想中的东西与客观事物之间的真正矛盾，这只是因为思维并不是直线地，与自身相同一地向前进行，而是被感性直观所能打断的。只有那通过感性直观而确定自身，而修正自身的思维，才是真实的，反映客观的思维——具有客观真理性的思维。①

只有为直观所扩大所启发的思维，才是真实的现实的思维。那些证实实际认识的范畴，永远是通过对象本身而规定对象的范畴。具有现实性和总体性的实际事物，是新哲学的对象，因此新哲学并不以仅仅自为的理性的神圣为基础，而是以整个人的神圣性为基础，或者说，是以人的理性而非理性的理性作为思维的形式。"如果旧哲学说：只有理性的东西才是真实的和实在的东西，那么新哲学则说：只有人性的东西才是真实的实在的东西。"②

费尔巴哈认为，感觉与思维是统一的，甚至纯粹的视觉都需要思想。思维、精神、理性，按其内容说，除了说明感觉的东西而外，并未说明其他什么东西，它们不过将感觉到的分散的东西联系起来，这种联系就是理性。"思维从现象中分解、寻找、抽出统一的、同一的、一般的规律；但为了找到它，思维必须首先感知感性的现象。"③ 人并不因为把自己提高到思维的阶段，就达到了另一个世界，即精神的王国，他仍然留在地球上，仍然是生物的、物质的人。

---

① 费尔巴哈：《未来哲学原理》，北京：三联书店1955年版，第71页。
② 同上书，第74页。
③ 费尔巴哈：《对〈哲学原理〉的批评意见》，《费尔巴哈哲学著作选》（上卷），北京：三联书店1959年版，第253页。

费尔巴哈人本主义的一个重要内容,是对基督教和宗教的批判。他认为"近代哲学的任务,是将上帝现实化和人化,就是说:将神学转变为人本学,将神学溶解为人本学。"① 这可以说是他对近代欧洲思想史的一个概括,也是他对自己所提出的人本主义的定位。费尔巴哈承继了康德、黑格尔将宗教归入人意识的产物的思想,从对人的本质规定和认识论出发,对宗教进行了更为深刻的批判。他指出,人之对象,不外就是他的成为对象的本质。人怎样思维,怎样主张,他的上帝也就怎样思维和主张;人有多大的价值,他的上帝也就有多大价值。上帝的意识,就是人的自然意识。上帝的认识,就是人的自我认识。"人认为上帝的,其实就是他自己的精神、灵魂,而人的精神、灵魂、心,其实就是他的上帝。"② 上帝不是人的感觉所能认知的,只能在人的意识中存在。

> 我们的任务,便正在于证明,属神的东西跟属人的东西的对立,是一种虚幻的对立,它不过是人的本质跟人的个体之间的对立;从而,基督教的对象和内容,也就完全是属人的对象的内容了。③

费尔巴哈指出,宗教是人自我分裂的产物,它制造出一个上帝放在自己的对面,当做与自己相对立的存在者。上帝是无限的存在者,而人是有限的存在者,上帝是完善的,而人是非完善的;上帝是永恒的,而人是暂时的;上帝是全能的,而人是无能的;上帝是神圣的,而人是罪恶的。上帝与人是两个极端:上帝是完全的积极

---

① 费尔巴哈:《未来哲学原理》,北京:三联书店1955年版,第3页。
② 费尔巴哈:《基督教的本质》,北京:商务印书馆1984年版,第43页。
③ 同上。

者，是一切实在性之总和，而人是完全的消极者，是一切虚无性之总和。"上帝跟人的这种对立、分裂——这是宗教的起点——乃是人跟他自己的本质的分裂。"① 上帝是非有限的、非属人的、非物质地被规定的、非感性的，它仅只是思维的对象，是不能感知、无形态、不可捉摸、无形象的存在者，只有通过抽象和否定才能认识，才能把它作为对象。费尔巴哈的上述观点，显然是康德和黑格尔有关思路的继续。从中我们可以看到，在近代以否定上帝主义为宗旨的哲学变革的阶段性进展，从霍布斯和法国唯物主义者对上帝的直接的、基于感性认知——上帝不能被感知——的否定，到费尔巴哈从人的本质、人的理性对上帝的规定，将上帝纳入思维所形成的概念，是人本质在理性中的异化。这个过程正是工业文明取代农业文明，人的理智和知识迅速扩张的集中体现。

在对基督教本质规定的基础上，费尔巴哈又从一般意义上对宗教进行了批判。他指出："人的依赖感是宗教的基础，而这种依赖感的对象，这个为人所依赖、并且人也感觉到自己依赖的东西，本来无非就是自然。"② 最初的宗教是对自然物的崇拜，或曰"拜物教"和"图腾"，包括星辰、石头、树木，甚至蟹螯、蜗牛壳，都是崇拜的对象。人崇拜这些东西，是因为他已经把自己放在这些东西里面，把这些东西想象成他自己那样的东西。而发展到有神论的时候，则开始把人的本质当做神的本质来崇拜。宗教的整个本质集中表现在献祭之中，献祭的根源就是依赖感，依赖感则源自恐惧、怀疑、对后果对未来的无把握、对于所犯罪的良心上的咎责，而献祭的目的、结果则是自我感，即自信、满意、对后果的有把握、自由和幸福。

---

① 费尔巴哈：《基督教的本质》，北京：商务印书馆1984年版，第67页。
② 费尔巴哈：《宗教的本质》，《费尔巴哈哲学著作选》（下卷），北京：三联书店1984年版，第436页。

"去献祭时,是自然的奴仆,但是献祭归来时,却是自然的主人。"①神的实质在于独立于人的意志和认识的东西,这是宗教的原始的、未来的、特具的本质。

> 宗教的前提,是意志与能力之间、愿望与获得之间、目的与结果之间、想象与实际之间、思想与存在之间的对立或矛盾。在意志、愿望、想象中,人是一个不受限制的、自由的、无所不能的东西——神;但是在能力、获得和实际中,则是一个有条件的、有所依赖的、有限制的东西——人,是一个在有限制的、与神相反的实体这种意义之下的人。"谋事在人,成事在天。""人谋划,而宙斯以另一个方式来完成。"思想、愿望是我的;但是我所想的、所欲的却不是我的,而是在我以外,不依靠我的。破除这个矛盾或对立,乃是宗教的意图和目的;使矛盾破除,使那个就我的愿望和想像说是可能的而就我的能力说却非我所能的东西变为可能、甚至变为现实的实体,正是神性的实体。②

对于宗教的对象,当人们脱离了拜物教阶段,进入诸神和一神教的时候,不再无限制地"胡乱选择、不再手足无措、不再随便崇拜的时候",③ 就明确地集中于主要是人的目的和需求的对象上。有神论者们把神说成超自然的,但实际上人自己身上就具有神的根源,神

---

① 费尔巴哈:《宗教的本质》,《费尔巴哈哲学著作选集》(下卷),北京:三联书店1984年版,第462页。
② 同上。
③ 同上书,第464页。

的统一性的根据是人的意识与精神的统一体。

> 神说世界，想世界，世界就存在；神说世界不存在，神不想、不要世界，世界就不存在，意思就是说，我可以在我的思想中、在我的表象力或想象力中使一切事物以至于世界本身随我的意思发生和消灭、产生和消失。这一个从无中创造出世界、并且可以任意再使世界化为乌有的神，无非就是人类抽象力和想象力的本质，在抽象和想象之中，我可以随便把世界表象为存在的或不存在的，可以建立它的存在，也可以取消它的存在。①

费尔巴哈还对自然神论（或译为"泛神论"）进行了剖析。他指出：

> 泛神论是神学的无神论，是神学的唯物论，是神学的否定，但是它本身是站在神学的立场上的；因此它将物质，将上帝当做上帝的属性或宾词。可是谁将物质当做上帝的一种属性，谁就是宣布物质是一种神圣的实体。一般地来说，上帝的现实化，是以实际事物具有神性，亦即具有真理性和实在性为前提的，而实际事物，亦即物质存在物的神圣化——唯物论，经验论，实在论，人文主义——神学的否定，则是近代的本质。因此，泛神论不是别的，就是提高为神性本质，提高为一种宗教原则的近代的本质。②

---

① 费尔巴哈：《宗教的本质》，《费尔巴哈哲学著作选集》（下卷），北京：三联书店1984年版，第75页。
② 费尔巴哈：《未来哲学原理》，北京：三联书店1955年版，第23页。

费尔巴哈以斯宾诺莎为例，说明自然神论的观点。斯宾诺莎提出了这样的命题：上帝是一种广袤的实体，亦即物质的实体。在他的哲学中，自然物质的观念与非物质的上帝观念相矛盾，但这也正开始了对上帝主义的否定。自然神论与经验论是相结合的，自然神论是理论神学的否定，经验论是实践神学的否定，也可以说，自然神论否定神学的原则，经验论则否定神学的结论。自然神论将上帝当做一种现实的、实在的物质实体，经验论则将上帝当做一种不现实的、渺茫的、虚幻的、消极的实体。自然神论是神学的否定，然而本身又是神学。费尔巴哈指出，黑格尔在一定程度上将自然神论理性化了，对黑格尔的批判，是对自然神论的进一步否定，这也是他所认为的近代哲学的任务，是将上帝现实化和人化，即"将神学转变为人本学，将神学溶解为人本学"[1]的必要环节。

费尔巴哈倡导人本主义，虽然并没有如他所愿创立新的哲学体系，但却展开了对唯物主义的否定，并提出了创立新哲学的意图。简单地、从形式上说费尔巴哈"退回"、"恢复"了唯物主义，既不符合费尔巴哈思想的实际，更违背了近代欧洲哲学史的逻辑。至于将费尔巴哈的人本主义说成"唯心主义的"，就更没有根据了。当然，费尔巴哈的人本主义是有重大缺陷的，特别是他对人本质、人性的抽象规定，他对"爱"的无阶级差别的推崇，都不足以构成规定社会矛盾，解决社会矛盾的哲学依据，充其量只是表达了一种美好的理想。但他毕竟为社会主义的哲学提出了一个愿景，他对唯物主义的否定也为马克思进一步创立新的哲学提供了必要前提。也正是在这个意义上，马克思1844年8月在给费尔巴哈的信中写道：

---

[1] 费尔巴哈：《未来哲学原理》，北京：三联书店1955年版，第3页。

您的两部著作《未来哲学》和《信仰的本质》尽管篇幅不大,但它们的意义,却无论如何要超过目前德国的全部著作。在这些著作中,您(我不知道是否有意地)给社会主义提供了哲学基础,而共产主义者也就立刻这样理解了您的著作。建立在人们的现实差别基础上的人与人的统一,从抽象的天上下降到现实的地上的人类概念,——如果不是社会的概念,那是什么呢?[①]

[①] 马克思:《致费尔巴哈的信》,《马克思恩格斯全集》第27卷,北京:人民出版社1972年版,第450页。

第三章

马克思创立以劳动者为主体的"完成了的人道主义"

　　唯物主义的出现及对它的修正和充实，历时近二百年，集中体现并导引了资本主义理论的形成、资本主义运动的展开、资本主义制度的建立。也正是在资本主义形成发展的过程中，与资产阶级同时出现的工人阶级逐步壮大，两个阶级之间的矛盾日益突出。与以往的劳动者奴隶、农奴和农民不同，工人的劳动方式、素质技能及其利益关系，使他们结成密切相关的阶级，并逐步形成阶级意识。阶级的利益和意识需要相应的理论，并在理论的指导下展开社会变革运动。曾经在资产阶级身上发生的社会过程，又在工人阶级身上重演，这是在更高层次上的文化和社会变革，其所针对的就是资产阶级刚刚建立的资本主义制度。为了变革资本主义制度，必须批判资本主义理论，确立新的取代资本主义的理论体系。这是一场远比资本主义取代封建主义、集权官僚主义更为艰难、广泛、深刻的思想变革。思想的变革需要思想的代表，从17世纪开始就有倾向劳动者的思想家提出了社会主义的设想，但都不系统，不足以与资本主义思想家相对抗，进入19世纪之后，圣西门、傅立叶、欧文等人更为深入地论证了社会主义，但并没有形成明确的哲学观念，费尔巴哈虽然着力哲学的探讨，但他的人本主义也只是对唯物主义的否定，远远不能成为社会主义的哲学观念。

马克思是使社会主义理论系统化的思想家，他承接费尔巴哈人本主义的逻辑前提，提出了以劳动为基本和核心的新哲学观念，并以此为指导，对资本主义及其制度进行了深入系统批判，形成了以劳动者为主体的社会主义理论体系。马克思以"完成了的人道主义"、"真正的人道主义"、"新唯物主义"等称谓自己的哲学观念。从其观点和方法，特别是在他整个理论体系中的地位和作用看，我曾用"劳动人道主义"来表示他的哲学观念和理论原则。从哲学史的逻辑及社会主义哲学观念的性质看，取代资本主义哲学观念的，应是劳动主义。马克思意识到了这一层，并从这个意义上进行哲学创新。因此，我们可以说马克思创始了劳动主义，并将之贯彻于他的全部理论体系之中。

一、"问题在于改变世界"

1845年春，马克思写了《关于费尔巴哈的提纲》，其结束的段话是：

> 哲学家们只是用不同的方式解释世界，问题在于改变世界。[1]

这既是对以往哲学的概括——解释世界，也是对他所要创立的新哲

---

[1] 马克思：《关于费尔巴哈的提纲》，《马克思恩格斯选集》第1卷，北京：人民出版社1995年版，第57页。

学的提要——改变世界。

解释世界,是从自然神论到唯物主义,再到休谟、康德、黑格尔、费尔巴哈的一个共同点。虽然角度、方法、观点有所不同,但目的却是一致的,就是如何解释世界。在解释世界问题上的分歧和争论,是近代哲学史的主要内容。哲学家们将自己视为真理代表,站在世界之外、之上来探讨世界的本原、本质,并宣示他们所发现的真理。虽然他们都在利益上代表着世俗的资产阶级,但却都用超凡脱俗的言语说着玄奥的"哲学术语",似乎只有这样才能显示其与众不同,才能解释世界。

马克思以"只是用不同的方式解释世界"来概括以前哲学家的共同点,表明他对这些哲学家的深刻了解,当他站在一个新的高度审视这些哲学家时,他已形成了对哲学,也对自己研究的新要求、新目标,这就是改变世界。马克思并不是认为单靠哲学家就可以改变世界,而是认为世界本身因其矛盾不断变化着,哲学家们应对世界变化的规律作出理论的规定,由此指导人们的实践,按世界的发展规律来改变世界。

> 全部社会生活在本质上是**实践的**。凡是把理论引向神秘主义的神秘东西,都能在人的实践中以及对这个实践的理解中得到合理的解决。[①]

实践是改变世界的方式和过程,也是人类社会生活的本质。实践的主体是人,但实践所改变的,不仅是客体,也包括主体的人。从这个意义上说,"改变世界"是主客体的统一,人在改变客体对象

[①] 马克思:《关于费尔巴哈的提纲》,《马克思恩格斯选集》第1卷,北京:人民出版社1995年版,第56页。

的过程中改变人自身，在改变自己的基础上更进一步改造客体。马克思指出，由于把哲学的性质和目的局限于解释世界。

> 从前的一切唯物主义（包括费尔巴哈的唯物主义）的主要缺点是：对对象、现实、感性，只是从**客体**的或者直观的形式去理解，而不是把它们当做**感性的人的活动**，当做**实践去**理解，不是从主体方面去理解。因此，和唯物主义相反，**能动的**方面却被唯心主义抽象地发展了，当然，唯心主义是不知道现实的、感性的活动本身的。费尔巴哈想要研究跟思想客体确实不同的感性客体：但是他没有把人的活动本身理解为**对象性的**［gegenständliche］活动。因此，他在《基督教的本质》中仅仅把理论的活动看做是真正人的活动，而对于实践则只是从它的卑污的犹太人的表现形式去理解和确定。因此，他不了解"革命的"、"实践批判的"活动的意义。①

马克思对唯物主义和唯心主义的区别是不准确的，他把一些自然神论者（如培根）和黑格尔都视为唯心主义者。而且将费尔巴哈看成唯物主义者也是欠考虑的。虽然如此，他对唯物主义缺点的批评，还是中肯而深刻的。实际上，从休谟到康德，再到黑格尔，他们对唯物主义的修正和充实，就是逐步在明确人的主体性，但他们对人主体性的界定只在意识上，在感性、知性和理性上，只是将人规定为认识的主体，而不是规定为实践的主体。他们也会涉及实践，但只将实践看成思维的表现形式，是从属于思维的。费尔巴哈明确将

---

① 马克思：《关于费尔巴哈的提纲》，《马克思恩格斯选集》第1卷，北京：人民出版社1995年版，第54页。

人规定为主体,是哲学的主体,存在的主体,但他过于注重人的存在,注重从存在对理性的界定,忽略了实践,不能明确存在的根本在于实践,也不能从实践来包容、规定认识。也正是从这个意义上,马克思认为"能动的方面却被唯心主义抽象地发展了",因为唯心主义(马克思主要是指黑格尔哲学)毕竟承认并规定了实践与认识的关系。

实践作为哲学概念,在不同的哲学家那里含义是不同的,马克思的实践概念,是承继黑格尔的实践概念,并加以批判改造的。黑格尔认为,实践只是绝对精神外化于自然界再由自然演化出人之后,在人的主观精神里体现的绝对精神主动地与体现于客观世界中的绝对精神相结合的必要中介,是主观精神及其自由意识支配人的行为,并由此认识客观对象的过程。实践必然要改变客观世界的物质形态,但实践是根据精神来改造客观对象的,是意识的外化,是从属于精神的。马克思批判并否定了黑格尔实践概念中的绝对精神,明确实践的主体是人,实践是人改造世界——包括主体和客体两个方面——的过程。人是以实践形式存在的,思维也只能在实践中体现,并在实践中调整和发展。实践的核心和基础内容,是劳动。劳动是人与对象的本质联系,也是人得以为人,并生存和发展的内在根据。

马克思认为,哲学上的许多争论,特别是认识论中的分歧之所以出现,就在于忽略了实践,忽略了改变世界这个根本。

人的思维是否具有客观的 [gegenständliche] 真理性,这不是一个理论的问题,而是一个**实践**的问题。人应该在实践中证明自己思维的真理性,即自己思维的现实性和力量,自己思维的此岸性。关于思维——离开实践的思维——的现实性或非现实性的争论,是一个纯粹**经院哲学**的问题。①

唯物主义者反复强调人的观念行为取决于环境,改变环境,加强教育是社会进步的途径。马克思认为,改变环境就是社会实践,是由主体的人所进行的社会实践,而教育者本人也是要受教育的。"环境的改变和人的活动或自我改变的一致,只能被看做是并合理地理解为革命的实践。"②

马克思认为,人的实践是社会活动,人的社会性是人的本质属性,不能将人视为孤立的个体存在,而是由众多个体内在统一的总体有机存在。改变世界,不仅是改变人类生存的自然环境,也包括改变人类的社会关系和制度。

> 德国能不能实现有原则高度的实践,即实现一个不但能把德国提高到现代各国的正式水准,而且提高到这些国家最近的将来要达到的人的高度的革命呢?
>
> 批判的武器当然不能代替武器的批判,物质力量只能用物质力量来摧毁;但是理论一经掌握群众,也会变成物质力量。理论只要说服人,就能掌握群众;而理论只要彻底,就能说服人。所谓彻底,就是抓住事物的根本。但是,人的根本就是人本身。德国理论的彻底性及其实践能力的证明就是:德国理论是从坚决积极废除宗教出发的。对宗教的批判最后归结为人是人的最高本质这样一个学说,从而也归结为这样的绝对命令:必须推翻那些使人成为受侮

---

① 马克思:《关于费尔巴哈的提纲》,《马克思恩格斯选集》第1卷,北京:人民出版社1995年版,第55页。

② 同上。

辱、被奴役、被遗弃和被蔑视的东西的一切关系。①

以革命的实践来改变世界,这是马克思哲学的目的和出发点,也是主要特点。马克思从实践的主体性出发,论证了实践的能动性和革命的必要性。改变世界的革命实践,不只是意识自身的演变,青年黑格尔派企图仅以意识形态的批判,就可以改变人的思想,进而改变社会,是不现实的。旧的社会势力不仅体现在意识上,更体现在物质上,体现在社会制度中,必须以新的物质的力来摧毁旧的物质的力。但这种摧毁又不同于自然界的纯物质的变化,它要与人的意识变革相统一,即以革命的理论来批判旧理论,来武装群众,来形成社会运动,来提高人的素质技能,来发展生产力,来改变人的社会关系。这也就是改变世界的革命实践。

以实践改变世界的是马克思哲学体系的灵魂,而他也正是从实践出发,真正认识了哲学的使命:在改变世界的前提下,认识世界的矛盾。哲学必须与一个革命的、实践的阶级相统一,即成为这个阶级的理论,或者说只有革命阶级的意识才能成为真正的哲学。马克思这里所说的哲学,不是一般意义上的,而是"我"的,是他本人立志要创立的新的哲学体系。"我"是一个主体,但"我"又是特定阶级的代表,"我"的哲学就是这个阶级意识的理论基础和原则。这个阶级就是无产阶级。无产阶级是在工业的发展中形成的,它是一个与改变世界相统一,即只有改变了世界,才会改变自己的生存环境,同时也改变了自己的存在,或者说消灭了其自身存在的社会基础的阶级。他写道,德国革命及其解放的实际可能性在哪里呢?

---

① 马克思:《〈黑格尔法哲学批判〉导言》,《马克思恩格斯选集》第1卷,北京:人民出版社1995年版,第9—10页。

就在于形成一个被戴上彻底的锁链的阶级,一个并非市民社会阶级的市民社会阶级,形成一个表明一切等级解体的等级,形成一个由于自己遭受普遍苦难而具有普遍性质的领域,这个领域不要求享有任何**特殊的权利**,因为威胁着这个领域的不是**特殊的不公正**,而是**一般的不公正**,它不能再求助于**历史的**权利,而只能求助于**人的**权利,它不是同德国国家制度的后果处于片面的对立,而是同这种制度的前提处于全面的对立,最后,在于形成一个若不从其他一切社会领域解放出来从而解放其他一切社会领域就不能解放自己的领域,总之,形成这样一个领域,它表明**人的完全丧失**,并因而只有通过**人的完全回复**才能回复自己本身。社会解体的这个结果,就是**无产阶级**这个特殊等级。[1]

无产阶级是通过工业革命才形成的,组织成无产阶级的不是自然形成的而是人工制造的贫民。无产阶级宣告迄今为止的世界制度的解体,不过是揭示自己本身的存在的秘密。无产阶级是改变世界的主体,是历史变革的积极力量。"哲学把无产阶级当做自己的物质武器,同样,无产阶级也把哲学当做自己的精神武器;思想的闪电一旦彻底击中这块素朴的人民园地,德国就会解放为人"。[2] 德国唯一实际可能的解放是以宣布"人是人的最高本质"这个理论为立足点的解放。德国不从根本上进行革命,就不可能完成革命。德国人的

---

[1] 马克思:《〈黑格尔法哲学批判〉导言》,《马克思恩格斯选集》第1卷,北京:人民出版社1995年版,第14—15页。

[2] 同上书,第15—16页。

解放就是人的解放。"这个解放的头脑是哲学,它的心脏是无产阶级。哲学不消灭无产阶级,就不能成为现实;无产阶级不把哲学变成现实,就不可能消灭自身。"① 马克思所说的哲学就是无产阶级的哲学,就是以人为最高本质和目的的哲学。这个哲学以改变世界为宗旨,以实践为特征,以劳动为核心,它本身就是对旧哲学的革命。马克思创始了这个哲学,并以他毕生的精力实践着这个哲学,由此掀起一场伟大的哲学和思想的革命,并导引了历时一个多世纪的改变世界的社会运动。恩格斯对马克思有这样一段精辟的评价:

> 马克思首先是一个革命家。他毕生的真正使命,就是以这种或那种方式参加推翻资本主义社会及其所建立的国家设施的事业,参加现代无产阶级的解放事业,正是他第一次使现代无产阶级意识到自身的地位和需要,意识到自身解放的条件。斗争是他的生命要素。很少有人像他那样满腔热情、坚韧不拔和卓有成效地进行斗争。②

作为革命家,马克思明确而坚定地把通过实践改变世界作为宗旨,这同时也是他对哲学的观念及他本人哲学思想的宗旨;作为革命家,马克思对改变世界的事业有坚定不移的信念和执着的追求,他自觉地站在无产阶级立场上,将无产阶级看成人类解放的动力和保证;作为革命家,他密切关注并积极参与改变世界的社会运动,并从历史发展规律的高度界定理论,指导社会变革;作为革命家,

---

① 马克思:《〈黑格尔法哲学批判〉导言》,《马克思恩格斯选集》第1卷,北京:人民出版社1995年版,第16页。
② 恩格斯:《在马克思墓前的讲话》,《马克思恩格斯选集》第3卷,北京:人民出版社1995年版,第777页。

他努力探讨改变世界的哲学和理论,以劳动为核心、以劳动者为主体的"完成了的人道主义"哲学观念贯彻他的全部理论体系。

二、劳动者主体与劳动的理性

马克思是劳动者的代表,他本人也是劳动者。他第一次系统地论证了劳动者的利益和阶级意识,他的哲学和全部理论体系的主体是劳动者,并从劳动者的主体性出发,探讨了劳动者从生产的主体向社会主体的转化。他是劳动者自觉的思想代表,毕生从事为劳动者谋利益、争取解放的理性劳动,由此而论证了劳动者的理性。在马克思那里,理性并不是黑格尔所说的"绝对精神",也不是玄奥难测的神秘活动,而是随劳动发展起来的人类意识的高级形式。理性的基础和主要内容都是劳动,理性规定了对自然界的认识,理性也规定了人生和社会关系,理性导引着人类社会的发展。理性活动本身,是劳动的必要前提和要素,在劳动中理性有所根据并相应提升。随着文明的进展,出现了专门的从事理论研究的思想家和科学家,他们代表特定阶级进行理性思维,并将所代表阶级的利益表达为意识形态。在人类有文字记载的几千年历史上,理性和由其构筑的意识形态几乎成了统治阶级的专利,那些能专业从事理性思维并对社会关系及其制度做权威论证的人,都是由统治阶级供养的。理性在他们手上成了为阶级统治及相应社会制度辩护的工具。这是对理性的糟蹋和嘲弄。真正的理性思维,只是在主张社会变革的思想家那里才有所表现。但历史上的变革思想家所代表的,还都是非劳动的剥削阶级,如古代中国的孔丘及其儒家以至法家,近代欧洲的启蒙思想家及唯物主义者,他们的思想在其代表的阶级取得统治地位以后,又成为统治的意识形态,理性再一次演变为阶级统治的工具。

历史上的社会变革所形成的统治阶级,虽然在变革前是被统治阶级，但都是非劳动者，即令他们在进行变革的时候，也不是将劳动者视为社会的主体，至多只是把劳动者看成可以利用的力量。近代唯物主义者所集中体现的资产阶级意识，在反对封建和专制的过程中，强调人的自然权利和自由、民主，似乎是代表所有人的，这也包括了劳动者。但其理论所主张的所有权和自由竞争的结果，还是少数人掌控物质财富及其形成的社会权力，劳动者只不过是资本生产获取利润的"要素"和"资源"。在唯物主义的理论中，世界的主体是物质，社会的主体是物质财富，至于物质财富的所有者，不过是物质财富的"人格化"，是行使物质财富权力的手段。他们所讲的理性，实则物质财富的理性，资本的理性，黑格尔对资本的理性做了充分的论证，并由此充实和证明了唯物主义。费尔巴哈主张以人为本位的哲学，他的"人本主义"强调所有人的"爱"，但并未能明确劳动者的主体性。

实践是认识的基础，也是理性的基础；劳动是实践的核心和主要内容，也是理性的根据。只有以劳动为根据并作用于劳动的理性，才是促进人素质技能提高和社会进步的导引，只有劳动者才真正需要理性，只有代表劳动者的理性思维才能构建劳动者为主体的理论。阶级统治使理性发生了异化，不仅背离劳动者主体，而且剥夺了广大劳动者进行理性思维的权利。只是在偶然的情况下，才有个别思想家从"救世"角度对劳动及劳动者做一些理性论证，如中国的墨翟和欧洲的耶稣，但他们的理性之光就像流星一样稍现即逝。

社会主义是劳动者的理性，是理性回归其主体的表现。马克思以前的社会主义者虽然同情甚至站在劳动者立场来运用其理性，但总体上说都未跳出唯物主义的总框架，还以唯物主义的理性从人类全体的角度论证社会制度的改造，并不能明确劳动者的主体性，也不能形成以劳动者为主体的理论。他们的出现，表明社会的发展和劳动者素质技能已经达到相应高度，劳动者在工业化社会大生产中逐步形成了主体意识。马克思承继早期社会主义者理性的逻辑,进一步从普遍的人集中到劳动者,集中到产业工人阶级,明确这个阶级的主体性并论证其阶级意识,正是在这个过程中,形成了劳动的理性。马克思的哲学观念就是劳动理性的集中体现。

马克思是人类有史以来第一位系统的理性劳动者,也是第一位以系统的理性论证劳动的思想家。这当然离不开他的时代,即素质技能不断提高的劳动者在市民社会和商品经济的发展中促使了生产力的提高,同时也为资产阶级主导的反封建、反集权专制的斗争提供了经济实力,而资产阶级夺取政权以后又毫不留情地将其主要精力用于压榨工人阶级。素质技能提高了的工人虽然未能得到他们的劳动所创造的财富,却从与资产阶级的对立中意识到了阶级,意识到阶级利益,由此形成了初级的阶级意识。这个阶级意识需要理性的系统化,马克思自觉地承担了这一历史使命。

马克思是有条件承担这一历史使命的理性劳动者。早在青少年时期,马克思就受社会变革的影响,决心将自己一生投入人类解放的大事业。他在中学时写的作文《青年选择职业的考虑》中说:人和依赖自然生活的动物不同,总是力图通过自由的活动来驾驭自然条件。自由首先表现在对职业的选择上,即排除虚荣心和一时的偏好,将自己的职业与全人类的幸福统一起来。

> 如果我们选择了使我们能最大限度地服务于人类的职业,那么我们就不应该屈服在它的重负之下,因为这是为一切人而作的牺牲;那时,我们所体会到的就不是无谓的、有限的、利己主义的快乐,我们的幸福将属于亿万的人。[①]

[①] 《马克思恩格斯早期著作选》,1956年俄文版,第5页。

这是一个刚具有了主体意识的思想家的宣言,它类似黑格尔《逻辑学》概念运动体系的始点——有。它包含着最为抽象的,也是最基本的内容,但却是一个丰富、具体思想体系的基本。已经意识到自己主体存在的马克思,开始了他漫长而艰难的思想历程。"目的与出发点的统一",黑格尔的这个命题在马克思的身上得到充分体现。

大学生时期的马克思积极投身于当时的资产阶级民主运动,认真地研读历史和哲学,尤其是黑格尔哲学,他参与民主运动的方式,主要是他的思想,而他所学专业又是法律。这些,就使马克思在大学毕业时,成为相当激进的民主主义者,他在黑格尔哲学上的造诣,使他从思想上走过启蒙学者的历程,并承继了理性思维方法的高超成果,为进一步发展理性思维,创造了必要条件。大学毕业后的马克思,曾和他作为主要成员的"青年黑格尔派"的同志们协作,以黑格尔的辩证理性为武器,对德国的,也是欧洲的封建意识形态,主要就是基督教进行批判,由此而促进意识的演进,达到社会变革的目的。但当他刚开始这项工作,就发现了其局限性,特别是在编辑《莱茵报》的时候,不得不接触大量的现实社会问题,使马克思发现意识形态之外的沉重社会矛盾,而解决这些社会矛盾,才是社会变革的主要内容。思想领域的变革,必须与社会变革相结合。社会变革本身就是矛盾的运动过程,因此要明确变革的主体。与此同时,作为思维主体的马克思,也在不断地强化自己的理性能力。

这种认识促使马克思与不愿改变既成观点的鲍威尔等人分手,进一步与德国和法国的社会主义者联系,这种联系使马克思在思想上从民主主义向社会主义转化。与此同时,马克思又在费尔巴哈对黑格尔的批判中,受到很大启发。恩格斯和蒲鲁东又影响了他对政治经济学的兴趣，使他认识到要揭示市民社会的秘密，不能到逻辑学中，而是到政治经济学的对象和内容中去探求。这些都发生在19世纪40年代初期，这几年是马克思的理性迅速成熟，并确立自己思想体系的原则、方法和观点的时期。在这个过程中，他所继承于黑格尔的辩证法，起了重要作用。理性，在马克思那里，已不再是世界的主体，但它仍然是人类认识世界和自身的主要形式。运用这个新理性，或者说在这个新理性的促动下，马克思展开了他对劳动的理性规定和对资本的批判。这种批判，揭示了资本主义社会的主要矛盾，即资本统治与雇佣劳动间的矛盾；确立了劳动者的真理，即社会主义。依据这个"理"，马克思具体地分析了资本主义社会发生、发展和灭亡的必然性，提出了社会主义取代资本主义的历史大趋势，论证了劳动者的发展和人性升华，即人类社会"史前时期"的结束和劳动理性占主导地位的必然性。

马克思理性的劳动是概括和论证劳动理性的主观条件，劳动者在生产中的主体性及其要求成为社会主体的利益和意识，劳动者素质技能的提高与社会生产力的发展，是马克思理性劳动的根据。

在马克思的理性所构建的体系中，劳动实际上已是一个基本的、核心的概念。对他的哲学观念，虽然他自己用"新唯物主义"、"真正的人道主义"、"完成了的人道主义"来称谓，并突出实践的地位，但他规定实践概念的核心还是劳动。不过，由于马克思本人没有明确劳动在他的哲学观念中的地位，加之"新唯物主义"的提法又容易与"旧唯物主义"弄混，加上恩格斯的解释，即古往今来的哲学都要归入唯物主义和唯心主义"两大阵营"，并把马克思归入唯物主义阵营之中，进而以辩证法来界定"马克思主义唯物主义"的特点，即所谓"辩证唯物主义"。这种认识经考茨基、普列汉诺夫、列宁、斯大林的坚持与弘扬，就成为苏联和中国正统的对"马克思主义哲学"的称谓了。至于南斯拉夫人所提出的"实践唯物主义",虽然突出了"实践",但依旧没有跳出恩格斯"两大阵营"的界定。只是以实践作为"马克思主义唯物主义"的特征罢了。

马克思肯定并继承了唯物主义基本观点,即世界是物质的、物质是自然的,并把这作为自己哲学观念的前提。他说的"新唯物主义"是指与"旧唯物主义"的这种联系。但他更要强调自己哲学观念与唯物主义的本质区别。这种区别的根据就在于时代,在于所代表的主体。"旧唯物主义的立脚点是市民社会,新唯物主义的立脚点则是人类社会或社会的人类。"[1] 市民社会是在封建社会中形成并否定封建社会的,其主导者是资产阶级。"人类社会或社会的人类"在马克思那里就是指否定市民社会后的社会形态,即共产主义社会,其主体和主导者就是劳动者,而在否定市民社会过程中,主导者和主体就是产业工人阶级——无产阶级。

无产阶级是没有任何资产的阶级,他们唯一所有的,就是自己的劳动力,但劳动力只有与生产资料相结合才能形成劳动,而生产资料的所有权掌控在资本所有者手中,这样就导致劳动力与生产资料的分离。劳动者本来应是劳动生产的主体,也是主动者,但由于不掌控生产资料所有权,反而成为被动者,只有拥有资本所有权的资本家购买其劳动力,并组织、指挥他们生产时,劳动力才进入劳动状态。劳动者虽然是生产劳动的主体,但不是经济的主体和主导者,他们的劳动成果不是归他们所有,而是归资本所有者所有。由此形成劳动的异化状态,劳动的成果成为资本所有者继续购买劳动力的资本和获取其劳动成果的手段。以异化劳动为基础的私有财产制度,是无产阶级所面对的基本社会条件,他们的利益与这个制度

---

[1] 马克思:《关于费尔巴哈的提纲》,《马克思恩格斯选集》第1卷,北京:人民出版社1995年版,第57页。

是对立的,而无产阶级与此制度所维护的资本所有者阶级的矛盾就成为社会的主要矛盾。马克思的研究,主要的成果就是对异化劳动和私有财产所构成的资本主义制度进行理论分析,揭示其主要矛盾及其矛盾系统。

作为理性劳动者,马克思的理性集中于劳动,在唯物主义的既有前提下,他将劳动作为哲学观念的基本。承接费尔巴哈的人本主义,马克思的哲学也是从人出发,但他所说的人是以劳动为核心要素的人,是以社会关系总和为本质的人。因此,对人的考察也就集中于劳动上。对劳动的理性考察和规定,既是马克思哲学观念的基本,又贯彻于他的全部理论体系之中。从规定异化劳动概念形成异化劳动学说,到分析雇佣劳动与资本的关系,再到规定无产阶级与资产阶级的矛盾,规定社会基本矛盾和历史阶段,以致改造和完善劳动价值论,规定和论证剩余价值理论,探讨社会主义公有制和无产阶级专政,劳动都是基本概念。劳动的理性既是马克思哲学观念的核心,又是他全部理论体系的基础和前提。

三、劳动和异化劳动

作为劳动者的思想代表,马克思的哲学观念集中体现了劳动的理性,而劳动概念也就势必成为其中的核心。在规定劳动概念的过程中,马克思发现,现实资本主义经济中劳动是被扭曲、被异化的。马克思将劳动作为规定人本质和完成了的人道主义的基本概念,而异化劳动则是他规定资本主义经济和社会制度的核心概念。

劳动概念在唯物主义者那里也是一个相当重要的范畴,洛克等人在论证自然权利时,曾把劳动作为财产所有权的重要根据,他本人甚至还提出了初级的劳动价值论或"劳动财产论"。斯密、李嘉图则进一步从劳动规定价值,并由此构筑了资本主义政治经济学。黑格尔承继这一思维,将劳动纳入思辨哲学体系,既是体现绝对精神的人的主观意识的体现,又是规定财产权利的重要依据。马克思对劳动概念的规定,吸收并改造了唯物主义者和英国政治经济学家,以及黑格尔的有关规定。在马克思的观念里,劳动首先是哲学概念,进而又是政治经济学的概念。前者是抽象,后者是具体,它们内在地统一着。

马克思在开始对资本主义政治经济学的系统批判中,就发现了劳动在其理论体系中的地位,他写道:"英国国民经济学的一个合乎逻辑的大进步是,它把劳动提高为国民经济学的唯一原则。"[①] 这表明他已经抓住了资本主义政治经济学的基本。同时他也发现,正是资本主义政治经济又在违背自己的这一原则,按照经济学家的意见,劳动是人用来增大自然产品的价值的唯一东西,劳动是人的能动的财产,但根据同一个国民经济学,土地所有者和资本家——作为土地所有者和资本家不过是有特权的和闲散的神仙——处处对工人占上风,并对他发号施令。

劳动创造价值这个观点,既是资本主义政治经济学所体现的唯物主义哲学观念的具体化,是批判和否定封建、专制制度的思想武器,又是论证资本主义经济制度的依据。但也正是在这一点上,表现出其不可解脱的矛盾,它一方面强调劳动创造价值,另一方面又认为非劳动的资本和土地也应占有劳动所创造的价值,并认为资本占有利润是生产的目的,由利润转化的资本积累是再生产的主导。劳动者并不能得到他的劳动创造的全部价值及其产品,这是资本主义经济制度及为其论证的政治经济学的基本矛盾。马克思对政治经济学的研究也就是从这个基本矛盾的分析展开,异化劳动概念就是

[①] 马克思:《1844年经济学—哲学手稿》,《马克思恩格斯全集》第42卷,北京:人民出版社1979年版,第105页。

对这个基本矛盾的初步规定。

对于黑格尔的劳动概念,马克思早在进行政治经济学研究之前就已经进行批判,在他1843年写的第一部著作《黑格尔法哲学批判》中,就已涉及了劳动与私有财产的关系,进而在1844年写的经济学哲学手稿中,系统地对黑格尔的劳动概念进行了批判。

> 黑格尔的《现象学》及其最后成果——作为推动原则和创造原则的否定性的辩证法——的伟大之处首先在于,黑格尔把人的自我产生看成一个过程,把对象化看做失去对象,看做外化和这种外化的扬弃;因而,他抓住了劳动的本质,把对象性的人、现实的因而是真正的人理解为他自己的劳动的结果。人同作为类存在物的自身发生现实的、能动的关系,或者说,人使自身作为现实的类存在物即作为人的存在物实际表现出来,只有通过下述途径才是可能的:人实际上把自己的类的力量统统发挥出来(这又是只有通过人类的全部活动、只有作为历史的结果才有可能),并且把这些力量当做对象来对待,而这首先又是只有通过异化的形式才有可能。①

这是马克思对黑格尔劳动概念的肯定,同时也指出了其矛盾。黑格尔的劳动概念,主要源自英国政治经济学,但他将劳动上升到哲学层面加以论证,这对马克思是相当重要的。

> 黑格尔站在现代国民经济学家的立场上。他把劳动看

---

① 马克思:《1844年经济学—哲学手稿》,《马克思恩格斯全集》第42卷,北京:人民出版社1979年版,第163页。

做人的本质，看做人的自我确证的本质；他只看到劳动的积极的方面，而没有看到它的消极的方面。劳动是人在外化范围内或者作为外化的人的自为的生成。黑格尔唯一知道并承认的劳动是抽象的精神的劳动。因此，黑格尔把一般来说构成哲学的本质的那个东西，即知道自身的人的外化或者思考自身的、外化的科学看成劳动的本质；因此，同以往的哲学相反，他能把哲学的各个环节总括起来，并且把自己的哲学说成就是这个哲学。①

通过对黑格尔劳动概念的批判，马克思逐步形成了自己的劳动概念。他认为，劳动是使人区别于动物的本质性活动。在他与恩格斯合著的《德意志意识形态》中写道：

> 可以根据意识、宗教或随便别的什么来区别人和动物。一当人们自己开始生产他们所必需的生活资料的时候（这一步是由他们的肉体组织决定的），他们就开始把自己和动物区别开来。人们生产他们所必需的生活资料，同时也就间接地生产着他们的物质生活本身。②

生产是劳动的总体社会形式，劳动是生产的个体内容。劳动是人区别动物的本质性活动。

---

① 马克思：《1844 年经济学—哲学手稿》，《马克思恩格斯全集》第 42 卷，北京：人民出版社 1979 年版，第 163—164 页。
② 马克思恩格斯：《德意志意识形态》，《马克思恩格斯全集》第 3 卷，北京：人民出版社 1960 年版，第 24 页。

> 动物和它的生命活动是直接同一的。动物不把自己同自己的生命活动区别开来。它就是这种生命活动。人则使自己的生命活动本身变成自己的意志和意识的对象。它的生命活动是有意识的。这不是人与之直接融为一体的那种规定性。有意识的生命活动把人同动物的生命活动直接区别开来。正是由于这一点,人才是类存在物。或者说,正因为人是类存在物,他才是有意识的存在物,也就是说,他自己的生活对他是对象。仅仅由于这一点,他的活动才是自由的活动。①

劳动是因需要而进行的,是满足需要的活动。而劳动对需要的满足,是通过社会交往实现的。

> 在你享受或使用我的产品时,我直接享受到的是:既意识到我的劳动满足了人的需要,从而物化了人的本质,又创造了与另一个人的本质的需要相符合的物品。对你来说,我是你与类之间的中介人,你自己意识到和感觉到我是你自己本质的补充,是你自己不可分割的一部分,从而我认识到我自己被你的思想和你的爱所证实。在我个人的生命表现中,我直接创造了你的生命表现,因而在我个人的活动中,我直接证实和实现了我的真正的本质,即我的人的本质,我的社会的本质。②

---

① 马克思:《1844年经济学—哲学手稿》,《马克思恩格斯全集》第42卷,北京:人民出版社1979年版,第96页。
② 马克思:《詹姆斯·穆勒〈政治经济学原理〉一书摘要》,《马克思恩格斯全集》第42卷,北京:人民出版社1979年版,第37页。

劳动作为人的生命活动,对人来说不过是满足需要,即维持肉体生存的需要的手段。而生产生活本来就是"类生活",这是产生生命的生活。"一个种的全部特性、种的类特性就在于生命活动的性质,而人的类特性恰恰就是自由的自觉的活动。"①

在《资本论》中,马克思进一步对劳动作了具体规定:

> 劳动首先是人和自然之间的过程,是人以自身的活动来中介、调整和控制人和自然之间的物质变换的过程。人自身作为一种自然力与自然物质相对立。为了在对自身生活有用的形式上占有自然物质,人就使他身上的自然力——臂和腿、头和手运动起来。当他通过这种运动作用于他身外的自然并改变自然时,也就同时改变他自身的自然。他使自身的自然中蕴藏着的潜力发挥出来,并且使这种力的活动受他自己控制。②

与动物界如蜘蛛和蜜蜂的活动相比,人的劳动并不是出于本能,而是智力和意志对人行为的支配,是有目的、有计划地运用自己身体的自然力和各种条件的活动。

> 蜘蛛的活动与织工的活动相似,蜜蜂建筑蜂房的本领使人间的许多建筑师感到惭愧。但是,最蹩脚的建筑师从一开始就比最灵巧的蜜蜂高明的地方,是他在用蜂蜡建筑

---

① 马克思:《1844年经济学—哲学手稿》,《马克思恩格斯全集》第42卷,北京:人民出版社1979年版,第96页。
② 马克思:《资本论》第1卷,北京:人民出版社2004年版,第207—208页。

蜂房以前，已经在自己的头脑中把它建成了。劳动过程结束时得到的结果，在这个过程开始时就已经在劳动者的表象中存在着，即已经观念地存在着。他不仅使自然物发生形式变化，同时他还在自然物中实现自己的目的，这个目的是他所知道的，是作为规律决定着他的活动的方式和方法的，他必须使他的意志服从这个目的。但是这种服从不是孤立的行为。除了从事劳动的那些器官紧张之外，在整个劳动时间内还需要有作为注意力表现出来的有目的的意志，而且，劳动的内容及其方式和方法越是不能吸引劳动者，劳动者越是不能把劳动当做他自己体力和智力的活动来享受，就越需要这种意志。①

劳动是个体的，也是社会的。马克思对劳动的规定，也主要体现在对劳动的社会形式及由此产生的矛盾的分析上。我们这里概括的是他关于劳动的抽象规定，他对劳动的具体考察和规定，贯彻他的全部哲学和理论体系中。而他首先考察并规定的劳动的社会形式，就是现实的资本主义制度，在这个制度下，劳动已经异化。异化劳动也就成为马克思规定资本主义制度主要矛盾的第一个核心概念。

异化，是黑格尔哲学的一个基本范畴，也是他辩证法的重要内容，在他的体系中，异化是范畴转化的中介。黑格尔认为，异化首先是自在和自为之间、意识和自我意识之间、客体与主体之间的对立，也是抽象理性与感性现实之间的对立，但这种对立并不是绝对的，而是统一的、可以转化的。异化，也就是异己化，即从自身产生出相异的对立物，这个对立物是异化的结果，并会继续异化。在黑格尔的体系中，作为出发点的是绝对精神，绝对精神在其自身存

---

① 马克思：《资本论》，北京：人民出版社2004年版，第208页。

在（或"有"）的范围内，是矛盾的、运动的，从而从自己存在范围的终端，开始向自然转化。自然界是绝对精神的异化，它既是绝对精神的异己物，又是绝对精神的自我表现。绝对精神在自然界的矛盾中运动着，并在各范畴的转化中再异化出人类，人的主观精神是对自然界和社会的认识，同时也是绝对精神在"自我意识"阶段的回归。人类的主观精神又异化出客观精神，它以法律和市民社会、国家等形式表现，并对人的行为和思想予以制约。异化在黑格尔体系中的重要作用，深刻地影响着他的后学者，费尔巴哈就是运用异化的思想和方法，批判基督教，提出"上帝的本质是人的本质的异化"的命题。马克思承继了黑格尔的异化思想，以此来分析批判现实资本主义经济制度。与黑格尔不同的是，马克思是以人为主体，以劳动为根据来运用异化范畴的。

对于异化劳动，马克思先做了一个总括性论说：

> 劳动所生产的对象，即劳动的产品，作为一种异己的存在物，作为不依赖于生产者的力量，同劳动相对立。劳动的产品就是固定在某个对象中、物化为对象的劳动，这就是劳动的对象化。劳动的实现就是劳动的对象化。在被国民经济学作为前提的那种状态下，劳动的这种实现表现为工人的失去现实性，对象化表现为对象的丧失和被对象奴役，占有表现为异化、外化。[①]

进而，又从四个方面展开分析：

[①] 马克思：《1844年经济学—哲学手稿》，《马克思恩格斯全集》第42卷，北京：人民出版社1979年版，第91页。

一、工人同自己的劳动产品的关系就是同一个异己的对象的关系。因为根据这个前提。很明显，工人在劳动中耗费的力量越多，他亲手创造出来反对自身的、异己的对象世界的力量就越强大，他本身、他的内部世界就越贫乏，归他所有的东西就越少。①

二、异化不仅表现在结果上，而且表现在生产行为中，表现在生产活动本身中。② 劳动对工人说来是外在的东西，也就是说，不属于他的本质的东西；因此，他在自己的劳动中不是肯定自己，而是否定自己，不是感到幸福，而是感到不幸，不是自由地发挥自己的体力和智力，而是使自己的肉体受折磨、精神遭摧毁。因此，工人只有在劳动之外才感到自由，而在劳动中则感到不自在，他在不劳动时觉得舒畅，而在劳动时就觉得不舒畅。因此，他的劳动不是自愿的劳动，而是被迫的强制劳动。因而，它不是满足劳动的需要，而只是满足劳动需要以外的需要的一种手段。③

三、异化劳动，由于（1）使自然界，（2）使人本身，他自己的活动机能，他的生命活动同人相异化，也就使类同人相异化；它使人把类生活变成维持个人生活的手段。第一，它使类生活和个人生活异化；第二，把抽象形式的个人生活变成同样是抽象形式和异化形式的类生活的目的。④ 异化劳动从人那里夺去了他的生产的对象，也就从人

---

① 马克思：《1844年经济学—哲学手稿》，《马克思恩格斯全集》第42卷，北京：人民出版社1979年版，第91页。
② 同上书，第93页。
③ 同上书，第93—94页。
④ 同上书，第96页。

那里夺去了他的类生活，即他的现实的、类的对象性，把人对动物所具有的优点变成缺点，因为从人那里夺走了他的无机的身体即自然界。①

四、人同自己的劳动产品、自己的生命活动、自己的类本质相异化这一事实所造成的直接结果就是人同人相异化。当人同自身相对立的时候，他也同他人相对立。凡是适用于人同自己的劳动、自己的劳动产品和自身的关系的东西，也都适用于同他人、同他人的劳动和劳动对象的关系。②

在以上分析的基础上，马克思又进行了综合，指出，如果劳动产品对劳动者来说是异己的，那么它只能属于工人之外的非劳动者的资本家。

> 人同自身的关系只有通过他同他人的关系，才成为对他说来是对象性的、现实的关系。因此，如果人同他的劳动产品即对象化劳动的关系，就是同一个异己的、敌对的、强有力的、不依赖于他的对象的关系，那么，他同这一对象所以发生这种关系就在于有另一个异己的、敌对的、强有力的、不依赖于他的人是这一对象的主人。如果人把自身的活动看做一种不自由的活动，那么，他是把这种活动看做替他人服务的、受他人支配的、处于他人的强迫和压制之下的活动。③

通过对异化劳动概念的规定，马克思揭示了资本主义经济制度

---

① 马克思：《1844年经济学—哲学手稿》，《马克思恩格斯全集》第42卷，北京：人民出版社1979年版，第97页。
② 同上书，第97—98页。
③ 同上书，第99页。

矛盾的本质，进而改造并完善了私有财产概念。

> 总之，通过异化的、外化的劳动，工人生产出一个跟劳动格格不入的、站在劳动之外的人同这个劳动的关系。工人同劳动的关系，生产出资本家（或者不管人们给雇主起个什么别的名字）同这个劳动的关系。从而，私有财产是外化劳动即工人同自然界和自身的外在关系的产物、结果和必然后果。①

私有财产和异化劳动是相辅相成、互为制约的，这两个概念是规定资本主义制度的基本，也是批判资本主义政治经济学的依据和出发点。

> 正如我们通过分析从异化的、外化的劳动概念得出私有财产的概念一样，我们也可以借助这两个因素来阐明国民经济学的一切范畴，而且我们将发现其中每一个范畴，例如，商业、竞争、资本、货币，不过是这两个基本因素的特定的、展开了的表现而已。②

马克思指出，资本主义政治经济学虽然提出了劳动原则，并从"劳动是生产的真正灵魂这一点出发"，但是它没有给劳动提供任何东西，而是给私有财产提供了一切。因此，它"只不过表述了异化劳动的规律罢了"。③

---

① 马克思：《1844年经济学—哲学手稿》，《马克思恩格斯全集》第42卷，北京：人民出版社1979年版，第100页。
② 同上书，第101页。
③ 同上。

从异化劳动和私有财产概念出发,马克思对工资、资本、利润、利息、地租、货币、积累、竞争等概念进行了改造,从而构成了异化劳动学说。这是马克思哲学观念形成的体现和运用,也是他哲学思想的基础,在这个基础上,马克思规定了人本质和一系列范畴,并扩展到对资本主义经济、政治制度的系统批判,初步建立了以劳动为核心的社会主义体系。

四、人的本质是一切社会关系的总和

马克思哲学观念的渊源是黑格尔哲学,但他自己的基本观点又是在费尔巴哈的启示下确立的。他继续费尔巴哈的思路,将哲学的对象确定为人,并进一步探讨人的社会关系,从社会关系的总和来规定人的本质。也正是从这个意义上,他称自己的哲学观念为"完成了的人道主义",以区别费尔巴哈的人道主义。而相对当时思想界"社会主义"一词的混乱,他提出了"共产主义"这个概念标志自己的理论体系。在《1844年经济学——哲学手稿》中,对资本主义私有财产制度和异化劳动的批判之后,他系统论证了共产主义概念。

> 共产主义是私有财产即人的自我异化的积极的扬弃,因而是通过人并且为了人而对人的本质的真正占有;因此,它是人向自身、向社会的(即人的)人的复归,这种复归是完全的、自觉的而且保存了以往发展的全部财富的。这种共产主义,作为完成了的自然主义,等于人道主义,而作为完成了的人道主义,等于自然主义,它是人和自然界之间、人和人之间的矛盾的真正解决,是存在和本质、对象化和自我确证、自由和必然、个体和类之间的斗争的真正解决。它是历

史之谜的解答,而且知道自己就是这种解答。①

"完成了的人道主义"的主体是人,是对以物为本体的唯物主义的否定与发展。唯物主义是从物质的自然性来规定人的本质和人性,费尔巴哈是从意识来规定人的本质,以"爱"等空泛的理想规定人性。马克思则明确地从人的社会关系规定人的本质和人性,以及人的价值、人权平等、自由等范畴。

> 费尔巴哈把宗教的本质归结于人的本质。但是,人的本质不是单个人所固有的抽象物,在其现实性上,它是一切社会关系的总和。
> 费尔巴哈没有对这种现实的本质进行批判,因此他不得不:
> (1) 撇开历史的进程,把宗教感情固定为独立的东西,并假定有一种抽象的——孤立的——人的个体。
> (2) 因此,本质只能被理解为"类",理解为一种内在的、无声的、把许多个人自然地联系起来的普遍性。②

将宗教的本质归结为人的本质,是费尔巴哈的一大贡献,但是他对人的本质的规定,还局限于"单个人所固有的抽象物",因而是不明确、不彻底的,将"许多个人自然地联系起来的普遍性"作为人的本质,将本质只理解为"类",并没有真正规定人的本

---

① 马克思:《1844年经济学—哲学手稿》,《马克思恩格斯全集》第42卷,北京:人民出版社1979年版,第120页。
② 马克思:《关于费尔巴哈的提纲》,《马克思恩格斯选集》第1卷,北京:人民出版社1995年版,第56页。

质。马克思发现了这一点,明确地将人的本质归结于"一切社会关系的总和"。这样就抓住了人本质问题的根本。任何人都是生存于社会关系中的,抽象的个人是不存在的。人作为社会存在的动物,必然地发生各种社会关系。马克思以前的哲学家,几乎都有一个共同的认识:人的本质是先于人的社会存在、外于社会存在的。人的存在只是人的本质的表现形式,本质决定着人的存在和活动。这种观点和方法在黑格尔那里表现得最充分。他认为,人的本质在于绝对精神,人是按照绝对精神的外化经自然的演变而生成的,人的本质早在绝对理念中就已经规定,人的存在只是本质表现的现象。马克思否定了这种本质先于存在的观点和方法,强调人的本质是现实的,只能从其存在的社会关系中才能规定,是从存在的现象概括本质,不是本质决定现象和存在。人的社会存在,包含四个基本要素,首先是劳动和需要,进而是交往和意识。没有需要,人就不是生命的机体;没有劳动,人的需要就不能满足,但任何人都不是以自我劳动来满足自我需要的,人与人之间要通过交往来互相满足需要,在劳动、需要和交往中人形成意识。"通过实践创造对象世界,人证明自己是有意识的类存在物,也就是这样一种存在物,它把类看做自己的本质,或者说把自己看做类存在物。"[1] "正是在改造对象世界中,人才真正地证明自己是类存在物。这种生产是人的能动的类生活。通过这种生产,自然界才表现为他的作品和他的现实。"[2] 马克思这里所说的人"类",并不是费尔巴哈的"把许多个人自然联系起来的普遍性",而是"一切社会关系的总和"。

---

[1] 马克思:《1844年经济学—哲学手稿》,《马克思恩格斯全集》第42卷,北京:人民出版社1995年版,第96页。

[2] 同上书,第97页。

"一切社会关系的总和"是规定人本质的范围、外延,只有在这个范围内,即从人的社会存在和关系中,才能概括人的本质。以一定的方式进行生产活动的一定的个人,发生一定的社会关系和政治关系,应根据经验的观察来揭示这种关系,不应当带有任何神秘和思辨的色彩。

> 不言而喻,人们的观念和思想是关于自己和关于人们的各种关系的观念和思想,是人们关于自身的意识,关于一般人们的意识(因为这不是仅仅单个人的意识,而是同整个社会联系着的单个人的意识),关于人们生活于其中的整个社会的意识。人们在其中生产自己生活的并且不以他们为转移的条件,与这些条件相联系的必然的交往形式以及由这一切决定的个人的关系和社会的关系,当他们以思想表现出来的时候,就不能不采取观念条件和必然关系的形式,即在意识中表现为从一般人的概念中、从人的本质中、从人的本性中、从人自身中产生的规定。人们是什么,人们的关系是什么,这种情况反映在意识中就是关于人自身、关于人的生存方式或关于人的最切近的逻辑规定的观念。[1]

将人的本质归结为"一切社会关系的总和",不仅确定了人的本质的外延,也为规定人性、人的价值、人权、自由等范畴,进而为探讨并论证社会观和经济理论创造了必要前提。

马克思对人性范畴的规定,是他对人本质规定的展开。人性,

---

[1] 马克思恩格斯:《德意志意识形态》,《马克思恩格斯全集》第3卷,北京:人民出版社1960年版,第199—200页。

是对人类社会存在属性的一般规定。马克思以前的思想家在谈论人性时，都是从抽象意义上将人的某一特征作为人性加以规定，如中国古代孟轲的性恶论与荀况的性恶论，以及古希腊苏格拉底的性善论和亚里士多德的理性人性论等。西方近代思想家在人性问题上有了深入探讨，但他们依然是以人的某些特征规定抽象的人性，唯物主义者以自然性、动物性规定人性，认为趋利避害是人的共性，虽然也有性恶性善的区分，但其实质都是人性自私论。这种规定虽然反映了资产阶级的利益和意识，但认为这就是人类自古而今以后的共有属性，却明显错误。早期社会主义者反对人性自私论，但却提出理性人性论，即依循理性的公平、友爱、合作。费尔巴哈对人性的规定，也可以归入这一类。

以抽象的、空洞的议论来规定人永恒不变的、绝对的人性，似乎超越了历史阶段和阶级差异，但实际上仍然是特定历史阶段的特定阶级利益的集合。马克思对此进行了深刻批判，他针对边沁的观点，这样写道：

假如我们想知道什么东西对狗有用，我们就必须探究狗的本性。这种本性本身是不能从"效用原则"中虚构出来的。如果我们想把这一原则运用到人身上来，想根据效用原则来评价人的一切行为、运动和关系等，就首先要研究人的一般本性，然后要研究在每个时代历史地发生了变化的人的本性。但是边沁不管这些。他幼稚而乏味地把现代的市侩，特别是英国的市侩说成是标准人。凡是对这种古怪的标准人和他的世界有用的东西，本身就是有用的。他还用这种尺度来评价过去、现在和将来。[①]

[①] 马克思:《资本论》，第1卷，北京：人民出版社2004年版，第704页。

这里，马克思首次提出了人性的两个层次，即一般的人性和历史变化的人性。边沁把"现代市侩，特别是英国的市侩说成是标准人"，也就是将历史变化到现代的资产阶级人性说成一般的人性。实际上，所有马克思以前的思想家都是将自己所认同、所代表的阶级的人性说成是全体人类的人性。这种作法及其形成的人性论，在今天依然由资产阶级思想家所奉行。马克思对人性的分析，展开了他关于人本质是一切社会关系总和的观点，也澄清了在人性问题上的混乱。

马克思所说的人性，并不是超历史、超阶级的，而是根据历史阶段和特定阶级利益对具体人性的概括。马克思否定了唯物主义从自然性来规定人性的观点和思路，但他并不否认人的自然属性和自然条件对人的作用。

> 人直接地是自然存在物。人作为自然存在物，而且作为有生命的自然存在物，一方面具有自然力、生命力，是能动的自然存在物；这些力量作为天赋和才能、作为欲望存在于人身上；另一方面，人作为自然的、肉体的、感性的、对象性的存在物，和动植物一样，是受动的、受制约的和受限制的存在物，也就是说，他的欲望的对象是作为不依赖于他的对象而存在于他之外的；但这些对象是他的需要的对象；是表现和确证他的本质力量所不可缺少的、重要的对象。说人是肉体的、有自然力的、有生命的、现实的、感性的、对象性的存在物，这就等于说，人有现实的、感性的对象作为自己的本质即自己的生命表现的对象；或者说，人只有凭借现实的、感性的对象才能表现自己的

生命。①

这样简明透彻的论说,从主张人性是自然性的唯物主义者那里也是读不到的。可见马克思已经充分地认知人的自然属性,并吸纳了唯物主义者关于世界是物质的、物质是自然的基本观念。也正因此,他也就有了否认从自然性规定人性的理由。

> 但是,人不仅仅是自然存在物,而且是人的自然存在物,也就是说,是为自身而存在着的存在物,因而是类存在物。他必须既在自己的存在中也在自己的知识中确证并表现自身。因此,正像人的对象不是直接呈现出来的自然对象一样,直接地客观地存在着的人的感觉,也不是人的感性、人的对象性。自然界,无论是客观的还是主观的,都不是直接地同人的存在物相适应的。正像一切自然物必须产生一样,人也有自己的产生活动即历史,但历史是在人的意识中反映出来的,因而它作为产生活动是一种有意识地扬弃自身的产生活动。历史是人的真正的自然史。②

人性,作为人类的特殊性,是以动物的自然性为一般前提的,规定人性必须要充分考虑人的自然性和自然条件,但不能将自然性视为人性,否则就会犯将人等同其他动物的错误。人性的特殊就在于社会性。社会性不仅是人存在的特殊属性,也是人存在的条件,当人接触并作用于社会性时,他无时无刻也不能脱离经济、

---

① 马克思:《1844年经济学—哲学手稿》,《马克思恩格斯全集》第42卷,北京:人民出版社1979年版,第167—168页。
② 同上书,第169页。

政治、法律、伦理、道德、思想、风俗等各种社会因素的制约。而人的自然属性，也必然地受社会性的制约和改造，并由此形成与动物的本质区别。人的社会性又是人生存和发展的准则，只有依循这个准则，社会才承认他、容纳他，否则就会受到社会的惩处。人的社会性在阶级社会表现为阶级性，以及更为具体的集团性。阶级性集中反映了人社会存在的矛盾，其中基本矛盾是经济矛盾，即劳动所创造的财富为谁所有、为谁所消费、为谁所支配的关系，进而表现为政治和文化的矛盾。人性就是这些社会矛盾的集中体现。

人的社会性以思想性表现出来，黑格尔曾说"人是有思想的动物"，并据此规定人的本质和人性。这比唯物主义者从自然性规定人性无疑是个大进步，但他将思想性看成决定社会性的，是人社会存在的决定力量。对黑格尔的观点，马克思进行了深入批判，指出：

> 这种对人的本质力量的占有或对这一过程的理解，在黑格尔那里是这样表现的：感性、宗教、国家权力等等是精神的本质，因为只有精神才是人的真正的本质，而精神的真正形式则是能思维的精神，逻辑的、思辨的精神。自然界的人性和历史所创造的自然界——人的产品——的人性，就表现在它们是抽象精神的产物，所以，在这个限度内是精神的环节即思想本质。[①]

在对黑格尔的思想或理性人性论批判的同时，马克思认为，思

---

① 马克思：《1844年经济学—哲学手稿》，《马克思恩格斯全集》第42卷，北京：人民出版社1979年版，第162页。

想性是人性的一个因素,它是社会性的表现,是由人的社会存在决定的,在阶级社会中,人的思想性又是从属于阶级性的,其表现是:

> 统治阶级的思想在每一时代都是占统治地位的思想。这就是说,一个阶级是社会上占统治地位的物质力量,同时也是社会上占统治地位的精神力量。支配着物质生产资料的阶级,同时也支配着精神生产的资料,因此,那些没有精神生产资料的人的思想,一般地是受统治阶级支配的。占统治地位的思想不过是占统治地位的物质关系在观念上的表现,不过是表现为思想的占统治地位的物质关系;因而,这就是那些使某一个阶级成为统治阶级的各种关系的表现,因而这也就是这个阶级的统治的思想。此外,构成统治阶级的各个个人也都具有意识,因而他们也会思维;既然他们正是作为一个阶级而进行统治,并且决定着某一历史时代的整个面貌,不言而喻,他们在这个历史时代的一切领域中也会这样做,就是说,他们还作为思维着的人,作为思想的生产者而进行统治,他们调节着自己时代的思想的生产和分配;而这就意味着他们的思想是一个时代的占统治地位的思想。①

思想性作为人类的本性和特征之一,在社会生活的各个方面都起作用,也是社会关系的体现和重要内容。社会性和思想性的统一,又表现为创造性。马克思写道:

---

① 马克思恩格斯:《德意志意识形态》,《马克思恩格斯全集》第3卷,北京:人民出版社1960年版,第52页。

通过实践创造对象世界，即改造无机界，证明了人是有意识的类存在物，也就是这样一种存在物，它把类看做自己的本质，或者说把自身看做类存在物。诚然，动物也生产。它也为自己营造巢穴或住所，如蜜蜂、海狸、蚂蚁等。但是动物只生产它自己或它的幼仔所直接需要的东西；动物的生产是片面的，而人的生产是全面的；动物只是在直接的肉体需要的支配下生产，而人甚至不受肉体需要的支配也进行生产，并且只有不受这种需要的支配时才进行真正的生产；动物只生产自身，而人再生产整个自然界；动物的产品直接同它的肉体联系，而人则自由地对待自己的产品。动物只是按照它所属的那个种的尺度和需要来建造，而人却懂得按照任何一个种的尺度来进行生产，并且懂得怎样处处都把内在的尺度运用到对象上去；因此，人也按照美的规律来建造。①

　　创造性不仅体现于对人生存的自然环境的改造，还包括对人类社会关系和人自身的改造。人类的历史，就是不断创造和改造的过程，而创造性的唯一根据，在于劳动。劳动与需要相统一，劳动产生意识，劳动形成交往，由此创造了人类社会。

　　人的价值，是规定人本质、人性之后的一个必要环节。对于人的价值，马克思并没有正面的论证，但他关于劳动及其对象化的论述中，包含着对人的价值的有关思想。由于这个环节在逻辑上非常必要和重要，我们将马克思有关思想加以概括。

　　马克思认为，个体人的存在，其生命活动，形成各种内在需

---

① 马克思：《1844年经济学—哲学手稿》，《马克思恩格斯全集》第42卷，北京：人民出版社1979年版，第96—97页。

要,即欲望,这是促使他活动和思想、交往的动因。但人又不同于动物,他的需要不仅是吃、喝、性行为等,还包括由社会活动而形成的信念、荣誉等。人只有以他的活动,才能满足需要。人的价值,就表现为活动的目的性,而人的活动中能够体现人本质的就是劳动,只有通过劳动,人才能实现其创造性,体现其价值。劳动就是有目的的活动,劳动过程,是人的意志、体力和智力在物上的对象化。

> 劳动所生产的对象,即劳动的产品,作为一种异己的存在物,作为不依赖于生产者的力量,同劳动相对立。劳动的产品就是固定在某个对象中、物化为对象的劳动,这就是劳动的对象化。劳动的实现就是劳动的对象化。①

在劳动中,人的意志和意识得以体现,也正是通过劳动,人的价值对象化于产品中,从而使个人的活动有了社会性,并为社会评判其价值提供了依据。

> 正是在改造对象世界中,人才真正地证明自己是类存在物。这种生产是人的能动的类生活。通过这种生产,自然界才表现为他的作品和他的现实。因此,劳动的对象是人的类生活的对象化:人不仅像在意识中那样理智地复现自己,而且能动地、现实地复现自己,从而在他所创造的世界中直观自身。②

---

① 马克思:《1844年经济学—哲学手稿》,《马克思恩格斯全集》第42卷,北京:人民出版社1979年版,第91页。
② 同上书,第97页。

作为劳动者的思想代表,马克思有充分的理由认为,人的价值,以其劳动能力及运用为根据,并在劳动的对象化中得以体现。而对人价值的评判,正是人性和人本质的具体化。

五、人权、平等、自由、解放

人权、平等、自由,是唯物主义的重要范畴,马克思的"完成了的人道主义"也将这三个范畴作为重要内容,但他根据对劳动及人本质、人性的规定,对之进行了改造,并提出了解放这个范畴。

人权,在唯物主义者那里主要是以"自然权利"进行规定的,在一定意义上说,二者是同一个范畴。"天赋人权"的观念在卢梭那里表现得最为充分。马克思承继了卢梭及唯物主义者的人权和自然权利范畴中的进步成分,批判了他们将人权的根据说成是自然,主张人权来自于人的社会存在,而且有阶段性和阶级性之分。

马克思指出,人权实际上是近代欧洲、美国政治革命的产物,此前的欧洲,处在封建主义之下,是无所谓人权的。人权是市民社会中出现的,但"旧的市民社会"还没有人权。① 但正是在封建主义所容许的"旧的市民社会"的发展,形成了瓦解封建主义和专制统治的政治革命,从而打倒了专制权力,把国家事务提升为人民事务,把政治国家确定为普遍事务,即真实的国家,摧毁一切等级、公会、行帮和特权,也就消灭了旧市民社会的政治性质。"它把市民社会分成两个简单组成部分:一方面是个人,另一方面是构成这些

---

① 写《黑格尔法哲学批判》时,马克思已经注意到在封建主义制度和资本主义制度之间有一个"旧的市民社会",后来在《资本论》中,他又从农奴制的解体探讨了这个问题,但他始终没能将这个特殊时期(约12、13世纪至18世纪)作为历史的一个阶段。对这个问题,我们下面探讨马克思的社会观中有关历史阶段论时还要涉及。

个人生活内容和市民地位的物质要素和精神要素。"① 也正是在这种情况下,人权才作为一个社会问题、哲学范畴提了出来。封建主义社会瓦解,人成了利己主义的个人,他们是市民社会的成员,也是政治国家的基础和前提。"国家通过人权承认的正是这样的人。"② 政治解放一方面把人变成市民社会的成员,变成利己的、独立的个人,另一方面把人变成公民,变成法人。

>**政治国家的建立**和市民社会分解为独立的**个人**——这些个人的关系通过权利表现出来,正像等级行会制度的人的关系通过**特权**表现出来一样——是通过**同一个行为实现**的,但作为市民社会成员的人,即非**政治的人**,必然表现为**自然人**。Droits de l'homme〔人权〕表现为 droits naturels〔自然权〕,因为**以自我意义为前提的活动集中在政治行为上了**。利己主义的人是已经解体的社会的**消极的、现成的**结果,是**千真万确的**对象,因而也是**自然的**对象。**政治革命**把市民生活分成几个组成部分,但对这些组成部分本身并没有**实行革命**和进行批判。它把市民社会,也就是把需要、劳动、私人利益和私人权利看做**自己存在的基础**,看做不需要进一步加以阐述的当然**前提**,所以也就看做自己的**自然基础**。最后,作为市民社会成员的人是**本来的人**,这是和 citoyen〔公民〕不同的 homme〔人〕,因为他是有感觉的、有个性的、**直接存在的人**,而**政治人**只是抽象的、人为的人,**寓言的人**,法人。只有利己主义的个

---

① 马克思:《黑格尔法哲学批判》,《马克思恩格斯全集》第 1 卷,北京:人民出版社 1956 年版,第 441 页。
② 同上书,第 442 页。

人才是现实的人，只有**抽象的** citoyen〔公民〕才是**真正的人**。①

马克思认为，人权和公民权是不同的，作为"人权"主体的"人"，就是"市民社会的成员"。"不同于公民权的所谓人权无非是市民社会的成员的权利，即脱离了人的本质和共同体的利己主义的人的权利。"②

因此，人权并不是天赋的，也不是自然形成的，而是社会的、在特定历史阶段出现的。人权，不是人类相对于自然或动物而言的，也不是相对于神权而言的，虽然唯物主义者在倡导人权时，曾将神权作为对立面，但神毕竟是虚幻的，神权只是封建特权的表象。人权是市民社会的产物和规范，是人与人关系的界定。人权，不论是平等、自由、私有财产或安全，都是人与人的社会关系。人权并没有摆脱宗教，只是使人有信仰宗教的自由；人权并没有使人摆脱财产，只是使人有占有财产的自由；人权并没有使人放弃对财富的追求，只是使人有经营的自由。人权的核心权利就是财产所有权。

> 私有财产的权利是任意使用和支配的权利，是随心所欲地处理什物的权利。罗马人的主要兴趣是发展和规定那些作为私有财产的抽象关系的关系。私有财产的真正基础，即占有，是一个事实，是不可解释的事实，而不是权利。只是由于社会赋予实际占有以法律的规定，实际占有才具

---

① 马克思：《黑格尔法哲学批判》，《马克思恩格斯全集》第 1 卷，北京：人民出版社 1956 年版，第 442—443 页。

② 同上书，第 437 页。

有合法占有的性质,才具有私有财产的性质。①

正是对私有财产权的认识,开启了马克思研究政治经济学的大门,并将异化劳动作为私有财产的根据。私有财产权及全部人权,不过是资本主导的市民社会的社会关系。

> 私有财产作为外化劳动的物质的、概括的表现,包含着这两种关系:工人同劳动、自己的劳动产品和非工人的关系,以及非工人同工人和工人的劳动产品的关系。我们已经看到,对于通过劳动而占有自然界的工人说来,占有就表现为异化,自我活动表现为替他人活动和他人的活动,生命过程表现为生命的牺牲,对象的生产表现为对象的丧失,即对象转归异己力量、异己的人所有。②

似乎对所有人都是平等的私有财产权利,保护着社会的不平等;正是保证私有财产权利的法律和国家,保证了一部分人对另一部分人劳动产品的无偿占有。阶级就是由此而产生的,私有财产权正是阶级矛盾的法律表现。阶级的存在,是一定社会形态中的普遍属性,全体社会成员毫无例外地处于社会的某一阶级,他们的权利和义务,都与其阶级性相统一。人权是特定历史条件的产物,是对资本主义制度中人与人关系的界定。马克思指出:"平等地剥削劳动力,是资本的首要的人权。"③ 废除了封建世袭的特权之后,资产阶级所主张

---

① 马克思:《黑格尔法哲学批判》,《马克思恩格斯全集》第1卷,北京:人民出版社1956年版,第382页。

② 马克思:《1844年经济学—哲学手稿》,《马克思恩格斯全集》第42卷,北京:人民出版社1979年版,第102页。

③ 马克思:《资本论》,北京:人民出版社2004年版,第338页。

的人权，实质上是在规定并强化世袭的经济特权。对于无产的劳动者来说，他们所要争取的，并不是以财产所有权为核心并导致劳动异化的人权，而是取消私有财产和异化劳动后的更为高级的人权。

平等是人权的重要内容，是人权的具体化。平等观展示了人权观的矛盾，同时也展示了人权的阶级性和相对性。马克思的平等观，是以劳动为根据的，为劳动者争取自己的权利提供了思想武器。

近代个人意志论的代表尼采，曾以一个德意志狂人的思维，坚决反对平等。他认为，平等是弱者、病夫、女人的信条，是人意志颓废的表现，是"群兽的本能"。对平等的要求，只是被统治的弱者的意识，是人类进步的障碍，是高贵种族被低劣种族同化的原因。

> 社会泥沙混杂，这就是革命的结果，也就是提倡权利平等和迷信"人的平等"的结果。一切没落的本能（怨恨、不满、破坏欲、无政府主义、虚无主义等）的体现者，奴隶本能，长期蛰居低层的怯懦、懒惰和庸众本能也不例外，混入了一切等级的血液。隔两、三代之后，就难辨种族了——一切都庸众化了。[1]

尼采的观点，是已经进入资本主义制度后封建势力与已经取得统治地位的资本势力结合的集中体现。多亏他得了精神病，否则他也会像其他资本主义哲学家那样用玄奥的言词来掩饰真实意图。

马克思生在尼采之前，尼采的论说在一定程度上就是反对马克思的。从一定意义上说，尼采道出了人类有史以来的一个规律：平等观念历来是被压迫者所倡导并坚持的，是他们反对阶级统治进行社会变革的思想武器。中国自汉末张角的"太平教"到清末洪秀全

---

[1] 尼采：《权力意志》，北京：商务印书馆1998年版，第495页。

的"太平天国",两千余年农民都将平等观作为反抗专制统治的号角。而欧洲最初的基督教,也以"上帝面前人人平等"为基本观念,强调上帝造人,一切由上帝造的人都是平等的。资产阶级在反抗封建和专制的过程中,也把平等观作为口号,法国大革命时的口号"自由、平等、博爱",是其突出表现。关于平等,资本主义思想家是以"自然权利"、"自然法"为前提论证的。这方面的典型是卢梭,他写道:

> 在自然状态中,不平等几乎是不存在的。由于人类能力的发展和人类智慧的进步,不平等才获得了它的力量并成长起来;由于私有制和法律的确立,不平等终于变得根深蒂固而成为合法的了。此外我们还可以断言,仅为实在法所认可的不平等差别,每当它与生理上的不平等不相称时,便与自然法相抵触。这种不相称充分决定于我们对流行于一切文明民族之中的那种不平等应持什么看法。因为,一个孩子命令着老年人,一个傻子指导着聪明人,一小撮人拥有许多剩余的东西,而大量的饥民则缺乏生活必需品,这显然是违反自然法的〔也就是说,是违反理性的〕。[1]

卢梭对马克思平等观的形成具有重要影响,但并不像西方某些人所说马克思只是重复了卢梭的平等观。马克思是从无产阶级立场,以劳动为依据探讨并规定平等观的,这不仅是对卢梭和唯物主义者的超越,也是他哲学观念的重要范畴。据此他发现了卢梭等人平等观的内在矛盾:从个人主义、利己主义观念出发的平等观,在反封建特权时

---

[1] 卢梭:《论人类不平等的起源和基础》,北京:商务印书馆1982年版,第149页。

是有合理性的，但取消了封建特权之后他们所主张的私有财产和自由竞争，却又造成了新的不平等。个人主义所主张的原则也由此转向其反面：本来要突出人的自由发展，却严重地压抑了个性和自由。马克思指出，资本主义制度的本质，就在于它以对生产资料的资本化私有，剥夺了创造这些生产资料的劳动者占有、支配、运用它们的权利。人类的平等问题，并不是要求人在自然属性及素质方面的平等，而在如何保证劳动所创造的财富和价值归劳动者所有。

平等，是通行于商品交换中的原则，但到资本主义制度下，在资本与劳动力的交换中，却产生了变形，似乎平等的交换双方，实际是不平等的，而且形成了一种新的统治关系。

> 劳动力的买和卖是在流通领域或商品交换领域的界限以内进行的，这个领域确实是天赋人权的真正伊甸园。那里占统治地位的只是自由、平等、所有权和边沁。自由！因为商品例如劳动力的买者和卖者，只取决于自己的自由意志。他们是作为自由的、在法律上平等的人缔结契约的。契约是他们的意志借以得到共同的法律表现的最后结果。平等！因为他们彼此只是作为商品占有者发生关系，用等价物交换等价物。所有权！因为每一个人都只有支配自己的东西。边沁！因为双方都只顾自己。使他们连在一起并发生关系的唯一力量，是他们的利己心，是他们的特殊利益，是他们的私人利益。正因为人人只顾自己，谁也不管别人，所以大家都是在事物的前定和谐下，或者说，在全能的神的保佑下，完成着互惠互利、共同有益、全体有利的事业。[①]

[①] 马克思：《资本论》，第1卷，北京：人民出版社2004年版，第204—205页。

这正是资本主义哲学家和经济学家描绘的场景。然而,

> 一离开这个简单流通领域或商品交换领域,——庸俗的自由贸易论者用来判断资本和雇佣劳动的社会的那些观点、概念和标准就是从这个领域得出的,——就会看到,我们的剧中人的面貌已经起了某些变化。原来的货币占有者作为资本家,昂首前行;劳动力占有者作为他的工人,尾随于后。一个笑容满面,雄心勃勃;一个战战兢兢,畏缩不前,像在市场上出卖了自己的皮一样,只有一个前途——让人家来鞣。①

经济上的不平等,从生产扩展到分配和消费,进而体现于政治和文化上。名义上与资本家有平等人权、政治权利的工人,因法律上对参与政治活动的财产限制,没有条件从事形式上民主的政治活动。文化和教育也在实行"金钱面前人人平等"的原则,工人及其子女也就理所当然地被"平等地"排斥。马克思认为,资本主义的名义上的平等,形成了事实上的极不平等,这是违背劳动原则的,也是有悖于人性的,有碍人的价值形成和实现,是对真正的以劳动为根据的人权的侵害。正是由于这种不平等,才形成了以无产阶级为主体的社会主义运动,以争取真正人的平等。

> 为了"抵御"折磨他们的毒蛇,工人必须把他们的头聚在一起,作为一个阶级来强行争得一项国家法律,一个强有力的社会屏障,使自己不致再通过自愿与资本缔结的

---

① 马克思:《资本论》,第1卷,北京:人民出版社2004年版,第205页。

契约而把自己和后代卖出去送死和受奴役。[①]

马克思认为,人的本质活动是劳动,劳动所需要的生产资料除自然形成的就是劳动所产生的,是人类劳动长期积累的结果,也是社会历史发展的结果,只能归全人类所有。在生产资料中,既有自然形成的物质,又体现着以往的生产力、科学技术和文化,它不可能是由某些人提供的,也不应归私人所有。封建主义社会将生产资料作为贵族的专有物,并按血缘延续所有权,资本主义社会将生产资料资本化,并以遗产继承制来保证其私人所有权,从而将在生产资料所有权上的不平等制度化。这种不平等,还扩展到对土地等自然资源的所有权及社会教育、文化设施的利用各个方面。土地和自然资源是自然形成的,为人类总体所征服和利用,无论是世袭特权还是资本特权,都没有理由垄断它们。可是,人类社会的特殊阶段,却因劳动异化和私有财产制度而出现了对土地和自然资源的垄断。封建贵族和资本家以暴力或财富所有权将它们攫为己有,并据此控制和剥削劳动者。教育和文化设施,更是人类总体共同的创造物,本应属于全人类,却也为少数人独占,从而造成新的不平等。

上述不平等是社会矛盾的表现,也是障碍社会发展的因素。必须从解决社会矛盾入手,真正确立以劳动为根据的平等观,才能使人类进入新的发展阶段。马克思认为,对于任何一个个体人来说,他自身所具有的,就是他的体力和脑力,而他能提供的,就是运用其体力和脑力的劳动创造的产品。以劳动为根据获取生活资料,以劳动为基础与他人交往。至于生产资料,它既是前人劳动的产物,又是今人共同劳动的结果,每个人都应为生产资料的生产提供相应的劳动,因此它属于全体劳动者个人所有并以社会形式共同占有。

---

① 马克思:《资本论》,北京:人民出版社 2004 年版,第 349 页。

马克思从来不认为平等是要求人们相互间在能力和劳动上、在为社会服务和贡献上平均等齐。而是主张社会应在为所有人都提供相应的发挥其才能的条件方面,不论出身和其他标准,努力做到公正和平等。据此,他在《哥达纲领批判》中,提出了"按劳分配"的原则。他认为,"按劳分配"实际上就是等价交换的原则,即一种形式的一定量的劳动同另一种形式的同量劳动相交换。

> 每一个生产者,在作了各项扣除以后,从社会领回的,正好是他给予社会的,他给予社会的就是他个人的劳动量。例如,社会劳动日是由全部个人劳动小时构成的;各人生产者的个人劳动时间就是社会劳动日中他所提供的部分,就是社会劳动日中他的一份。他从社会领得一张凭证,证明他提供了多少劳动(扣除他为公共基金而进行的劳动),他根据这张凭证从社会储存中领得一份耗费同等劳动量的消费资料。他以一种形式给予社会的劳动量,又以另一种形式领回来。①

马克思指出,按劳分配是在否定资本主义社会之后,即他所说的"共产主义社会第一阶段"所必然实行的原则,其中的平等,在于以同一尺度即劳动来计量。

> 这种**平等**的权利,对不同等的劳动来说是不平等的权利。它不承认任何阶级差别,因为每个人都像其他人一样只是劳动者;但是它默认,劳动者的不同等的个人天赋,

---

① 马克思:《哥达纲领批判》,《马克思恩格斯选集》,第3卷,北京:人民出版社1995年版,第304页。

从而不同等的工作能力,是天然特权。**所以就它的内容来讲,它像一切权利一样是一种不平等的权利。**①

只有到共产主义的高级阶段,在劳动已经不仅仅是谋生的手段,并成了生活的第一需要之后,随着个人的全面发展,他们的生产力也增长起来,而集体财富的一切源泉都充分涌流之后,才能完全超出资本主义权利的限制,达到"各尽所能,按需分配!"② 从而使平等进入一个更高境界。

自由,是思想界一个永恒的命题。对自由的追求和探讨,在不同历史阶段和不同阶级的代表那里也有明显差异。马克思作为无产阶级的思想代表,在批判继承前人自由观的前提下,提出了以劳动为基础的自由观。

马克思认为,自由是相对的,而对自由的追求则是绝对的。早在1842年他写的《第六届莱茵省议会的辩论(第一篇论文)》中,就指出:

> 自由确实是人所固有的东西,连自由的反对者在反对实现自由的同时也实现着自由;他们想把曾被他们当做人类天性的装饰品而否定了的东西攫取过来,作为自己最珍贵的装饰品。没有一个人反对自由,如果有的话,最多也只是反对别人的自由。可见各种自由向来就是存在的,不过有时表现为特权,有时表现为普遍权利而已。③

---

① 马克思:《哥达纲领批判》,《马克思恩格斯选集》,第3卷,北京:人民出版社1995年版,第305页。
② 同上书,第306页。
③ 马克思:《第六届莱茵省议会的辩论(第一篇论文)》,《马克思恩格斯全集》第1卷,北京:人民出版社1956年版,第63页。

自由的相对性不仅来自个体存在的空间和时间上的局限，也来自人类总体的社会性和历史阶段性。马克思强调，明确这一层，是走出资本主义思想家在自由问题上的误区的必要环节。

自由，看似个人行为，实际上是总体性的社会问题，只有从社会总体矛盾和关系中，才能认知个人的自由。在马克思与恩格斯合著的《德意志意识形态》中，这样写道：

> 个人力量（关系）由于分工转化为物的力量这一现象，不能靠从头脑里抛开关于这一现象的一般观念的办法来消灭，而只能靠个人重新驾驭这些物的力量并消灭分工的办法来消灭。没有集体，这是不可能实现的。只有在集体中，个人才能获得全面发展其才能的手段，也就是说，只有在集体中才可能有个人自由。在过去的种种冒充的集体中，如在国家等等中，个人自由只是对那些在统治阶级范围内发展的个人来说是存在的，他们之所以有个人自由，只是因为他们是这一阶级的个人。以前各个个人所结成的那种虚构的集体，总是作为某种独立的东西而使自己与各个个人对立起来；由于这种集体是一个阶级反对另一个阶级的联合，因此对于被支配的阶级来说，它不仅是完全虚构的集体，而且是新的桎梏。在真实的集体的条件下，各个个人在自己的联合中并通过这种联合获得自由。[①]

自由是有阶级性的，在阶级社会中的自由，是从属于阶级的。这种阶级的相对性就是对自由的规定。在阶级社会中，有此阶级的自由，

[①] 马克思恩格斯：《德意志意识形态》，《马克思恩格斯全集》第3卷，北京：人民出版社1995年版，第84页。

就无彼阶级的自由。封建社会领主贵族的各种特权,保证了他们的自由,但这些特权又是对农奴和平民自由的限制。

资产阶级革命消灭了封建特权,但并没有给全体人类带来绝对的自由。资本增殖和资本家追逐利润的自由剥夺了工人占有和使用生产资料的自由。留给工人的,只是出卖自己劳动力,使自己的劳动被异化,从而也使自身异化的自由。

> 自由工业和自由贸易消除了特权的闭塞,从而也消除了各种特权的闭塞之间的斗争;相反地,它们却把从特权下解放出来的、已经不和别人联系(即使是表面上的一般结合)的人放在特权的地位上(这种特权把人们和社会整体分离开来,而同时又把他们结合在一个规模很小的、特殊的团体里面),并且引起了人反对人、个人反对个人的斗争。同样整个的市民社会只是由于个人的特性而彼此分离的个人之间的相互斗争,是摆脱了特权桎梏的自发的生命力的不可遏止的普遍运动。民主的代议制国家和市民社会的对立是公法团体和奴隶制的典型对立的完成。在现代世界中每一个人都是奴隶制度的成员,同时也是公法团体的成员。市民社会的奴隶制恰恰在表面上看来是最大的自由,因为它似乎是个人独立的完备形式;这种个人往往把像财产、工业、宗教等这些孤立的生活要素所表现的那种既不再受一般的结合也不再受人所约束的不可遏止的运动,当做自己的自由,但是,这样的运动反而成了个人的完备的奴隶制和人性的直接对立物。①

---

① 马克思恩格斯:《德意志意识形态》,《马克思恩格斯全集》第3卷,北京:人民出版社1995年版,第149页。

资产阶级的自由,是以个人功利为标志的,是以财产所有权为根据和内容的,是以自由竞争为实现形式的。这种自由本身,就是对无产阶级自由的限制与剥夺。劳动力作为商品在市场上与资本相交换时,工人似乎是自由的,但这种行为本身就是其不自由的表现,并造成他在劳动中的不自由。

> 在市场上,他作为"劳动力"这种商品的占有者与其他商品的占有者相对立,即作为商品占有者与商品占有者相对立。他把自己的劳动力卖给资本家时所缔取的契约,可以说像白纸黑字一样表明了他可以自由支配自己。在成交以后却发现:他不是"自由的当事人",他自由出卖自己劳动力的时间,是他被迫出卖劳动力的时间;实际上,他"只要还有一块肉、一根筋、一滴血可供榨取"吸血鬼就决不罢休。[1]

对于工人不自由的资本主义制度,对于资本家也是不自由的。表面看来,资本家拥有资本所有权和经营的主导权,他们似乎是自由的。但是,他们不过是"资本的人格化",执行资本增殖的职能,服从资本增殖和自由竞争的需要。自由竞争是激烈而残酷的,在竞争中,资本家们相互限制和制约,生产经营在总体上又是无政府、无计划的,在斯密所说的"看不见的手"的支配下,所有资本家都不可能自由。稍有不慎,或者因市场及政治等因素的作用,就有破产的危险。自由竞争的发展,又必然地形成其对立面——垄断。垄断

---

[1] 马克思:《资本论》,第1卷,北京:人民出版社2004年版,第349页。

是自由竞争的对立面,并将竞争的机制容纳于自身,加以改造和限制,由此将资本家和工人都纳入资本垄断之中。与之相关,资本主义的政治自由、言论自由、迁徙自由,都是对封建特权和专制制度的否定,对于人类发展来说是一大进步,但它们又都不是绝对的自由,而是从属于私有财产和资本增殖的,是以绝大多数人的不自由为条件的。

自由的相对性是历史阶段性的表现,人类社会是要不断突破其阶段性的,对自由的追求是人本质的体现,是社会发展的动因。追求自由的绝对性和自由的相对性的矛盾,是社会矛盾的集合。作为无产阶级的代表,马克思所主张的自由是以劳动为根据的自由,也是劳动者的自由,它是以人的权利的平等为前提的。这个前提的形成,就是无产阶级的革命,即劳动者联合起来为了追求自由进行的社会变革。"代替那存在着阶级和阶级对立的资产阶级旧社会的,将是这样一个联合体,在那里,每个人的自由发展是一切人的自由发展的条件。"[①] 这个联合体,就是"自由人的联合体",它是无产阶级追求自由的目标,也是人类解放的方向。

解放是与自由相统一的范畴,人类的解放,就是自由的总体社会过程。马克思认为,解放作为一个社会范畴,是人本质、人性、人的价值、人权、平等、自由等一系列范畴的集合,也是从总体上对社会矛盾的解决。与对自由的规定一样,马克思将解放看成一个不断演进的历史过程,也表现出阶段性。1843年,他在《论犹太人问题》中写道:

> 任何一种解放都是把人的世界和人的关系还给人自己。……只有当现实的个人同时也是抽象的公民,并且作

[①] 马克思恩格斯:《共产党宣言》,《马克思恩格斯选集》,第1卷,北京:人民出版社1995年版,第294页。

为个人,在自己的经验生活、自己的个人劳动、自己的个人关系中间,成为类存在物的时候,只有当人认识到自己的"原有力量"并把这种力量组织成为社会力量因而不再把社会力量当做政治力量跟自己分开的时候,只有到了那个时候,人类解放才能完成。①

这是对解放的抽象规定,但也明确了解放的一般原则。

马克思充分肯定了资本主义运动所达到的政治解放,认为它"当然是一大进步",但并没有终结人的解放,而是使人陷于又一种新的束缚,即资本统治的限制中。人类为了自由发展,还必须进行变革,争取新的解放。

马克思关于解放这个范畴的思想,主要包括以下内容:

其一,人以其劳动发展生产力,从自然状态和自然环境的限制中解脱出来,自由自觉地利用自然物。人是自然的产物,人本身也有自然属性,必然受自然的制约。人以其劳动来改造自然物,也改造自身的存在,劳动是最基本的解放,也是全部解放的根据。劳动能力的提高,使人逐步从自然的限制中解放,并为其他方面的解放提供物质基础。

其二,阶级的解放和解放阶级。这是马克思关于解放范畴规定的核心,也是他的主要创见。他在《〈黑格尔法哲学批判〉导言》中写道:

德国解放的实际可能性到底在哪里呢?答:就在于形成一个被戴彻底的锁链的阶级,一个并非市民社会阶级的

---

① 马克思:《论犹太人问题》,《马克思恩格斯全集》第1卷,北京:人民出版社1956年版,第443页。

市民社会阶级，形成一个表明一切等级解体的等级；一个由于自己受的普遍苦难而具有普遍性质的领域，这个领域不要求享有任何特殊的权利，因为威胁着这个领域的不是特殊的不公正，而是一般的不公正，它不能再求助于历史的权利，而只能求助于人的权利，它不是同德国国家制度的后果处于片面的对立，而是同这种制度的前提处于全面的对立，最后，在于形成一个若不从其他一切社会领域解放出来从而解放其他一切社会领域就不能解放自己的领域，总之，形成这样一个领域，它表明人的完全丧失，并因而只有通过人的完全回复才能回复自己。①

人的解放必须与阶级的解放相统一，由一个特定的阶级来承担解放自己同时也解放全人类的任务。也就是说，这个阶级的利益不是确立一种新的阶级统治，它在消灭阶级统治制度的同时，也消灭自己的阶级存在。只有无产阶级才能担当这一历史使命。

无产阶级宣告迄今为止世界制度的解体，只不过是揭示自己本身存在的秘密，因为它就是这个世界制度的实际解体。无产阶级要求否定私有财产，只不过是把社会已经提升为无产阶级的原则的东西，把未经无产阶级的协助就已作为社会的否定结果而体现在它身上的东西提升为社会的原则。②

---

① 马克思：《〈黑格尔法哲学批判〉导言》，《马克思恩格斯集》，第1卷，北京：人民出版社1956年版，第15页。
② 同上。

无产阶级的解放不仅是这个阶级的解放，同时也解放了、消除了阶级，人类由此进入自由发展的新境界。

其三，社会制度和社会结构的变革。阶级的解放和解放阶级，其实质就是社会制度和社会结构的变革。马克思毕生所从事的，就是对旧制度的批判和探寻变革的途径。而无产阶级革命和无产阶级专政就是制度与结构变革的必要方式。他在总结巴黎公社的经验时写道：

> 这就是公社——社会解放的政治形式，把劳动从垄断劳动者自己所创造的或是自然所赐予的劳动资料的那批人替取的权力（奴役）下解放出来的政治形式。正如国家机器与议会制只是统治阶级进行统治的有组织的总机构，只是旧秩序的政治保障、形式和表现，而不是统治阶级的真正生命，公社也不是工人阶级的社会运动，从而也不是全人类复兴的运动，而只是有组织的行动手段。公社并不取消阶级斗争，工人阶级正是通过阶级斗争致力于消灭一切阶级，从而消灭一切阶级统治（因为公社并不代表一种特殊利益；它代表着"劳动"的解放，而劳动是个人生活和社会生活的基本的、自然的条件，唯有靠替取、欺骗、权术才能被少数人从自己身上转嫁到多数人身上），但是，公社提供合理的环境，使阶级斗争能够以最合理、最人道的方式经历它的几个不同阶段。公社可能引起激烈的反动和同样激烈的革命。公社实现解放的劳动——它的伟大目标——是这样开始的：一方面取缔国家寄生虫的非生产性活动和胡作非为，从根源上杜绝把巨量国民产品浪费于供养国家这个魔怪；另一方面，公社的工作人员执行实际的行政管理职务，只领取工人的工资。由此可见，公社一开

始就不仅进行政治改造，而且还厉行节约，实行经济改革。①

其四，思想解放。马克思认为，人所受的束缚，不仅有自然的限制和社会关系上的阶级压迫，还有旧思想的制约。思想解放是人的解放的重要内容。对宗教的批判和否定，是唯物主义者和德国哲学家的一大贡献，也是思想解放的重大步骤，但这只是思想解放的一个环节，而否定宗教的同时所建立起来的资本主义思想体系，又对人的思想形成了新的束缚，无产阶级必须批判资本主义思想体系，从它的束缚中解放出来。这既包括普遍的"商品拜物教"、"货币拜物教"，还包括资本主义的哲学、政治经济学、法学、伦理学等全部思想体系。对资本主义思想的批判和确立无产阶级的思想体系是同一个过程。马克思率先进入并领导了这一过程。马克思主义就是人类解放的主义。

人的解放作为自由的总体社会形式，是一个不断发展的过程。在资本主义制度下，以无产阶级的有组织的革命斗争，唤醒阶级意识，进行以社会主义取代资本主义的解放运动。而当社会主义制度建立以后，人类的解放并没有停止，还应为着自由发展而进行不断的改革和解放。

六、"批判的革命的"辩证法

从人的社会关系总和规定人的本质，以劳动为根据来探讨人性、人的价值、人权、平等、自由、解放等范畴，构成马克思的基本哲

---

① 马克思：《法兰西内战》，《马克思恩格斯选集》，第3卷，北京：人民出版社1995年版，第97—98页。

学观念。在探讨基本哲学观念并将之展开规定社会矛盾,特别是资本主义经济社会矛盾,寻求人类解放之路的过程中,马克思形成了自己的辩证法。在《资本论》第一卷第二版的跋中,他这样概述道:

> 我的辩证方法,从根本上来说,不仅和黑格尔的辩证方法不同,而且和它截然相反。在黑格尔看来,思维过程,即甚至被他在观念这一名称下转化为独立主体的思维过程,是现实事物的创造主,而现实事物只是思维过程的外部表现。我的看法则相反,观念的东西不外是移入人的头脑并在人的头脑中改造过的物质的东西而已。
>
> 将近30年以前,当黑格尔辩证法还很流行的时候,我就批判过黑格尔辩证法的神秘方面。但是,正当我写《资本论》第一卷时,今天在德国知识界发号施令的、愤懑的、自负的、平庸的模仿者们,却已高兴地像莱辛时代大胆的莫泽斯·门德尔松对待斯宾诺莎那样对待黑格尔,即把他当做一条"死狗"了。因此,我公开承认我是这位大思想家的学生,并且在关于价值理论的一章中,有些地方我甚至卖弄起黑格尔特有的表达方式。辩证法在黑格尔手中神秘化了,但这决没有妨碍他第一个全面地有意识地叙述了辩证法的一般运动形式。在他那里,辩证法是倒立着的。必须把它倒过来,以便发现神秘外壳中的合理内核。
>
> 辩证法,在其神秘形式上,成了德国的时髦东西,因为它似乎使现存事物显得光彩。辩证法,在其合理形态上,引起资产阶级及其空论主义的代言人的恼怒和恐怖,因为辩证法在对现存事物的肯定的理解中同时包含对现存事物

的否定的理解，即对现存事物的必然灭亡的理解；辩证法对每一种既成的形式都是从不断的运动中，因而也是从它的暂时性方面去理解；辩证法不崇拜任何东西，按其本质来说，它是批判的和革命的。①

马克思的辩证法来源于黑格尔的辩证法。"我公开承认我是这位大思想家的学生，"这句话表明了马克思对黑格尔的态度。但这并不等于说马克思的辩证法就是照搬黑格尔的辩证法，也不是某些人所说的是对黑格尔辩证法的"应用"。马克思是在对黑格尔思辨哲学体系深入系统掌握的基础上，批判继承其辩证法的，并非一些人简单地认为只是依据唯物主义来去掉黑格尔辩证法中的唯心主义，从而形成唯物（英、法）辩证法（德）的拼合体。如前所述，黑格尔的哲学体系并不是与英、法两国唯物主义平行对立的体系，而是从发展角度的证明和充实。马克思在批判继承黑格尔哲学体系的过程中，实际上已经接受了从唯物主义以来哲学的全部发展成果。而费尔巴哈在这个过程中又给他以启示，从而加速了对黑格尔体系的批判，并从"完成了的人道主义"继承和改造黑格尔的辩证法。

马克思指出，"在黑格尔看来，形而上学，整个哲学，是概括在方法里面的。"② 他对黑格尔哲学体系的批判是从法哲学开始的，这种批判使马克思明确了思维的主体是人，黑格尔的错误在于将思维形成的理念看成主体，而把人当成理念的产物。这种认识是至关重要的，它不仅是对黑格尔辩证法批判和继承的基本点，也贯彻于马克思的全部辩证法中。依从这个基本点，他认为黑格尔在法哲学中

---

① 马克思：《资本论》，第1卷，北京：人民出版社2004出版，第22页。
② 马克思：《哲学的贫困》，《马克思恩格斯选集》，第1卷，北京：人民出版社1995年版，第137页。

将本来是人与人的社会关系说成是绝对精神的外化形式,从而颠倒了人与理念、市民社会与国家的关系。只有明确人的主体性,才能认知法律和国家形成的原则,并由此批判和改造它们。到写作《1844年经济学——哲学手稿》时,马克思对黑格尔的辩证法有了更深入的认识。并专用一章写"对黑格尔的辩证法和整个哲学的批判。"这里,体现着马克思对黑格尔辩证法的系统掌握,同时也进一步明确了他本人辩证法的基本点。

因为黑格尔的**《哲学全书》**以逻辑学,以**纯粹的思辨的思想**开始,而以**绝对知识**,以自我意识的、理解自身的哲学的或绝对的即超人的抽象精神结束,所以整整一部《哲学全书》不过是哲学精神的**展开的本质**,是哲学精神的自我对象化;而哲学精神不过是在它的自我异化内部通过思考理解即抽象地理解自身的、异化的世界精神。**逻辑学**是精神的**货币**,是人和自然界的思辨的**思想的价值**——人和自然界的同一切现实的规定性毫不相干的、因而是非现实的本质,——是**外化的**因而从自然界和现实的人抽象出来的思维,即**抽象**思维。——这种抽象思维的外在性就是……**自然界**,就象自然界对这种抽象思维所表现的那样。自然界对抽象思维说来是外在的,是抽象思维的自我丧失;而抽象思维也是外在地把自然界作为抽象的思想来理解,然而是作为外化的、抽象的思维来理解。——最后,**精神**,这个回到自己的诞生地的思维,这种思维在它终于发现自己和肯定自己就是**绝对**知识因而就是绝对的即抽象的精神之前,在它获得自己的自觉的、与自身相符合的存在之前,它作为人类学的、现象学的、心理学的、伦理的、艺术的、宗教的精神，总还不是自身。因为它的现实存在就是抽象。①

马克思对黑格尔辩证法的批判，与那些从实证主义或唯物主义的外在批判不同，他是从黑格尔体系的内在逻辑进行批判的。他认为，"黑格尔有两重错误。"② 其一，是以精神、抽象思维为主体，将异化作为思辨的工具。

> 这些对象从中异化出来的并且以现实性自居而与之对立的，恰恰是抽象的思维。**哲学家**——他本身是异化的人的抽象形象——把自己变成异化的世界的**尺度**。因此，全部**外化历史**和外化的整个**复归**，不过是抽象的、绝对的 [XVII] 思维的**生产史**，即逻辑的思辨的思维的**生产史**。因而，**异化**——它从而构成这种外化的以及这种外化之扬弃的真正意义——是**自在**和**自为**之间、**意识**和**自我意识**之间、**客体**和**主体**之间的对立，也就是抽象思维同感性的现实或现实的感性在思想本身范围内的对立。其他一切对立及其运动，不过是这种唯一有意义的对立的**外观**、**外壳**、**公开**形式，这些对立构成其他世俗对立的**意义**。在这里，不是人的本质**以非人的方式**同自身对立的**对象化**，而是人的本质以**不同于抽象思维的方式**并且同抽象思维**对立**的**对象化**，被当做异化的被设定的和应该扬弃的本质。③

---

① 马克思：《1844 年经济学—哲学手稿》，《马克思恩格斯全集》第 42 卷，北京：人民出版社 1979 年版，第 160—161 页。
② 同上书，第 161 页。
③ 同上。

其二,是黑格尔把人和感性现实之间的对立归结为自我意识和意识之间的对立。马克思发现,黑格尔实际上已经知道劳动在人及其社会活动中的本质性,而且意识到宗教和财富等,不过是人的本质力量异化的现实,但他依然坚持将绝对精神即人思维的抽象结果作为人的本质。

> **人的本质,人,**在黑格尔看来是和**自我意识**等同的。因此,人的本质的一切异化都**不过是自我意识的异化**。自我意识的异化没有被看做人的本质的**现实**异化的**表现**,即在知识和思维中反映出来的这种异化的表现。相反地,**现实的即真实地出现的异化**,就其潜藏在**内部最深处的**——并且只有哲学才能揭示出来的——本质说来,不过是真正的、人的本质即**自我意识**的异化的**现象**。①

对黑格尔的批判,使马克思进一步明确了认识的主体性和对象思维,以及经验、感性与理性的辩证关系。他承继费尔巴哈的思路,继续着以人为主体、理性与实证相统一的认识论发展方向。在一定意义上说,实证主义者也是在这个时期开始抛弃他们所认为不可能、不必要的从理性规定世界本原,只以知性实证感性知识的认识论革新。所不同的是实证主义者直接从休谟,至多还有对康德的消极理解,却没有看到康德对理性规定中的辩证因素,只吸收了他关于感性和知性关系的思想,对黑格尔则因没有能力理解而置之不理。费尔巴哈和马克思则通过对黑格尔的批判继承,坚持理性与实证的辩证统一,以人为主体,揭示人及其存在条件、社会关系的矛盾规律。马克思与实证主义者相同的是,都承继并改造了唯物主义对经验、现象的重视。不同

---

① 马克思:《1844年经济学—哲学手稿》,《马克思恩格斯全集》第42卷,北京:人民出版社1979年版,第165页。

的是马克思不仅没有抛弃理性,而是在注重实证的基础上,改造和发展了辩证法,使理性上升到一个新阶段。马克思的辩证法并不像康德"二论悖反"那样只存在于感性、知性之后的理性中,也不像黑格尔那样将辩证法看成绝对理念的产物,而是以人为主体,以改变世界的实践为依据和内容,探讨人的认识过程及其规律。

马克思指出:"只是从费尔巴哈才开始了实证的人道主义和自然主义的批判。"①"德国人对国民经济学的实证的批判,全靠费尔巴哈的发现给它打下真正的基础。"②这表明马克思在当时所受费尔巴哈的启发,虽然费尔巴哈对黑格尔的批判并不彻底,从而也没有形成他系统的实证的辩证法,但他否定黑格尔和唯物主义的同时所开启的新的哲学方向却为马克思所坚持,而且马克思很快(大概在写过《1844年经济学——哲学手稿》之后)就发现了费尔巴哈的局限,并从辩证法批判了这种局限,大踏步地沿着"批判的革命的"辩证法之路前进并创新哲学。

马克思的辩证法主要形成并作用于他对经济矛盾的研究中。受马克思的影响,法国的社会主义者蒲鲁东尝试用黑格尔的辩证法来研究政治经济学,并写出了《贫困的哲学》一书。蒲鲁东对私有财产和私有制的观点对马克思启发很大,两人之间曾有一段思想交往,他写作此书时不断征求马克思的意见。蒲鲁东对辩证法理解的偏颇与肤浅,导致他在政治经济学方面的错误。马克思写了《哲学的贫困》一书批判了蒲鲁东的错误,同时也阐述了他对辩证法及其在政治经济学研究中的具体化。

马克思指出,"经济范畴只不过是生产的社会关系的理论表现,

---

① 马克思:《1844年经济学—哲学手稿》,《马克思恩格斯全集》第42卷,北京:人民出版社1979年版,第46页。
② 同上。

即其抽象。"① 政治经济学研究必须充分注意范畴的抽象，努力避免由此形成的脱离实际的错误。

> 正如我们通过抽象把一切事物变成逻辑范畴一样，我们只要抽去各种各样的运动的一切特征，就可得到抽象形态的运动，纯粹形式上的运动，运动的纯粹逻辑公式。如果我们把逻辑范畴看做一切事物的实体，那么我们也就可以设想把运动的逻辑公式看做是一种**绝对方法**，它不仅说明每一个事物，而且本身就包含每个事物的运动。②

蒲鲁东像黑格尔那样，认为现实关系只是一些原理和范畴的化身，进而自作主张，以为只要保存经济范畴中好的方面，消除坏的方面，就可以解决经济矛盾。马克思认为，这种方法并不是辩证法。

> 一旦把辩证运动的过程归结为这样一个简单过程，即把好的方面和坏的方面加以对比，提出消除坏的方面的问题，并且把一个范畴用做另一个范畴的消毒剂，那么范畴就不再有自发的运动，观念就"不再**发生作用**"，不再有内在的生命。观念既不能再把自己设定为范畴，也不能再把自己分解为范畴。范畴的顺序成了**一种脚手架**。辩证法不再是绝对理性的运动了。辩证法没有了，至多还剩下最纯粹的道德。③

---

① 马克思：《哲学的贫困》，《马克思恩格斯选集》，第1卷，北京：人民出版社1995年版，第141页。
② 同上书，第139页。
③ 同上书，第145页。

辩证法的真谛在于明确认识的主体，在对现象材料充分掌握的基础上，运用理性思维探讨矛盾的关系。在这里，马克思已经意识到两个矛盾的方面共存、斗争与融合，也就是对立统一，形成新的范畴，他认为这是辩证法的实质。虽然他并未展开论证，但对他辩证法的形成，却是至关重要的。而马克思所批驳的蒲鲁东式的"一分为二，保留其一，消除其一"的做法，在今天仍有人视为辩证法，应当注意克服。

在对经济矛盾的长期深入研究中，马克思对辩证法有了更为系统的认识，并形成了以概念运动为核心的政治经济学方法论，即《资本论》的逻辑。列宁曾指出：

> 虽说马克思没有遗留下"逻辑"（大写字母的），但他遗留下《资本论》的逻辑，应当充分地利用这种逻辑来解决当前的问题。在《资本论》中，逻辑、辩证法和唯物主义的认识论［不必要三个词：它们是同一个东西］都应用于同一门科学，而唯物主义则从黑格尔那里汲取了全部有价值的东西，并且向前推进了这些有价值的东西。[①]

列宁的这种认识是贴近马克思辩证法的。虽然他沿着恩格斯对唯物主义的界定来将"马克思主义哲学"称做唯物主义是欠考虑的，但他对《资本论》逻辑的评价却是比较准确的。从《资本论》的逻辑中，我们可以对马克思的辩证法有比较系统的认识。其要点有：

一、充分占有材料。以事实为根据，是马克思从唯物主义经验

[①] 列宁：《黑格尔辩证法〈逻辑学〉的纲要》，《列宁全集》，第38卷，北京：人民出版社1956年版，第357页。

论中继承的基本原则,他也曾用"实证"来表示这个原则,但与同时期发展的实证主义又有重大区别。实证主义只是对感性材料进行初级的加工,探寻其表面的联系,据此得出局部的本质性认识,反对或不同意对总体性关系的规律性抽象。马克思则在注重占有材料的同时,强调理性的抽象,根据对材料的充分占有和系统的抽象,揭示本质和规律。"研究必须充分地占有材料,分析它的各种发展形式,探寻这些形式的内在联系。只有这项工作完成以后,现实的运动才能适当地叙述出来。这点一旦做到,材料的生命一旦在观念上反映出来,呈现在我们面前的就好像是一个先验的结构了。"[①] 注意,马克思在这里用了"材料的生命"的提法,对于科学的抽象来说,材料不是死的,而是活生生的实际事物的反映,其生命只有通过科学的抽象才能展示出来。充分的材料,是科学抽象的根据。只有材料的充分,才有抽象的科学;只有抽象的科学,才能揭示事物活的本质和规律。

二、以实证为基础的抽象。材料再充分,也是材料,是对事物的现象认知。辩证法的意义在于揭示、概括现象之中的本质联系。为此,科学的抽象就成为主要的方法。马克思指出:"分析经济形式,既不能用显微镜,也不能用化学试剂。二者都必须用抽象力来代替。"[②] 运用抽象力来对具体事物进行分析,发现其最简单的规定,即达到类似化学对元素的规定;进而在分析的基础上进行综合,达到对事物的具体认识。

> 具体之所以具体,因为它是许多规定的综合,因而是多样性的统一。因此它在思维中表现为综合的过程,表现

[①] 马克思:《资本论》,第 1 卷,北京:人民出版社 2004 年版,第 21—22 页。
[②] 同上书,第 8 页。

为结果，而不是表现为起点，虽然它是现实的起点，因而也是直观和表象的起点。①

从具体的表象出发，经过抽象分析，再进行综合，这是"思维用来掌握具体，把它当做一个精神上的具体再现出来的方式。"② 黑格尔对此做了深入探讨，但他"陷入幻觉，把实在理解为自我综合、自我深化和自我运动的思维的结果。"③ 从抽象上升到具体，只是思维的过程，是人的方法，而非对象的"具体本身的产生过程"。

> 具体总体作为思想总体、作为思想具体，事实上是思维的、理解的产物；但是，决不是处于直观和表象之外或驾于其上而思维着的、自我产生着的概念的产物，而是把直观和表象加工成概念这一过程的产物。整体，当它在头脑中作为思想整体而出现时，是思维着的头脑的产物，这个头脑用它所专有的方式掌握世界，而这种方式是不同于对于世界的艺术精神的，宗教精神的，实践精神的掌握的。实在主体仍然是在头脑之外保持着它的独立性；只要这个头脑还仅仅是思辨地、理论地活动着。因此，就是在理论方法上，主体，即社会，也必须始终作为前提浮现在表象面前。④

---

① 马克思：《〈政治经济学批判〉导言》，《马克思恩格斯选集》，第2卷，北京：人民出版社1995年版，第18页。
② 同上书，第19页。
③ 同上书，第18—19页。
④ 同上书，第19页。

三、从抽象上升到具体的过程以概念运动为主干。这是马克思批判继承黑格尔的辩证法，在政治经济学研究中对辩证法的发展。黑格尔的《逻辑学》及全部哲学体系，都是以概念运动为主体的，这是他哲学观念的体现，即通过不断的概念运动表现绝对精神的自身运动及其外化为自然界、人类社会，进而以人的主观意识认知绝对精神的过程。概念的对立统一和否定之否定、异化就构成运动的主体。马克思批判了黑格尔对概念的观点，强调概念、范畴只是思维的产物，是对实际事物在人们感觉中的现象的理解。在这个基础上，他辩证地运用抽象思维的各种形式，对现象材料进行概括，并将其成果集合于概念上，通过概念的运动，来揭示和论证经济矛盾运动的规律。马克思的思维形式，也是逻辑学上所论说了的概念、判断、推理，以及比较、分类、论证等。他的辩证法不在于有别人所不具备的思维形式，而在于对这些思维形式进行了辩证的组合。其要点在于服从揭示本质说明现象的需要，以概念为主干——不是黑格尔的"主体"，马克思认为思维的主体是人，是社会。先是对现象材料的比较，然后是分类，再是对分类所达到的结果的归纳，之后是分析，分析所得到的一般性因素又由综合定义为概念，在概念的展开中有演绎和论证。这里的特点就是把判断中的分析与综合、推理中的归纳与演绎"拆"开来使用，而不是像逻辑教科书那样归属于一个固定的思维形式，也不是在这个固定思维形式中自成系统地"对立统一"。各思维形式的组合是以概念运动为核心和主干的，也由于各思维形式的有机组合，才形成了概念的辩证运动。在马克思的政治经济学研究中，概念的运动主要有四种形式：一、对旧概念的批判；二、对新概念的规定；三、对旧概念的改造和完善；四、概念的转化。这四种形式是密切相连的，是统一的概念运动有机的环节。

对旧概念的批判。所谓旧概念，就是前人所规定的概念，它是前人研究成果的集中体现，也是后人继承和发展前人成果的关节点。马克思所批判的旧政治经济学概念，是前人对资本主义经济认识的凝结，它们以概括的形式，反映着当时人们对经济矛盾的认识，同时也反映了各个阶级、集团的经济利益和矛盾。旧的政治经济学概念及其沿革，也就是压缩了的资本主义政治经济学史及其所反映的资本主义经济运动史。批判旧概念，对于认识资产阶级政治经济学的矛盾，继续对现实的经济研究，都是必要的。马克思是以历史的发展的态度对待旧概念批判的，既要展开其各种规定，揭示其一般性因素，更要参照相应的实际材料，探讨概念与实际的关系，同时说明概念体系与实际的经济矛盾系统间的关系。在发现旧概念及其体系内在矛盾的基础上，探寻解决这些矛盾的途径。

规定新概念。这是马克思政治经济学研究成果的集中表现，也是辩证法最为核心和关键的环节。他对新概念的规定，包括两个方面，一是对作为概念体系核心的新概念的规定，即揭示资本主义经济本质的概念规定，二是从本质说明现象时所必要的各具体概念的规定。前者就是剩余价值概念及其原型异化劳动概念，后者则包括资本循环、资本周转、平均利润、生产价格等一系列具体概念。规定新概念是解决旧概念体系的突破点和建立新概念体系的基础，在为改造旧概念提供依据的同时，为建立新的概念体系构建必要的环节。马克思对资本主义经济本质的规定，在早期是异化劳动概念，后来又演化为剩余价值概念的规定，这是系统抽象法的最主要成果。剩余价值概念是从异化劳动概念演变过来的，它已经包含了异化劳动概念的所有科学成分，并克服了其缺陷。剩余价值概念的规定，是对各具体的旧概念批判和改造的结果，又是进一步改造的依据。对非核心概念的规定，是在新核心概念已经基本成熟的情况下进行的，它是从属于整个概念运动的。不论是核心概念还是非核心概念的规定，其方法上的程序，主要是比较、分类、归纳、分析和综合、定义，它的特点是针对大量的新材料，同时也针对旧概念批判中所发现的问题。新概念的规定在概念运动中不仅是核心环节，而且其程序又带有典型性，其他各环节的程序都是概念规定程序的转型。

对旧概念的改造和完善。前人所提出的政治经济学概念，是对社会经济矛盾长期研究的思想凝结，改造和完善这些概念，本身就是对前人经济思想的批判继承，这不仅是建立新体系的必需，也是人类经济思想发展的必然要求。对旧概念的改造与对旧概念的批判，是紧密相关的两个环节，但要真正从批判达到改造，又必须经过新核心概念的规定这一中介环节。对旧概念的批判，必须以完善规定的概念形式表现出来，否则这种批判就是不彻底的。而概念的完善，既是概念改造的继续，又是不断地对概念的改造过程。改造和完善旧概念，主要的意义在于为建立新的概念体系提供必要的构成要素。对旧概念的改造，并不是一次性的，而是反复进行的，除了对前人的旧概念要加以改造外，还要对马克思本人所规定的各概念进行改造和完善。在马克思的研究中，对前人旧概念的改造和完善，主要是针对价值、工资、利润、积累、地租等概念的。其中价值概念是比剩余价值概念还要抽象的概念，它是规定剩余价值概念的逻辑前导，而其他概念都是比剩余价值概念更具体的概念，对它们的改造和完善，是以剩余价值概念为依据的，是剩余价值概念的展开形式。改造和完善旧概念的方法程序，是对规定概念程序的重新组合性应用，对于每个概念来说，由于其原来规定的完善程度不同，因而改造的程序也会有所变化。在马克思的政治经济学体系中，对旧概念的改造和完善占有很大的比重，而对旧概念的改造和完善与对新概念的规定，又形成概念的转化。

概念的转化。马克思政治经济学的概念是相互转化联系和统一的，在概念运动的每一个层次上都有相应的对立统一的概念来反映经济矛盾中的对立统一关系，而且以质量互变和否定之否定的形式进行着转化。马克思从批判旧的具体概念，考察各种具体经济现象开始规定其本质，即剩余价值概念，进而从剩余价值概念出发，规定新概念，改造旧概念，展开从抽象到具体的概念转化。从抽象到具体概念转化中，着重考察新概念体系如何与具体对象相一致，考虑逻辑进程与实际经济矛盾的历史进程的统一。系统抽象的重点，是如何规定新的非核心概念和改造完善旧概念。这时，按着展开抽象核心概念的形式，来"先验"地编排各概念的关系。从抽象到具体的概念转化，之所以能够顺理成章地过渡，一方面是由于在从具体到抽象的概念转化中为此创造了充分条件；另一方面也在于从抽象到具体的概念转化过程中，又对原有的和新收集的现象材料作了进一步的归纳、分析和综合，从而达到了对各概念的完善规定，更加明确了概念运动的顺序及其相互关系。

四、逻辑与历史的统一。逻辑与历史的关系，是所有思想家都必然遇到的重要问题。黑格尔从思辨辩证法对此做了探讨，他认为，绝对精神首先体现为逻辑，逻辑决定并外化自然界和人类社会，历史是逻辑的表现形式，因而要与逻辑相统一。这是他概括自然科学和社会科学成果，将历史的规律逻辑化后得出的结论，在他关于哲学史和人类历史的研究中有其合理之处，但这种关系毕竟是颠倒的。马克思批判了黑格尔的错误，将逻辑统一于历史，而非历史统一于逻辑。历史是决定性的，逻辑作为人的思维过程，是历史的反映，并作用于历史的发展中。马克思认为，历史的主体是人，而人的本质在社会关系，历史的发展在于人的实践、劳动及围绕劳动的社会矛盾。正是人的存在及其发展，体现出历史的规律，而人的思维则是对历史的认识。逻辑与历史的统一，是在坚持从实际出发，详细占有材料基础上的科学抽象与历史规律的统一。这是他的辩证法的重要原则。

逻辑以历史为依据，逻辑要集中反映历史规律，但这并不等于说逻辑是历史的附庸，只是被动地追随历史的进程，而是能动地、高度概括地总结、发现历史的规律，并主动地导引历史的进一步发展。逻辑与历史的统一，第一，是针对历史的结果——现实的矛盾运动的，历史上几个阶段的主要内容，都以否定之否定的形式存在于现实之中，对现实的认识就包含着对历史的认识。现实的矛盾"扬弃"了以往各历史阶段，从这个角度说，历史的发展正好是一个从简单到复杂的过程。

> 资产阶级社会是最发达和最多样性的历史的生产组织。因此，那些表现它的各种关系的范畴以及对于它的结构的理解，同时也能使我们透视一切已经覆灭的社会形式的结构和生产关系。资产阶级社会借这些社会形式的残片和因素建立起来，其中一部分是还未克服的遗物，继续在这里存留着，一部分原来只是征兆的东西，发展到具有充分意义，等等。人体解剖对于猴体解剖是一把钥匙。反过来说，低等动物身上表露的高等动物的征兆，只有在高等动物本身已被认识之后才能理解。因此，资产阶级经济为古代经济等等提供了钥匙。[①]

第二，为了研究历史，必须探寻它的历史根源，研究它的发展全过程，由此认识现实中的各种矛盾及其相互关系。对资本主义经济矛盾的研究，不仅要占有充分的现实材料，还要掌握大量的历史材料，探根寻源，从初级形态的商品交换和商品生产开始，探讨其演化的全过程，才能对历史，进而对现实规律作出科学规定。而从抽象到具体、从简单到复杂的逻辑过程，恰可以再现历史的过程。

---

① 马克思：《〈政治经济学批判〉导言》，《马克思恩格斯选集》，第2卷，北京：人民出版社1995年版，第23页。

比较简单的范畴可以表现一个比较不发展的整体的处于支配地位的关系或者一个比较发展的整体的从属关系，这些关系在整体向着以一个比较具体的范畴表现出来的方面发展之前，在历史上已经存在。在这个限度内，从最简单上升到复杂这个抽象思维的进程符合现实的历史过程。①

第三，逻辑对历史的研究，不仅要探讨现实中存留的历史的因素，还要探讨历史上人们以逻辑对其现实的规定，即思想史。人类社会的历史，本身就包含着人的意识，是人根据自己的存在形成相应的认识而主动地进行的。这些认识在一定程度上会以文献的形式保存下来，虽然难免片面，但毕竟是当时人们思想的表现，其中就包含着对社会的认识史。现代人的认识，就像现实是历史的结果和继续一样，也是认识史的结晶和继续。随着人类社会的每一步发展，都有对历史过程中当时当地的研究，这些研究都在一定意义上反映了当时当地的实际情况，随着历史过程的否定，这些继续不断的对历史的认识也不断地被否定着。和历史一样，认识史的发展也是不断地从简单到复杂的运动过程，愈是往后阶段的认识，所包含的内容也就愈丰富。因而，对认识史的继承和再认识，是研究历史的重要方面。通过这种认识，把握了认识史的发展规律，同时也就从侧面认识了历史发展的规律。

认识史反映着历史，在这种意义上说，二者是统一的。但是，认识中的事物与实际存在的事物毕竟还有区别，人们永远不会穷尽对实际事物的认识，即使是最广泛、最深刻的认识，也不可能把握

---

① 马克思：《〈政治经济学批判〉导言》，《马克思恩格斯选集》，第2卷，北京：人民出版社1995年版，第20页。

事物的一切方面,相反,它只能认识与当时的社会实践关系最密切的那些方面。更为重要的是,认识有其自身的规律性。认识的历史规律虽然受历史发展规律的制约,但二者并不是绝对相同的。历史都是具体的,而针对这种具体的认识,却是抽象的,它要不断地从具体的现象和具体的概念,向抽象的概念过渡,并要以抽象的概念说明具体概念和具体现象,从而把握具体的历史过程。认识的历史也是从具体到抽象,又从抽象到具体的概念运动。对社会生活某一特定方面的认识史,如果作为一个统一的认识过程来看,那么,最初形成的概念,也就是最接近于表面现象的最具体的概念;随着认识的一步步发展,不断地从这些具体概念得出更为抽象的概念,并进一步改造和完善这些具体概念。在认识的历史上,在先出现的具体概念,往往反映着当时不太发展的现实,而在后的抽象概念则往往是更为发展了的现实的反映。因而,掌握了认识史的发展规律,也就从一定程度上把握了历史的规律。

所以,在现实的研究过程中,一方面要注重对现实的考察,运用科学抽象揭示现实本身的各种联系;另一方面也要通过对历史遗物和认识史的研究,揭示历史发展的规律。在对现实的研究与对历史的研究相统一的同时,还要将现实研究的逻辑过程与认识史的规律相统一。

马克思"批判的革命的"辩证法,既是他哲学的重要内容,又是他理论体系的灵魂,贯彻于他的哲学观念和全部理论体系之中。

七、对社会基本矛盾和历史阶段的规定

社会基本矛盾,也就是人与人基本关系的总体社会形式。每个哲学家,特别是具有时代性的哲学家,都要从自己的哲学观念对社会基本矛盾作出相应规定。孔丘从天命主义出发,用"仁"来表示

人与人的关系，用"礼"来界定这种关系，用"忠"、"孝"、"悌"、"恕"、"信"等予以具体规定。由此形成他的社会观。耶稣倡上帝主义，从上帝造人创世来界定人在生物意义上的类及其平等性，由此否定了奴隶制不将奴隶视为人的观念，但并不否认人在社会中的等级性，这一点被天主教作为论证封建等级制的依据。从历史进化的角度说，耶稣的社会观是比孔丘落后的，虽然他晚于孔丘五百多年。孔丘虽然也承认社会等级，但他及其弟子却主张依据德行、能力来确定人的等级，不应按血统来规定贵贱。耶稣和天主教却主张血统论，甚至长子继承，而这正是孔丘和儒家所要否定的。欧洲的自然神论者曾借鉴、吸收儒家的天命主义社会观，企图建立类似中国的集权官僚制，以取代封建领主制。但由于其处的是市民社会和商品经济，由其中生出的资产阶级很快就发现集权专制也是其发展的大障碍，因此很快就抛弃了自然神论，要求并选择了唯物主义。唯物主义的社会观是以人是物质的、物质是自然的为前提，因此有自然权利和社会契约，以及国家对公共事务的处理为基本内容，其所主张的财产所有权和自由竞争正是资产阶级利益的集中体现。黑格尔并没有否定这种社会观，而是从思辨的理性证明和充实了这种社会观。

马克思在批判继承黑格尔和唯物主义社会观的基础上，从对人本质、人性、价值、人权、平等、自由、解放等范畴的规定出发，根据对现实资本主义经济社会矛盾和历史的分析，逐步形成了关于社会基本矛盾和历史阶段的规定。

在1846年写的《哲学的贫困》中，马克思通过对蒲鲁东的批判，阐述了他对经济和社会的基本观点。

> 社会关系和生产力密切相连。随着新生产力的获得，人们改变自己的生产方式，随着生产方式即谋生的方式的

改变，人们也就会改变自己的一切社会关系。手推磨产生的是封建主的社会，蒸汽磨产生的是工业资本家的社会。

人们按照自己的物质生产率建立相应的社会关系，正是这些人又按照自己的社会关系创造了相应的原理、观念和范畴。

所以，这些观念、范畴也同它们所表现的关系一样，不是永恒的。它们是**历史的、暂时的产物**。

生产力的增长、社会关系的破坏、观念的形成都是不断运动的，只有运动的抽象即"**不死的死**"才是停滞不动的。①

这里，已将生产力和生产关系，以及生产方式、社会关系等作为规定社会基本矛盾的范畴，并提出了历史发展的观点。与此同时，马克思在1846年12月28日写给安年柯夫的信中，更加具体地阐述了相应的观点。

社会——不管其形式如何——是什么呢？是人们交互活动的产物。人们能否自由选择某一社会形式呢？决不能。在人们的生产力发展的一定状况下，就会有一定的交换［commerce］和消费形式。在生产、交换和消费发展的一定阶段上，就会有相应的社会制度、相应的家庭、等级或阶级组织，一句话，就会有相应的市民社会。有一定的市民社会，就会有不过是市民社会的正式表现的相应的政治国家。这就是蒲鲁东先生永远不会了解的东西，因为，当他从诉诸国家转而诉诸社会，即从诉诸社会的正式表现转而

---

① 马克思：《哲学的贫困》，《马克思恩格斯选集》，第1卷，北京：人民出版社1995年版，第141—142页。

诉诸正式社会的时候,他竟认为他是在完成一桩伟业。

这里不必再补充说,人们不能自由选择**自己的生产力**——这是他们的全部历史的基础,因为任何生产力都是一种既得的力量,是以往的活动的产物。可见,生产力是人们应用能力的结果,但是这种能力本身决定于人们所处的条件,决定于先前已经获得的生产力,决定于在他们以前已经存在、不是由他们创立而是由前一代人创立的社会形式。后来的每一代人都得到前一代人已经取得的生产力并当做原料来为自己新的生产服务,由于这一简单的事实,就形成人们的历史中的联系,就形成人类的历史,这个历史随着人们的生产力以及人们的社会关系的越益发展而越益成为人类的历史。由此就必然得出一个结论:人们的社会历史始终只是他们的个体发展的历史,而不管他们是否意识到这一点。他们的物质关系形成他们的一切关系的基础。这种物质关系不过是他们的物质的和个体的活动所借以实现的必然形式罢了。①

将生产力规定为"一种既得的力量,以往的活动的产物",是"前一代人已经取得而被他们当做原料来为新生产服务"的,以此为基础,建立人们的生产关系。并将社会规定为"人们交互作用的产物"。这是马克思规定社会基本矛盾的要点。在以后的研究中,他进一步明确了这些观点,并对历史的阶段作了相应规定。在《1857—1858年经济学手稿》中,他对"资本主义生产以前的各种形式",也即历史划分了这样几个阶段:原始所有制、亚细亚的所有制、古

---

① 马克思:《致巴·瓦·安年柯夫》,《马克思恩格斯选集》,第4卷,北京:人民出版社1995年版,第532页。

代的所有制、日耳曼的所有制,他将这些所有制统称为"公社的各种形式"。可见,他这里还只是对生产资料的所有制历史演化阶段的规定,但由于他将经济视为社会的基础,因此也就为社会历史阶段的规定做了必要准备。而"亚细亚的"、"古代的"、"日耳曼的"三个阶段,还是以地域或时代来命名的,并不是概念的规定。这也使后人理解这些阶段产生了诸多误解和争议,如关于"亚细亚生产方式"的争论。

大概在《1857—1858年经济学手稿》写作不久,马克思在为这部手稿的出版而写的《〈政治经济学批判〉序言》中,对社会基本矛盾和历史阶段做了比较明确的规定。

> 人们在自己生活的社会生产中发生一定的、必然的、不以他们的意志为转移的关系,即同他们的物质生产力的一定发展阶段相适合的生产关系。这些生产关系的总和构成社会的经济结构,即有法律的和政治的上层建筑树立其上并有一定的社会意识形式与之相适应的现实基础。物质生活的生产方式制约着整个社会生活、政治生活和精神生活的过程。不是人们的意识决定人们的存在,相反,是人们的社会存在决定人们的意识。社会的物质生产力发展到一定阶段,便同它们一直在其中运动的现存生产关系或财产关系(这只是生产关系的法律用语)发生矛盾。于是这些关系便由生产力的发展形式变成生产力的桎梏。那时社会革命的时代就到来了。随着经济基础的变更,全部庞大的上层建筑也或慢或快地发生变革。在考察这些变革时,必须时刻把下面两者区别开来:一种是生产的经济条件方面所发生的物质的、可以用自然科学的精确性指明的变革;另一种是人们借以意识到这个冲突并力求把它克服的那些

> 法律的、政治的、宗教的、艺术的或哲学的，简言之，意识形态的形式。我们判断一个人不能以他对自己的看法为根据，同样，我们判断这样一个变革时代也不能以它的意识为根据；相反，这个意识必须从物质生活的矛盾中，从社会生产力和生产关系之间的现存冲突中去解释。①

以经济生活中的生产力和生产关系的矛盾为基础，规定了经济基础与上层建筑的矛盾，以及与意识形态的关系。这里实际上包括四个层次：一、生产力，二、生产关系，三、上层建筑，四、意识形态。它们可以构成两个或三个层次的矛盾。但意识形态的界定并不是很清楚，其中法律和政治似应属于上层建筑，而"上层建筑"作为与"经济基础"相对的层次，其含义也不明确。因此，后人在引述这段话时往往将"上层建筑"和"意识形态"混用，以致在哲学教科书中把社会基本矛盾只看成是"生产力与生产关系、经济基础与上层建筑的矛盾"。虽然如此，马克思毕竟确立了社会基本矛盾的层次和范畴，而且以生产力为决定因素，对人类社会有了基本的规定。

也正是依据对社会矛盾的规定，马克思进一步探讨了历史的发展阶段，其主要依据，还是生产力与生产关系的矛盾。

> 无论哪一个社会形态，在它所能容纳的全部生产力发挥出来以前，是决不会灭亡的；而新的更高的生产关系，在它的物质存在条件在旧社会的胎胞里成熟以前，是决不会出现的。所以人类始终只提出自己能够解决的任务，因为只要仔细考察就可以发现，任务本身，只有在解决它的物质条件已

---

① 马克思：《〈政治经济学批判〉序言》，《马克思恩格斯选集》，第2卷，北京：人民出版社1995年版，第32—33页。

经存在或者至少是在生成过程中的时候,才会产生。大体说来,亚细亚的、古代的、封建的和现代资产阶级的生产方式可以看做是经济的社会形态演进的几个时代。资产阶级的生产关系是社会生产过程的最后一个对抗形式,这里所说的对抗,不是指个人的对抗,而是指从个人的社会生活条件中生长出来的对抗;但是,在资产阶级社会的胎胞里发展的生产力,同时又创造着解决这种对抗的物质条件。因此,人类社会的史前时期就以这种社会形态而告终。①

与《1857—1858年经济学手稿》相比,这里所规定的是"生产方式",不再是"所有制",而且不包括"原始"阶段,并把"日耳曼的"改为"封建的",再加上"资产阶级的生产方式"。其中"亚细亚的"、"古代的"依然不是概念规定,而是以地域或时代表示。至于"封建的"和"资产阶级的"则是概念界定,理解起来不再有争议,但对"亚细亚的"和"古代的"争论就很大,特别是"亚细亚的生产方式"成了学术界长期争论的课题。虽然这种规定是不明确的,但毕竟是对历史作了阶段性的规定,其在思想界的意义是相当巨大的。

这里需要提及的是,马克思在上述关于历史阶段的规定中,"封建的"之后即为"现代的资产阶级的",但在他关于历史的研究中,在这两者之间还有一个过渡阶段,但他始终没能予以界定。对此,比较突出的论证,一是《论犹太人问题》中关于政治解放的分析。

> 政治解放同时也是人民所排斥的那种国家制度即专制权力所依靠的旧社会的**解体**。政治革命是市民社会的革命。

---

① 马克思:《〈政治经济学批判〉序言》,《马克思恩格斯选集》,第1卷,北京:人民出版社1995年版,第33页。

> 旧社会的性质是什么呢？一句话：**封建主义**。旧的市民社会**直接地**具有**政治**性质，就是说，市民生活的要素，如财产、家庭、劳动方式，已经以领主权、等级和同业公会的形式升为国家生活的要素。它们以这种形式确定了个人和**国家整体**的关系，就是说，确定了个人的**政治**地位，即孤立的、脱离社会其他组成部分的地位。因为这种人民生活的组织并没有把财产或劳动升为社会要素，相反地，却把它们同国家整体**分离**开来，使它们成为社会中的**特殊**社会。因此，市民社会的生活机能和生活条件还是政治（虽然是封建的政治）的，就是说，这些机能和条件使个人和国家整体分离开来，把个人的同业公会和国家整体的**特殊**关系变成他和人民生活的普遍个人关系，使个人的特定市民活动和特定的市民地位具有普遍性质。由于这种组织，国家统一体也像它的意识、意志和活动，即一般国家权力一样，必然表现为和人民隔离的统治者及其仆从的**特殊**职能。①

这里说的"旧市民社会"，并不同于封建主义制度，但又不是政治解放后所建立的资本主义制度，而是二者间的一个过渡阶段。马克思所说的"旧市民社会"是指 12、13 世纪以来在欧洲建立的摆脱封建领主，但从属于国王的"特区"，它为国王提供财政来源，国王为之提供政治保护，并实行专制统治。这种专制与封建是不同的，实际上类似中国的集权官僚制的一种制度形式，不过是与封建统治同时存在的，只有到 17、18 世纪才明显消除了封建割据得以成形，但紧接着就又开始了资产阶段革命，即"政治解放"。

---

① 马克思：《论犹太人问题》，《马克思恩格斯全集》第 1 卷，北京：人民出版社 1956 年版，第 441 页。

马克思注意到了这个过渡阶段的存在,但并未以概念界定其为一个历史阶段。

二是在《资本论》第一卷第七篇第二十四章论"所谓原始积累"时,曾明确指出:

> 在英国,农奴制实际上在 14 世纪末期已经不存在了。当时,尤其是 15 世纪,绝大多数人口是自由的自耕农,尽管他们的所有权还隐藏在封建的招牌后面。在较大的封建领地上,过去本身也是农奴的管事,被自由的租地农场主排挤了。农业中的雇佣工人包括两种人,一种是利用空闲时间为这大土地所有者做工的农民;另一种是独立的、相对说来和绝对说来人数都不多的真正的雇佣工人阶级。①
>
> 在 17 世纪最后几十年,自耕农即独立农民还比租地农民阶级的人数多。他们曾经是克伦威尔的主要力量,甚至麦考莱也承认,他们同酗酒的劣绅及其奴仆,不得不替主人把他的弃妾嫁出去的乡村牧师相比,处于有利的地位。②
>
> 在斯图亚特王朝复辟时期,土地所有者通过立法实行掠夺,而这种掠夺在大陆各处都是不经过立法手续就直接完成了的。他们取消了封建的土地制度,也就是使土地摆脱了对国家的贡赋,以对农民和其他人民群众的课税来"补偿"国家,他们要求对地产的现代私有权(他们对地产只有封建权利),最后,他们强令实行定居法。③

---

① 马克思:《资本论》,第 1 卷,北京:人民出版社 2004 年版,第 823—824 页。
② 同上书,第 830 页。
③ 同上书,第 831 页。

这些都表明马克思已认识到在英国封建主义制度（农奴制）与资本主义制度之间还有一种经济制度，至于它是什么，并未作概念规定。但在他对资本主义私有制之前的经济制度的界定中，却明确地提出了"以个人自己劳动为基础的私有制"，而且认为是与农奴制（封建制）不同的。

  资本的原始积累，即资本的历史起源，究竟是指什么呢？既然它不是奴隶和农奴直接转化为雇佣工人，因而不是单纯的形式变换，那么它就只是意味着直接生产者的被剥夺，即以自己劳动为基础的私有制的解体。①

  劳动者对他的生产资料的私有权是小生产的基础，而小生产又是发展社会生产和劳动者本人的自由个性的必要条件。诚然，这种生产方式在奴隶制度、农奴制度以及其他从属关系中也是存在的。但是，只有在劳动者是自己使用的劳动条件的自由私有者，农民是自己耕种的土地的自由私有者，手工业者是自己运用自如的工具的自由私有者的地方，它才得到充分发展，才显示出它的全部力量，才获得适当的典型的形式。

  这种生产方式是以土地和其他生产资料的分散为前提的。它既排斥生产资料的积聚，也排斥协作，排斥同一生产过程内部的分工，排斥对自然的社会统治和社会调节，排斥社会生产力的自由发展。它只同生产和社会的狭隘的自然产生的界限相容。要使它永远存在下去，那就像贝魁尔公正地指出的那样，等于"下令实行普遍的中庸"。它发

---

① 马克思：《资本论》，第 1 卷，北京：人民出版社 2004 年版，第 872 页。

展到一定的程度，就产生出消灭它自身的物质手段。从这时起，社会内部感到受它束缚的力量和激情就活动起来。这种生产方式必然要被消灭，而且已经在消灭。它的消灭，个人的分散的生产资料转化为社会的积聚的生产资料，从而多数人的小财产转化为少数人的大财产，广大人民群众被剥夺土地、生活资料、劳动工具，——人民群众遭受的这种可怕的残酷的剥夺，形成资本的前史。这种剥夺包含一系列的暴力方法，其中我们只考察了那些具有划时代意义的资本原始积累的方法。对直接生产者的剥夺，是用最残酷无情的野蛮手段，在最下流、最龌龊、最卑鄙和最可恶的贪欲的驱使下完成的。靠自己劳动挣得的私有制，即以各个独立劳动者与其劳动条件相结合为基础的私有制，被资本主义私有制，即以剥削他人的但形式上是自由的劳动为基础的私有制所排挤。①

也正是依据这种分析，马克思认为，资本主义私有制并不是对封建领主制（农奴制）的否定，而"是对个人的、以自己劳动为基础的私有制的第一个否定。"② 那么，这个"以自己劳动为基础的私有制"如何作为一个历史阶段加以界定呢？马克思并没有明确论说，而后人关于"唯物主义历史观"的论证中，也不包括这个阶段，只是按《〈政治经济学批判〉序言》的论述，认为封建主义社会之后即是资本主义社会。

三是在《法兰西内战》中，论及专制国家时，马克思明确提出

---

① 马克思：《资本论》，第1卷，北京：人民出版社2004年版，第872—873。
② 同上书，第874页。

了与"封建制度"、"现代资产阶级国家"不同,而且是处于"现代资产阶级国家"与封建制度中间的"专制君主制",并提出"专制君主制时代"这个范畴。他在《法兰西内战》的初稿和二稿中都论到这个问题。

  以其无处不在的复杂的军事、官僚、宗教和司法机构像蟒蛇似地把活生生的市民社会从四面八方缠绕起来(网罗起来)的中央集权国家机器,最初是在专制君主制时代创造出来的,当时它是作为新兴的现代社会在争取摆脱封建制度束缚的斗争中的一个武器。中世纪贵族的、城市的和僧侣的领主特权都转变为一个统一的国家政权的职能;这个统一的国家政权以领薪的国家公务员代替封建显贵,把掌握在中世纪地主的门客仆从手中和市民团体手中的武器转交给一支常备军队,以实行系统分工和等级分工的国家政权的计划调节代替中世纪的互相冲突的势力所造成的错综复杂的(光怪陆离的)无政府状态。以建立民族统一(创立民族国家)为任务的第一次法国革命,必须消除一切地方的、区域的、城镇的、外省的独立性。因此,这次革命不得不继续进行专制君主制度已经开始的工作,也就是使国家政权更集中更有组织,并扩大国家政权的范围和职能,增加它的机构、提高它对现实社会的独立性、加强它对现实社会的超自然控制,这种控制实际上取代了中世纪的超自然苍天及天上圣徒的作用。由各社会集团的彼此关系产生出来的各个细小的个别的利益,同社会本身相分离并以国家利益的形式固定下来,成为独立于社会而且与社会对立的利益,这种国家利益由担任严格规定的、等级分明的职务的国务祭司们管理。①

这是"初稿"中的论述,到"二稿"时,马克思又对这段话做了一些修订。

> 像蟒蛇似地用官僚、警察、常备军、僧侣、法官把社会机体从四面八方缠绕起来的庞大的寄生政府,诞生于专制君主制时代。那时需要中央集权的国家政权来充当新兴资产阶段社会在争取摆脱封建制度束缚的斗争中的有力武器。以扫除领主的、地方的、城镇的、外省的特权这些中世纪垃圾为任务的18世纪法国革命,不能不同时从社会基地上清除那些妨碍着中央集权的国家政权充分发展的最后障碍,这种国家政权有着按照系统的和等级的分工原则建立的遍布各地的机关。这样的国家政权是在第一帝国时期产生的,而第一帝国本身则是由老朽的半封建的欧洲反对近代法国的几次同盟战争产生的。在以后的复辟时期、七月王朝、秩序党共和国时期的各种议会制度下,这个拥有令人倾心的官职、金钱和权势的国家机器的最高管理权,不仅变成了统治阶级中互相倾轧的各党各派争夺的对象,而且,随着现代社会经济发展使得工人阶级队伍更加扩大、苦难更加深重、抵抗更加有组织、求解放的趋势更加强烈,一句话,随着现代阶级斗争——劳动与资本的斗争——采取更鲜明具体的形式,国家政权的面貌和性质也发生了显著的变化。它一直是一种维护秩序、即维护现存社会秩序

---

① 马克思:《法兰西内战》,《马克思恩格斯选集》,第3卷,北京:人民出版社1995年版,第91页。

从而也就是维护占有者阶级对生产者阶级的压迫和剥削的权力。但是,只要这种秩序还被人当做不容异议、无可争辩的必然现象,国家政权就能够摆出一副不偏不倚的样子。这个政权把群众现在所处的屈从地位作为不容变更的常规,作为群众默默忍受而他们的"天然尊长"则放心加以利用的社会事实维持下去。随着社会本身进入一个新阶段,即阶级斗争阶段,它的有组织的社会力量的性质,即国家政权的性质,也不能不跟着改变(也经历一次显著的改变),并且它作为阶级专制工具的性质,作为用暴力长久保持财富占有者对财富生产者的社会奴役、资本对劳动的经济统治的政治机器的性质也越来越发展起来。①

显然,马克思从政治制度和国家机器的演变中,明确地发现了"专制君主制时代"的存在,它是反对"封建制度"的,并曾在历史上作为资产阶级反封建斗争的"有力武器"。但它又不是资产阶级的政治制度,"现代资产阶级国家体现在议会和政府这两大机构上。"② 这个"专制君主制时代"与经济上的"以自己劳动为基础的私有制"是同时出现的。从历史的逻辑中都可以认定它是一个特殊的历史阶段,但由于马克思没有再从历史观角度进行论证,因此后人依然沿用《〈政治经济学批判〉序言》中的划分,认定封建社会之后直接就是资本主义社会。

这是一个需要认真思考并必须解决的问题。

---

① 马克思:《法兰西内战》,《马克思恩格斯选集》,第3卷,北京:人民出版社1995年版,第118—119页。
② 同上书,第117页。

八、劳动价值和剩余价值

与以往所有哲学家将其社会观展开于法律、伦理的一般性议论不同，马克思的社会观则是以对经济的深入系统研究为依据，并主要展开于经济理论之中，其在政治上的展开，是以批判资本主义制度，论证阶级、革命和无产阶级专政为主线的。

如前所述，马克思对劳动和异化劳动的规定，是他形成对社会基本矛盾和历史阶段性认识的前提，而在他形成这种认识之后，则改造并完善了劳动价值论，创立了剩余价值理论。

劳动价值论是在唯物主义导引下提出的，洛克、配第、斯密、李嘉图等人都对之进行了探讨，但唯物主义的劳动价值论与其所坚持的资本私有制是相冲突的，这在李嘉图的体系中得到最突出的表现。也正因此，资本主义政治经济学不再坚持劳动价值论，而是以"要素价值论"代替之。这与19世纪中期后资产阶级思想家整体上不谈唯物主义，而是把实证主义作为其主流是一致的。李嘉图体系中劳动价值论所遭遇的困境，即劳动创造价值与资本占有利润的矛盾，以及利润平均化的矛盾，也暴露了唯物主义在基本观念和社会观上的缺陷。价值问题，表面上看似乎是给商品定价的问题，唯物主义者就是从这个层面规定价值的，其矛盾也由此而生。马克思从他的哲学观念和社会观出发，明确提出价值问题是人的社会关系问题，并以此为基本点，改造和完善了劳动价值论。

唯物主义指导下的劳动价值论，其主体是尚处初级形态的资本家，他们除作为资本所有者外，还参加管理和技术性劳动，当他们还要反对封建和专制统治的时候，会提出不彻底的劳动价值论。马克思则站在产业工人阶级的立场，因此他明确将价值的创造归结为劳动，由此克服以前劳动价值论的不彻底。

马克思异化劳动学说的提出,是以劳动价值论作为逻辑前提的。马克思对工资、资本、利润、资本积累和竞争、地租等的分析,就是以劳动创造价值作为依据的,只有这样,他才能抓住这些概念所反映的资本主义经济矛盾的本质。比如,他对资本的认识,他说:"资本,即对他人劳动产品的私有权"。"资本是对劳动及其产品的支配权。资本家拥有这种权力并不是由于他的个人的或人的特性,而只是由于他是资本的所有者。他的权力就是他的资本的那种不可抗拒的购买力。""资本就是积累的劳动。"① 这里,马克思已经相当明确地认识到,资本与劳动的关系,实际上就是资本家以自己的所有权和支配权来统治劳动者,占有劳动的产品,而资本本身也是劳动的产物。

依据劳动价值论,马克思发现了资本主义经济学及其所论证的资本主义经济的根本矛盾。

> 国民经济学家对我们说,劳动的全部产品,本来属于工人,并且按照理论也是如此。但是他同时又对我们说,实际上工人得到的是产品中最小的、没有就不行的部分,也就是说,只得到他不是作为人而是作为工人生存的必要的那一部分以及不是为繁衍人类而是为繁衍工人这个奴隶阶级所必要的那一部分。②

> 按照国民经济学家的意见,劳动是人用来增大自然产品的价值的唯一东西,劳动是人的能动的财产;而根据同一国民经济学,土地所有者和资本家——作为土地所有者和资本家不过是有特权的和闲散的神仙——处处对工人占

---

① 马克思:《1844年经济学—哲学手稿》,《马克思恩格斯全集》第42卷,北京:人民出版社1979年版,第62页。
② 同上书,第54页。

上风,并对他发号施令。①

正是从对这种矛盾的分析中,马克思规定了异化劳动概念。异化劳动概念的前提,也是劳动价值论,异化劳动是劳动的一种特殊形式,是对劳动价值论的一种否定。而在接受劳动价值论的基础上,马克思进一步提出了这样的问题:"把人类的最大部分归结为抽象劳动,这在人类发展中具有什么意义?"② 这是与他对黑格尔法哲学的批判相统一的,他由此将劳动规定为人的本质性活动,进而形成了他的完成了的人道主义基本观点。

马克思在 1846 年写的《哲学的贫困》中,又针对蒲鲁东对劳动价值论的不成熟的、歪曲性改造,进一步比较系统地探讨了劳动价值论。此时,他已注意到价值实体和价值量的规定及其意义,并在 1847 年写的《雇佣劳动与资本》一文中,以对劳动价值论的新认识,具体说明了资本与雇佣劳动的关系,改造了工资和利润这两个相互对立的范畴,使资本主义的经济和阶级矛盾得以明确论证。

马克思第二次比较系统地改造劳动价值论,是 19 世纪 50 年代。他更为系统、全面地研读了已有的经济学著作,到 1857 至 1858 年,写了题为《政治经济学批判》的手稿,当为这部手稿联系好出版社后,他为这部书的第一分册所写的内容主要就是对劳动价值论的批判和改造。在这里,马克思首先对价值的承载者——商品进行了分析,承继斯密将商品分为使用价值和交换价值的观点,说明了其二者的对立统一,以及政治经济学将研究的重点放在交换价值上的理由和必要性。由对交换价值的考察,马克思转向对决定交换价值的

---

① 马克思:《1844 年经济学—哲学手稿》,《马克思恩格斯全集》第 42 卷,北京:人民出版社 1979 年版,第 54—55 页。
② 同上书,第 56 页。

劳动的分析。在第一分册中,他第一次提出劳动二重性的观点,而这个观点的主要内容在于对抽象一般劳动的规定。

> 假定1盎司金、1吨铁、1夸特小麦、20码绸缎是等量的交换价值。作为这样的等价物,他们的使用价值的质的差别消失了,它们代表同一劳动的相等的分量。等量地物化在它们之中的劳动,本身应该是同样的、无差别的、简单的劳动,对这种劳动来说,不论它出现在金、铁、小麦或绸缎中都是没有差别的,正如对氧气来说,不论它存在于铁锈、大气、葡萄汁或人血中都没有差别一样。但是,挖金、采铁、种麦、织绸,是质上互不相同的劳动种类。事实上,那种在物体上表现为使用价值的差别的东西,在过程中就表现为创造这些使用价值的活动的差别。生产交换价值的劳动,同使用价值的特殊物质无关,因此也同劳动本身的特殊形式无关。其次,不同的使用价值是不同个人的活动的产物,也就是人性不同的劳动的结果。但是,作为交换价值,它们代表相同的、无差别的劳动,也就是没有劳动者个性的劳动。因此,生产交换价值的劳动是抽象一般的劳动。①

这里,马克思已有了关于抽象劳动和具体劳动二重性的基本认识,进而又明确了以社会平均劳动时间计量价值量,分析了劳动的社会性和个体性,对简单劳动与复杂劳动、价值形态、货币等做了简要考察。

---

① 马克思:《政治经济学批判》,《马克思恩格斯全集》第13卷,北京:人民出版社1962年版,第17页。

到《资本论》第一卷，马克思进一步明确："对资产阶级社会来说，劳动产品的商品形式，或者商品的价值形式，就是经济的细胞形式。"[①] 并对劳动二重性做了更为明确的分析：

> 一切劳动，一方面是人类劳动力在生理学意义上的耗费；就相同的或抽象的人类劳动这个属性来说，它形成商品价值。一切劳动，另一方面是人类劳动力在特殊的有一定目的的形式上的耗费；就具体的有用的劳动这个属性来说，它生产使用价值。[②]

在《资本论》中，劳动价值论已成为一个体系，包括商品、使用价值、交换价值、价值、抽象劳动、具体劳动、价值量、社会劳动、私人劳动、简单劳动、复杂劳动、价值形态、货币、商品拜物权、货币拜物权等一系列概念，其核心就是上述关于抽象劳动和具体劳动的分析，由此分析了社会劳动和私人劳动、简单劳动和复杂劳动，将劳动的性质作了全面规定，进而综合地论证了劳动创造价值，以及价值质与量的关系，说明了价值创造和实现等各环节的关系。

价值是由劳动创造的，价值就应归劳动者所有。这是一个再简单不过的道理。然而，在资本主义制度下，这个简单不过的道理却偏偏行不通，劳动所创造的价值的一部分，不是归劳动者所有，而是归非劳动者的资本家所有。马克思在《1844年经济学——哲学手稿》中，曾以异化劳动来规定这个矛盾。随着研究的深入，特别是对劳动价值论的改造，使他认识到不能直接从劳动来说明这个问题，

---

① 马克思：《资本论》，第1卷，北京：人民出版社2004年版，第8页。
② 同上书，第60页。

必须引入价值概念,才能更为明确地规定矛盾的质,并进而说明各具体范畴及其量的变化。进而,他逐步形成了关于剩余价值的概念规定。马克思写道:

> 资本在生产过程结束时具有的剩余价值,——这种剩余价值作为产品的更高的价格,只有在流通中才得到实现,但是,它同一切价格一样,这些价格在流通中得到实现,是由它们在进入流通以前,已经在观念上先于流通而存在了,已经决定了,——按照交换价值的一般概念来说,表示物化在产品中的劳动时间(就静止状态来说,劳动量的大小只能用时间来计量)大于资本原有各组成部分所包含的劳动量。而这种情况只有当物化在劳动价格中的劳动小于用这种物化劳动所购买的活劳动时间时才是可能的。[①]

这是他第一次对剩余价值的概念规定,比起异化劳动概念,不仅更为充实明确,而且将生产过程与流通过程统一,并能够量化。在此基础上,马克思对各具体经济概念进行了改造和规定,主要涉及绝对剩余价值、相对剩余价值、剩余价值率、资本循环、资本周转、固定资本、流动资本、利润、利息等。解决了李嘉图体系的第一个矛盾,即从劳动价值论说明资本与劳动间的交换如何产生利润,同时也发现了其第二个矛盾:不同构成的资本如何获得平均的利润。

到 1861 年马克思写作《政治经济学批判》的第二分册时,他又依据对劳动价值论的进一步完善,对初次提出的剩余价值概念做了修正。

---

① 马克思:《1857—1858 年经济学手稿》,《马克思恩格斯全集》第 46 卷(上),北京:人民出版社 1979 年版,第 282 页。

资本在生产过程结束时得到的剩余价值,用交换价值的一般概念表示就是:物化在产品中的劳动时间(或者说,包含在产品中的劳动量)多于在生产过程中预付的原有资本所包含的劳动时间。这之所以可能,只是由于(假定商品按照它的价值出售)物化在劳动价格(工资)上的劳动时间少于在生产过程中补偿它的活劳动时间。在资本方面表现为剩余价值的东西,在工人方面就表现为剩余劳动。剩余价值无非是工人提供的劳动量超过他在自己工资中作为他的劳动能力的价值得到的物化劳动量而形成的余额。[1]

这个表述较前一个表述有着实质性进步,明确地将新增殖的价值与可变资本相对比,排除了计算中量的差额,不再使用"劳动价值"这一不准确的概念,以剩余劳动来规定剩余价值,从而将异化劳动概念的基本思想贯彻于剩余价值概念之中,注重从价值量对剩余价值量的分析。

到《资本论》的写作,马克思有关剩余价值概念的规定已经成熟,他依照从抽象到具体的原则,从劳动价值论出发,首先分析了资本的形成和构成,他认为,资本是从货币转化而来,是货币的一种特殊存在形式,而货币是价值形式的最高形态,价值形式是价值的表现,价值是劳动创造的。这样的逻辑,是马克思经过几十年的研究才得出来的,而当他表述的时候,则把这顺序再从抽象到具体展开,即从劳动这个人本质的核心,也是人存在的基本活动出发,逐步按商品、价值、抽象劳动、具体劳动、价值量、价值形式、货

---

[1] 马克思:《1861—1863年经济学手稿》,《马克思恩格斯全集》第47卷,北京:人民出版社1979年版,第195页。

币的概念运动来说明资本的逻辑和历史的前提,进而,又论证了从货币到资本的转化,这实际上也就是劳动及其创造的价值的资本化。与此同时,劳动力商品化,劳动者摆脱了原来对封建领主的依附,有了人身自由和对劳动力这唯一可以由其自由支配的商品的自主权,而他们为了谋生,又必须出卖劳动力给资本家(他们可以像商品的卖者那样,选择买主,也相互竞争)。至此,资本化的生产资料和商品化的劳动力相结合,生产过程开始,劳动作为生产的主体开始制造产品,创造价值。当产品以商品的形式出卖以后,资本家成为实现了的价值的所有者,其总价值除去原来生产资料的价值(生产资料的价值转化为产品中的一部分价值),以及付给工人一部分工资,所余下的就是剩余价值。这是资本家所无偿占有的雇佣劳动者创造的价值,也是资本和劳动的矛盾的集中体现。劳动的异化主要表现于剩余价值,而剩余价值的资本化,又是资本主义再生产和积累的必要条件。正是在资本主义再生产和积累过程中,资本主义生产关系及其社会矛盾又得以再生产,并和积累的规模相应地扩大和尖锐化。

资本家是资本人格化的存在,而工人则是劳动异化的表现,资本与劳动的矛盾也就是资本家和雇佣工人的矛盾。社会总资本构造了资产阶级,而雇佣劳动者又成为与之相对的无产阶级。社会总资本从经济结构上分为产业资本、商业资本、借贷资本三大部分,剩余价值也在竞争中平均化,分为相应的产业利润、商业利润、利息,而资本化的土地所有权也要相应地占有地租。雇佣劳动者也就分别受雇于总资本的各部分。分别看来,劳动者不过是一个个独立的个体,就像资本家是一个个独立的个体一样,但由于资本和劳动的对立统一及其造成的经济结构和社会结构,雇佣劳动者和资本家也就形成两个对立的阶级。资产阶级和无产阶级的矛盾是资本与劳动的矛盾的社会表现,这种矛盾不仅存在于经济领域,而且存在于政治和文化领域，资本主义社会的各种矛盾，都是这两个阶级的矛盾的具体形式，或是由其派生，或是受其制约。从资本和劳动的对立统一来认识资本主义社会的矛盾，是一个从抽象到具体的过程，也是从本质说明现象的过程。

马克思是站在无产阶级立场来研究资本和劳动的对立统一及其各种具体矛盾的，这与资产阶级思想家的立场正相反。这种情况说明了一个重要道理：在社会科学的研究中，虽然对象是同一的，但由于研究者所代表的阶级利益的差别和对立，所得出的结论也必然有差别和对立。研究的主体不可能超然于外进行"客观"的研究，而是要从总体上概括、聚合其所代表的阶级利益和意识，以阶级的思想代表的身份，来认识对象，这个对象的矛盾就包含着本阶级的利益和意识，或者说，研究主体所代表的阶级本身就是对象矛盾的一个方面。社会科学的研究不可能摆脱阶级利益和阶级意识的制约。实际上，社会科学的研究者所要做的，首先就是对本阶级利益和意识的概括，进而由此来探讨社会的矛盾。这两个方面是内在统一的，也是互相制约的。只有明确阶级利益和意识，才能规定社会矛盾；只有规定了社会矛盾，才能进一步明确阶级利益和意识。那种以"超阶级"身份出现的研究者，不是自己的研究方法和深度不够，就是有意地掩饰自己的阶级性。而实际上他们的阶级性是最强的。资产阶级经济学家和其他社会科学家基本上都是如此，尤其是在资产阶级取得统治地位以后，这种倾向更为明显。

马克思对劳动价值和剩余价值的规定，充分展开了他的哲学观念和社会观，特别是他的辩证法得到了系统展示并更加成熟，而这又成为他论证无产阶级革命和无产阶级专政、公有制的"自由人联合体"的必要前提。

九、无产阶级革命和无产阶级专政

马克思根据对资本主义制度矛盾的规定,主张通过无产阶革命来解决这个矛盾,从而使社会发展到一个新阶段。无产阶级革命后的政权形式是无产阶级专政,它是保证革命成果和人类进步的必要形式。

社会革命是改变世界的关键性环节,是人类总体发展中的质变,是辩证的否定,是人类解放的必由之路。马克思认为,已有的人类历史,还是真正人的历史的"史前期",[1] 在这个阶段人性还是不成熟的,还受动物的一般属性的严重束缚。阶级、阶级统治、劳动的异化和人本质的异化,都是人性不健全的表现。革命,基本的含义就是人本质的改变和人性的升华,这并不是个人所能完成的,而是社会的总体变革运动。社会变革是从量变到质变,经过缓慢的量变,生产力和全部文明得以发展,为人类自身的更新,或者说人类从自然状态的解脱和社会关系束缚中的解放创造了必要条件,社会革命是实现人类解放的必要方式,已有的几个历史阶段的过渡,实际上都是社会革命的环节,而最重要,也是最现实的革命,就是无产阶级的革命,这是对资产阶级革命所建立的资本主义制度的否定,是人性升华的至关重要的一步。

资产阶级革命是人类解放的重要步骤,这在启蒙思想家的著述中充分表现出来。封建主义以神性否定人性,以神的意志统治人的意志,是对人类发展的严重束缚,这是农业文明的表现,上帝是人和大地万物的制造者,而土地是主要的生产资料,上帝派封建领主来管理土地和人。封建主义意识及其制度严重限制了人的主动性和

---

[1] 马克思:《〈政治经济学批判〉序言》,《马克思恩格斯选集》,第2卷,北京:人民出版社1995年版,第33页。

素质的提高，限制了文明的发展。它是人以手工劳动从事农业的文明状况的社会形式，它的利益结构和社会结构又要求永远停留于这种生产方式和文明之上。封建制度虽较奴隶制度有所进步，但封建制度本身，也是以不承认劳动者的主体性为原则的，是以暴力这种遗传于动物界的属性对人性发展的限制。启蒙思想家以人的个性解放为目标，提出了反对封建统治及其意识形态的口号，虽然推翻封建和专制统治的主要力量是资本，但资本又是以个性解放以及人权、民主、自由等为条件的。资本主义制度下劳动仍被异化，私有财产依然存在，但人类自身的社会结构却发生了重大变化，从而促进了生产力和整个文明的发展。对此，马克思给予了充分的肯定，他在《共产党宣言》中写道：

> 资产阶级在历史上曾经起过非常革命的作用。
> 资产阶级在它已经取得了统治的地方把一切封建的、宗法的和田园诗般的关系都破坏了。它无情地斩断了把人们束缚于天然尊长的形形色色的封建羁绊，它使人和人之间除了赤裸裸的利害关系，除了冷酷无情的"现金交易"，就再也没有任何别的联系了。它把宗教虔诚、骑士热忱、小市民伤感这些情感的神圣发作，淹没在利己主义打算的冰水之中。它把人的尊严变成了交换价值，用一种没有良心的贸易自由代替了无数特许的和自力挣得的自由。总而言之，它用公开的、无耻的、直接的、露骨的剥削代替了由宗教幻想和政治幻想掩盖着的剥削。[①]

---

① 马克思恩格斯：《共产党宣言》，《马克思恩格斯选集》，第1卷，北京：人民出版社1995年版，第274—275页。

从对生产力和生产关系矛盾的规定出发,马克思认为无产阶级是资本主义社会生产力的主体。革命就是解放生产力,也是解放无产阶级自己,因此,革命的主体是无产阶级。

资产阶级生存和统治的根本条件,是财富在私人手里的积累,是资本的形成和增殖;资本的条件是雇佣劳动。雇佣劳动完全是建立在工人的自由竞争之上的。资产阶级无意中造成而又无力抵抗的工业进步,使工人通过结社而达到的革命联合代替了他们由于竞争而造成的分散状态。于是,随着大工业的发展,资产阶级赖以生产和占有产品的基础本身也就从它的脚下挖掉了。它首先生产的是它自身的掘墓人。资产阶级的灭亡和无产阶级的胜利是同样不可避免的。①

无产者因被资本家雇佣而组织为阶级,因共同的利益而联合,进而组成政党,共产党是无产阶级政党中最坚决的、推动所有其他部分前进的部分。无产阶级革命的第一步就是使无产阶级上升为统治阶级,争得民主。

当阶级差别在发展进程中已经消失而全部生产集中在联合起来的个人的手里的时候,公共权力就失去政治性质。原来意义上的政治权利,是一个阶级用以压迫另一个阶级的有组织的暴力。如果说无产阶级在反对资产阶级的斗争中一定要联合为阶级,如果说它通过革命使自己成为统治

---

① 马克思恩格斯:《共产党宣言》,《马克思恩格斯选集》,第1卷,北京:人民出版社1995年版,第284页。

阶级，并以统治阶级的资格用暴力消灭旧的生产关系，那么它在消灭这种生产关系的同时，也就消灭了阶级对立的存在条件，消灭了阶级本身的存在条件，从而消灭了它自己这个阶级的统治。①

马克思对无产阶级革命的理念是以他对哲学"改变世界"这个主题为前提的，是以实践、劳动为根据的，是对人本质、人性、价值、人权、平等、自由、解放等范畴规定的综合，是对社会基本矛盾和历史阶段规定的展开，是他革命的辩证法的集中体现。他有充分的理由坚信无产阶级革命的必然胜利。"让统治阶级在共产主义革命面前发抖吧。无产者在这个革命中失去的只是锁链。他们获得的将是整个世界。"②

那么，无产阶级革命将要获得的世界是什么？它不是天堂，还是活着的人构成的社会群体，但是消灭了占有他人劳动，控制他人自由的阶级统治。每个人都以其作为人本质特征的劳动为根据生存，全社会共同劳动，各尽所能，"共产"生活资料，按劳分配以致按需分配。这就是共产主义。

马克思之所以将他的理论和理想称做"共产主义"，并不是反对社会主义，而是要与当时以"社会主义"名义出现的各种思潮和派别加以区分。在《共产党宣言》中，他分析了"反动的社会主义"，包括"封建的社会主义"、"小资产阶级的社会主义"、"德国的或真正的社会主义"，和"保守的或资产阶级的社会主义"与"批判的空想的社会主义和共产主义"。他认为共产主义是以无产阶级为主体

---

① 马克思恩格斯：《共产党宣言》，《马克思恩格斯选集》，第1卷，北京：人民出版社1995年版，第294页。
② 同上书，第307页。

的主义，是由无产阶级革命建立"自由人联合体"的理论体系。这个理论体系集中了无产阶级的利益和意志，在无产阶级革命的作用下，必然成为现实。

但是，历史的演变又有一个过程。

> 在资本主义社会和共产主义社会之间，有一个从前者变为后者的革命转变时期。同这个时期相适应的也有一个政治上的过渡时期，这个时期的国家只能是无产阶级的革命专政。①

无产阶级专政是马克思理论体系的最高成果，是马克思哲学观念的具体论证。也正是在无产阶级专政问题上，引发了后来"马克思主义者"的明显分歧。对无产阶级专政理论的误读，是"马克思主义者"背离马克思的理论原因，能否坚持无产阶级专政理论，是验证是否马克思主义者的主要标志。

对于无产阶级专政，马克思最早是在1852年3月5日给魏德迈的信中论证的。

> 无论是发现现代社会中有阶级存在或发现各阶级间的斗争，都不是我的功劳。在我以前很久，资产阶级的历史学家就已叙述过阶级斗争的历史发展，资产阶级的经济学家也已对各个阶级作过经济上的分析。我的新贡献就是证明了下列几点：（1）阶级的存在仅仅是同生产发展的一定历史阶段相联系；（2）阶级斗争必然导致无产阶级专政；（3）这个专政

---

① 马克思：《哥达纲领批判》，《马克思恩格斯选集》，第3卷，北京：人民出版社1995年版，第314页。

不过是达到消灭一切阶级和进入无阶级社会的过渡。①

这里的论证还主要是以理论研究和1848年的民主革命为依据的,是关于无产阶级革命的认识的继续。到19世纪70年代初,"巴黎公社"的实践,使他更为深入地探讨了无产阶级专政问题,从而为人类留下了这份最宝贵的遗产,也使他的哲学观念更为充实具体。

马克思认为,无产阶级革命的目的不是单纯地夺取政权,不是变换政权的掌控者,而要"炸毁"旧的政权,进而以民主的方式建立无产阶级专政。在对无产阶级专政的论证中,马克思充实和发展了他的国家观。国家曾是唯物主义社会观中的一个重要范畴,黑格尔甚至把它提到绝对精神在人类社会作用的主要形式,马克思从《黑格尔法哲学批判》开始,就集中批判了国家范畴,并逐步形成了他的国家观。无产阶级革命和无产阶级专政都立足于他的国家观,是他的国家观的展开。在《法兰西内战》中,他进一步论证了国家的本质及资本主义国家的性质。

> 以其无处不在的复杂的军事、官僚、宗教和司法机构像蟒蛇似地把活生生的市民社会从四面八方缠绕起来(网罗起来)的中央集权国家机器,最初是在专制君主制时代创造出来的,当时它是作为新兴的现代社会在争取摆脱封建制度束缚的斗争中的一个武器。中世纪贵族的、城市的和僧侣的领主特权都转变为一个统一的国家政权的职能;这个统一的国家政权以领薪的国家公务员代替封建显贵,把掌握在中世纪地主的门客仆从手中和市民团体手中的武

---

① 马克思:《致魏德迈的信》,《马克思恩格斯选集》,第4卷,北京:人民出版社1995年版,第547页。

器转交给一支常备军队,以实行系统分工和等级分工的国家政权的计划调节代替中世纪的互相冲突的势力的造成的错综复杂的(光怪陆离的)无政府状态。以建立民族统一(创立民族国家)为任务的第一次法国革命,必须消除一切地方的、区域的、城镇的、外省的独立性。因此,这次革命不得不继续进行专制君主制度已经开始的工作,也就是使国家政权更集中更有组织,并扩大国家政权的范围和职能,增加它的机构、提高它对现实社会的独立性、加强它对现实社会的超自然控制,这种控制实际上取代了中世纪的超自然苍天及天上圣徒的作用。由各社会集团的彼此关系产生出来的各个细小的个别的利益,同社会本身相分离并以国家利益的形式固定下来,成为独立于社会而且与社会对立的利益,这种国家利益由担任严格规定的、等级分明的职务的国务祭司们管理。①

这是以历史事实为依据的对欧洲国家的理论分析,相比霍布斯、洛克、黑格尔等人的国家观,不仅有深厚的历史感,更从国家的形成及其演化的阶段中明确了国家的本质。而对"专制君主制度"的规定,又有在规定历史阶段中的新意,这一点我们前面已谈到。

马克思指出,无产阶级革命的对象不是哪一种国家政权形式,不是特指正统的、立宪的、共和的或帝制的,"而是国家本身这个社会的超自然怪胎。"② 它不是为了把国家政权从统治阶级这一集团转给另一集团而进行的,而是为了粉碎国家这个阶级统治的凶恶机器

---

① 马克思:《法兰西内战》,《马克思恩格斯选集》,第 2 卷,北京:人民出版社 1995 年版,第 91 页。
② 同上书,第 93 页。

进行的革命。马克思强调,无产阶级革命在推翻旧政权的时候,还不得不保留一定的政权形式,而这个政权形式,即"行政权、国家政府机器成了革命所要打击的最大的、唯一的对象。"[1] 这是革命的继续。无产阶级专政就是继续的无产阶级革命,是在掌握政权的条件下,以国家为对象的继续革命。

> 无产者在全社会面前负有消灭一切阶级和阶级统治的新的社会使命,只有在这一使命激励下的无产者才能够把国家这个阶级统治的工具,也就是把集权化的,组织起来的、窃据社会主人地位而不是为社会做公仆的政府权力打碎[2]。
>
> **公社**——这是社会把国家政权重新收回,把它从统治社会、压制社会的力量变成社会本身的生命力;这是人民群众把国家政权重新收回,他们组成自己的力量去代替压迫他们的有组织的力量;这是人民群众获得社会解放的政治形式,这种政治形式代替了被人民群众的敌人用来压迫他们的假托的社会力量(即被人民群众的压迫者所篡夺的力量)(原为人民群众自己的力量,但被组织起来反对和打击他们)。[3]

无产阶级专政将是人类历史上最伟大、最彻底的革命。以国家为对象的无产阶级专政,绝非后人所说的强化国家权力,增设政府机构,而是以无产阶级的真正的民主,即以人为单位而非以财产所有权为单位的民主选举、监督、罢免国家机构的公职人员,并以国

---

[1] 马克思:《法兰西内战》,《马克思恩格斯选集》,第2卷,北京:人民出版社1995年版,第95页。

[2] 马克思恩格斯:《共产党宣言》,《马克思恩格斯选集》,第1卷,北京:人民出版社1995年版,第94页。

[3] 同上书,第95页。

民自卫军代替"保护政府反对人民的常备军"。

　　公社必须由各区全民投票选出的市政委员组成（因为巴黎是公社的首倡者和楷模，我们应引为范例），这些市政委员对选民负责，随时可以罢免。其中大多数自然会是工人，或者是公认的工人阶级代表。它不应当是议会式，而应当是同时兼管行政和立法的工作的机关。警察不再是中央政府的工具，而应成为社会的勤务员，像所有其他行政部门的公务员一样由公社任命，而且随时可以罢免；一切公务员像公社委员一样，其工作报酬只能相当于工人的工资。法官也应该由选举产生，可以罢免，并且对选民负责。一切有关社会生活事务的创议权都由公社掌握。总之，一切社会公职，甚至原应属于中央政府的为数不多的几项职能，都要由公社勤务员执行，从而也就处在公社的监督之下。硬说中央的职能——不是指政府统治人民的权威，而是指由于国家的一般的共同的需要而必须执行的职能——会变得不可能，是极其荒谬的。这些职能会存在；不过，行使这些职能的人已经不能够像在旧的政府机器里面那样使自己凌驾于现实社会之上了，因为这些职能应由**公社的勤务员**执行，因而总是处于切实的监督之下。社会公职不会再是中央政府赏赐给它的爪牙的私有财产。随着常备军和政府警察的废除，物质的压迫力量即被摧毁。①

　　恩格斯在为《法兰西内战》单行本写的导言中，曾这样概括：

----
① 马克思：《法兰西内战》，《马克思恩格斯选集》，第3卷，北京：人民出版社1995年版，第121页。

"为了防止国家和国家机关由社会公仆变为社会主人——这种现象在至今所有的国家中都不可能避免的——公社采取了两个可靠的办法。"① 其一是普选制，其二是对所有公务员付与工人同样的工资。防止"社会公仆变为社会主人"，这是对马克思无产阶级专政思想的集中概括，也是问题的实质所在。20 世纪苏联和中国的经验教训充分说明了这个命题的真理性！

马克思从巴黎公社经验中发现，其最宝贵的一条，就是将政权中的公职变成"真正工人的职务。"

> 现在，普选权已被应用于它的真正目的：由各公社选举它们的行政的和创制法律的公务员。从前有一种错觉，以为行政和政治管理是神秘的事情，是高不可攀的职务，只能委托给一个受过训练的特殊阶层，即国家寄生虫、俸高禄厚的势力小人和闲职人员，这些人身居高位，收罗人们群众中的知识分子，把他们放到等级制国家的低级位置上去反对人民群众自己。现在错觉已经消除。彻底清除了国家等级制，以随时可以罢免的勤务员来代替骑在人民头上作威作福的老爷们，以真正的责任制来代替虚伪的责任制，因为这些勤务员总是在公众监督之下进行工作的。②
>
> 公社一举把所有的公职——军事、行政、政治的职务变成**真正工人的职务**，使它们不再归一个受过训的特殊阶层私有。③

---

① 恩格斯：《〈法兰西内战〉1891 年单行本序言》，《马克思恩格斯选集》，第 3 卷，北京：人民出版社 1995 年版，第 13 页。

② 马克思：《法兰西内战》，《马克思恩格斯选集》，第 3 卷，北京：人民出版社 1995 年版，第 96 页。

③ 同上书，第 97 页。

无产阶级专政的实质在于保证无产阶级的政治统治,这包括两方面的含义:一是改造旧的剥削阶级使之成为劳动者;二是防止和制裁新的剥削者,即那些利用职条之便以权谋私,"社会公仆变为社会主人"的行为。对于第一方面,是相当明确的,这在资本主义社会即可预见,也是资本主义社会的必然趋势和要求。对第二个方面,就很难从形式逻辑的推论中得以把握,这必须以深刻的辩证法才能确定。

马克思以前和以后的相当一批"社会主义者",都将资本主义社会矛盾否定后的社会主义社会,说成是"公正、理性、和谐"的,是不存在任何矛盾和斗争的。其论证的方法,大体上与基督教对"天堂"的假设相似。即令是黑格尔,在论述社会矛盾的历史趋势时,也常将其归宿点说成是不存在矛盾,是合乎绝对理念的。马克思以他对现实和历史的辩证认识,形成了矛盾普遍存在的观点,因而,当他在论证资本主义社会以后的社会状态时,不是以消除普遍矛盾来引诱读者对他的理想的信从,而是在提示旧的特殊矛盾的解决的必然性时,预见了新的特殊矛盾形成的可能性。无产阶级革命推翻了资产阶级的统治,而且在继续革命中逐步消灭阶级存在的条件,但并不等于消灭了社会矛盾,由于保留国家这种政权形式,从而可能会形成在政权机构就职的人将政权机构的权力视为个人的权力,并以此来谋取私利。短暂的"巴黎公社",为马克思的上述思想提供了一个必要的现实依据,更重要的是,他从公社的经验中看到了、提炼了如何防止和制裁"公仆变主人"的必要制度性措施,这也正是他早在《共产党宣言》中就已经提到的"民主",即无产阶级专政。

无产阶级专政是在社会矛盾特殊阶段正在消亡的国家存在的方式,它当然包括镇压和制裁,但与以前的剥削阶级专政不同,它的镇压和制裁对象不是劳动群众,而是旧社会残存下来的企图反对现社会制度的剥削者和新社会在政权机构中担任公职以权谋私的人。随着时间的推移,旧的剥削者被消灭了,无产阶级专政的镇压和制裁的对象,主要就是"公仆变主人"的行为,当然,也包括刑事犯罪者。简单地说,无产阶级专政作为无产阶级和劳动群众利益和意志的体现,为了维护无产阶级和劳动群众的利益,必须惩处、制止各种侵害这种利益的行为。而国家政权这种特殊形式,以及社会化大生产的集中管理和经营,必然使国家政权具有巨大的经济、政治权力,这种权力是民众权利的集合,但又只能由少数人组成的机构来行使。在没有尖锐的阶级对立的情况下,个体和总体之间的矛盾,以及不同层次的民众间的矛盾就会突出,特别是在国家政权中任职的个人,会有各种方便利用该机构的权力来谋取个人的私利。这种情况,在无产阶级专政的初期,即旧的传统观念还严重存在,而且无产阶级专政本身的机制还不完善的时候,是更容易出现的。

无产阶级和劳动群众的利益,必须由他们自己来保护,对侵害他们利益的行为,也必须通过无产阶级专政的国家政权进行制裁。这里的关键,就是无产阶级专政国家政权的建立、运行和对之监督。其主要的内容,就是民主。这是以人为本位的民主,与古希腊以城邦为单位的奴隶主的"民主"和资本主义社会的以资本为本位的"股东会式民主"是有本质区别的。马克思认为,无产阶级民主是资产阶级民主的否定,它吸取了资产阶级民主的某些因素和形式,但在内容上却进行了实质性改造,它是以生产资料的个人所有权及其公有制为基础的,是以平等的人为本位的,而且在目的、手段上也都不同于资产阶级民主。20世纪社会主义国家中出现的各种问题,归根结底一个主要原因,就在于没有充分实行无产阶级的民主,而违背民主原则的各种行为,又往往是以"无产阶级专政"的名目出现。当资产阶级政客以其"民主"来攻击无产阶级专政的时候,他们不会想到,真正的无产阶级专政形式之中,应当有比资产阶级民主更为高级的民主内容。

无产阶级专政是无产阶级革命的继续,是"改变世界"的具体而高级形式。马克思的无产阶级专政理论,是对自霍布斯以来唯物主义国家范畴的否定和升华,不仅充分体现了他对人本质的规定,包含了以劳动为根据对人性、价值、人权、平等、自由、解放等范畴的规定,也是对资本主义经济与政治制度深入批判的结果。特别是巴黎公社经验的总结,使马克思的相关思想有了明确的现实依据。无产阶级专政的内容是民主,它是"自由人的联合体"的政治形式,与生产资料公有制内在统一,是公有制的政治保证和内在机制。

十、"自由人的联合体"与"重建个人所有制"

马克思认为,真正意义上的自由,其核心是劳动,是创造物质财富并合理地分配、平等的交往和自觉的意识,是作为人的价值的实现。自由的社会条件不是外在的,而是所有自由人的联合。政治民主和生产资料个人所有制及其公共占有,是"自由人的联合体"的基本形式和条件。在"自由人的联合体"中,个人才能自由地发展。

自由不是任性,不是为所欲为。自由的本位是人,个体自由要在总体中实现,同时也必然受社会的制约。自由更不是脱离社会,像隐士那样归隐山林。

> 只有在集体中,个人才能获得全面发展其才能的手段,也就是说,只有在集体中才可能有个人自由。在过去的种

种冒充的集体中,如在国家等等中,个人自由只是对那些在统治阶级范围内发展的个人来说是存在的,他们之所以有个人自由,只是因为他们是这一阶级的个人。以前各个个人所结成的那种虚构的集体,总是作为某种独立的东西而使自己与各个个人对立起来;由于这种集体是一个阶级反对另一个阶级的联合,因此对于被支配的阶级来说,它不仅是完全虚构的集体,而且是新的桎梏。在真实的集体的条件下,各个个人在自己的联合中通过这种联合获得自由。①

个人的自由并非与社会、与他人对立的,无产阶级革命的目的,它的纲领和组织原则,都充分体现着为实现个人自由进行的总体解放。

马克思从自由、解放等范畴规定无产阶级革命,并将革命建立的社会形态称之为"自由人的联合体",在那里,人们用

> 公共的生产资料进行劳动、并且自觉地把他们许多个人劳动力当做一个社会劳动力来使用。在那里,鲁滨逊的劳动的一切规定又重演了,不过不是在个人身上,而是在社会范围内重演。鲁滨逊的一切产品只是他个人的产品,因而直接是他的使用物品。这个联合体的总产品是一个社会产品。这个产品的一部分重新用做生产资料。这一部分依旧是社会的。而另一部分则作为生活资料由联合体成员消费。因此,这一部分要在他们之间进行分配。这种分配的方式会随着社会生产有机体本身的特殊方式和随着生产

---

① 马克思恩格斯:《德意志意识形态》,《马克思恩格斯全集》第3卷,北京:人民出版社1960年版,第84页。

者的相应的历史发展程度而改变。仅仅为了同商品生产进行对比，我们假定，每个生产者在生活资料中得到的份额是由他的劳动时间决定的。这样，劳动时间就会起双重作用。劳动时间的社会的有计划的分配，调节着各种劳动职能同各种需要的适当的比例。另一方面，劳动时间又是计量生产者在共同劳动中个人所占份额的尺度，因而也是计量生产者在共同产品的个人可消费部分中所占份额的尺度。[①]

"自由人的联合体"不仅是经济关系，也是在系统批判资本主义制度的过程中关于新社会形态的总体设想。第一，它明确了社会主义社会的目的和性质，即实现人的自由发展，而非沿着唯物主义观念形成的"唯生产力论"去增殖资本；第二、它确定了劳动者的社会主体地位；第三、规定了以劳动为根据的人权和平等；第四、规定了在人权平等基础上对生产资料的个人所有权和民主权；第五、规定了个体思想的自由。马克思认为，自由的前提是个性的独立和解放，这一点在唯物主义那里已经提出，但它关于财产所有权和自由竞争的规定，以及"唯生产力论"，恰恰否定了自由。而依唯物主义所建立的资本主义制度，虽然号称"自由制度"，但却迫使摆脱了封建和专制束缚的个人陷入资本的束缚。有了个体独立性的劳动者，他们的个性和自由只能体现于自由地出卖自己的劳动力，而当这种出卖完成之后，他的主要生命活动即劳动被异化，也就失去了个性，失去了自由。

"自由人的联合体"是对资本主义社会关系和制度的否定，它继承了资本主义时代在个性独立和人权等方面的所有成果，并在新的基础上加以发展。也就是说，在"自由人的联合体"中，人通过劳

---

① 马克思：《资本论》，第 1 卷，北京：人民出版社 2004 年版，第 96 页。

动感到自己的本质和价值,而且会得到社会的承认,并由此进一步提高素质技能,从事更有创造性,也更有利于社会的劳动。劳动成为人的第一需要。这样,人本身所蕴含的巨大潜能,就会随人素质的提高而充分地发挥出来,从而促进文明更健康地发展。

"你必须汗流满面地劳动!"这是耶和华对亚当的诅咒。而亚当·斯密正是把劳动看做诅咒。在他看来,"安逸"是适当的状态,是与"自由"和"幸福"等同的东西。一个人"在通常的健康、体力、精神、技能、技巧的状况下",也有从事一份正常的劳动和停止安逸的需要,这在斯密看来是完全不能理解的。诚然,劳动尺度本身在这里是由外面提供的,是由必须达到的目的和为达到这个目的而必须由劳动来克服的那些障碍所提供的。但是克服这种障碍本身,就是自由的实现,而且进一步说,外在目的失掉了单纯外在必然性的外观,被看做个人自己自我提出的目的,因而被看做自我实现,主体的物化,也就是实在的自由——而这种自由见之于活动恰恰就是劳动,——这些也是亚当·斯密料想不到的。[1]

"自由人的联合体"并不是梦想,而是人的本质发展的必然结果。这在马克思那里虽然还只是一个理论推测,但却是在对资本主义制度深入的理性分析基础上得出的,是合乎历史规律的推测。马克思集中探讨了"自由人的联合体"中的生产资料所有制,即"重建个人所有制"的内容及其公有制形式。

---

[1] 马克思:《1857—1858年经济学手稿》,《马克思恩格斯全集》第46卷(下),北京:人民出版社1979年版,第112页。

马克思承继了卢梭对私有制的批判，并接受了蒲鲁东关于私有财产的观念，更在异化劳动概念的基础上改造了私有财产概念，形成他经济学说的基本范畴。否定私有财产，建立共产主义经济制度，是马克思的基本经济观。在《1844年经济学——哲学手稿》中，他着力阐述了这种经济观。

> 私有财产的关系潜在地包含着作为**劳动**的私有财产的关系和作为**资本**的私有财产的关系，以及这两种表现的相互**关系**。一方面是作为**劳动**的人类活动的生产，即作为对自身、对人和自然界，因而也对意识和生命表现说来完全异己的活动生产；人作为单纯的**劳动人**的**抽象**存在，因而这种劳动人每天都可以由他的充实的无沦为绝对的无，沦为他的社会的因而也是现实的非存在。另一方面是作为**资本**的人类活动的对象的生产，在这里对象的一切自然的和社会的规定性都**消失了**，在这里私有财产丧失了自己的自然的社会的性质（因而也丧失了一切政治的社会的幻象，甚至连**表面上的**人的关系也没有了），在这里同一个资本在各种不同的自然的和社会的存在中始终是同一的，而完全不管它的**现实内容**如何。劳动和资本的这种对立一达到极限，就必然成为全部私有财产关系的顶点、最高阶段和灭亡。[①]

私有财产和维护私有财产的私有制是共产主义所要批判和否定的对象。共产主义并不是什么人从外部强加给私有制的，而是私有财产和私有制自身矛盾演化的必然结果。"共产主义是扬弃私有财产

[①] 马克思：《1844年经济学—哲学手稿》，《马克思恩格斯全集》第42卷，北京：人民出版社1979年版，第106页。

的积极表现；开始时它作为普遍的私有财产的积极表现；开始时它作为普遍的私有财产出现。共产主义是以私有财产的普遍性来看私有财产关系，因而共产主义在它的最初的形式中不过是私有财产关系的普遍化和完成。"① 社会从私有财产的解放，是从奴役制的解放，是通过工人的解放斗争这种政治形式表现出来的。工人的解放体现全人类的解放，因为整个人类的奴役制就包含在工人同生产的关系，即异化劳动和私有制中。马克思并不认为共产主义是消灭私有财产，更不是消灭财富，而是以新的制度使私有财产普遍化，即每个人都拥有以自己的劳动为根据的私有财产。

> **共产主义**是**私有财产即人的自我异化的积极的**扬弃，因而是通过人并且为了人而对**人的本质的真正占有**；因此，它是人向自身、向**社会的**（即人的）人的复归，这种复归是完全的、自觉的而且保存了以往发展的全部财富的。这种共产主义，作为完成了的自然主义，等于人道主义，而作为完成了的人道主义，等于自然主义，它是人和自然界之间、人和人之间的矛盾的**真正解决**，是存在和本质、对象化和自我确证、自由和必然、个体和类之间的斗争的真正解决。它是历史之谜的解答，而且知道自己就是这种解答。②

马克思的这一观点在《共产党宣言》中得到进一步发展，他指

---

① 马克思：《1844年经济学—哲学手稿》，《马克思恩格斯全集》第42卷，北京：人民出版社1979年版，第117页。
② 同上书，第120页。

出:"共产党人可以把自己的理论概括为一句话:消灭私有制。"① 针对一些人指责共产党"要消灭个人挣得的、自己劳动得来的财产",马克思强调,雇佣劳动,即无产者的劳动并不能给他们自己创造财产,而是创造了资本,但资本并不归劳动者所有。归资本家所有的资本,并"不是一种个人力量,而是一种社会力量。"② 是通过社会许多成员的共同活动,归根到底要通过全体成员的共同活动,才能运动起来。"因此,把资本变为公共的、属于社会全体成员的财产,这并不是把个人财产变为社会财产。这里改变的只是财产的社会性质。"③ 在资本主义社会里,活的劳动只是增殖已经积累起来的劳动的一种手段,而在共产主义社会里,已经积累起来的劳动只是扩大、丰富和提高工人的生活的一种手段。"在资产阶级社会里是过去支配现在,在共产主义社会里是现在支配过去。"④ "过去"是已有的劳动成果,"现在"则是正在进行的劳动。现在的劳动支配、使用过去劳动的成果,由此发展人。

到《资本论》中,马克思在对资本主义经济矛盾系统规定的基础上,更为明确地认识到,随着资本主义经济矛盾的演化,其所有制形式也必然发生变化。

> 从资本主义生产方式产生的资本主义占有方式,从而资本主义的私有制,是对个人的、以自己劳动为基础的私有制的第一个否定。但资本主义生产由于自然过程的必然性,造成了对自身的否定。这是否定的否定。这种否定不

---

① 马克思恩格斯:《共产党宣言》,《马克思恩格斯选集》,第1卷,北京:人民出版社1995年版,第286页。
② 同上书,第287页。
③ 同上。
④ 同上。

是重新建立私有制，而是在资本主义时代成就的基础上，也就是说，在协作和对土地及靠劳动本身生产的生产资料的共同占有的基础上，重新建立个人所有制。

以个人自己劳动为基础的分散的私有制转化为资本主义私有制，同事实上已经以社会的生产经营为基础的资本主义所有制转化为社会所有制比较起来，自然是一个长久得多、艰难得多、困难得多的过程。前者是少数掠夺者剥夺人民群众，后者是人民群众剥夺少数掠夺者。①

"重建个人所有制"这个提法及马克思上面的论述，使许多人困惑不解，其要点在于：一、"个人所有制"与"私有制"有什么差别？二、"个人所有"与"共同占有"是什么关系？

马克思认为，私有制是一个历史的范畴，它经历了两个阶段，一是"个人的、以自己劳动为基础的私有制"，二是"资本主义的私有制。"后者是前者的否定，二者的差别在于所面对生产方式的变化，前者是个体劳动，后者是协作劳动；更为重要的是生产资料的资本化及其与劳动者的分离，由此而形成对雇佣劳动者剩余劳动的无偿占有。"重建个人所有制"是对资本主义私有制的否定，也是对"个人的、以自己劳动为基础的私有制"的否定之否定。它恢复或"重建"了个人以劳动为根据的对生产资料的所有权，同时保留和发展了"协作和对土地及靠劳动本身生产的生产资料的共同占有"。"重建个人所有制"的要点，在于个人所有权，但占有方式却不可能退回"个人的、以自己劳动为基础的私有制"，只能是"共同占有"。

至于"个人所有"与"共同占有"，这对于学法律专业的马克

---

① 马克思：《资本论》，第1卷，北京：人民出版社2004年版，第874页。

思来说，是比较清楚二者关系的。无论古罗马法还是由它演化而成的"大陆法系"，以及在这些法系基础上建构"法哲学"的黑格尔，都明确规定了所有制中的基本权利是所有权，而且所有权的权能包括占有、使用、收益、处置等。所有制的性质是由所有权的归属决定的，而占有、使用等权能则是所有权自身的内容，他们在经济关系复杂的情况下，可以从所有权派生并成为相对独立的权利，但最终还要由所有权主体控制。"重建个人所有制"可以理解为：否定资本主义私有制以后，财产（主要是生产资料）的所有权归劳动者个人，因协作和工业生产不能将之切割分归每个劳动者，因此要"共同占有"，也就是说，由个体劳动者将其所有权中的占有权能派生并集合起来"共同占有"。"重建个人所有制"虽然难以从形式逻辑上理解，但它却相当准确地以辩证逻辑说明了否定资本主义私有制后所建立的所有制的性质和原则：财产的所有权，包括生产资料和生活资料的所有权，对于生产来说主要是生产资料的所有权，是属于个人的，而个人之所以拥有这个所有权，不在于个人的社会地位和身份，而在于作为人本质核心要素的劳动。个人所有权的原则和根据，就是劳动价值论，劳动创造价值，价值归劳动者所有。"以个人自己劳动的分散的私有制"中，劳动者的个人所有权是明显地以个人自己劳动为基础的，它体现了劳动创造价值，价值及包含于其中的产品归劳动者所有（当然还要交纳税赋）的原则。

对于"重建个人所有制"的具体形式，马克思不可能作出更多的论述。他在《资本论》第三卷中将仍处资本主义制度下的"合作工厂"称为"由资本主义生产方式转化为联合的生产方式的过渡形式"之一。

> 工人自己的合作工厂，是在旧形式内对旧形式打开的第一个缺口，虽然它在自己的实际组织中，当然到处都再

生产出并且必然会再生产出现存制度的一切缺点。但是，资本和劳动之间的对立在这种工厂内已经被扬弃，虽然起初只是在下述形式上被扬弃，即工人作为联合体是他们自己的资本家，也就是说，他们利用生产资料来使他们自己的劳动增殖。这种工厂表明，在物质生产力和与之相适应的社会生产形式的一定的发展阶段上，一种新的生产方式怎样会自然而然地从一种生产方式中发展并形成起来。没有从资本主义生产方式中产生的工厂制度，合作工厂就不可能发展起来；同样，没有从资本主义生产方式中产生的信用制度，合作工厂也不可能发展起来。信用制度是资本主义的私人企业逐渐转化为资本主义的股份公司的主要基础，同样，它又是按或大或小的国家规模逐渐扩大合作企业的手段，资本主义的股份企业，也和合作工厂一样，应当被看做是由资本主义生产方式转化为联合的生产方式的过渡形式，只不过在前者那里，对立是消极地扬弃的，而在后者那里，对立是积极地扬弃的。①

由此可见，虽然马克思并不认为靠改良主义的合作化运动可以变革资本主义制度，但他却认识到合作制及其体现的合作社或合作工厂，是在资本雇佣劳动制度中产生的对资本雇佣劳动制的否定或过渡形式，而且是"积极地扬弃"的形式。他认为，一旦无产阶级和广大劳动者夺取了政权，就应将合作社或合作工厂的原则扩展为制度。巴黎公社短暂的实践，使他从理论上认识到这种可能性。针对反对巴黎公社的论调，马克思写道：

---

① 马克思：《资本论》第 3 卷，北京：人民出版社 2004 年版，第 499 页。

他们叫喊说，公社想要消灭构成全部文明的基础的所有制！是的，先生们，公社是想要消灭那种将多数人的劳动变为少数人的财富的阶级所有制。它是想要剥夺剥夺者。它是想要把现在主要用做奴役和剥削劳动的手段的生产资料、土地和资本完全变成自由的和联合的劳动的工具，从而使个人所有制成为现实。但这是共产主义、"不可能的"共产主义啊！然而，统治阶级中那些有足够见识而领悟到现存制度已不可能继续存在下去的人们（这种人并不少），已在拼命地为实行合作制生产而大声疾呼。如果合作制生产不是一个幌子或一个骗局，如果它要去取代资本主义制度，如果联合起来的合作社按照共同的计划调节全国生产，从而控制全国生产，结束无时不在的无政府状态和周期性的动荡这样一些资本主义生产难以逃脱的劫难，那么，请问诸位先生，这不是共产主义、"可能的"共产主义，又是什么呢？[①]

从马克思有关"重建个人所有制"的相关论述中，我们可以看到他与后来的"马克思主义者"们的实质性区别——这些人力图将"个人所有制"的个人所有权说成只是针对生活资料的，而生产资料所有权则属于国家或"集体"。他们不仅依据这种"二分法"来界定公有制，更据此来取消劳动者个人对生产资料的所有权。而马克思关于"重建个人所有制"的思想，则是他哲学基本观念和社会观、经济观的集合，其核心是劳动者个人的主体地位和对生产资料的所有权。从这一点逆推至马克思的全部体系，那些以"马克思主义者"

[①] 马克思：《法兰西内战》，《马克思恩格斯选集》，第 3 卷，北京：人民出版社 1995 年版，第 59—60 页。

自居的人对马克思的误解（不论是否故意），根本一点还在哲学的基本观念上，他们实际上是以"物"作为主体，取代人的主体地位，进而在社会观上又用抽象的总体性的"社会"、"国家"、"集体"来取消个人的地位和作用。也正是因此，他们背离了马克思的基本观念和思路，而他们所编制的"马克思主义哲学"体系，阻碍着社会主义哲学观念在马克思已有基础上的发展。

劳动哲学

下 卷

刘永佶 著

中国社会科学出版社

目　录

下　卷

第四章　劳动主义是社会主义的哲学观念 …………………（361）
　　一、社会主义是工业文明和公民社会劳动者利益
　　　　意志的集中概括 ………………………………………（361）
　　二、不能以资本主义的哲学观念唯物主义作为
　　　　社会主义的哲学观念 …………………………………（373）
　　三、社会主义的哲学观念是劳动主义 ………………………（381）
　　四、劳动主义对唯物主义的批判继承 ………………………（388）

第五章　劳动主义基本观念 ……………………………………（399）
　　一、劳动 ………………………………………………………（400）
　　二、劳动是人本质的核心 ……………………………………（409）
　　三、劳动是人性创造和升华的根据 …………………………（419）
　　四、劳动异化与劳动者 ………………………………………（427）
　　五、劳动的分类：生产产品的劳动、提供服务的
　　　　劳动和科学知识研究传授劳动 ………………………（433）
　　六、劳动者与劳动物质条件的统一 …………………………（444）
　　七、理性的劳动 ………………………………………………（453）
　　八、劳动的理性 ………………………………………………（459）

第六章　实践辩证法 (469)
一、实践辩证法：劳动主义方法论 (469)
二、人本质发展和人性升华的导引 (478)
三、端正人生目的，变革社会关系 (487)
四、矛盾：存在和实践的集结点 (497)
五、主要矛盾和主要矛盾方面 (505)
六、内省外化，系统抽象 (514)
七、逻辑与历史的统一 (527)
八、矛盾规律及其范畴体系 (536)

第七章　劳动社会观 (547)
一、唯物主义社会观的没落及劳动主义社会观形成的必然性 (547)
二、劳动者主体：素质技能与社会地位的矛盾 (558)
三、个体人的社会存在：人格、价值、权利、自由 (565)
四、经济：人生和社会发展的基础 (571)
五、政治：对人社会地位关系的规定和社会发展的导引 (579)
六、文化：对人生和社会关系的意识 (586)
七、社会历史阶段 (599)
八、阶级、国家与革命 (606)

第八章　劳动社会主义 (616)
一、劳动者个人主义的集合与实现 (616)
二、以劳动者为主体的社会变革：理论、运动、制度的内在统一 (627)

三、劳动社会主义的本质：劳动者在建立、完善公有
　　制与民主制的进程中，实现其社会主体地位和
　　自由发展 ………………………………………………（644）
四、劳动社会主义原则：以民主促进并强化
　　劳动者的自由联合 ……………………………………（649）
五、劳动价值论：规定资本雇佣劳动制和民主
　　劳动制的基石 …………………………………………（657）
六、资本雇佣劳动制度批判 ………………………………（679）
七、劳动社会主义运动 ……………………………………（707）
八、公有制经济与公共价值 ………………………………（722）
九、民主制政治 ……………………………………………（749）
十、自由文化 ………………………………………………（767）
十一、对需求的制约和自然资源的合理利用 ……………（778）
十二、中国的劳动社会主义 ………………………………（784）

跋 ……………………………………………………………（801）

第四章

劳动主义是社会主义的哲学观念

社会主义是工业文明和公民社会劳动者利益和意志的集中概括。从时间上说，社会主义晚于资本主义；从逻辑上说，社会主义是对资本主义的否定。但二者又要在对立中共处相当长一个时期，相互斗争而又统一。社会主义的哲学观念与资本主义的哲学观念是有本质区别的，不可能、也不应该是作为资本主义哲学观念的唯物主义，而是在唯物主义基础上形成并否定和取代唯物主义主导人类发展的劳动主义。马克思开创了对社会主义哲学观念的探讨，虽然他没有使用"劳动主义"这一术语，但他从无产阶级立场出发，以劳动为根据所论证的"共产主义"、"完成了的人道主义"，为劳动主义哲学的形成创造了必要前提。一百多年社会主义运动的经验教训，资本统治下的现代世界矛盾的激化，是劳动主义形成的必要条件。劳动主义已成为时代的要求和必然。

一、社会主义是工业文明和公民社会劳动者利益意志的集中概括

二百多年来，社会主义成为哲学、社会科学中应用最多的一个词，不同国度、不同阶级、阶层、集团的代表人物对社会主义作出

了各种定义。这些定义都体现着特殊的利益和意志，并成为特定人群行为的基本原则。由于"社会主义"一词含义的模糊，[①] 因而几乎可以为所有人利用。"社会"之义是群体、总体、集体，只要是非个人的组织、行为，都可以视为"社会"的。而且，"社会"又表示人与人的一般性社会关系，但不反映社会关系的特殊性，因而出现了马克思在《共产党宣言》中提到的"封建的社会主义"、"小资产阶级的社会主义"。到了20世纪，由于社会主义运动在全世界的兴起，"社会主义"一时间成了时髦用语，各种政治、学术团体和势力，也都以"社会主义"命名，如"儒学社会主义"、"伊斯兰教社会主义"、"基督教社会主义"等，各种传统意识形态也以"社会主义"名义"现代化"。更为严重的是，社会主义运动因反动势力的镇压和破坏而采取的集中组织、集权行动方式，由于没有受到相应的制约和纠正，滋生了集权专制势力，从内部破坏着社会主义运动，并将这些方式扩展为行政集权体制带入新建立的社会主义制度，从而成为社会主义制度的内在异化形式。行政集权体制在社会主义制度建立的最初阶段曾起过一定积极作用，但它作为马克思所说的无产阶级专政条件下无产阶级革命"唯一对象"的"国家"形式，应以民主法制予以监督、限制、改造，但民主法制的不健全使行政集权体制滋生和养育了一批既得利益者，他们逐步形成了强大的政治、经济势力。对这股势力来说，民主法制是最大的危害，而行政集权体制则是安生利命之根本，因此它坚决反对并阻碍对行政集权体制的改革。但是，"社会主义"这块招牌却暂时还要挂着，并利用其词语表示的模糊来掩饰以权谋私和逐步形成官僚资本的行为。只有等官僚资本已演化成统治势力，才有可能去掉这块招牌，如俄国的叶

[①] 对此，我在《劳动社会主义》（中国经济出版社，2003年）中作过分析，请参见。

利钦之流。但也许仍然会挂着，并雇一批无赖文人对之进行适合其利益和意志的注释。

由于"社会主义"一词在定义上的模糊，在它的名义下可以出现各色各样的派系，而且各派系都会以自己的特殊理由来定义社会主义。由此造成的理论混乱从19世纪延续至今，对社会主义运动的危害之大，不仅在于因分歧而导致的分裂，更在于因保留行政集权体制而使初级社会主义制度发生质变。总结社会主义的历史，其中一条重要教训就是要对社会主义作出明确的概念规定。

孔丘曾说"必也正名乎！""名不正，则言不顺；言不顺，则事不成。"① 对社会主义的概念规定，即正其名，从理论上明确社会主义的一般性，进而在一般性的前提下规定各国、各阶段社会主义的特殊性。

社会主义是工业文明和公民社会劳动者利益意志的集中概括，这是我对社会主义一般性的认识。

社会主义是对资本主义及各种阶级统治的主义——奴隶主主义、封建主义、集权官僚主义——的否定。这种否定的根本，在于主义的主体。阶级统治的各种主义及其表现的社会制度，都是以非劳动者——奴隶主、封建领主、官僚地主、资本家——为主体的，是他们的阶级利益和意志的概括。社会主义的主体则是劳动者，他们利益和意志的根据是劳动，他们的目的是使自己从生产的主体变成经济的主体、社会的主体。消灭剥削和阶级统治，建立所有人都平等劳动的社会制度和社会生活。

社会主义的主体只能是工业文明和公民社会中的劳动者，而非此前各种文明和社会形式中的劳动者。工业文明之前的文明形态主要有采集文明、畜牧文明、农业文明，其社会形式是原始社会、奴

---

① 《论语·子路》。

隶社会、封建社会、集权官僚社会。原始社会没有阶级，但文明极低，不可能形成社会主义，一些人将原始社会称为"原始共产主义"。似乎有道理，但其时只有共产，尚无主义。原始社会之后的各社会形式中，劳动者依次为奴隶、农（牧）奴、农民，他们受着极残酷的剥削和压迫，由于素质技能相对低下，而且生产方式又限制他们的联合，因而虽有个体的利益和意识，但不能形成统一的阶级意识，也就不能概括为主义。社会主义不可能在这些文明形态和社会形式中产生。

社会主义只能形成于工业文明和公民社会中，是这个历史阶段的劳动者利益和意志的集中概括。社会主义哲学也就产生、体现、作用于对劳动者利益意志的概括中，并据这种概括来认知社会矛盾，形成社会主义理论，制定社会主义运动纲领路线，规定社会主义制度。

文明是人类与动物总体的区别，也是人类社会存在和发展的根据与标志。汉字中"文明"一词很早就出现了，其义，一是与"武威"相对，《易·同人》象曰："文明以健中正而应君子正也。"疏曰："行健不以武，而以文明用之。"二是"文章而光明"，《易·乾》："见龙在田，天下文明。"三是文采光明，无所不包。《尚书·舜典》："濬哲文明。"疏曰："经天纬地曰文，照临四方曰明。"而英语 Civlliizzations，是从拉丁语 Culture（耕作、拜神）转化而来，兼有"文明"和"文化"二意。我们兼采中西古人之长，从现代科学的意义上，对文明这一概念进行规定。

文者，人类以其脑力和体力劳动为基础的创造过程与成果；明者，光照、普及、引导之意。文明，就是人类以自己的主观努力和内在需要所驱动的劳动对自然物的改造与利用，以及与此同步的对人际交往和社会关系的调整。文明是人本质及其素质的综合体现，由六个要素构成：一、科学与技术；二、生产方式；三、组织管理技能；四、生活方式；五、价值观和思想道德；六、语言和艺术。这六要素是内在统一的，其中，科学与技术是人对自然和社会认识的集合，同时也是人改造自然和社会的先导性因素；生产方式是人力（智力和体力）对自然物质有效利用，为人类生存和发展提供必要物质条件的社会过程与形式；组织管理技能是人根据对社会关系的认识，而形成的处理、调节人类社会秩序与活动的技巧与能力；生活方式是在生产方式基础上所形成的人们生存和社会活动的方式，包括消费方式与行为方式等；价值观和思想道德，则是人对自己本质、本性及价值的认识，以及对社会关系和矛盾发展的规定，它是人对自己活动的意识与制约；语言和艺术是人际交往及自我表现的必要方式，因地域和民族、国度的差异，人类在语言和艺术上具有明显的区别，但也正是在众多特殊的语言和艺术中，体现着人类的一般性。

文明的六要素，统一地存在并作用于人类社会的各个方面，并在不断发展中普及和演化。文明的主体，是劳动者，文明的发展以生产方式为基础，取决于劳动者素质技能和社会地位的提高，因而呈现出阶段性。

工业文明是以工业生产方式为基础的文明阶段，它从公元13、14世纪在欧洲萌发，到18世纪因工业革命而形成，并逐渐向全世界扩展，现代人类正处于工业文明普及和发展期。

工业文明是以科学与工业技术为首要因素的，从"文艺复兴"以来的自然科学发展是工业技术发明和使用的前提，而商业向工业的扩张，又对科学与技术提出了要求和应用条件。突破传统的农业和手工业生产方式，转向工业生产方式，已成历史大趋势。英国18世纪末以蒸汽机的发明和使用为标志的"工业革命"，使工厂机器工业逐步取代工场手工业，工业生产方式逐步成为人类的主导生产方式。在两个多世纪的时间内，工业生产方式不仅极大包容并促进了科学与技术的发展,也改变了组织管理技能,使社会结构与工业生产方式相适应。与此同时,人们的生活方式也随之变化,工业技术和产品成为主要消费手段,生活节奏和习惯与工业生产方式相吻合,在扩大与密切社会联系的过程中,个体性更为突出。人的价值观、思想和道德随生产方式和生活方式的变化而变化,并因阶级的分化与对立而形成资本主义文化和社会主义文化两大意识形态。语言和艺术既受资本主义文化和社会主义文化的制约,又适应生产方式和生活方式的变化,而形成时代特色,尤其是与社会密切相关的文学艺术等,更为充分地体现着文化和社会矛盾,成为工业文明的形象性标志。

工业文明是以和劳动者素质技能和社会地位的改变与提高为内容的,而商品经济作为工业文明时期的一般经济形态,不仅是工业文明的基础,也是工业文明发展的必要条件。

人类大体经历了采集经济、产品经济和商品经济三种形态。采集经济也可称为原始经济,它存在的时间最长,直到原始社会末期才逐步被产品经济所取代。采集经济的特点主要是以劳动采取自然生长的动植物,用以满足自己的需要,而经济关系也以家族、氏族的群居为主。产品经济的特点在以劳动种植植物和养殖动物,生产出产品以满足本生产单位的需要,由于有了部分剩余产品,以致产生阶级,从氏族到部落、部落联盟、民族转化,并形成国家。产品经济包括三种经济制度,即奴隶制、封建农奴制、集权官僚制。奴隶制下以奴隶主庄园为生产单位,奴隶主役使奴隶劳动供养其消费,并拿出一部分产品"饲养"奴隶;封建领主制以领主的"采邑"为单位,农奴劳动生产的产品供领主消费,农奴也有小部分生活资料;集权官僚制下小农经济的生产单位是家庭,国家将其所有的土地的占有权"均配"给农民自耕,或以勋田、禄田、职田名义授给官吏,同时容许土地占有权的买卖,从而形成租用地主土地使用权的佃农,自耕农的产品除交税外，主要留作自家消费，佃农则要将其产品一部分交租后余下部分自家消费，地主所收地租也主要归其家庭消费。

对产品经济形态的突破，首先出自欧洲，而非农业文明高度发达的中国。13—14世纪在欧洲通行了近一千年的封建领主制因内在矛盾而发生尖锐冲突，一些较大的领主兼并小的领主，并相互对立，争夺霸权。大领主在其势力范围内先是与商人结成联盟，进而强化专制，建立王国，为了壮大势力，对内专制和对外争霸，各大领主或国王纷纷采取重商主义政策，以发展商业来刺激手工业和农业，增加税收和经济实力。这样，就导致商人阶层的兴起和商品经济的发展，特别是在一些封建统治相对薄弱和商业比较发达的地区，逐渐聚集起以商人和手工业者为主要居民的城市，并成为经济中心。商人和手工业者是国王财政的主要支持者，他们同时要求国王在实行重商主义政策的同时，解除封建领主和教会对他们的束缚，规定并保证他们与商品经济相适应的各种权利。城市的发展及其在经济中的主导和中心地位，使商人和手工业者为主构成的"市民"形成了相对独立的社会系统。商品经济就以城市为中心逐步扩展，以致成为西欧各国的主要经济形态，进而以殖民地、战争、贸易、资本输出等各种方式，成为全世界的一般经济形态。

商品经济是对产品经济的否定。其特点，一是生产品和生产者本人的消费分开，生产者生产某种产品，目的并不是直接消费其效用，而是创造价值与其他产品交换，取得货币，进而购买自己需要的产品，由此产品变为商品；二是行业分化和生产分工的专业化，生产不以直接消费为目的，而以交换为目的，由此促使产业分化，特别是工业的形成和不断的行业分化，并引起分工的细化，只要是能够用于交换取得价值的行业，都会逐步出现，而生产者也由此分工并专门从事某一专业工种；三是作用于人但不表现为商品的服务成为一大产业，不仅丰富了消费，也扩展了交换的范围；四是社会在商品交换中密切了人与人之间的交往,人类总体性越来越突出,而个体人的权利与利益也日益明确,社会成了人们以商品交换为纽带的共同存在、矛盾、发展的大"市场";五是参与交换的主体权利是平等的,交易是自由的,不论参与者社会地位、财富拥有量、受教育程度、道德水平、国别和人种等方面有什么不同,只要以商品所有者身份参与交换,其权利在形式上就是平等的,即都是所交换的商品的所有权主体,而其是否交易,又都是自由的;六是商品的价值由劳动决定,交换实行等价原则;七是要求并促进劳动者素质技能的提高,这不仅是技能素质的提高,也包括文化精神素质的提高,由此增强劳动者的权利意识和主体意识。

工业文明和商品经济的根本在于劳动者素质技能的提高与发挥,而劳动者素质技能提高与发挥的必要形式,就是分工与协作。分工与协作早在工业文明之前就已经出现,但只有到商品经济条件下,才成为工业生产方式的重要内容和特征。

分工。由于劳动技能方式、对象等的差异,而使人类劳动分解为不同产业、行业、工种、工序,并由专人专业从事某种劳动。工业生产方式随着规模的扩大和种类增加,其工种和工序日益细化,从而要求将劳动者分为固定的专业劳动,以提升其专业技能和经验,并在总体上提高劳动生产率。

工业文明和商品经济之前,人类的分工主要是产业和行业分工,如原始社会末期开始的产品经济中的农业和畜牧业,以及手工业和商业的分工。其中只有手工业内部出现了行业乃至工种的分工。而农业和畜牧业的劳动者,基本上都要从事其全部的劳动。

工业生产方式中的分工是以手工业的分工为前提的,但规模、范围、细化程度都远超过手工业。其重要原因,一是科学技术的研究成果不断应用于工业生产;二是资本雇佣劳动制将众多劳动者聚集起来,到社会主义公有制依然保持这种聚集。在以蒸汽和电力为主要动力的机器化工厂里,将劳动者固定于按机器构造和运作的要求分成的不同的工种和工序,既可以节省变换工序、工种的时间,又可以提高技能和熟练程度。这种分工,不仅在工、农业生产的各行业里出现,而且在服务业中也普遍实行。

分工使劳动过程细化和专门化,不仅生产第一线的劳动者有明确的分工,还形成了专门从事经营管理和技术指导的工种,这是工业生产方式重要的环节,也是分工得以施行并同时进行协作的必要条件。

协作。在有目的、有组织的社会化生产中,多数人在同一生产过程或在相互联系的若干生产过程中,有计划地一起协同劳动,就是协作。

虽然早在原始社会就已出现了协作,如为了捕捉大动物和营造居所而共同努力,而后产品经济时期建造某种大型工程,如埃及金字塔、中国的长城和运河等,以及较大规模的手工工场中都出现过协作,但协作作为一种普遍的劳动方式,还是在工业生产方式中形成,并成为生产财富、创造价值的必要环节。工业生产方式中的协作,是与其分工相统一的,是分工的总体形式。

协作是工业生产方式的特征之一,它体现于生产商品的劳动和服务劳动。协作以劳动者素质技能和社会地位的提高为根据,以机器的发明和更新为条件,使劳动的个体性统一于社会性,在充分发挥劳动社会性的同时,使生产资料发挥更大效用,并相比个体劳动极大地节约劳动力。协作在充分发挥个人劳动力的同时,能创造一种可称做"集体力"的生产力,协作劳动在相同时间共同完成一个联合操作所发挥出来的总体劳动力,远高于同样数量单个劳动者劳动力的机械总和,甚至会有质的差别,能够进行并完成单个劳动者不可能完成的工作。与同样数量的单个人工作日的总和相比,协作的结合工作日可以生产更多产品、提供更多服务,因此可以减少生产同样产品、提供同样服务的必要劳动时间。

协作之所以能够在同样工作日生产比单个劳动更多的产品和服务，在于它提高了劳动的集体力，并扩大了劳动力在空间上的作用范围；在于相对缩小了生产场所；在于可以在短时间内调动并组织大量劳动力；在于协同劳动激发了个人的竞争心并集中了精力；在于使多人的同种作业具有连续性和多面性；在于因同时进行不同的操作，使分工得以连续并有机地结成一体。

协作与分工是互为条件并相互促进的，在协作中，分工得以展开和有机结合；分工使协作，特别是大规模的协同劳动得以进行。而协作所创造的集体力和所促成的个人劳动力质量的提高，都是工业生产方式的优势所在。分工和协作极大地促进了劳动者的技能素质，要求并促进了工艺的精细化和系统化，同时也强化了劳动者的个体性和总体性的统一，为提高劳动者的文化精神素质，特别是阶级意识的形成创造了条件。正是在分工与协作的基础上，商品经济得以发展，并形成与之相应的公民社会。

与采集经济相对应的社会形式是原始社会，与产品经济相对应的社会形式是特权专制社会，它包括三个阶段：奴隶制、封建领主制和集权官僚制。公民社会是对特权专制社会的否定。在特权专制社会形式中，政治权利掌握在少数统治者（奴隶主、领主、皇帝和官僚）手里，广大民众不具有人身权或不具有充分的人身权，更没有公民权和民主权，没有言论和行为的自由。专制统治以庞大、严密、系统的国家机器将民众分别孤立，使之不能形成社会势力，只容许他们在固定的生产单位劳动，安分守己，在严格的封闭状态中进行简单再生产，专制统治也由此延续。

对特权专制统治的否定，是以商品经济的发展为依据的，也是商品经济发展的必然要求。

公民社会作为取代特权专制统治的社会形态，首先在欧洲出现，在力图建立并巩固集权专制的国王所实行的重商主义政策作用下，商人和手工业者所聚集的城市，成了经济中心和主要财政来源，他们在国王的支持下，争取到"市民"的相对独立的权利，即不受所处封地内领主统治，直接以国王臣民的身份组成城市的政府。国王颁布了各城市的"宪章"，并以法律规定了"市民权"。废除了在封建领主制下农奴与领主签订的契约，并不断吸收逃脱封建领主统治的农奴加入城市。市民以市民权、所有权等为依据，并以选举方式产生城市的管理机构，相对独立地行使司法、税收、铸币、市场管理等权利。由此而形成了一个特定的"市民社会"。

"市民社会"是公民社会的初级阶段，它一直延续到资产阶级革命夺取政权，建立资本主义制度之后的一段时间，大体到20世纪初、中期才结束。"市民社会"中市民的身份和权利，是以财产所有量和男性为标准的，只有达到或超过所限量财产所有权的男人才是市民，也才拥有市民权及其派生的政治权利。这将占人口大多数的工人和农民排斥于市民之外，他们没有市民权，也没有政治权利。以产业工人阶级为主的争取民主的斗争，逐步演进为社会主义运动，并组织了政党和工会等各种团体，形成了强大的变革势力。经过一个多世纪的斗争，迫使资产阶级让步，废除了以财产所有权和性别限制政治权利的法律，市民扩展为男女公民，市民社会转化为公民社会。

争得公民权和政治权利的劳动者，继续进行斗争，社会主义运动的发展和社会主义势力的壮大，必然建立社会主义制度，由此公民社会进入其高级阶段。社会主义社会以商品经济的高级阶段为经济基础，是商品经济高级阶段的社会形式。社会主义社会中全体男女公民都有平等的公民权和政治权利。

公民社会的原则，主要包括：一、确立并保证每个人的人身权和自由；二、废除因血缘、性别、财产所有量、受教育程度等造成的社会地位差异,规定并实现每个成年人平等的公民权;三、公民在公共事务方面的权利与义务是平等的;四、公民权派生并集合为公共权利,并以民主方式产生和监督行使公共权利机构负责人;五、公民权的核心是民主权,民主权的基本权能派生并形成选举权和被选举权,以及结社权、言论自由权、监督权、批评建议权等,这些权利都是针对公共权利和公共事务的,由这些权利的充分行使保证公共权利为公民所掌握,公共事务和公共设施为公民服务。

公民社会的原则,与商品经济是统一的,是保证商品经济运行和发展的,也只有在商品经济和工业文明的发展中,公民社会的原则才能不断充实。

劳动者作为文明的主体,是工业文明、商品经济和公民社会形成和发展的根本,但在资本主义制度下,劳动者却未能成为社会的主体和主导,只能在资本所有者的支配下进行劳作。劳动者的自由发展受资本增殖的限制,不仅要忍受各种屈辱,更束缚了其素质技能的提高。资本统治产生于工业文明,存在于公民社会,但它是与工业文明的发展相背离的,是违背公民社会基本原则的。发生于2008年的"金融海啸"、"金融地震"集中表现了这一点。以营利为目的的资本演化至金融资本阶段,充分地暴露了其本质及其对工业文明的破坏,展示了它与公民社会基本原则的冲突。

正是作为工业文明主体的劳动者承担起了否定资本统治,发展工业文明和公民社会的历史责任。他们的利益意志集中体现为社会主义。

社会主义是资本所有者统治对象的劳动者的主义,是与资本主义对立并以否定资本主义为目的的理论、运动和制度。与资本主义一样,社会主义也是植根于社会矛盾,并有现实的阶级基础和社会根据;与资本主义一样,社会主义也是人本质和人性的体现。资本主义是不劳动的资产阶级的主义,其根据是以对生产资料的掌控来操纵劳动者的命运,因而是人性中动物一般性的野蛮成分的集中体现。社会主义则是劳动者的主义,其根据是劳动力所有权争取自主联合与自由发展,是克服人性中动物一般性野蛮成分,促进人性升华的集中体现。

也正因此,社会主义要有自己的哲学观念,要在这个哲学观念上建立系统的理论体系。

对工业文明和公民社会劳动者利益意识的集中概括,是从一般意义上对社会主义的规定,也即不论国度,不论处于工业文明和公民社会哪个时期,甚至不论处在哪个阶层的劳动者总体利益意志的规定。也正因此,社会主义要有自己的哲学观念,并由此而形成自己的一般性理论体系。在这个大前提下,不同国度、时期、阶层的社会主义者根据其特殊条件,可以提出具有特殊性的纲领和策略。

二、不能以资本主义的哲学观念唯物主义作为社会主义的哲学观念

唯物主义是资本主义的哲学观念,然而,一百余年来,受恩格斯"两大阵营"说的影响,在"马克思主义哲学"体系中,却将唯物主义作为社会主义的哲学观念,虽然强调是以辩证法改造了"机械唯物主义",从而构成了"辩证唯物主义",但基本观念未变。更值得注意的就是恩格斯所规定的"唯物主义历史观"或"历史唯物主义",将他对马克思有关社会基本矛盾和历史阶段论证的理解,以及他本人的思想归纳成一个初步体系,再经考茨基、普列汉诺夫、斯大林及苏联教科书的编写者演绎扩充,冠以"辩证唯物主义",就构成"苏联模式"社会主义的哲学观念。与"旧的"唯物主义不同的是,"辩证唯物主义和历史唯物主义"是从世界的物质性推论人和社会的物质性,是从社会总体来论历史,强调个人服从总体(国家、

集体，政党等），并更加注重总体性的物质生产力发展，忽略个人权利和自由发展。

而今，"苏联模式"已经解体，对于这个二十世纪人类最突出的变革及其失败，资本主义思想家欣喜若狂，宣布社会主义的"灭亡"和资本主义的"永恒"，甚至宣称"历史的终结"。其理论根据，特别是那些主张并支持金融资本统治的经济学家表述得最为露骨，就是唯物主义的社会观，尤其是"唯生产力论"。西方的资本主义思想家在苏联解体之后，将主要精力用于给其雇主出谋划策掠夺原"社会主义阵营"的资财，设计垄断资本财团的"全球化战略"，他们已不屑于再对社会主义这条"死狗"的批判了。但他们在中国的应声虫，却喋喋不休地在宣讲霍布斯和斯密、萨伊的学说，并提出"以国内生产总值（GDP）为纲"的经济发展原则，以廉价劳动力和耗资源、污染环境为成本的加入"国际经济大循环"路线。其哲学基础，就是唯物主义及其"唯生产力论"。在把"发展生产力"作为总体目的的前提下，将资本增殖的原则贯彻于经济生活的各个方面，但坚决排斥自由、民主等范畴，固守行政集权体制，削减劳动者的权利，压制他们争取利益的言行。进而设计出以国际金融资本主义为核心和导向的"改革"方案，将中国经济纳入金融资本的逻辑。

而消灭了"社会主义阵营"的美国金融资本财团，则制定了这样的"国际分工"和"世界经济战略"：美国以金融资本居世界的核心和主导，主要生产（印制）作为世界货币的美元和"创新"五花八门的金融衍生品，并保持在高新技术上的垄断地位，以先进武器威慑全世界；而中国及其他"新兴市场"国家，则应以初级制造业为主；西欧、日本则作为中介，既有从属于美国金融资本的金融业，又有一些高、中端制造业。中国等"新兴市场"国家将其产品输向美国和西欧、日本，供应其国民生活需要，而美国则向中国等

"新兴市场"国家输出没有成本的美元和风险极高的金融衍生品,并与西欧、日本一起向中国等"新兴市场"国家输出其高新技术产品(计算机、飞机等),并出卖部分低端技术,同时斥资在这些国家办企业,操纵金融市场和机构,获取巨额利润,但对高新技术则绝对地封锁,以防止中国等"新兴市场"改变其国际地位。中国那些"改革派"经济学家、金融家的方案,恰恰符合美国金融资本财团的要求。我们不清楚这里面有什么人事和利益关系,但有一点却可以肯定:双方在哲学观念和社会观、经济观上有着内在的同一性。

这种同一性就在唯物主义。从形式上看,"苏联模式"的社会主义制度与资本主义制度有本质的差别,也是否定资本主义制度的初级环节。也就是说,如果能坚持社会主义的原则,坚持无产阶级专政对国家机器的改造,坚持在民主法制的轨道上发展公有制经济,"苏联模式"的初级社会主义制度是可以改革发展为逐步成熟阶段的社会主义制度的。然而,由于国际垄断资本财团的封锁和打压,以及国内工业化程度的不足和小农经济的普遍存在,不得不保留和强化行政集权体制,这样,势必使社会主义只体现于抽象原则和制度形式上,而在具体内容上则保存比资本主义还落后的集权官僚制、甚至封建领主制的因素。"苏联模式"的演化,充分证明了马克思恩格斯所担忧的"社会公仆变成社会主人"的危险。而以行政集权体制集合人力、物力所展开的工业化,却在短期内取得了明显成就。于是,行政集权体制的既得利益者就有了充分理由论证这种体制的"优越性",并据此反对本该及时按社会主义原则进行的改革。而他们论证行政集权体制"优越性"的大前提,也就必然地选择和坚持"唯生产力论"及唯物主义的基本观念。

"唯生产力论"本来是英、法十八世纪唯物主义社会观的重要理念,它以世界是物质的,物质是自然的这一基本观念出发,论证了改造自然,发展生产力的必要性和必然性,但更为注重的是生产力发展所创造的巨大物质财富为谁所有并如何进一步在生产中发挥作用的问题。唯物主义者强调财产的私人所有权,主张财产的资本化和资本积累,由此形成资本主义政治经济学。马克思继承并改造了生产力范畴,并以生产关系范畴与之相对应,从二者的对立统一中规定社会基本矛盾,确立了生产力在社会发展中的决定性地位。他的这个观点被第二国际的伯恩斯坦作为不能进行社会主义革命的理由,成为他及其后改良主义路线的理论依据。

反对改良主义路线,坚持革命的列宁提出社会主义可以在一国首先胜利的主张,并领导了俄国革命。但这场革命胜利后所建立的"苏联模式",却又转向了"唯生产力论",这在斯大林那里已有所表现,到赫鲁晓夫则更为明确。他于1959年与尼克松(美国副总统)辩论社会主义制度与资本主义制度哪个更有优越性时,就是把物质财富的增长作为主要指标。而他所主张的与美国"和平竞赛"更突出了这一点。从这里,似乎已看不到社会主义与资本主义的社会属性和本质区别,只要能更快、更多增长物质财富,就是社会主义。

至此,20世纪初列宁与伯恩斯坦的论争已被他的后继者所否定,社会主义两大派系又都回到同一个起点——唯生产力论。但赫鲁晓夫所主张的并不是要不要进行对资本主义制度的革命,这个问题在当时的苏联已不存在。他的唯生产力论用意只在反对对"苏联模式"的改革,虽然他自认为强调发展生产力就是"改革",但却要以强化行政集权体制,限制民主自由来发展经济。作为行政集权体制既得利益者的代表,赫鲁晓夫及他在"社会主义阵营"的追随者,否认国家是社会主义制度中的"祸害",反而认为只有强化国家机器,运用行政集权体制才能发展生产力。而生产力发展了,物质财富增加了,就是社会主义。这种观念后来竟被表述为:只要能发展生产力,就是社会主义;物质财富不论归谁所有,即使只属于"少数人",只要它在增加,就是社会主义。唯生产力论至此走到了它的极点,它的实质，已经变成否认社会主义与资本主义区别，甚至不论社会主义与资本主义，只要能使物质财富——更为具体的就是国内生产总值增加，就是"科学"，就是"先进"。依此思路所进行的"改革"，不仅比赫鲁晓夫的靠"物质刺激"的"改革"、社会民主党的"改良"，都更为彻底，彻底到完全引入资本主义私有制取代公有制，纵容少数"先富"者侵吞、诈取公有和民众资财；以增长本来就不能正常反映生产力水平的国内生产总值！但有一点却是要坚决守住并强化的，那就是行政集权体制，以保证既得利益者永远能获得其利益并控制社会财富，支配社会生活，操纵民众思想和行为。

唯生产力论作为资本主义经济观的基础，就这样被引入"苏联模式"，并在这个模式"转型"、"改制"之后，依然作为行政集权体制存续的理论依据。而握有政治和思想主导权的行政集权体制既得利益者，却毫不犹豫地将这种甚至比资本主义原有的经济观更为"唯物"的观念称之为"社会主义的"。从那些官方所做的远比黑格尔的思辨还复杂的推论看，将"唯生产力论"作为社会主义的理论根据，似乎还能自圆其说，究其原因，还在于以唯物主义为社会主义哲学基本观念。

社会主义当然不是不要发展生产力，也不否认世界的物质性和物质的自然性。但问题在什么是生产力，又如何发展生产力；承认世界的物质性和物质的自然性并不能否认人的特殊性，更不能将人物化、等同于动物，而应明确人的本质、人性和人生目的，探讨人性升华的途径。

生产力是人类劳动能力的社会表现与集合，它不仅体现于已有的劳动成果和生产工具上，更体现于劳动者的素质技能上。劳动者是生产的主体，其素质技能是生产力的内容，自然物质只是生产力形成和发挥的条件，劳动成果和生产工具是劳动者素质技能发挥的结果和必要手段。发展生产力，也就是提高和发挥劳动者的素质技能,如何规定劳动者的社会地位,为劳动者素质技能的提高与发挥创造相应的社会条件,是生产关系和社会制度阶段性的表现。社会主义所主张的发展生产力与资本主义所主张的发展生产力,有一个本质差别,资本主义是将物质财富的增长并为少数人所有作为生产力发展的内容和标志,将劳动者视为增长物质财富的"要素"和"资源",以有效利用和占有劳动力及其成果为目的;社会主义则将劳动者素质技能的提高与发挥作为生产力发展的内容和标志,以确立劳动者的社会主体地位,以为劳动者素质技能提高和发挥创造必要社会条件为目的。

"唯生产力论"者对生产力的规定是以资本主义观念为依据的,在唯物主义者那里,这是自明之理,也是由他们作出这种规定的,演化到伯恩斯坦的改良主义和"苏联模式"的官方定义,依然延续着这种规定。其要点就是否认劳动者的主体地位及其素质技能是生产力的内容。正是在这个基本点上对唯物主义观念的认同,就导致对社会主义本质及其理论体系规定的偏差。

否认劳动者的社会主体地位而片面主张以增加物质财富为内容的发展生产力,势必导致强化行政集权体制,进而演化成由该体制中的某些权贵者掌控财富所有权和对劳动者的控制,或将公有资财变成其私人财产,或由既得利益者集团操纵,形成官僚资本。苏联的剧变充分证明了这一点。利用行政集权体制谋取私利的既得利益者,在其权势尚未充足到改变社会制度时,还要使用社会主义的旗号,而当他们认为权势充足,就会及时地摘掉社会主义这块招牌。叶利钦集团的所作所为是突出证明。从理论上说,叶利钦集团恰恰是利用了以唯物主义为社会主义哲学观念这个基本点,延续着从恩格斯到伯恩斯坦、考茨基、普列汉诺夫、列宁、斯大林对唯物主义的解释,扩展了赫鲁晓夫的"唯生产力论"。

唯物主义是资本主义的哲学观念,这一点因恩格斯的"两大阵营说"而掩饰。唯物主义变成了由古至今而后的一般哲学观念,并没有历史阶段性和阶级性。资本主义哲学与社会主义哲学的区别,不在观念上,只在方法上,前者是"机械的",后者是"辩证的"。这是社会主义在形成之初形成的逻辑误差,甚至连马克思本人也将其哲学观念说成"新唯物主义"。与恩格斯及后来的"马克思主义者"不同的是,马克思的"新唯物主义",只是批判继承了唯物主义对世界物质性、物质自然性的基本观念,并把它作为人的生存发展条件,他的哲学,如前所述,实际上是将劳动者作为主体,将劳动作为核心,探讨"共产主义"的"完成了的人道主义"。马克思开创了社会主义哲学。应当挖掘其学说体系中的基本观念和原则,并根据社会主义运动的实践而充实发展社会主义的哲学观念。

然而,以伯恩斯坦、考茨基为代表的第二国际理论家,并没有深入研究马克思的哲学,而是依据恩格斯对马克思的注释,并按他"两大阵营说"将唯物主义界定为社会主义的哲学观念。进而在欧洲社会民主党的"改良主义"和"苏联模式"的实践中,分别以各自的逻辑推演:一是认为生产力没有发展到要求变革社会制度的水平,因此就不能进行制度变革,只能在资本主义制度下为争取劳动者的局部利益进行改良,甚至在以"议会道路"争得政权之后,也要维护资本主义制度,照顾资产阶级的利益。他们一直在以"生产力水平不够"来阻止或反对制度变革,但不知他们认为生产力发展到什么水平才能进行制度变革,从伯恩斯坦提出"唯生产力论"到如今已经一个多世纪了,"生产力水平"不论从生产总值、技术、产能、产量等指标,都有几十、上百倍的提高,如果按伯恩斯坦的算计,不仅社会主义革命,甚至进入共产主义也已有余。但今天的改良主义者不仅依旧反对变革,甚至更加弱化,乃至取消了制度变革的意识。工党和社会民主党的领袖大都政府化、官僚化,满足于在现有制度下自己的职业和地位。

二是反对伯恩斯坦"唯生产力论"的列宁领导革命所建立的"苏联模式",由于保留行政集权体制,因此只能以集权方式管理和发展经济,在将民众的权利集合于政权以后,民众也就成为政权的对立面。为了巩固政权,必须以集权的方式发展经济,从而忽略了劳动者的权利和自由,也就阻碍了社会主义原则的实现和劳动者的主动性、创造性。而保证既得利益和巩固政权又需要经济实力,因此也就否定了列宁对伯恩斯坦"唯生产力论"的批判,以发挥"社会主义优越性"的名义来主张"唯生产力论"。也正因此,不能不在基本观念上坚持唯物主义的世界物质性的观点,并将马克思对生产力和生产关系矛盾的论述片面注释,提出"生产关系适应生产力"的主张,进而将社会主义的目的说成只是为了发展生产力,为了发展生产力,可以不必从生产关系和社会制度上考虑什么是社会主义,只要能发展生产力,就是社会主义。而政权掌握在他们手中,行政集权体制集合并操纵着几乎全部资源,支配着劳动者的行为,决定着财富的分配,因此,在短期无疑是可以在本来经济落后的国度实行初级工业化的过程中表现出明显变化的,加之以国内生产总值为生产力的标志,把引进的外国资本企业及给外国品牌加工企业的产值统统算计在内,就可以表现为官方限定的统计指标大幅度的增长。至于真正的财富,即大部分利润则在给国内生产总值的统计做了"贡献"之后,立刻就落入外国资本家的账户,对此,官方统计则忽略不计。更有甚者,"长官意志"人为地造出任意数字,都能表现生产力的发展。"唯生产力论"由此上升到一个全新的逻辑境界!这是十七、八世纪唯物主义者完全不可以想象的。更为重要的是,既得利益者可以用"唯生产力论"来掩饰社会的各种矛盾,并阻挠对行政集权体制的改革。

在恩格斯那里,没能分清社会主义与资本主义在哲学基本观念上的本质差别,只是从方法论上界定社会主义哲学与资本主义哲学的不同，并由此将"马克思主义哲学"规定为"辩证唯物主义"和"历史唯物主义"，还主要是认识能力和逻辑上的问题。但到第二国际理论家和"苏联模式"的论证者那里，特别是行政集权体制的既得利益者，则根据自己的需要来界说、编排哲学观念。对他们来说，社会主义已经不重要，重要的是其地位和利益。对唯物主义的各范畴，采取实用主义的态度和手法，以论证其地位和行为的合理性。这实际上已经脱离了社会主义本质和原则。将"唯生产力论"作为"历史唯物主义"的主体和主要内容，必然忽略或取消社会主义与资本主义、乃至集权官僚主义的区别。在"发展生产力"的名义下，只要以专制掌控绝对权力，几乎怎样做都是合理的。

历史的经验证明，社会主义作为工业文明和公民社会劳动者利益和意志的集中概括，不能将本是资本主义哲学观念的唯物主义照搬过来作为自己的哲学观念，一个多世纪以来由此引发的理论和运动、制度中的问题，充分验证了以唯物主义为社会主义哲学观念的错误。为了发展社会主义理论，推进社会主义运动，创建和改革社会主义制度，必须从哲学观念上正本清源，确立社会主义应有的特殊哲学观念。

三、社会主义的哲学观念是劳动主义

一种哲学观念的性质，取决于其提出者和信从者所代表的社会群体，哲学观念只是作为主体的某一社会群体利益和意志的集中概括。已有的成体系的哲学观念，从诸神论到上帝主义，再到天命主义和近代自然神论，以致唯物主义和质疑它的唯心主义（不过是上帝主义的回光返照），都是特定时代特定社会阶级主体利益和意志的概括。工业文明和公民社会中的劳动者，从总体上说是一个阶级，虽然其中还有不同时期的不同阶层的区别，但基本利益是一致的，从发展角度说，其意志也是共同的，社会主义就是以他们为主体，

是他们利益和意志的概括。这种概括必然要集中体现于哲学观念上，即与以往的各种哲学观念，特别是唯物主义有本质区别的新哲学观念。马克思已经意识到了这一层，他以"新唯物主义"来表示与唯物主义的区别，以"完成了的人道主义"、"共产主义"来表达自己哲学观念的本质与内容。虽然尚不精确，但其中的基本原则和思路却是确立社会主义哲学观念的必要前提。

依据对马克思思想的探讨，从对一百多年来社会主义运动及其制度化的经验教训的总结反思中，从对现代世界经济政治矛盾的分析中，我得出结论：社会主义的哲学观念就是，也只能是劳动主义。

马克思实际上已经认识到了社会主义哲学观念与资本主义哲学观念唯物主义的本质区别。他对"完成了的人道主义"和"共产主义"的规定，包含着劳动主义的发端。马克思的哲学观念，是以劳动者为主体，以劳动为核心的，他对人的社会存在和社会关系的规定，都是依据劳动。"共产主义"就是所有人共同劳动的主义。他认为哲学的基本问题不是"解释世界"，而是"改变世界"，要探讨以实践来变革社会，变革人生。实践的核心是劳动，实践的主体是劳动者。令人不解的是，20世纪下半叶努力与"苏联模式"保持距离的铁托及南斯拉夫哲学家们，以"实践唯物主义"来命名"马克思主义哲学"。这样做，虽然有别于苏联的"辩证唯物主义和历史唯物主义"，但依然未能摆脱唯物主义基本观念，没有明确劳动的核心，没有突出劳动者的主体地位。至于苏联人的"辩证唯物主义和历史唯物主义"，还将哲学基本观念定位于物质，其错误与危害，上一节我们已做了分析。

诸神、上帝、天命、物质，作为历史上出现的哲学观念的核心范畴，是与特定历史阶段相应的阶级，即奴隶主、封建领主和高等僧侣、官僚地主、资本家的利益一致的，是他们意识和意志的集中体现。这四个核心范畴及其展开所构成的哲学观念，虽然各有特殊性，但有一个共同点，即精英至上，精英为主，区别在于精英的确定和作用方式。奴隶主之所以要选择某一个神为其部落的崇拜对象，是要树立自己及其子孙的权威，而这个权威就来自其信奉的神——它或是本部落的创造者，或是本部落的护佑者，本部落的存在和延续，全靠对这个神的崇拜忠诚程度。奴隶主及其子孙就是神的化身或代表，他们是本部落最强、最智慧的精英，理所当然地应当代表神来统治本部落。至于奴隶，则是本部落的俘获物及其后代，他们并没有在本部落作为正式成员的资格，只是奴隶主的财物或生产资料。而他们之所以沦为奴隶，就在于其本来部落的神敌不过俘获他们的部落的神，更在于自己不具有精英的神勇和智能。上帝主义最初是要以一神取代诸神，在一定意义上反映了各部落融合及奴隶要求平等的意愿。但由于承认上帝创世造人，因此很快就被部落联盟的盟主（在欧洲是天主教教皇及其教廷）和部落首领所利用，他们自称是上帝的代表，是上帝所造的第一个人亚当的长子长孙或者体现上帝意志的人，因此是人类中的精英，是理所当然的掌权者。天命主义否认人格化的神，但将天神化，把统治者的意志说成"天命"。进而把自然现象作为例证，说明人生和社会关系，编织出一套礼制法度。依从天命主义所建立的集权官僚制将皇帝任命为"天子"，是代表天来统治普天下人类及万物的，"溥天之下，莫非王土；率土之滨，莫非王臣。"皇帝又对天命有先验的领会和表达权，是天生的"圣人"。而辅助"天子"行使"天命"的官僚，则既有先验的聪慧，又有后天的自觉努力，智勇双全，当然是精英和领导者，也是"天命"的代言人。唯物主义将物质作为世界的本原，既是人类对自然界认识的进步，又是论证"以物为本"和财产所有权的逻辑前提，谁能拥有财产所有权，谁就在社会居主导地位。财产所有者是财产所有权的人格化，财产所有权又是财产的社会形式，财产则是物质世界在人类社会的表现。财产的生产和所有是物质世界"自然规律",人的社会地位按财产界定,只有财产的所有者才有社会地位,作为财产的人格化,他们的地位要以所有财产的数量来计算并划分等级,那些巨额财产的所有者,即大的资本家自然是大精英,中小资本家是中小精英,而他们所雇用的职工不过是资本积累财产的"资源"或"要素"。

哲学史的演化是有阶段性的,这里根本不存在什么唯物主义与唯心主义"两大阵营"的对立,苏联及中国的哲学史家从历史上的哲学著作寻章摘句,牵强附会地贴标签的作法,完全破坏了哲学史的逻辑。人类已有的哲学史,是占统治地位的阶级利益和意志的集中体现,是精英主导人类的意识的阶段性发展。马克思和恩格斯曾对思想史作过这样的论述:

> 统治阶级的思想在每一时代都是占统治地位的思想。这就是说,一个阶级是社会上占统治地位的**物质**力量,同时也是社会上占统治地位的**精神**力量。支配着物质生产资料的阶级,同时也支配着精神生产资料,因此,那些没有精神生产资料的人的思想,一般地是隶属于这个阶级的。占统治地位的思想不过是占统治地位的物质关系在观念上的表现,不过是以思想的形式表现出来的占统治地位的物质关系;因而,这就是那些使某一个阶级成为统治阶级的关系在观念上的表现,因而这也就是这个阶级的统治的思想。此外,构成统治阶级的各个人也都具有意识,因而他们也会思维;既然他们作为一个阶级进行统治,并且决定着某一历史时代的整个面貌,那么不言而喻,他们在这个历史时代的一切领域中也会这样做,就是说,他们还作为思维着的人,作为思想的生产者进行统治,他们调节着自己时代的思想的生产和分配;而这就意味着他们的思想是

一个时代的占统治地位的思想。[①]

哲学是思想的最高层次,也是思想的基础和核心,既然每一个时代统治阶级的思想都是这个时代占统治地位的思想,那么,就不可能在统治阶级的思想中分裂出对立的两个哲学"阵营"。而从诸神崇拜到上帝主义到天命主义到唯物主义的演进,不仅表现了统治阶级思想的更替,也反映着社会的进步。这种进步的根据,就是劳动者素质技能的提高。提高了素质技能的劳动者势必要求提高其社会地位,从奴隶到农奴到农民到雇佣劳动者的演变,标志着劳动者在人身权和经济、政治权利上的逐步提升。虽然这种提升还未使劳动者成为社会主体,但素质技能提高了的劳动者依据他们所争得的社会地位,已经能够形成自己的阶级意识,而哲学观念就是工业文明和公民社会劳动者阶级意识的核心和基础。它在本质上是与唯物主义对立的,并将取代唯物主义成为哲学史新的阶段。因此,它的根据不可能是资产阶级以所有权所掌控的物质财富及其物质一般,而是劳动者的劳动。劳动也就是社会主义哲学观念的基础和核心,劳动主义由此而命名并建立其体系。

劳动主义与唯物主义及天命主义、上帝主义、诸神崇拜等旧的统治阶级哲学观念的本质区别,一是从人自身的本质,而非人之外的神或物来确定基础和核心;二是集合了大多数人,即劳动者的利益和意志,是群众的主义,而非"精英主义";三是将人的生存和发展作为目的,而将物质财富的生产作为手段;四是以变革人的社会关系为人性升华的途径。

从人之外寻找世界本原,探求决定人存在的原因,规定人的本

[①] 马克思恩格斯:《德意志意识形态》,《马克思恩格斯选集》,第1卷,北京:人民出版社1995年版,第98—99页。

质及其生存与社会关系，是以前各种哲学观念的共同点，虽然对象和内容都有所差异，分别将诸神、上帝、天命、物质作为各自体系的基础和核心，但它们都是将人作为被动的、被决定了的存在，是外在的"神"或物所决定、所支配、所派生的。统治者只是这些外在于人的"神"或物的代表，他们是克服了自身的人性具有了神性或物性的动物，是在行使神或物（资本）的统治职能。只有克服了人性才能行使这种职能，但他们又是人，因此在其意识和行为中包含着不可回避的矛盾，而这也说明为什么在统治阶级中会形成冲突，甚至会出现变革的势力。诸神崇拜、上帝主义、天命主义、唯物主义作为这依次出现的统治阶级的哲学观念，或是将人意识幻化出来的神作为世界和人类社会的主体，或是将自然物和人劳动生产的物质财富作为世界本体与社会主体，而人成了被支配物，只能小心翼翼地按照少数神和上帝在人间的代表或依从物质运动规律并占有巨额物质财富者的指挥行事。

劳动主义是对唯物主义和所有旧哲学观念的革命。它彻底摈斥了从人之外去寻找哲学观念的基础和核心的作法，以哲学探讨人生和社会发展的基本规律。哲学的主体是人，而人的本质活动是劳动，哲学的主体更确切地说就是劳动的人。哲学的核心和基本范畴是劳动，劳动体现着人的本质，劳动是人生和社会发展的基础和根据。只有从劳动出发，才能认识人生，变革社会关系。人的哲学只有一个目的，就是发展人，为人的生存和发展探寻适当的途径。劳动离不开物质资源，人生离不开自然环境，劳动主义当然也要研究自然物质，但是从以人为主体的角度进行研究，是以劳动基础上的实践为根据的研究。不是要将人物化，而是将物人化，在认识自然规律的同时，改造自然物质，使之适应人的生存，而人的生存也要适应自然规律。

劳动主义是劳动者的主义，而劳动者历来占人口的绝大多数。

劳动者是"草根",是群众,劳动主义是群众主义。首先是大多数人的主义,进而是全体人类的主义。阶级统治之下,劳动群众虽然占多数,但他们只是劳动的主体、生产的主体,并不是社会主体。社会主体和主导是"精英",他们是少数,但控制着生产资料所有权,甚至在奴隶社会和封建社会还控制着劳动者的人身权。这种控制不仅以庞大严密的国家机器为手段,更以其哲学观念为基础和核心构造的思想体系制约人们的意识,通过教育和舆论等各种方式,限制人们的意识,甚至"制造"人们的意识。奴隶、农奴、农民对人生的社会关系的意识,受统治阶级的控制,从一开始就不得不接受其思想体系的影响。这里最突出的就是欧洲天主教的全面统治,使每个农奴都成为教徒,并在头脑中种植下上帝造人创世观念,以及等级严明意识,从而满足于自身地位,服从封建领主和僧侣的统治。而中国集权官僚制下的小农意识,则是在官文化影响下对集权统治的消极适应。只有到工业文明条件下,雇佣劳动者的素质技能提高,并在协作中集合,才有可能形成阶级意识,形成以劳动群众为主体的哲学观念,延续了几千年的"精英主义"至此有了理论上的对立面,群众主义在与"精英主义"的对立斗争中演进发展。

劳动主义作为劳动群众的哲学观念,不应该也不可能从人之外寻找、规定哲学目的,而应将人,将劳动者的生存和发展作为目的。统治阶级的"精英主义"哲学都是将阶级统治作为根本目的的,虽然会将其目的包含于"神授"、"天意"、"自然规律"、"发展生产力"等各种观念之中,但其实质却是维护少数人的利益和对大多数人的控制。这里最突出,也最有欺骗性的就是唯物主义的"唯生产力论"。世界是物质的,人是物质的一部分,按照物质运动规律的要求,人应当不断地去改造自然物质,创造并占有物质财富。这是作为物质的人的物质性决定的,而能够占有大量物质财富,并能支配、指挥更多的人去劳作的"精英",理应成为人类的"先进代表",他们理解并掌握了人的物质规律，也是最有理性的，只有由他们领导人类，才是符合物质规律的。这真有点"绝对真理"的味道了。二三百年来，人类就在这种观念的支配下，努力地开发自然资源，拼命地使用自己的劳动力，几乎把地球表面全部翻腾过，只要可用的，无论种植、畜牧、采矿、捕捞，统统都要变为财富。以致天气变暖、环境污染，而人类自身也贫富悬殊，利益冲突，战乱不断。劳动主义不是不要改造物质世界，但不是顺从什么"自然规律"的要求，而是为了人生存和发展的需要。不仅要发展技术以节约劳动，更要审察、规范需求，克服因少数人所有大量财富而引发的奢侈浪费，将生产的目的放在提高劳动者素质技能上，由此而有计划地使用劳动力和资源，在保证人类必要的、合理的生活需要的同时，努力减少对环境的破坏，并更新环境，使人与自然相协调。

劳动主义是哲学史上的革命。这个革命是全方位的，从主体到对象到目的到方法到观念到全部体系，都是对唯物主义及所有旧哲学的革命，而其根本，还在于哲学主体的转移，在于劳动者素质技能的提高，在于劳动者争取成为社会主体并保证主体地位的实现与完善。社会主义与资本主义及集权官僚主义、封建主义、奴隶主主义的根本区别，就在以劳动者为主体还是以非劳动的统治者为主体。劳动者利益和意志的基本点，也在是否社会主体上。社会主义是劳动者为主体的主义，它的哲学观念必然也必须集中于这个基本点。劳动主义是社会主义的唯一哲学观念选择。

四、劳动主义对唯物主义的批判继承

劳动主义是对唯物主义的革命。这个革命的根本是在主体的转变，即由资本所有者为主体转向劳动者为主体。主体变化引发基本观念和方法、范畴、体系的总体性革命。革命是辩证的否定，不是抛弃，而是扬弃，在批判之中对唯物主义的一般性合理成分有所继承，并经改造而纳入劳动主义的体系之中。

马克思早期在对唯物主义历史的概括性批判中，已经认识到唯物主义与共产主义和社会主义之间有着必然性联系，他在《神圣家族》中对此作出了初步的探讨。虽然此时马克思对唯物主义的批判还是不彻底的，但他毕竟看到了唯物主义与共产主义和社会主义的区别，并从区别中来谈其相互关系。他认为，笛卡尔的唯物主义成为真正的自然科学的财产，而法国唯物主义的另一派则直接成为社会主义和共产主义的财产。

> 并不需要多大的聪明就可以看出，关于人性本善和人们智力平等，关于经验、习惯、教育的万能，关于外部环境对人的影响，关于工业的重大意义，关于享乐的合理性等的唯物主义学说，同共产主义和社会主义之间有着必然的联系。既然人是从感性世界和感性世界中的经验中汲取自己的一切知识、感觉等，那就必须这样安排周围的世界，使人在其中能认识和领会真正合乎人性的东西，使他能认识到自己是人。既然正确理解的利益是整个道德的基础，那就必须使个别人的私人利益符合于全人类的利益。既然从唯物主义意义上来说人是不自由的，就是说，既然人不是由于有逃避某种事物的消极力量，而是由于有表现本身的真正个性的积极力量才得到自由，那就不应当惩罚个别人的犯罪行为，而应当消灭犯罪行为的反社会的根源，并使每个人都有必要的社会活动场所来显露他的重要的生命力。既然人的性格是由环境造成的，那就必须使环境成为合乎人性的环境。既然人天生就是社会的生物，那他就只有在社会中才能发展自己的真正天性，而对于他的天性的

力量的判断，也不应当以单个个人的力量为准绳，而应当以整个社会的力量为准绳。

诸如此类的说法，甚至在最老的法国唯物主义者的著作中也可以几乎一字不差地找到。在这里没有篇幅来对他们加以评论。对唯物主义的社会主义倾向具有代表性的，是洛克的英国早期学生之一孟德维尔对恶习的辩护。他证明，在现代社会中恶习是必然的和有益的。这决不是替现代社会辩护。

傅立叶是直接从法国唯物主义者的学说出发的。巴贝夫主义者是粗鲁的、不文明的唯物主义者，但是成熟的共产主义也是直接起源于法国唯物主义的。这种唯物主义正是以爱尔维修所赋予的形式回到了它的祖国英国。边沁根据爱尔维修的道德学建立了他那正确理解的利益的体系，而欧文则从边沁的体系出发去论证英国的共产主义。亡命英国的法国人卡贝受到了当地共产主义思想的鼓舞，当他回到法国时，他已经成了一个最有声望然而也是最肤浅的共产主义的代表人物。比较有科学根据的法国共产主义者德萨米、盖伊等人，像欧文一样，也把唯物主义学说当做现实的人道主义学说和共产主义的逻辑基础加以发展。[①]

马克思注意到了自然神论与唯物主义的区别，但他却认为"自然神论和唯物主义是对同一个基本原则持不同理解的两个派别，"[②] 并没有看到在基本观念上"有神"与"无神"的本质差异已经使自然神论与唯物主义界分两个阶段，因此才有"笛卡尔的唯物主义"

---

① 马克思：《神圣家族》，《马克思恩格斯全集》第2卷，北京：人民出版社1956年版，第166—168页。
② 同上书，第168页。

的提法，将之作为"真正的自然科学的财产"。而将霍尔巴赫等唯物主义者称为"法国唯物主义的另一派"，并将之视为"社会主义和共产主义的财产"。把自然神论者归入唯物主义，再将法国唯物主义分成两个派别，其中笛卡尔为代表的自然神论是自然科学的"财产"，霍尔巴赫为代表的"另一派"是社会主义和共产主义的"财产"。这种认识有着明显的不足。自然神论是先于唯物主义出现的一个哲学阶段，是唯物主义的历史前提、渊源和"财产"，而非与唯物主义"同一个基本原则"的两个派别。笛卡尔的自然神论也不只是自然科学的"财产"，而是通过对自然科学的概括，提出了反对上帝主义的新的哲学观念，它首先是启示了唯物主义，进而才为自然科学和社会科学提供了历史的、逻辑的前提。

虽然如此，马克思关于唯物主义与社会主义和共产主义关系的论证，却是精辟而深刻的。这里尤其值得注意的是，他明确地将唯物主义与社会主义和共产主义看成两个阶段，并从早期社会主义和共产主义代表人物的思想来源上，说明唯物主义是"现实的人道主义学说"和共产主义的"逻辑基础"。也正是在这个意义上，马克思才将自己所认同的社会主义和共产主义的哲学称为"新唯物主义"。与他未能将唯物主义与自然神论做明确的质的区分一样，他也未能将社会主义的哲学与唯物主义做质的区分。从而使恩格斯及其学生在编撰"马克思主义哲学"的时候，将唯物主义作为基本观念；并提出了唯物主义与唯心主义"两大阵营"由古至今而后始终存在的观点。

在苏联和中国，"马克思主义哲学"等于社会主义哲学，将唯物主义作为社会主义哲学的基本观念，也就要全面承继其观点和范畴，只是要从方法论进行批判和改进，即用辩证法取代"机械的"、"形而上学"的方法。从恩格斯到斯大林，形成了这样的思路：唯物主义主要是针对自然界的，它对世界本原的规定，它的"自然观"是科学的，是真理。但对人对社会的认识，却是与其"自然观"脱节的，是"唯心主义的"，不仅要批判，更要以"唯物主义历史观"取而代之。苏联和中国的哲学教科书，统统贯彻了这个思路。

以辩证法将唯物主义"腰折"，取其"自然观"，弃其"历史观"，由此构造的"辩证唯物主义与历史唯物主义"与马克思的哲学观念有实质性的不同，更不足以成为社会主义的哲学观念。而以唯物主义为基本观念的辩证法，也背离了马克思辩证法的精神，只是对黑格尔辩证法的"颠倒"式模式，也不足以成为社会主义哲学的方法论。

作为资本主义的哲学观念，唯物主义的基本观点、自然观和社会观是内在统一的，对它的批判继承，必须明确这一点。哲学观念的历史更替，并不只是后人对前人观点和学说从逻辑上的批判分析，而是以社会矛盾的历史演进为基础和内容，通过思想家的逻辑，概括新的阶级意识，并对社会矛盾的演化进行理论的抽象，形成新的基本观念，以此为前提，对旧哲学体系的基本观念和各主干范畴进行批判，论证社会矛盾演进，即制度变革的合理性和必要性，同时建立新的哲学体系。这个过程，要对旧的哲学体系进行全面系统的分析批判，但不是像普鲁东那样将批判对象分成"好"与"坏"两部分，取其"好"弃其"坏"。而是根据历史的演进，对之作总体性的评判，以新的基本观念为核心，形成范畴体系。旧的哲学观念及其体系是批判的对象，是新哲学观念和体系形成的"饲料"，其"营养"是要通过总体消化来吸收的，并不是将旧体系的某个部位装在新体系之上。哲学观念及其体系是有生命的，它的各组成部分必须是有机统一的。而旧哲学体系之所以能经批判分析被新体系吸收，就在于历史延续性及其中体现的一般性。

马克思说唯物主义是"社会主义和共产主义的财产"，这个"财产"的比喻相当贴切且有深意。"财产"可以理解为"遗产"，或者是可以支配的有用的财物。唯物主义作为社会主义和共产主义的财产,是前人创造的,用做社会主义和共产主义新哲学的有用之物,是必要的生产资料或资源,但不是社会主义和共产主义的哲学观念。社会主义和共产主义的哲学观念要由其主体的思想代表来创造,在创造中利用唯物主义为生产资料。

早期社会主义者和共产主义者都是从唯物主义出发的,马克思所提到的傅立叶、欧文、卡贝、德萨米、盖伊等人,都把唯物主义作为自己的哲学基础。他们虽然未能创建新的哲学体系,但在以唯物主义为"财产",并以其为基础批判资本主义,设想社会主义和共产主义的时候,也势必对唯物主义做了相应的改造。对唯物主义在哲学上的批判和继承,始于费尔巴哈,他的人本主义是对唯物主义的否定,但同时也继承、改造了唯物主义的基本观念和范畴,特别是对宗教的批判及社会观的论证,体现着唯物主义的要素。以致马克思和恩格斯依然认为他是唯物主义者。而马克思的"完成了的人道主义"进一步展开了对唯物主义的批判继承,并由此创始了社会主义的哲学观念。

劳动主义是延续马克思基本思路,对社会主义哲学观念的探讨与规定,为此,有必要进一步批判、继承、改造唯物主义的观念和范畴,将其中一般性的合理成分纳入自己的体系之中。

其一,在以劳动者为主体,以劳动为核心和根据的基础上,从规定人的生存和劳动的自然条件角度,批判继承唯物主义的世界是物质的、物质是自然的基本观点。唯物主义这个观点,是直接反对和否定上帝主义的,并力求克服自然神论的缺陷,在历史上的进步意义是明确的。这个观点的提出,是以当时自然科学成果为支持的,二三百年来的自然科学发展,进一步证明了这一点。劳动主义承认其合理性和科学性,但不是像唯物主义者那样将哲学基本问题放在以物质属性来"解释世界",而是将世界的物质性和物质的自然性作为人生存和劳动的条件。批判其由世界的物质性得出以物为本，以物为主体的观点，克服其从物质自然性规定人性，将人的本质归结为物质，以动物的"丛林法则"规定人的社会行为的缺陷。在承认人的物质一般前提下，明确并突出人的特殊性，集中探讨人的劳动及其生存发展，在这个过程中，探讨自然条件对人的制约和合理利用自然条件的原则、方法。

其二，以实践辩证法改造唯物主义的认识论。唯物主义的一个重要成就，它从世界是物质的，物质是自然的基本观念出发，将意识规定为物质的特殊功能，是人这种特殊物质对一般自然物的认识。然而，由于只从物性来规定人性，唯物主义者只是将人看成具有认识能力的物质，只从人的物质性来规定人的认识。正如马克思所说，他们只知道"解释世界"，而且认为认识过程是人被动地适应自然的过程。自然界是存在的本体和主体，人的认识是其自身所体现的物质特殊认识能力对自然界的反映。劳动主义肯定唯物主义关于认识是特殊物质的能力及其对物质世界反映的观点，但强调人不仅是认识的主体，而且是存在的主体。物质的一般性是人存在和认识的前提，认识论所要探讨的主题是"改变世界"，"解释世界"从属于"改变世界"。认识源自实践，实践的核心和主要内容是劳动。认识的范围，其深度和系统性，都取决于人的实践。劳动主义的辩证法不是植根于唯物主义的"唯物主义辩证法"，而是以实践为根据的"实践辩证法"。以实践辩证法克服唯物主义认识论的局限性，实践是对感性和理性认识的基础，将认识的层次与阶段统一到实践，统一到人的劳动和发展上。

其三，批判和改造唯物主义对人本质和人性的规定。唯物主义的一个重大进步，就是克服了上帝主义将人的本质和人性归结于上帝，以物质性来规定人本质和人性。劳动主义承认这一进步，但认为只从物质性规定人本质和人性是不够的，甚至是错误的。人是物质的存在，这只是人本质和人性的一般，还应从这个一般探讨特殊，人本质和人性集中体现于其特殊性上。物质一般性只是必要前提，应从这个前提出发，探讨人存在的社会形式和内容，并从中概括人的本质和人性。唯物主义只是将人看成个体的物质存在，忽略人的社会总体存在。劳动主义则要批判并克服唯物主义的这种作法，既考察人的个体存在，也将个体人纳入其社会关系总体。马克思从人的社会关系总和规定了人本质的外延，我们应在这个外延中进一步探讨其内涵，从而得出对作为哲学主体的人的本质和人性的规定，以取代将人作为物质的一部分来规定其本质和人性的唯物主义观点。

其四，改造并吸收唯物主义关于人的存在与利益的观点。唯物主义者从人是物质的一部分出发，认为人的存在就是物质存在，人的利益是对物质财富和资源的占有，是基于物的感觉的满足。劳动主义对此应进行辩证分析，要肯定物质利益在人生和社会关系中的重要意义。但必须明确物质利益只是人的利益的基础或基本利益，更为重要的是，物质财富的占有和享用，应以劳动为根据，要以有助于提高劳动者素质技能，进而争取和保证劳动者社会主体地位为目的。劳动与物质利益的统一，劳动与社会权利和地位的统一，是劳动主义哲学的重要内容。

其五，对唯物主义社会观的批判吸收。自然权利、社会契约和国家是唯物主义社会观的三个基本范畴，资本主义制度就是建立在这三个基本范畴之上的。其中，自然权利是基本的基本，它集中体现了唯物主义基本观念在社会观的展开，也是唯物主义在历史上伟大进步作用的标志。人是物质的，是自然的产物，因而是平等的，并具有自然所赋予的基本权利。自然权利是人生存的保证，也是人与人关系的依据。由自然权利的交织和妥协形成社会契约；由每个人自然权利中分出并派生的部分权利集合的公共权力构成国家，处理公共事务和协调人际关系。以这三个基本范畴构成的社会观导引了近代资本主义运动并制度化。劳动主义要批判吸收唯物主义社会观的基本要素和原则，坚持人的平等和权利，并强调公共权力是由个人权利派生，国家只是工具，而且要不断削弱以致取消，代之以更为民主的公共机构。对于唯物主义者突出自然权利中的所有权，以及由此衍生的资本经营、自由竞争等理念，则应予以否定，强调所有权以劳动为依据，社会关系、制度和国家都要维护劳动者的主体地位，并促进劳动者素质技能的提高。

其六，批判并克服"唯生产力论"，突出劳动者素质技能及其社会地位。唯物主义的经济观集中体现为"唯生产力论"，以物性代替人性，将人性归为对物质财富的占有和享受，并从自然权利中的所有权对之予以强化，主张自由竞争，以无限地占有和生产物质财富。这种观点在从农业文明向工业文明的转化时期是有合理性的，但"唯生产力论"的主体是资产阶级，而且极易被工业文明时期仍存留的专制势力所利用，成为官僚资本的口号。劳动主义应改造"唯生产力论"关于发展生产必要性和重要性的观点，但要进一步明确生产力的主体是劳动者，生产力不过是劳动者素质技能的社会表现，发展生产力并不是目的，而是为人的发展提供必要的手段。人的发展应以人本质和人性为依据和准绳，人本质的实现和人性的升华是社会发展的目的。人的发展并不是要无限地占有和生产物质财富，而是在提高素质技能的过程中科学而有节制地满足自己的消费，改造需要使之与素质技能提高相统一，由此达成人与人之间、人与自然之间的协调。克服唯物主义无限占有和生产物质财富的主张，关键在于确立劳动者是生产力，更是社会的主体，社会主义制度需把确立并保证劳动者主体地位作为核心和主要内容，只有这样，才能提高劳动者素质技能，切实而健康地发展生产力。

其七，继承并改造唯物主义的政治民主观点。唯物主义的政治民主观点，是自然权利社会契约、国家三个范畴的集合，虽然形式上主张以自然权利为政治权利的基础,因而是平等的,但由于其认为主要的自然权利是所有权,政治权利是以对财产的所有权为依据的,是所有权派生的权利,并在实行中以对财产所有的量为标准规定选举权等政治权利,因此唯物主义所主张的政治民主,实则政治"资主"或"财主",至于拥有选举权等政治权利的个人,只是资本或财产的人格化代表。劳动主义必须批判和克服唯物主义将民主权利与财产所有权统一的观点,但要改造其关于权利平等及削除政治上各种血统特权的观点,将之纳入社会主义的政治思想体系和制度,明确政治权利的根据在于人身权,它所要保证的,就是平等前提下每个人以劳动为根据的参与公共事务的权利。进而改造和吸收唯物主义关于社会契约及个人权利派生并支配国家权利的观点,强调公共权利来源于个人权利,并要以民主法制来制约、监督公共权利的行使。更为重要的是,要在强化民主权利和法制的进程中,不断改造国家机器,使之真正成为民主的公共权利机构。

其八,改造并吸收唯物主义的文化个人主义的一般性成分。文化个人主义是唯物主义的文化观念,它源自唯物主义基本观念和社会观,与其经济、政治观念是统一的。个人主义的要点是突出个体的存在,强调个性自由,以个人权利和利益为中心,围绕财产所有权,建立价值和道德体系。劳动主义并不否认个人的主体地位,但将个人的权利、利益及其价值观植根于劳动。劳动主义主张文化的社会主义,实际上就是以劳动为根据的劳动者的个人主义。个人在社会中的存在及其价值,都是以劳动为根据的,人与人之间的交往,实质也是劳动的交往,经济上的劳动价值与文化价值内在统一。正是以劳动为根据的文化个人主义,构成社会主义的内容。社会主义制度及其道德,并不是压抑、消灭个人的主体性,而是依循劳动原则,为所有个体人提供必要的劳动条件,并建立相应机制,保证劳动创造价值的社会承认及按劳分配。社会主义是劳动者的"自由联合体",它的制度和道德的基础是劳动,每个人的价值、地位都以劳动为根据,由此促进劳动者素质技能的提高与发挥,人性得以升华,人本质得以实现。

批判继承、改造吸收唯物主义的一般性合理因素,是劳动主义哲学的必要内容,但绝非全部内容,也不能将劳动主义只与唯物主义的体系等同,只是针对唯物主义的基本观念、范畴提出不同的看法,再照样翻新。劳动主义是一个全新的体系,它要从其主体性出发,根据基本观念的展开演化,确定自己的范畴体系,对唯物主义的批判继承,要服从并纳入劳动主义体系之中。

第五章

劳动主义基本观念

劳动主义哲学体系由基本观念、劳动辩证法、劳动社会观和劳动社会主义四部分构成。基本观念是劳动主义的基础和原则,它以劳动概念的规定为核心,展开于劳动者、人本质、人性等概念。

对劳动主义基本观念的探讨,是从马克思开始的,虽然他没有使用"劳动主义"这个术语,但"共产主义"、"完成了的人道主义"的核心概念已是劳动,并从劳动展开了他的哲学和全部理论体系。恩格斯虽然在劳动概念的论证上有所贡献,但他并没有将劳动作为哲学观念核心来理解马克思,而是用"唯物主义"来注释马克思的哲学观念,以致后来的"马克思主义者"都未能予劳动以应有的核心地位,只有卢卡奇在晚年写作的《关于社会存在的本体论》中,才认识到"要想从本体论上阐明社会存在的诸多特殊范畴,阐明它们是如何从早先的存在形成中产生的,阐明它们是如何与这些形式相联系并以这些形式为基础的,阐明它们与这些存在形式的区别,那就非得从分析劳动开始不可。"①

---

① 卢卡奇:《关于社会存在的本体论》(下卷),重庆:重庆出版社1993年版,第1页。

虽然"马克思主义哲学"对劳动没有给予应有的重视，但一个多世纪以来劳动却有了大的飞跃，它在社会生活中的作用日益明确，对它的理论规定也更为迫切。尽管资本主义思想家及其以"社会主义"为名义的代理人那里大力贬低劳动这个"要素"、"资源"的作用，但尖锐的社会矛盾及变革的必要性都为从哲学上规定劳动概念提供了充分条件。

一、劳动

劳动是人之所以为人的基本，也是人本质性的活动，是从人类形成就存在的，是人类从动物界提升为特殊的类的根据。然而，劳动作为一个范畴，却是进入工业文明和资本主义经济之后才被重视并规定的。在此前的一百多万年的时间内，虽然人类一天也不能脱离劳动，但却习以为常地忽视了对它的思想。对原始社会来说，人们没有概念的理性，不可能规定劳动范畴，但他们肯定有对劳动经验的意识，不过没有文献记载罢了。而有文献记载的奴隶社会、封建社会、官僚集权社会，虽然其中劳动者，特别是体力劳动者占绝大多数，但是他们地位很低，由他们承当的劳动并不能引起思想家们的重视，甚至被看成是"上帝对人的惩罚"，是下等人所从事的"苦役"。直到早期资本主义思想家开始反对封建主义的时候，才将劳动作为一个范畴提出来。唯物主义者把劳动看成改造自然物的手段，也是财富所有权的根据之一，洛克等人在这方面的论证，使劳动这种"下贱活动"成为其社会观中的重要内容。但唯物主义者，尤其是以唯物主义为前提的经济学家，只是将劳动作为制造物质财富的手段，是生产的"要素"和"资源"，而且是与人本质和人性冲突的，是"负效用"，任何人都不愿从事，只有那些在自由竞争中处于劣势的人才不得不为了活命而劳动。

可见，非劳动的统治者虽然离不开劳动者的劳动产品及劳动服务——他们是劳动产品的主要占有者和劳动服务的主要享受者，但从占有者和享受者的角度，是不可能对劳动作出正确、全面规定的，对于劳动的意义，也只能从占有和享受中才能有其感觉，并从这种感觉的反面来规定劳动。劳动是财富的"生产要素"、"资源"，劳动是"负效用"等观点，也就成为阶级社会的流行观念。而阶级也正是从对劳动及其成果的占有和享受上得以界定。以非劳动的方式占有和享受他人劳动成果与服务，是阶级存在的标志，也是阶级统治的主要内容。不劳动的统治阶级对劳动的认知，只是劳动负的或消极、被动的一面，这一面因阶级统治而强化，统治者因这种认知而厌恶劳动、贬低劳动，但却积极主动地占有劳动成果、享受劳动服务。他们的哲学，从诸神崇拜到上帝主义到天命主义到唯物主义，归根结底都是占有劳动成果、享受劳动服务的意识之集中概括。因为不劳动，也为了不劳动，他们从人之外的神或天、物来规定世界本原和本质，并从这些本原和本质推论他们不劳动但占有劳动成果、享受劳动服务的合理性。以这样的哲学为基本和核心所构造的意识形态，全面充分地贯彻着不劳动而占有劳动成果、享受劳动服务的意识，其中以资本主义经济学最为典型。

只有劳动者才有资格和能力规定劳动。劳动者是劳动的主体，他们从主体的角度对劳动的认知，是内在的认知。他们亲身体会着劳动的目的、技能和经验、脑力和体力的支出、苦恼与愉悦，更知道劳动成果的形成及其效用。劳动是劳动者的生命，是劳动者的本原和本质的体现。劳动者的思想家所要规定的第一个范畴，也是核心范畴就是劳动。如果说早期社会主义者还是从人的一般性和平等来为劳动者争取利益，那么马克思则直指问题的实质，从劳动出发，并将劳动作为核心来论证劳动者的利益和意志。马克思关于劳动为核心的思路，被"马克思主义者"以越来越多的"科学"言词，特别是"国家"、"党"、"集体"、"社会"等总体利益所取代,甚至被"唯生产力论"和资本主义经济学的范畴、指标所排挤。劳动在"马克思主义"体系中也变成了"要素"、"资源"和"负效用"。

即使是那些从正面规定劳动的著作家,他们论证劳动时也将重点放在人与动物的区别上,并努力探索原始人的最简单的劳动。当我们说劳动是人的本质性活动时,并不是只为了找到人与动物的区别。人与动物的区别只是人本质规定的外延,其内涵是人存在的要素及其内在关系。因此,对劳动的规定不应该从原始人那里去追寻——这只有考古学的意义。而应从现代的、发达的劳动形式及其社会矛盾中去概括。劳动的一般不在于最简单的劳动形式,而是对发达的、复杂劳动的抽象。对此,马克思是有所认识的,他写道:

> 劳动似乎是一个十分简单的范畴。它在这种一般性上——作为劳动一般——的表象也是古老的。但是,在经济学上从这种简单性上来把握的"劳动",和产生这个简单抽象的那些关系一样,是现代的范畴……对任何种类劳动的同样看待,以各种现实劳动组成的一个十分发达的总体为前提,在这些劳动中,任何一种劳动都不再是支配一切的劳动。所以,最一般的抽象总只是产生在最丰富的具体发展的场合,在那里,一种东西为许多东西所共有,为一切所共有。这样一来,它就不再只是在特殊形式上才能加以思考了。另一方面,劳动一般这个抽象,不仅仅是各种劳动组成的一个具体总体的精神结果。对任何种类劳动的同样看待,适合于这种 种社会形式,在这种社会形式中,个人很容易从一种劳动转到另一种劳动,一定种类的劳动对他们说来是偶然的,因而是无差别的。这里,劳动不仅在范畴上,而且在现实中都成了创造财富一般的手段,它

不再是同具有某种特殊性的个人结合在一起的规定了。在资产阶级社会的最现代的存在形式——美国,这种情况最为发达。所以,在这里,"劳动"、"劳动一般"、直截了当的劳动这个范畴的抽象,这个现代经济学的起点,才成为实际上真实的东西。所以,这个被现代经济学提到首位的,表现出一种古老而适用于一切社会形式的关系的最简单的抽象,只有作为最现代的社会的范畴,才在这种抽象中表现为实际上真实的东西。①

马克思这里主要是从经济学的意义上规定劳动,但他的方法对于我们从哲学,即更为抽象地规定劳动予以启发。对劳动这个核心范畴的规定,当然包括原始人和古代人不发达的劳动,但这些劳动除了在今天极个别条件下存在的少数人那里还有残留外,就只有从考古发掘的石器等工具中推论了。对这些劳动的研究可以认知劳动的历史演化,对现实劳动的概括要与劳动的历史演进相统一,才能对劳动作出充分的规定。②

现代劳动是劳动历史的集合,历史上各个阶段劳动的经验和技能,通过改造、否定而存在于现代劳动者的素质技能之中,而历史的劳动所创造的生产设施和劳动工具,也是现代劳动的必要条件。

----

① 马克思:《〈政治经济学批判〉导言》,《马克思恩格斯选集》,第2卷,北京:人民出版社1995年版,第21—22页。

② 行文至此,想到人类学和民族的研究,有一种思路和方法,认为只有原始的人类才是人类学研究的内容,为此,持此思路和方法的学者满世界去寻找那些深山老林或大洋中的孤岛去做"田野调查"。这是很有意义的事。但如果认为人类学只研究这些远离现代社会的角落就可以规定人类发展规律,则是不可能的。至于民族学,它的对象就是现代才形成的民族,一味探讨民族历史前提的氏族、部落,并不能认知现代民族关系和规律。

现代劳动者是历史劳动者的继续和提升,不仅在经验和技能上承继着历史上的劳动者,更体现劳动演进的方向,并为未来的劳动者创造前提。因此,以现代劳动者为主体,以现代劳动为对象和内容,规定劳动范畴,是劳动主义哲学观念的首要环节和核心。

劳动是人区别于动物的本质特征,是人类形成的根据,是每个个体人和社会总体存在的基础,是社会关系和社会矛盾的缘由,是意识的动因和载体。综合起来说,劳动是为了满足人的需要而在意识导引下,在交往中进行的脑力与体力统一的活动。劳动是人类生存和发展的本原,是人本质的核心。对劳动的规定,是劳动者为主体的社会主义哲学及其全部学说的基本。

人是物质世界的一部分,是动物界的一类,这是唯物主义所达到的认识。劳动主义承认这一点,并把这作为前提。但不是直接从物质性来规定人性,也不是将人等同于动物。而是在这个前提下,把自然物质作为人生存的必要条件,探讨人的特殊性。正是劳动使人区别于动物,劳动是人特殊性的首要环节和集中体现。但劳动又包含动物的活动和物质的运动一般性,是一般的特殊,也是人的物质存在与自然联系、统一的中介。劳动使人与自然界分别,劳动又使人与自然界相互转换,它将人的意识作用于自然物,使之改变形态和结构以适合人的需要,进而转化为人身体的一部分或作为人的生存条件。人通过劳动进一步认知自然物质,从而改变自己的生存方式以适应自然。劳动还包括直接服务于人的活动,人与人互为劳动对象,服务劳动是改造物质劳动的转化形式,是更为直接的社会活动与社会关系。随着劳动社会化程度的提升,服务劳动的比重逐步增加。对劳动概念的规定,也要考虑服务劳动这种形式。

概括来说,劳动是作为生物的人为满足需要而在意识的支配下以体力和脑力的支出改变物质或服务于人的活动。劳动具有如下性质。

一是目的性。劳动是人活动的特殊形态，与动物的受生理本能支配的活动不同，人的劳动是有目的的行为，目的是人主观需要与对象的统一，而且以人既有能力为条件。目的不是随意的设想，更不是幻想，那些没有对象，或有对象没有能力实现的想法，并不能称为目的，不是现实的、可行的目的，因此是不能付诸行动，也是没有结果的。劳动是现实的行为，它是要取得结果的，人们从事劳动，首先是来自生存的需要，从原始社会到今天，人类基本的需要还是生存资料，虽然生存资料的范围和内容有了很大变化，数量有了巨大增长，但其实质依然，而取得的方式也主要是劳动，并且越来越依赖劳动。从简单的劳动到复杂的劳动，形式上、技术上有明显的差异，但其内容却是同一的，即人的体力和脑力的支出。除那些出于阶级统治和镇压需要的军事行业，以及统治阶级的奢靡所需要的行业外，绝大多数劳动都是应人的生存需要而进行的，其目的性相当明确。劳动扩展着、提升着，需要也在相应地扩展和提升。需要是劳动目的的起因，劳动及其成果又是激发需要的根据。从原始人使用木棒和石块采集食物，到现代人以机器生产吃、穿、住、行的资料，每一样劳动都是有目的的。现代社会化大生产中的个人劳动，几乎所生产的产品都不是直接满足自己需要的，但劳动者又都能在进行劳动时有明确的目的，这既包括劳动会给自己带来的收益，也包括劳动本身的目的——产品及服务的效用。

劳动目的与手段是统一的，劳动的手段包括内在与外在两个方面，内在方面是劳动者的技能，外在方面是劳动工具，其中劳动者技能是主要、主动、主导的，工具是劳动者技能的体现和载体，又是延续劳动者技能的必要条件。劳动者技能的形成与运用，是以目的为前提和导引的；工具是劳动者技能运用中创造并辅助技能运用的，是技能的物质化。劳动者技能并不是被动地实现目的，而是在研究、探索、应用中实现目的的同时，也在修正、更新、创造目的。

技能的制造和使用工具的过程,既是技能的物质化,又使物质化、对象化了的工具成为进一步提升技能的必要条件,而且工具还有承载技能的传播和继续的功能。使用、更新、创造工具,劳动者技能在逐步提高着,劳动目的在实现中又再生,从而使目的与手段相统一。

二是计划性。目的和手段统一的劳动,是在意识的导引下进行的,目的和手段在意识中的统一,形成对劳动过程的计划,这里还包括对劳动对象的认知和改造。不论改造物质的劳动,还是提供服务的劳动,都是在目的导引下以技能运用工具作用于对象的过程。无论简单劳动还是复杂劳动,都有相应的程序,为此都要有所计划,包括劳动量、生产资料、工具、程序、时间、环境条件等,都要计算并规划。从原始人用木棍敲打树上果实到个体农户的劳作,以致现代机器化生产的工艺流程,都体现出计划性。计划是劳动的内在约束,也是劳动技能的必要环节。不同劳动者技能的差异,不仅表现在体力、脑力的质量上,也表现在体力、脑力的计划使用上。而现代企业的协作劳动,更要将计划作为主要内容。所谓经营管理,实质上就是计划的制订与实施。计划是人类理智的体现,也是劳动区别于其他动物活动的特殊性的展示。正是劳动的计划性内在地制约人在劳动协作基础上的社会性。

三是社会性。劳动都是个体进行的,是个人运用他的脑力、体力借助工具作用于对象的过程,但绝对的个体劳动几乎是没有的,劳动者是在社会中与他人协作、交流、相互制约中进行劳作的,并在劳动的基础上、围绕劳动而结成社会关系。个人的劳动是在社会关系的制约下展开的,他的劳动技能、使用的工具、劳动的对象、协作的规模等都是由社会关系界定的。劳动者的社会地位限制了其活动范围,也决定了劳动者的素质技能水平及其发挥。对劳动的考察,当然要分析劳动者个体的活动,即使现代大规模密切的协作,如飞机制造,也都是由一个个劳动者从事的,是劳动者在统一目的和严密周到计划的制约下联合的劳动。对于劳动者个体来说,无论他是独立完成某一项劳动,还是与众多劳动者协作进行系统劳动中的某一工序,他都是一个劳动的单位,都是在支出自己的脑力和体力按计划完成其产品或服务。即使是中国农民个体在自家占有或租的小块土地上的劳作,他的劳动也是社会性的,不仅他的工具要从手工业者那里交换,他的生活物品中有一部分要通过交换才能满足,他的劳作技能要与他人交流,更在于他的身份、社会地位及其对土地的权利,都是由社会制度决定的,受社会关系大系统的制约。现代产业工人的劳动,往往只是生产产品或服务劳作中诸多分工的一个环节,而且重复做同一动作,他的动作及其成果必须与整个系统中其他分工的劳动有机结合,才是有效的。这种协作系统是社会性的典型,而其之所以构成,又是社会关系、制度所决定的。规定劳动的社会性是劳动主义哲学的基本,从这个基本点出发,形成对人及其社会关系的规定。

四是劳动的多样性。人作为社会的动物,他的需要是多方面的,既有生理的,又有心理的、社会的,其中一部分需要是由自然界满足的,如空气、阳光、温度等,只有在特殊条件下才由人的劳动来提供;大部分的个人物质生活需要都是由劳动采集、种养、制造自然物质来满足;心理的需要或精神的需要,则是在体力劳动提供物质条件的基础上,由智力劳动进行各种精神创作和服务来满足;社会需要包括公共事务和政治统治、军事等各方面的需要,其大部分是物质需要,少部分是精神需要(社会舆论、教育、宣传)。人需要的满足除自然条件外,主要是依靠劳动。劳动不仅满足需要,还创造、引发需要,二者相互促进、制约,在扩展、丰富需要的过程中,劳动也在不断地扩展、精细、分化、系统、多样。劳动的多样性是人本质的展开,是人类发展的根据。劳动的多样性是以劳动者素质技能的提高为根据和内容的,人类社会的发展,它的矛盾、它的丰富多彩,都源自劳动的多样性。劳动的多样性表现为生产和社会的分工,中国古话讲"三百六十行",比喻劳动的多样性,而今日之劳动,又何止三万六千行!劳动的多样性不仅生产了多样性的产品和服务,也造成了人与人的差异与个性,进而导致交往的扩大与密切,乃至社会结构的矛盾和演化。

五是劳动的演进性。老子说"道生一,一生二,二生三,三生万物"。我这里要说,劳动是人生根本,从简单的劳动到复杂的劳动也是一生二,二生三,三生万的演进过程,这个过程就构成人类进步的大道。最初的劳动,也是最简单的劳动,是采集自然物以满足吃这种最基本生活需要的劳动,其所用工具,也只是自然的木棍、石块。进而扩展到衣、住、行等生活需要,劳动方式也有所进化,开始根据劳动的方式制造工具,从而提高了效率。再进一步的演进,是从采集劳动过渡到养殖动物和种植植物,由此掌控了生产的主动性,不仅衣食取决于劳动的质和量,衣、住、行等生活方式也发生重大变化,劳动分工出现并细化,劳动技能也随经验交流积累而日益提高。劳动分工导致劳动的专业化,畜牧业、农业、手工业、商业不仅成为专门的行业,而且由社会制度和阶级统治将之固定于世代承续上。春秋时管仲所制定的士、农、工、商"分业定居"政策是其突出表现,在以后的中国乃至欧洲历史上,大体都通行这一政策。劳动的技能和方式的再演进,就是近代以来工业的出现,这是一次革命性的变革。工业的基础是动力系统的革命,蒸汽力和电力的发明与利用,彻底改变了劳动方式,机器成为主要工具,不仅使制造业成为主导行业,而且使农业、畜牧业、商业也在以机器为工具的过程中工业化。工业极大地拓展了劳动的空间,规模扩大、分工精细,在不断地提高劳动技能的基础上,生产新的产品、提供新的服务,并引发了电子、化学、生物知识在劳动中的应用。人类劳动的专业化、精细化导致劳动演进的日新月异。社会生活、社会关系也据此而迅速变化。

劳动是人的本原，劳动是人成为人的秘密，劳动是人生存和发展的根据，劳动是人本质的核心，劳动是人类发展的保证。也正因此，劳动是以劳动者为主体的社会主义哲学的核心和基本范畴。

二、劳动是人本质的核心

人本质的规定是劳动主义哲学的基本，唯物主义从物质一般性规定人的本质，从物质自然性来论人性，虽较上帝主义是一大进步，但毕竟未将人作为主体，从而也就不能真正规定人本质，只是为人本质的规定创造了一般前提。而从物质一般性对人本质的规定，势必导致将动物界的"丛林法则"作为人类社会规则，并据此制定社会制度和秩序，倡导自私自利和个人主义。费尔巴哈将哲学主体转归于人，马克思进一步明确"人的本质是一切社会关系的总和"，为规定人的本质界定了外延。

本质是事物、现象的内在联系。人的本质，就是对人存在与发展的基本要素内在联系的规定。对人本质的规定，并不是只找出人与动物的区别，界定区别是规定人存在的特征，而本质的规定则要从特征中进一步分析基本要素，进而综合各要素的内在联系。马克思关于"人的本质是一切社会关系的总和"的论述，划定了人的本质的外延，即规定人的本质要在人类社会关系的范围内，而非从人的存在之外——无论诸神、上帝、物质都不是人的本质——去寻找。他的论述是进一步规定人的本质的前提，但不等于是对人的本质的完满规定。苏联和中国的一些哲学教科书曾将"一切社会关系的总和"直接作为人的本质，其结果是把表示总体社会关系的社会制度、国家、集体看成人的本质，是决定个人存在的，人的存在只是社会关系、社会制度的表现，甚或是其填充物。这种作法以将制度、国家规定为人的本质来为集权专制提供根据。

社会关系是人存在的形式，人存在的内容是人生存和发展的基本要素。马克思和恩格斯在《德意志意识形态》一书中，曾将生产、需要、交往、意识规定为人类生存的四个"因素"、"方面"、"事实"、"前提"，并在对其规定和相互关系中探讨人类社会及其历史发展。虽然他们并没有说这是对人本质的规定，但其中却体现着重要的方法论意义。

依循对马克思在《德意志意识形态》及《1844年经济学——哲学手稿》、《关于费尔巴哈的提纲》等著作相关思路和方法的理解，根据对人存在和社会生活、历史发展的认知，我将劳动、需要、交往、意识作为人本质的四个要素，并从其内在联系中规定人的本质。这四要素是人类生存和社会发展的基本内容，无论是个体，还是总体，只要有人存在，就有这四个要素，否则，个体不能生存，社会也不能发展。这四要素都以动物的一般性活动、生理、血缘关系、大脑和感觉性活动为前提，并有与其他动物所不具备的特殊性。

在其他动物那里，活动是满足其生理需要的手段，但受自然环境的制约，它们只能适应环境，不能改造环境，不仅其活动，而且其生理构造也都是适应环境的产物。至于血缘、种类关系，也是出于本能，是其生理存在的必要条件。动物大脑也有反应、记忆等能力，但没有思维，只能是其生理存在的必要形式；它们甚至会以某种动作和声音表示其反应和与同类交流，但由于没有思维，不能形成概念，因此没有语言，特别是没有文字。

人类的劳动也是以满足自己需要为目的的，但与其他动物不同的是，人是在意识的指导下，有目的地运用自己的身体器官和工具，来改造自然物，使之满足自己的需要。更为重要的是，人类在自觉地努力改造和提高自己。由于劳动的这种特性，人的需要也在满足生理存在的一般性基础上，不断改变和提升。劳动是个体人从事的，但又是在交往中进行的，包括劳动过程的协作和分工，劳动经验、技术的交流以及劳动和产品的交换等，都是劳动的必要内容。劳动与需要、交往的全过程，都反映于意识，并受意识的支配，人的意识也由此形成思维，形成概念和语言、文字，从而在总体和个体上成为人类生存和社会活动的理论和文化。

在关于人本质的规定中，劳动、需要、交往、意识四要素都曾被单独规定为人的本质。将劳动规定为人的本质，是在关于"马克思的人学"讨论中提出的。这种观点，不能说没有道理，但失之简单。劳动是人生存的一种活动，而且是主要活动，集中体现人的本质，但不是人的全部活动，不能直接地将劳动规定为人的本质。人的本质作为一个概念，要全面概括人生和社会的特殊性，其内涵不仅包括作为核心的要素，还要包括集中体现人生和社会的其他本质性要素。而将需要规定为人的本质，则是延续唯物主义的观点，其要义是强调人的自然属性，把对物质资料的需要作为人生的主要内容，进而突出人对物质财富的占有。这种观点的偏颇是明显的，而且不能反映人的特殊性。将交往规定为人的本质的观点，源于对马克思"人的本质是一切社会关系的总和"这句话的机械理解，并从交往推论至社会关系、社会制度是人本质的决定因素，以致为压抑个性、倡导个人对制度的服从提供论据。将意识规定为人的本质，是对黑格尔哲学体系片面理解的产物。持这种观点的人看不到黑格尔理性观中的唯物主义实质，反而用唯心主义来界说理性、精神和意识，并将这些内容视为人的本质。

分别将劳动、需要、交往、意识独自作为人的本质，是片面的。人的本质是这四要素的统一。从方法上说，要从大量的人类生存和社会活动的现象中进行比较、分类、归纳，找到共有的属性和特征，对之进行分析，发现其要素，再通过综合，才能得出对人本质的概念规定。将四要素中的任何一个要素直接规定为人的本质，是思维停止于分析的结果，并根据自己及所代表的阶级、阶层利益，抽出其中一个要素就下定义。这是认识不充分、不彻底的表现，并受特定阶级、阶层利益的支配而得出的概念性认识。

人的本质，作为一个概念的规定，并不是以某单个人为对象，而是以人"类"为单位，以"全人类"为对象的，是对全人类共有的本质属性的规定。人的类存在，是以自然物质的演化为前提，是物质在特定条件下特殊的存在方式。如果从物理学、化学的角度研究人类，不过是一群由各种元素构成的具有相同结构的物体，而人的"类"，只是对这些个别的物体的归总。从哲学角度规定人，当然要考虑人的物质构成，但这只是人类生存的一般性，对人的本质规定要在一般性前提下探讨其特殊性。究竟是什么原因使地球上的这些物质有机地集合起来，形成一个个按自己意志活动着的人体，并以无形的意识、价值观、思想、道德、法律内在地将这些物体联结起来，构成历史地延续的人类，而且在人类之中又充满着各种利益冲突、矛盾，以及友爱、感情、志趣、希望、理想等看不见摸不着却又实实在在地支配人行为的东西。人的本质，是对历史和现实的人类共有的本质属性、要素的抽象。这样的规定，既可以表现出人类的物质一般性，以及人与其他动物的区别，但更重要的是人类个体及社会存在、联系和发展的基础，是人类全部活动、关系、矛盾的根据和核心。

人类存在和发展集中体现于劳动、需要、交往、意识四要素及其内在联系中。关于劳动，我们上一节已经作了规定，这里先探讨需要、交往、意识三个要素，再考察劳动与这三要素的关系，并规定人的本质。

需要是人作为生物的基本属性，是其生命力的体现和要求。从生物的一般性说，人的需要是维持本生命体而吸收、利用其他物质，其中基本的需要是吃,即是通过消化系统吸取外部物质以补充人体生命活动的营养,以生长身体,保持体能。至于衣、住的需要,在动物身上只是如何适应外界环境,以御寒和休息。人的食、衣、住三种需要,虽然从一般性上说与动物没有区别,但却远高于动物的需要,在满足本生命体生存需要的过程中,还要讲求享受、舒适、虚荣心等的需要。显然这些需要已非动物的自然需要了,包括对食物的基本需要,也不是动物的食叶咀茎、茹毛饮血,而是经过加工制作,并且其来源主要是生产劳动所培植、养育、制造的产品。人的需要的特殊性只能从劳动、从人的社会性得到说明,演化到现代,人类几乎所有的需要,都要通过劳动和社会交往才能满足,同时对劳动提出要求,促进劳动的变化。人的需要不论怎样变化,其自然性的一般也不会取消,但这种一般性只有体现于人的社会特殊性之中,才构成人本质的要素。概括来说,需要作为规定人本质一个要素的概念,包括这些内容:一、需要是人的生命的直接表现,是人的社会存在的证明,也是人的必然的、内在的规定性;二、需要是任何存在着的人在任何社会情况下都必然存在的,也是人的发展的内在条件,是劳动、交往、意识的起因和要素;三、人的需要是人作为社会存在的主体的重要标志,人的权利、尊严和自由、发展等,都与人的需要及其满足密切相关,也是人的一切社会行为和联系的重要依据;四、人的需要及其实现,是一个历史的过程,不应当用所谓的"指标"将其绝对化,而应从中看到发展和变化,而这一点,既是劳动和社会生产发展的必要条件,也要随劳动和社会生产的发展而发展。应当对需要作出历史的规定,这样,才能将其作为历史发展着的人的本质的内在要素之一。

交往,作为人本质的一个要素,是对人与人之间各种社会关系的基本规定。交往是由人的劳动和需要决定的,并有意识参与其中。交往既是社会关系的基本形式,也是所有社会关系的内容,不论婚姻和血缘关系，还是朋友、同事、同学、仇人等各种具体的关系，其内容都在交往，因交往而形成关系。除个人直接交往之外，还有通过社会结构和机制的间接交往，并由此而形成更广泛的社会关系，如团体、阶层乃至阶级，以及部落、民族、国家等关系。这些总体性的社会关系制约着个人的存在与发展，也制约着个体之间的交往。无论总体性社会关系的间接交往，还是个体间的直接交往，其起因都在劳动、需要和意识，是这三要素的集中作用的表现。

任何个人的劳动，都不可能充分地、全面地满足其本人的需要，而且劳动过程往往要与他人合作，并要相互交流劳动技能。个体劳动的单一性与需要的多面性，促使人们必须进行交往，发生各种联系，社会分工、协作和交换由此而生。其中，交换是交往的最为突出和具体的形式，从个体间的劳动与劳动、产品与产品的交换，到以货币进行的商品交换，交往的范围无限地扩大了，以致资本与劳动力的交换，致使几乎全人类都纳入交换的网络和机制之中。由商品交换带动了劳动生产方式和关系的改变，细化了分工，密切了人与人在劳动过程的协作，更大范围地进行技能的交流。马克思对于交往在人类社会发展中的作用有深刻认识，他在与恩格斯合著的《德意志意识形态》中，指出："个人之间进行交往的条件是与他们的个性相适应的条件，这些条件对于他们说来不是什么外部的东西；它们是这样一些条件，在这些条件下，生存于一定关系的一定的个人只能生产自己的物质生活以及与这种物质生活有关的东西，因而它们是个人自主活动的条件，而且是由这种自主活动创造出来的。"[①] 在人的类存在和社会发展中，交往已不是像某些人所说的是什么"外部"关系，而是人作为社会的人的一个内在的本质性要素。

---

① 马克思恩格斯：《德意志意识形态》，《马克思恩格斯全集》第3卷，北京：人民出版社1956年版，第80页。

"生产力与交往形式的关系就是交往形式与个人的行动或活动的关系。"① 也就是说,在人的类存在中,交往不仅是人际关系的基本形式,而且交往又作为个人生存的前提而存在。任何个人都不可能脱离这种条件,整个人类的发展,又以此为内在的要素。

然而,交往形式并非一成不变的,它在人的劳动、需要和意识的共同作用下,在集中以生产力发展所体现出来的人类进步的过程中,也在不断地发生变化。这些不同的条件,起初本是自主活动的条件,后来却变成了它的桎梏,它们在整个历史发展过程中构成一个有联系的交往形式的序列,"交往形式的联系就在于:已成为桎梏的旧的交往形式被适应于比较发达的生产力,因而也适应于更进步的个人自主活动类型的新的交往形式所代替;新的交往形式又会变成桎梏并为别的交往形式所代替。"② 由于这些条件在历史发展的每一阶段上都是与同一时期的生产力的发展相适应的,所以它们的历史同时也是发展着的、为各个新的一代所承受下来的生产力的历史,从而也是个人本身力量发展的历史。交往形式是人的社会性的集中反映,同时也是各种社会关系的基本规定。马克思关于"人的本质是一切社会关系的总和"的论述,也是从这种意义上说的。但并不能据此就认为人的本质就是交往或社会关系。交往和社会关系是劳动、需要和意识的形式与集合,而其内容和决定性因素,还是劳动。交往只有在与劳动的统一中,在劳动与需要的关系及意识的作用下,才能成为人本质的要素。

意识是人区别于动物的重要特征,人与动物的不同之处在于有意识。意识是动物本能的升华,并包容着本能,意识能够在认知对

---

① 马克思恩格斯:《德意志意识形态》,《马克思恩格斯全集》第3卷,北京:人民出版社1956年版,第80页。
② 同上书,第81页。

象的同时认知人的本能，从而可以控制本能。马克思和恩格斯指出，意识是人特有的，但是人并非一开始就具有"纯粹的"意识。"精神"从一开始就很倒霉，注定要受物质的"纠缠"，物质在这里表现为震动着的空气层、声音，简言之，即语言。语言和意识具有同样长久的历史；语言是一种实践的、既为别人存在并仅仅因此也为我自己存在的、现实的意识。语言也和意识一样，只是由于需要，由于和他人交往的迫切需要才产生的……意识一开始就是社会的产物，而且只要人们还存在着，它就仍然是这种产物。当然，意识起初只是对周围的可感知的环境的一种意识，是对处于开始意识到自身的个人以外的其他人和其他物的狭隘联系的一种意识。[1]

意识与存在的关系曾被恩格斯列为哲学的基本问题，但他又将这个问题转换为精神与物质的关系。显然，他的这个提法是秉承唯物主义的基本观念的。精神与物质谁是世界的本原，是唯物主义与上帝主义的主要分歧。而意识与存在的关系，则既可以理解为意识与物质世界的关系（恩格斯显然是这样理解的，不然就不能立即将这种关系转换成"精神与物质"的关系），又可以理解为人的意识与人的存在的关系。从上面所引的话中，我们虽然不能分清是出自两个合作者马克思和恩格斯中的哪个人之手，但显然是将人作为存在的主体。

我们这里所说的意识，是作为主体的人的一种特有功能，是人存在的内在因素和必要方式。因此，我们不再提意识与存在的关系，而是探讨意识在人存在中的作用及其与劳动、需要、交往的关系。

意识并不是孤立存在的，而是由人的主体性而遍布于劳动、需要和交往的全部活动过程，是劳动、需要和交往的内在因素。马克

---

[1] 马克思恩格斯：《德意志意识形态》，《马克思恩格斯全集》第3卷，北京：人民出版社1956年版，第34—35页。

思指出：

> 动物和它的生命活动是直接同一的。动物不把自己同自己的生命活动区别开来。它就是这种生命活动。人则使自己的生命活动本身变成自己的意志和意识的对象。他的生命活动是有意识的。这不是人与之直接融为一体的那种规定性。有意识的生命活动把人同动物的生命活动直接区别开来。[①]

劳动是脑力和体力的支出过程，也是人将自身对象化于物质或服务于人的过程，其中脑力就包括意识，它体现为对劳动的设计，技能的总结、记忆、改进及其在劳动过程的具体应用，对劳动产品或服务的验证等。意识在需要中体现为对生理、心理欲求的观念反映，并表现、作用于对自己行为的导引，或是通过劳动来满足欲求，或是通过社会关系支使他人劳动、占有他人劳动产品来满足欲求。意识可以将欲求设计或放大，由此支配劳动，特别是那些虚荣和显示地位的欲求，在意识的作用下不惜劳力和心思，制造出各种奢华精美的物品。而追逐财富和权力的欲求，又形成迫使劳动质与量提高的意识，由此导致社会生产力的增长。意识是交往的连接，人都是个体存在的，之所以能相互交往并结成社会关系，就在于意识的相通和联系，从个人间的情感到社会的思想、道德，乃至对社会制度、社会秩序的认可与依循、反抗，都是通过意识，并由意识主导的。

如此说来，似乎意识是人存在的决定性因素了。其实不然，意识的作用是普遍的，但意识并不是凭空产生的，更不是只有意识就

---

① 马克思：《1844年经济学——哲学手稿》，《马克思恩格斯全集》第42卷，北京：人民出版社1979年版，第96页。

能改变存在。意识是对存在的反映，是产生于劳动、需要、交往的过程之中，只有切实反映了劳动、需要、交往实际的意识，才能在存在中发挥作用，否则不过是空想、幻想，只能在个人的头脑中浮现，只能影响个人情绪和生活。虽然如此，我们还是要充分肯定意识在人本质规定中的要素地位和作用。意识不仅使人的劳动与需要突破了动物的自然属性，也促成了人与人之间的交往。

劳动、需要、交往和意识，作为人存在和社会活动的要素，是历史地形成并发展的，无论在任何时代和任何条件下，只要有人类存在和社会活动，就有这四要素及其作用。而它们的发展和作用程度，就是历史的阶段性及社会状况的根据。

这四要素构成人类存在和社会活动的基本内容，就像彩色电视的"三原色"组成缤纷图案一样，它们的不同组合，形成了错综复杂的社会生活和矛盾。然而，这四要素并不是平列的，其中，劳动是人成为人，并作为人存在和活动的根本，需要、交往和意识都是在劳动的基础上，并围绕劳动而形成和展开的。因此，应把劳动规定为人本质的核心要素，是决定性、主动性、集合性的要素。但仅有劳动并不能构成人的本质，必须由需要、交往和意识与劳动相配合，才能构成人的本质。这三要素并不是可有可无的，而是劳动的必要条件，乃至劳动的内在因素，没有它们，也就不能进行劳动。

劳动的核心地位，以及需要、交往、意识作为人本质要素的作用，都在人的生存和社会活动中表现出来。劳动生产出产品或提供服务可以满足人的生理和精神需要，但这些产品或服务往往不是由劳动者本人享用，而是通过交换由其他人消费，他本人也要消费别人的产品或服务。交换是交往在经济生活中的体现，交往还包括人与人之间的各种社会联系，它体现为人的权利、地位和相互关系，由此而制约劳动及需要和意识。意识不仅是对劳动、需要、交往的能动反映，又是其中的主导因素。

劳动的核心地位和作用，是人本质规定中的基本，在原始社会条件下，或在以后社会形态中的特定家庭、家族等人群中，劳动的重要性是显而易见的。但进入阶级社会以后，随着劳动能力及其产品的增长，劳动的核心地位却变成隐性的，交往中的阶级关系使不劳动者成为统治者，他们以自己本可以用于劳动的体力和智力，组织成武力和编造欺骗性意识，来控制劳动者，因此导致劳动的异化。他们不仅无偿地占有劳动者的产品和服务，还阻挠和破坏劳动者的劳动与需要的统一。正是在这种情况下，那些以"神"、"上帝"、"天命"，乃至"物质运动规律"、"物质生产力"等规定人本质的观点才得以出现。这是历代统治阶级利益和意识的集合，也是他们控制劳动者意识和行为的手段。

无疑，统治阶级关于人本质的规定和论证，是对人本质的扭曲，但人的本质并不因此而改变，而是在劳动这个核心要素的作用下，顽强地抵御着来自扭曲了的交往和意识的干扰，缓慢地发展并导引人类的进步。

人的本质不是先验的，也不是静止的，而是随劳动的发展及需要、交往、意识的变化而发展着。劳动的发展，根据和标志是劳动者素质技能及其社会地位的提高，由此而制约需要、交往和意识。正是在这个过程中，劳动者作为人类社会主体的意义才得以显现，而消除阶级统治，使劳动者的主体地位真正在社会关系与制度中确立，就是人本质发展和人性升华的大趋势。

三、劳动是人性创造和升华的根据

将劳动规定为人本质的核心要素，是劳动主义哲学的基本点和出发点，它展开、贯彻于劳动主义的全部范畴之中。人性是人本质具体化，也是劳动核心要素展开的第一个范畴。劳动是创造人性、又促进人性升华的根据。

不同的哲学都从其所规定的基本观念规定了人性。诸神崇拜和上帝主义以神性规定人性，人性是神性的体现和展示。天命主义则反对"怪、力、神"，将天命规定为人性的根据，这在儒家学说中关于人性的大量论述中充分体现着，如孔丘说"天命之谓性，率性之谓道，修道之谓教。"[①] 孟轲说"凡性者，天之就也，不可学，不可事。"[②] 欧洲近代的自然神论者吸取天命主义观点，将"天命"转化为"自然神"，由此规定人性。唯物主义者消去了"神"，将人物质化、自然化，从人的物质自然性规定人性，把动物的一般属性规定为人性。人类是动物的一类，人的生存和发展当然具有动物的一般性，但动物的一般性并不是人性，人性是人区别于动物的特殊性的表现。探讨人性，就是要规定人类存在的特殊性，而非把人性等同于动物性。从动物属性规定人性，是忽略或排斥人的社会存在，将人孤立化。从霍布斯、洛克、休谟、边沁一直到詹姆士、杜威等，都在强调人性是"自私"的，而这种自私，来源于人的动物性，因此，人性就是追求快乐、避免痛苦。这种观点在经济学上被进一步表述为：人是厌恶劳动的，劳动是"负效用"；人是追求享乐的，为了享乐，就必须占有，只有那种不靠劳动的占有才是高贵的。这种观点，是资产阶级意识形态的一个基本点，与其对人本质的规定是统一的。在资产阶级思想家的笔下，劳动是被动的、被迫的，需要才是唯一主动的、积极的。这与他们所面对的劳动，以及自己对劳动的态度是一致的，是异化劳动和私有制的肯定和直接表现。

人性，是以动物的一般属性为前提的，同时也是对动物一般性的否定，即扬弃。也就是说，在人的活动和属性中，动物性已经被

---

① 《礼记·中庸第三十一》。
② 《孟子·性恶》。

改造为一种特殊的形式，它是被人的类存在、人的活动和社会关系所制约的，从而也是被改造了的。人类的发展，从一定意义上说，也就是不断通过劳动确立人的本质，改造动物属性，创造人性，并使人性不断升华的过程。

相对于动物的一般性来说，人性是特殊，人性的升华过程，又有一般与特殊的关系和矛盾，也就是说，人性相对于它的各发展阶段来说，是一般，而各阶段的人性，又是特殊。处理好这对矛盾，是研究人性的又一关键。在苏联和中国的思想界，曾有一种论点，说只有具体的人性，没有抽象的人性，抽象的人性就是动物性。这里忽视了一般与特殊的层次性。一般与特殊是相对的，在此层次中的特殊，在下一层次相对各阶段、特殊中就可能是一般，人性就是如此。相对于现实中存在的阶段性、阶级性的人性，总体的人性就是一般，但这个一般，相对于动物属性来说，又是特殊。这种辩证关系不能用"非此即彼"的思维方式来理解，而片面强调阶段和阶级的人性，否认一般人性，其理论后果也是违背辩证法的，是不利于对人性的规定和人性升华的。马克思提出了人性的一般与特殊，他在批判边沁对人性的规定时指出：

> 假如我们想知道什么东西对狗有用，我们就必须探究狗的本性。这种本性本身是不能从"效用原则"中虚构出来的。如果我们想把这一原则运用到人身上来，想根据效用原则来评价人的一切行为、运动和关系等，就首先要研究人的一般本性，然后要研究在每个时代历史地发生了变化的人的本性。但是边沁不管这些。他幼稚而乏味地把现代的市侩，特别是英国的世侩说成标准人。[①]

---

① 马克思：《资本论》第1卷，北京：人民出版社2004年版，第704页。

一般的人性存在于"每个时代历史地发生了变化的人的本性"之中，或者说在特殊时代的人性中存在着人性的一般。这种一般与特殊的关系，在信守"非此即彼"思维方式的人那里，是很难理解的。他们或者只承认一般，或者只承认特殊，但有一点是相同的，即认为他们规定的人性是不可改变的。黑格尔从辩证法第一次论证了一般与特殊的统一性，因而也为对人性的规定提供了方法的前提。虽然他是从理性来规定人性的，但他的理性人性是发展的，是在否定之否定中不断变化的。马克思继承了黑格尔关于人性发展变化的思想，同时批判克服了他从理性规定人性的错误。马克思将人性的根本放在人本身，从人的本质及其存在、发展来规定人性，并从历史来探讨人性的升华，由此开创了规定人性的正确途径。

人性的创造和升华，是以人的本质，以人本质中四要素的辩证统一为前提，以劳动为根据的，因而，人性也就是人类社会存在和发展的基本属性，主要包括社会性、主体性、思想性、目的性和创造性。这五者，不仅是人类所特有的，也是构成其类和个体存在、发展的内在条件。与之相应，自然界则是人存在和发展不可缺少的外在条件。这个道理，从毛泽东关于内因和外因的明确规定中，则更好理解。自然条件对人的存在和发展是必要的，人本身也是自然演化的产物，同时也是有生命的自然存在物，其生命和欲望等，都受自然条件和自然规律的制约。研究人，必须注意这些自然条件和规律，而人生就是在适应自然条件和规律的同时，不断地认识和改造它们。这也是人类从事自然科学研究的目的。但是，在规定人性时，并不能把自然规律说成是人的本性，如果我们把物理的、化学的、生物的、生理的自然规律说成是人性，那就是将人等同于自然物，而非人了。人类的历史，就是不断认识和改造自然，同时也改造人自身的过程。

人性不是自然形成的，而是以劳动为根据，在以劳动为核心的人本质各要素的历史结合中创造并不断升华的。

人性，作为人类特殊的本质属性，首先就是社会性，它内在地支配着、制约着人的生存和发展，是人的历史的内在联系。这一点，无论从人类总体，还是个体人的存在中，都可以得到证明。而社会性，是人本质的直接展开，是以劳动为核心并结合需要、交往、意识等要素在人类历史存在和发展中辩证统一的内在规定。

社会性不仅是人的基本属性，也是人存在和发展的基本条件和环境。人的社会性具体化于经济、政治、文化各个方面，人类总体是以社会存在的，社会性是人存在的特殊的"场"，任何个体人都在这个"场"中生存和发展，并以自己的劳动和意识来认知它、改变它、再生它。人的社会性在阶级社会中表现为阶级性和集团性。阶级的划分，是以劳动产品的占有为标志的，它制约着人的劳动、需要、交往和意识，是对人本质的限制与表现。阶级性是社会成员对立统一关系的集合形式，而这种形式又在特定时期表现为社会制度，即任何个人都必须认可、并生存于其中的社会关系。在人性发展的特定阶段，阶级性是人社会性的主要形式，否认阶级性，也就是否认人的社会性。当然，阶级性不是绝对的，它必然随劳动及其生产力的提高，而逐步消失，即令在阶级社会，阶级性也有其阶段性。

人的社会性具体化为主体性。这包括两个方面，一是社会总体的主体性，二是个体的主体性。社会总体的主体性，又分为若干层次，首先是人类总体的主体性，它是人性总的集合，又是区别于动物及所有自然物的属性；进而是以国家、民族、阶级、阶层、集团、家庭为单位的主体性，这是人类内部的主体性，也是社会关系、社会矛盾的集中体现。每个个体都是在总体中存在的，个体的主体性是社会总体的主体性的具体化，又是其内容。任何人都是作为主体生存的，主体性既是存在的主体，也是认识的主体。"我"和"我们"是人们使用最多的词汇,也是认识与处理事物的出发点和归结点。明确主体性,既是规定人性的必要环节,也是认识社会关系、社会矛盾的基本。

由主体性引发思想性。思想性是人本质要素中意识的集中体现,是对主体性和社会性的意识,也是人社会性的主动表现。黑格尔曾将人说成"有思想的动物",认为思想性(或理性)是人性的基本和主要内容。注重思想性在人性中的地位,是必要的,但认为思想性就是人性,或人性只在思想(理)性,则有失偏颇。思想性并不是"绝对精神"的体现,也不是"自由自在"的,它是从属于社会性和主体性的,是社会性和主体性通过人的意识对人的存在的作用形式。在阶级社会中,思想性又有其阶级性,即特定阶级中的人,受其社会性的制约,在意识和行为方式,以及社会关系等各方面,都明显地表现出其阶级性。思想性是人本质中意识这个要素的集合,它从主动的意义上综合了劳动、需要、交往间的矛盾,并为解决这些矛盾,提出了各种设想。在思想中,人类发展的能动性得到充分体现,但真正实现了的发展,又是以劳动及生产方式为基础的,思想性只是作为能动的因素在总体的发展中起其应有的作用。

主体性在思想性中的集中体现,是目的性。与动物的简单适应自然条件的行为不同,人的生存是有目的的。在以劳动为根据的存在和发展中,人将提高自己的素质技能,进而在总体上促进人性升华作为目的,并以此导引和制约人的行为。人的劳动实践改造和创造着对象世界,同时也改造人自身。这个过程,是人所特有的,其集中表现,就是目的性。目的性是人行为的出发点和归结点,并存在于过程的各个环节。由此,人类否定了动物本能的支配,并将本能纳入目的性之中。从个体人的简单日常生活到总体的社会运动,都贯穿并体现着目的性,在目的性的导引下,人类社会矛盾错综复杂,行为差异、对立但又统一着,并在矛盾的斗争和协调中发展。

主体性、思想性和目的性的统一，形成了人性中的创造性。对创造性的规定，是以劳动实践为依据的，也正是由于劳动的实践，才使人形成对事物和自身能力的思想，并在思想中进行有机结合，设计出对事物的改造方案并付诸行为，从而人具有了创造性。创造性是劳动的人发展的辩证法，是人本质四要素统一作用的表现。马克思指出：

> 正是在改造对象世界中，人才真正地证明自己是类存在物。这种生产是人的能动的类生活。通过这种生产，自然界才表现为他的作品和他的现实。因此，劳动的对象是人的类生活的对象化；人不仅像在意识中那样理智地复现自己，而且能动地、现实地复现自己，从而在他所创造的世界中直观自身。[①]

人的劳动实践创造着对象世界，也即改造无机界，这不仅证明了人是有意识的存在物，而且在意识的引导下，能动地改造着人类自身。人是自己劳动的创造物，创造性是劳动的集合。人在改造自然界的同时，也在改造自己的存在方式，在提高自己的素质，创造和升华着人性。创造性既是针对自然界的，也是针对人的本质和属性，针对人的社会关系的。

创造性作为人的社会性和思想性的综合体现。首先表现于劳动，进而是需要、交往和意识，当我们环视周围的一切时，不难发现，凡是与我们的生存息息相关的所有事物，几乎都是人的创造。人是以自己的意识来形成社会关系的，对社会关系的意识，是一种无形

[①] 马克思：《1844年经济学——哲学手稿》，《马克思恩格斯全集》第42卷，北京：人民出版社1979年版，第97页。

的力量，也是制约人们行为的内在准则和条件。由此，人类形成了社会关系，形成了社会关系的集中形式——国家和法律，以此来制约、协调人的行为和关系，这本身也是一种创造。不论是个体人，还是人类总体，每时每刻都在进行创造，人类就是在创造中发展着，而人的创造性，既表现为人性的创造，又表现为人性的升华。

人性的升华，是人本质发展的集中形式，它是一个以劳动为根据的演进。在这个过程中，人本质的各要素都在矛盾和运动中得以体现和变化。这种变化，并不是独立的，不是像那些"气功大师"、"佛学大师"所宣传的"修养"、"顿悟"的结果，而是在改造自然和改造人类自身的矛盾中进行的。劳动、需要、交往和意识，都是人的活动，而且是统一的活动。人性的升华过程，是这四个要素的集合。其中，劳动是核心和主体，围绕劳动，需要、交往和意识有机地作用于人对自然界的改造和对人自身的改造。这同时也是不断的创造过程，创造着人生活的对象和环境，创造着人自身的素质和能力，创造着人与人的社会关系。在这个过程，由于人性的内在驱动，使人性的特殊性越来越明显，人性中的动物一般性越来越被改造为特殊性，而动物的野蛮性也逐渐被克服，或被抑制。

人性的升华，并不仅仅是针对自然、针对动物一般性的，同时也是针对人性自身的，即针对以前的和现有的人性的。从而，人性的升华表现为否定之否定的过程。人性的特殊和动物性的一般，是一对矛盾，在早期的人类那里，动物性占着主导地位，是矛盾的主要方面，而人性在逐步的发展中，以不断量的积累和否定，成为矛盾的主要方面，由此而支配动物性。这个过程，可以说是人类已有历史的抽象。需要强调的是，对人来说，动物的一般属性并不是存在人性之外的，而是与人性对立统一的，是人性的一个方面。自私、损他、残忍、剥削、压迫、战争等，都是人类社会矛盾中的恶势力，而这种恶势力，正是动物性的表现形式，但又与其他动物的表现不同，是人化了的动物性，也是针对人的恶势力。当我们探讨历史时，往往会对那些恶势力的行为感到愤恨，大多数人都会对此得出这样的评论："没有人性"。而现实生活中的以强凌弱，对弱小国家和民族的侵略，对贫苦大众的压迫等，实际上也是人性中所残存的动物性的体现。孔丘说"苛政猛于虎"，就是这个道理。人性中动物野蛮性的总体表现，就是阶级统治。从奴隶主到封建领主到官僚地主到资本家，他们依据暴力和对财富的占有而结成阶级，并组建国家机器来控制并剥削劳动者。表面看，奴隶主对奴隶的统治是最直接，也最残酷的，而现代金融垄断资本家与劳动者之间似乎没有多少直接关系，而且是相当"文明"、"科学"地"服务社会"。但正是这些人利用其机构，并指挥他们在"新兴市场"国家中的代理人，侵吞全地球所有劳动者的劳动成果，其身上集大成地体现着人性中动物性的野蛮成分，是人类摆脱"史前时期"，进一步升华人性的主要障碍。消灭阶级，是人性升华的关键，也是体现人类的主要课题，而其唯一的根据，就是以劳动为根据的人性的壮大，是劳动者在争取解放中不断提高素质技能和强化联合结成的变革势力。

四、劳动异化与劳动者

我曾说过"唯劳动者人"。这句话引来不少争议；难道不劳动的人就不是人了么?!

我并不否认不劳动的人是生物学意义上的人。除去病残者外，一生一世都不劳动的人只有统治阶级中靠世袭权位、财产所有权为生并作威作福的人。至于统治阶级中某些"创业者"，在其一生中都或多或少从事一定的脑力和体力劳动，而当其谋得政治权位或财产所有权以后，则放弃了劳动。统治阶级的成员，从总体上说是不劳动的，但他们作为生物学意义上的人，不是不具备劳动的基本能力，而是他们的社会地位要求他们不去劳动。因此，他们放弃了作为人的本质核心要素的劳动，但需要、交往、意识三要素却未放弃。不仅没有放弃，反而要比劳动者更强烈、更突出地表现着。

"唯劳动者人"这个提法，旨在强调只有劳动者才体现着、实行着人本质中劳动这个核心要素，因此，只有劳动者才全面充分地贯彻着人的本质，展示着人性。

原始社会之后，人类就分化出一部分不劳动的个体，他们依靠在交往和社会关系中的特殊地位，扩充其通过社会关系控制他人劳动、占有他人劳动产品的意识，形成了精致而专业的统治术，在世袭其权位和财产所有权的同时，将统治术世代相传。这些统治术以学说、法律、道德、政令等形式表现，并有武装的暴力——国家机器为之支撑。运用国家机器维持、延续其权位、财产所有权，就成了统治者的主要技能。他们不必、也不会从事劳动，就能以贡、赋、税、捐、租、利润、利息及各种形式的贿赂，甚至贪污而占有大量的劳动产品，享受充分的服务。

对于统治者来说，不去从事劳动，并不见得不劳累，但他们的劳累主要集中在维护权位和占有他人劳动产品，因而需要可以高度满足，甚至奢侈浪费。他们已成为畸形的、丧失了人本质核心要素的人。这是作为人的最大悲哀，不过他们并不自认为悲哀，反而认为只有劳动者才是悲哀的。他们的统治也确实给劳动者造成了悲哀。作为人，不劳动是一种退化。而退化了的不劳动者对劳动者的统治和剥削，又造成了劳动的异化。

劳动的异化这个观点，是马克思在批判资本主义制度时提出的，他所规定的劳动异化和异化劳动概念，外延是与资本相对的雇佣劳动者，主要就是产业工人。资本与雇佣劳动，是商品经济演化成普遍经济方式第一阶段的主要经济关系。资本是用于增殖的货币，资本家用它购买生产资料和劳动力的使用权，组织生产经营，在将生产资料价值转化到产品的同时，迫使工人在生产出多于其劳动力使用权价值的价值，并由资本家占有。这个过程，使劳动产生异化，它不再是劳动者主体的自由行为，而是被动的、被迫的行为；劳动成果不为劳动者所有和享用，而是被不劳动者所有和享用，并作为继续雇用工人的手段。劳动过程、劳动产品与劳动主体相异化，劳动者丧失了其作为劳动主体应有的地位和尊严，被迫成为资本增殖的"要素"和"资源"。异化劳动是对劳动的否定，也是特殊条件下劳动的存在形式。异化劳动是人本质的扭曲表现，是人性中动物一般性野蛮成分作用的结果。消除劳动的异化，使劳动真正成为人的自由活动，由此实现人的本质，升华人性，是人类在商品经济形态的历史使命。

马克思的异化劳动学说，我们在前面已做过概括。这里我要强调的是，劳动的异化不仅在资本主义私有制中存在，而且在阶级社会中普遍存在，是阶级社会中劳动的共性，但在不同的阶级统治下又有各自的特点。马克思揭示了资本主义制度下劳动的异化。我们重点分析奴隶制、封建领主制、集权官僚制的劳动异化，并探讨现代资本主义制度中劳动异化的新特点，同时分析劳动者在各阶段的存在及作用。

奴隶制是阶级统治的开始，也是劳动异化的第一种形式，其中主要劳动者是奴隶。奴隶来源于部落间战争的俘虏，不把他们杀掉吃肉，已是文明的一个进步，但奴隶并没有人的地位，而是像牲畜那样的劳动工具。正是由于有了奴隶，部落的首领也就有了私有财产，他们不仅脱离了劳动，让奴隶为之生产和服务，而且能积聚财富，进而把部落公有的土地也划归自己所有，导致本部落内部的分化，以致本部落的平民因欠债、犯罪等沦为奴隶。奴隶劳动是劳动异化的初级和基本形态，他们的劳动是完全被迫的、被动的，其收获物完全归奴隶主。奴隶主像对马、牛那样饲养奴隶，并役使他们。

对于奴隶来说，劳动是苦役，是与其利益完全无关的，是纯粹的异己行为。与原始社会的人相比，奴隶的艰苦劳作也促使他们提高了技能，从而提高了社会的生产力。不过，提高了的生产力及其创造的物质财富又成为奴隶主巩固其统治、进一步役使奴隶，更多地抢掠、购买奴隶的条件。

封建领主制是在奴隶们技能提高所发展的生产力基础上形成的，是若干部落联盟的制度形式。部落联盟是松散的联合体，其政权依然由部落的首领掌控，但由于有了联盟，其盟主与各部落首领，以及各部落首领之间的交往密切，矛盾和冲突也日益尖锐。为了在部落间保持优势，以致控制、吞并其他部落，首领们不能不改进他们的统治方式，对技能提高了的奴隶采取"联产承包式"管理方式。管理方式的改变使奴隶变成农奴，他们有了一小块相对稳定的"私田"的使用权，农时先到领主的"公田"上劳作，然后耕作"私田"。"私田"的收获，要拿出一部分贡献给领主，余者自家消费。奴隶变为农奴，还有一个更深刻的转变，就是逐步形成了农奴的家庭，由此加强了他们对劳动的关注和投入，劳动成果关系到家庭成员的生活状况，也就有了一定的劳动主动性，注重积累、交流经验，提高技能。但农奴的大部分劳动和劳动成果要归领主，他们也没有人身权，而且"承包"的"私田"，又任由领主随意配给。农奴作为主要的劳动者，其劳动仍然是异化的，是为了活命不得不从事的。

集权官僚制下的劳动者主要是农民。集权官僚制的典型在中国，从秦汉起始两千余年一直延续、扩展和演化。欧洲从15世纪开始也出现了短期的初级阶段的集权官僚制，到18、19世纪转为资本主义制度。农民从农奴演变而来，与农奴相比，农民解除了对领主的人身依附，其人身权名义上属于皇帝（在欧洲是国王），因而有较大的自由。集权官僚制的土地所有权归以皇帝为名义的国家，国家将一部分所有权派生的占有权按丁口均配给农民，另一部分作为勋田、禄田赏给官员。除勋田、禄田外，土地占有权可以继承和买卖，由此形成了自耕农和佃农，前者在自家占有的土地上劳作，收获物的一部分以税的形式交给土地所有权主体国家（"皇粮"），余者自身消费；后者因各种原因失去了土地占有权，从地主（包括勋田、禄田的占有者和以购买取得土地占有权的不劳动者）那里租土地的使用权，收获物的大部分交地主地租（包括土地占有权应交国家的税和供地主消费部分），余者自家消费。相比于农奴，农民的人身自由明显增加，而其收获，从自耕农来说归自家消费部分远多于农奴，佃农在正常年份也会多于农奴，且不必为地主服劳役。此外还有少量无地也不租地而是到地主家做长工的雇农，以其劳动力使用权换取生活资料。总体说，农民劳动的异化程度低于农奴，他们作为劳动的主体，能清楚地看到所付出劳动与自家生活水平的关系，因而有较强的主动性，并能总结经验、提高技能，以增加产量。但农民并未摆脱劳动的异化，他们劳动产品的一部分或大部分，要被强制地交给国家（税）或地主（租），而国家和地主不仅以这部分产品维持自己的存在，更积累了继续占有农民劳动产品的条件，由此巩固集权官僚制和地主经济，农民再努力勤俭持家，也只能在辛劳中维持简单再生产。

资本主义制度是对集权官僚制和封建领主制的否定，之所以这样说，在于这种否定发起于集权官僚制尚不成熟的欧洲，其资本主义经济几乎是与集权官僚制同步发展起来的，即资本家与国王联盟对抗、削弱封建领主势力。而当资本家形成资产阶级并在经济中占主导地位以后，就转而反对限制自己发展的国王及其刚建立的集权官僚制。资本主义制度初期的主要劳动者是产业工人，马克思的劳动异化学说主要是针对产业工人而言的。演化到今天，资本主义的基本制度依然，但其体制、结构、经营管理有了重大变化，资本主义生产方式也演进到一个新阶段。这样，劳动者群体及其劳动的异化也有新的特点。其一，资本雇佣劳动的关系已扩展至几乎全部行业，这同时也就是异化劳动的普遍化，劳动异化随着资本的全球化而遍及地球上任何角落；其二，资本主义进入金融资本主义阶段，资本垄断扩展为国际资本垄断，金融资本通过官僚资本控制落后的集权国家，集权国家的劳动异化要比发达国家更为严重，不仅受资本剥削的程度更重，而且要受集权政治的压制；其三，劳动者的技能已经大为提高，生产规模扩大，分工更为精细，机器化程度提升，以体力劳动为主转为脑力劳动为主，技术和管理劳动所占比重日益加大，技术人员和中、初级管理者成为雇佣劳动者中的重要部分。其四，发达资本主义国家的雇佣劳动者经过二百多年的斗争，已争得部分政治权利，并在法律上明确了劳动力所有权和相关权益，形成了工会、政党等组织来维护自己利益。而这一点迫使垄断资本财团向全世界扩张，加重落后国家劳动的异化。

现代资本主义制度下的劳动异化，使劳动者不仅认知了自己的利益及与资本家阶级的矛盾，更使他们在提高素质技能的基础上加强了组织，形成了与资本势力相对抗的变革势力，为摆脱被异化的境地，消灭异化、自主劳动而斗争。

劳动者作为劳动的主体，虽然历史上被阶级统治所压制和剥削，但在他们身上体现人本质的核心，体现着人性升华的内在动因和动力。从奴隶到农奴到农民到雇佣劳动者，劳动者身份的转变，都是以其自身素质技能的提高为根据的。他们创造了物质财富，发展了生产力，再生产了劳动，也再生产了劳动异化。人的本质和人性随劳动者的世代延续而发展和升华。人类的历史是劳动者在被异化的条件下创造的，因而是人本质被扭曲、人性被动物性野蛮成分压抑的过程。劳动作为人本质的核心要素在劳动者身上的体现，逐步发展、演化，已形成浩荡的变革势力，社会主义是变革的旗帜，劳动主义是变革的灵魂。以劳动主义为基本哲学观念的社会主义运动必将克服使劳动异化的制度，人类由此结束马克思所说的"史前期"，进入劳动者为主体的新时代。

五、劳动的分类：生产产品的劳动、提供服务的劳动和科学知识研究传授劳动

传统的关于劳动的概念规定中，往往将劳动与产品统一，认为只有针对物质对象生产产品的劳动才是劳动，提供服务的劳动不属于劳动的范畴，起码不属于生产劳动的范畴，也不包括在劳动概念的定义之中。这种观点由唯物主义哲学家洛克等提出，经斯密等经济学家发挥，黑格尔从理性上加以论证，得以形成定论。马克思基本上是继承和扩展了这种观点，并做了系统的论证。从《1844年经济学——哲学手稿》到《资本论》，他对劳动的规定总体上是限定在生产产品的劳动上，虽然他也曾注意到例如教师的劳动是否生产劳动的问题，但并未就此展开。在马克思那里，异化劳动和生产剩余价值的劳动，都是针对产品的，而《资本论》的论证是"从商品开始"的，这也就将所研究的劳动局限于生产商品的劳动上。

在《资本论》中，马克思这样论说劳动及劳动过程：

> 劳动首先是人和自然之间的过程，是人以自身的活动来中介、调整和控制人和自然之间的物质变换的过程。人自身作为一种自然力与自然物质相对立。为了在对自身生活有用的形式上占有自然物质，人就使他身上的自然力——臂和腿、头和手运动起来。当他通过这种运动作用于他身外的自然并改变自然时，也就同时改变他自身的自然。他使自身的自然中蕴藏着的潜力发挥出来，并且使这

种力的活动受他自己控制。①

他将劳动过程的要素规定为：劳动本身、劳动对象和劳动资料。而劳动对象就是"所有那些通过劳动只是同土地脱离直接联系的东西，都是天然存在的劳动对象"。②劳动对象还包括原料，例如矿石。"一切原料都是劳动对象，但并非任何劳动对象都是原料。"③而"劳动资料是劳动者置于自己和劳动对象之间、用来把自己的活动传导到劳动对象上去的物或物的综合体。"④

这里的关键是劳动对象，马克思对劳动对象的规定限于自然物和人类所开采的原料，这就把劳动的范围界定于改造物、生产产品的活动之上。

> 可见，在劳动过程中，人的活动借助劳动资料使劳动对象发生预定的变化。过程消失在产品中。它的产品是使用价值，是经过形式变化而适合人的需要的自然物质。劳动与劳动对象结合在一起。劳动对象化了，而对象被加工了。在劳动者方面曾以动的形式表现出来的东西，现在在产品方面作为静的属性，以存在的形式表现出来。劳动者纺纱，产品就是纺成品。⑤

产品本身具有使用价值，人的劳动目的就在于获取产品中的使用价

---

① 马克思：《资本论》第1卷，北京：人民出版社2004年版，第207—208页。
② 同上书，第209页。
③ 同上。
④ 同上。
⑤ 同上书，第211页。

值。而使用价值不仅体现在最终的消费上，还体现于生产流程的各个环节上。马克思对劳动过程下了这样的定义：

> 劳动过程，就我们在上面把它描述为它的简单的、抽象的要素来说，是制造使用价值的有目的的活动，是为了人类的需要而对自然物的占有，是人和自然之间的物质变换的一般条件，是人类生活的永恒的自然条件，因此，它不以人类生活的任何形式为转移，倒不如说，它为人类生活的一切社会形式所共有。[1]

马克思对生产产品的劳动的规定，无疑是正确而系统的，但他规定的概念却是"劳动"，而非劳动的一类。这样，就导致将那些不以物质为对象，而是以人为对象，直接或间接为人提供服务的劳动排除于"劳动"之外。在马克思那个时代，其偏颇似乎还不太明显，但随着劳动者素质技能的提高，产业发展，行业扩充，依然沿用马克思的定义来规定劳动，其局限日益突出。众所周知，现代世界上已通行"三个产业"的提法，不仅统计学、经济学，就是社会学、人口学、政治学等也都要用"三个产业"来界定社会总体的产业结构及阶级、阶层。"三个产业"分为农业（包括种植业、养殖业、渔业、林业等）、工业（制造业）和服务业。服务业作为"第三产业"，在现代经济、社会中的地位和作用越来越重要，其从业的劳动者数量也占相当高的比例（在一些发达资本主义国家甚至占到就业人口的二分之一）。再有，进入工业文明以来，科学研究和教育日益发展，其从业者已成为相当大的人群。在这种情况下，依旧只以生

---

[1] 马克思：《资本论》第1卷，北京：人民出版社2004年版，第215页。

产产品的劳动来规定劳动,将服务业和科研教育事业的劳动者排除于劳动者之外,不仅在经济学、统计学上是说不通的,对于社会主义理论和运动也是不利的。

必须从哲学的意义上承认服务劳动和科研教育劳动的地位和作用,为此就要对劳动进行分类。我这里根据劳动对象的差别,即按以物质资料(不论是自然的还是人加工过的)和以人为对象,将劳动分为三大部类,即生产产品的劳动、为人提供服务的劳动和科学知识研究传授劳动。第一类包括农业和工业,第二类为服务业,第三类为科学研究和教育事业。

关于生产产品的劳动,马克思的定义和论证已经相当清楚,需要补充的,只是一百余年来在工业化的进程中,已经用电力扩展了动力系统,并运用计算机等电子工具于生产,使劳动过程更为复杂,分工也更细致,劳动者技能更高,劳动生产率大为提升。即令如此,其对象依然是物质资料,其生产流程不论多么长远,其工具多么繁杂精巧,都是针对自然的或加工过的物质资料,都要生产产品,并通过产品的效用而满足人的需要。我们这里着重探讨为人提供服务的劳动和科学知识研究教育的劳动。

为人提供服务的劳动,与生产产品的劳动的共同点在于:它也是人的脑力和体力的支出,也要使用工具,有相应的生产资料和设施,直接和间接地作用于被服务者。与制造产品劳动的区别在于:它并不体现于物的产品上,不必改造物的形态以提供效用,而是以劳动直接提供效用。

服务劳动早在人类原始社会就出现了,它的历史随交换的演进而延续着,但真正成为社会的一大产业,并与生产产品的产业平列,成为社会经济的重要领域,还是20世纪以后的事。服务作为一种产业,是在工业高度发达的基础上形成的。农业生产方式中,以及工业生产方式的初期,并不是没有人们相互间的服务,但这种服务往往是局限于家庭内部的，特别是家庭主妇们的劳动，主要是针对家人的。一些富有的家庭，则会购买奴婢来为家人服务，这种情况演化到资本主义社会前期，则是雇用仆人，他们也有人身自由和劳动力所有权，他们是在出卖劳动力的使用权，但并不是从事价值增殖过程，他们劳动力的使用只是为雇主提供服务。仆人，或者说家庭服务员虽然可以说是一种职业，但由于只局限于家庭，且不创造价值和剩余价值，因而并不构成产业。而社会上各种形式的服务业，如理发、商业、医疗等家庭所不能承担的服务，虽有社会上的一些专门从业者，但大都是个体经营，且规模很小。

工业生产方式的扩大，摧毁了旧的个体经济，而且使大多数妇女也走向社会工作，这样，就使原来由家庭承担的多种服务，也变成社会职业。更为重要的是，工业的发展，又要求更多的服务，如通讯、金融、传媒等。这样，就在传统下来的服务行业之外，又增加了许多新的服务行业。而且，在工业生产规模日益扩大的条件下，不仅新增的服务行业，就连传统意义上的服务行业，也在不断突破个体经营而资本化，有些行业，如传媒和通信、商业、金融业等的资本规模和经营范围，都足以与工业产业相抗衡。在这种情况下，服务业成为"第三产业"，而且有较快的发展，就是必然的了。

服务劳动的产业化，并形成与农业、工业相并列的"第三产业"，在西方发达资本主义国家大体上是从20世纪中期，即第二次世界大战以后开始的，而且随着信息业的迅速发展日益扩张。贝尔在1959年首次提出"后工业社会"一词，并于1962年写了《后工业社会：推测1985年及以后的美国》，1973年又写了《后工业社会的来临》。在这本书里，他作出了这样的论断：

> 后工业社会是以服务行业为基础的。因此，这是人与人之间的竞争。这里要考虑的不是纯粹的体力或者能源，

而是信息。主要人物是专业人员，因为他通过教育和培训把自己装备起来提供各种后工业社会日益需要的技能。如果工业社会的定义是根据作为生活标准标志的商品数量来确定的话，后工业社会的定义则根据服务和舒适——保健、教育、娱乐和文艺——所计量的生活质量的标准来确定的，现在这些都认为是人人所希望的，也都是可能的。[①]

"后工业社会"这一提法，表明贝尔尚拿不准以一个什么样的词给这新的生产方式命名，但他上述论述中，已经将信息作为基本点，并与体力和能源相并列。后工业社会以服务业为基础，而他所说的服务业，又主要是信息业，从这个推理中，似乎可以得出"信息社会"的提法。事实上，也确有不少论者按这个逻辑得出"信息社会"或"信息时代"取代工业社会的结论。这是一个理由不充分的论点，直到今天，"信息"随着电子计算机的广泛应用而扩展到贝尔预想不到的程度，虽也有人大肆炒作"网络"，但其泡沫很快破灭。而贝尔关于"服务行业"的论述，以及其他人的有关思想，却是必须充分注意的。贝尔进一步论说：

"服务行业"一词掩盖着不同的事物。由工业社会向后工业社会过渡，有着若干不同的阶段。第一，在工业发展的同时，必然引起运输和公用事业的扩大，商品运动和能源使用增加的辅助性服务，同时引起非制造业蓝领劳动力的增加。第二，在大规模商品消费和人口增长的过程中，销售（批发和零售）和金融、不动产以及保险等传统的白

[①] 贝尔：《后工业社会的来临》，北京：商务印书馆1986年版，第143页。

领就业中心的活动也在增加。第三，正像十九世纪后半叶德国统计学家克里斯琴·恩格尔的理论所指出的，随着国民收入的上升，人们发现，家庭用于食品的费用比例开始下降，边际增长额首先用来购买耐用消费品（衣着、住房、汽车），然后用于奢侈品、娱乐等方面。因此，随着人们生活面的扩大和新的需要与爱好的发展，第三产业即个人服务部门的开始发展：饭馆、旅社、汽车服务、旅游、娱乐、运动。但是，这里开始出现一种新的认识。对社会所许诺的幸福生活的需求集中到两个领域，这是这类生活的基本：保健与教育。疾病的消灭和过上丰裕生活的人数不断增加，加上努力延长寿命，这就使保健服务成为现代社会的一个重要特色。而技术需要和专业技能教育和进入高等教育机构成为进入后工业社会的一个条件。所以，我们在这里看到一个新的知识界的成长，特别是教师。最后，对服务业的更多要求，以及，由于市场不能充分满足人们对较好环境和较好保健与教育的需要，将导致必须满足这些需要的政府。特别是全国和地方一级政府的发展。①

按历史的顺序和性质，服务业可以分为三大类：一是早在农业社会就已经存在并传统至今的零售商业、手工服务业、餐饮、旅馆等；二是在工业社会早期出现并保持至今的批发商业、金融业、公务活动、私立学校和培训机构、旅游、娱乐、文字媒体等；三是自20世纪中叶以后，特别是进入80年代以来的随所谓"信息爆炸"而出现的信息业，如通信技术革命引起的移动电话、网络，以及电

---

① 贝尔：《后工业社会的来临》，北京：商务印书馆1986年版，第143—144页。

子计算机的广泛运用、电视的普及等。

关于政府机构中公务人员的行为,也应属于服务劳动,但又有一些特别之处,要进行分析。迄今为止,政权机构的活动,依然是行使国家这个阶级统治工具的职能,而且也不具有与其他行业劳动相交换的功能。人们可以将政府或立法、执法、司法、军队等的活动看成服务,事实上也确有服务的性质,如保护居民安全、救灾等,但这些服务是非交换性的,而且有相当一部分活动是服从统治的需要,是对公众的压制,显然很难归入"服务劳动"。如果这类政治性服务也进入交换,那么,它肯定处于绝对优势,并因其政治上的垄断而收取无限的费用。只有消灭了阶级统治,取消了国家机器的镇压民众的职能,建立新的为公众服务的公共机构,其纳入服务业也就顺理成章了。

根据发达资本主义国家的统计,服务业(应扣除其中对政府等不应属于服务劳动的部分)的从业人员、资本,以及创造的产值,到 20 世纪末,已达到国内生产总值的二分之一以上。这一趋势,正在向全世界扩展,包括中国在内的"发展中国家",服务业的发展势头相当旺。正是这一现象,使一些人得出所谓工业社会已经结束的结论。

服务劳动的产业化,是工业生产方式发展的要求和表现。工业生产方式既是劳动分工的结果,又加速和扩展了劳动分工,工业技术不仅应用于工业,也应用于农业、畜牧业,同时还向传统的服务业扩展。更为重要的,是家务劳动的社会化,妇女走出家门,参加社会劳动,这样,也势必要求社会为家庭,为个人生活提供劳动服务。这就使面对个人生活的服务性劳动,越来越集中于社会,并形成较大规模的行业乃至产业。

与之相应,面对工、农业生产的服务劳动,也以更快的速度发展,这里最突出的,就是信息行业,包括文字媒体和电子计算机网络、通信、广播、电视等。当然,信息行业并不都是针对生产的,也要为生活服务,但它的起始,还是从军事到生产,再到生活。20世纪末,美国在克林顿政府的干预下,信息行业迅速发展,其技术和资本优势使其电子计算机、网络、通信等行业,不仅成为其国内经济发展的龙头,而且在向全世界扩张的时候,赚取了巨量的超额利润。但美国某些经济学及其依附者所鼓吹的"信息经济"、"信息时代"高论,很快就在几年时间内因"网络泡沫"的破灭而消失。

信息行业作为服务业的一部分,其对生产和生活的作用,是必须承认的,但这里有一个度。不能因为它在某一国起步时短期内的高速发展,就推论说将来,甚至现在全世界经济已经进入"信息经济"时代。信息行业从其产生到发展,都是从属于、服务于工业的,而且信息设备,也是工业生产的。[①] 信息业也对生活起服务作用,但从人的生理、心理和社会交往而论,信息的传播不可能成为人的生活主体,而是生活的重要方面。可是,无论怎样重要,人也不能把传递信息作为生活的主要内容。人毕竟不能只靠传递信息来生活,虽然不传递信息也不可能生活,但信息传递的手段是多样的,并非只有上网、打手机才是传递信息。

科学知识研究传授的劳动,也是人类有史以来就存在并作为劳动生产和社会延续发展的重要内容。近代以来,科学研究和传授知识的教育迅速成为社会重要的事业,其从业者也逐步扩大。这些从业者的劳动,主要是脑力劳动,包括两部分,一是科学研究,探索新的知识;二是将已有的知识系统化并传授给他人,特别是青少年。与前两部类劳动相比,这一部类的劳动往往是由国家或社会机构出资的非交换、非营利性的,但也有私人资本企业所设的研究机构或

[①] 信息设备是由工业生产的,或者说信息设备的生产是工业,这往往被人忽略,必须强调这一点。

私立学校。对此，在经济学上规定价值时要加以区分，但在哲学上规定劳动的分类却可以略去不计。而在美国等西方国家，又在统计中将这类劳动都归入"第三产业"，这是不严谨的，无论从劳动对象还是劳动目的及其实现的手段，这类劳动都与服务劳动有明显差别。随着劳动和社会的发展，这类劳动的重要性将更为突出。

科学知识即人以理性对所感觉到的人生、社会关系及自然物质的认知，它是人类世代积累的结果，而且每个时代都在前人已达到的知识水平上有所探讨和发现。现代世界已有相当一部分人专业从事科学研究，成果迅速增长，而且相互促进，以致达到所谓"知识爆炸"的程度。现代文明的基本内容，就来源于科学研究。这里需要纠正一个由自然神论和唯物主义所引发的错误观点：只有以自然物质为对象的研究才是科学。这种观点经实证主义的论证得以强化，再经实用主义的修正而将科学的外延扩展至技术研究，至于哲学和社会科学，则被视为科学的附属品——这或许是早期唯物主义哲学家们所始料不及的，但他们以自然科学来证明世界的物质性，并以此反对上帝主义的初衷却是必须肯定的。这种只将自然物质和技术为对象的研究视为科学的观点，是资产阶级统治所需要的。对于资产阶级及一切统治阶级来说，以人生和社会关系为对象的科学研究，无疑是在揭示社会矛盾及其统治的不合理，他们当然要压制这样的研究了。他们所需要的，只是能够编织各种欺骗性词句，掩饰矛盾，论证其统治如何"英明伟大"的说教。对于这样的"研究"，连统治者本人也不会承认其"科学性"。然而，对于集中体现劳动者利益和意识的劳动主义来说，其主体、对象和目的都是人，因而对人生和社会关系的研究是第一位的，对自然物质和技术的研究，实则是对人生的自然条件和手段的研究，是从属于对人生和社会关系研究的。这样说，并不是否认自然科学和技术科学的重要性，只是要摆正其位置，使人生的自然条件和手段的研究统一于主体和目的。科学研究除一部分技术研究要进入交换，因而会体现为价值外，大部分研究成果都是无偿提供给社会的，其经费也是来自国家和社会机构，但其劳动的性质却是明确的。

科学研究无疑是专业性的劳动，而传授科学知识的教育和普及同样是专业性劳动。从人数论，从事教育和科学普及的劳动者远多于从事科学研究的劳动者。这项劳动的意义在于将人类所积累的科学知识按逻辑的顺序和接受的规律，逐步传授给儿童、少年、青年及各年龄段的人，使之能够理性地认知人生和社会关系以及自然条件，掌握必要的技能，由此成为劳动者并有效地进行各类劳动。教育事业在今天已成为第一事业，除资本主义国家的一部分以营利为目的的"私立"学校外，大部分学校，特别是初中级教育，都是由国家出资兴办的，是国家对下一代国民的"义务"。这些学校是不营利的，其从业者的劳动也不进入交换，因而不表现为价值，但不能因此就否认其劳动。

劳动三部类的划分，囊括了人类全部劳动。在这三部类之外，人们的活动也可以分为两类：一是劳动的辅助性活动，如消费、接受教育、培训，以及娱乐活动等，它们以劳动所生产的产品和提供的服务为依托，是人类生存必需的活动，也是实现劳动所创造乃至的必要方式，同时也是进一步劳动的准备；二是对劳动者的管制和无偿占有劳动成果的活动，这主要就是统治阶级为了自己的不劳动但又要控制劳动、享受劳动成果而进行的，包括在作为阶级统治工具的国家机器中任职，以及统治者私家配备的助手，这是迄今劳动所未曾摆脱的，也是考察劳动时必须注意的外在形式。这两类活动既不能生产产品，也不能为人提供服务，因而虽然要支出脑力和体力，却不能归入劳动范畴。

六、劳动者与劳动物质条件的统一

劳动是人的有意识的活动，但不能像黑格尔那样将劳动归结为意识。劳动的主体是劳动者。作为劳动者的人，是物质的特殊存在形式，其意识也是人的物质存在的活动与反映。劳动的对象，不论是自然和人为的物质，还是为之提供服务的人，都是物质的存在，而劳动的工具，也是物质的。正是在这个意义上，唯物主义的基本观念可以为劳动主义所继承和吸纳。

然而，并不能同意唯物主义者直接从物质一般对人和劳动的规定。劳动作为特殊物质存在的人的活动，是人证明自己的存在、认知自己的存在，进而认知其存在的物质世界的必要方式。

劳动者和劳动的物质条件，从一般性上说，都是物质的存在。在劳动过程和围绕劳动而形成的全部社会活动中，劳动者是主体，物质条件是客体。这二者的对立统一就构成人的世界。

唯物主义者为了取消对上帝的迷信，提出世界是物质的，物质是自然的观点，但当他们说世界的本原是物质的时候，却没有想到、也没有理由充足地回答贝克莱的唯心主义质疑：怎么能证明世界的本原是物质？人所能知道的只是自己的感觉，至于感觉从何而来，则是不可证明的。贝克莱的质疑抓住了唯物主义者的缺陷，这就是他们也像上帝主义者那样力图证明世界的本原，而人的感性只能产生于人的生命，在没有人的时代和人的活动不能涉及的地方，也就没有人的感性认识，但又要以理性来规定它们。休谟和康德看到了这个缺陷，因而将理性与感性统一起来，凡是人的感性所及的对象就是存在的，也是可知的，至于感性所不能及的"物自休"，理论上可以承认它们是存在的，但由于人的存在的局限，不能感知也就不能理知。黑格尔虽然设想了一个本原性的"绝对精神"，但他的体系又是从"存在"(或译为"有")开始,这个"存在"似乎是绝对精神,但实际上是有理性的人,人是存在的主体和认识的主体。黑格尔只能这样思考,才能形成自己的体系,但他在论证中又故意隐去人这个主体,将主体变成绝对精神。虽然他力求探讨并论证"客观"规律,但他所能概括的,也只是世代延续的人的存在及其对作为人存在条件的物质的认识。

人的本原就是人,就是人的劳动。人的认识、人的哲学,只有一个目的,探讨人的存在发展的规律,正是出于这个目的,才要研究人的物质性及其与物质条件的关系。也正是在这个意义上占人口大多数的劳动者体现着、代表着人的本质存在,而他们的劳动又是扩展、继续人的感性,进而是理性认识的必要途径。劳动者的感性和理性,除对自身存在和技能的认识外,就是对劳动物质条件的认识。

明确世界的物质性,是劳动主义从唯物主义那里继承的必要前提,但这个前提并不是既定的,而是需要进一步探讨和证明的。人如何证明自己的存在及其所处世界的物质性呢?只有劳动,在劳动中人以其体力和脑力来接触、认知、改造具体的事物,或者服务于人,从而切身体会到对象和自己的物质存在。人的认识来源于劳动的实践,劳动的三部类是相互统一的,生产产品的劳动提供基本的生活、生产资料,服务劳动在此基础上满足人生理、心理和社会交往的需要,科学知识研究和传授以一、二部类劳动为根据,并导引其进一步发展。劳动的三部类相互依托和制约,构造了人类总体世界,人类中的每个个体都是这个总体的细胞,只能在总体中才能生存和发展,而总体又要以个体的生存和发展为内容,个体的活动之集合是总体的活力。

人类是以总体的类存在来面对物质的自然界的,总体类存在以个体劳动为支撑,并形成总体的劳动。人类总体劳动与物质的自然界（包括人自身的物质存在）构成一对矛盾，在这对矛盾中，人是主动的、主要的方面，物质自然界无论怎样浩大无限，都是人类总体劳动的对象。从理论上说，人类总体劳动是有限的，但其对象是无限的，人类劳动总体的扩展也是无限的，人类是在劳动中与自然界发生关系，形成矛盾，劳动的深度和广度决定了矛盾的范围，随着劳动的进展，矛盾也在演化着。

人类总体劳动与物质的自然界的矛盾，归结为劳动者与劳动物质条件的矛盾。如何认识这对矛盾，是劳动主义与唯物主义的重要区别。

唯物主义从物质一般性来规定人及其劳动，劳动者只是财富生产的一个"要素"，与作为劳动物质条件的土地（包括其上的自然资源）和体现为资本的经劳动加工了的生产资料（工具、设备、原料等）是同等重要的，甚至认为物质条件比劳动者更为重要，因为物质条件是资本家的财产，而劳动者只是被雇用来使这些财产增殖的工具。资本家是财产的所有权主体，也是生产经营的主体，他以货币资本购买物质条件和劳动者的劳动力使用权，使它们结合生产出财富，也就是生产力。在唯物主义者那里，劳动者与劳动物质条件的矛盾并不体现在生产中，而是体现在对所生产的物质财富的分配上。这是他们所代表的资产阶级不劳而获的阶级特性决定的。而且，他们所规定的劳动并不包括科学知识研究和传授，特别是科学研究，在他们的视野中是一种"高贵"的行为，而劳动只是"负效用"，是下等人为了谋生不得做的。这样，在唯物主义者那里，就将劳动的"改变世界"与科学研究的"解释世界"分割开。劳动要应用科学研究的成果，但劳动并不能给科学研究以任何帮助。劳动者与劳动条件是同等的生产"要素"，是资本家获取利润的手段，因而，劳动者与劳动的物质条件的矛盾，在唯物主义者，特别是以其为哲学观念的经济学家那里，演变为如何有效配置资源，以谋求

"最大化"的利润。

劳动主义者则认为劳动者是主体，物质条件是作为主体的劳动者的手段。在这对矛盾中，劳动者是主动的、主要的矛盾方面。劳动是改变世界的过程，这种改造首先是对劳动者的改造，即素质技能的提高。进而是对自然物质的改造，生产产品和提供服务，使所有人的生存发生变化，消费、交往和意识不仅构建了人类社会，形成了人类特有的思想，更通过生活方式的改变而改造了人的生理结构。劳动的物质条件是从属于劳动者的，是被动的、次要矛盾方面，它们都是因劳动者的劳动，而被作为认识对象、劳动对象，被改造为产品、工具和设施，也就是劳动者通过脑力、体力的支出而使自己对象化于相关的物质之中，它们既是人劳动和生存的物质条件，也是"人化"了的自然。

劳动主义并不否认劳动物质条件之外的自然物质的存在，但在它们被劳动对象化之前，还不能进入人的世界。更不排斥对自然物质的研究，但不是像唯物主义者那样从"世界本原"去规定自然物质，而是在自然科学、技术科学研究的基础上，规定劳动的物质条件及其与劳动的关系。劳动者素质技能的提高，劳动的扩展与深化，使更多的自然物质转化为劳动条件并纳入人的世界。这个过程是无限的，但是每个阶段都是有限的，不断突破有限进入无限。

然而，物质条件对于劳动者来说也并不是纯粹被动的，它们有自己的构造和运动规律，人的劳动必须认知、依循这些规律。

对于最初由劳动而形成意识的人来说，自然界是一个神秘莫测的对象，原始人之所以对某一自然物形成图腾意识，就在于某一氏族在其居住的特定自然环境下，该自然物对人的生存有决定性的影响，但当时的认识水平尚不知其所以然，人的劳动能力又不能改变其形态和作用，因而就因恐惧或依赖产生崇拜。崇拜也是一种认识，人们在劳动中逐步积累了躲避或利用崇拜对象的经验与能力。这种经验和能力的积累，使人对自身也有了进一步认识，并提高了劳动的技能，生产力随之提高，人们的社会存在范围和相互关系也有了变化。从单一氏族过渡到氏族联合体，进而形成若干氏族联合体构成的部落。部落之间的冲突往往由于争夺游农或游牧的地域，以及俘虏奴隶，抢夺农业、牧业收获物而引发。部落首领，甚至本部落有势力的人都开始退出劳动，劳动者主要由奴隶和本部落平民构成。在这种情况下，形成了各部落新的崇神对象——由原来某一氏族的图腾与本部落优秀首领的本事相结合，加以神化，构造出具有人的身形、意识、能力和某自然物的自然力相拼合的神。其中人的身形、意识、能力，往往以本部落某一优秀首领为原形，同时也包括本部落成员的共有特征。哲学史上的"诸神崇拜"阶段，表明各部落对自然界的认知程度，也表明对人与自然关系的进一步认识。其中古希腊时期的自然神论最为突出，表现了部落时期人们对自然界的认识程度，而其根据就是雅典的奴隶和平民劳动者的素质技能，同时反映了奴隶制的社会关系，虽然奴隶和平民是劳动主体，但由于奴隶制，因而自然神论所崇拜的自然，依旧是属于奴隶主的，是奴隶主统治的体现，这可以从同期的希腊神话中得到印证。但奴隶和平民的地位作用也有所表现，比其他部落的诸神崇拜有明显不同。

从氏族到部落再到部落联盟，是人类社会形式的演变阶段，而其制度形式则是从原始社会到奴隶制，再到封建领主制。之所以有这种演变，原因绝非唯物主义者所说的"自然规律"，而是以劳动为核心的人本质的发展，劳动者素质技能的提高及其要求提高社会地位的斗争，是社会形式和制度演变的动因与动力。奴隶制的部落以奴隶为劳动工具，以暴力强制其劳动，由此提高了奴隶的劳动技能，促进了生产力发展，既为奴隶主提供了奢靡的消费和统治的物质条件，也为反抗、变革奴隶制积聚了能量。劳动者奴隶和平民不堪沉重的阶级压迫，在劳动中所形成的对自然界的认识促使他们否定诸神的崇拜，他们逐步认识到各部落的神并非其首领和奴隶主的化身，这些首领和奴隶主也没有神的伟力与品行。而且，技能提高了的劳动者和部落征战获俘造成的人口流动，也逐步在观念上突破了部落区域的界限，不仅认知了自然界的统一性，也认识到人与之间的共性和平等。正是以此为基础，才出现了耶稣及其提出的上帝主义哲学。在最初的上帝主义那里，世界只有一个神，即造人造物的上帝，他集诸神于一身，是万物的主宰，所有的人都由他安排，都要服从他。在上帝面前人人平等。这个基本观念是社会变革的要求，是奴隶和平民利益的集中体现。但当欧洲社会在奴隶起义的震撼下，由日耳曼人所组成的部落联盟击溃罗马帝国，建立封建领主制的部落联盟社会形式以后，上帝主义的原教旨也被教会和领主修改为"一切都是上帝安排好的"，其中基本的就是等级及其世袭制。奴隶变成了农奴，从奴隶主的集体饲养和役使变成"承包制"，即每个农奴都从领主那里得到一小块土地的使用权，而其本人及家庭成员的人身都属于领主，并要给领主服劳役、兵役，还要从承包使用权的土地收获物中交贡赋给领主和教会。

欧洲人在农业生产方式上远落后于中国，他们于公元五世纪实行的封建领主制，在中国则是从公元十一世纪的周对商的"革命"开始，到公元前三世纪已经结束，并代之以秦汉的集权官僚制。这种制度上的先进原因在于劳动者素质技能的提高，中国的先民们也经历了氏族、氏族联合体、部落联盟几大社会形式，由于较早地进行农业劳动（传说中的神农"尝百草"是其标志），而且黄河中下游地域又适宜农业生产，因此中国古代的社会进化比欧洲要早。西周时期形成的《周易》，概括了当时劳动者的技能及其对自然界的知识，并据此构造了一个由卦爻组成的知识系统，与之相应的天命观、阴阳五行说、天人合一论及儒、道思想体系构成了中国古代的自然观、人生观、社会观，成为两千多年中国人生存延续的依据。在这些思想体系的主导下，秦统一了中国，创立了集权官僚制，汉承秦制，特别是汉武帝刘彻"罢黜百家，独尊儒术"，使这个在农业文明条件下最为先进的制度及其小农经济聚合了华夏大地世代传承的劳动者，形成了人类第一个伟大民族。汉民族文化与制度的先进，扩展至周边氏族、部落，不断融合于汉族或与汉族密切相连，到十二、三世纪又进一步影响到欧洲，促成了其封建领主制的瓦解，并建立了初级的集权官僚制，诱发了对上帝主义的批判和否定，产生了自然神论和唯物主义。

欧洲的社会变革，内因在于其封建领主制中劳动者与领主、教会的矛盾，中国文化与制度的影响还是外因。欧洲的封建领主制虽然晚于中国一千五、六百年，但其主要矛盾及演进的趋势与中国是一致的，所不同的是欧洲封建领主制是以天主教会的教皇为部落联盟的盟主，中国则以周天子为盟主，其原因是推翻罗马帝国的为首部落日耳曼不像周部落那样强大，不足以成为各部落拥戴的"共主"，只得将当时在民间已有很大影响的天主教树为共主，并建立了统一的教会。欧洲的封建领主制也较奴隶制更有利于劳动者提高其技能，劳动主动性也有所加强，由此深化、拓展了对自然界的认识。而各部落之间的联盟是相当松散的，相互争斗时有发生，为了争霸，那些有作为的领主率先在本部落实行变革，一是削弱内部贵族势力，强化集权；二是鼓励、支持商业，实行重商主义，增加财政和军事力量。这样，就导致城市和市民社会的形成，商业的发展势必在促进手工业和农业的同时，要求对自然界加强广度和深度的认识，在国王和商人支持下，远洋探险"发现"新大陆。初级的自然科学开始对力学、数学、物理、天文等与商业和手工业密切相关学科的研究。这些都是先进的劳动，商业资本将之与手工业、商业、农业、畜牧业的劳动结合起来，形成密切相连的劳动者群体，在不断扩展对自然界的认识的同时提高劳动者技能，改进和深化对自然物质的改造，进而变革社会关系。与中国不同，欧洲的初级的集权官僚制刚刚在几个大的王国（即经争霸而统领若干部落的联盟，如法兰西、英吉利、意大利、德意志等）中建立，就被日益强大的资产阶级领导，以广大劳动者为主力的革命所推翻。唯物主义是这场革命的基本指导观念，它对上帝主义和自然神论的否定，是革命的第一步和前提。资本主义制度建立以后，生产产品的劳动、提供服务的劳动和科学知识研究教育的劳动的联系更为密切，规模日益扩大，以至于全世界的劳动者都在资本的驱动下结成面对自然物质的统一体，科学发现、技术发明、技能提高、工序程式化，以及广泛而密切的商品交换和劳务交换，极大地拓展了人的对象世界，而对自然物质认识的扩展和深化，又使劳动者的联系与统一进一步密切。现代人类的世界，已远非古代、近代人类所知道的世界，之所以如此，就在劳动者人数的增长和技能的提高，他们的联系与统一使之认知、掌握、利用、改造了更多的自然物质，现代劳动的物质条件已成为人类世界的重要组成部分。

唯物主义将劳动的物质条件视为世界的本原，将人视为物质的一部分，是物质条件成为物质财富的一个"要素"。也正是在不断认知、掌握、利用、改造自然物质为劳动条件的过程中，由于资本主义私有制，产生了劳动者与劳动条件关系的异化。资本主义制度比集权官僚制和封建领主制的进步之处，在于它以唯物主义为哲学依据，确立了以物质自然性为基础的个人权利，人身权和对物质财富的所有权是个人的基本权利。也正是从这个基本权利出发，形成了资本雇佣劳动的经济制度，导致劳动者与劳动物质条件的分离与对立。人身权在经济中的体现就是劳动力所有权，劳动者有权选择是否出卖劳动力的使用权。而财产所有权则将劳动物质条件变成私人所有，进而资本化。劳动者要将自身的劳动力用于生产产品或提供服务，必须有相应的劳动条件，在社会化大生产中，除少数个体劳动者外，单个劳动者不可能具备其劳动的物质条件，只能将劳动力的使用权出卖给拥有劳动物质条件的资本家。对于资本家来说，不论购买劳动力的使用权还是购买劳动物质条件，所用的都是同质的货币，他们投资的目的，都是使货币增值，所以必须从劳动力的使用结果中获取利润。这样，本来不创造价值的物质资料也要获取价值，资本家依据对这些物质条件的所有权获取利润。而且那些不投入生产的所谓"不动产"的土地、房屋等也要增值，加之金融资本的操纵和炒作，几乎所有劳动的物质条件都成了获利的依据。相比之下，劳动力虽然也是资本获利的手段，但由于劳动者拥有人身权和劳动力的所有权，资本所有者不能像对劳动物质条件那样拥有所有权，因此，不论在生产中还是在市场上，劳动者与劳动物质条件的关系都产生了异化：本来劳动者物质条件是劳动者发现、发明、改造的，是他们劳动的工具、对象、成果，却成了资本家增加其资本价值的根据，而劳动者只是手段，是随时可用、随时可弃的手段。劳动者因为不拥有劳动的物质条件，因此处于绝对的劣势。马克思于一个半世纪前以"异化劳动"概念对资本主义经济制度的规定，不仅为其演化所充分证明，而且在进入金融资本主义阶段以后更为突出。2008年由金融海啸引发的全世界的经济危机，其实质就是资本所有者，特别是金融财团依恃其对劳动物质条件的垄断，导演的对全世界劳动者的总劫掠，是道地的人世间大浩劫！

这场经济危机以不容辩解的事实宣示了这样的逻辑：曾在二、三百年前代表人类进步趋势的资本主义，因颠倒了劳动者与劳动物质条件的关系，而步入扭曲人性、异化人本质的途径。这同时也暴露出作为资本主义哲学观念的唯物主义的局限与缺陷。而以唯物主义及其"唯生产力论"为哲学基础的"苏联模式"，虽然打着"社会主义"的旗号，但依旧不能确立劳动者的主体地位，继续颠倒劳动者与劳动物质条件的关系，因而必然沿着"唯生产力论"老路转向扭曲人性、异化人本质的歧途。

只有社会主义才能导引人性升华和人本质发展,克服资本主义的局限与腐朽。而社会主义的根本,就是以劳动者为主体,以劳动的物质条件为手段。劳动社会主义将劳动规定为人本质的核心。劳动主义并不否认物质条件的重要,但对物质条件的研究,应由各门自然科学和技术科学去研究,劳动主义关注的是从总体物质条件与劳动关系的角度,概括自然科学和技术科学的成果。由这个根本而形成理性的劳动和劳动的理性。

七、理性的劳动

唯物主义论证了理性的资本与资本的理性,劳动主义则要概括理性的劳动与劳动的理性。

劳动是理性的根据和体现。当原始人有意识地做了第一件劳动的活动,人类的理性也就开始了。这个标志着人本质的劳动,起因应该是作为生命的类人猿(关于人的源起,还有海豚说等,这里取通常的说法)生存的需要,这种需要不能从自然物中满足,迫使他不得不开动其已经发达了的大脑,设想以自己的行为改变自然物。而这种改变与类人猿或其他动物对自然物的采摘、捕咬来直接满足需要不同,一是要有目的,二是要有工具,三是要设计动作的程序。简单劳动的这三个环节在复杂劳动,即使现代最复杂的劳动中,也是基本内容。也正因此,一些人会主张以需要或意识来规定人的本质。但这两种观点都忽略了劳动的综合性和核心地位。将需要作为物质的动物一般生命的体现,并不能表现人的本质,而意识又必须以劳动为根据和载体。也正是在劳动中才逐步形成理性,而劳动就是在理性的规定和导引下进行的。

人的劳动与动物的活动区别就在于理性。劳动的规定目的、制造和使用工具、设计程序是理性形成和作用的三个基本环节。简单的劳动也要包含这三个环节,理性也就由此而生。复杂的劳动是在简单劳动基础上的扩展、深化、精细,正是理性的作用使简单劳动升华为复杂劳动。

理性,是近代以来哲学上的重要范畴,从自然神论到唯物主义,特别是黑格尔,都对理性做了探讨和论证。虽然他们的观点有所差异,但有一个共同点,就是都没有将理性与劳动统一起来。

欧洲近代思想家之所以重视理性,目的在于否定上帝主义的神性,为此,他们承继了古希腊自然神论中的理性观念,并在中国天命主义,特别是朱熹理学的启示下,逐步形成了以自然、物质取代上帝的思想体系。理性,在苏格拉底、柏拉图、亚里士多德那里曾是自然神的精神和意志,贯穿于自然界和人类社会。人类中的圣贤也有自然神所赋予的接受理性的能力,并将其所接受的理性宣示于世,规范并统治社会。这个基本观念成为文艺复兴以后欧洲进步思想家的重要逻辑前提。而朱熹所集中表达的儒家天命主义的理学,则是这些欧洲思想家否定上帝主义的主要启示和论据。当欧洲的资产阶级在否定上帝主义统治后,快速地发展工商业,进而在工业文明上远远超越中国后,其思想家,如黑格尔,开始否认中国天命主义对欧洲进步的启示与促进。但历史的事实却是不可更改的,作为欧洲近代理性观集大成者的黑格尔,其对理性的论证,恰恰在基本点上与朱熹相一致。我们不能说黑格尔是朱熹的弟子或他抄袭了朱熹,但他的绝对理念则明显地是对欧洲近代思想界所受朱熹理学所代表的儒家道统影响的概括。

汉字中"理"字的本意为玉有天然文理,按其文理而琢治,《说文》曰:"理,治玉也,从玉里声。"后来逐步演化为哲学范畴,先是墨家、管子等人对理进行了论证,后道、儒两家的传人也着重探讨了这个范畴,当时主要是从规律、本质等方面使用"理"。庄周和荀况都在其著述中论了"理"。庄周以理来释道，提出"天理"、"物理"和"生理"等范畴；荀况则有"道理"、"事理"、"物理"、"大理"、"文理"、"肤理"、"色理"、"义理"、"经理"等范畴。后经学、玄学两个阶段，又对"理"做了进一步的充实。二程和朱熹将"理"作为儒学的核心，从而使儒学上升到一个新阶段。朱熹把"理"说成是宇宙本体，是无形体、无方位、无造作而洁净空阔的观念世界，是形而上者，是生物之"本"。它是事物之所当然与所以然，先于天地万物而存在，又在天地万物之中。它是世界万物的"主宰"，是一切运动和变化的"使之然者"，但又"挂搭"在形而下的气（物）中。它是万物的规律，又是真理和道德的标准。人的行为必须以理为标准、规则，理是永恒的，人必须笃信、遵守理。理又是多层次的，所谓"理一分殊"，物物各有其理，物理之上又有一"太极"，即总的、绝对的"理"。"理"通过"气"而贯通于万物，万物皆受"理"的支配和控制。朱熹说：

总天地万物之理，便是太极。①

太极者，理也；阴阳，气也。气之所以能动静者，理为之宰也。②

朱熹的"理"为"天理"，而欧洲近代唯物主义哲学家，特别是黑格尔所论的"理"则为"物理"，并以初级的自然科学为基础进行了系统的论证，明显地要比朱熹的论证前进了一大步。然而，不论"天理"还是"物理"，都是人之外、之先就存在的，是大于"人理"，支配"人理"的。人们只能被动地受其制约，虽然人也可

---

① 《朱子语类》第九十四。
② 《太极图说章句》。

以在一定范围认知它，但又必须以这种认知来适应它。以"天理"、"物理"的理性取代上帝的神性，无疑是一大进步，但仍然将理性看成外在于人的，是外在于人的"理"对人的控制。

劳动主义的理性，是以人为主体的，是人性的集中体现。理性的根据是劳动，理性的主要作用也在劳动。作为劳动对象的自然物质，有其构成、内容、形式和运动的规律，但没有理性。理性是在人认知、改造自然物的劳动中形成的，并作用于劳动及人的全部生存活动中。这样看，理性就包括三层含义，一是人的认识过程的一个阶段，即在感性认识的基础上对所掌握现象材料的概括；二是依据已经得到的概括性认识对事物的处理；三是对劳动为主干的实践经验的总结。这三个层次的内在统一，构成人类所特有的理性。

劳动是理性形成和作用的首要环节，理性的三个层次统一于劳动之中。理性的劳动是有对象的，不论这个对象是自然物质还是人，要对之进行改造，还是为之提供服务，都要有对对象的感性认识，要掌握必要的现象材料，在此基础上进行理性的概括。这个环节从近代开始逐步专业化，形成对自然物和人的科学研究。也正是从这个意义上我们认为科学研究属于劳动的第三部类。但必须强调，并不是有了科学研究之后才有对自然物和人的感性认识及其现象材料的概括，自从有了劳动，而且只要有劳动，包括最初级、简单的劳动、都要有对对象的感性认识和概括。只有理性概括，才能对对象的形状、构造有所了解，才能据此对之进行改造和服务。每一个实践着的劳动者都在进行这种概括，这是最直接，也最切实的概括，科学研究就是这种直接概括的再概括或间接概括。直接概括的特点在于只针对具体个别的对象，间接概括则是对各具体个别概括的总结，而科学研究也包括研究者针对具体现象的个别概括。直接概括往往是在劳动过程中进行的，因此其认识的正确与否，及时会得到验证并修正，但由于其直接性，这种概括只能积累于直接劳动者的经验中。而间接概括，特别是研究者以自己的直接概括为依据的间接概括，则可以避免这种局限性，既有对自己经验的总结，也包括对他人经验的吸收，因此具有普遍性，并可以向其他劳动者交流并推广。

依据对对象概括性的认识来处理当下劳动所面对的事物，是理性劳动的第二个环节，也是中心内容。不论是生产产品、提供服务，还是继续科学知识的研究，都需要以概括性的认识为前提。人类的劳动是持续不断的，是在相互交往的社会关系中交流、促进的过程。除了无从考证的第一个劳动动作，人类所有的劳动都是以前劳动的继续，或者说是再劳动。本人的劳动经验、他人的劳动经验、前人的劳动经验，会以各种方式，通过种种机制和渠道汇集、总结、概括，其内容一是对劳动对象的认知，二是对劳动技能的规范。我们先分析第一个内容对当下劳动所面对并要处理的事物的意义。作为再劳动的当下劳动，所要处理的事物，不论生产产品和提供服务，还是科学知识研究教育，都是以前劳动的继续，其对象都与以前劳动有一般意义上的联系，即使一个新的产品、新的知识服务项目、新的研究及其教育，也都是历史上已有产品、项目、知识在逻辑上的继续。因此，理性对对象的概括性认知，就成为再劳动的必要前提。不可能设想在对对象完全没有理性认知的情况下，就能形成对新产品、项目、知识研究教育的处理。当然，新产品、项目、知识研究教育之所以出现，在于有了新的对象，因此不能照抄以前的概括性认识，而应以其为一般前提，着力探讨新对象的特点。至于同一对象、项目、知识研究教育的再劳动，也要注意深化、拓展对象的理性认知。

理性在劳动中作用的第三个环节是，对劳动为主干的实践经验的总结。劳动是脑力和体力的有机统一，意识作为劳动的内在因素，贯彻于劳动的始终；支配着、反应着、调整着劳动的每一个步骤。

意识不仅感觉对象，也感受主体在劳动过程的体验。这种体验在记忆中保留，也在劳动成果中体现，逐步累积而形成经验。劳动者个人的经验是其技能的基本内容。唯物主义者在认识论上将经验归入感性的范畴，这是不确当的。经验是在实践进程中感觉的积累，它包括主体对自身感觉和对对象的感觉两部分，是对这两部分的初步总结。在这个过程中并不是没有理性，而是由理性主导着经验的总结。经验总结是理性作用的首要环节。个体劳动者的经验总结是在其劳动过程中随时进行的，并在劳动中直接验证，具有个体性，因不同劳动者及其劳动物质条件的不同而有不同。个体劳动者的经验，除作用于他本人的再劳动外，也会与所交往的劳动者相交流、印证，并传授给子女、徒弟、学生。这些过程，都是由个体人的理性连通所完成的。在个体劳动者的经验总结和交流中，理性处于初级阶段，其思维形式主要是比较、分类和归纳，也有分析，但只在少数劳动者那里表现着。在个体劳动者经验总结和交流的基础上，逐步形成了专业性的总体的经验总结。总体经验总结是由专门的劳动者所从事的，先从局部开始，逐渐扩大范围。所针对的主要是分行业的技术，进而扩展至一般性技术原则的研究。这种总体性的经验总结早在农业文明时期就已出现，如中国古代的农学、医学研究，欧洲、印度也有相关研究成果。在现代已形成与社会科学、自然科学相并立的技术科学，几乎所有行业的技术都有专门的系统研究。而社会科学、自然科学中有关方法论的探讨，也是对第三部类劳动中关于这些科学研究劳动者经验的总结。第三部类劳动中的传授知识的劳动也有经验总结，这部分内容构成教育学研究。总体性经验总结的理性是明显的，也正是在理性的作用和导引下，才从总体上不断提高各行各业的技术水平，促进了劳动者个体技能的提升。

综合上述理性在劳动中作用的三个环节，我们可以得到出这样的结论：理性作为人所特有的属性，是以劳动为根据，并主要作用于劳动的。也正因此，才有劳动的发展和社会的发展，理性贯彻于劳动之中，并随劳动的发展而发展。以劳动为主干的人类社会活动和社会关系，也都以理性的劳动为基础，充满了理性。即使在阶级社会，人们的生活也是围绕劳动这个主干展开的。虽然劳动者不在社会关系和社会生活中占主体地位，但统治阶级为了占有劳动成果，仍然要依从理性的劳动来实施其统治。而当统治阶级违背理性，阻碍理性在劳动中的作用，进而阻碍劳动的发展时，势必受到理性的劳动者的反抗。这种反抗在一定意义上说正是理性的劳动的发展所要求的。

对于劳动的人来说，理性不是外在的，也并不神秘，它是思维对主体与客体及其关系的规定，是对自然物质和人的存在的各种现象本质的概括。理性的劳动使人与自然相统一，并通过劳动而认知自然和人本身，围绕劳动及其成果而建立社会关系。人的世界是由劳动开拓的，也正因此，人的世界充满了理性之光。

八、劳动的理性

劳动主义哲学不仅要探讨理性的劳动，还要规定劳动的理性。正是在这个过程中，形成了统一的主体论、认识论和辩证法，确立了劳动社会观。

欧洲自封建领主制的经院哲学开始，将哲学分成本体论、认识论、逻辑学三大板块，后来虽有所变化，但基本格局仍然保持着。唯物主义在本体论上以物质取代了上帝，并由此而改造了认识论和逻辑。唯物主义者反复强调理性，这在黑格尔那里表现得最突出，他试图用理性将本体论、认识论和逻辑学构筑成一个体系，虽然他把理性说成是"绝对"的，但其体系仍然只是"物理"的表述，他的理性还是物性，而非人性。至于实证主义和实用主义，不过是在唯物主义的前提下对认识论的进一步探讨。而人文主义虽说在强调人性，但在基本点上仍未摆脱费尔巴哈的局限，只是对人进行抽象的论证，并未抓住人的本质，因而不能取代唯物主义的主导地位。

人的理性只能从人本质中规定。劳动是人的理性的根据，理性的劳动成就了劳动的理性，劳动的理性导引理性的劳动。劳动主义并不先验地论证世界的本原，而是在劳动的理性发展中，对作为人生存基础和条件的自然物质进行规定。唯物主义者以初级自然科学成果为依据，设定物质的世界本原，这个结论对于否定上帝主义和自然神论无疑是进步的。但它毕竟是先验性的结论，是从局部对全体的规定，它并不能回答在人的认识之外的世界为什么是物质，而规定世界本原则必须回答这个问题。为了证明人所认知范围之外的世界的本原和本质，唯物主义者费尽了心思也不得要领，以致黑格尔求助于绝对理性，得出了被称为"客观唯心主义"的答案。休谟、康德乃至实证主义者知道世界本原问题的不可解答，因而将哲学仅限于认识论，这或许是个聪明和实用的作法，但依然延续着唯物主义的基本理念，把人作为认知和占有（占有也是一种认知）物质对象的工具。

恩格斯将"世界本原"作为哲学的基本问题再次提出，认为只有承认物质为世界本原的人才是唯物主义"阵营"中的人。进而，他明确地将唯物主义规定为"马克思主义"和社会主义的哲学观念，在肯定马克思以前唯物主义者的基本观念之后，硬是将他们的社会观说成"唯心主义"的。恩格斯的这个思路由考茨基、普列汉诺夫和列宁所坚持。列宁的《唯物主义与经验批判主义》将唯物主义确立为社会主义哲学观念，由此苏联和中国的"马克思主义哲学"就坚持论证世界的本原是物质，并从物质来论人和社会。这个思路明显地是一种倒退，即用18、19世纪的资本主义哲学观念来规定社会主义的哲学观念，忽略了社会主义的主体和主题。

马克思是社会主义哲学的首倡者，虽然他也并未明确界定社会主义哲学与资本主义哲学的本质区别，但他指出了"哲学家们只是用不同的方式解释世界，问题在于改变世界。"① 从而也就为社会主义哲学确定了主题。他的这段话清楚地表明：社会主义哲学的主题和基本问题，都不是探讨"世界本原"。对"世界本原"的论证和争议，都是以前哲学家们所做的，而马克思认为这样做是错误的。在将社会主义哲学的主题确定为"改变世界"的前提下，他又把研究的重心转向实践，"凡是把理论引向神秘主义的神秘东西，都能在人的实践中以及对这个实践的解释中得到合理的解决。"② 这样，就指明了社会主义哲学的方向。可惜，恩格斯并没能理解马克思的上述论断，以他对马克思著作权威注释者的身份，又将社会主义哲学观念拉回到唯物主义，并抽象地议论"思维与存在"、"精神与自然界"的关系。而列宁、斯大林不仅接受了这个思路，还用他们的特殊地位将之界定为"马克思主义哲学"的基本点，从而影响了二十世纪的社会主义运动，苏联的剧变和中国出现的问题，在理论上都与此密切相关。毛泽东是领会了马克思哲学思想的革命领袖，他写的《实践论》就直指主题——实践，并在实践的基础上论证感性认识与理性认识的关系。而《矛盾论》则是对在实践中如何认识矛盾、解决矛盾、"改变世界"的方法进行了探讨。

当我们今天总结社会主义运动的教训时，必须对从哲学观念开始的社会主义理论体系进行反思，而首先要解决的问题，就是在马克思"改变世界"和实践的观念前提下，进一步明确社会主义的主体是劳动者，社会主义哲学所要探讨的主题，就是以劳动为核心和主干的实践，由此去改变世界。

劳动是人类的上帝，劳动是劳动者的本原，劳动是社会主义哲

---

① 马克思：《关于费尔巴哈的提纲》，《马克思恩格斯选集》，第1卷，北京：人民出版社1995年版，第57页。
② 同上书，第56页。

学的核心和出发点。

以劳动者为主体的社会主义运动，是现代人类"改变世界"的动因和动力。"改变世界"并不只是改变自然界，首先是改变人自身及其社会，改变劳动者不能成为社会主体的社会关系与制度。以此为基础，才有对作为劳动物质条件的自然界的改变。如果像某些"社会主义者"所主张的那样，实践只是改变自然界，只是发展生产力，而生产力发展了，社会关系也就随之和谐化，那么劳动者即使创造出更多的物质财富，他们仍然要陷入更为严重的"异化劳动"之中，只能给统治他们的资产阶级提供更充分的占有劳动成果的手段。这一点，不仅历史上已经证明，近二、三十年的世界和中国的状况也更加清楚地验证了。

劳动的理性不仅是如何劳动实践，不仅是如何在劳动实践中认识世界的问题，更重要的是劳动的主体如何认识自己，如何从劳动主体转变为社会主体的问题，如何使自己的劳动与自己的存在和发展相统一的问题。

因此，劳动的理性的首要环节和第一个范畴，就是确定劳动者的主体性，包括三个层次，一是劳动实践中的主体，二是认识的主体，三是社会关系和社会生活中的主体。

劳动者是劳动实践的主体，这是不争的事实，不论任何社会制度和时代，劳动实践都是由劳动者从事的。随着劳动实践的拓展，劳动的三部类逐步形成，在三部类中就业的劳动者既有分工，也有劳动方式的差别，在19、20世纪的"马克思主义者"的词汇中，曾经只承认从事体力劳动的人为劳动者，主要是第一部类的产业工人，不承认在第三部类就业的人为劳动者。这是一种明显的偏见，也是中国社会主义制度的一大缺陷。从事科学知识研究和传授的脑力劳动者在现代社会的作用日益突出，明确他们在劳动实践中的主体地位，是规定劳动的理性和强化劳动者总体统一性的关键。劳动的理性是三个部类统一劳动者总体的理性。

在明确从事科学知识研究和传授的劳动者为劳动实践不可分割的主体之后，就可以明确劳动者作为认识主体的地位与作用。劳动的三部类的总体结合，是人类认识自然物质和人自身的根据与过程。第一部类的劳动者直接面对自然物质，在对之进行改造的过程中，形成丰富而具体的感性认识，并进行初级的理性思维，形成经验；第二部类的劳动者在服务于人的过程中，直接感受人的生理、心理存在与需要，以及人的社会关系，并对之进行经验性总结；第三部类的劳动者中从事科学研究的人既有本人对自然物质和人生及社会关系的感性认知，又有结合第一、二部类劳动者的经验进行的理性探讨，而传授知识的劳动者同时也认识接受知识传授的人，并逐步形成相应的经验和理性知识。三个部类的劳动者是个总体，有各种社会机制将他们联系起来，个体的认识集合、交汇，构成总体的认识主体。

不论任何社会和时代，劳动者都占人口的绝大多数，但原始社会后的各阶级社会，劳动者都未成为社会主体，不能主导社会关系和生活。这是阶级社会主要矛盾之所在，社会主义的基本目的，就是使劳动实践和认识的主体劳动者成为社会的主体。劳动的理性要明确劳动者在社会中应有的主体地位，并以此来凝聚和组织劳动者为争取社会主体地位而斗争。劳动者的社会主体地位不是谁人恩赏的，是他们作为劳动实践和认识主体素质技能提高的体现。劳动的理性要概括劳动者三个层次的主体性，以争取社会主体地位的社会主义运动来导引劳动者。

在明确劳动者主体性基础上，劳动的理性要确立实践与认识的统一关系。劳动实践是直接而切实的认识，在劳动中，人的各种感官都要发挥功能，由此接触并感知对象。唯心主义硬说所感知的不是物体，感知只是感知。这个说法如果只在逻辑层面上与之辩论，是驳不倒的。但从实践中却可以明确地发现其荒谬：如果感知到的只是感知而非实在的物体，那为什么人的劳动可以改变对象的形状、结构，从而改变人的感知呢？为什么人可以凭着感知及对感知的思维结果而改变对象，并改变感知呢？显然，对象是实在的，这种实在由实践所认知并证明。唯心主义的论点，在实践着的劳动者那里是不值得一驳的，而以实践为根据的认识，或者说实践中的认识，正是人的存在与其对象存在的真实反映。任何一个劳动者在实践中都不会产生唯心主义的幻觉，也都能充分地批驳其谬论。

劳动实践中认识的第一个环节，就是以身体的各种感官去感觉对象。这是一个双向的感觉，当我们用眼、手、耳或身体的其他部位接触外界对象——不论这个对象是物还是为之服务的人，不仅可以感觉到对象的相应映象，而且通过与对象的接触，还可以感觉到自己感官及其反应力的存在。在知彼的过程中知己，在知己的基础上知彼。感觉形成感性认识，得到对对象的现象认知，在对现象的理性思考中，得出对其间联系的认识，并逐步集中为本质的规定。以本质的规定去解释现象，制定解决现象间矛盾的思路，导引继续实践。

上述关系是从理论的一般意义上规定的，在实践的认识进程中，感性和理性、实践与认识的关系要具体得多、复杂得多。现实中的劳动者不可能是在对对象毫无知识的情况下进行实践的，在此之前，他会从家庭、学校、社会等各个层次学到一定的知识，并对自己的身体和能力有所了解。这里既有个人的感性认识，也有对前人理性认识所形成知识的接受。当他进入劳动实践，接触劳动对象时，不仅有直接的感性认识，还有对已有感性认识的回忆及理性知识引发的思考，这样所形成的感觉就不是"纯粹"的，而是集合性的。当然，直接的感受是最可靠的，应当以这种感受来验证已有的记忆和知识。但也不尽然，有人往往会以已有的记忆和知识来衡量当下的感受，从而引起认识的误差，需要在以后的实践中不断地调整。

在劳动实践中，对对象的感受不是一次，而是反复进行的，随着劳动实践的展开，对对象的感性认识也分层次、有步骤地变化，这种变化之前，已对所感受的层次的经验积累和理性认识，因此，劳动实践的进程中，感性认识和理性认识是交错进行的。对在先层次的感性认识及对其所做的理性思考，都会成为下一层次感性认识的前提。而下一层次的感性认识和理性思考，又会对在先的理性认识有所补充和修正。劳动实践往往是反复进行的，当某一工种或耕作或服务或科学实验或教学完成之后，又会重复同样的程序，这样，以前积累的感性认识和理性思考，就会形成经验，成为新一轮劳动程序的前提。如此往复，就能得到比较准确的对对象的经验和理性认识。

劳动实践所感受的，不仅是对象，还包括对劳动者自身生理、心理、技能的感知。劳动是个对象化的过程，不仅劳动者要将自己的意愿对象化于物体或他人，而且物体或他人也会将其特性或要求反馈给劳动者，使劳动在对象化的过程中感知自身，并尽所能来调动自身的各种因素以适应对象的特性或要求。这同时也是劳动者自我改造，提高素质技能的过程。劳动者的素质，包括身体素质、技能素质、文化精神素质三个层次，在劳动实践发挥作用的，主要是技能素质。劳动技能是劳动者主体因素的集合，身体和文化精神素质都要集合于技能素质。技能素质在不同劳动者那里有明显的差异，技能水平直接关系劳动进度和结果。提高劳动技能既是个体劳动者提升效率的原因，也是社会总体劳动者发展生产力的根据。劳动技能的提高，是个综合过程，既有社会所提供的教育和培训，又有在劳动实践中的积累。由第三部类劳动者提供的科学知识和技术知识的教育与培训，是个体劳动者实践经验的理性概括。这里的根本，是劳动者个体在实践中对对象的认识和对自己切身感受的总结，以及在此基础上对劳动技能的改进。

从一般意义说，理性认识是在感性认识之后的，但在劳动实践中，二者则是交替进行的。上面的分析已说明了这一点。这里重点探讨第三部类劳动者以其理性认识对自然物质、人及其社会关系、技术等的概括和传授与第一、二部类劳动者实践中感性认识的统一。

若将劳动者总体作为一个人，从认识论角度做分层规定，那么，第一、二部类劳动者的劳动实践主要形成感性认识，第三部类劳动者的劳动实践主要形成理性认识。这只是一种理论上的设定，在实际中，第一、二部类劳动者也有理性认识，第三部类劳动者也有感性认识，对此，我们前面已做了分析。劳动者总体从认识论上的分层，是实践的社会分工所决定的，也是人类认识发展所要求的。

一个人的认识过程中，感性和理性认识是交替进行的，但比较集中、系统的思考在任何人在那里都在进行，这种思考构成认识进程的关节点。人类总体的认识过程，根据社会分工的演进，逐步形成专业从事科学研究和传授科学知识的劳动者部类，从而使理性认识更为集中和系统。但这种分工和分层，往往在一些人那里形成一种观念，似乎理性认识由这部分人"承包"了，他们独立发现科学知识的个人或小团体，他们是人类进步的"圣贤"式主导。这带有一定程度神秘色彩的观念之所以出现，在于忽略了人类总体认识中感性认识的意义，没有看到或掩饰了三个部类劳动者的实践统一性所决定的认识统一性。

专业从事科学知识研究的人并不是孤立的个人或团体，虽然他们要进行长期的独立思考，但所思考的材料和问题，并不只是他们本人所感知和提出的，大多数材料来自第一、二部类劳动者的感性认识所形成的经验积累，以及他们在实践中遇到的问题，还包括以前的研究者的研究成果及未解决的问题。无论自然科学、社会科学，还是技术科学的研究，都是如此。只有这样的研究，才是与劳动实践相统一的,也才能作用于劳动实践和社会发展。古往今来,总有一部分自以为是的"天才"或"神通"者,受某种特殊条件的制约,进行关于神灵、上帝的"研究",并会以各种方式来宣示其成果。虽然他们也要借用一些社会上其他人的感性认识和经验,但其目的的并不是作用于劳动实践,而且他们所宣示的神灵、上帝并不存在,不可能成为认识的对象,只能在思维中对一些现象做歪曲性的编造。这部分人的"研究",往往会被统治者用来迷惑群众,而他们也乐于顺应统治者的需要而编造其"成果"。这样的理性思维,是与劳动实践相对立的,其"成果"更是干扰、阻碍劳动实践发展的。至于那些以御用文人姿态出现的统治者代言人,虽然不必装神弄鬼,而且能够掌握从实践中得到的现象材料,但他们不是以劳动者为基础,不是以促进劳动实践为目的,只是为了迎合统治者的利益需要,以自己的思维论证既有制度和为维护统治者利益而出台的政策。他们以"科学研究"的名义发表为统治者献媚和欺骗民众的"学说"或"观点",如现代官文化的传扬者、"自由主义"的经济学家、金融资本和官僚资本的辩护人,虽说戴着官方或大资本财团赏赐的各种学术桂冠,但其实质却与神灵、上帝的论证者是相同的,而且对劳动实践的危害会更大。

真正的、符合人本质的科学研究,必须是以劳动者为主体,而且其研究者也是劳动者,是以维护劳动者利益,促进劳动者素质技能提高为目的的。只有这样的研究,才能以第一、二部类劳动实践中形成的对对象的感性认识和经验为依据,进行合乎第一、二部类劳动实践需求和促进劳动者素质技能提高的理性思维,并得出相应的成果。在这个过程中,研究者本人的素质技能也会相应提高。

科学研究的理性思维成果形成的知识,要经第三部类中从事传授知识的劳动者以其思维和讲解达于准备成为劳动者的青少年,以及第一、二部类劳动者。这包括教育和技术培训,前者主要是向青少年讲授科学知识,后者主要是向第一、二部类劳动者(也包括第三部类的部分劳动者)传授技术科学的成就。第三部类中这部分劳动者在人类总体实践和认识发展中的地位和作用是相当重要的,而且会越来越重要。他们是科学研究的劳动与第一、二部类劳动的连接,更是人类总体世代连续的关键。他们的劳动也主要在理性思维,但与科学研究的思维有所不同,他们也要依据第一、二部类劳动者的感性认识和经验,而目的是如何理解和讲解概括于科学研究成果的知识。他们的思维是科学研究劳动者和第一、二部类等劳动者思维的中介,正是他们的思维,使劳动者总体的思维贯通,作为一个总的主体在实践中认识自然界、人生和社会关系。

劳动的理性在以劳动者为主体的劳动实践中生成、演化、发展,它主导着人类的历史,也荡涤着从非劳动的统治者那里生出的各种以人的理性形式设计出来违反人本质和人性升华的各种"权威"论说。劳动的理性发展的动因和动力在于劳动实践,而其方法就是实践辩证法。对实践辩证法的探讨和论证,是劳动的理性必要的环节。

第六章

实践辩证法

辩证法这个词与唯物主义一样,在中国只要是受过中等以上学校教育的人,都是知道的。除大学中哲学系将之作为"专业课"讲授外,其他人都是在"政治思想"课程中学习辩证法的。然而,与唯物主义被误解为社会主义的哲学观念一样,辩证法因被视为唯物主义的方法论,而被视为自然界的规律,由此也就丧失了马克思所说的辩证法批判的和革命的"灵魂"。也因此,虽然这样的"辩证法"随"马克思主义哲学教科书"而在官方的推行下普及,但却没有,也不可能在中国的社会变革中发挥主导作用,反而被那些以唯物主义名义将资本主义偷换为社会主义制度建设及其改革的依据的人,作为论证其主张的工具。

对辩证法的歪曲严重危害了社会主义理论体系的形成发展,危害了社会主义运动及其制度化。在确立了劳动主义为社会主义哲学观念的同时,必须对其方法论——辩证法进行探讨和规定。

一、实践辩证法:劳动主义方法论

哲学方法论是基本观念的展开。在经院哲学那里,将哲学分为本体论、认识论、逻辑学三个独立的板块,其中并没有方法论的独立地位,有关方法论的思想散见于认识论和逻辑学中。到英、法唯物主义者那里,也未专论方法,黑格尔将方法论与本体论、认识论统一于逻辑学,并以辩证法概括他的方法论。黑格尔的方法论与他的基本观念是统一的。他以思辨的形式论证的以有(存在)、无为出发点的概念运动,是他方法论的主要内容,虽然绝对精神的理念及其概念运动的形式具有明显缺陷,甚至故弄玄虚以掩饰这些缺陷,但他还是比较系统地论证了认识自然界和人类社会的方法论,从而使辩证法成为哲学中一个重要组成部分。黑格尔的思辨辩证法实为自然辩证法,即以逻辑的自然来论证自然的逻辑。他在《逻辑学》中的抽象议论,在《自然哲学》中得到印证,而其目的,则是在《精神哲学》中确立资本的理性。从这个意义上说,黑格尔的辩证法正是唯物主义方法论的集大成。

作为社会主义哲学观念的劳动主义,批判继承了黑格尔的辩证法,这在马克思那里得到集中体现,他以人为主体,以实践、劳动为根据,在揭示资本主义经济矛盾、批判资本的理性过程中,吸收并改造了黑格尔的辩证法,形成了自己的辩证法。马克思没有对他的辩证法进行系统的论证,而是在《资本论》的逻辑及他的学说体系中贯彻并运用了辩证法。发掘、概括其中的辩证法是社会主义哲学研究的必要前提。1913年以后的列宁在流放地认真研读了黑格尔和马克思的著作,对辩证法有了深入认知,在《哲学笔记》中记下了几段有创意的论说。但他对唯物主义的既有观点,限制了对辩证法的进一步理解和发展。真正对辩证法有贡献的欧洲人是卢卡奇。卢卡奇从总体对辩证法的规定,使他认识到经济、政治、文化的内在统一关系,提出了"阶级意识"这个重要范畴,充实了社会主义理论体系。

准确把握马克思辩证法的实质,并根据中国及世界社会主义运动经验，发展社会主义哲学，特别是辩证法的思想家，是毛泽东。他的《实践论》和《矛盾论》两篇论文虽然篇幅不长，却抓住了实践和矛盾两个范畴，论证了认识论和辩证法的基本。这是他领导中国革命的哲学基础，也是社会主义哲学发展史上的重要环节。我们对劳动主义哲学及其辩证法的探讨，要继承从马克思到列宁、卢卡奇、毛泽东的发展思路。

对于马克思的辩证法，在"马克思主义者"队伍的序列中，还有另一种界说，即将唯物主义作为基本观念，在此基础上来限定辩证法的性质，得出"唯物主义辩证法"，简称"唯物辩证法"的规定，并从自然物质出发，论证了存在与意识及若干规律、范畴。这种规定体现在通行于苏联和中国的"马克思主义哲学教科书"中。

这种规定及其体系的发端者是恩格斯，经斯大林以其政治权威的规范，由已经掌权的官方哲学家编排、填充，竟成一大系统。

唯物主义辩证法的基本观念是唯物主义，虽然持此论者宣称是以辩证法改造了旧的"机械唯物主义"所形成的"辩证唯物主义"，但他们忽略了此论的一个简单的、形式上的悖论：既然黑格尔辩证法经唯物主义改造才成为"唯物主义辩证法"，而唯物主义也只有经辩证法的改造才成为"辩证唯物主义"，那么，用以改造辩证法的唯物主义就不可能是还未经辩证法改造的"机械唯物主义"，而应是"辩证唯物主义"；唯物主义又需辩证法的改造才成为"辩证唯物主义"，改造唯物主义的辩证法又不应是黑格尔的辩证法，而应是"唯物主义辩证法"，但在未形成"辩证唯物主义"的情况下，又以什么来改造黑格尔的辩证法？其结论就是黑格尔辩证法没有"辩证唯物主义"改造不可能成为"唯物主义辩证法"，"机械唯物主义"没有"唯物主义辩证法"的改造也不可能变成"辩证唯物主义"。

对于这个悖论，几乎没有人注意，我们也不想就此展开分析。这里，只是将"唯物主义辩证法"的要点做一归纳。

将辩证法归结于唯物主义，并制造了"唯物主义辩证法"的是恩格斯。他在《路德维希·费尔巴哈和德国古典哲学的终结》中写道：

> 辩证法就归结为关于外部世界和人类思维的运动的一般规律的科学，这两个系列的规律在本质上是同一的，但是在表现上是不同的，这是因为人的头脑可以自觉地应用这些规律，而在自然界中这些规律是不自觉、以外部必然性的形式、在无穷无尽的表面的偶然性中实现的，而且到现在为止在人类历史上多半也是如此。①

在《自然辩证法》中，他又写道：

> 辩证法的规律是从自然界和人类社会的历史中抽象出来的。辩证法的规律无非是历史发展的这两个阶段和思维本身的最一般的规律。②

这样的表述看似清楚，实际上相当费解："外部世界"如何与"人类思维"的规律在本质上"同一"？是同一于"外部世界"的规律，还是同一于"人类思维"的规律？恩格斯是唯物主义者，显然他是主张"外部世界"，首先是"自然界"为本位，是"人类思维"符合"自然界"的规律，而不是"自然界"依循"人类思维"的规

---

① 恩格斯：《路德维希·费尔巴哈和德国古典哲学的终结》，《马克思恩格斯选集》，第4卷，北京：人民出版社1995年版，第243页。
② 恩格斯：《自然辩证法》，《马克思恩格斯选集》，第4卷，北京：人民出版社1995年版，第310页。

律。这样,辩证法就不应是"二元"或"二本"的,而应是"一元"的,即以自然界为本位、主体的。也正是在这个意义上,他对辩证法的论证集中在"自然辩证法"上。"自然辩证法"这个提法本身,就已表明恩格斯对辩证法的认识。对恩格斯的上述论断,斯大林有比较准确的理解,他明确指出辩证法是源于自然、用于自然的。

(1) 同形而上学相反,辩证法不是把自然界看做彼此隔离、彼此孤立、彼此不依赖的各个对象或现象的偶然堆积,而是把它看做有联系的统一的整体,其中各个对象或现象互相有机地联系着,互相制约着。

……

(2) 同形而上学相反,辩证法不是把自然界看做静止不动、停滞不变的状态,而是看做不断运动和变化、不断更新和发展的状态,其中始终有某种东西在产生、在发展,有某种东西在破坏、在衰颓。

……

(3) 同形而上学相反,辩证法不是把发展过程看做简单的增长过程,量变不引起质变的过程,而是看做从不显著的、潜在的量的变化到显露的变化,到根本的变化,到质的变化的发展,在这种发展过程中,质变不是逐渐地发展,而是迅速地、突然地发生的,表现为从一种状态飞跃式地进到另一种状态,并且不是偶然发生的,而是有规律地发生的,是由许多不明显的逐渐的量变积累而成的。

……

(4) 同形而上学相反,辩证法的出发点是:自然界的对象或自然界的现象含有内在的矛盾,因为它们都有其反面和正面,都有其过去和将来,都有其衰颓着的东西和发展着的东西,而这种对立面的斗争,旧东西和新东西之间、衰亡着的东西和产生着的东西之间、衰颓着的东西和发展着的东西之间的斗争,就是发展过程的内在内容,就是量变转化为质变的内在内容。①

辩证法是自然界运动的规律,辩证法是自然形成的,据此可以从形式逻辑的角度得出"唯物主义辩证法"的界定。然而,辩证法作为方法论,如果它的本体、主体是自然界,那么自然界必须是有意志、意识和精神的,于是又要退回到黑格尔的"绝对精神"。只有从"绝对精神"才能说明"自然辩证法"或"唯物辩证法"作为方法论的存在。这样又与唯物主义的基本观念发生冲突:唯物主义是不承认有先于和决定自然物质的精神的。通观恩格斯、斯大林以及"马克思主义哲学教科书"的编者们的论断,只能说明"唯物主义辩证法"在实质上是黑格尔的思辨辩证法,或者说黑格尔的思辨辩证法就是"唯物主义辩证法",而且在理念和体系上远比"马克思主义哲学教科书"中的论断更为深刻、系统。

方法是作为实践主体的人所特有的,是在实践过程中认知和改变主体存在与客体的手段、方式、程序,是实践和认识的内在精神与动因。作为实践客体、对象的自然物质是没有、也不可能有方法的,它们有其内容和形式以及演化的趋势,但没有对自身的认知和主动改变。方法论是对方法的理论规定,它只能是对产生于人的实践和认识过程的方法的概括。辩证法是诸多方法论中的一种,在黑格尔那里形成系统。黑格尔的辩证法注重理性思维中的关系和程序,突出概念运动在思维中的主导作用,它标志着人类思维方法和能力

---

① 斯大林:《论辩证唯物主义和历史唯物主义》,《斯大林选集》(下卷),北京:人民出版社1979年版,第425—429页。

提升的新阶段，并以思辨的"绝对精神"证明了唯物主义的基本观念，论证了资本的理性。与后来的"唯物主义辩证法"相比，黑格尔的思辨辩证法在"解释世界"时更能体现人的主动性。

马克思突破了黑格尔思辨辩证法的局限，从"改变世界"的基本点出发，以实践为基础，将辩证法界定为"革命的批判的"方法论。虽然他并未就辩证法展开论证，但在他的《资本论》和对资本主义制度的全面批判、在无产阶级革命和无产阶级专政的理论中，充分展示了对辩证法的革命和革命辩证法的精神。马克思开创了实践辩证法，以取代黑格尔的思辨辩证法。毛泽东以他领导中国革命的实践为根据，理解了马克思辩证法的真谛，他的《实践论》和《矛盾论》虽然并未对唯物主义提出歧义，但却表明他所认定的哲学，他的辩证法是以实践为根据，是在实践中的认识论和方法论。苏联哲学教科书的编写者，甚至中国的教科书哲学家，达不到毛泽东思想深度，往往忽略和贬低《实践论》、《矛盾论》的理论价值，只是因为尊重他的政治地位，才在教科书的某些章、节提到这两篇文章。而当毛泽东去世以后，又出现了许多以"唯物主义辩证法"为标尺对毛泽东的批判，以致将他的辩证法精神排斥于"马克思主义哲学"之外，为依循唯物主义"唯生产力论"的"改革"扫清思想障碍。

马克思、毛泽东对辩证法的研究和运用，尤其是毛泽东领导中国革命的实践，表明社会主义作为对资本主义的否定，它的哲学不仅在基本观念上与资本主义有本质区别，在方法论上也应当有本质的区别。虽然他们都未明确提出社会主义哲学的方法论不应是"唯物主义辩证法"，[①] 但其基本思路是将辩证法统一于"改变世界"的实践。也正是受他们思路的启示，我认为劳动主义哲学的方法论是

---

① 马克思并未使用这一术语。毛泽东虽然为了迎合苏联教科书曾使用过这一术语，但他对辩证法的论证与苏联教科书有明显差别。

实践辩证法。这是对黑格尔辩证法的否定。至于苏联教科书所论证的"唯物主义辩证法"则只能作为参考资料对待。

实践辩证法与"唯物主义辩证法"的根本区别，在于它的主体是实践的人，是劳动者，这与劳动主义基本观念是统一的。也正是从这个根本区别出发，实践辩证法作为劳动主义的方法论，它的对象和内容，并不只是自然物质，而是实践及其中的认识过程，是主体与客体的对立统一。实践及其认识过程的主要和主导方面是人，不是物。无论自然物质，还是经人改造了的物质，都是实践和人生的条件，它们是从属于人的，是人在实践中接触并认知的。因此，实践辩证法所研究的，首先是实践的人和人的实践，进而才是实践和人生的物质条件。唯物主义者颠倒了这层关系，他们将抽象的自然界作为本体和主体，作为其认识论和方法论的对象与内容，黑格尔进一步提出了自然界中的"绝对精神"和"客观逻辑"，将之视为自然界的决定力量，人只是自然界演化到一定阶段的产物，人对自然物质的认识和改造是"绝对精神"体现于人的"主观逻辑"对"客观逻辑"的认知，是绝对精神的自我认识。按照唯物主义者的观点，人只是被动地、有限地反映自然物质，人的认识方法，是自然物质的规律的反映。而"唯物主义辩证法"则将辩证法看成自然物质的规律在人的认识中的体现。

实践辩证法并不是不研究自然物质的规律，但不是像"唯物主义辩证法"那样将自然界看成本体，看成独立的研究对象。对自然物质的专门研究是各门自然科学的内容，在十七、八世纪唯物主义兴起时，自然科学还处初级阶段，哲学研究与自然科学的研究尚未明确区分，唯物主义哲学家中相当一部分也从事自然科学的研究，或者说有相当一批自然科学家也在进行哲学探讨。这既是他们将自然界视做本体，以否定上帝本体论的重要原因，也是他们的体系从自然本体展开的依据。随着自然科学的发展，其与哲学的分化日益明显，到十九世纪中叶，那种从事哲学研究的自然科学家和从事自然科学研究的哲学家几乎不存在了，对自然物质的研究程度已充分证明上帝本体论的荒谬，再从哲学上论证自然界的本原是物质，物质是自然的等观点，即使是资本主义哲学家也觉得乏味了。相比现代物理学、天文学、化学、地学、生物学的研究，唯物主义对自然物质的论说，不仅在具体层面上显得空洞，在抽象层面上也很浮浅。在这种情况下，唯物主义的继承人只得尾随自然科学做一些方法论上的探讨，用实证主义、科学主义、技术主义制约社会科学研究，固守资本的理性。

现代资本主义哲学的方法论，是远比黑格尔思辨辩证法还落后的实证法，这是从休谟、康德那里导出的，是排斥"批判的革命的"精神的。虽然在具体层面上实证法还是有新意的，主要表现就是以形式逻辑对自然科学方法的概括，以及数理逻辑的创立与运用。对此，应予以肯定。但也应明确，实证方法论的基本观念依然是唯物主义，从世界的物质性和物质的自然性这个基本点来立论。也正因此，在唯物主义已经不具有反封建、反专制的责任的情况下，运用实证法所要探讨的，主要是自然物如何存在，而非社会如何变革。现代资本主义哲学家已明确地将资本主义制度看成自然界存在的一部分——人类社会的合乎自然规律的社会制度，是不应改革，也不会改变的。福山的《历史的终结》一书，充分说明了这一点：那种企图以社会主义制度取代资本主义制度的努力，已经完全失败了，人类将永恒地在资本主义制度中生存。实证方法论从自然科学对自然界存在的研究方法中所概括的，只是要求人类社会如何按照自然规律，安分守己地在资本主义制度中像自然物那样存在。

劳动主义作为现代劳动者利益和意识的概括，是要变革资本主义制度，废除因财产所有权而导致的资本对劳动的统治，使劳动者从生产主体变成社会主体，因此必须坚持并弘扬"批判的革命的"

精神，必须在"改变世界"的实践中概括能够指导"改变世界"的方法。实践辩证法也就成了社会主义哲学的唯一方法论。

实践辩证法要充分地继承并发展马克思、毛泽东的辩证精神，并认真总结一个多世纪以来社会主义运动及其制度化过程中的经验教训，在探讨现代社会矛盾的基础上，确立展开、实现劳动主义基本观念的方法论。这里，当然包括对作为劳动第三部类中自然科学研究方法的探讨，从中概括方法论的一般因素。自然科学研究的方法也是实践的方法、劳动的方法，而非"自然界的方法"；是劳动规律的概括，而非"自然界的抽象"。从自然科学研究方法中所要概括的，是实践辩证法在这部分劳动中的一般因素，并从自然科学的发展佐证人类社会发展、变革的必然性及其规律。

二、人本质发展和人性升华的导引

"改变世界"的实践主体是人，是体现着、实现着人本质核心要素劳动的劳动者。实践辩证法的实质，就在于导引人本质的发展和人性的升华。

实践辩证法并不是少数哲学家的方法，而是全体实践着的劳动者的方法，它并不是来自少数哲学家的思辨，而是源于广大劳动者的实践，是对实践中认识与改造自身和对象的方法的总体概括。实践辩证法的根据在劳动，以劳动者为主体的实践过程，既有对主体自身的认识，又有对客体对象的认识。存在与意识的关系，只有在这个意义上才能理解：存在的主体是人，不是物；人的存在的主要内容是实践，是劳动，在实践、劳动中体现着、实现着人的本质和人性；意识是存在的要素，也是实践的必要环节，它是存在的反映和概括，也是实践的先导；存在决定意识，意识制约实践并改造存在；意识所反映、概括的首先是存在的主体和主体的存在，进而是存在的客体,即自然条件和社会条件;意识对存在主体和客体认识的综合,导引人的实践,改造人的存在及其自然条件和社会条件。

实践辩证法就是对存在与意识关系中所体现的主体精神和方法的概括。作为有意识的主体,实践的劳动者在实现人本质的进程中,由辩证法导引,促进着人本质的发展和人性的升华。

实践辩证法与"唯物主义辩证法"是有本质区别的。斯大林在论及"唯物主义辩证法"的时候曾说:"它对自然界现象的看法、它研究自然界现象的方法、它认识这些现象的方法是辩证的。"① 也就是说,"唯物主义辩证法"是以自然界为对象,是研究自然界的方法论。实践辩证法则明确地将主体确定为人,确定为劳动者。以劳动者为主体的辩证法,目的是发展人,而非占有物。这是劳动主义的实践辩证法与"唯物主义辩证法"的本质区别之所在。不论17、18世纪唯物主义者的认识论方法,还是黑格尔的思辨辩证法,以致"唯物主义辩证法",都把认知物、占有物作为目的,而把人视为认知物的手段。但在对物的占有上,"唯物主义辩证法"强调由社会集体和"全体人民"占有和享用,以区别于黑格尔及其前唯物主义者的由少数"精英"占有和享用。但占有和享用已是目的本身,区别只是占有和享用的范围。也正因此,才有上面所引斯大林对"唯物主义辩证法"的论断,并使辩证法变成认知和占有物质财富的手段。

实践辩证法并不排斥对自然物质的认知,但与"唯物主义辩证法"不同,它并不把这种认知当成唯一或主要目的,而是将这种认知纳入作为主体的劳动者的存在与发展,是将自然物质作为自然条件,不是作为世界本原来认知的。实践辩证法的目的,它的性质,在于从发展着的劳动实践中概括方法论原则,这是人本质发展和人

---

① 斯大林:《论辩证唯物主义和历史唯物主义》,《斯大林选集》(下卷),北京:人民出版社1979年版,第424页。

性升华的内在要求和必要的导引。

人的本质是人存在要素内在联系的规定，以劳动为核心并与需要、交往、意识有机统一构成了人本质的内容。人的存在及其社会关系，人与作为其生存条件的自然界的关系，都集合于人的本质规定中。人的本质从人类总体的规定，同时也是总体对个体的制约，它在每个个体人的生存中体现。人的本质不是先验的，也不是由什么外在力量决定的，不论是神、天命、自然物质，都不能决定人的本质。神（上帝）和天命，这两个范畴，不过是古代人类社会矛盾中所体现的统治阶级意志的集中形式，它们是统治意识的产物，而非现实的存在。从神（上帝）和天命对人本质的规定，实则统治阶级利益和意识的要求，这种规定本身就是阶级统治的重要内容。而自然物质虽然是存在的，但将人看成自然物质的一部分，并从自然物质的一般性规定人的本质，则是拥有物质财富所有权的资产阶级利益和意识的集中体现。资产阶级是以财产所有权掌控自然物质和经劳动改造了的物质产品的阶级，他们是以"资本的人格化"形式存在的，而所有的自然和人为物质都被资本化了的情况下，在意识上是物质财富所者的资产阶级实际上已经被资本化、物质化。这个阶级的思想家从自然物质一般性对人本质的规定，实则将人存在的自然条件视为人本质的决定因素，这是物质化了的资产阶级统治的真实写照。

从神（上帝）、天命、自然物质对人本质的规定，有一个共同点，就是从人之外寻找决定人本质的因素或力量，人的存在只是这些外在因素的表现。在这些规定中，人作为被决定的存在，不是本体，也不是主体，而是被动的存在。虽然在作出这些规定的思想家那里，也会在某些局部表现出人的主动性，最突出的是以自然的绝对精神规定人本质的黑格尔，他以人的思维的辩证规律为依托，论证了自然规律及其在社会中的表现，从而在方法论上体现着初级的辩证法，即对旧制度及其意识形态的批判和对社会变革的论证，由此将唯物主义哲学的进步性表达出来。而取得统治地位的资产阶级则不需要这种进步性，以致抛弃了黑格尔的辩证法。实证主义和实用主义虽然在具体的研究方法上有所发现，但总体上却以否认变革的原则，致使辩证精神在资本主义哲学中被窒息。人是认识自然物质的工具，人是占有物质财富的机体，这种观念和方法主导着现代的资本主义哲学和全部文化形态。

马克思将人的本质归位于人。他所说的"人的本质是社会关系的总和"，将人本质的外延界定于人自身及其社会关系。在马克思所界定的外延范围内，从劳动、需要、交往、意识四要素的内在统一来规定人本质的内涵，进一步明确了人的本质就在于人，是人存在的要素的内在联系，是人发展的趋势。也只有从这个意义上，才能确定辩证法的性质和意义。

以劳动为核心及其与需要、交往、意识的内在统一规定人的本质，既是实践辩证法的集中体现，也使实践辩证法有了一个坚实的立脚点。

作为劳动、实践方法的理论概括，实践辩证法是有目的、有方向的。方法的目的是个体的，也是总体的。从个体论，每个人的存在都有其特殊性，每个人的认识和实践都因具体条件而有所差异，但在特殊性中有一般性，在差异中有共同点，这就是有目的的存在。有目的的存在就是发展。发展是动态的存在，存在是静态的发展。存在与发展集合于劳动为核心并与需要、交往、意识内在统一的本质规定中。人类就是以人本质各要素的统一所形成的目的为方向而发展的，这同时也是总体对所有个体的制约，或者说个体在相互制约中所形成的总体性对个体存在的制约。方法是个体人生存的必要方式，它集中体现于劳动这个核心要素上，在劳动中形成的对主体自身及其社会关系的意识，展现了需要和交往，也达到了人本质的统一。实践辩证法并不是神（上帝）、天命和自然物质从外部赋予个体人的，而是在个体人生存方式的概括中所形成的总体性方法论。实践辩证法在规定人存在的总体方法的过程中，不仅明确并强化了对人存在条件的自然物质的认知和改造，也清除了人的意识中对神（上帝）和天命的幻觉。

实践辩证法就是以人的本质为根据，导引人类总体并制约所有个体依循人本质发展和人性升华的目的而存在并发展的方法论。

人本质的发展，原因就在人本质各要素间的对立统一。是这种对立统一促成了人类历史的演进，在历史的演进中，人的本质也随着发展。人本质各要素的对立统一是以劳动为核心的，是在社会关系中表现和作用的。劳动是人生存的根本，无论社会关系如何演变，人类生存的这个根本都是不能改变的。也正因此，劳动也就最终决定着人类社会演进和人本质发展。劳动生产出可满足人需要的产品或提供服务，但产品和服务并不见得归劳动者自己消费，而是有一部分或大部分由其他社会成员消费，他也需要其他成员的产品和服务；交往不仅是产品的相互交换，更是人与人社会关系的基本形式，它界定和制约着人的权利和相互关系，而这必然影响到劳动、需要和意识；而意识不仅是对劳动、需要、交往的能动反映，又是其中的主动因素。劳动是人本质的核心，需要、交往和意识围绕这个核心而存在并相互作用，但它们并不是可有可无的，甚至会在一定条件下起决定性的作用。劳动的核心地位，是基本的。在原始社会条件下，或在以后特定的家族和家庭中，这是显性的，即在平等的人群里，劳动对生存的重要性是毋庸置疑的；但进入阶级社会以后，劳动及其生产力发展了，但它的核心地位却成了隐性的，经常被扭曲。其主要原因，就在于交往中的阶级关系使不劳动者成为统治者，他们以自己的意识和组织起来的武力控制劳动者，他们不仅无偿地占有劳动者的产品以满足自己的需要，还阻挠和破坏劳动者的劳动和需要的内在统一。也正是在这种条件下，那些以"神"、"上帝"、"天命"等规定人本质的观点才得以出现，这是统治阶级利益和意识的集合，也是他们控制社会的手段。无疑，这些观点扭曲了对人本质的认识，但人的本质并不因此而改变。劳动这个核心要素作为人存在的根据，顽强地抵御着来自扭曲了的交往和意识的压制，缓慢地发展着。与此同时，人的本质也在进化，这样，经过几千年的历史，劳动在人类存在和人本质中的核心地位又逐步明显。

这个发展过程，又必然经历资本统治的阶段。资本是劳动创造的商品价值的特殊形式，它从货币转化而来，是积累的货币，从而也是积累的劳动价值。资本的社会化表现为一种生产关系，资本主义生产力和财富的迅速增长，是劳动发展的表现，这一点连早期资产阶级思想家也是承认的。然而，资本的所有者控制着资本和社会生产，他们不劳动，但又不能承认劳动在社会生活和人本质中的核心地位。于是，将自然物质规定为人本质的观点也就出现，它一方面具有反对"上帝"论的进步性；另一方面又有为资本所有者的占有物质财富和控制生产劳动的辩护性。资产阶级对人本质的论点，虽然也在一定程度承认劳动的作用，但却坚持否定劳动的核心地位，从而使人本质进一步扭曲。

然而，人是在发展着的，社会也在不断地进步，其根本原因还是劳动在发展，劳动者的素质技能在不断提高。劳动者在劳动中不断深化对自身和物质世界的认识，提升技能，改进方法，从而为实践辩证法提供了坚实的基础。也正是在这个基础上，实践辩证法导引着劳动者为改变自己社会地位、提高素质技能的努力，人的本质由此而发展，并进一步突破各种扭曲而直接表现出来。人本质的发展，是以劳动者素质技能的提高为根据和标志的，只有劳动者的社会主体地位得以确立，人的本质才能在社会关系和社会生活中直接体现，而这同时也是人本质总体上的发展和成熟。直到今天，以劳动为核心的对人本质的规定,并未被世界上的"主流"思想家们所认可,或者说在世界意识形态上尚未居统治地位。是否承认劳动在人本质中的核心地位,或由劳动来规定人本质,并将发展人本质作为奋斗目标,是衡量社会进步的一个重要标志。

人本质的发展,是人类个体和总体进步的集中体现,这也是劳动与需要、交往、意识对立统一的运动过程。劳动的核心地位,是人本质的关键,但在不同的历史阶段,劳动及劳动者的地位却受到不同程度的干扰和压制,从而使人的本质扭曲。这种扭曲,也就是劳动、需要、交往、意识正常关系的破坏。人本质的发展,就在于劳动这个要素排除干扰和压制,保持并显现其核心地位的过程。它以劳动者的努力和斗争表现出来,其主流,就是争取和维护劳动者在社会生活中的主体地位。这是从阶级社会一开始就存在的,并逐步发展和演变。实践辩证法就根源于这个过程。实践辩证法所要面对和解决的基本矛盾,就是人本质发展中各要素的关系及其社会形式。自近代以来,人本质的发展日益明显,并逐步成为社会进步的大趋势,这是辩证法得以发展的基础,也是辩证法历史作用的体现。

人性是人本质的集合与体现,是人本质发展的具体化,是以人本质四要素的辩证统一为根据的。人性是人类社会存在和发展的基本属性,主要包括社会性、主体性、思想性、目的性和创造性。人性是人类所特有的,也是构成其类的个体存在、发展的内在条件。与之相应,自然物质则是人存在和发展的外在条件。这个道理,从毛泽东关于内因和外因的明确规定中,则更容易理解。自然条件对人的存在和发展是不可缺少的,人本身也是自然演化的产物,同时也是有生命的自然存在物,其生命和欲望等,都受自然条件和自然规律的制约。研究人必须注意这些自然条件和规律,而人生就是在适应自然条件和规律的同时,不断地认识和改造它们。这也是人类从事自然科学研究的目的。黑格尔之所以在他的体系中把"自然哲学"作为重要环节,也在于此。但是,在规定人性时,并不能把自然规律说成是人的本性,如果我们把物理的、化学的、生物的、生理的自然规律说成是人性,那就是将人等同于自然物,而非人了。人类的历史,就是不断认识和改造自然,更是改造人的存在的过程。

人性的升华是一个辩证过程。在这个过程中,人本质的各要素都在矛盾和运动中得以体现和变化。这种变化,并不是独立的,不是像佛、道"大师"所宣传的,是"修养"的结果,而是在改造自然和改造人类自身的矛盾中进行的。劳动、需要、交往和意识,都是人的活动,而且是统一的活动。人性的升华过程,是以这四个要素为内在根据的,其中,劳动是核心和主干,围绕劳动这个核心,需要、交往和意识有机地作用于人对自然界的改造和对人自身的改造。这同时也是不断的创造过程,创造着人生活的对象和环境,创造着人自身的素质和能力,创造着人与人的社会关系。在这个过程中,由于人本质的内在驱动,使人性的特殊性越来越明显,人性中的动物一般性越来越被改造为特殊性,而动物的野蛮性也逐渐被克服或被抑制。

人性的升华,并不仅仅是针对自然,针对动物一般性的。更是针对人性的,是对既有人性的改造,从而,人性的升华表现为否定之否定的过程。人性的特殊和动物性的一般,是一对矛盾,在早期的人类那里,动物性占着主导地位,是矛盾的主要方面,而人性在逐步的发展中,以不断量的积累和否定,成为矛盾的主要方面,由此而支配动物性。这个过程,可以说是人类已有历史的抽象。需要强调的是,对人来说,动物的一般属性并不是存在人性之外的,而是与人性对立统一的,是人性的一方面。自私、残忍、剥削、压迫等,都是人类社会矛盾中的恶势力,而这种恶势力,正是动物性野蛮成分的表现,但又与其他动物的表现不同,是人化了的动物性,也是针对人的恶势力。当我们探讨历史时,往往会对那些恶势力的行为感到愤恨，大多数人都会得出这样的结论："没有人性"。而现实生活中的以强凌弱，对弱小国家、民族的侵略，对贫苦人的压迫等等，实际上就是人性中所残存的动物性野蛮成分的表现。孔丘说："苛政猛于虎"就是这个道理。当我们说人性的基本形式是社会性，而社会性在阶级社会又表现为阶级性的时候，这里面已经包含着动物性野蛮在内，阶级压迫，就是动物性野蛮成分的突出表现。人性升华的过程，也就是阶级斗争和不断改革阶级关系的过程，这其中的每一步，也都是动物性野蛮成分被克服、被改造的必要环节。而其表现，就是被压迫阶级，也即劳动者阶级争得相对自由，统治阶级身上所体现的动物性野蛮成分被劳动者身上所集中体现的人性所抑制，从而达到人类总体的进步。

人性的升华过程，当然要涉及对自然界的改造和利用，但不能以对自然界的改造程度作为人性升华和人类社会发展的标志，而应紧紧把握人的主体性，从其本质规定来探讨人性的升华。人性升华是可以规定，也可以测量的，进而，当人类摆脱了"史前时期"以后，还可以规划和计量。如果说现在及以前的人类思想家还是在思想层面探讨和论证人性升华，那么，当人类总体上已进入民主劳动社会，就可以运用辩证法来具体探讨人性升华的步骤及其环节。

人性的升华进程，是逐步加快的。进入阶级社会以来不过五六千年，相比原始社会的二三百万年，是相当短暂的，但人性升华的程度，却远远超过那二三百万年，而且越升华，速度越快。其中的原因，就在于劳动者素质技能的提高及其要求提升社会地位的努力，这种努力的集中体现，是要求并形成了辩证法，由辩证法导引素质技能提高了的劳动者努力争取提升其社会地位。

人性的升华，并不是抽象的过程，也不是思想家头脑中的幻觉，而是具体化于提高劳动者素质技能和社会地位的历史进程，体现于每个人人格、价值的变化，进而是权利的变化，特别是劳动者权利及其社会地位的提升上。

　　这是人性升华的内在规定，从社会总体论，又是社会制度的变革和历史阶段的更替。这个过程，当然要表现于劳动者生产力的提高和物质财富的增加，但这是人性升华的外在形式和手段。不能把这个外在形式看成内容，就像不能把手段看成目的一样。辩证法的根本，是明确人性升华的内在因素是人，不是物。同时，也承认对物的改造是人性升华的必要环节，如果像道教和佛教信徒"出家"修炼，脱离生产劳动，脱离政治斗争，人性是不可能升华的。但绝不能把人性升华只归结为对自然物的改造，而应归结于人本质的发展，归结于劳动者素质技能和社会地位的提高。

　　辩证法产生于人本质发展和人性升华的过程，是人本质发展和人性升华的要求和导引，它展开为对人生和社会的变革。

三、端正人生目的，变革社会关系

　　劳动主义哲学的基本命题在于"改变世界"，对于个体人来说，世界首先是自己的生存，这包括他的生命活动及必要的条件；对于人类总体来说，世界就是其全体成员的素质技能及其生产力、社会关系与自然条件。"改变世界"并不只是改变自然界，或者说首先不是改变自然界，而是改变个体人及其总体存在。人本质发展和人性升华是"改变世界"的主题，它具体化为变革人生和变革社会。实践辩证法作为人本质发展和人性升华的导引，就存在于、作用于变革人生和变革社会的进程中。

　　人生是由劳动、需要、交往、意识四要素构成的。人生与动物生存的本质区别，在于劳动、交往、意识及这三要素对需要的改造。由这四要素内在统一所构成的人的本质，体现于个体人的人生中，就是目的与手段的关系。变革人生，也就是不断依人本质发展和人性升华的大趋势,端正人生目的并调整目的与手段的关系。

人生目的与手段的关系,是人生的基本矛盾,也是实践辩证法所要面对和解决的首要问题。变革人生,首先要对人生目的作出明确规定。

目的,是人类所特有的。动物的活动,也有目标,但只是感性的,是基于本能与环境的变化而随机出现的。而目的则是人以理性思考界定的,是指导人行为的理念。现在界定的目的是以前行为和认识的概括,又是以后行为和意识的目标。

人生目的,是人类自形成以来就在探讨的永恒的课题。无论中国的诸子百家,还是古希腊的学者,以致释迦牟尼、耶稣和近代启蒙学者,都在论说这个课题。它既是抽象的理论规定,又是具体的行为指南;它在历史的不同时期有不同的表现,它在不同国度、民族受社会和文化的制约而有不同形式;它在所有个体人的活动中都有各自特定的内容,因而是无限丰富的。对人生目的,可以作出几种抽象的规定,但这些抽象规定又是以具体的、个别的目的为基础,并体现于其中的。

人生目的既是人生的出发点,又是人生已有经历、经验,乃至社会矛盾、文化等的总结。人生是一个过程,而它的最终归宿,则是无。人到死亡时,才没有了目的,而死亡作为一种自然的、必然的归宿,绝对不是人生的目的。因此,人生目的只有在人还是活着、实践、认识的人时才存在。对人生目的的探讨,也要针对人生时,而非死亡后。佛教的"涅槃"和基督教的"天堂",都把人生的目的归结于死亡,虽然它们也许诺死亡后的人生,但毕竟不是现实的。对死亡后人生目的的规定,是绝对的抽象,但就是在这一层,那些还活着的抽象者,也在进行着反复的争论。人生目的,对于个体人来说是有终点的,但对于人类总体来说,则是不断延续的,因而具有一般性。

与那些抽象的争论者不同，世俗的、具体的、个别的、活生生的人，对于人生目的确有着更为实在而丰富的认识，他们甚至不是从抽象的意义上来思考这个命题的，但却更能体现人生目的的意义。自古以来，有多种关于人生目的的说教，虽然都有其历史和阶级的基础，但又都试图将之说成是"神示"或"天启"。而世俗的、具体的人生目的，则更明确地表现出人生条件的制约。

在已经过去的社会中，以文字形式或传统观念留下来的关于人生目的的规定，几乎全是阶级社会中的，阶级社会之前的原始社会中的人生目的观念，已经被否定地包含于阶级社会的人生目的中，但并未留下文字材料，或许在某些部落里还能发现其中一些痕迹，但与几千年前肯定有重大区别。

人生目的与人的价值观密切相关，但又不止是价值观问题，它在以人为主体的辩证法中占有非常重要的地位。对人生目的的规定，就是对实践辩证法出发点和归结点的探讨。人生目的，是主体人的发展及其与客体矛盾的集中体现。

人生目的的实现，需要条件，也需要利用这些条件而形成的手段。但目的不是手段。一些人往往把人生手段视为人生目的，这里最典型的，就是将对财富的占有视为人生目的。中国俗语中的"人为财死，鸟为食亡"，被资产阶级思想家做了系统的理论规定。在黑格尔那里，以一套思辨体系玄奥地表述了资本主义理论所规定的人生目的：人是绝对精神外化的自然界演化的结果，也是绝对精神主动地认知自我的体现，人生就是在绝对精神的支配下，尽可能多地认识和占有物，将人意识中所体现的绝对精神与物中包含的绝对精神统一起来。谁掌握的绝对精神多，谁就能多占有物；占有物，就是认知理性，也是认知自我，进而达到绝对理念。人生目的的出发点和归结点，就是占有物，为了占有物，人应该是自由的、竞争的。自由和竞争是手段，占有物是目的。

如果说在黑格尔那里还有一个超乎经验的"绝对精神",从而使他所表达的资产阶级的人生目的观还显得有些神圣或高尚——这在早期资产阶级那里是确定的,因为他们承担着变革封建领主制和集权官僚制的历史使命,那么到了现代资产阶级思想家这里,则更为直白、实用地将占有物质财富说成人生目的。这在实用主义的哲学家和经济学家那里相当明显。他们的著作相当"理直气壮"地表述了这样的观念:人性是动物性,是自私的,以"趋利避害"为准则。利就是占有财富,害就是缺少、损失财富;占有财富的量决定人的价值量,也决定其社会地位;人生目的,就在于尽可能多地占有物质财富,由此达到人生价值的"最大化",并提升社会地位;为了占有财富,就要竞争,在不违法的情况下(包括钻法律的空子),自由地竞争,不择手段地占有财富;占有财富的最佳途径,就是利用"市场规则",以最小的代价获取他人的劳动成果;每个人都竞争占有财富,从而使社会"充满活力";自由竞争的"市场经济",通行"丛林法则",优胜劣汰,由此而增加社会总体的财富。

不能否认,对物质财富的追求和占有,促进了近代工业文明的进展,虽说其中有许多片面性,但毕竟是提高了人的素质技能,尤其是提高了技能素质。但由此而引发的社会矛盾,以及对人性升华的障碍,却越来越严重。当大资本财团为了占有资源和财富,不仅残酷地剥削本国的劳动者,更以工业化的杀人机器侵略他国,残害成百万、上千万的与其同类的人时,他们的人生目的,不仅是占有财富,更在于杀害他人生命,是"图财害命"。布什就任美国总统的八年,充分地代表和展现了资产阶级的人生目的和价值观,他对伊拉克的侵略,他代表垄断资本财团的所作所为,导致2008年的"金融海啸",给人类造成了史无前例的巨大损失,是对人性的一次大"浩劫"!而中国的那些美国大财团的买办和官僚资本集团,踏踏实实在这场"浩劫"中成为美国老板的帮凶,也把资产阶级的人生观和目的传播、弘扬。

人作为物质的万物中的一类，以其劳动和意识区别于他物，但又与他物有机地联系着。人以劳动来认知和改造自然物，劳动产品是人生价值的体现，也是人生存的手段，即满足人的需要，延续人生的必要条件。生产物质财富和占有物质财富，应当是统一的，即由生产者来占有，并支配它，或自己消费，或经等价交换他人产品来消费。这样的占有，是人生的必要手段和形式，但在阶级社会中，劳动者本人却不能占有，或不能全部占有其产品，非劳动者利用对交往和社会关系的控制，无偿地占有他人的产品，形成他本人的财富，不仅满足其需要，更有了一种荣誉感、尊贵感。而占有他人财富又使之拥有了进一步控制交往和社会关系的权力，并由此支配他人劳动，占有更多财富。相反，劳动者却不能从其劳动的结果中得到相应的消费，不仅本人的需要得不到满足，由此妨碍其素质技能的提高，还会在被他人支配的社会地位上受到劳动和人生的异化。至于可以大量消费物质财富的统治者，又因其不劳动，致使自己的素质技能向负面提升。

以劳动为核心要素的人本质所需求的人生目的不是无限地占有物质财富，也不是以这种占有来支配、操纵他人的人生。人类作为总体的社会存在，当然要认识和改造自然，使自然物成为自己存在的条件。但这只是手段，人生目的就在于人本身，在于人的发展和完善，在于人本质的实现和人性的升华。将占有物质财富视为人生目的，不过是阶级统治制度下人性不完善，或动物属性尚未被改造被否定的表现。这样说，并不是否认生产物质财富的重要性。人的发展，主要是素质的提高和社会关系的协调，这些都需要物质条件，而且也要在改造自然物质，增加物质财富的过程中进行。发展科学和技术，提高生产力，都是人类存在和社会活动的重要内容。但无论其怎样重要，都不是人生目的，而是人生手段。人生就是目的和手段有机统一的过程。这不仅是针对个体人而言的，从人类的总体存在说也是如此。人生目的的明确，对于人的存在和发展是至关重要的。这不仅涉及人的社会关系，也涉及人与自然的关系。历史上的阶级压迫及人对自然资源的破坏，都与将占有物质财富视为人生目的有关，而明确人生目的是发展人，即对社会关系的合理化以及人与自然的协调，都是至关重要的。

人生目的，在佛教和基督教那里被说得相当神秘，当那些善男信女们幻想死后可以上"西天"或升入"天堂"的时候，实际上都是在追求永恒。人生的有限和个体性，是存在与意识矛盾的体现，人的意识以思维而认知了无限和总体，但人的存在又达不到无限和总体。对死亡的恐惧和个体的孤独，引发了"长生不老"的希求与通过交往和求知达到总体的愿望，是这两大宗教的基本依据，其所许诺的"西天"和"天堂"，无非是以"无"来满足个体人希求的"有"。我们可以指出其虚妄，但从中却可发现人生目的的一般性。这两大宗教虽然都被统治阶级利用来维持其"稳定"的利益和权势，但在教义中所宣扬的"向善"和"慈悲"等观念，却也显示出人的一般性追求。应在批判其迷信和为统治阶级服务的特殊性的同时，从端正了的人生目的予以改造吸收。

实践辩证法对人生目的的规定，当然要考虑个体与总体、有限与无限的矛盾，但更重要的，是以人本质的发展和人性升华为根据。发展人，既是个体的，又是总体的。个体人的生命是短暂的，但使这短暂的生命具有更丰富的内容，即具有并发挥高素质技能，创造更大的价值，却是可能的，也是必要的。"来生"不可求，但"今生"却是实在的，只要具备相当的社会条件，即提高劳动者的社会地位，形成促进其提高和发挥素质技能的社会机制，就可以使个体的人生达到超越其个体生存需要和时限的目的。而这也正是人类总体的生存目的：为所有个体人的发展及后代的承续，创造条件，提供机会。无论个体人，还是总体人类，其生存当然要创造财富，也要按某个原则占有财富，从而有秩序地存在和发展。但这只是人生目的的实现手段，而非目的本身。

端正并明确规定人生目的是发展人而非占有物，以人的本质规定来辩证地处理人生目的和手段的关系，是人本质发展和人性升华的具体化，也是实践辩证法的必要环节。要使端正了的人生目的成为全体人类生存和发展的目的，并不能像宗教神职人员那样"传教"、"布道"，由一批宣传员在那里说教，而应将之作为一个必要原则，贯彻于社会主义理论和运动，在实践中传播并成为凝聚劳动群众的精神，进而在社会关系的变革中予以实现。

社会关系是人本质中交往这个要素的总体表现，通过交往、劳动、需要、意识各要素集合起来，使人类结成生存的共同体。社会关系是人存在的必要形式，人生目的与手段的矛盾，集中并展开于交往及其社会关系中。社会关系又以制度、体制，以及国家、公共权利机构、企业、团体、家庭等各种形式和相应的机制，来制约个体人的行为，制约人生目的与手段的矛盾，制约生产方式和生活方式，变革个体人的人生。实践辩证法形成于社会关系的变革，是社会变革的要求与导引。

社会主义运动所要变革的，是资本主义制度及集权官僚制、封建领主制的残余。由于历史的原因，各国的社会制度是有所差异的，但人类总体现在正处于资本主义制度，集权官僚制、封建领主制的残余也已转化成依附大资本财团的社会势力，其中最典型的，就是官僚资本和特权资本。与西方国家的资本相比，官僚资本和特权资本并不是来源于经营竞争，而是来源于政治权力和特权，也依据政治权力和特权来垄断资源、制定政策获取超额利润。它们采取了资本的形式，并全面投靠外国大资本财团及其政府，成为大资本财团的代理人。这是比资本主义势力还落后的反动势力，它们的存在与作用，不仅支撑了西方国家的资本主义制度，更维持了其所在国的集权官僚制和封建领主制的残余。

社会主义理论必须对资本主义制度及集权官僚制和封建领主制进行全面系统的批判，其根本，就在于以实践辩证法展开劳动主义的基本观念，指出唯物主义及天命主义、上帝主义对人存在和发展的障碍，从人本质发展和人性升华的大趋势，论证变革这些旧制度及其维持的社会关系的必然性。在社会主义理论的指导下进行的社会变革运动，是马克思所说的结束人类"史前时期"的大进步，绝非"唯生产力论"者所鼓吹的只是发展生产和提高物质生活水平。这是一场全方位的变革，从经济到政治的全部社会制度和关系，都要进行变革。社会关系的变革不是取消社会关系，而是根据人本质发展和人性升华的要求，端正人生目的，界定目的与手段的关系，为发展人，提高劳动者素质技能创造相应的社会关系。

人本质发展和人性升华及按其要求端正的人生目的，是社会关系变革的理念；社会关系变革为实现这个目的，即提高所有个体人的素质技能提供必要条件；劳动者素质技能的提高是社会变革的根据与动力，社会变革则确立劳动者主体地位以保证其素质技能的持续提高。

在社会主义理论指导下的社会变革，表现为运动和制度，运动是动态，制度是静态，二者是同一过程的两种形式。运动是以理论为指导形成组织，集合劳动者个体为总体，形成社会势力，反对和改变旧的社会势力及维护其利益的制度与关系。运动本身已包含着制度，即运动的组织、纲领、纪律等，这是取代旧制度的新制度的雏形，也是运动的必要保证。制度是运动达到质变阶段的集中体现，是社会变革的关键。制度不仅是前一阶段运动的结果，也是下一阶段运动的开始。社会主义制度建立以后，社会变革不是停止，而是要不断变革。这个阶段的变革，不仅针对旧制度的残余，更要克服新制度的缺陷及其所滋生的反变革的势力,从这个意义上说,制度也是运动,是制度的更新和完善。

社会关系的变革是人的发展的要求和必要形式,而变革的成果不仅表现在制度和关系上,更表现于人的素质技能的提高,表现于社会生产力和文明的发展,表现于人与自然关系的协调上。正是在社会变革过程中,人生目的和手段的关系才能得到妥善处理,从而实现依循人的本质发展和人性升华的人生。这里的一个重要环节,就是对需要的界定。

马克思在《哥达纲领批判》中,曾提出到共产主义社会高级阶段,将实行"各尽所能,按需分配"。这个提法遭到了普遍的质疑,包括相当数量的共产党的干部也据此认为共产主义是不可能实现的:每个人的需要都是无止境的,生产力水平再高,也不能达到按每个人的需要来分配。这实际上是以人生目的是占有物的观念来认识人的需要及其社会关系。确实,如果是以占有物来规定需要,那么任何一个人的需要,都是地球上所有人的劳动不能满足的,只要这个人提出一项现有生产力水平之上的需要,就可以证明这个结论。

需要,作为人本质的一个要素,已经高度社会化了,绝非动物的生存本能的要求。也就是说,需要本身就是社会关系的表现,或者说社会关系已成为需要的内在因素了。这在资本主义制度下表现得尤为突出。马克思指出:

> 产品和需要的范围的扩大,成为非人的、过分精致的、非自然的和臆想出来的欲望的**机敏**的和总是**精打细算的**奴隶。私有制不能把粗陋的需要变为**人的**需要。它的**理想主义**不过是**幻想、奇想、怪想**;没有一个宦官不是下贱地向自己的君主献媚,并力图用卑鄙的手段来刺激君主的麻痹了的享乐能力,以骗取君主的恩宠;工业的宦官即生产者

则更下贱地用更卑鄙的手段来骗取银币,从自己的按基督教教义说来应该爱的邻人的口袋里诱取黄金鸟(每一个产品都是人们想用来诱骗他人的本质,他的货币的诱饵;每一个现实的或可能的需要都是把苍蝇诱向粘竿的弱点;对社会的、人的本质的普遍剥削,正像人的每一个缺陷一样,是同天国联结的一个纽带,是使僧侣能够接近人的心的途径;每一个急难都是一个机会,使人能够摆出一副格外殷勤的面孔来接近自己的邻人并且向他说:亲爱的朋友,你需要什么,我给你,而必不可缺的条件,你是知道的;你应当用什么样的墨水给我写字据,你也是知道的;既然我给你提供了享受,我也要敲诈你一下),——工业的宦官投合消费者的最下流的意念,充当他和他的需要之间的牵线人,激起他的病态的欲望,窥伺他的每一个弱点,然后要求对这种殷勤的服务付报酬。

这种异化也部分地表现为:一方面所发生的需要和满足需要的资料的精致化;在另一方面产生着需要的牲畜般的野蛮化和最彻底的、粗糙的、抽象的简单化,或者无宁说这种精致化只是再生产相反意义上的自身。①

需要在资本主义制度下已经变成资本增殖的手段。资产阶级承继奴隶主、领主贵族、官僚地主的阶级意识,将需要和消费异化为社会地位、权力、尊荣等的象征,花费大量的劳动力和资源去生产各种奢侈品,由此造成一方面是统治阶级巨量的浪费,另一方面是劳动者的消费不足。演化至金融资本阶段,金融财团及其代理的政

---

① 马克思:《1844年经济学—哲学手稿》,《马克思恩格斯全集》第42卷,北京:人民出版社1979年版,第132—133页。

府（布什政府是其典范）进一步把房地产业的商品变成投资，使住房这种需要变成资本增殖的手段，以致爆发全球金融海啸。当占有物质财富成为主导性的人生目的，并把所有的人都当做手段，这时的需要已不再是人本质的一个要素，而是异化为比动物的生存本能还要低级的物质的属性了。

资本主义对需要的异化预示着人类将在丧失人的本质和人性中的没落，这不仅引发社会关系的尖锐矛盾，也导致人与自然的矛盾。金融海啸袭来的同时，地球变暖和严重的污染正威胁着全人类的命运。

只有人本质的发展和人性升华才能救人类。实践辩证法的历史意义，就在根据人的本质和人性来端正人生目的及其与手段的关系，以此为原则来变革社会关系，解决人生和社会发展中的矛盾。

四、矛盾：存在和实践的集结点

事物，这两个汉字的组合，包含着深刻的哲理。事，是主体的行为；物是主体行为的对象、客体。事物就是主体以其行为对客体作用所形成的关系，是主体与客体的统一。对实践辩证法来说，事物这个词恰能够准确地表达其对实践的规定。而"唯物主义辩证法"教科书的表述中，则将事物等同于物，忽略主体的"事"，或者很少使用事物这个词。

事物是实践的过程和内容，人的生存和发展就是不断地认识、处理事物的过程。也正是在这个过程中，形成了矛盾。矛盾是事物的集中体现，是实践的关节点。实践辩证法的内容，就是对矛盾的规定和解决。

矛盾在哲学中的地位，是由毛泽东以他的《矛盾论》加以概括并突出的。在此之前，黑格尔、马克思也都论到矛盾，但尚未明确矛盾在辩证法中的地位,列宁关于对立统一的论述启发了毛泽东,而汉字的优越性也使他将"矛盾"作为对立统一规律的具体内容。矛与盾这两种兵器,在中国古代存在了几千年,韩非"自相矛盾"的寓言非常形象地表明对立双方的统一性。当20世纪初中国文人受日本人启示,以"矛盾"来翻译西方哲学中有关对立统一的词widerspruch(德)、contradiction(英)时,[①] 已将东西方哲学中初级辩证法结合起来了。不论德语还是英语,都不可能准确地表示"矛盾"的含义,以"矛盾"来翻译其相关词汇,不仅将西方哲学中的辩证思想传至中国,更为中国人发展辩证法(这种翻译本身就已是发展)提供了必要条件。

虽然毛泽东未能摆脱苏联教科书关于唯物主义的规定,依然以"唯物辩证法"为总的框架,并将矛盾纳入这个框架,但他深刻地认识到矛盾的规定在"唯物辩证法"中的地位。

> 这个辩证法的宇宙观,主要地就是教导人们要善于去观察和分析各种事物的矛盾的运动,并根据这种分析,指出解决矛盾的方法。[②]

包括将辩证法称为"宇宙观",都是以唯物主义为基本观念的表

[①] 韩非的寓言是"楚人有鬻盾与矛者,誉之曰:吾盾之坚,物莫能陷也。又誉其矛曰:吾矛之利,于物无不陷也。或曰:以子之矛,陷子之盾,何如?其人弗能应也。夫不可陷之盾,与无不陷之矛,不可同世而立。"(《韩非子》)日本人比中国人早几十年接触西方哲学,但日本人是以中国文字为文字,并熟悉中国典籍的,他们用汉字"矛盾"来译西方有关词汇,显然是以韩非寓言为依托的。而这一点,中国文人当然很容易接受了。

[②] 毛泽东:《矛盾论》,《毛泽东选集》第1卷,北京:人民出版社1991年版,第304页。

现。毛泽东在哲学上的贡献，不在于他认识到了唯物主义的性质，而在于虽然不清楚唯物主义的性质，但却能抓住矛盾在辩证法中的地位，并对矛盾进行了系统论证。值得注意的是，虽然他将辩证法称为"宇宙观"，但却与恩格斯和斯大林明显不同，不是将辩证法视为自然界的规律和认识自然界的方法，而是看成"观察和分析各种事物的矛盾的运动"的方法。

毛泽东对矛盾的论证，为我们研究和规定实践辩证法提供了必要的启示。

矛盾是实践的集结点。这个提法，对于实践辩证法是至关重要的，也必然会受到坚持"唯物主义辩证法"教科书定义者的反对。

自然界无所谓矛盾，矛盾是人在实践中认识、改造自身和自然物质的过程中，对人自身存在及与事物关系的规定。这样说，并不是否认自然界的物质构造及其演化趋势，但这种自然的构造与趋势并不形成矛盾，只有人以实践认识和改变其构造和趋势的时候，才因与主体的关系，而作出矛盾的规定。

实践辩证法并不否认自然的物质性和物质的自然性，但不设想能够先验地规定自然物质的全部构造与规律。黑格尔这样设想并这样做了，其结果只是将人类当时所达到的自然知识做了一个逻辑归纳而已。人的抽象思维，可以在没有充分材料的情况下，以推理的方式得出绝对性的结论。康德曾指出这是一种"幻相"。诸神、上帝、天命，都是抽象思维所得出的"幻相"，是从有限材料得出的无限的结论。唯物主义也是如此。黑格尔为了使唯物主义的"幻相"能够成立，以人类的思维逻辑和初级自然科学成果相结合，编织了以"绝对精神"为核心、出发点和主体的思辨体系。在这个过程中，他形成了思辨辩证法，并对矛盾有所论及，从思辨中概念转化的"正、反、合"三段式的推论中，涉及了对立面的统一或矛盾，进而把思辨的矛盾表述为"客观逻辑"和"自然规律"。似乎"正、反、合"的推论就是"自然规律",或者说"自然规律"就是按"正、反、合"的推论来演化的。恩格斯的《自然辩证法》基本上延续了黑格尔的思路,但他一开始就明确物质世界的运动规律是自然的,基本上恢复了17、18世纪唯物主义的观点,进而以他理解的辩证法对自然科学成果进行概括。苏联和中国的教科书编写者依然认为自然界是有其规律的,而中国的编写者们不能不在论及辩证法时涉及矛盾,并将自然界说成矛盾的,或者说矛盾在自然界和社会生活中普遍存在。这一点,表明他们对"事物"(在毛泽东的《矛盾论》中关于矛盾的论证就是针对"事物"的)的理解侧重于"物"上。

实践辩证法在继承唯物主义自然的物质性和物质的自然性观点的基础上,从人的存在与实践来规定自然界。自然界是人存在的条件,是实践和认识的对象。人的存在是有限的,作为其存在条件的自然物质也是有限的。但自然界是无限的,人的实践也在不断突破其存在的有限而无限发展着。矛盾是人在实践中所认识和处理的与自然物质的关系,是人与人的存在和发展中的关系。矛盾只能在实践中认知和处理,不可能,也不应该先验地规定。

矛盾是实践的集结点,在实践中,主体与客体是对立的双方,又因对立而统一,是统一中的对立。也是由于主体与客体的对立统一,使主体得以认知自然构成中的矛盾,并发现客体的构成与演化趋势。

主体与客体的关系,是矛盾得以形成的基础,也是矛盾的基本内容。实践主体面对的自然物质是客体。人要生存,要劳动,就要有相应的物质条件。或是适应物质条件,或者改造物质条件,都需要对所面对的自然物质有所认识。由于主体的存在和实践都是有限的,所面对的自然物质也是有限的,客体的有限不是自然形成的,而是由主体的存在所界定的。一个原始人捡起身边的一块石头或一根木棍去打一只野兽,这块石头或这根木棍与那只野兽就成了他的物质条件，再加上他所站立或奔跑的土地及其上的草、木、石、河等，就构成与他这个主体所对立的客体。矛盾就由此而生。现代的工人开动机器加工产品，或科学家用显微镜观察微观物质、用天文望远镜观测星空，在哲学上说都是主体与客体的矛盾。这个道理，对于所有人都是一样的。由此我们可以说，每一个个体的存在与实践，都形成与客体的矛盾，而且随着存在与实践的变化，主体与客体及其矛盾也在变化。矛盾是普遍的，又因具体情况而有特殊性。个体如此，总体也是如此。人类总体的存在构成主体，从理论上说全部自然界都是人类存在的物质条件，都是客体。但人类总体的存在也是有限的，只有与人类存在相关或人类实践所涉及的自然界才是客体，才是与主体相对立统一的矛盾的一方。随着人类实践的扩展与深化，作为客体的自然界在相应变化，人类主体与自然客体的总体矛盾也不断演化。

正是由于实践，使人形成了其存在的矛盾。个体人的存在，是物质演化的特殊产物，其生命是物质的特殊运动形成，由各种因素所构成。这些因素及生命体的构成，他的器官与活动，都是相互关联、对立统一的，因此，人的个体存在，就是一个矛盾体，其生命活动与外部物质是对立统一的，而且在统一中转化。个体人的存在，是以劳动、需要、交往、意识为要素的，这些要素之间也是矛盾，是存在矛盾的具体形式。劳动与需要、交往、意识都形成矛盾，意识与劳动、需要、交往的对立又构成意识与存在的矛盾。

人类社会总体，由万亿存在着的矛盾个体构成，是一个矛盾的总体或总体的矛盾。当一个个体与另一个个体发生交往时，就形成主体与客体的关系。与个体人与自然物质的关系不同，人与人的关系中，双方都是主体，也都是客体。个体之间的矛盾将每个个体存在的矛盾都集合起来，在对立中依存并统一着。个体人在其生命过程中不可能只与另一个个体人交往，交往是普遍的、广泛的、交错进行的，通过交往，所有人都有可能发生关系，而且在所有人交往构成的总体社会中存在。社会总体对每个个体都是客体，是存在的条件；每个个体又都是社会总体的细胞，他们在总体存在中对立统一着，并由此结成各式矛盾，这些矛盾就是社会总体的生命，同时又使社会总体成为一个矛盾体。

个体人在实践中形成矛盾并认识处理矛盾，社会总体也在个体实践中构成大的矛盾体，它集合了个体的实践，形成总体的实践过程，这也就是人类总体对矛盾的认识与处理。

个体的矛盾，是个体实践的集结点；社会总体的矛盾，是个体人在交往基础上形成的总体性实践的集结点。

人的社会存在有多种形式，社会总体性的实践也有各种内容和方式，其集结的矛盾也有一般与特殊的区别与联系。从一般性说，人类社会存在和实践的各个环节、各个方面，都集结为矛盾，人类社会就是在矛盾中存在和发展的；从特殊性说，不同历史时期、国家、地区、阶级、团体，以及实践的不同内容、形式，都有差别，其矛盾各有特殊性。特殊性的矛盾中体现着一般性，一般性矛盾贯彻于特殊性之中。

人的社会存在形式包括：家庭、家族、氏族、氏族联合体、部落、部落联盟、民族等，这些形式是历史地出现的，它们表现着人类的进化。而基本的家庭形式则贯穿于各种社会形式的演进全过程，现代民族的基本单位依然是家庭。在这些总体性社会形式中，还集合为阶级、阶层、集团等各个层次，并有国家、政党、企业团体等机构和组织，由此构成不同的利益集体。这些利益集体在社会活动中，就会形成矛盾，并影响每个个体人的利益与存在。

社会总体的实践是个体活动的集合，包括经济、政治、文化三大层次，其中，经济是基础和基本的层次；政治是经济和全部社会生活的内在机制；文化是对存在和社会关系的意识，既取决于经济和政治，又是经济和政治的导引。这三个层次的关系，可以交织成若干矛盾，经济与政治、经济与文化、政治与文化，以及它们的综合性矛盾。经济、政治、文化的矛盾，是社会总体的集结性矛盾，任何社会形式都存在这些矛盾。这些矛盾集合了个体存在和实践的矛盾，是人类社会生活的内容，也是社会发展的原因。

在经济、政治、文化三大层次内部，也分为若干层面和环节，它们也构成矛盾。经济中的劳动者素质技能与社会地位的矛盾，是经济，也是全部社会生活、社会关系的基本矛盾。这个矛盾表现为生产力与生产关系的矛盾，进而展开于生产与消费、交换、分配的矛盾，生产方式与生活方式的矛盾，以及国度、制度、体制、结构与机制、经营管理等层次的矛盾。这些矛盾构成经济生活和经济关系的内容。政治中的国家、政党、团体，以及阶级、阶层、集团的矛盾，在法律、政策、纲领等体现出来，并以和平或暴力的方式展现出来。文化中的价值观、思想和道德三个层次，聚合了经济、政治中的矛盾，表现着社会不同阶级、阶层、集团的利益和意志，以哲学、宗教和各种学说的形式存在着、冲突着。

人类存在和实践的矛盾，制约着其与自然界的关系，或者说，在存在和实践中矛盾着的人类与自然界发生着关系，并形成矛盾。进而，人以其存在与实践来认知、处理自然物质。人是根据自己的存在和需要来认识、改造自然物质的，这必然要涉及自然物质的构成及其演化趋势。黑格尔将自然物质的构成及其演化趋势说成绝对精神主导的自然本质和规律，是先于人、与人无关的。但他的《自然哲学》及其所概括的初级自然科学所得出的结论，无不体现着人的存在与需要。"唯物主义辩证法"以黑格尔的思路为前提，"客观"地规定了自然界的各种"矛盾"，似乎这些"矛盾"是纯粹自然的存在，并按"辩证法"的规律构成的。我们并不否认自然科学在认识自然物质方面的作用，正是这种认识，为人类改造、利用自然物质创造了前提。同样，对自然物质的改造、利用又是进一步认识自然物质的前提。在自然科学中充分体现着人的存在和实践与自然物质的关系。自然物质的构成及其演化趋势只有在与人发生关系，成为人认识、改造、利用的对象时，才能被界定为矛盾的一方，即在客体与主体的关系中构成矛盾。而当它们处于自然状态时，则只有其构成和演化，无所谓矛盾。作为实践改造对象的自然物质，当它们处于自然状态时，与其他自然物质是没有分别的，是人的实践和认识把它与其他自然物质分别开，成为相对独立的对象。科学研究本身就是主体与客体的矛盾，对自然物质有选择的比较、分类、归纳、分析、综合，并不改变作为对象的物体的自然性，但对它的规定却已体现着人的主观性，是主体对客体的界定。至于被人改造和利用的物质，不仅人将其从自然状态中分别出来，更以劳动将人的需要和意识对象化于其中，它们本身已成为主体与客体统一的矛盾体了，并成为人类社会矛盾的必要内容，历史和现实中的全部劳动产品，都是如此。当我们探讨人类社会矛盾时，一个基本内容，就是关于这些产品的归属与享用，而且对那些可能被改造利用的自然物质，即自然科学作出规定并明确其对人的存在有利益关系的物质，也要通过社会关系的矛盾确定其归属。人类社会的矛盾也就在对这些已被改造利用和可能被改造利用的自然物质的归属权基础上展开。

矛盾作为人存在和实践的集结点，贯彻人生的全过程，体现于全部社会关系和社会活动之中，认识矛盾和处理矛盾是人存在实践的核心和基本内容。由于人生和社会关系的复杂性、具体性，矛盾也表现为多种形式。矛盾的普遍性和一般性贯彻于特殊性和具体性之中。矛盾是对立统一的，但对立和对抗、斗争的程度则因矛盾的性质、条件等而有所差异，因此，认识和处理矛盾的方法也要相应变化。对主要矛盾和主要矛盾方面的辩证思考，就成为认识和处理矛盾的关键。

五、主要矛盾和主要矛盾方面

主要矛盾和主要矛盾方面是毛泽东在《矛盾论》中提出来的，是他对矛盾规定的重要内容。虽然他未能认知"唯物主义辩证法"的缺陷，依然从"事"和"物"两个方面去规定矛盾，并把许多自然现象作为论证矛盾的例证。但他对主要矛盾和主要矛盾方面的规定，却证明他已倾向于从实践来规定矛盾，这与他对实践的观点是统一的。

毛泽东似乎没有发现，对他的《矛盾论》的注释者和教科书的编写者也没有发现：如果矛盾是自然形成的，或者自然界本身有矛盾，也不可能或不必要规定主要矛盾和主要矛盾方面。"主要"和"次要"的区别与规定，是作为主体的人的主观选择，是根据一定目的的判断。对于自然物质来说，并无目的，也就没有对"主要"和"次要"的区分。自然物质有其自然的构成和演化趋势，并没有，也不可能有主观的目的和选择（那样的话，上帝和天命就都能成立了）。只有人在认识和改造自然物质过程中，才会对之做相应的判断。主要矛盾和主要矛盾方面的提出，证明了将矛盾规定为人存在和实践的集结的必要性，也只有从这一点上，才能理解主要矛盾和主要矛盾方面在实践辩证法中的地位。因此，当我们以毛泽东关于主要矛盾和主要矛盾方面的规定为前提，继续探讨实践辩证法对主要矛盾和主要矛盾方面的规定时，必须明确这是人认识和处理事物的方法，而非自然物质的"客观规律"。

对于主要矛盾，毛泽东是这样论述的：

在复杂的事物发展进程中，有许多的矛盾存在，其中必有一种是主要的矛盾，由于它的存在和发展规定或影响着其他矛盾的存在和发展。[①]

任何过程如果有多数矛盾存在的话，其中必定有一种是主要的，起着领导的、决定的作用，其他则处于次要和服从的地位。因此，研究任何过程，如果是存在两个以上矛盾的复杂过程的话，就要用全力找出它的主要矛盾。捉住了这个主要矛盾，一切问题就迎刃而解了。[②]

这里所说的"复杂的事物发展进程"、"任何过程"，有人认为包括自然界，但自然的自然界无所谓"复杂"，也无所谓"发展"。"发展"和"复杂"，都是从人的存在和实践而言的。而且"许多矛盾"、"多数矛盾"，也只能从人的存在和实践来判断。实际上，毛泽东在界定主要矛盾时，已经将它作为人类社会生活和关系中众多矛盾中的一个矛盾。这从他所举的例子就可以看出来，这些例子有：资本主义社会中的无产阶级与资产阶级的矛盾；当时中国社会主要矛盾的转化，即因帝国主义侵略而使原来的封建制度和人民大众的矛盾转化为帝国主义与中国的矛盾。

对于主要矛盾方面，毛泽东是这样论述的：

不能把过程中的矛盾平均看待，必须把它们区别为主要的和次要的两类，着重于捉住主要的矛盾，已如上述。但是在各种矛盾之中，不论是主要的或次要的，矛盾着的两个方面，又是否可以平均看待呢？也是不可以的。无论

[①] 毛泽东：《矛盾论》，《毛泽东选集》第1卷，北京：人民出版社1991年版，第320页。
[②] 同上书，第322页。

什么矛盾,矛盾的诸方面,其发展是不平衡的。有时候似乎势均力敌,然而这只是暂时的和相对的情形,基本的形态则是不平衡。矛盾着的两个方面中,必有一方面是主要的,他方面是次要的。其主要的方面,即所谓矛盾起主导作用的方面。事物的性质,主要地是由取得支配地位的矛盾的主要方面所规定的。①

对事物矛盾状况的分析,抓住其主要方面,由此规定事物的性质,这是毛泽东理解的辩证法的要点。不论是次要矛盾还是主要矛盾,都有主要的矛盾方面,明确其中的主要方面,是认识矛盾的关键环节。尤其是对主要矛盾的分析,把握其主要方面,对于问题的解决,是至关重要的。这在他对中国社会矛盾的总体认识,以及革命的路线、策略的制定上,表现得非常突出。毛泽东的路线之所以能够令人折服,并能取得伟大胜利,方法上的原因就在于此。而他晚年对中国社会矛盾演化的预见性诊断,在当时听来似乎很费解,但其之深谋远虑,日益为历史所证明。

毛泽东指出,随着事物的演进,矛盾的主要方面也是在不断变化的,必须注意这种变化,以判断矛盾的性质,进而规定矛盾演进的阶段性。他写道:

矛盾的主要方面和非主要的方面互相转化着,事物的性质也就随着起变化。在矛盾发展的一定过程或一定阶段上,主要方面属于甲方,非主要方面属于乙方;到了另一发展阶段或另一发展过程时,就互易其位置。这是依靠事

---

① 毛泽东:《矛盾论》,《毛泽东选集》第1卷,北京:人民出版社1991年版,第322页。

物发展中矛盾双方斗争的力量的增减程度来决定的。①

正是矛盾主要方面和非主要方面的这种转化,成为事物发展的根据,对事物的认识和解决,就是针对这种转化的。与对主要矛盾的论证一样,毛泽东对主要矛盾方面的论证所举的例子,也是社会性的,如资本主义社会取代封建主义社会时主要矛盾方面的变化,社会主义革命推翻资本主义社会,中国革命中力量的对比及社会性质的变化等。不过,他在论证时还是使用"事物"这个词。

> 任何事物的内部都有其新旧两个方面的矛盾,形成为一系列的曲折的斗争。斗争的结果,新的方面由小变大,上升为支配的东西;旧的方面则由大变小,变成逐步归入灭亡的东西。而一当新的方面对于旧的方面取得支配地位的时候,旧事物的性质就变化为新事物的性质。②

以上就是毛泽东关于主要矛盾和主要矛盾方面的论证。可以毫不夸张地说,辩证法在20世纪抽象化方面的发展,主要就体现于此。而这种抽象化的发展,又是以具体方面的发展为基础,并导引具体的发展,即指导中国革命的。正是在这发展了的辩证法导引下,毛泽东对中国社会矛盾的总体性质,乃至局部、阶段性矛盾的分析,更具体的是对每一次会议、战役的研究,都贯彻了主要矛盾和主要矛盾方面的分析方法。当然,在毛泽东的生涯中,虽然他能明确主要矛盾和主要矛盾方面的抽象规定,也会在具体问题上出现失误。

---

① 毛泽东:《矛盾论》,《毛泽东选集》第1卷,北京:人民出版社1991年版,第322—323页。
② 同上书,第323页。

这里最突出的，就是他对"社会主义改造"以后中国社会主要矛盾的规定，忽视了（起码是在语言表述上不明确）官僚资本势力的变形及残存，不是把这股势力，而是把仍在中国具有先进性的自由资本势力（资产阶级）作为主要矛盾的次要方面。虽然晚年曾用"走资本主义道路的当权派"来诠释"资产阶级"，但仍不确切。而这样的规定，也必然导致革命运动对象的不明确，以及策略上的失误。

毛泽东切实而深刻地理解了马克思"改变世界"哲学观念的真谛，更重要的是他以革命的实践证实了这个观念，也正是革命的实践，使他在具体和抽象两个层面发展了辩证法。当然，毛泽东也不能完全摆脱苏联哲学教科书的束缚，其突出表现就是未能明确唯物主义的性质，在以实践为基础论证矛盾时，仍然要照顾自然物。但主要矛盾和主要矛盾方面的提出，不仅在理论上充实了辩证法，更为辩证法从抽象的理论探讨转向实际的社会运动开辟了道路。

在毛泽东已有论证，特别是他在领导中国革命过程中经验总结的基础上，我们将主要矛盾和主要矛盾方面作为实践辩证法的主干范畴，它们是矛盾范畴的展开，也是矛盾规律或对立统一规律的必要内容。

当我们从实践辩证法对主要矛盾和主要矛盾方面进行规定时，就要以前述对矛盾的规定为前提，明确主要矛盾和主要矛盾方面是人存在和实践的集结中存在的，是主体认识、处理与客体的关系，解决主体和客体所存在矛盾的方法。

人的存在和实践，是充满矛盾和不断解决矛盾的过程。从个体论，他的生命、劳动、生活和交往，都体现为矛盾。生命的出现和活动，就是内在因素与外在因素矛盾的产物，同时也体现为矛盾。生命的存在及对生命的意识，为了生命存在而做的各种努力，集中于劳动、需要、交往、意识四要素及其关系，人生存和实践的矛盾也就由此而生成。在生存和实践的每个阶段、环节，都体现着矛盾。

作为主体的人,如何认识和处理这些矛盾,是主体性的要求,也是其人生状况的根据。从众多矛盾中找出主要矛盾,将其作为这一阶段、环节认识和处理的主要或核心问题,就能明确实践的方向,同时带动对其他矛盾的认识和处理,从而有目的地度过人生的这一阶段和环节,并为下一阶段、环节的人生创造必要前提。在认识和处理主要矛盾的同时,要兼顾其他矛盾。而寻找主要矛盾的过程中,目的和条件都是必要的,对不同的人而言,即令处于生命的同一阶段(如青年期),其主要矛盾也是不同的,原因就在于目的和条件的区别。认识和处理主要矛盾的过程,要明确主要矛盾方面。这不仅是针对主要矛盾,对于其他矛盾,也要进行分析,明确其主要矛盾方面。这是处理矛盾的关键,实践辩证法的要旨就在于此。明确主要矛盾方面,也要以目的和条件为根据,从而充分利用条件,以实现目的。

从社会总体论,寻找和规定主要矛盾,明确主要矛盾方面,必须确立主体,从主体的定位和目的出发,才能寻找规定主要矛盾和主要矛盾方面,并据此认识和处理矛盾。规定社会矛盾的主体,就是因共同利益而形成的阶级、阶层、集团的代表,他们为了维护和争取利益,而对所代表的群体所处的社会矛盾进行分析,选择主要矛盾和主要矛盾方面,在对之作出理论规定的前提下,制定本阶级、阶层、集团的纲领、政策、策略。不同阶级、阶层、集团的利益是不同的,甚至是对立的,因此其代表者对主要矛盾和主要矛盾方面的规定也是不同的。历代统治阶级,虽然没有以辩证法为方法论,但其思想和政治代表却能从经验中意识到这个问题,他们所发表的言论、制定的纲领和政策,都能表现这一点。历史上变革的阶级、阶层、集团的代表人物,但凡能领导变革运动取得成功的,基本上都能抓住主要矛盾,并明确主要矛盾方面,以此为据完成了变革。战国时期秦国从商鞅变法到嬴政统一天下,理论和纲领、政策上的高明处就在于抓住了封建领主与农奴、平民的这个主要矛盾，并认识到封建领主这个矛盾的主要方面会被新的集权官僚地主所取代。他们的变革，就是确立和壮大集权官僚制，以解放农奴为农民的机制激励耕战，逐步积聚、壮大变革势力，终于建成集权官僚制。欧洲近代资产阶级革命，大体经历两个阶段，资产阶级的思想和政治代表，将这个阶段的主要矛盾规定为封建领主阶级和平民（含工商业主）、农奴的矛盾，并利用国王与封建领主的矛盾与国王结盟，以求发展工商业，壮大资产阶级势力；当这个阶段的变革取得初步成果，集权官僚制取代封建领主制之后，资产阶级的思想和政治代表又判定主要矛盾为国王为首的专制势力与资产阶级的矛盾，专制势力虽是主要矛盾方面，但随着次要方面资产阶级势力的壮大和不断斗争，终于上升到主要方面，完成了社会变革。

实践辩证法的主要功用，是社会主义理论、运动和制度的方法论。社会主义作为工业文明和公民社会劳动者利益的集中体现，面对着错综复杂的矛盾。为此，其思想和政治代表必须从主要矛盾和主要矛盾方面的分析中规定理论，制定运动纲领、政策和策略，在运动制度化时，将纲领转化为法律，并制定执政的政策和策略。从全世界范围看，现代人类社会的主要矛盾是资本统治与社会主义运动的矛盾，这是资产阶级与劳动者阶级矛盾的集中体现。主要矛盾方面是资本统治，社会主义运动作为次要矛盾方面，其目的就在于不断壮大势力，上升为主要矛盾方面，取代资本统治的主导地位。从各国具体情况看，又在总体性主要矛盾之中，有各自的特殊性。对中国来说，已经建立初级的社会主义制度，以此聚合的社会主义势力已是主要矛盾方面，它与残存并因保留行政集权体制而滋养的官僚资本势力的矛盾是主要矛盾。官僚资本势力虽然处于次要矛盾方面，但与国际大资本财团相勾结，正在逐步扩展势力，甚至要以"转型"为名义，上升为主要矛盾方面。中国的社会主义运动就是要不断改革初级社会主义制度，变滋养官僚资本的行政集权体制为民主法制体制，在壮大自身势力的过程中，削弱官僚资本势力，同时处理好与私人自由资本、小农经济等次要矛盾，逐步完善社会主义制度，这同时也是世界总体性主要矛盾方面转化的重要内容。

至于人类总体性的经济、科学研究等活动，也都是由特定的主体，根据明确的目的而对矛盾的认识和处理，其成功的关键，也在于其主导者对主要矛盾和主要矛盾方面的选择，并据此制定了相应的方案和措施，调动相应的脑力与体力，充分利用物质条件。

主要矛盾和主要矛盾方面这两个范畴，是实践辩证法得以形成并作用于社会主义运动，作用于人类生存和实践活动的关键，是劳动主义得以展开的必要环节。毛泽东在这个环节上的贡献，是黑格尔、马克思之后人类在思维方法上的主要进展。在明确这一层的同时，我们也应看到：毛泽东提出并实践了主要矛盾和主要矛盾方面的方法，这是必要的，但他的论证是不充分的，只是提出了命题和基本思路，仍应系统、深入在学理上明确主要矛盾和主要矛盾方面的地位，特别是在逻辑上界定和判断主要矛盾与主要矛盾方面的方法。对这个问题的认识，涉及三个基本点和八个步骤。三个基本点是：第一，作为对象的矛盾的界定。能够纳入对象的矛盾，是与主体相对应的矛盾，而非"客观存在"的矛盾，或者说是主观所涉及的对象，矛盾的范围，是与主体存在统一的。主要矛盾是作为对象的矛盾系统中的矛盾。第二，判断主要矛盾的标准。如果用所谓"客观"的标准来衡量，是不可能确定主要矛盾的。"客观"事物本身不分主要矛盾和次要矛盾，特别是自然界，它自身不需要这种划分。人们判断主要矛盾时，完全是从主体人的存在和需要来判断。不同阶级、不同集团以及不同个体的立场、利益、目的都在对主要矛盾的判断中体现出来，而且不同的认识能力在判断主要矛盾时也有明显差异。第三，认识与对象的关系。在矛盾的分析中，主观认识与对象的关系是相当重要的，强调主体性，但不能将主观愿望强加于对象，而应注重对客体的实事求是。矛盾本身分几个方面，特别要注意其内因和外因。内因是内在的因素，外因是外在的因素。对立的双方相互制衡，形成一个"场"，或一个制衡态，这种制衡态里各个方面、各个因素相互之间的作用，就表现出不同势力的对抗与制衡。这种势力对抗与制衡不仅在社会矛盾中有，同时也是自然科学研究中必须涉及的。一个矛盾的构成方面可以分为主要方面和次要方面，在复杂的矛盾体系中，次要方面往往不是一个而是几个，主要方面是一个，矛盾的性质是由主要矛盾方面来决定的。主要矛盾方面处于统治地位，制约着次要矛盾方面。但是，次要方面也有它的反制约作用。相互制约的过程中形成势力的制衡，这是一层关系。另一层，是在一个大的矛盾系统中，有多个矛盾，其中一个矛盾是主要矛盾，其他为次要矛盾。主要矛盾的性质是由其主要矛盾方面决定的。当主要矛盾发生变化的时候，它的表现就是原来作为主要方面的力量开始弱化。这又体现出量变和质变的关系。如果仅仅是处在量变的时候，这个主要矛盾方面还是主要矛盾方面，主要矛盾性质还没有变，其在矛盾系统中的地位也没有变。如果主要矛盾方面的力量弱化，超过其度，就变成次要矛盾方面，原来的次要矛盾方面就可能上升并超过其度，变为主要矛盾方面。主要矛盾方面地位的变化引起主要矛盾性质的变化，这就是质变。主要矛盾的质变又会引起整个矛盾系统的质变。这个过程继续不断地进行，其中每一个质变就是一个否定。否定之否定就由此展开。

八个步骤是：第一步，明确主体性，确定矛盾系统。对于存在并有意识的人来说，他能够感受到的矛盾现象，虽然受其存在的制约而是有限的，但仍然是若干很混乱的现象，要认识这些矛盾，第一步就得明确主体，先是认识者个人的主体性，进而是与其相关的社会群体（总体）的主体性，明确主体的利益和目的，进而是对所感知的现象材料进行比较、分类、归纳。这三个环节是确定对象矛盾的关键,由此对对象矛盾的范围作出界定,同时界定矛盾的类别与其总体系统。这些都不是感性认识所能达到的,而是理性思维的结果。第二步,就是分析。把归纳的特定范围内若干个矛盾都进行分析,分析的关键是确定其矛盾方面的势力对比,找出其中的主要矛盾方面。第三步,对各矛盾分析的结果加以综合,形成对其对立统一关系的规定。第四步,对规定了的各矛盾进行比较,选择其中一个矛盾为主要矛盾。第五步,对这个选定的主要矛盾进行分析,进一步明确其主要方面和次要方面。第六步,规定并论证主要矛盾,最好是达到概念的程度,起码也要有对该主要矛盾及其主要方面和次要矛盾方面有准确的提法。第七步,对主要矛盾与各个次要矛盾的制约关系进行整体考察和规定。第八步,明确次要矛盾对主要矛盾的制约和影响。在这一系列的过程中,特别是第三步以后,尽可能地要规定、展开、改造、完善概念,以概念运动为核心,展开思维的进程。

六、内省外化,系统抽象

认识、处理矛盾是实践辩证法的主要内容,对于存在和实践主体的人来说,明确生存和实践中的矛盾,选择主要矛盾和主要矛盾方面,进而形成对矛盾的系统规定,制定处理矛盾的方法,关键在于理性思维。内省外化,系统抽象就是实践辩证法在理性思维中的具体化,也是实践辩证法的功用之所在。

在唯物主义者那里,人的思维只是大脑对感性材料的归纳,是对对象的反映过程的一个环节。洛克的"白板说"形象地说明了这一点。黑格尔的思辨辩证法系统地探讨了思维过程,但他认为思维是绝对精神在人主观意识中的外化,是对同一个绝对精神所外化的物质世界的反映过程。他深刻地认识到哲学的基本内容是在思维的逻辑，并将概念运动作为思维的主体。"唯物主义辩证法"以洛克的"白板说"为基本点，将黑格尔思辨辩证法的绝对精神换成"物质规律"，从中抽出几个规律和若干范畴，认为思维不过是根据这些规律和范畴对对象的反映。

人为什么要思维，又依据什么进行思维？唯物主义和"唯物主义辩证法"都认为，思维是大脑这种特殊物质的运动功能，思维的标准是"客观规律"，是对"客观规律"所决定的事物的反映，如实地反映"客观规律"是思维的最高境界。这些都有其道理，但却忽略了思维者的主体性。思维的人并不是因为有大脑并赋有绝对精神或"客观规律"安排的使命才去思维的，大脑只是思维的器官，人之所以"开动脑筋"去思维，是因为他的存在和实践，因此思维都是有目的的和方向的，而对自己利益的概括，又是思维目的的基本点和思维的首要环节。也正因此，才可以理解为什么都用大脑思维的人对同一对象会得出有明显差异的结论。

实践辩证法并不否认思维是作为特殊物质的大脑的运动，唯物主义的这一命题克服了上帝主义将思维归结于上帝的谬论。但大脑并不是单纯的依循物质运动规律而思维的，是人根据自己的需要而有目的的思维过程。因此，思维是主体的人从其利益的内省出发的，即根据生存和实践的需要，而主动地按一定目的进行的。利益和意志，是思维的根据和主导。由内省而外化，才有对对象的认识。

内省，是生存和实践的矛盾在主体意识中的概括，是在总结实践经验过程中对思维能力的提升。外化则是以内省为根据的对矛盾的抽象思维。内省与外化是统一的，内省要体现于外化，外化以内省为根据，二者在人的思维进程中互相制约，共同促进。内省在外化中得到验证和提升，外化由内省而演变。内省外化的统一构成系统抽象，它形成对矛盾的系统规定，并选择主要矛盾和主要矛盾方面，探讨处理矛盾的方法。内省与外化是统一的，当我们考察思想家的方法时，所能认识的，主要是外化，内省并不直接表现出来，这也是哲学家忽略内省的缘由之一，但通过对其外化方法的考察，就能发现其内省。为了认知和规定内省，考察哲学史上思想家的方法是必要的，但更可靠、也必须的，就是对自己思维方法的反思，这既是内省的必要环节，又是规定内省这个方法论环节的内在依据。我之所以将内省纳入实践辩证法，重要原因就是对自己思维方法的内省。在近四十年的对辩证法和政治经济学方法论的持续学习和研究中，我大体上是将自己作为一般思维的工具，从一般的逻辑来论证矛盾，规定概念系统。而我本人似乎是受一般逻辑支配，尽可能地按对一般逻辑的理解来论述问题。但一般逻辑又在哪里？实际上所谓一般逻辑，还是个人对思维规律的认知。这样的研究方法，名义上总是力求"客观"，但"客"是不能"观"的，客体只有成为主体的对象，才被纳入"观"的范围，而"观"者只能是主体，并不是客体，如果客体能够自己"观"自己，并将"观"的结果表述出来，它就已是"主观"了。

对这种研究方法的反思，在写作《〈资本论〉的逻辑》时就已开始，后来在研究政治经济学方法论的过程中又加深一步，而真正认识到主体性及其内省在辩证法中的地位，则在对劳动社会主义、中国经济矛盾、中国官文化批判等问题的研究中才逐步明确的，这与对唯物主义的历史定位，对劳动主义的界定等是统一的。在对中国官文化批判中要大量阅读古代典籍，尤其是儒家的经典，其中由"天命主义"而论的"天人合一"，以致"内圣外王"的为学、为官之道，给我以启发，在中国古人的思维方法中，内省是一个重要内容，而依循古希腊思想传统的欧洲哲学，不论上帝主义、自然神论，还是唯物主义，都把思维的主体看成上帝或自然神或物质规律的工具，不是"我"在思维，而是我受命替它们在思维。主体是不存在的，内省也就不必要。只需努力地体会上帝、自然神和物质规律的意志或精神，"客观"地反映对象就足够了。只是到康德那里，才意识到要对主体的认识能力进行考察，黑格尔的思辨辩证法又将"反思"作为重要范畴。但他们囿于唯物主义基本观念的束缚，并不能将内省作为方法论的环节。至于在苏联和中国被官化了的"唯物主义辩证法"，日益变成论证政策的工具，其所依托的是领导人的意图，更不可能确立主体，并进行内省了。

哲学和社会科学、自然科学都有其主体性，这里最突出的是政治经济学，现代资本主义经济学家努力掩饰自己的阶级性，作出一副"客观"、"公正"的样式，并用高等数学来进行推演，但实际上却有明确的个人和阶级、阶层、集团的利益在支撑着他们的论说，他们也在不断地内省，概括利益，改进方法，以求达到目的。不过，对这些思维活动，他们并不表述于文字，外人看不见其思维中的这一重要环节罢了。哲学和其他科学的研究也是如此，包括中国那些官方学者，每天都在揣测领导意图，强化自己利益，并努力改进方法，以取悦领导，谋取利益。

实践辩证法强调内省，不过是把所有思想者在思维中都存在的这个环节提出来加以论证，并把它纳入认识和处理矛盾的思维进程。在内省的基础上进行外化，即对矛盾的概括，形成统一的系统的抽象。

一个思想者或学者明确自己之立命、立意，不断提升思维能力，是其思想成就的内在条件。对此，中国古代思想家已有充分的认识。孔丘说"吾日三省吾身"，孟轲说"我善养吾浩然之气"，荀况倡"治气养心之术"，体现着儒家对此的重视。老聃五千言《道德经》，将道与心、物与人相通论，由此而成一大思维系统。庄周主张内外互动、大小相对，并将儒家学术概括为"内圣外王"，后世儒家传人又将《大学》中的格物、致知、诚意、正心、修身、齐家、治国、

平天下八个环节中前五个环节规定为"内圣",后三个层次为"外王"。① 《大学》中的原文如下:

> 古之欲明明德于天下者,先治其国;欲治其国者,先齐其家;欲齐其家者,先修其身;欲修其身者,先正其心;欲正其心者,先诚其意;欲诚其意者,先致其知。致知在格物,物格而后知至,知至而后意诚,意诚而后心正,心正则后身修,身修而后家齐,家齐而后国治,国治而后天下平。②

这八个环节,环环相扣,内外一统,外发于内,内表于外。可谓维系儒家道统两千余年之纲要。

后印度佛教传入中土,经儒、道两家学术治之,演变为中国佛教,其精要在禅法。禅法即禅宗的方法,在修、在悟、在静、在净,"直接人心"、"明心见性"等对内省之法大有创进。宋时,三教相融,使中国学术思维再上一层楼。明王守仁之心学与宋理学相呼应,基本形成内外一统之系统思维方法。可惜明亡后满洲人入主中原,学术停滞后退,而此时欧人却乘重商之舟步入资本制工业文明,华夏反大落后于斯。

中国古代哲学的思维方法是与农业文明和集权官僚制相适应的,是天命主义的方法论,其历史的特殊性和局限性显而易见,在这历史的特殊性中也体现着人类思维的一般性。对此,实践辩证法要在

---

① 由道家创始者之一庄周来概括儒家学说体系,虽然是出于批判的目的,但却准确,以致儒家弟子也要依此来界定本派学说。这里,可以看出儒道两家方法上的相通处。

② 《礼记·大学第四十二》。

批判其天命主义基本观点的基础上,从中概括、吸收、改造一般性的合理成分。应工业文明和资本雇佣劳动制要求形成的西方哲学,虽无内省之传统,一些重要思想家也注意到内省的重要,尤其是对外化方法的探索,使之成一思维系统。黑格尔和马克思对系统思维的探索、论证和运用,是近代人类在思维方法上的大进展,也是工业文明在初级阶段发展的要求与必要条件。现代西方思想家从实证主义角度也对思维方法进行了探讨,但由于以唯物主义为基本观念,他们更多的是对具体的外化的探讨,包括系统论的研究,都未能将外化与内省统一起来,而且对抽象层次的系统思维注意不够。

继承、吸收中外历史和现代对系统思维的研究成果,批判、克服其局限和缺陷,在劳动主义基本观念的前导下,探讨和规定实践辩证法的系统思维,我们将内省与外化统一,形成系统抽象思维方法原则和要点的规定,是认识和处理矛盾,进而规定矛盾的范畴系统的主观条件。

内省外化的系统抽象要点有:

一、主体利益和意识概括。思想者是存在的主体,有着自己的利益,并在与他人交往中发现和形成群体利益。他的思考,是从个人利益与其所代表的群体利益的统一为出发点的。明确个人利益及所代表的群体利益,是立命之本。立命与立意又是合而为一的。个人利益与个人意识要群体化,只有代表了群体利益,才能认识到群体意识,也只有概括了群体意识,才能代表群体利益。劳动主义哲学的主体是为自由发展而进行社会变革的劳动者,思想者是这个主体中的一员,是以主体的意识来导引研究的,为此,就要不断地概括作为主体的群体意识。这当然要进行广泛的调查研究,更要有思考和规定,从大量的本阶级、阶层群体中的个体意识得出对主体意识的概括,并在此基础上形成价值观。

二、价值观思考和确立。这对于一个研究者而言,是立命之自省，是立言之自律。我为什么研究思考？是为了谋衣谋食养身，还是将它作为自己生命的价值？这似乎不成问题的问题，实际上每时每刻都在制约着研究者的思维和努力程度，并影响其对所研究问题的判断。为此，一个研究者必须对自己的价值观进行反复的思考，坚定意志，明确方向。研究者是思维的主体，是有目的有追求的，不是思维的工具，其思维活动只有与其价值观统一起来，才有目的和方向，即明确出发点和归结点，并由价值观制约其研究全过程。也只有将研究活动与自己价值的追求统一起来，才能内省外化地系统思维。马克思和毛泽东为实践辩证法的系统抽象树立了典范，虽然他们并未充分地表述自己价值观思考和确立的过程，但从他们的著作、行为和不多的关于自己思想进程的回忆，以及书信中，都能够看出他们对价值观的反复思考，并以明确的价值观来制约自己的思维的行为。

三、主义之概括。劳动主义理论的研究和实践，实践辩证法的创造和运用，并非一人之力可以成就，而是多个研究者和实践者协同连续进行的。个体研究者的价值观，他所能概括的主体意识，毕竟是有限的，这样，就要求在主义这个层面进行交流、讨论、反复辩驳，得出总体性的价值观和思想，并将之概括为主义。当然，这也是求同存异的过程，通过主义之探讨，明确研究的主体意识和价值观，在一般性主义的规定中，不断完善社会主义的本质和原则，并在本原和原则导引下，实证抽象，认识和处理矛盾。

四、充分占有材料。矛盾是现实的存在，认识和处理矛盾，要先从感性对现象材料的占有开始，从现象揭示本质，由本质说明现象，并找出主要矛盾和主要矛盾方面。为此，就要大量掌握现象材料，以保证思维的切实可靠。矛盾的现象材料，可以从日常生活感知，也可以专门调查，以致考察，还有官方或民间或其他研究者归纳的统计资料，所写的调查报告，等等。占有材料的途径是相当广阔的，其中，就包括对主体利益和主体意识的调查，这是对现象材料占有的重要内容。占有材料务求详细，只有这样，才能保证思维的实在性和实证性。对材料的占有，不仅是研究的一个阶段，还是研究的一个要素，是基本的要素，它体现于研究的全过程。而材料的占有程度，不仅取决于收集，更取决于抽象思维。

五、实证与抽象的统一。实证与抽象的关系，是哲学史上长期争论的问题，唯物主义者的方法论就有主张实证和主张抽象的两派，前者以英国学者为代表，后扩展至美国，实证主义、实用主义、科学主义、技术主义都是其表现；后者以法国学者为代表，扩展至德国，黑格尔集其大成。两派各持一端，论争不休。马克思从"改变世界"的实践出发，辩证地处理了实证与抽象的关系，而"唯物主义辩证法"又退回到黑格尔的"本质决定现象"的旧路，以政策为本质和根据，去要求和解释现象。坚持马克思倡导的实证与抽象统一的思路，批判地吸收实证主义等在实证方法上的探索成果，以实践为出发点和根据，正视矛盾，充分占有材料，辩证地处理思维形式和层次的关系，实证基础上的抽象，抽象又导引实证，对矛盾作出系统规定和论证，进而选择主要矛盾和主要矛盾方面，形成处理矛盾的方案和措施。

实证，就是对实际存在矛盾的揭示和论证。抽象则是从众多矛盾中概括其本质一般性，发现主要矛盾和主要矛盾方面，系统抽象是强调抽象思维的统一性、层次性和连续性。实证不是外在于系统抽象的单独的思维过程，而是系统抽象的基础、要素和首要环节。实证与系统抽象的统一在于：其一，抽象思维的对象要以现实存在并可以经验的矛盾来界定；其二，抽象思维必须以充分的现象材料为依据，对现象材料的收集和实证考察是抽象思维的基础；其三，抽象思维成果的论证，以能否经实证来说明现象和处理矛盾为标准；其四，对矛盾现象的实证是发现主要矛盾和主要矛盾方面的准备，也是检验这种发现的必要环节；其五，实证也是思维的过程，它被包容于系统抽象之中；其六，实证是系统抽象的基本内容，系统抽象的各个环节，都以实证为内容，抽象思维的各种形式都是针对现象材料的实证，系统性体现于各环节、形式的辩证统一和有目的的提升转化；其七，系统抽象结果的论述及对矛盾的处理，也是再收集材料、论证现象，进行实证性说明的过程。

由以上分析可以得出这样的结论：实践辩证法并不是把实证和抽象分为两个相隔绝的思维过程的方法，而是规定为统一的系统思维过程和方法。系统抽象是总体的形式，实证则是基本内容；系统抽象的辩证法就在于以实践为根据，以处理矛盾为目的将实证贯注在思维的系统联系和转化中。

六、以概念运动为核心和主干。系统抽象是由一系列具体的思维活动构成的，各思维形式在统一思维过程的不同层次、步骤、程度上表现为多样性的统一性，各思维形式并不是孤立和外在的，它们只有在统一的思维进程中才能存在。形式逻辑的片面性就在于将各思维形式外化并割裂。实践辩证法则要将其统一起来，并有机地作用于对矛盾的研究中。黑格尔对人类的贡献，就在他明确了思维过程内容与形式的统一，进而将各思维形式归入统一运动的抽象思维进程，由此规定其地位和作用。马克思承继了黑格尔的有关思想，进一步从实践的角度将思维活动归纳为对现实矛盾认识的过程，在政治经济学的研究中切实贯彻，并由《资本论》的逻辑予以体现。

实践辩证法规定的各思维形式并不是平列的，概念是各思维形式的核心和主干，全部的思维活动，即各思维形式的统一运用，都要凝结于概念的辩证运动中。

概念之所以能成为系统抽象的核心和主干，就在于它自身的特点和属性。概念是规定矛盾本质属性的思维形式，它体现着认识过程和实践过程的统一。概念的这种特点，凝结了其他思维形式活动的成果。概念具有内涵和外延两种属性。内涵是指对特定范围的矛盾本质属性的规定，外延则是对概念所反映的对象范围及其数量关系等的规定。这两种属性是概念特点的展开，也是它凝结全部系统抽象思维成果的两个方面。如果把统一的研究过程看成规定矛盾系统的纵横交织的"网"的话，那么，它的各个概念就是这面"网"上的纽结，而它之所以能把思维的"线"（判断和推理等）"结"成一个"纽"，就在于其内涵与外延的统一。从总体上看，可以把各种层次的概念分为抽象和具体两大类，它们的相互制约和转化，是作为系统抽象核心和主干的概念运动的基本形式。无论矛盾系统的层次有多少，都可以用抽象和具体的关系加以表示，也就是说，抽象概念和具体概念是相对而言的，其根据就是矛盾的一般性和特殊性的内在统一。其他任何思维形式，都是针对矛盾的一般性和特殊性的，所得到的认识结果，也都要归结和凝聚于抽象和具体概念中。

概念另一个重要的特征，就是它的积累性。在所有的思维形式中，只有概念具有这种属性。比较、分类、判断、推理等都只是存在于研究者当时的思维活动和论述中，也只有当这些思维形式归结和聚合于概念之中，才能为他人所理解和掌握。在整个抽象思维过程中，概念及其体系，表现为各思维形式统一运用的结果。概念类似物质生产中的产品，而其他思维形式的运用则是生产产品的过程。产品表现为财富，它不仅可以世代存留，而且能够成为再生产的物质条件。概念既凝结了研究者本人的全部研究成果，又是后人承继这一成果，在批判中进一步发展它、充实它的前提。也只有继承、批判前人的概念，后人才可能进一步发展前人的其他思维形式，以及全部方法。

系统抽象的思维形式，除概念之外，最重要的就是判断和推理。**判断**在形式逻辑中的定义是：断定（肯定或否定）事物情况的思维形式。在实践辩证法中，判断并非简单地断定事物情况，而是要把这种"断定"表现在概念运动中,它起着规定、改造和展开概念的作用。在形式逻辑教科书上,判断是以既定概念为前提的,因而,虽然把判断分为若干种类,但其作用则主要是展开概念,说明现象,对于其在规定和改造概念方面的作用,很少注意。实践辩证法根据认识和处理矛盾的需要,将判断分为分析和综合两个环节,它们的作用也是相辅相成的:一是分析具体现象,综合规定或改造和完善概念,二是以分析展开概念中的内涵,说明本概念外延中的各种现象。可见,判断的运用,是与概念关系最为紧密的。**推理**在形式逻辑中的定义是:根据一个或一些判断得出另一个判断的思维过程。由于形式逻辑是把概念看成既定的,因而在讲推理时,不谈它与概念的关系,只把判断看成推理的要素。实践辩证法不仅要运用和改造已有概念,更重要的是规定新概念。而且各个思维形式都要集合于概念的规定、展开和改造,因此,推理起着连接各个概念,也使各概念所包含的判断相互联系并形成概念体系的作用。形式逻辑讲推理,往往只看到一种形式,即演绎,忽略归纳在推理中的作用,或者把归纳看成推理之外的另一种"研究方法"。实践辩证法中的推理是由归纳和演绎两个方面构成的,归纳所起的作用,是从各特殊现象推论其一般属性,从具体概念向抽象概念过渡;演绎所起的作用,则是从抽象概念和一般性规定推论具体概念,说明各特殊现象。这二者不仅在总的概念运动中是相互制约的,而且在概念运动的每一个环节,也都是统一的。

系统抽象还有比较、分类、论证等形式。它们的作用虽然是从属性的,但在统一的概念运动中,却是必不可少的。**比较**,是将两种现象或概念加以对比,从中找出相同点和相异点的思维形式,这是最初级也是最普遍的思维活动,研究的第一步,都体现着它的作用;**分类**,是在比较的基础上,根据多次比较所得出的对现象或概念相同性和相异性的认识,将具有相同性的归"类",形成更高层次的认识，分类是介乎于比较和归纳推理的中介；**论证**，是一种总和性的思维方式，或者说是各种思维形式的统一运用，但它也有自己的特点。论证本身，有一定的要求和准则，主要就是论点、论据和论证方式的统一，论证既表现在概念的规定和改造中，也表现在概念的展开和转化中，特别是在建立概念体系，进行论述的过程中，论证的作用更为突出。

实践辩证法的研究，是具有统一目的的系统思维过程。在这个过程中，各思维形式不可能像在形式逻辑教科书中那样各自独立，而是系统抽象的必要因素，也是系统抽象法在不同阶段所采取的形式，他们也必然围绕概念运动这个核心和主干，发挥自己的作用，这些作用也都必然凝结于概念运动这个主干。概念不仅是各思维形式的归结和聚合点，也是各思维形式得以展开和运用的前提。在系统抽象过程中，判断、推理和比较、分类、论证等思维形式，都是围绕概念运动这个主干，相互依存和过渡的。各思维形式在概念运动中的统一运用，是服从于揭示本质说明现象的需要，进行辩证的排列组合，而且在概念运动的不同阶段，其组合形式也是不同的。

七、概念体系对矛盾系统的规定。由于主体与客体的关系、时间及各种条件的差别，系统抽象所涉及的矛盾范围是不同的，其中主要矛盾也有不同。系统抽象也要因矛盾范围的区别而进行研究，大体上可以分为总体性研究和局部研究两类，其概念体系也因对象矛盾范围而有所区别。在总体性研究中，要规定系统概念体系，并明确核心概念、主干概念和辅助概念，其中核心概念是对主要矛盾及其体现的本范围的矛盾总体性质的规定。在局部研究中，所规定的矛盾范围相对小，但也要明确规定主要矛盾的核心概念。大的总体性研究可能包括若干局部研究，当对这些局部进行相对独立研究时，必须明确其核心概念，但将局部研究纳入总体性研究时，又要服从总体概念体系的核心概念规定，局部的核心概念可能要转化为总体性的主干概念,甚至辅助概念。对于主要矛盾方面和非主要矛盾方面都要有相应的概念规定,通过概念关系表现其矛盾,并将之纳入概念体系之中。

概念体系是系统抽象思维对矛盾系统的规定,它的形成是运动、发展的过程。各思维形式集合于概念的规定、展开、改造、转化,形成对矛盾系统的规定。概念体系的构建,要遵循思维的逻辑,并能切实规定矛盾的内在联系。总体性研究体系和局部研究体系是有区别的,但都要明确核心概念的地位,按从抽象到具体的顺序,展开核心概念对主要矛盾及矛盾系统本质的规定,在说明概念之间关系的同时,认知矛盾系统,探究解决矛盾的方案和方法。

八、在概念运动和体系中探究主要矛盾和主要矛盾方面,形成处理矛盾的方案和方法。概念运动和体系对各思维形式的聚合,既是系统抽象的核心和主干,又是规定矛盾系统的过程。系统抽象的目的,不仅是揭示矛盾,更要处理矛盾。实践辩证法与思辨辩证法的根本区别,就在这里,以认识和处理矛盾为目的的系统抽象,从一开始就要注重发现主要矛盾和主要矛盾方面,各思维形式的运用,都要着力于此。概念运动和概念体系的形式,是一个发展的过程,也正是在这个过程中,得出对矛盾系统的规定,只有在矛盾系统规定中,发现主要矛盾和主要矛盾方面,并认知主要矛盾与其他矛盾的关系,明确主要矛盾方面与次要方面的关系,由此形成处理矛盾的方案和方法。而形成了的方案和方法在实践中的运用,又会发现新的问题,还要在系统抽象中予以认知,并对已形成的概念体系进行改造和完善。由此展开不断的实践与理论思维相互促进的过程。内省外化的系统抽象的逻辑,也就充满活力,并在与历史的统一中不断充实和发展。

七、逻辑与历史的统一

内省外化的系统抽象是实践辩证法的基干，对矛盾的认识和处理，要通过系统抽象来实现；实践辩证法的规律和范畴，也要由系统抽象来规定和论证。系统抽象是人本质发展和人性升华在思维中的集合，它是逻辑的，也是历史的。逻辑与历史的统一是实践辩证法的原则。

逻辑，希腊语为"λσγos（逻各斯）"，英语转为"Logis"，中文是从英语音译的。自从 19 世纪开始"西学东渐"以后，西方的各种科学概念、术语，都逐渐意译成比较稳定的中文，而"逻辑"这个对于从思维角度意译西方概念、术语有重大作用的概念，却恰恰未能意译，以前曾有人试图以"论理"和"理则"等来意译它，但终未形成共识，以致音译至今不变。"逻辑"在国内外的学术界，往往被赋予不同的含义，如"规律"、"体系"、"思维方法"、"思维的规律和形式"、"一门以思维规律及其形式为对象的学科"等。我们这里所使用的"逻辑"，主要是从"思维方法"、"思维的规律和形式"等意义上，来探讨思维方法及其过程的规律。逻辑与历史统一原则，也就是对系统抽象与人类社会矛盾过程的历史，以及随历史而演化的思想史相互关系的规定。

逻辑与历史的关系，很早就为众多的思想家所认识，但将其作为一个原则明确提出来的，是黑格尔，他认为逻辑决定历史，历史是逻辑的反映，二者在这个意义上统一着。在黑格尔那里，逻辑是绝对理念自我矛盾、运动的过程，是自然界和人类社会的根据。逻辑与历史的关系，是绝对精神所集中体现的逻辑与其外化的自然界和人类社会的关系，历史，包括自然史、人类的发展史和认识史。自然界和人类社会按逻辑规定的规律发展着，人类对自然和社会的认识,又是绝对理念对自身的外化物的认识,所以,历史不过是逻辑的延伸,在历史中起决定作用的,恰恰是绝对理念的逻辑。在这种意义上,逻辑与自然界、人类社会和认识的历史相统一着,也是根据这一思路,黑格尔在《逻辑学》之后写作了《自然哲学》、《精神哲学》以及《历史哲学》和《哲学史讲演录》。黑格尔的这种观念,无疑是人类思维能力在自然科学和社会科学还不充分发达的情况下,所能提出的概括思维和自然、社会统一关系的重要原则。但黑格尔对逻辑与历史的关系做了颠倒的解释,因为自然界以前的绝对理念是无法经验和证实的,而黑格尔本人也不可能像他所宣称的那样得到了绝对理念的真传,成为绝对理念的代言人。他对人类历史以前的逻辑的解释,不过是他那个时代已有的逻辑和哲学成果的一种超验的说明,是将他本人已确立了的哲学观念的神秘、故弄玄虚的论证。逻辑只能是人思维的产物,它可以认识自然界和社会,但绝不能"外化"出自然界和社会。但他对逻辑和历史统一关系的认识,也不像实证主义者所批判的那样绝对错误,而是有内在合理性,实践辩证法对之应当认真吸收和改造。

马克思在继承批判黑格尔的基础上,坚持并发展了逻辑与历史统一的原则。他认为,逻辑是以历史为依据,逻辑是服从于历史,反映历史的规律的。这正好与黑格尔相反,黑格尔是以逻辑为依据,历史服从于逻辑,反映或再现逻辑规律的。马克思在《资本论》的逻辑中,辩证地处理了逻辑与历史的关系,是实践辩证法得以形成的必要前提。

逻辑是各思维形式辩证统一的系统抽象,它的过程和结果,都是人类发展史和认识史的集中反映,这表现在以下三个方面。

一、逻辑首先是针对社会生活现实的,而现实既是历史的结果,又是历史过程的组成部分。研究者都是针对自己所处的时代,对现实的矛盾进行逻辑思维的。从历史发展的角度看,现实是历史过程的"最后"阶段,任何研究者都是站在对他来说的现实,也即"最后"阶段来研究问题的。社会是不断发展的,现实也会随时间的推移而变成过去,历史的"最后"阶段,也会逐步变成"先前"阶段。虽然如此,但任何研究者都不可能超越他的生命界限,只能对他生活于其中,直接感受并利害相关的现实矛盾进行研究。对于研究者个人来说是历史"最后"阶段的现实,同时又是历史的"最高"阶段。研究的逻辑是针对现实的,而现实这个历史的"最后"阶段,又以扬弃的形式,包含了以往各个历史阶段。社会矛盾的运动中,在后的阶段不断地否定在前的阶段,从而将在前阶段中合乎历史规律的那些特征和要素,继承改造为自身的内容。逻辑对现实的认识,也就是逻辑与历史的首要环节,因为现实本身就已经集中、扬弃地包含了历史,所以,逻辑对现实矛盾规律的揭示,也是对历史过程的集中规定。

二、逻辑要揭示现实矛盾的规律,必须考察它的历史过程,从而认识现实矛盾各要素的历史来源,及其相互关系。现实是历史以压缩了的形式的再现,但现实并不简单化等于历史,在漫长的历史过程中,一些处于萌芽状态的因素在新的条件下得以保存并不断发展了,另一些因素却因条件的变化而消失了,历史是这些不同因素相互间矛盾演化的过程。研究历史,就是要揭示这些因素的矛盾和斗争,揭示其间的对立统一,探讨历史如何发展为现实的规律。以资本主义生产方式为例,它的萌芽状态,就是简单的商品生产和交换,早在原始社会末期就已经存在了,历经奴隶社会、封建社会、集权官僚制社会三个社会形态,但都在社会经济的总体中处于从属地位,只有到资本主义社会,才取得主导和统治地位。而这种地位的确定,又造成了资本主义生产对简单商品生产的否定。为了研究现实,逻辑必须探索它的历史来源,只有把现实从萌芽状态到成熟状态发展的整个过程揭示出来,才能认识现实中的种种矛盾及其相互关系。逻辑在揭示现实矛盾的同时，必须考察历史的发展规律，而要做到这一点，就要对历史的大量资料进行系统的研究，从而使思维的进程和结果得以集中反映矛盾演化的历史。

三、逻辑的进程与认识史的进程相统一，依循认识史的规律进行对现实矛盾的认识。社会发展的历史，作为已经过去了的现实，并非现代人可以直接感觉的，它一方面以否定了的形式存在于现实之中，另一方面以某些历史遗物和记载而残存下来。对这两方面的考察和考证，是逻辑思维的重要内容。认识的另一个表现，就是随着社会矛盾的演进而形成的思想史。每一个时代，人们对其现实的矛盾都有相应的认识，文字出现以后，这些认识也就流传下来。思想史的发展是不断地从简单到复杂，从肤浅到深刻的过程。愈是在后的认识，所包含的内容也就愈深刻，而且也以批判继承的方式，将以前的思想容纳于在后的思想体系之中。对思想史的抽象思维，既是研究历史的重要方面，也是逻辑针对现实矛盾形成新的思想体系的必要条件。从总体上看，思想史的进程，与系统抽象的逻辑进程有着一致性。思想史集中体现于历史的概念运动中，这个过程，是从具体到抽象，又从抽象到具体的。这是历史的认识规律，而系统抽象的逻辑过程，也是以概念的从具体到抽象和从抽象到具体的运动为主干的。逻辑以压缩了的形式再现了认识史的规律。

逻辑只有集中反映了历史和认识史的规律，才能对现实的矛盾作出系统规定。也只有做到这一点，逻辑和历史的统一才作为系统抽象的原则，并作用于全部研究过程。

逻辑以历史为依据，逻辑服从于历史并集中反映历史的发展规律，但这并不等于说逻辑是历史的附庸，只是机械地尾随历史的轨迹，亦步亦趋地反映历史。逻辑作为揭示矛盾规律的系统抽象思维过程，在原则上与历史和思想史相统一的前提下，具有自己的能动性和相对独立性。正是由于逻辑的能动性和相对独立性，才使逻辑与历史成为统一中的对立双方，才使逻辑与历史统一的原则得以确立。

其一，系统抽象的逻辑是以高度概括的方式，深入而广泛地从各种现象中揭示其本质的，这个过程充分地表现出逻辑的能动性。历史是矛盾的进程，逻辑则是主观的过程，这二者之间是不可能绝对同一的。从某种意义上说，历史的运动是不可能完全被逻辑所把握的，虽然意识是人本质和历史发展的要素，历史的全部内容都曾被历史存在着的人类总体所感觉，但并不是所有人的感觉都能上升到高度的理性认识，而具有高度理性思维能力的专门研究者，他的思维逻辑如何依据他本人及其前人和同时代人的感性认识，从已知的现象材料中揭示其本质并说明历史的矛盾，确实是一项相当艰巨的工作。如果仅仅看到这一面，似乎逻辑不可能揭示历史的规律，历史将是一个永远揭不开的谜。怀疑论者就是以此来立论的，实证主义和实用主义也是据此而批判辩证法的。然而，他们都忽略了人的思维逻辑的能动性，哲学和政治经济学的历史恰恰证明了其逻辑的能动性。抽象思维在某种程度上具有相对的无限性，其所涉及的深度和广度是有相当大差异的。抽象思维能力的差别，表现在人们对相同的现象会得出不同的结论。同时代的两个研究者，由于方法的不同，对于相同的矛盾的认识有很大差异，只有系统抽象的思维，才能注重并揭示矛盾的性质。即使同是使用系统抽象法的人，其认识程度的差异，也使研究成果有所不同。逻辑的能动性，似乎是与历史相对立的，有些"自由放任"，但这种对立毕竟是以历史为基础的，其自由的程度，也没有超出历史的大局限，正是这种意义上，逻辑才能与历史相统一。

其二，在规定和表述矛盾的方法上，逻辑表现出相当大的能动性。在这方面，有两种情况：一是抽象程度不同所引起的，二是达到相等抽象程度，但由于方法的差异而引起的。对于第一种情况，是比较容易理解的，特别是采用不同的研究方法来研究问题的人，他们各自所要达到的目的本来就是不同的，对于所揭示矛盾的程度，就在目的和出发点上已经产生了差异，有的注重矛盾深层的本质，有的注重其表面的联系，这样，当逻辑运转起来以后，其抽象的程度在前提上已经受到了制约。当研究者自认为其研究目的已达到，就会停止其抽象进程，从已达到的认识程度来解释、论证各种具体现象。由于所抽象的本质性认识是不同的，因而其表述矛盾的角度、范围，以及表述的方法都是不同的。现象描述法注重的是现象间的表面联系，因此它的表述，主要是以平面铺排的方式，将这些表面联系描述出来。系统抽象法则注重现象间的本质联系，其研究必达到本质性规定，即形成抽象概念时，才着手对现象的论证，其论述过程也就是从抽象到具体的概念运动过程。这两大类不同的研究方法，在逻辑能动性上的区别是相当明显的，还有一些介乎于二者之间的方法，也同样从对比中可以发现逻辑能动性的区别。即令是遵循相同的方法论原则，由于研究的深度不同，对现象的抽象也会有所不同，这样，表现于论述过程的逻辑上，也会体现出其能动性。第二种能动性，表现在对于相同的矛盾，从不同的角度达到了几乎相同的抽象认识，但不同的研究者，在对其结论进行表述的时候，往往表现出很大的差异。对此，已不能再从历史的矛盾自身得出解释了，历史的矛盾是既定的，它不会随你研究者的不同表述而变更，但研究者却会根据自己的方法而表述矛盾。这样，就在众多的逻辑的能动性中形成了众多的矛盾的表述，这里充分体现了研究者自己的立场、角度、研究的方法和研究的范围、层次，而这些，既是受历史制约的，又是相对独立的。

其三，逻辑相对独立性在揭示、论证历史矛盾中的作用。逻辑的相对独立性，是指在特定的历史条件下，逻辑进程可以表现出来、并由研究者能动地掌握和运用的独立性，它是有条件、有限制的，不是绝对的。任何研究者，都是处在特定的时代，对其所感兴趣的现实矛盾进行研究的。历史作为一个连续的过程，是不断运动的总体，而任何个别的研究者，都只能从各自的角度，对历史的某一阶段、某一方面进行探讨。这种研究又要受研究者的主观条件制约，因而，逻辑并不只是历史的单纯、被动的反映，也并非历史的追述，而是能动的、相对独立的思维运动。这个运动当然不能超脱历史，但它能以自己特定的方式来揭示和描述历史，这种相对独立性是哲学和各门科学得以发展，并分成各个派别的内在条件。它是与发展的历史相对立的，但又受历史的制约和检验，凡是不符合历史规律的逻辑，其学说最终都会被历史所淘汰。虽说逻辑的相对独立性会使某些研究者作出不符合历史的结论来，甚至在一定时期会扰乱人们对历史的认识，但这毕竟会被无情的历史发展所纠正。实践辩证法要求研究者运用逻辑的相对独立性，来更积极、有效地揭示矛盾。

其四，能动的、相对独立的逻辑是思想史在批判继承中发展的必要条件。正是由于逻辑具有能动性和相对独立性，才使历史交替的不同时代的各研究者的学说能够在批判、继承中得以延续。前人的学说为后人的研究提供了历史的前提，后人的学说又是前人学说的继续和发展。后人对前人学说的批判和继承，从某种意义上说，也就是历史发展的体现。正是由于逻辑的相对独立性，人类思想史的批判继承关系才得以存在。逻辑，作为人类思维形式和规律，是有其普遍性的，在历史的延续中，思维的形式和规律也就继续了下来。人类思想史世代批判继承，是偶然的，也是必然的。后人之所以批判或继承某一前人的学说，其批判继承的程度，都是由具有相对独立性的研究者的逻辑来选择的，但这种偶然的选择又离不开历史的必然性。

逻辑的能动性和相对独立性，并不是超脱历史的，而是以历史为基础的，正是由于这些属性，逻辑才不是历史的附庸，才能在与历史对立的同时，达到辩证的统一，从而以系统的逻辑揭示并论证矛盾发展的历史规律。逻辑要揭示和论证历史的规律，一个内在条件，就是逻辑自身的系统性。在这方面，系统抽象具有明显的功效。而否认矛盾运动的历史阶段性，将某种社会形态，乃至某种政策支配下的社会状况视做绝对和永恒的人，是不可能探讨历史规律的；那些以否认历史规律为前提的持描述实证法的人，当然也不会去以他们所反对的系统抽象揭示其所不承认的历史规律。在运用逻辑的系统抽象揭示和论证历史规律上，最为成功者，是马克思。他的《资本论》一、二、三卷的系统论证，既是对现实经济矛盾的展示，也以从抽象到具体的概念运动揭示并论证了资本主义经济从发生到发展，乃至灭亡的历史规律。

系统抽象的逻辑，在其论证过程中，以从抽象到具体的概念运动揭示了历史的规律。这是逻辑以历史为基础，并在其能动性和相对独立性与历史对立的过程中，达到的与历史统一的证明。马克思在《资本论》中对逻辑与历史统一原则的运用，是对辩证法的一大贡献，从而使这个在黑格尔那里颠倒了的逻辑学命题，被改造为社会主义哲学方法论的一般原则。逻辑和历史统一的原则，也要在新的历史条件下不断充实和发展。

在系统抽象逻辑的论述过程中揭示并论证历史的规律，只是逻辑与历史统一原则的一个方面，是作为结果的方面，而其原因，或者说论述过程之所以能够论证历史规律的必要条件，则在于研究过程的第一阶段，也即从具体到抽象概念运动阶段逻辑对现实矛盾的研究与前人学说的概括和发展中。任何人对矛盾的研究，都是从现实存在的具体矛盾的认识开始的，同时，也都要继承前人已经形成的认识成果。对矛盾的研究，在个人，是不断地从具体向抽象，再由抽象到具体的思维运动；在人类总体的认识史上，也有一个内在的前后相继的逻辑过程，如果将各主要思想家在历史上所规定的主要概念连接起来看，也正是一个逐步的从具体到抽象，再从抽象到具体的运动过程。个人的思维逻辑，与思想史的逻辑的这种相似性，绝非偶然，其中体现着深刻的方法上的原因，也是系统抽象的规律。

一个成功的，即能揭示矛盾运动规律的研究者，他的逻辑，必须是思想史的概括和发展。只有概括了思想史上全部有价值的研究成果，才能随着历史的进程，步入对现实矛盾的研究，这时的个别研究者，已经不仅是现实的个人，也是体现着历史的思维进程的总体思维逻辑的代表，他的逻辑，也正是在这种意义上与历史的思想发展相统一。

逻辑与历史统一原则，不仅体现于对总体性矛盾的系统规定中，在局部性的矛盾探讨中也有明显意义。总体性矛盾有其历史过程，局部性矛盾也是历史形成的，并在历史发展中有其地位。前面的论述主要涉及逻辑与历史统一原则在总体性矛盾研究中的作用，包括哲学及各门具体科学的研究，都属于这个层次。对局部性矛盾的认识和处理，似乎就事论事，并不涉及历史问题。但认真思考就会发现，在这个层次的探讨中，逻辑与历史不仅统一着，而且有明显的特点。

任何局部性矛盾，都是总体性矛盾的组成部分，其历史是与总体性矛盾的历史统一的，逻辑与研究总体性矛盾的逻辑也是相关联的。为了认识和处理局部性矛盾，就要以总体性矛盾的历史为大前提，并与总体性研究的逻辑统一。在此基础上，具体地考察对象的历史成因，找出其中的主要矛盾和主要矛盾方面，作出明确的概念性规定，并形成处理矛盾的方案和方法。对局部性矛盾认识和处理中的逻辑，虽然不如总体性矛盾研究的逻辑那样深远，但也是系统的抽象，各思维形式也是统一作用的；局部性矛盾的历史不如总体性矛盾那样悠久，但也是各种因素对立统一演化的结果。而且，虽然不见得所有对局部性矛盾的认识都有历史文献，但历史的认识也是存在的。逻辑对局部性矛盾的研究,也要从现实出发,并在对矛盾的演化史和认识史的统一中,对之作出规定。

逻辑与历史统一的原则,是系统抽象得以认识和处理矛盾的内在要求,实践辩证法依据与历史统一的系统抽象,不仅在具体矛盾的考察中得以体现,而且从一般意义上对矛盾规律及其范畴作出了规定。

八、矛盾规律及其范畴体系

对矛盾的认识和处理矛盾,是人生存和实践的基本内容,也是实践辩证法的核心和主干,人的全部行为和思维,都是在矛盾中展开,并认识和处理矛盾的。实践辩证法的成果和功用,都集合于对矛盾的认识和处理上。矛盾规律及其范畴,既是实践辩证法对既有人类实践中认识和处理矛盾的概括,又是对进行中的实践的前导性原则,并要随实践的发展而丰富、充实、变更。

规律是矛盾的本质性联系及其发展趋势的规定。实践辩证法的规律是人在实践中认识和处理矛盾经验的集中概括,也是继续实践的前提和新经验的归结点。黑格尔将规律看成先验的绝对精神的表现,由此导致将辩证法规律视为"客观"和"自然"的规律,是脱离人的存在和实践的。恩格斯所说的辩证法有"三个规律",斯大林所说的辩证法有"四个规律",都是从"客观"、"自然"的意义上讲的,他们还将人的实践和认识都归结于"自然"的物质运动过程。在苏联解体前的20世纪80年代,苏联学者编写了一部五卷本的《唯物主义辩证法》,这可以说是对"唯物主义辩证法"最全面,也最系统的论证了,随着苏联的解体,这部书也标志着"唯物主义辩证法"的终结。这部书的第一卷题为"关于物质是发展的承担者的辩证理论";第二卷题为"辩证法是物质客体的发展理论",这两卷的题目已表明了其基本观点；第三卷展开基本观点论述自然界的辩证法；第四卷论社会发展的辩证法；第五卷是对"非马克思主义的辩证法"的批判。在这部书中，辩证法的规律和范畴都是物质自然的产物，即使是对社会发展的辩证法，也认为是自然物质规律的"运用"。从这部系统论证《唯物主义辩证法》的巨著中，我们可以理解"唯物主义辩证法"在苏联的作用及苏联解体的哲学原因，也可以清楚"苏联模式"的性质及随着苏联的解体，而暴露的作为其哲学基础的"辩证唯物主义和历史唯物主义"的局限。

对于辩证法的规律或本质，马克思从"改变世界"的实践中，得出了独到的见解，他写道：

> 两个相互矛盾方面的共存、斗争以及融合成一个新范畴，就是辩证法的本质。①

虽然他的提法是"本质"，但其含义与"规律"相同。马克思的这一观点，在他对资本主义社会矛盾的研究中，得到具体化。

列宁承继了马克思的观点，指出：

> 统一物之分为两个部分以及对它的矛盾着的部分的认识，是辩证法的实质（是辩证法的"本质"之一，是它的主要的特点或特征之一。甚至是它的最主要的特点或特征）。②

---

① 马克思：《哲学的贫困》，《马克思恩格斯全集》第4卷，北京：人民出版社1956年版，第110页。
② 列宁：《谈谈辩证法问题》，《列宁全集》第38卷，北京：人民出版社1956年版，第407页。

类似的论断，在列宁1914年以后的著作中，特别是《哲学笔记》中多处谈到。这是他通过阅读黑格尔《逻辑学》和其他辩证法著作，形成自己辩证法思想的体现，与他在以往著作中坚持的唯物主义观念（主要来自普列汉诺夫）有明显区别。正是依据这种辩证法的思想，列宁得出对帝国主义的规定，并认识到社会主义革命可以在一国（特别是落后国家）胜利，据此领导了俄国革命，创造了人类第一个社会主义国家。不过，在列宁的思想中，对唯物主义的观点始终没有清醒的认识，就是上引这段话中依然能看出他是从"物"的统一与矛盾中来规定辩证法的。

毛泽东虽然也没有认清唯物主义的实质，但他对实践的理解，并由此对矛盾的规定，却是辩证法发展的关键。在领导中国革命的过程中，在辩证法的具体化方面，做了深刻探讨，取得了前无古人的伟大成就。中国革命的胜利，就是辩证法具体化于社会变革，具体化于民众觉悟，具体化于群众运动的体现。与此同时，毛泽东又在辩证法的抽象化方面，承继马克思、列宁的有关思路，运用汉语、汉字的独特优势，批判并发扬中国文化传统，将辩证法集中于矛盾（唯汉字有此恰当的表示辩证法基本内容的词语），并以矛盾的对立统一来论述辩证法。在《矛盾论》中，毛泽东确定了内因和外因两个范畴，强调内因的决定作用，进而论述了矛盾的普遍性和特殊性，由此，他指出：

> 事物的矛盾法则，即对立统一的法则，是唯物辩证法的最根本的法则。[1]

---

[1] 毛泽东：《矛盾论》，《毛泽东选集》第1卷，北京：人民出版社1991年版，第299页。

"法则"是20世纪上半叶中国人对"规律"的翻译,若从汉字本义讲,能更准确地表示辩证法的主体性,但后来以"规律"代替。上引这段话,明确地说出辩证法的规律(法则)是矛盾规律,也是对立统一规律,即规定矛盾、解决矛盾规律和方法。这是辩证法在抽象化方向上的发展的重大成果。

到20世纪50、60年代,毛泽东不断总结中国革命经验,认真思考辩证法问题,从而使他对辩证法规律的认识更为成熟、明确。他不仅多次强调对立统一是辩证法的规律,而且对"三规律"(恩格斯)和"四条"(斯大林),提出批评。1965年12月在汉口会议上,他在关于辩证法的讲话中,指出,不要把辩证法的"三个规律"平列起来,平列就是三元论,不是一元论。最根本的就是对立统一规律,质和量,肯定和否定与现象和本质、内容和形式等,都是范畴,是对立统一规律的具体化。他还反复强调,辩证法就是"两分法",是"一分为二"。①

将辩证法的规律确定为矛盾规律或对立统一规律,这是辩证法发展的必然。从黑格尔到马克思到列宁到毛泽东,是辩证法发展和作用于社会变革的时期。俄国革命和中国革命是辩证法具体化和指导实践的典范,也正是这种具体化的实践,使列宁和毛泽东得以在辩证法的抽象化方面取得进展,特别是在对辩证法规律的规定上表现出来。而明确矛盾规律的抽象规定,对于以辩证法分析和解决矛盾,是必要的前提。毛泽东在这方面的努力,使他进一步得出关于主要矛盾和主要矛盾方面的规定,从而使抽象的、思辨的辩证法在

---

① 近来,有某些哲学家大发高论,说"一分为二"不全面,应是"一分为三"、"一分为四"或"一分为多"。但他们忘记了,不论三或四,还是多,都是"一分为二"的再"一分为二"或多次"一分为二",如"一分为三",就是两次"一分为二"。

具体化、实践化上前进了一大步。

毛泽东明确地认为辩证法的规律是一个,即矛盾规律或对立统一规律,而质与量、形式与内容等均是范畴。这对实践辩证法体系的构建无疑是必要的前提。依循他的这一思路,在排除"唯物主义辩证法"的影响之后,进一步明确矛盾规律是实践辩证法的规律,是认识和处理矛盾的规律。这个规律的本体和主体都是人,是以实践改变世界和人生的人。矛盾规律并不是自然物质的规律,而是实践的规律、生存的规律。在实践和生存中包含着认识,体现着主体与客体的关系,即使对自然物质的认识,也是主体人根据自己生存的需要和实践的需求进行的。自然物质本身无所谓矛盾,但对它的认识却体现并依循矛盾规律。

矛盾规律贯彻于改变世界的实践过程,是人本质发展和人性升华的需求与导引。矛盾规律是实践辩证法的基本原则和核心,它展开于各主干范畴,构成实践辩证法的体系。

范畴是规律的具体化,也是主干性概念,每个范畴都包括规定特定对象或矛盾层次的若干概念,是概念运动的关节点。

在"唯物主义辩证法"的教科书式表述中,往往套用"对立统一",将两个范畴构成一对,如"本质—现象"、"内容—形式"等。这有一定道理,但范畴并不只是在两个或一对的情况下才规定矛盾,范畴本身就是矛盾的规定。因此,我们在规定实践辩证法的矛盾规律及其范畴体系时,是依循实践和认识的进程,按系统抽象的概念体系,体现逻辑与历史统一原则。这样,矛盾规律的范畴有:存在、内因、外因、质、量、主要矛盾、主要矛盾方面、现象、归纳、分析、综合、演绎、本质、抽象、具体、一般、特殊、内容、形式、可能、必然、生成、否定、发展。

这样的范畴体系,不同于苏联教科书的有关规定,是实践辩证法与"唯物主义辩证法"的主要区别。其中有些范畴,如主要矛盾、主要矛盾方面，前面已论过，这里只列其位，对其规定，请参照前文。

存在。如何界定存在，是关乎哲学观念和方法论性质的基本问题。黑格尔的思辨辩证法也将存在作为其体系的第一个范畴，但他所说的存在是绝对精神的存在，是以思辨所规定的自然物质的根据。这也是对唯物主义存在范畴的思辨性引申。唯物主义认为存在的本体和主体就是自然物质。从劳动主义出发，实践辩证法认为存在的主体是人，是人的存在，存在的人。人的存在是以劳动为基础，并与需要、交往对立统一的活动。个体人是如此，人类总体也是如此。这是辩证法得以生发的根据。存在的主体也是实践的主体。人的存在需要自然条件，以对自然物的改造为手段。没有自然条件和改造自然物的手段，人类是不可能存在的，但并不能说自然条件就是存在的主体，不能说改造自然物是人类存在的目的。18世纪的唯物主义将自然界视为存在的主体，这在反封建专制和反上帝主义过程中，是有进步意义的，但今天仍将自然界视为存在的主体，并从自然属性论证人，将人从属于自然界，而且把改造自然物视为人类的目的，就会得出唯物质论和唯生产力论的观点，排斥人的主体存在。

作为人本质要素之一，意识和劳动、需要、交往都是人存在的要素，但在现实中，它又与劳动、需要、交往相对立，既是这三要素的能动反映，又是对其活动的导引。意识的作用，只能表现于存在的人，再通过人的劳动而作用于物，通过交往而作用于社会关系。

内因。矛盾形成和演化的内在因素。构成特定的矛盾的各方面、要素或势力，是此矛盾的内在因素，它们之间的差异、对立及由之形成的排斥、吸引的统一，是内在因素，决定着事物存在的性质及其演化的趋势。

外因。影响矛盾及其演化的外部条件。任何矛盾都不是孤立存在的，而是与外部的事物、矛盾同时存在并相互制约的。这些外部事物或矛盾的存在、演化影响着内因的关系和变化,是内因存在和演化的必要条件。外因通过各种渠道、方式,在特定的情况下,可以作用于,甚至转化为内因,从而对矛盾产生影响和制约。

质。质是存在的展开,是相对稳定的对矛盾的总体性、长期性的规定,是存在的基本界定,集中体现了矛盾的内在属性。

量。量是构成质的具体环节和内容,与质相比,量是不稳定的,通常情况下,量的变化不会影响质的规定,但量变突破其构成质的度,就会引起质变,从而形成新的质,新的质又规定着、包含着新的量,并进入下一轮的量变引发质变的过程。矛盾的发展,集中体现于质与量的变化上。

主要矛盾(见前)。

主要矛盾方面(见前)。

现象。现象是人存在和实践中对现实矛盾的感知。在黑格尔思辨辩证法体系和"唯物主义辩证法"体系中,现象都被作为本质的表现并排在本质之后。这是与人的认识过程相悖的。黑格尔是以"绝对精神"为主体和根据的,他关于本质决定现象的规定是与其逻辑一致的。而"唯物主义辩证法"将本质排在现象之先,认为现象是本质的表现,则是违背其唯物主义基本观念而对黑格尔的抄袭。现象并不是"客观存在",而是人对现实矛盾的感性认识的体现,或者说是在感性阶段对现实矛盾的认知,是认识第一步的成果,也是进一步的理性认识各环节展开的基础。

归纳、分析、综合、概念、演绎。这五个范畴是理性认识的关键环节。也是从现象揭示、概括本质的主要思维形式。因此,连接起来论说。在理性思维过程中,最初的形式是比较,即对此现象与彼现象、此因素与彼因素进行对比,找出其相同和相异处;进而是分类,将多种现象按异同区分为类;再是归纳,从若干类的特殊中探求其一般性。分析是承接归纳对各一般属性中的本质属性的规定,这个过程包括对典型现象材料的探讨。在分析的基础上，综合将各本质属性辩证地结合起来，形成对本质的全面规定，即概念。概念是理性认识的核心和主干，以概念规定推论矛盾的现象，解说各特殊的具体事物的过程，是演绎。归纳、分析、综合、概念、演绎这五个范畴在实践辩证法中是至关重要的，它们构成认识方法的基本内容。对此，上一节已有充分论证。

本质。本质是人的理性思维对现象内在联系和演化趋势的规定。黑格尔以"绝对精神"为主体，认为本质决定现象和现实，这种观点被苏联教科书莫名其妙地抄来作为"唯物主义辩证法"对本质范畴的规定。实践辩证法将人作为存在和认识的主体，由此端正了本质与现象的关系，从实践和认识论角度规定了本质的地位。对本质的认识，是随着认识的进程不断深化的，这种认识集中体现于概念的规定、展开和改造、完善上。

抽象、具体。规定本质的概念是一个体系，其中概念分为抽象和具体两类。抽象与具体的关系，是概念体系的基本关系，表现为从抽象到具体的概念运动。抽象与具体，还有一层含义，即抽象是从现象揭示本质的思维过程，具体是指对某一事物矛盾具体现象的认知。人类通过实践所达到的认识，是从具体现象开始的，并先形成相对具体的概念，进而才在反复的、世代更替的思维过程中，逐步达到抽象概念的规定，并由抽象概念的展开而改造旧有的具体概念，以及规定新的具体概念，具体概念是对特殊事物矛盾现象的本质规定，而抽象概念则是对总体矛盾现象的一般本质的规定。由抽象到具体的概念运动，是从一般本质规定到特殊本质规定，因而是从矛盾的一般性到特殊性转化的思维过程。

一般、特殊。世界是广大而复杂的，人的实践也是不断扩展的，在实践的过程中，人们经历各种矛盾，形成对矛盾的多样性认识。在历史进程和社会的联系中，在众多个体人思想的交流中，逐步区分出对矛盾的总体及其局部现象的不同规定，这是思维中的抽象与具体概念。而当从概念体系说明现象和处理矛盾的时候，也就形成了一般和特殊两个范畴。一般和特殊是相对而言的，在广大而复杂的世界上，有众多的矛盾层次，特殊与一般只是区别这些层次，进而规定系统性的两个范畴，再多的层次关系，其基本关系还是两个层次的关系。我们在规定一般和特殊这两个范畴时，既要看到它们是矛盾的两个层次，而且在不同的层面对比上，相互转化；又要看到它们是矛盾的两重属性。一般是众多特殊的共性，而特殊则是一般的具体形式。明确一般和特殊的关系，对于认识矛盾体系，是至关重要的。

内容、形式。这是规定具体矛盾时的必要范畴。由质和量构成的矛盾，其统一体经过一系列的认识，在概念中规定了其本质，并通过一般与特殊两个范畴的界定，明确了其在矛盾系统中的地位。至此，就应从内容和形式两个方面对某一特殊矛盾进行规定。内容是矛盾的内在方面，是其内因的充分展示，包括构成矛盾存在和发展的各要素的总和；形式则是总和要素的组织、构造。内容与形式是统一的，对内容和形式的规定，标志着认识的演化，也是以实践处理矛盾的必要环节。

可能、必然。矛盾是运动的，作为内因与外因相互作用的现实矛盾，体现为一定内容和形式。但既有的内容和形式又要受内因、外因的作用而演化，对其趋势的规定，就是可能，可能的实现是必然。可能是对未来发展趋势的规定，往往不是一个，而是两个或多个，但只有具备必要充分条件的可能才成为必然，只要这些条件具备了，可能的实现就是必然的；不具备条件的可能，特别是其中主要的条件，就不能实现。必然不仅是可能结果的验证，又是规定可能的依据。几乎所有的研究者，都要以其所认定的必然立论，他们甚至不谈可能，而直接谈必然。但未经实践证实的"必然"仍然是可能，证实和实现了的可能才是必然。

生成。是人生与社会关系及其存在条件对立统一的过程。生者，活也，始也；成者，生之续，活之动也。实践辩证法源于生成，是对生成的认识和规定，进而导引生成，纠正生成中的偏差，促进生成。对矛盾的认识，从生成角度着眼，从生成角度判断，并由此得出概念规定，说明现象，解决矛盾，这是实践辩证法的特点所在。辩证的认识和实践也是一个生成的过程。从感性到理性，从现象到本质，以致概念的展开、改造、完善、转化等一系列环节到体系，解决矛盾，处理问题的过程，都是生成。生成作为一个范畴，充分体现了辩证法在人本质发展和人性升华中的地位。生成所表现的，首先是人的生成、思想的生成，以及社会的生成，历史的生成。然后才是与人的生成密切相关并作为其条件的自然物的改造与利用，由此而达到世界的生成。

否定。是与肯定相对应的。作为运动的形态，肯定，即现在矛盾的质的规定性及由此而呈现出的状态，否定则是矛盾中原来处于次要方面的新兴因素逐步积累，从量上超过旧的主要方面，并由此而达到质变的过程和状态。否定之后又是肯定，肯定和否定是互为前提的。因此，实践辩证法对矛盾运动的规定，又可以用否定之否定来表示。否定之否定不仅体现于前面各范畴中，或者说各范畴都是否定之否定的环节和条件，而且否定之否定又是发展这个总体性范畴的形式。发展是实践辩证法范畴体系中一个相对独立的带有总体性的范畴，它是对立统一规律的最具体的表现，也就是说，矛盾规律经过一系列范畴的转化而达否定之否定，即对矛盾运动的总结性概括。

发展。发展是矛盾的演进历程和结果，必须明确其主体性，即人的发展。自然物是有变化的，但没有发展，或者说，发展这个范畴不适宜规定自然物，而应集中于对以人为主体的社会矛盾的规定。

发展是总结性、概括性的范畴，这个范畴体现着人本质发展与人性升华的要求与导引相统一。这里规定的发展是具体的发展，是个体人与人类社会总体的发展，其内容是人本质的四个要素在不断组合，经过一系列矛盾运动过程而达到的一个更高的境界，其主体没有变，但其逻辑层面有了变化，从人本质发展这个抽象层面，具体到人类社会总体发展这一具体层面，其目的性在开始阶段就已经界定了，并贯彻发展的全过程。实践辩证法的发展范畴，始自"人本质的发展"，展开于"人性的升华"，并经矛盾规律和一系列主干范畴，到发展为结，是生成、否定过程的总结。发展的目的性贯穿于整个过程，是其原则、精神和灵魂。在发展的过程中必须遵循目的。只有明确目的，才有方向，这是其一；其二，在发展的过程中，当到达了一定的阶段，得到了一定的结果之后，在对结果进行反思的时候，目的性又是判断的依据。

实践辩证法的主干范畴，作为矛盾规律的展开，都是围绕矛盾规律这个核心，体现于辩证法的各个关键环节的，以它们为主干构成了实践辩证法的体系。在这个体系中，还有若干辅助性范畴或概念，它们是连接核心与主干范畴，展开核心和主干范畴的必要环节。对此要在今后的系统论证或编写辞典时，予以展开论证。本书对辅助性概念的论说散见于各章节中，有的充分，有的不充分。这里，提出如下实践辩证法的辅助概念：物质、运动、认识、感性、理性、比较、分类、判断、推理、原因、结果、定义、内涵、外延、实证、思辨、过程、联系、中介、转化、异化、外化、对象化、过渡、教条、僵化、个体、总体、变化、演进，等等，起码应有二三百个。这些辅助概念除少数是由我们新规定的外，主要是思想史上研究成果的汇集。但在实践辩证法体系中，又都应根据体系原则的要求，加以改造和完善，并分处于由矛盾规律及其主干范畴为大框架的体系中。

第七章

劳动社会观

　　劳动社会观是劳动主义基本观念的具体化，是依循实践辩证法对人类社会生活和社会关系矛盾的规定。从历史发展论，劳动社会观是对已经衰落的唯物主义社会观的否定，是工业文明和公民社会劳动者利益的集合，是劳动者的社会观，也是劳动社会主义的理论前提。

一、唯物主义社会观的没落及劳动主义社会观形成的必然性

　　唯物主义社会观作为资本主义的理论基础，已经统治、主导人类二百余年。唯物主义社会观在主导人类社会生活和社会关系的过程中，发挥了相当进步的作用，同时也引发了深刻的矛盾。矛盾的对立与演化，暴露了唯物主义社会观的局限，并孕育了新的劳动主义社会观。唯物主义社会观的没落和劳动主义社会观的形成，是同一个问题的两个方面。在唯物主义社会观主导的二百多年，人类逐步摆脱上帝主义社会观和天命主义社会观，以占有和生产物质财富为导向，促进工业发展，劳动者素质技能不断提高并表现为生产力的发展。在唯物主义社会观的指导下所建立的资本主义制度，克服

了封建和专制制度的一些弊端，形成了与占有和生产财富相适应的社会关系。马克思早在 1848 年就指出：

> 资产阶级在它的不到一百年的阶级统治中所创造的生产力，比过去一切世代创造的全部生产力还要多，还要大。自然力的征服，机器的采用，化学在工业和农业中的应用，轮船的行驶，铁路的通行，电报的使用，整个整个大陆的开垦，河川的通航，仿佛用法术从地下呼唤出来的大量人口，——过去哪一个世纪料想到在社会劳动里蕴藏有这样的生产力呢？①

历史又过去了一个半世纪，生产力的发展程度已是马克思及他那个时代所有人都不曾想象的。航空、航天技术的发明与发展，核动力的开发，计算机的使用，生物工程技术的应用，人造卫星，无线通信……几乎人生存的所有方面和环节，都已经工业化。人类似乎拥有无限的生产能力，这种能力只是因为过多、过剩才被限制。人们将山里和地下的石头掘出来，炼成钢、烧成水泥，建成一座座地面的山包，排布像蜂房那样的房间，再像蚂蚁一样进进出出。这一座座山包的系列构成城市，山间空隙的街道上淌动着同样从山里地下石头炼的钢所造的车流。人们早出晚归，碌碌忙忙，似乎都承担神圣的使命，在培养着、使用着、增长着生产力，以把更多的自然山变成人造山，把更多的石头变成钢铁、水泥，建房造车，再把深藏地下的亿万年前生物尸骸演变的煤、石油变成燃料和动力，继续挖山、开矿、炼钢、烧水泥。与此同时，又用各种技术，生产着

---

① 马克思恩格斯：《共产党宣言》，《马克思恩格斯选集》，第 1 卷，北京：人民出版社 1995 年版，第 277 页。

食、衣，以及奢侈品、装饰物，以满足基本的生活需要和填充无尽的虚荣心。

二百年前，马尔萨斯牧师面对刚刚兴起的工业化，曾恶狠狠地诅咒道：人口是以几何级数增长的，食物只能以算术级数增加，这是上帝造人时就已经安排好的。任凭工业生产力有再大的扩张力，只能加速人口的增长，却不能扩大食物的增加。上帝摆设的餐桌只够容纳限量的人口，多余的，上帝就会命令他离开。他甚至把战争、瘟疫、灾害说成上帝设计的对人口增长的"积极抑制"。与贝克莱主教的意图一样，马尔萨斯牧师要用上帝的威力来阻止工业化，阻止生产力的发展，以保持以上帝为支撑的封建领主制。

然而，就像贝克莱主教以唯心主义不能阻止唯物主义的普及和主导社会变革一样，马尔萨斯牧师在经济学上的诅咒也未能阻止工业化的发展。虽然人类在这期间发生了两次世界大战和不可计数的国际、国内战争，遇到了众多瘟疫、灾害，总人口还是增长了数倍，但食物却没有像他预言的那样只是算术级数增加，从而大多数人没有饭吃。工业化这个违背上帝意愿的社会进程，不承认上帝的餐桌，将工业技术运用于农业、畜牧业，从而大大提高了食品的生产。今天的世界，也有人在挨饿，但这不是人类没有生产出足够的食物，而是社会制度限制了食物生产和分配所造成的。

然而，工业化和生产力的快速增长也并没有像唯物主义者，特别是从唯物主义论证资本主义经济制度的斯密、李嘉图所设想的那样给人类带来普遍的幸福。生产力是大发展了，财富也极大地增加，但绝大多数财富却被少数"先富"起来的人所有，而提供生产力的绝大多数人却不能所有这些财富，他们依然像二百年前的劳苦大众一样，在给富豪权贵们做完蛋糕后，等着捡拾富豪权贵们切分蛋糕掉下来的蛋糕渣！斯密及其门徒极力鼓吹要把蛋糕做大，许愿说这样所有人都能吃到蛋糕，而他们所设计并维护的社会制度，却只能逼迫劳动者做蛋糕，但不让他们分到蛋糕。能够有蛋糕分配权的，恰恰不是做蛋糕者，而是那些不做蛋糕的人。当国有和私有企业的"高管"们给自己开出成百上千万年薪的时候，根本没有考虑他一个人的收入足够成百上千农民工就业。然而，"高管"们的年薪比起老板的利润和"领导"、"不明来源"的财产，又是小巫见大巫了。

2008年的金融地震与海啸彻底摧毁了老板和"领导"使唤的经济学家编织的"繁荣"、"和谐"的神话，而日益严重的经济危机给人类带来的危害则进一步证明资本主义制度的腐朽。经济学家们正在用各种方式掩饰、辩解，或效法算命先生做各种"预测"，或像巫师那样给政府支招，林林总总，奇言怪语，丑态百出。按他们的说法，这次危机只是美国房产"次贷危机"，至多涉及金融衍生工具的"过度"创新，只是小病小灾，很快就会在市场经济"看不见的手"和政府调控"看得见的手"的合力治理下恢复。如果按他们在2008年秋天的"预测"，少则一季，多则半年，就会"走出谷底。"但半年已过，不仅没有上升，反而愈陷愈深，这些预言家又在鼓噪新的"一季半年"的"预测"。反正"明日复明日"，"一季半年"总会有，他们的"预测"也就永远是对的。

经济危机的根本原因是资本主义制度，或者说经济危机是资本主义制度的必然表现。从资本主义制度出现之日起，生产过剩的经济危机就周期性地伴随着它，20世纪上半叶曾因此而爆发两次世界大战。每次危机都以对生产力的巨大破坏为结果，这种普遍出现的危机证明资本主义制度既是生产力发展的促进因素，又是生产力发展的破坏因素。随着资本主义制度的演进，其对生产力的破坏作用越来越突出。现在正发生的经济危机，是有史以来破坏力最大的，而且其危害正在加深，后果不堪设想。成千上万亿美元的巨额资金会在旦夕之间蒸发；不可一世的大财团严重亏损，甚至破产；一波又一波的裁员潮、减薪潮将广大劳动者推向深渊；大学生毕业即失业,农民工流浪街头或回乡"赋闲";大量的机器设备闲置生锈;昔日繁盛的"开发区"变成了"水泥森林";大量的产品积压不能销售;股票价格狂跌,小股民损失惨重。一幕幕悲惨的经济奇观与前几年的"欣欣向荣"形成鲜明对比。

即使在繁荣期,资本主义经济也是畸形的,虽然劳动者能出卖劳动力使用权,但也只能挣到勉强糊口的薪水钱,其创造的价值绝大部分为资本家所有。而为了获取更多利润,资本家不仅压低雇佣劳动者的工资,更盲目竞争,在扩充生产规模的同时,严重地损害了环境,空气污染、天气变暖、能源危机、臭氧层出现巨大空洞,沙尘暴、酸雨、沙漠化,自然条件的恶化严重危害着人类。资本主义驱动的工业化所提升的生产力,远远不能补救其对自然界的残害。当人们指责各国政府为应对经济危机动用其权威透支今后几年、几十年的生产力时,殊不知资本主义经济早已透支了后世几代、几十代子孙的自然资源,甚至会由此而断了人类存续的后路。

残酷的现实逼迫人深思:是什么原因导致如此严重的社会矛盾和人与自然的矛盾?人类难道就没有办法摆脱经济危机和自然环境恶化的厄运?对第一个问题,思想界提出了各种答案,不论是辩护性的现象描述,还是批判性的分析,都未涉及其哲学基础,即唯物主义的社会观。同样,对第二个问题的回答,也没有从哲学基础的变革,即否定唯物主义社会观,以新的社会观作为摆脱资本主义制度灾难,建立新社会制度的哲学基础。

作为资本主义制度的哲学基础,唯物主义社会观曾经起过革命性作用。曾是人类从封建和专制统治下解放出来的理论依据。唯物主义社会观以自然权利、社会契约、国家三个范畴为基干,批判并否定了上帝主义的社会观。其中,人的自然权利又是基本范畴,包括人身(生命)权和财产所有权两个权利,以及自由、平等的观念。社会契约则是对自然权利的法律界定,是对人与人相互关系的规范。

国家是依据社会契约所规定的个人让出的一部分权利集合而形成的总体性权利，它制定和执行法律，并协调人的社会关系。在自然权利、社会契约和国家范畴的基础上，形成了唯生产力论的经济观和与之呼应的民主政治观、个人主义文化观，进而扩展为庞大系统的思想体系。这个思想体系逐步传播、充实、系统，构成一个无形但实在的"场"，制约着所有人的思想和行为。

以唯物主义社会观为基础的思想体系，根本在于个人的人身权和财产所有权，这两个权利在形式上说是平等的，但内容却是不平等的，主要就在形式上平等的财产所有权所界定和保证的财产量是不等的，而法律并不限制财产量。形式上平等的财产所有权所界定和保证的不同财产量，构成其所有者在内容和本质上的不平等，这种不平等又导致形式上平等的人身权在内容上的不平等。进而，人的政治权利和文化权利，以及自由都因财产所有权所界定和保证的不平等而表现出差异。社会矛盾也就由此而生。

按唯物主义社会观，特别是其经济观唯生产力论的说法，人作为物质世界的一部分，其自然的物质属性要求他以占有物质财富为目的。人的社会地位和人生价值都取决于其所有的物质财富。社会经济、政治制度，都是围绕财产所有权这个核心而建立的，个人主义文化也不过是财产所有权的意识形态。为了保证财产所有权和由此形成的自由竞争。资本主义制度具体化为体制和结构、机制。在反封建、反专制的进程中，唯物主义社会观发挥了相当进步的作用。以唯物主义社会观为理念和武器，早期资产阶级联合起来，并与平民和农奴结成广泛的统一阵线，从理论批判到暴力革命，冲击并破坏封建特权，削弱乃至推翻集权专制。以财产所有权为依据的变革运动和为了增加对财产的所有量而展开的自由竞争，推动了历史的前进。资本主义从哲学转变为社会运动，社会运动又打破的旧有社会关系，建立了新的社会关系。正如马克思所说：

资产阶级在它已经取得了统治的地方把一切封建的、宗法的和田园诗般的关系都破坏了。它无情地斩断了把人们束缚于天然尊长的形形色色的封建羁绊,它使人和人之间除了赤裸裸的利害关系,除了冷酷无情的"现金交易",就再也没有任何别的联系了。它把宗教虔诚、骑士热忱、小市民伤感这些情感的神圣发作,淹没在利己主义打算的冰水之中。它把人的尊严变成了交换价值,用一种没有良心的贸易自由代替了无数特许的和自力挣得的自由。总而言之,它用公开的、无耻的、直接的、露骨的剥削代替了由宗教幻想和政治幻想掩盖着的剥削。①

资本主义制度的进步性在于,它从自然的物质性来规定人,从而消除了上帝主义的各种迷信对人行为的控制。但它却因其唯物主义社会观,将人的物质性绝对化。唯物主义社会观所规定的人身权就是个体的物质权或如其论者所说是自然权利,而对财产的所有权则是在将人等同于动物的前提下,以动物的本性来规定人与人及人与物的关系。这在17、18世纪是有其合理性的,它驱动人占有和生产物质财富,从而引发工业革命,使人类的生存逐步摆脱自然界的限制,取得更多主动性。然而,唯物主义社会观却在资本主义制度的巩固、强化中日益显露出其局限。虽说其倡导者也曾谈及用道德的因素来制约人对物质财富的占有,但与制度化并强力驱动自由竞争的经济相比,道德的作用是那样苍白无力,况且这个道德又是以维护财产所有权为目的的。这样,在资本主义制度这个平台上,对

---

① 马克思恩格斯:《共产党宣言》,《马克思恩格斯选集》,第1卷,北京:人民出版社1995年版,第274—275页。

物质财富的追求与竞争不仅极大地提升了生产力,也使人性中动物一般性的野蛮成分集中于对财富的贪欲和占有上,并无限制地膨胀。而货币金本位的废除与金融资本对产业资本的控制,进一步扩展了资本主义制度的矛盾。金融资本主义不仅使已经不含金的货币资本成为一大行业,而且衍生出各式各样无本赚钱的工具。虚拟经济成了实体经济的主导,投机控制着投资,骗术成了主要的赚钱手段。此次金融地震海啸充分展示了金融资本主义的实质,更使资本主义制度及其哲学基础——唯物主义社会观的内在弊端暴露无遗。

唯物主义社会观正随着资本主义步入金融资本主义阶段而没落。老子曾说:

> 天之道损有余而补不足。人之道则不然:损不足以奉有余。[①]

老子是以天命主义来论证人生的,上面这段话是他以"天道"对封建社会"人道"的批判。唯物主义者在论证其社会观时,曾借助天命主义,他们说的"自然规律"就是老子"天道"的引申,并以此来批判比老子时代晚了两千多年的欧洲封建制度,但他们的社会观却将"损不足以奉有余"作为宗旨。其号称"民主"的政治制度,不过是保证财产所有权及"损不足以奉有余"的社会机制。不仅在国内如此,在国际上也如此。对外侵略、掠夺已成资本主义国际政治的主题,其政府只是大资本财团扩充财产所有权的工具,以致将人类创造的绝大多数财富和自然资源,归结并操纵在极少数人的所有权中。从这个意义上说,他们的社会观又是对"自然规律"的违背。当唯物主义社会观不仅造成人类社会尖锐的矛盾,并且违背

[①] 《老子》。

"自然规律"而摧毁自然条件时,它达到了其社会作用的顶峰,也会因矛盾的激化而崩溃。

本来,在资本主义制度建立以后,劳动者阶级的思想家马克思曾以劳动为依据的人道主义对之进行了深刻批判,并提出了建立以人为本位的共产主义社会的设想。然而,由于马克思并未完成对劳动主义哲学的论证,特别是对社会矛盾的规定还将"生产力与生产关系"作为基本矛盾,他的后继者又用唯物主义作为注释他的学说的基础,并从另一个角度,即集体总体性上规定了"唯物主义历史观"。虽然注释者硬说马克思以前唯物主义者的社会观是"唯心主义的",以此垄断他们所注释的历史观是"唯物主义的"。但事实上,唯物主义者的基本观念与其社会观是一致的,后者不过是前者合乎逻辑的展开、"运用于说明历史"而已。而"马克思主义者"所注释的"唯物主义历史观",不仅排斥了马克思思想中有关人和劳动的基本观点,还从集体总体性上扩充了唯物主义社会观。与资本主义思想家的社会观相比,他们的社会观,不过唯物主义社会观的又一分支罢了。

苏联教科书的编写者们将马克思有关社会基本矛盾的论述归结为"生产力与生产关系的矛盾",并由此形成了其集体总体性的"唯生产力论"。"苏联模式"的要点,在于将"发展生产力"作为社会主义的目的,将行政集权作为实现这一目的的手段。在苏联教科书和"苏联模式"中,劳动者个人是没有权利和地位的,他们只是生产力的"要素"之一。生产力是总体性范畴,为了发展生产力,劳动者要无条件地服从行政集权对他们的安排。

"苏联模式"是由社会主义运动为主导的革命运动建立的,其建立之初,革命精神还保持着,革命领袖在革命中对民众利益的认识与民众对领袖的信任,成为在落后国家实现工业化的必要根据。而在当时情况下,行政集权体制还有其合理性、适用性,因此也在短期内促进了生产力发展。但是,行政集权体制毕竟不是社会主义本质的要求,短期保留之后,随着革命领袖的离世,革命精神淡化,其合理性、适用性都已消失。改革行政集权体制已成社会主义制度和运动的关键。然而,行政集权体制的既得利益者绝不会容许这种改革。但他们却以"改革"的名义,将行政集权体制按其既得和欲得利益的需要进行改变,其根本一条,就是要由既得利益集团牢牢控制国家权力。在保证这个根本的前提下,他们开始改变与行政集权体制不相适应,或行政集权体制不能有效组织的公有制经济,将资本主义的"市场经济"搬来作为实现其利益的体制。为了使这种"改革"带上"马克思主义"色彩,他们又支使"笔杆子"们编造了"生产关系要适应生产力发展的规律",而苏联教科书中的原来表述也恰为之提供了逻辑条件。进而,就从这个"规律"出发,给他们的各种改变贴上"按照唯物史观"、"马克思主义"、"社会主义"的标签。从逻辑上说,"生产关系适应生产力发展的规律"应有一个主体,即谁能使生产关系适应生产力发展呢?谁又能保证生产力发展呢?只有国家,只有掌控国家机器的"领导"。他们是"规律"的化身,他们是生产力发展的代表,进而又是具有最先进文化理念的民众利益的代表,而民众的利益就在于服从并维护"领导"。

已经不具有革命精神,只注重本人及子孙既得利益和欲得利益的"领导"者的"改革",不仅导致苏联解体,更导致其掌控的生产力的大倒退。唯一发展了的是"领导"们的财产所有权,它们以官僚资本形式存在,并成为美国大资本财团的附庸。而演变至此,唯物主义社会观的两大支流又合而为一,在没落中制造经济危机,破坏生产力和自然资源,榨取劳动者,甚至将劳动者排除于经济之外。请看全地球十分之一左右的劳动者,他们连出卖劳动力使用权的机会都已丧失,也就等于丧失了生存的条件。而那些"幸运"地出售了劳动力使用权的劳动者,又有什么理由满足于这种"幸运",

又有什么来保证这种"幸运"常在呢?

唯物主义社会观的没落已是不争事实。劳动者为主体,以劳动为根据和出发点的劳动主义社会观,正是在唯物主义社会观所导致的社会矛盾中形成,也是对唯物主义社会观的必然否定。

在唯物主义社会观主导的资本主义制度的矛盾中,资本统治是主要矛盾方面,雇佣劳动是次要矛盾方面。劳动者虽然不占统治地位,但作为生产的主体,在资本统治中不断提高素质技能,逐步认知个体利益与群体利益的统一,形成阶级意识,结成工会、政党等团体,展开维护自己利益,争取经济、政治权利的社会运动。正是在这个过程中,劳动者才认识了资本主义制度的不合理,进而在运用唯物主义社会观分析自己利益,揭示社会矛盾的同时,认知它虽以公正、"客观"的面目出现,却是不能体现自己利益的。这种情况也说明了为什么早期的工人运动和组织往往还是从唯物主义社会观来论证纲领,但经过长期斗争,才认识到不能以资本所有者的社会观来为劳动者争利益,就像劳动者的政党不应把变劳动者为资本所有者为目的一样。

一个多世纪的工人运动和社会主义运动,虽然在资本主义社会的主要矛盾中处于次要方面,但却是人类进步的集中体现。社会主义运动中的分歧和曲折,积累了丰富的经验和教训,特别是俄国革命和中国革命所建立的初级社会主义制度因"唯物主义历史观"所导致的沉痛教训,为反思唯物主义及其社会观提供了必要条件。结合祸及全人类的经济危机、环境污染、资源破坏,历史的逻辑尖锐地提出这个问题:是在旧社会观主导下走向人类没落,还是提出新的社会观导引人类的新生?逻辑的历史必然要求劳动主义社会观的形成,而素质技能提高了的劳动者争取成为社会主体的变革运动,是劳动主义社会观形成和发展的根据。劳动主义社会观也就以劳动者为主体,并将劳动者素质技能和社会地位的矛盾作为社会基本矛盾。

二、劳动者主体：素质技能与社会地位的矛盾

哲学社会观是从基本观念出发，依照方法论对人生和社会关系的总体一般性规定，其首要环节和根本点，在于确定主体，再由主体的规定来探讨社会基本矛盾及人生、社会关系的各范畴。上帝主义和天命主义的社会观虽然没有系统的概念界定与体系论证，但从它们的典籍和传授者的著述中，依然能看出依从基本观念和方法论对主体的界定，以及对社会基本矛盾和各范畴的规定。唯物主义者的概念体系已经比较系统，特别是作为其分支的苏联教科书，大体都是先对基本观念的论证，再是对方法论的论证，然后是对社会（历史）观的论证。其体系贯彻了逻辑的一贯性，充分展开了基本观念和方法论。

上帝主义社会观的主体是代表上帝行使统治职能的贵族，天命主义社会观的主体是天命所"委任"的皇帝和官僚地主，唯物主义社会观的主体是拥有财产所有权的资本家或掌控财产所有权的"领导"。正是由于这样的主体，才有了与之相应的范畴体系。

唯物主义社会观将物质财富规定为社会的本体和主要内容，人不过是物质财富形成、运作和保存的手段。资本所有者作为资本主义社会的主体，所起的作用仍然是"资本的人格化"。从形式上看，是他们所有物质财富，并能任意支配其所有的财富，但内容上却因所有权而成为物质财富增长的工具，为了这种增长，他们绞尽脑汁、榨取劳动者辛勤创造的价值，从而将劳动者也变成工具，是被工具所支使的工具。"唯物主义历史观"虽经其论说者修饰，与唯物主义社会观在形式上有所差别，特别是将17、18世纪唯物主义者的社会观硬说是与其基本观念相悖，说成是"唯心主义历史观"之后，这

种差别似乎就是本质上的了。然而,"唯物主义历史观"毕竟是以唯物主义为基本观念的,虽说经过"唯物辩证法"的改造,但唯物主义还是唯物主义。也正因此,当它将"生产关系要适应生产力发展"规定为社会基本规律时,仍将"生产力"作为本体和主要内容,将生产关系作为形式。"生产力"在斯密那里曾界定为"劳动生产力",但到"唯物主义历史观"的论证中,其全称则为"物质生产力"。不必费多少逻辑的周折,就可以看出"物质生产力"与"物质财富"的共同点,区别只在前者注重从生产角度论证,后者则注重从所有权及分配角度论证。也正因此,才能顺当地将"发展生产力"和"让一部分人先富起来"画上等号。将"生产关系要适应生产力发展"作为社会基本规律,那么主体是谁?不能是"物质生产力",只能是掌握运用这个规律,即使"生产关系适应生产力发展"的政权及其"领导"。虽然在理论的表述中尽量避免"主体"一词,更不会公然将"领导"说成主体,但却要用各种论述将"领导"说成是生产力发展的体现,是社会规律的集中表现。因此,"唯物主义历史观"就由一系列的总体性范畴构成,唯独不论个人,不论劳动者个体的人格、价值、利益、权利、自由。以"唯物主义历史观"名义所表述的范畴体系在革命时期和夺取政权后的短时期内,还将变革生产关系作为重要内容,但演变至今,则变成要求作为生产力要素之一的劳动者无条件地在"领导"所把握的适应生产力发展的生产关系中安分守己,为生产力发展或增长物质财富而尽心竭力。"领导"们运用各种舆论工具,向民众灌输这样的真理:只要勤劳,就能致富;只要建立完全竞争的市场经济,就能发展生产力。然而,无情的经济危机冲破了这种以"唯物主义历史观"面目出现的说教,创造了国内生产总值连续双位数增长的劳动者,不仅没有增长收入,反而丧失了继续"打工"的机会;那些被"致富"说教和"市场"崇拜拉进股票市场的上亿股民,在损失过半的股市中被牢牢套住;

成千上万亿资产的消失,政府投下的"救市"巨额财政支出,就像扔进洪流中的木头转眼不见踪迹。以唯生产力论为基础的唯物主义社会(历史)观,在它所主导的世界经济和社会矛盾中,充分展示了其局限和缺陷。

唯物主义社会观的根本局限和缺陷就在于它所规定的主体及由这个主体而论证的社会基本矛盾,劳动主义社会观也要从主体的规定和基本矛盾的论证开始确立自己的范畴体系。劳动主义社会观也可以简称为劳动社会观。

劳动主义社会观从其基本观念出发,运用实践辩证法,将主体确定为劳动者。劳动者是劳动的主体,是生产力的主体,也应当是社会的主体,但由于阶级统治,原始社会以后的各社会形态中,劳动者都不是社会主体,而是被作为主体的统治阶级的统治对象和工具。劳动社会观将劳动者确定为主体,首先在于它是劳动者利益和意识的集合;其次是论证劳动主体、生产力主体成为社会主体的应该与必然;第三是从劳动者主体角度规定社会基本矛盾和各层次的矛盾。

劳动者是个体存在的,他们的劳动也是个体从事的。必须明确劳动者的个体性,只有从劳动者个体性出发,才能认知其总体性。作为劳动主义社会观主体的劳动者,是个体与总体的统一。从劳动者主体出发,人生和社会矛盾都是劳动者的存在和实践中的矛盾,都要从劳动者主体的角度对之进行规定。而这就是劳动社会观的全部内容。

在确定劳动者在劳动社会观中的主体地位之后,我们将劳动者素质技能与社会地位的矛盾规定为劳动者存在与社会的基本矛盾。

劳动者作为劳动的主体,当他在社会中存在,并以其存在支撑社会生活、形成社会关系时,他的素质技能与社会地位的矛盾就成为个体劳动者和总体劳动者存在的基本矛盾,每个劳动者都在这个基本矛盾中展开其生命，认识和处理这个基本矛盾是他人生的主要内容。而劳动者总体的素质技能和社会地位的矛盾，既是生产力和生产关系矛盾的内容，又是各层次社会矛盾的基础。我们并不否认生产力与生产关系的矛盾，但这个矛盾只是劳动者素质技能与社会地位矛盾的具体社会形式。生产力作为一个社会范畴，其主体是劳动者，生产力只是劳动者素质技能的总体表现。劳动者的社会地位，是其素质技能的社会形式，它在总体上，就表现为生产关系。

并不存在作为主体的人之外的生产力，就像不存在非人的生产关系。这两个范畴只能在人本质的规定这个大前提下，从劳动者素质技能和社会地位的矛盾中，才能得以规定。以劳动者为主体对社会基本矛盾的规定，只能从劳动者的素质技能和社会地位中去认识。

劳动者素质技能，是人本质核心要素劳动的存在形式。从本质论，只有具备劳动能力，并发挥这个能力于劳动的人，才是符合人本质的，或者说是具备人本质的人。有劳动能力，但不去劳动，而是将这种能力变成剥削、劫掠、压迫，甚至是杀害他人的暴力与欺骗者，从本质上说，已属非人，或不属于人的范畴。他们只是人性中动物一般性野蛮成分的集中体现。因此，当我们论述劳动者的素质技能时，就是在论述全体人的素质技能，只有这种素质技能的发挥，才形成生产力。而那些非人的，或丧失了人本质属性的暴力和欺骗者的素质技能，不仅不能形成生产力，还会形成负生产力或破坏力。

在苏联的哲学教科书及其在中国的传播者论著中，称"生产力是人与自然的关系"，"生产关系是人与人的关系"，流传至今，几乎成了定理，这是不准确的。生产力是主体人的力，是个体人劳动力的社会集合，或劳动力在社会生产中的体现。劳动，当然要由作为主体的劳动者与自然物发生关系，但这种关系并不是劳动者与自然物平列的"共同劳动"，或共同形成生产力。唯物主义社会观将资本、土地作为与劳动同样的生产"要素"。这种观点被苏联教科书所继承，将劳动工具、劳动对象与劳动平列为生产力"三要素"。自然物和经劳动改造的物，都有力学意义上的能和力，人的劳动就是要发掘、调动、利用这种能和力，但不能生出这种能和力。人的劳动力只在人自身，即其素质技能所形成的劳动力和改造、利用自然力的技术。生产力是人的劳动力，并非自然力。

人的素质是由身体素质、技能素质和文化精神素质三个要素构成的。其中，身体素质是基础，它包括人的生理构成的各项指标、健康状况、寿命、体能等；技能素质是主干，包括人的受教育程度、知识、各方面的技能；文化精神素质是主导，包括价值观、思想、道德、意志、精神状态等。从生产劳动论，身体素质和技能素质是主要的，它们体现着人的体力和脑力所综合的劳动力，不论复杂或简单的劳动，都是体力和脑力的结合，或是身体素质和技能的共同作用。身体素质是有限度的，人的体力又受身体素质的制约，而技能素质则是可以无限提升的，劳动力的提高，主要表现在技能素质的提升上，也正因此，我们在论劳动力和生产力时，不仅要强调人的素质（这已经包括技能素质在内了）是根据，还要突出技能的作用，由此使用"素质技能"的概念。

如果单纯从劳动力论，似乎文化精神素质不起作用，或不包括在劳动力之内，但人之所以为人，就在于文化精神素质的主导和支配，价值观、思想、道德、意志、精神状态等，对于身体素质和技能素质的形成和运用，起着导引作用。更为重要的是，在协作、交换及生产关系各环节，文化精神素质的作用更为重要，是生产关系制约生产力的关键。而生产力作为劳动者素质技能的综合运用，又是经文化精神素质表现于生产关系的。

工具、劳动对象等，可以通称为生产资料，即劳动的物质条件，其中有自然的，也有人为的，它们是生产中必不可少的条件，但并不因此它们就成为生产的主体，它们也不是生产力的内在要素。阶级社会中，非劳动的统治者依据暴力和欺骗，以及据此而形成的制度和结构、机制，掌握了生产资料的所有权，并据此支配劳动者的劳动，占有其劳动成果。只有他们，才会通过其代言人发布这样的观点：生产资料也是生产力的要素，先进的工具、设备是先进的生产力，它们也参与价值的创造，并由此而"分配"价值。这在现代资本主义经济学家那里得到相当系统的表述。中国也有一些人，以各种方式来论证这个"经济规律"。对此，我们不想与之辩争——当某种观点是一个阶级利益的集中体现时，任何雄辩的逻辑都不可能说服它。我们只想说明：这种观点绝非劳动者的利益和意识。

作为资本主义的哲学观念，唯物主义及其社会观将资产阶级所有的自然物质和生产资料作为生产力的要素，并据此而占有劳动所创造的剩余价值，这是理所当然的。但社会主义哲学观念有什么理由也要承认这些呢？之所以有人在社会主义名义下将自然资源视为生产力的要素，其原因或是认识逻辑上的不清楚，或是因为夺取政权后既得利益的要求。

生产力是劳动者素质技能的社会表现，生产关系则是劳动者社会地位的形式。

任何时代、任何形式的社会生产，都是以劳动者为主体的，是他们劳动力的发挥过程。劳动者的素质技能是生产的根据，是生产力的内容。但其素质技能的提高与发挥，又要受社会制度和结构的制约。这种关系，是我们认识社会基本矛盾及其具体化的各种矛盾时，首先，也是主要应当重视的。

社会制度和结构的基本点，是权利，基本的权利是人身权，在经济上，主要权利就是劳动力和生产资料的所有权。有无人身权和两个所有权，是劳动者社会和经济地位的标志。而由人身权和所有权派生的民主权，又是劳动者政治地位的标志。

劳动者的人身权、所有权和民主权是其人格的社会界定，也是其价值的标志，又是其自由的体现和条件。只有具备这三种权利，劳动者才真正从生产的主体变成社会的主体。而自从人类形成了所有权及其所有制以来，大多数劳动者就没有完全地拥有人身权、劳动力所有权和生产资料所有权，因此，也没有完全的民主权。

我们是根据劳动者的人身权和所有权拥有程度，及与之相应的民主权来确定劳动者社会地位和社会制度的，进而根据社会总体上大多数劳动者的社会地位来规定历史阶段的。对此下面还要展开论证。

生产关系的形成，是以劳动者的素质技能及其表现的生产力为基础的，也是针对从劳动者素质技能的形成、提高、发展，即表现为生产力过程中人与人的关系，以及生产资料这个必要条件的归属，对生产过程的支配，进而生产品在什么程度上为劳动者占有和消费，以至再形成劳动者素质技能这全过程的。劳动者拥有人身权、所有权和民主权的程度，即其社会地位的高低，是与其素质技能的形成与发挥成正比的。劳动者素质技能是其社会地位的基础，劳动者社会地位又是其素质技能形成和发挥的形式。

生产关系中还包括劳动者的分工、协作等关系，这种关系的形成，是以劳动者的素质技能和社会地位为前提和依据的，或者说是这二者在劳动过程中的体现。

明确只有从劳动者素质技能与社会地位的矛盾的前提下，才能规定生产力与生产关系的矛盾，并将生产力的发展要求和促进生产关系的变革，理解为劳动者素质技能的提高使其要求并争取社会地位的提高，即扩大和强化劳动者的人身权、所有权和民主权，由此增加其自由度，并创造和实现更多价值，以保证和充实人格。从历史上看，已有的几次大的生产关系变革，都是以劳动者素质技能的提高为依据的变革势力奋争的结果，而变革后所形成的生产关系，又会在一定时间内为劳动者素质技能的提高和发挥提供比较适宜的条件。与劳动者权利的增加相对应，非劳动的统治者权利也会有所缩减。而这种生产关系经历一段时间后，又会阻抑劳动者素质技能及其生产力的提高，于是又由新的变革形成新的生产关系。人类社会的历史阶段，也就以劳动者素质技能与社会地位的矛盾及其具体化的生产力与生产关系的矛盾为依据来划分的。而人格、价值、权利、自由等个人社会存在的界定，乃至社会的经济、政治、文化关系及阶级、国家等范畴，也都是劳动者素质技能与社会地位矛盾的展开。

三、个体人的社会存在：人格、价值、权利、自由

在苏联和中国的哲学教科书中，"唯物主义历史观"对社会的论证，都是总体性的，它的规律和范畴体系中，并不包括对个体人的社会存在的规定。在教科书的编写者观念中，历史观就是总体性的观念，个人只有在总体中才有意义。从其规定的社会矛盾——生产力与生产关系的矛盾、经济基础与上层建筑的矛盾开始，到各主干范畴，都不见个体人的存在，只有总体性的人民、阶级等存在着。甚至不把总体人看成主体，而是看生产力的要素、生产关系的填充物。是生产关系和社会制度决定着、制约着人的存在，而非人的存在，决定着生产关系和社会制度。事实上首先是个体人的存在，进而是个体人在交往中结成的总体存在，才是社会的内容，社会的基本矛盾就是人个体和总体存在和关系的基本点，各种社会范畴无非是对人个体和总体存在的界定。

劳动主义社会观以劳动者为主体，展开以劳动为根据规定人的本质和人性的基本观念，将劳动者素质技能和社会地位的矛盾规定为人生与社会的基本矛盾，这个基本矛盾首先体现于、具体化于个

体人的社会存在矛盾中。个体人的社会存在的矛盾，体现了人本质、人性、社会基本矛盾，集合于人格、价值、权利、自由四个范畴中。

人格。人格是人性展开的第一个范畴，它曾是一个心理学概念，即人的性格。我们这里将人格作为个体人在社会总体中存在的表现和地位，即其本人的素质、能力、作用及社会关系等的综合规定，同时也是社会对个体存在的界定。人格包括人的性格，但这只是其中一个因素。人格是人本质四要素在个体人身上的集中体现所形成的，是人社会性、主体性、思想性、目的性、创造性的具体形式。

人作为生命体，是以个体存在于社会的，他不仅要以自己内在的生理和心理的特质与需要作用于外界，还要受外界各种因素的影响和制约。人格就是对内在和外在因素相结合所形成的个体人的社会表现、地位、作用等的总体界定。个体人以其人格存在于社会大系统并作用于他人，同时受社会总体性制度及他人人格的制约。人格是无形的，但又是实在的，在社会生活中，每个人都是以他的人格而存在并相互制约的。社会也可以说是个体人之间人格的相互交往和制约的"场"。人格是个体人各方面因素的综合形式，它是个体人行为的基础，也是行为的内在界定，同时是社会关系的基本依据。人的行为，是人格的展开和充实，同时也实现着人格。

由于人的社会性、主体性、思想性、目的性和创造性在个体人那里体现的差异，由于素质技能的不同，个体人在社会中的表现是多种多样的，人格因人而异，从总体上论，也有多种类型。对此，可以作多重规定，弗洛姆把人格分为非生产性取向和生产性取向两大类型，前者包括：接受取向，剥削取向，囤积取向，市场取向；后者则是劳动和生产性的表现。他的这种划分有一定道理，但更多的还是从人的心理性格规定的。我认为，人格的形成，是人社会性、主体性、思想性、目的性、创造性的统一，是素质技能与社会地位矛盾运动的过程，在不同的历史阶段和社会、自然条件下，都有其总体上的共性，可以将这些共性概括出几种类型，以供理论认知，但这些类型并非先验的、绝对的，更不是个体人要按这些类型形成自己的人格。人格的演变，是人本质发展和人性升华在个体人的体现，因此，我们可以根据人本质核心要素劳动在个体人格中的作用，来具体划分人格的类型，并判断每个人的人格。

价值。价值是人格的展开，即个体人的社会作用及社会对其评价。个体人对社会的作用，是其人格的体现。这种作用，大体可以分为三种形式：一、利己；二、利己亦利他；三、利己损人。利己是个体存在的基本要求，以自己的劳动制造产品自我享用，或拿来与人交换，给他人提供服务，换取等价的产品或服务，这都是利己的表现，也是人类中大多数人的行为方式，利己的过程可以给人带来方便，但并没有主动地"利他"，而是平等地与他人交往，其价值由此而得到表现。利己亦利他，则是在主观上有与他人平等合作并帮助他人的意愿，并付诸行为，在实现自己利益的同时，使他人得利，汉字中的"善"，其本义就在于此。利己损人，则是在主观上有侵吞他人利益为己有的意愿，而且通过暴力或欺骗方式实行之，这里不仅包括个体行为，还包括某一群体运用组织起来的暴力和法律化的压迫等方式，实行制度性损害其他群体利益，或压制、支配另一群体的意识和行为，这是汉字中"恶"字的本义。阶级统治就是制度性的恶，是少数人组组起来利用国家机器对多数人的侵害。但在现实中，人们往往只注重个体对他人的损害，忽略群体性，特别是阶级统治的制度性损害。

社会作为人类群体存在的场，对任何个体，都会在一定范围、层次上作出评价，而评价他人价值的主体，又是社会中活动的个人，他在评价别人价值时，也被别人所评价。主体人评价他人的依据，是自己的利益，以及在一定历史条件下形成的总体性价值标准。设利己的人其价值是一，那么，利己亦利他的人其价值在一以上，至于大到什么程度,则取决于他的能力及其发挥,而利己损人者的价值则在零以下,其程度,也视对他人的损害程度而定。

人的价值,根本在于劳动,在于劳动与需要、交往、意识的统一。而意识中又包含价值的导向,劳动的技能及其发挥,以满足本人或直系亲属的需要为目的,是基本的价值;在满足这种需要的基础上,还能为他人,为社会作出有益的事,或以关爱意识和行为帮助他人,就是在基本价值之上的加价值;而为了满足自己的需要,甚至是控制他人的需要,以本应用于劳动的体力和智力来欺凌他人、骗取他人的劳动产品,或肆意侮辱、伤害他人,则是负价值。价值的这三种形式,往往是交错表现的,如表现为负价值的一些人,在此层面是负价值,在另一个层面,又会表现出帮助他人,某人贪污受贿,积聚大量钱财,但却对其家族、乡里作出一些"善事"。对此,我们只能从劳动这个核心要素进行衡量,即其占有财物的手段是什么加以判断,至于他对所占有财物的处置,只是价值的表现,但不是价值的根据。以劳动创造价值,是正,如果他又将此价值所体现的财物用于帮助他人,就是加价值。但是,所占有财物的手段不是自己的劳动,而是剥削、劫掠、贪污、受贿,这本身就是负价值,他怎样处置这些财物,只能在负的程度上有所变化,但不能成为正价值。

权利。权利是价值的社会界定,也是社会对个体人价值和人格及其相互关系的法律规定。权利是带有明显历史阶段性和阶级性的范畴,是国家出现以后,以法律规范人生和社会关系的必要形式。权利随着社会的演化而发展着,权利发展表现为两个方面:一是拥有权利的主体不断扩大,二是权利规范逐步系统、细致、具体。权利主体的扩大是劳动者素质技能提高与提高社会地位的斗争的结果,主要表现在从没有任何权利的奴隶到拥有平等公民权和民主权的现代劳动者,这期间经历了两千余年时间,权利主体从奴隶主、封建领主扩展到拥有一定财产的成年男性个体人,再到成年男女平等地成为权利主体。权利规范的系统、细致、具体,是与权利主体的扩大同步的,是人类社会活动不断扩展、关系日益密切复杂的要求和表现。而权利的根据,也随权利主体的扩大而不断变化,先是"神",进而是"上帝",再是"自然规律"(黑格尔表述为"绝对精神"),演进为"人"、"劳动"。这个过程,也正是人性升华和人本质发展的集中体现。

权利演进的一大里程碑,是欧洲自13世纪开始的商品经济和市民社会的形成与发展,人身权、所有权、公民权、民主权等权利逐步确立。在此基础上,建立了资本雇佣劳动制,生产资料的所有权与劳动力所有权分离并对立统一,构成社会的主要权利矛盾,以此为核心,形成了资本雇佣劳动社会的权利体系。这个权利体系是以"自然规律"为根据的,它是对商品经济和公民社会权利关系的依循,同时也是对商品经济和公民社会权利关系原则的否定。按唯物主义者关于自然权利的论证,人身权和财产所有权是每个人都平等拥有的,但财产所有权所保证的资本对雇佣劳动者劳动力使用权的使用,使之创造出超过劳动力使用权价格的价值,并归资本所有者所有,由此,等价交换原则和自然的平等原则都被否定,人身权的平等也不复存在。劳动社会主义所主张的社会变革,就是进一步落实商品经济和公民社会权利关系的原则,否定资本雇佣劳动制,真正实现个人以人身权、公民权和劳动力所有权为根据的权利,克服资本家依据资本所有权对劳动者的统治,建立全体公民平等拥有生产资料所有权和公民权、民主权的民主劳动制度,由此促进人在平等权利关系中的自由发展,即以劳动者为社会主体并提高和发挥其素质技能的社会形式。

人本质的发展和人性的升华,并不是在禅室里修心打坐,而是在社会变革中进行的个体人人格和价值的提升,并在法律中将提升的成果规定为权利,以权利来保证人本质的发展和人性升华的进一步展开及人与人社会关系的调整。人格和价值提升的根据,就是作为人本质核心的劳动,是劳动者素质技能的提高及其争取提高社会地位的斗争。对于现代人来说,怎样在工业文明条件下实现以劳动为根据的经济权利和政治权利,是人性升华的主要课题。经济权利的基本是所有权,包括劳动力和物质财产的所有权,政治权利的基本是民主权,民主权又是所有权的保证和实现形式。

总之,权利作为个人价值的社会界定,只能从人的存在及其本质的核心要素劳动内在地规定,或者说,只有这样规定的权利,才是人的权利。而阶级社会以神、上帝、天命、"自然规律"("绝对精神")规定权利的制度与观念,恰是人性中动物一般性占主导的表现,是动物性中野蛮成分支配人类社会生活的形式,也就是马克思所说的人类"史前时期"的权利原则与关系。

自由。自由是权利的实现和社会表现,也是作为人的个体生存和发展的目标,是人性升华的内在要求。古往今来,人们对自由发表的议论多矣,从神、上帝、天命到自然规律、绝对精神,都曾作为立论的根据,资本主义思想家所论的"自然规律"决定并要求的自由,是按人的自然本性来生活,追求最大限度占有和享用物质财富。这种自由观,实则资本的自由观,而非人的自由观;是资本关系制约人,是资本增殖的自由,而非人作为人的自由。由此而生的自由竞争,恰是资本支配人的社会表现。

人的自由,唯一的根据就是人,是人的本质核心要素的劳动。人的劳动创造财富,也要由人来占有和享用财富,但占有的依据是创造,是劳动,而非暴力掠夺和欺骗诈取。人的自由应建立在劳动基础上,并在劳动中实现。自由的实质和根据,在于劳动者素质技能的提高和社会主体地位的实现,在此基础上,达到人与人之间平等的交往与协作,社会公共权利的民主控制等。从这个意义上说,人类真正的自由，只有消灭阶级统治之后才能实现。阶级社会中，个体人对自由的追求，是社会总体发展的动力。而阶级统治制度所保证并支持的少数人为了本人自由而对他人的压制、迫害、支使，不仅阻抑了他人的自由，也从出发点上取消了其本人的自由。至于一些人从任意、独断、隐退等对自由的规定，虽然在形式上与自由相似，但这些概念的本意，已决定这些规定只能是其本意，而非自由。

自由，是人本质发展和人性升华的集中体现，是劳动者素质技能和社会地位矛盾演进的标志，也是人格、价值、权利的综合。自由并不是不要权利，而是在权界定的限度内，创造个人价值和实现人格的过程。自由是人类出现以后发展的总趋势，也是所有个体人追求的目的。自由在不同历史阶段有着不同的特点，但其共性就在于以劳动为基础，以劳动者的自由发展为主线。从人本质论，非劳动者实际上是没有自由的，他们的任意、独断、为所欲为，看起来很是"由自"，但不是"自由"，因为他们已经丧失或放弃作为人必有的本质的核心——劳动，从而也就没有了作为人的"自我"，只能任由自然的动物一般性支配活动。与自由相对立，阻抑自由的社会势力，始终是存在的，它是人性中动物一般性野蛮成分的集合。自由，在这种意义上说就是对人性中所包含的动物一般性野蛮成分的克服，并由此提高劳动者素质技能和社会地位的进程，它体现并集合于社会的经济、政治、文化三个层次及其统一中。

四、经济：人生和社会发展的基础

由人格、价值、权利、自由所规定的个体人的集合，构成人类总体社会生活，劳动者素质技能与社会地位的矛盾由此而具体化为经济、政治、文化三个层次。马克思曾将社会分为经济基础、上层建筑、意识形态三个层次。相比之下，在汉字的语法表示上，政治要比"上层建筑"明确，文化要比"意识形态"更为集中。因为单独将"上层建筑"作为一个概念，并没有实质意义，这个词本来的含义，是在基础之上的建筑，或高层建筑，政治则是界定人与人关系的准确术语；意识的内容是相当广泛的，是人本质的一个要素，凡是与存在对立并反映存在的意识都可包括在内，而形态只表示状态、形式，这个术语在一定程度上可以表示其特定含义，但文化则是汉字中含义明确、丰富的术语，它专指对人生及社会关系的意识，而非泛泛的意识。而"经济基础"表示的是经济在社会生活中的基础地位和作用，并不等于是决定上层建筑和意识形态的。以"上层建筑"与"经济基础"相对应，表示政治与经济的关系，比较形象，但容易给人以误解，似乎二者是分层存在的，而且"上层建筑"对"经济基础"的作用也显示不出来。

以经济、政治、文化三个概念可以明确地界定人类社会的总体矛盾的三个层次，这三者的关系，是内在于人这个主体中的，是社会基本矛盾的具体形式，也只有从人这个主体出发，展开社会基本矛盾，才能在分析中认知其区别，又经综合而规定其实在的统一性。

经济是利益矛盾的集合，对经济的规定，充分体现着主体性和阶级性。

奴隶主阶级的经济意识，在古希腊的色诺芬那里得到集中表述。他在《经济论》中，将经济定义为奴隶主的家务管理，包括奴隶主如何支使奴隶劳动，节约家庭支出等。封建领主制社会封建领主的经济观，在天主教的教义和经院哲学家那里得以集中表述，阿奎那在《神学大全》中强调，人们的经济活动是上帝安排并支配的，要根据上帝的旨意，制定经济和社会生活的准则，即封建制度，以此规范人们的经济活动。集权官僚制下官僚地主阶级的经济观，在古代中国儒家思想中得以论证，即把经济定义为"经邦济世"，为维护集权专制而对社会和民众的管制、治理。这在欧洲近代重商主义者蒙克莱田那里也有体现，他依据集权专制的需要，将色诺芬从"家政"论经济，扩展为"政治经济"，即国家如何管理交换、生产、消费。到资本主义社会，资产阶级的经济意识集中于唯物主义的经济观，强调从"自然规律"出发，在保证财产所有权的基础上，增殖资本，占有财富。在自由竞争阶段，斯密、萨伊等人，努力将政府作用排斥于"经济"之外，强调经济就是物质财富的生产、分配、消费；到20世纪30年代，凯恩斯又适应资本主义市场经济的要求，将"总量"引入经济，从而为政府干预、参与生产、交换、分配和消费提供理论依据。

社会主义者则从劳动者意识出发规定经济，马克思的异化劳动学说和劳动价值论，集中表明了他对经济的看法，劳动创造价值，经济的主体是劳动的人，人对物质财富的生产、消费、交换、分配是经济的主要内容，而规定阶级关系的所有制，在经济过程中都起着重要作用。马克思相当注重经济运动中的矛盾，并从经济矛盾运动来规定经济规律。

经济作为人生和社会发展的基础性内容，是社会大系统的基本层次，既有其实在性，又有对其认识的主体性。不同认识主体对参与其中的经济的规定，也是不同的。这里的差别，主要是以劳动和非劳动为依据的。非劳动的统治者所规定的经济，主体不可能是劳动的人，而是掌控政治权力或财富的统治者；劳动者规定的经济，也可能有所区别，但其主体都是劳动的人，或者说将自己作为主体来规定经济。马克思在这方面的开创性思路，是我们应当坚持和继续的。

劳动者主体对经济的规定，也即劳动者基本经济意识的概括，首要的一点，就是确定劳动者在经济中的主体地位，并由此明确劳动在经济活动中的核心地位与作用。

经济是人类所特有的社会活动。人的经济，经济的人。人的本质的核心要素是劳动，人本质的各要素都在经济中得以体现，经济是人本质各要素展开的过程。经济中的利益、关系、矛盾，也都可从人本质各要素的关系中得到说明。

在经济中，人本质中劳动的核心地位得以充分展示。劳动是人与动物的根本区别，也是人从动物的一般性升华人性特殊性的根据。劳动的内在动因，是需要，即人的生命力所体现的生理和心理欲求。劳动作为人所特有的行为方式，满足着人不能从适应自然中得到满足的需要。由于劳动，人又改变了其生理和心理欲求，即改变需要，并导引着需要。这种需要又是进一步劳动的动因，由此而要求人提高其劳动技能，并提高人的全面素质，从而提高劳动生产率。提高了生产力的劳动又在改造更多的满足需要的物质资料和提供服务的同时，刺激着、改造着、导引着人的需要。

在这个过程中，人本质的各要素是有机统一的，交往和意识也是必不可少的要素，并参与其中。意识是连接劳动和需要的关键环节，正是通过意识，人的生理和心理欲求才能形成需要，并由意识支配人去从事劳动。人需要什么，劳动能生产什么，为了满足需要，人应当怎样去劳动，都在意识中得以体现，并综合思考。也是因为意识，才能记忆、总结、改进劳动技能，并在人群中互相借鉴、传授。劳动看起来是个体行为，但它必须在社会中进行，交往是人劳动的必要条件。类人猿在转变为人以前，就已经是群体行为的动物，人的劳动创始以后，势必在群体中引起响应，而且相当多的劳动都是由群体协作进行的。劳动中的分工和协作，只能通过交往来实现。交往还包括劳动产品的交换，劳动服务的交换，以及劳动者间及与非劳动者间的交换，乃至生产物的占有，劳动活动的支配等各种社会关系。劳动成果的分配和消费，也要由交往来完成。交往是各种劳动之间及其与需要的社会联结，而交往过程又必须由意识来导引。

交往在意识的作用下形成社会关系。

据此,我将经济定义为:人以劳动在交往中有意识地满足需要的社会活动。

与其他有关经济的定义相比,这个定义主要的特点就在于明确了劳动者的主体地位,并把劳动视为经济的核心。这与将封建领主、官僚地主或资本所有者视为经济主体,将贵族血统、官位政治和资本(财富)视为经济核心的封建意识、官文化或资本主义的定义的差别是明显的。劳动社会观对经济过程及其矛盾的研究,也就以此为基点展开。

经济作为人的社会活动,本身就是一个矛盾的过程,经济矛盾源于人本质四要素的关系,体现于其系统的各个层次。经济矛盾的存在与解决,以及解决后新矛盾的出现和再解决,就是经济发展。

劳动创造了人,劳动也创造了经济。从最初的劳动开始,就形成了人类特有的经济过程,并成为人类存在和发展的基础。人本质各要素在经济中的作用,不仅体现于经济的初始,更体现于不断发展的历史过程中。经济的发展就取决于劳动的技能及其与需要、交往、意识的有机统一。

大体来说,人类的经济经过了这样几个大的时代:一是采集、狩猎时代;二是畜牧、农业时代;三是工业时代。现在处于工业时代由其初、中级向高级阶段的过渡期。这些时代性发展的根本原因,就是劳动技能的提高和生产方式的演进,与之相应,需要、交往、意识等各要素也都在发生变化。但无论经济如何发展,只要还是经济,就是以劳动为核心和主体的,需要、交往、意识都要统一作用于劳动并成为经济的要素。劳动的技能和方式会由以体力为主,转向以脑力为主,这是现时代经济的发展所显示出来的,但即令这种转变已经完成,只是表明劳动者素质技能的提高及劳动与意识、交往、需要的关系更为紧密,并未改变经济的性质。

经济作为人生和社会发展的基础,是一个矛盾系统,可以规定为从抽象到具体的八个层次。对经济矛盾的规定,也就是对其层次的系统认识,或者说,以系统而有层次的概念体系,揭示并论证经济矛盾的层次系统。

第一层次,是基本经济矛盾,在人类各社会形态及各种具体的经济活动中都普遍存在,是人本质要素劳动、需要、交往、意识展现的第一个环节。其中,劳动是核心要素,劳动与需要的矛盾又是最基础的矛盾。劳动者的素质技能与其社会地位,是社会和经济矛盾系统中的基本矛盾,它表现为生产力与生产关系的矛盾,生产与交换、分配、消费的矛盾,以及生产方式与生活方式的矛盾。这一层次的矛盾,是人类形成时就具有的,也是经济发展的内在根据,并体现于历史地出现的各种经济形态各层次的矛盾中。

第二层次,是商品经济的矛盾。这是近现代人类社会一般的经济形态。此前人类经历的经济形态,一是采集(包括狩猎)经济,二是产品经济。商品经济是在产品经济基础上发展起来的经济形态。商品交换在前两种形态中就已出现,并成为经济生活中的辅助因素,只有从13、14世纪开始,才逐步扩展为商品经济形态。商品经济是以明确个人所有权和自由交换、自由竞争为特征的,并具有交换(产品或服务)的等价性,价值由劳动创造,交换价值表现为价格,交换以货币为中介,并形成市场等一般属性。商品经济的初级阶段是资本主义经济,高级阶段是社会主义经济。

第三层次,是制度性经济矛盾。这是基本经济矛盾在不同社会制度中的体现,它存在于各社会制度的始终和各个领域。我们这里主要研究的是商品经济两个阶段即资本主义制度和社会主义制度的矛盾,制度性经济矛盾首要和根本的矛盾是所有制的矛盾,所有制由劳动力所有权和生产资料所有权两个基本权利,及由其派生的占有权、经营权、使用权、收益权、处置权、管理权、监督权等一系列权利构成，并据此来界定人的经济地位、经济利益、经济意识、经济关系。以所有制为根本的经济制度，通过对人社会地位的界定，将人分为阶级、阶层或不同的利益集团，由此构成总体经济关系和社会关系，制度是这些关系的集合和制衡。

第四层次，各社会经济制度中不同发展阶段经济体制的矛盾。社会经济制度的发展表现为若干阶段，这些阶段都有其特殊性，制度具体化为体制。以资本主义制度为例，其制度性矛盾是资本所有权主体对劳动力所有权主体按商品经济的等价交换原则的控制和支配，但在不同阶段，又表现为不同的体制性矛盾。资本主义制度已有统制经济体制、自由竞争体制、市场经济体制，在这三个阶段，制度的性质未变，但资本所有权主体与劳动力所有权主体的关系，却有局部的变化，特别是在所有权与占有权的关系上，以及国家的作用等方面，表现出经济关系和经济利益的调整，即其矛盾的演化。社会主义与其他社会经济制度也都有阶段性及其体制特殊性矛盾。

第五层次，国度性经济矛盾。经济制度和体制都是具体存在于特定国度的，国度性经济矛盾是制度和体制经济矛盾的集合。国家是特定历史条件下形成的，是对特定区域内人的经济和社会关系的总体界定。国度性经济矛盾是上述两层次经济矛盾的集合，也是其具体的存在形式。国家集中体现了占统治地位的阶级的利益和意志，它既是一个政治范畴，又是一个经济范畴。国家不仅是世界经济矛盾的一个单位，也是从政治上对该单位范围内经济矛盾的集中概括和制约。同时，国家又是文化存在及作用的界定，文化对经济的作用，也在国家范围内体现。哲学和经济学的研究者，都是生存于特定国度的，他们所体验和关注的，主要的就是本国的经济矛盾，并从本国经济矛盾中探讨其上和其下层次的矛盾。

第六层次，经济结构及其运行机制的矛盾。这个层次是国度性经济矛盾的具体存在，它是特定国度的经济制度在特定体制下的具体表现。经济结构是经济权利及其关系的总体存在形式，它体现权利主体的关系，以及占有权与使用权（经营权）所支配的劳动力、资金及资源等，大体上说，有劳动力结构、投资结构、就业结构、产业结构、产品结构、交换结构、分配结构、消费结构、区域结构等。经济结构的功能，其相互间的制约和作用，就是经济运行机制，它直接体现于经营管理的经济矛盾中。

第七层次，经营管理的矛盾。经营管理是在特定经济结构和运行机制的制约下，企业和个人的经济行为，主要涉及受所有权及其派生的占有权支配的劳动力和生产资料使用权的经营管理，包括组织、安排、指挥、销售等各个环节。这是经济活动和关系具体的层次，是政治经济学研究着眼和入手探讨揭示以上各矛盾层次的起点，也是研究所要解决的具体的问题，对以上各层次的研究成果都要集合于这个层次矛盾的解决上。

第八层次，国际经济矛盾。这是从国际关系的角度，对经济矛盾的总体性研究，而国际经济关系也就构成经济矛盾的一个特殊层次。国际经济关系汇总、体现了各国在制度、体制、结构及机制、经营管理各矛盾层次上的特殊性，形成一个新的矛盾关系。这是相当错综复杂的经济矛盾，已有的国际经济学只注重对各国经济指标的计量比较及其关系，这是必要的，但政治经济学的研究不能局限于此，而应从总体上概括不同国家经济的矛盾，并与以上各层次经济矛盾的研究相呼应。

上述经济矛盾的八个层次，是从简单到复杂，从抽象到具体的。它们并不是各自孤立存在的，而是相互包含的统一体，是逐步从抽象规定具体化的系统。在具体的层次上，抽象层次的矛盾不是消失了，而是以具体的形式展开；具体层次的经济矛盾包容着、体现着抽象层次的矛盾。也可以说，各个经济矛盾层次，都是其系统的存在形式，对每一个层次经济矛盾的研究，都应体现系统各层次的辩证关系，以整个系统为前提，并明确其在系统中的地位。

经济矛盾是社会总体矛盾的基础，政治和文化都是在经济基础上形成并作用于经济及全部社会生活的。

五、政治：对人社会地位关系的规定和社会发展的导引

当人们使用"上层建筑"来表示政治，并论"上层建筑与经济基础的关系"时，往往将政治与经济规定为两个"领域"或"部分"，似乎政治是与经济分离存在的一个特殊实体，它与经济的关系，只是外在的联系或制约。

如果只是在概念中的规定，政治概念与经济概念、文化概念当然是可以分开并独立存在的。然而，现实毕竟不是由概念决定的，更不是概念体系的"外化"形式。概念只是对现实矛盾的理论规定，是思维对现实矛盾所反映的现象材料的概括。概念能否准确地规定现实的矛盾以及规定的程度，并不在于现实矛盾的存在，而在于认识主体的目的和方法，也正因此，才有对同一对象的若干不同的概念规定。在概念上将政治与经济、文化作为相互外在的，是很容易的，也可以从概念的外延和内涵上谈它们的相互关系，但这并不等于在现实中真的分别存在各自独立的经济、政治、文化。

人生和社会发展是统一的矛盾过程，人本质的四要素有机结合，形成社会矛盾，并在个体人格、价值、权利、自由中综合体现。经济是人生和社会发展的基础，但这个"基础"并不是像房屋那样的地基，而是强调其根本性和普遍重要性。经济贯彻于人生和社会发展的全过程，并对政治、文化活动提供基础和保证作用。同样的，政治、文化也都贯彻于人生和社会发展的全部，作用于经济的全过程。

政治是人生和社会发展的重要内容，它规定着人的社会地位并

导引社会发展。政治集中体现于人的权利的界定，以及对社会关系的调整。政治的主要功能，就是规范和制约人的利益和行为。原始社会的家族关系及其首领对家族成员的组织、协调，以及与外部家族关系的处理，是初始的政治，演变到阶级社会，国家出现，政治就集合于代表阶级利益的国家和构成它的集团的行为，近代以后，又出现了政党和各种团体，政治关系更为错综复杂。国家、政党、团体等总体政治形式，将个体人的分散的个别权利集合起来，形成社会势力，各社会势力之间的关系和矛盾，就成为政治的内容。

国家是阶级统治的工具，也是基本和主要的政治机构。国家作为一个机构或机器，它由占社会主要矛盾的主要方面的阶级势力所掌控，维护其阶级利益，协调本阶级内部关系，并结成统一的社会势力以统治民众，从本阶级利益出发导引社会的演化。国家是居主要矛盾方面的统治阶级支配社会生活的手，但次要矛盾方面的势力也并不是无，而是有，它的存在对主要方面的势力是一种制约，这种制约也会通过国家，或在国家形式上得到体现。即令专制君主或封建领主，也都会考虑民意、民生。中国集权官僚制下的所谓"民本"观，以及"水能载舟，亦能覆舟"的说法，都表现着这一层。到资本主义社会，被统治阶级的力量及其对统治阶级在政治上的制约尤为明显。马克思曾有一个提法"资产阶级社会在国家形式上的概括"，他计划以此题做《政治经济学批判》的一篇，来概括资本主义国家与资本雇佣劳动制度的关系（相关具体论述主要是《资本论》的内容），这个提法本身就已说明国家在社会中的地位和作用。马克思的这个观点源自黑格尔的法哲学。在黑格尔那里，国家是市民社会的概括，而市民社会又是法律及其基本权利——所有权的概括。虽然黑格尔的论证是以绝对精神为依托，并带有很大的思辨性，但国家是对社会，社会是对权利的概括的思路，却是理解人类社会各层矛盾的正确思路。资产阶级的统治通过国家展现，被统治的劳动者也以政党、工会等团体组织起来，形成社会势力，并以各种斗争形式作用于国家，从而制约资产阶级统治，维护和争取劳动者利益。

政党是在资本雇佣劳动制社会才出现的政治形式，是公民结社权的集合。如果说国家在形式上还有一种超阶级的现象，或者说握有统治权的那部分人还试图掩盖国家作为阶级统治工具的实质，那么，政党的阶级性，甚至集团性就相当地明显。政党的组成，是阶级联合的体现，"人以群分，物以类聚"，政党是自行成立的，其参加者也是自愿的。党的纲领、章程、政策等，都集中反映了一定阶级或阶层的总体利益，并得到参加者在意识上的认可。

政治在社会生活中的存在与作用，具体表现于法律和政策的制定与实施上。法律是国家对经济和社会生活进行控制的基本方式，也是集中概括于国家的阶级关系、势力对比的均衡态相对固定的表现。法律是由立法而形成的。立法权是政治权利的集合，它或由最高统治者——皇帝或国王——行使，或由贵族寡头、民选议员、代表等组成的立法机构行使。立法过程是各种矛盾势力的斗争与制衡，这在立法机构的讨论、争论以及被少数服从多数原则的通过中充分体现着。而以皇帝和国王名义的立法，实际上也事先经过反复的争论和权衡。

法律是阶级关系、集团及个人利益矛盾的集合。它的施行，目的在于规定个人权利和地位，规范个人的行为，调节利益关系。统治阶级的利益，在权衡了被统治阶级利益及其势力的基础上，集中体现于法律，并颁布于众，同时设立相应的执法和司法机构，以及行政、军事等机构，保证法律的实施。无论哪个国家，也不论是阶级社会的哪个阶段，法律的主要内容都是对个人利益和关系的规定，其基本形式就是权利的规范。而首要的权利，就是人身权和所有权，所有权包括对物质资料（包括自然资源、生产资料、生活资料）的所有权和对劳动力的所有权。在人身权和所有权的基础上又会规定由所有权要求并派生的政治权利，它表现为专制权、参政权、民主权等形式。民主权是资本主义及其以后社会中的基本政治权利。

由法律规定的人身体、所有权及其派生的政治权利，以及由它们展开的经济、政治权利体系，就构成基本的社会制度。以所有权为基础和核心的经济权利体系，是所有制或经济制度；由专制权、参政权、民主权等为基础的政治权利体系，是政治制度。

资本主义制度是由一系列法律规范的，几乎所有的经济矛盾层次和社会生活、文化活动，都有相应的法律予以规范。而其核心，就是对资本化的生产资料的所有权。这虽然只属于少数人，但在法律上，却以"私有财产神圣不可侵犯"的名义出现，并包括对全部物质财富的所有权的规定与保护，而且，"法律面前人人平等"，任何人都可以拥有资本的所有权——只要你能拥有足够的货币，法律就保护你的所有权，而不论该所有权归谁。这表面公平的法律实则规定并保护相当不公平的经济关系。法律同时保护为取得生产资料和各种财富的所有权而进行的竞争。正是这样的法律，激发并保证了人格化了的资本的竞争与增殖。在保护财产所有权的同时，经广大雇佣劳动者的联合斗争，法律也承认并规定了劳动力的所有权，当劳动者作为劳动力所有权主体出卖其使用权时，不仅有自由，也有竞争。素质技能高，或者说劳动力的质量高，所卖的价格也高，即得到较多的工资，这不仅可以提高生活水平，还可以用于提高素质技能，甚至可以作为资本。这样，就促进了劳动者提高其素质技能。资本主义的法律，在规范并保护资本所有者为增殖资本而进行竞争的同时，也规范并保护了劳动力所有者之间的竞争，由此促进了劳动者素质技能及其生产力的发展。

在规范和保护所有权的基础上，资本主义的法律，还规定了所有权派生的占有权、使用权（经营权）、收益权、监督权、管理权等权利。这些都是其经济关系的关节点，法律对这些权利的规定，制约着经济关系及其运行。与之相应，法律还对各种产业、行业的经营、生产以及交易行为按权利关系进行规范，从而使经济活动全部纳入法律体系之中，或者说法律体系已成了经济活动的内在机制。在立法的同时，还建立了严密的执法、司法、行政体系，并使经济活动中的个人知法、守法，从而达到法制。资本雇佣劳动制也就以此为支架而确立和延续。

在资本主义制度的法律中，包括关于民主权及一系列政治权利的规定，它同样作用于经济权利和经济关系，由此制约经济活动和全部社会生活。资本雇佣劳动制中的政治权利，名义上是以公民个人的民主权为基础的，但在实际运行中，资本所有权所能派生的政治权利，一直在起主导作用。这表现在以雄厚财力对选举过程的操纵，组建政党及竞选机关，乃至收买选票、控制舆论等各方面。资本所有权的政治权利表现，实为寡头政治，即若干大资本所有权主体操纵政治机器。这在资本统治初期，表现得相当突出。后来，随着对劳动力所有权的法律认可，劳动者以其联合斗争不断要求政治权利，终于迫使资本统治势力让步，实行普选制，由此，劳动者也有了选举权等基本政治权利。这也开始了民主权的历史。劳动者依据其民主权，组织政党，参加选举，参与议会，以至政府的活动，在立法、执法、司法、行政等环节发挥一定的作用。通过这些政治活动，来维护劳动力所有权主体的利益，并与资本所有者相抗衡。在经济和社会活动的各个环节，都可以看到民主权及依民主权而组织的政党的作用。

政党是政治权利所规定的结社权的联合形式，在资本雇佣劳动制度中，资本所有者不仅有其依资本统治而行使的寡头政治权利，还与雇佣劳动者一样，拥有公民权，并以此来组织政党。资产阶级政党是先于劳动者政党出现的，这一是因为其资本统治的需要；二是资本所有者先于雇佣劳动者拥有选举权（有关选举权的财产限制到20世纪才逐步取消）；三是他们有充裕的经费来组织政党活动。不同阶层、集团的资产阶级政党，将其集合起来的政治、经济权利及支配的财力，形成社会势力，参与政治活动，在立法、行政等环节发挥作用，以维护本阶级、阶层或集团的利益。后来，雇佣劳动者及其他劳动者也在拥有民主权之后，组建合法的政党（以前曾有不公开的"非法"组织），并参加选举，参与立法和行政，为劳动者争利益。

无论哪个阶级及其阶层、集团的政党，都有自己的纲领、章程、政策，并以此来凝聚群众，形成社会势力，进而作用于经济社会生活。一是其政党能够参与立法，那么，其纲领、政策中的一些内容，就有可能纳入法律；二是当其政党能够执政或参与执政时，还可以将本党的纲领、政策变成政府的政策，直接作用于对经济社会生活的干预和控制。

政策是政党和政府控制、调节经济的主要方式，也是政治在经济社会中的存在与作用的重要手段。与法律相比，政策的作用是短期的，有时带有局部性。政策比法律更具阶级的倾向性，但也会体现对立阶级的制衡。在一般情况下，政府的政策都是符合法律的，是依法行政，也就是在不改变既定权利格局和阶级关系的前提下，局部调整利益关系，并以政策导向干预经济发展。而政党的纲领中，特别是雇佣劳动者阶级的政党纲领，则包含着改变法律，变更权利关系的内容，但这些都是其长期的奋斗目标，在短期的政策中，往往还要以合法的形式出现，为雇佣劳动者争取近期利益。

社会主义制度是劳动者政党的纲领中有关变革权利关系的长期目标的实现，当然，在建立制度时，纲领中的有关内容肯定会有所变动，但其基本原则和主要内容，就是建立社会主义制度，从根本上体现并保证劳动者利益，其要旨是确立劳动者的劳动力和生产资产所有权,以及由所有权派生的民主权。以所有权与民主权为核心和基础形成的权利体系,就是公有制和民主制,在社会主义制度下,政治在经济中的存在与作用,也以立法权所制定的法律,以及政党和政府的政策为主要表现方式。由此而形成公有制经济的内在机制。

政治的根据,在于人性的社会性,在于人本质中的交往要素。社会性的交往和交往的社会性,是人类得以形成社会并为个体人提供总体生存条件的保证。政治之所以成为社会矛盾大系统的一个层次,就在于交往所结成的社会关系,政治的作用,体现于对交往关节点的界定和控制。人与人的交往结成错综复杂的矛盾,交往的各个关节点,都是矛盾的集合,从总体上界定、控制、调节这些关节点,是社会生活有秩序展开的机制,也是政治的内容。从以上分析我们看到,政治是以人格、价值、权利等为前提,在从总体上对权利的规定的基础上,控制和调节人的交往,从而制约和协调社会关系的。这样,就形成以法律为框架的社会制度和以政策为导向的运行机制。政治作用的范围,法律和政策的主要内容,是经济,对经济权利的界定和对经济利益的调整,历来是政治的社会功能所在。从这个意义上说,政治是内在于经济的要素,脱离经济就没有政治的存在。同理,经济本身就是包含政治的,是在政治的作用下运行的,脱离政治所谈的经济,实际上是不存在的。由此我们可以说,现代资本主义思想家所鼓吹的以数理为原则、摆脱政治和文化的"纯经济",是完全脱离实际的,他们之所以这样做,绝非只是方法问题,而是掩饰资本家剥削劳动者剩余价值的必要手段。

在作用于经济过程的同时,政治还制约着以经济为基础的伦理、国际关系、人口、环境等社会生活各方面,制约着文化的各个环节。这种制约,也是以法律和政策为主要方式的,并与在经济中的作用共同作用着。只有从人生和社会发展的全过程,才能认知政治,也只有充分考虑政治的作用,才能规定经济和文化的矛盾与发展。

这里还必须论说军事或武装暴力这种特殊的政治形式在社会中的作用。军事是人类未摆脱"史前时期"的突出表现,也是人性中动物一般性的野蛮成分的集合。这样说,似乎有些过于片面、武断,军事或武装的暴力是阶级统治的手段,同时也是被统治者反抗统治的必要方式,对此必须加以分析。被统治的阶级不得已用武装的暴力来反抗武装暴力的统治,实则社会进步的关键环节,它虽然也是野蛮的,但却是人性升华的要求,是以野蛮的方式对野蛮的克服。然而,大多数的武装暴力都是统治者针对被统治者的,即使并未杀人,统治者掌控的庞大军队和警察等武装,也是维持其政治地位,进而保证和取得经济利益的手段。几千年的文明史,实则武装暴力所支持的政治驭人、杀人的历史。军事本身就要经济为基础,它甚至就是经济行为,对军事物资的耗费,对民间乃至他国的经济掠夺,对人口的杀戮和对生产的破坏,都充分表明这一点。军事同样对社会生活的其他方面,对文化都有重大影响。虽然武装的暴力表现得那么血腥和悲壮,但其实质依旧要归入政治,是政治的一种方式。虽然反抗阶级统治的武装斗争在历史上起过进步作用,而且今后还会起这种作用,但必须明确,人类只有消灭了武装的暴力,才进入真正人的历史轨迹。

六、文化:对人生和社会关系的意识

文化是意识的社会体现与集合,马克思曾用"意识形态"来表示对应"经济基础"和"上层建筑"的"法律的、政治的、宗教的、艺术的或哲学的"那个层次。这个提法很容易引起误解,或者说是不很清楚的:"法律的"、"政治的"两个内容,如果将它们理解为法律和政治,应属于"上层建筑",不能与"宗教"、"艺术"、"哲学"同属一个层次。这样界说似可以消除上述误解:"法律的"

和"政治的"并不并指"法律"和"政治",而是指"法律的"和"政治的"意识或思想。当然这只能是一种设想,至于马克思如何界定已不重要,重要的是他将社会矛盾作为一个系统,并分出三个层次,这对于从总体上规定社会矛盾是一个必要启示和前提。我们将社会矛盾系统从总体上分为经济、政治、文化,其中文化大体上相当于马克思所说的"意识形态",但又有所区别。

"意识形态"这个词所表示的,是意识所呈现的形态。如果将意识与文化等同,就会得出文化就是意识的结论。然而,并不能将全部意识都规定为文化,特别是对自然物质的意识及由之形成的自然科学,这部分内容是知识,但不是文化。文化是对于人生和社会关系的意识,是社会经济、政治矛盾在意识中的集中反映,也是人生和社会发展的导引。

文化的内容,包括价值观、思想和道德,是人本质中意识要素的集中体现,也是人文化精神素质的集合,它们是生存于经济、政治矛盾中的人对矛盾的认知和态度。也就是说,文化的主要作用,是对经济、政治关系的认知和处理,脱离经济、政治的文化是不存在的。正是在经济、政治生活中,人们不断地以其价值观、思想和道德来支配自己的行为,处理与他人的社会关系。在总体上,文化又通过政治而制约经济生活,法律、政策作为一定文化的体现,是经济生活的准则和规范。文化体现着社会总体对个体人的制约,又是个体人对总体的认知。文化构成社会制度和社会运动的理论依据,是社会变革和发展的导向。经济和政治之所以能够运行,其内在因素之一,就是文化。同样,经济、政治中的矛盾,又必然体现在文化上,并将文化作为其必要方面。经济、政治矛盾的解决,也要通过文化观念的更新,以及个体人在文化层面的斗争、沟通、协调,才能实现;经济、政治的制度及其法律、政策等,也要经人们在文化观念上的认可,才能制约人的行为。

价值观是文化的基本层次，是个体人对其社会地位和作用的界定，也是社会总体对个体人制约的体现。个人的动机、利益、关系，都会体现于意识上，这是价值观的基本，也是支配个体人行为的动因。价值观是针对全部人生的，其中在经济上的作用是基础性的。价值观同时又是人素质技能的要素。价值观充分体现着内省外化的特点。价值，是对个体人社会作用的认可，在不同的历史阶段，不同的阶级那里，是有不同内容和标准的。确立了主体性的劳动者的价值观，与各统治阶级的价值观，以及未确立主体性的奴隶意识、农奴意识、小农意识中的价值观有明显的区别，即将价值归结于人的存在和本质，以劳动这个人本质的核心要素作为价值的依据。而统治阶级的价值观，则以暴力和对财富的所有权为依据和标准。未确立主体性的奴隶意识、农奴意识和小农意识的价值观，虽然是劳动者的，但却不能以劳动为依据，反而认同统治阶级的价值观，是以屈从统治为生存的观念。

以暴力为根据的统治阶级价值观，是以拥有政治权利为标志的，这在中国的官文化中表现得最为突出，即"官本位"和"官至尚"。"官本位"是按官的等级确定社会地位。官大位高，位高权大，在官位，就有权力，就可治人管事，就能以其来标志价值，光宗耀祖，显赫乡里。官至尚，是官本位的延伸，官是高尚于人的，是特殊人，他的价值、名誉、财富，乃至社会作用，都取决于其官位。官场中又有许多礼仪，不同等级的官，其服饰、车轿、住宅、仆佣等都有不同，这些都是其价值的表现。信从官文化者，势必以追求这些为其价值观，因此趋炎附势，巴结逢迎、钩心斗角、弄权钻营、拉帮结派。官场中种种陈规陋习，都由这种价值观而生。官对民，是一种绝对的统治与被统治关系，官之"威"与民之"畏"，官之正确英明与民之愚昧，已成为定见。不仅官本身如此看，民也认可这一点。"官至尚"作为价值观，就成了权威、才智、财富、荣誉的综合体现。

以财富为根据的价值观，以资本主义文化为典型。对财富的贪欲和崇拜，在于财富作为人类劳动的产品，集中体现着社会的劳动所创造的价值，而对财富的占有和运用，又可以控制他人的生活和行为。财富，特别是表现为资本的生产资料，不仅是物质产品和物质资源所有权的体现，更可以运用这种权利，来支配他人，这种支配，表现为一种权力，由此来满足权力欲，并显示自己的威力和荣耀。当一个资本所有者支配着一群雇佣劳动者按其意志来劳动时，他所得到的，不仅是剩余价值，还包括因支配他人所满足权力欲的快感：这些人都成了我占有财富和实现意愿的工具，我是多么伟大圣明！对财富的崇拜，作为资本主义价值观的典型，不仅使资本所有者将自己变成"资本的人格化"，更造成劳动的异化和社会关系的异化，进而是人的物化和货币化。

劳动者主体价值观，将人的价值定位于个人行为对社会的作用，明确非劳动的欺骗，暴力及由此得到的财富所有权是违背人本质，是人性中动物一般性野蛮成分的表现，排除对权力和财富的崇拜，论证与普及以劳动为根据的价值观。

一个人，作为生命的个体，只有其生命及生命的活动是属于他本人的。生命是人的根本。个体人是以其生命活动来改造物，来影响他人的。价值的主体是个人，而其评判机制则在社会。价值的根据是生命活动，但评判价值的标准，却由社会发展阶段的机制确定。以暴力、欺骗及对财富的所有为根据的统治者，当然要将其根据说成价值的基础。杀人如麻者为英雄，骗术精湛者为圣贤，这是封建社会和官僚集权制社会统治阶级价值观的典范。到资本主义社会，财富的占有成为个人价值的标志，而创造财富的劳动却被经济学家说成"负效用"。这些，都是价值观非人化的表现。

劳动者的价值观，也就是人的价值观。其要点，就在于把人的价值定位于其生命活动，同时要建立相应的社会评判机制。通过思想的论证和道德的规范，使每个人都确立这样的价值观：个人的价值是其劳动在社会总体中作用的体现，而且社会也会公正地作出这种评价。对于每个个体人来说，提升其价值的唯一方式，就是提高和发挥素质技能，为自己、为他人、为社会提供产品和服务。这是劳动者主体价值观的基本内容，它与作为劳动者经济观的劳动价值论是统一的，劳动价值论可以说是劳动者主体价值观在经济关系中的具体化，但它又先于劳动者主体价值观而形成，是劳动者主体价值观得以系统的基础。

劳动者主体价值观又不同于劳动价值论，它不仅包括经济价值，还包括经济交换关系之外人的作用与交往。经济交换中的价值，体现于生产物和服务上，因而都是有效用的；非经济交换中的价值，还包括有效用的物品馈赠，以及抚育、赡养等支出，以及相关的服务性劳动，这些都不是通过交换体现，而是由接受者本人及社会评判的。如捐助、见义勇为，以及抚育子女、赡养老人等，都是个人价值的实现。再有就是一个人在社会生活中表现的品德、风度等，也是价值评判的重要内容，而这些又是以劳动为基础的。

在劳动者价值观中，还应包括一个内容，那就是"负价值"，即对源自人的动物属性中野蛮成分的损害他人行为的评判。这种行为在人类社会中是普遍存在的，从原始人的杀俘为食，到今天布什为了大资本财团的利益而去以高科技的大规模杀伤性武器屠杀伊拉克人民，都是如此。除杀人这种极端行为外，更多的是骗人、压迫人、伤人、污辱人等行为，它们给他人、给社会造成的结果是负面的，是真正的"负效用"。劳动者主体价值观将之规定为"负价值"。

确立和论证以劳动为根据，对他人有益的行为是人的价值，明确以暴力、欺骗手段损害他人的行为是"负价值"，弘扬前者，克服后者，是社会主义文化的基本，它的思想和道德，也由此生发。

思想是文化的第二层次，是在价值观的基础上对人生和社会关系的理性认识。思想是个体人对总体关系的认识，是从个体利益和价值观出发对社会矛盾的规定，因此，思想具有系统性，并以相应的概念和语言系统表述。思想具有公开性和交流性，它不同于已经资本化的技术专利，并不需要保密和出售，而要通过广泛传播影响个体人的意识和行为。

思想是人类特有的理性思维的体现，它以概念、判断、推理等思维形式对人自身的感受和经验进行概括，并以语言及文字表述，在一定的人群中传播、讨论，乃至接受、反驳。思想是对人生和社会关系的反映，又制约着人生和社会关系。

思想有众多层面，其传播和作用的范围也受历史条件及思想的程度制约。总地说来，思想有主体性、阶级性、历史性、国度性、民族性，这同时也是思想产生和传播、作用的范围。思想的各种性质，集合起来就是阶级性，并以总体的阶级的主义概括。卢卡奇曾提出"阶级意识"这个概念，这对于认知文化的阶级性是相当重要的。"阶级意识"集中体现于思想的主义之上。

劳动主义文化的思想，是在人类进入资本雇佣劳动社会以后，劳动者以其价值观为基础，对其利益和社会矛盾的规定。它始发于资本雇佣劳动关系及工业文明发达的西欧诸国，以后逐步向全世界扩展，在不同国家和民族又有其特殊性。

劳动主义文化的思想，是以雇佣劳动者的阶级意识为主要内容，反映其利益和要求，包括对其他劳动群体向往工业文明，改变自己生产和生活方式的利益与要求，对社会矛盾的系统认识。迄今为止，这个系统的理论论证，仍以马克思在19世纪60、70年代的著述为典范。虽然历史已过一百多年，但马克思学说的基本原则和方法、体系，因其逻辑的深刻、系统，仍是劳动主义思想的经典。对于今天的社会主义思想者来说，承继马克思学说的基本原则和方法，概括现代劳动者的利益和需求，表述其价值观，探讨现代社会矛盾，是主要的任务，也是自由文化思想发展的内容。

劳动主义文化的思想，其主体是劳动者，因而可称为劳动者主体思想，这是必须明确和坚持的。从劳动者的立场，以劳动为根据，展开劳动者主体价值观，概括劳动者利益和意识，分析和论证社会矛盾，解决社会矛盾，同时也就是实现劳动者价值观，保证其利益，促进其自由发展。这既是劳动主义文化的特点，也是其主要内容。

劳动者主体思想的基本点，就在于争取和维护劳动者的社会主体地位。由主体而生主动，由主动论证主义。人与其他动物的区别，就在以劳动来主动地改造世界和自身，主体性由此而形成，对主体性的意识的维护，是劳动者主体思想的功能，并贯彻于其总体系统和个体观念中。

劳动者主体思想主要包括：一、对劳动及劳动者主体地位的认识；二、对劳动者主体价值观的系统表述；三、对劳动者利益和要求的论证；四、对与劳动者利益密切相关的社会矛盾和社会制度的分析；五、劳动者联合与组织进行斗争的方针、策略；六、劳动者作为社会主体应有的权利及相应制度的论证。

第一、二、三部分内容，我们在前面的论述中均已谈到，下面重点分析第四、五、六部分。

对与劳动者利益密切相关的社会矛盾和社会制度的分析，这是劳动者主体思想得以确立，并与非劳动的统治者思想对立，进而斗争的标志。劳动者主体思想，不仅要"知己"，还要"知彼"——与自己对立并危害自己利益的非劳动统治者。"己"与"彼"双方，构成阶级社会的矛盾。从劳动者立场来分析这种矛盾及其制度，使劳动者个体联合成统一的社会势力，并明确斗争的对象，由此展开劳动者争取社会主体地位的社会变革。劳动者主体社会地位确立以后，并不等于消除了社会矛盾，损害劳动者利益的个人和行为还会因社会制度的不完善而存在，因此，仍需要深化社会矛盾和制度的分析。这种分析还有一层意义，就是探讨劳动者之间的矛盾，寻求解决这种矛盾的途径。

劳动者联合进行斗争的原则、方针、路线，这是劳动社会主义文化作用于社会，即从意识形态转向社会运动的环节。当人们说社会变革、社会运动的时候，往往会觉得它是外在的，是别人的事，但如果大家都这样认为，社会变革又怎么进行？劳动为主体的社会主义运动并不是像暴风雨那样的外来力量，而是每个劳动者从自己利益出发，追求自由，实现价值，争取社会主体地位的联合运动，这是有组织的个体行为。为此，就应在对社会矛盾分析的基础上，对劳动者联合与组织进行斗争的原则、方针、路线等进行探讨，形成明确的思想，将之传播于劳动者的个体意识，由此凝聚人心，统一行为。

劳动者作为社会主体的权利界定，以及它的制度化，是其思想的具体层面，它集合了前五个层面的内容，并由此形成系统的理论。制度是运动的结果，权利是变革的集中体现。劳动者主体思想中的社会制度，主要是公有制和民主制，其基本权利，是劳动者的人身权、劳动力所有权和对共同占有的生产资料的所有权与民主权。劳动者所有权和民主权是劳动者社会主体地位的体现和保证，也是公有制和民主制的基础与核心，围绕这个核心，派生一系列的权利，构成权利体系，这就是制度。思想要从多层次、多角度全面地论证权利及其体系，并将相应的理论普及，使劳动者和全体社会成员认知，由此而在文化上规定权利和制度，通过对社会意识形态及个人意识的导引，作用于法律和道德，制约和保证劳动者主体地位的实现。

劳动者主体思想在总体形式上，也可以分为多层次、多角度，从不同学科进行研究和论证。为此，资本主义文化中的思想领域形成的各种学科,如哲学、法学、经济学、社会学、政治学等,也可以在形式上有所继承,但必须从内容上创新,并根据新内容,创建新的学科和学科体系,其原则就是如何更有效地、明确地论证和普及劳动者主体地位。在方法上,坚持和发展实践辩证法,克服资本主义思想中各学科的"只分不合"及教条主义、实用主义、技术主义方法。

道德是价值观和思想的集合,是社会总体意识对个体人意识和行为的制约。道德以思想和舆论表现出来,并作用于价值观。道德的制约,有外在的约束,也有内在的自我约束,当自我约束达到自觉的程度时,道德又转化为价值观。

道德包括义务、良心、信誉、幸福等范畴,它体现于人的品质、修养,道德的形成要经过教育和社会机制的制约,在个体人身上表现为意识和行为,在社会总体又表现为道德规范和评价。

与法律强制性的"硬"约束不同,道德对人行为的制约,是通过意识的"软"约束,即通过义务、良心、荣誉等内在的修养,制约其幸福观,并以外在的评价来限制或鼓励,从而使个体人的行为符合社会总体的规范。

道德以意识的形式出现,但它不是先验的、外在于人的上帝旨意或"绝对精神",而是人的生命及其社会关系的反映和要求。一种道德观的形成和作用,既是价值观和思想的集合,又是社会经济、政治关系与制度对人的行为制约的体现。人的本质、人性、人格、价值、权利等,都在道德范畴中存在,具体化为支配和限制人们行为的各种观念。道德作为文化的重要内容,是有历史的阶段性和阶级性的,统治阶级以自己的道德主导社会成员的意识,成为与法律相配合的统治形式。被统治阶级也有自己的道德,这包括对统治阶级道德的认可与遵循,也包括对自己利益的维护和要求,在这一点上,又是与统治阶级道德相对立的。社会总体的道德,就是统治阶级道德与被统治阶级道德的对立统一,因而呈现出矛盾和复杂。

道德是人们对社会关系的认识和行为准则的意识。卢梭所说的"社会契约",不仅包括法权关系,也包括道德。道德不同于法律,它不是强制要求人们不能做什么,或者说,它不对违法行为起制裁作用,这是法律的作用范围。道德的作用,包括主导人们去做什么,这与强制人们不能做什么的法律,是互补的。道德同时也限制人们不能做什么,但人们可以受其制约,也可以不受其制约,道德只能谴责"错"的行为,但不能强制地惩处它,而法律则有强制力。与法律的作用相比,道德的作用更为普遍和深刻,几乎人们生活中的每一种行为,都受道德的制约。道德以总体意识形态表现着,同时又深入个体人的意识中。个人对某种道德观的认可与社会总体道德观对个人的制约,是统一的。由此,也可以显现价值观和思想在道德中的综合体现。

道德的基本要素是义务。在法律上,义务是与权利相对应的,在道德中,义务则是与利益相对应的。这是两个层面的义务,它们又是统一的。作为基本的道德规范,义务体现于人际交往中对自己责任的确认和遵守,由此形成基本的社会关系。良心是义务的展开,是义务在个体意识中的确证,是对自己行为的自觉调整,也是内在的检验和自我督察,由此制约人们的行为和相互关系。信誉则是良心的展开和社会认可,它包括信用意识和荣誉感,以及社会成员的承认。信誉既是社会成员对个体人格的评价,也是个体人通过社会评价对自己价值的认知。幸福是道德的具体环节,也是综合性意识,是义务经良心、信誉而达到的个体对其行为和社会关系的集合性认知。幸福是价值观得以实现的意识,也是思想得以验证与实践的体现。幸福观也可以说是文化的最具体层次,是从价值观到思想,再经道德中的义务、良心、信誉而形成的综合范畴。人生的目的与追求,归总起来,就是幸福;幸福又是对追求的结果总的感受与评判。

道德具有一般性，又有特殊性。其一般性，既表现在范畴的形式上，又体现于各阶段演化的趋势上，虽然已有阶级社会的道德，都由统治阶级意识主导，但在其否定和发展中，却贯穿着人性升华的大趋势。社会主义文化中的道德，正是这种大趋势的必然，是人性升华新阶段的具体文化形态。

社会主义文化中的道德，与历代阶级统治社会道德的根本区别，就在于其主体是劳动者，是劳动者主体道德，并由劳动者道德主导社会总体道德。

劳动者主体道德，集合并具体化了劳动者主体价值观和劳动者主体思想，是社会主义文化存在和作用的总体形式。

劳动者主体道德的根据和出发点，是劳动。劳动者从其价值观和思想所形成的对个人主体存在和地位存在的意识，确定其个人应有的追求和交往观念，并在明确和提升人格的过程中，规范总体道德观，进而普及于个体人，由此制约人们的意识和行为。

劳动者主体道德，是在劳动者争取并保证其人身权、公民权、所有权和民主权的进程中形成的，并服从于这些基本权利的。

劳动者主体道德，也由义务、良心、信誉、幸福等范畴构成。

劳动者主体的义务观，与剥削阶级义务观的差别，就在于它是以劳动为根据的。在争取所有权和民主权的时候，劳动者要明确自己人格的根本在于劳动，而损害自己人格的则是非劳动者剥削自己劳动成果、支配自己劳动行为的制度，其义务就在于联合起来，争取实现劳动者主体地位，消除剥削制度。劳动者的义务是服从自己利益的，而这个利益又要在联合中，在与其他劳动者共同的斗争中体现出来。当劳动者的所有权和民主权得以确立，即公有制和民主制建立以后，其义务的主要内容，就在于维护公有制和民主制，实现其社会主体地位。这里，既包括个体对劳动者总体的义务，又包括对其他个体劳动者的义务，其核心，就是不断提高和充分发挥自己的素质技能，同时向各种侵害公有制和民主制的行为斗争。

劳动者主体的良心观，其根据也在劳动。良心是对义务的认知和履行，劳动者所能履行的义务，主要是劳动。认识自己的价值和人格，履行自己对他人、对社会的义务，就是劳动者主体良心的主要内容。良心包括社会与个人的关系，也包括个人与个人的关系。从社会与个人关系上讲，有社会总体观念对个人的制约，还有个人对应负社会义务的认知和履行；从个人与个人关系上讲，则是个人相互间对义务的认知和履行。更为基本的良心，就是明确自己的社会主体地位，承担起主体的责任与义务，无论是争取主体地位，还是维护主体地位，都需要劳动者从良心上尽其义务，同时尊重其他劳动者的主体地位和人格。

劳动者主体的信誉观，是其良心的社会认可。这也是立足于其社会主体地位的，信誉是针对人格的，它取决于个人从主体地位出发对他人和社会的良心。公有制和民主制保证了劳动者在人格和基本权利上的平等，从而也就为其从社会主体地位与他人发生关系提供了依据。在劳动者为主体的社会里，评价个体人信誉的主要标准，在于他以劳动对社会总体和他人的良心与义务。而劳动者主体的信誉观，既是对劳动者个人的道德约束和要求，又是社会对个体价值的评判，由此而促进劳动者提高并发挥其素质技能。

劳动者主体的幸福观，是以劳动为根据，由劳动创造的人的价值实现的幸福观，它综合了从义务到良心、信誉三个环节。也就是说，当劳动者根据其社会主体地位，真正承担对社会和他人的义务，认知并实践了自己的良心，并得到社会评价的应有信誉，他就会形成一种幸福感。这是结果，又是进一步生存的动因。马克思说的"劳动是人的第一需要"，在这个层面上才能得到体现。劳动者主体的幸福，前提是其主体地位的确立，因此，争取和保证社会主体地位，是其幸福的核心，围绕这个核心，形成并依循劳动者主体义务、良心、信誉，才能有幸福，即从主体意识出发努力提高并发挥素质技能，在建立和完善公有制和民主制的社会进程中，自由发展。

总而论之，文化是生存于经济、政治矛盾中的人对矛盾的认知和态度。也就是说，在文化这个层次上，其主要作用，是对经济、政治关系的认知和处理，脱离经济、政治的文化是不存在的。正是在经济、政治生活中，人们不断地以其价值观、思想和道德来支配自己的行为，处理与他人的社会关系。在总体上，文化又通过政治而制约经济生活，法律、政策作为一定文化的体现，是经济生活的准则和规范。而经济和政治之所以能够运行，其内在因素之一，就是文化。同样，经济、政治中的矛盾，又必然体现在文化上，并将文化作为其必要方面。经济、政治矛盾的解决，也要通过文化的变革，以及个体人在文化层面的斗争、沟通、协调，才能实现；经济、政治的制度及其法律、政策等，也要经人们在文化观念上的认可，才能制约人的行为。文化变革是政治、经济变革的先导，政治、经济变革是文化变革的实现。人类历史上阶段性的发展，就是在文化与政治、经济相统一的变革进程中完成的。

经济、政治、文化作为人本质四要素的社会存在形式，其层次的划分，是认知社会矛盾所必需的，但我们在进行分析时，必须明确人生及社会矛盾的统一性，要时时注意其相互间的内在联系。为此，要不断地综合，并以准确的语言论证其内在联系，也就是说，充分地批判继承已有社会学说关于这三层次的规定，并针对现实和历史的探讨，作出分析，进而综合成统一的认识。这样，在展示经济、政治、文化的总体统一性时，又要区分其相对独立的层次性。你中有我，我中有你，但你仍是你，我仍是我。只有当你我有所区别的时候，才能有你我内在的统一性。辩证地规定经济、政治、文化三大因素或层次的关系，是劳动社会观的总体框架，这是作为社会基本矛盾的劳动者素质技能与社会地位矛盾的具体化，也是进一步规定社会历史阶段的前导。

七、社会历史阶段

经济、政治、文化的内在统一，构成社会矛盾的运动。"社会"，是个体人的集合，又是人类总体的存在形式。社会是矛盾的总体，其矛盾的对立统一引起个体与总体的演化，当矛盾的演化累积到一定的度，就会发生阶段性的质变，从而使社会发展呈现历史的阶段性。

社会，作为一个概念，从个体人论，是指与他人交往中所形成的关系，或个体人的相互关系；从总体论，则是不同范围内的个人的交往及由此而形成的总体性的关系，即制度、体制等界定的总体存在形式。

社会是人性中社会性的总体表现。人类自从出现，人本质四要素就已决定了其社会性或社会存在，人本质核心的劳动创造的产品或提供的服务，不仅满足自己的需要，而且要通过交往在一定范围内相互满足需要。在这个过程中，人的意识既是针对个体存在（劳动、需要）的，也是针对总体存在（交往）的，因此，社会性不仅在人们的交往中体现，更在意识中得以认知和规定，进而，意识还可以对社会关系的演变作出设想，由此导引个体行为和总体发展。

正是人的社会性及社会活动，使人类摆脱了动物随自然环境的变化而优胜劣汰的规律，人类将命运掌握在自己手里，并以劳动、交往、意识创造自己生存的需要及其条件，在目的性、思想性的导引下，创造着人类的历史。

历史是有阶段的，而阶段的划分，就是对历史的人类发展进程中经济、政治、文化矛盾的质变的规定，其根据和划分的标准，就是人本质的发展，核心是劳动的发展，具体说就是劳动者素质技能和社会地位矛盾演进的程度。

历代思想家曾以不同标准来划分历史阶段，但因其分别代表统治阶级的意识，因此，总把统治阶级的地位和作用视为标准。马克思以生产力和生产关系的矛盾来规定历史的阶段。但生产力和生产关系还是中性的概念，特别是生产力，很容易被人歪曲为物质的力量，或者是"物质力与人力结合"的力量。更为重要的是，这两个概念都未明确反映劳动者的主体性，因此需要进一步抽象。劳动者素质技能和社会地位，是从劳动者角度对社会基本矛盾的规定，也是对生产力和生产关系概念的进一步抽象，不仅明确了劳动者的主体性，也规定了生产力和生产关系的本质。因此，应以劳动者素质技能和社会地位作为界定历史发展阶段性的标志，并由此说明生产力和生产关系的矛盾形成的根据，以及经济与政治、文化的矛盾。对此，前面我们已从经济、政治、文化三者的内在统一做了规定，这里所论的历史阶段，就是这种统一性的历史表现。

需要说明的是，人类社会的历史阶段，在不同地区、部落、民族和国家，并不是整齐划一的，而是错落的，特别是古代，不同地区、部落、民族的发展程度，往往要相差几百、上千年。这里只是循着劳动者素质技能和社会地位这个标准，从全人类的角度，规定其演化的主线。

人类总体发展过程的阶段性，集中体现在社会制度上。从社会制度变革角度，我把已有的人类社会的历史阶段划分为：一、原始社会；二、奴隶社会；三、封建农奴社会；四、集权官僚农民社会[①]；五、资本雇佣劳动社会；六、民主劳动社会。社会制度的差异

[①] 对第三、四两个阶段的界定，我在20世纪90年代做过反复探讨，也有一些曲折，在《中国官文化批判》一书，我曾把第三、四阶段合称为"宗法社会"，并将其划分为两个小的阶段。到21世纪初才逐步明确这两个阶段的界定。

所决定的社会阶段还表现为人类社会存在形式的差异,即从家族到氏族、氏族联合体、部落、部落联盟、民族的演化。[①] 这里将之统纳于社会制度演变所界定的历史阶段中。

原始社会。这是人类以劳动摆脱动物界的初级阶段,是一个相当漫长而缓慢的过程,大约有二、三百万年的时间。这个阶段人的素质技能低下,只能在以血缘维系的家族和后期扩展出的初级、氏族内群居,进行简单的再生产。人与人之间,没有明确的权利关系,但有因年龄、素质技能等的差异而形成的地位、作用的差别。家族、初级氏族之间很少交往,发生关系时往往冲突、杀掠。

奴隶社会。经原始社会的演变,人的素质技能逐步提高,所生产的物质产品逐渐有剩余,于是就有些氏族中居高位者开始利用其地位或能力(体能和智能)将这部分剩余产品占为己有。氏族成为主要社会存在形式。初级氏族间的冲突往往是以杀掠为目的,现在则将敌方人口俘虏,并驱使其劳动,因此形成奴隶。奴隶或为氏族"共有"或为其酋长所私有,其剩余产品也必然归奴隶主氏族或其酋长所有,而奴隶又必须能生产出剩余产品——除去维持其基本生活资料外的产品,否则,奴隶主就会将其杀掉。随着氏族间矛盾的加剧,为争夺耕地、奴隶、牧场而进行的战争促使氏族联合,即由较强大氏族统领相对弱小氏族和有血缘关系的氏族,结成氏族联合体,以应对外敌。与之相应,氏族内部发生分化,本氏族中的贫困者,也会因欠债或其他原因,而变成奴隶。氏族首领逐步世袭并成为本氏族的奴隶主。奴隶主则不再从事劳动,奴隶成为主要的劳动者,但没有人的身份和地位。除仍在原始社会止步不前的少数地区外,地球上绝大部分区域的人类,都曾经历奴隶社会,并由此而向封建

[①] 关于这个问题,我在《中华民族经济发展论》(中国经济出版社,2008)中做了具体论证。

农奴社会过渡。

封建农奴社会。这是奴隶社会矛盾演化的必然结果,其特点是"封国土,建诸侯",领主拥有土地的所有权及农奴的人身所有权。氏族和氏族联合体演化为部落和部落联盟,社会存在方式由血缘为主转向以地缘为主。农奴较奴隶多些自由,即有对其劳动力和小块土地的使用权及相应的收益权。与奴隶相比,农奴的素质技能有较大的提高,领主依所有权对农奴的统治,也较奴隶主宽松。这个阶段在世界各地出现的时间有很大差异,如中国在公元前11世纪至前3世纪,欧洲则从公元5世纪到13、14世纪,有些国家,如俄国,甚至推迟到19世纪。具体的制度形式在各地有所差异,但其共性是:领主依血缘或功绩得到一块领土的所有权,并拥有在该领土上农奴的人身所有权,此外,领主还可以通过战争掠夺土地和人口(掠来者即为农奴),以及用某种优惠政策从邻邦"招徕"人口。对其领地和农奴,领主还可以再细分给其子孙或功臣,但分的不是所有权,而是占有权。实际的生产过程,是由行使占有权的小领主来主导的,其模式为:小领主留出一块土地,将余下土地的使用权按农奴人口分配。农忙时,农奴先到小领主留下的土地上劳作,其收获物归领主;再回到归自家使用的土地上劳作,收获物中一部分要作为贡赋交小领主,余者自家消费。小领主再向大领主交纳贡赋。封建农奴制下农奴不仅可以领到小块土地的使用权和贡赋外产品的收益权,还可以结婚成立家庭,虽然其子女仍是农奴,但毕竟有了相对独立的自身利益,由此也促进其素质技能的提高与发挥。但农奴没有任何政治权利,在文化上也完全受封建领主意识的支配,"上帝"的观念,实则通行于全世界各地区的封建农奴制阶段,但以欧洲的基督教及其衍生的伊斯兰教为典型,中国在周代也有"上帝"观念,但没有形成系统宗教,"玉皇大帝"和"封神"等说法,就是明证。

集权官僚农民社会。这个阶段在农业文明最为发达的中国为典型，但由于欧洲近代思想家对中国历史了解不足，马克思在论述历史阶段时几乎没有考虑或没有条件考虑中国。而欧洲在这个阶段的存留时间很短（不过三五百年），制度形式也不成熟，马克思虽然注意到其特点，却没有明确地在论历史分期时将它作为一个阶段。中国从秦汉统一到清灭亡，大体两千余年都处于集权官僚制社会，世界上除朝鲜作为中国的附属国进入这个阶段外，只有欧洲在封建领主制灭亡与资本雇佣劳动制确立之间的短暂过渡期（大体上是13—18世纪）部分地实行了这种制度。也正因此，我曾担心其不具备世界一般性，而未能将之列为一个历史阶段，而是将之与封建农奴制社会合为一个阶段，通称为"宗法社会"，把它列为"宗法社会"内的第二阶段。近来又细读了马克思对欧洲这段历史的分析，以及有关欧洲近代史的著作，我觉得集权官僚制作为一个历史阶段，在欧洲也是存在的，不过其范围小，时间短，也不像中国那样成熟系统。此外，日本和其他国家，也都以各自方式，经历了这个必经的历史环节，包括现在一些国家的官僚资本制，依然可以看成其转型。

据此，我认为，封建农奴制与资本雇佣劳动制之间，从生产方式和社会制度，都有一个过渡环节，这就是集权官僚制，虽然其在各国存在的时间长短不一，但却有历史和逻辑的普遍性。这个社会阶段可以称为集权官僚农民社会。

集权官僚农民社会的特点是：官僚阶级集合了全部土地，即主要生产资料的所有权，并由官僚个人及部分地主掌控相当一部分土地的占有权。官僚（其首领是皇帝）掌握全部政治权利，废除封建领主，实行大一统的集权统治。与之相应，部落联盟转变为民族，并建立系统的国家政权，以皇帝的名义掌控土地和人口的所有权，并由国家将一部分土地占有权以勋田、禄田等名义分给官僚，形成官僚地主；另一部分土地占有权以"均配"方式分给农民。土地占有权可以买卖，由于买卖占有权和人口的增加，就会有相当一部分农民（佃农）失去或没有土地占有权，只能向官僚地主租土地使用权。除官僚地主外，还有一部分商人和富裕农民购买较多土地占有权，成为地主，其土地大部分也租给佃农。地主和拥有土地占有权的农民要向国家交税，佃农要向地主交租。农民拥有对自身劳动力的所有权，因此，他们可以出卖劳动力使用权给地主（成为雇农）或商人。农民没有政治权利。与农奴相比，农民的经济权利明显增多，社会地位也相应提高，这既是其素质技能提高的要求和表现，也是素质技能提高的原因。而这，恰是率先两千年进入集权官僚农民社会的中国在农业文明发展中领先于世的根据。欧洲近代反封建的斗争，特别是启蒙学者，把实行集权官僚制作为目标（"全盘华化"），也表明这种制度比封建农奴制先进，而欧洲的民族，如英吉利族、法兰西族、德意志族等也随这个制度的建立而形成。

资本雇佣劳动社会。这是近代以来人类总体所进入的历史阶段，先从欧洲的英、法两国开始，进而扩展全全世界。正当18世纪魁奈、伏尔泰等人在法国及全欧洲倡导实行"中国的专制制度"时，他们没有注意到，其所赖以进行社会变革的力量，是比农业生产方式更为先进的资本化的手工业和商业，由此而形成的资本所有者阶级的目的，并不是建立集权官僚制和小农经济，而是资本雇佣劳动的制度。但农奴和农民理所当然地成为其同盟者。资产阶级与要建立大一统专制的国王联合，共同变革封建制度，这也是在欧洲封建农奴社会到资本雇佣劳动社会之间，出现一个类似中国集权官僚制的过渡时期的原因。其政治上的成果，是建立了集权官僚统治和解放农奴，使农奴成为自由的农民或雇佣劳动者，他们拥有自身劳动力所有权，农民在短期内拥有对小块土地的所有权或占有权，而雇佣劳动者则出卖其劳动力使用权为生。

这些，都是资本雇佣劳动制的必要历史前提。而资本雇佣劳动制的建立,却又是对集权官僚制和小农经济——"以个人自己的劳动为基础的私有制"否定的开始。即以资本股份制式的民主来改造集权官僚制,将之变成民主制下的行政管理体制,包括大公司也以此为模式建立管理机构,并通过资本化将生产资料与劳动力两个所有权分离,使劳动者成为自由的劳动力所有权主体和劳动力使用权的出卖者。劳动者的剩余价值归资本所有者。资本所有者与劳动力所有者的对立统一成为社会的主要矛盾。随着劳动者的联合与斗争,其依据人身权、公民权和劳动力所有权的民主权也逐步得到社会认可和加强。资本制中的民主制实则在公民社会基础上资本(生产资料)所有权派生的资本专制权与劳动力所有权派生的民主权的对立统一体。

民主劳动社会。这是对资本雇佣劳动制否定后所要建立的社会,在工业生产方式发展的过程中,劳动者以其素质技能的提高为根据,依据人身权、公民权、劳动力所有权派生的民主权结成社会势力进行斗争,夺取政权并建立自主劳动的社会制度。对此,马克思曾称为"共产主义社会",而现在统称为"社会主义社会"。"共产主义"是比"社会主义"更为准确的提法,但人们已习惯于将"共产主义"看成"社会主义"之后的历史阶段。再者,"共产"并不能表示政治制度的特点。我用"民主劳动社会",即"劳动社会主义"主导的社会,在它之后人类当然还要有新的历史阶段,但我们的规定限于现在,即已经开始的以劳动者为主体的社会变革运动所要建立的民主劳动社会。

民主劳动社会或劳动社会主义社会的特点在于:劳动者拥有人身权、公民权、自己劳动力的所有权和生产资料的所有权,以及由人身权、公民权和这两个所有权派生的民主权。生产资料的个人所有权又派生并集合为共同占有的权利,由经民主权立法并选举产生的公共权利机构行使,受同样选举产生的执法权、司法权和行政权行使机构的监督、管理,以及劳动者的民主监督。劳动力所有权在公有制企业中,也派生并集合为共同占有权,劳动者民主选举其行使机构负责人。公有制企业由上述两个所有权占有机构联合,选聘经营权行使者,劳动者在经营者的组织管理下各尽所能地劳动,并按所付出劳动的质和量,领取生活资料。劳动者所创造的公共价值,由占有权、行政权的行使机构统一处置,用于扩大再生产和社会保障、公共事业、社会福利。

民主劳动社会,是劳动解放和人性升华的一个关键环节,前面几个历史阶段,除原始社会之外,均是阶级社会,劳动者的素质技能相对低下,处于被统治地位,其间几个阶段的过渡,虽有进步,但总地说还是量的变化,未能脱离人类的"史前时期",人性中的动物一般性仍占主导地位。民主劳动社会,则是人类"史前时期"结束后全新的社会形式,因此,它对资本雇佣劳动制度的否定,是人性升华的质变过程。这个过程刚刚开始,20世纪俄国、中国等社会主义国家建立的初级社会主义制度,以及西方各国的社会主义运动,都是建立民主劳动制度的必要环节,其中经验和教训,是未来发展的必要前提,应认真分析总结。

八、阶级、国家与革命

阶级是人类历史特定阶段的社会结构形式,原始社会之后到民主劳动社会间的各历史阶段,都是阶级社会,存在着统治与被统治、剥削与被剥削的对立阶级,阶级矛盾是社会的主要矛盾。对立的阶级利益,又形成对立的阶级意识。阶级意识是阶级存在和阶级斗争的必要内容。阶级矛盾和阶级统治导致国家的出现,并行使阶级统治的职能。当阶级矛盾激化,阶级斗争就表现为革命,即由被统治阶级所体现的新的社会势力逐步壮大,展开针对旧国家政权的变革运动。

人是个体存在的，若以感性的实证，是看不到阶级的，只能看到一个个各自生存、活动的人。现在的统治者仍在支使其思想代表，以实证主义的方法否认阶级的存在。他们所承认的人类总体性，只是国家，并把国家的利益说成最高利益，其中原因很简单：国家不过是他们手中的工具，国家利益也就是他们的利益。而承认阶级，就等于承认他们与广大劳动群众的对立。

劳动社会观没有必要掩饰阶级的存在，历史的进步要求变革社会结构，变革的势力必须认知这个结构，也就要求承认并分析阶级。早期资产阶级思想家为推翻封建和专制统治，提出了阶级的概念，并进行了阶级的分析。但他们的分析主要是针对政治权利和地位的，即认为社会有三大阶级：领主、僧侣、平民（包括农奴），但对于平民内部的阶级关系未加分析。根据当时的历史条件，他们号召"第三阶级"起来反对领主和僧侣的统治，建立以自然权利平等为基础，财产所有权为主导的资本主义社会。

阶级作为社会总体结构的组成部分，包括经济、政治、文化三方面的内容，其中，经济是基础，但政治、文化绝非可有可无。20世纪的"马克思主义者"中，曾有一些人，片面强调阶级的经济性，只从经济角度规定阶级，是不全面、不准确的。

阶级是总体性的，是个体人经济、政治权利及文化观念的集合与分层。因此，对阶级的规定，首先就集中于对个人权利的分析，并从其中概括出共性。从这个角度说，阶级就是社会总体中个体权利层次的界定，是依据权利关系对人类总体社会地位层次的规定。处于相同权利层次或社会地位者，就构成一个阶级。

权利，作为人格和价值的体现，集中表现在对人身权和物质财富的所有权上。

人身权的基本内容，在于确定人的自主和自由，在经济上，主要是劳动力的所有权。这个权利,对于非劳动者而言,似乎没有意义,但对劳动者——生产的主体、文明的主体——来说,却是根本性权利。从原始社会的无权利规定,到奴隶社会中奴隶的人身权归奴隶主,是一大转折,但相对将俘虏作为食物杀了吃,把他们作为奴隶,毕竟是承认了其劳动力的效能。封建农奴社会,农奴虽仍无人身权和劳动力所有权,但有了相对独立的由自己支配的劳动力使用权,将之用于归其使用的土地上,并对收获物有一部分收益权。集权官僚农民社会的进步,首先在于确定了农民相对的人身权(名义上仍属于皇帝)和劳动力所有权。资本雇佣劳动社会则进一步在明确劳动者的人身权和劳动力所有权的基础上,要求其将劳动力使用权出卖交换生活资料,由此促进了劳动者素质技能的提高和流动,并形成了以人身权、公民权、劳动力所有权为依据的政治民主权。

对财产的所有权包括生产资料所有权,在以货币标志价值的条件下,财产所有权以货币来计量。在阶级的规定上,过去常有人只注重生产资料的所有权,这是不够的,还应包括对非生产资料财产的所有权,更重要的是劳动力所有权——这往往是被人忽略的。而生产资料的所有权,还包括对自然资源的所有权,在农业生产条件下,主要是针对土地,这也是当时统治者都要把神、上帝、天命等说成决定性力量的原因。各阶级社会的统治阶级,都以拥有生产资料所有权为其统治的根据,而其统治的首要环节,也是保证生产资料的所有权。中国古代的"打天下,坐江山",西方近代的"私有财产神圣不可侵犯"等观念,都突出地表明了这一点。生产资料虽然只是劳动的条件,但没有这个条件,劳动就不能进行。统治阶级就是通过对生产资料和劳动者劳动力的控制,来支配劳动者的。他们的作用,或者说其素质技能,在于以暴力及欺骗的方式,有效地确立并保证生产资料的所有权,由此而支配劳动者。

对生产资料所有权的掌控,和通过拥有劳动者的人身权、人身依附权来控制其劳动力,以及通过购买劳动力使用权来掌控劳动力的使用,统治阶级成了生产的主宰,并占有劳动者的产品或服务,也正是在这个意义上,列宁认为阶级就是"无偿占有他人劳动"。

从奴隶主到封建领主,到官僚地主,到资本所有者,都相当明确其利益之所在,并在世代的传承中,积累了丰富的统治经验,尤其重要的是,形成了主导社会的阶级意识,并把它论说为神意、上帝旨意、天命、"自然规律"("绝对精神")等。

一个阶级,经济上的所有权是政治上统治权的基础,政治上的统治权又是经济上所有权的保证,这两个权利,是其在社会中居统治或主导地位的根本。阶级统治是要通过国家这个集中政治权利的机构来行使的。统治阶级对政治权利的掌控和被统治阶级在政治上的无权或少权,是统一的,也是阶级社会的重要标志。与之相应,在文化上其阶级意识也居统治地位,并在将其经济、政治权利论证为绝对的、永恒的权利的同时,宣称被统治者的无权及被支配是应该的。更为重要的是,被统治者也会认可统治阶级的意识,由此达到统治阶级从经济到政治到文化的全面统治。

一个阶级,不仅是经济的存在和政治的存在,也是文化的存在。只有本阶级的个体具有了明确其经济、政治权利的阶级意识,这个阶级才是自觉自为的阶级,否则只是自在的阶级。自在的阶级中的个体,是分散的存在,并不能形成阶级的总体势力。这既是其个体无权或少权的表现,又是他们不能以联合的力量争取权利的原因。这些没有或不明确阶级意识的个人,并不能构成维护自己利益的总体。他们只有在受统治阶级压制和支配时,才是一个阶级,但在统治阶级意识中,这些人都是个体,并不构成一个与其对立的阶级。而这些个体人,都将自己的意识局限于个体(至多是家庭)的生存利益,不仅会被迫接受统治阶级的统治,还会认可其阶级意识。

被统治的劳动者,只有意识到个体利益与其地位相同者的一致,并由此而形成总体的观念和联合起来争取权利的思想,才具备了阶级意识,从自在的阶级变成自为的阶级。而这一层,统治阶级在作为阶级存在时,就已经具备了。阶级意识确立的一个标志,是阶级观念即主义与以其为核心的思想体系的形成,它概括了本阶级的利益,并规定了个体人的权利与阶级总体权利的关系,要求个体人服从阶级总体的利益,阶级总体又要充分保证个体利益。由此观之,已有历史各阶段中的统治阶级,都有其阶级观念和系统的思想体系,并由一批专门的思想家从事规定、论证,以及包括其阶级所有成员在内的宣传。而被统治阶级,只有到资本雇佣劳动社会,才形成了自己的阶级观念和思想体系,即以劳动主义为哲学观念的社会主义。也正因此,才有了19世纪开始的工人运动和社会主义运动。此前各社会中,虽然也有个别思想家或多或少概括劳动者的利益,如中国的墨翟及墨家,西方的早期基督教等,但都构不成体系,或是被阻止,或是被改造为新的统治阶级思想体系——基督教就是其典型。

也正因此,我们可以说,劳动者虽然自人类出现就是生产的主体,但劳动者的阶级意识,实则是从资本雇佣劳动社会开始形成的,这是劳动者的人身权、公民权、劳动力所有权及民主权的反映,是其素质技能提高的表现,更重要的是,雇佣劳动者,或无(资本)产者在其阶级意识的导引下,逐步作为一个自为的阶级,为保护自己的权利,进行着不懈的斗争。而这又进一步提高了其社会地位和素质技能。

社会主义是资本雇佣劳动社会向民主劳动社会转变中劳动者的阶级意识,它不仅要概括劳动者个体意识,聚合劳动者的分散力量为总体的变革势力,还要在废除资本所有权和政治统治权的基础上,建立由劳动者拥有人身权、公民权与劳动力和生产资料两个所有权,以及民主权的社会制度,并在保证劳动者权利的同时,进一步提高并发挥其素质技能,以强化其阶级意识。

国家是阶级统治的要求和实现手段，是统治阶级意识的政治化，并以法律、政权机构、政策等手段，保证和实现统治阶级利益，控制社会成员，调解统治阶级内部各阶层、集团和个体之间关系，支配被统治者，主导社会生活的工具。同时也是阶级矛盾制衡态的集中体现，被统治阶级的利益、权利和社会势力，虽处矛盾的次要方面，但依然对统治阶级有所制约，其制约的程度取决于势力的对比，这种制约也要在国家得到体现。有人将国家说成是"超阶级"的，是全社会总体的代表，不过是将阶级矛盾制衡态说成总体的和谐一致，而故意忽略或掩饰其中包含的阶级对立和阶级统治。

国家自奴隶社会开始出现，历代统治阶级曾以"神意"、"上帝"、"天命"等来论证国家的性质，其阶级的统治地位、个人的权利和权威、法律和政策、政权机构的设置与运行，以及对民众的统治，都是这些外在于、高大于人的神秘力量的体现。为此，都要有一种宗教或类似的教义作为其统治文化，即统治阶级的意识作为国家的理论基础。古希腊时期的诸神分别为奴隶主的依靠；"上帝"则是欧洲封建领主的根据，教会本身就是国家政权的一部分；"天命"是中国以皇帝名义的专制国家的理由，"圣旨"上第一句"奉天承运皇帝"，集中表明了这一点。

到资本雇佣劳动社会，资产阶级则将"自然规律"神圣化、绝对化，进而将财产所有权作为根本权利，其国家统治，是以保证并实现以"自然规律"为根据的财富占有和增殖为目的的，因此，它的实在根据，仍和以前各历史阶段一样，也是对生产资料的所有权。由此权生出的政治权利及其国家，不可避免地带有专制的性质，依然是以组织起来的暴力对社会的控制。资产阶级思想家所标榜的"民主"，在其意识形态和国家统治中实际是不存在的。与公开的专制不同的是，资产阶级国家的专制是通过复杂的程序和层次实现的。由于劳动者在社会主义指导下的觉悟与组织，形成了强大的社会势力，资产阶级不能像以前的统治阶级那样，由一个绝对的权威实行专制，而是由全体资本所有者按其资本量以股份制公司的方式，实行大资本的寡头统治，这样，即使是在资产阶级内部，也会在政治上采取按资本量为根据的选举等"民主"形式。

劳动者根据其人身权、公民权和对劳动力的所有权，也要求并争取政治上的民主权，经过一个多世纪的斗争，特别是依据劳动力所有权组建的工会和依据结社权建立的政党组织的社会变革运动，民主权逐步得到法律认可，并与妇女运动争得的妇女的民主权几乎同时参与进国家及其运作中。这是人类历史上最重要的变革，劳动者（包括劳动妇女）第一次拥有了政治权利，并参加政治活动。这些，必然体现于国家之中，立法、执法、司法、行政等国家权利机构，都因劳动者的民主权而有了民主的因素。这种变革是劳动者在社会主义运动中艰难斗争，付出了巨大代价争来的，绝非资本统治所恩赏的。虽然民主权与资本专制权相比，仍处矛盾的次要方面，但毕竟已成为国家中一个要素，二者在国家达到一定的制衡态。由此，国家才在形式上成为"全体公民意志"的体现。不过，这种体现只是为劳动者争取自己的社会主体地位，维护局部利益提供了一个条件，要想真正在形式和内容上都实现民主，必须进行更为彻底的革命。

这场革命的目标，就是夺取并废除生产资料由非劳动者所有和由资本专制权操纵国家的制度，即民主劳动社会制度的建立。民主劳动社会依然要保留国家，但这个国家的基础，是劳动，是劳动者的人身权、公民权和对劳动力的所有权以及对劳动所生产的生产资料与自然资源的所有权，并在这些权利的基础上形成以人为单位（而非以财产量为单位）的民主权。成为社会主体的劳动者行使其民主权，立法并选举监督国家机构的负责人，以法制来调节社会成员间的关系，并导引社会发展。而国家演化到这个阶段，其作为阶级统治工具的职能逐渐退化，再进一步的演化，就有可能消亡，社会总体将以一种新的政治形式，来调控和导引个体的自由发展。

革命，是社会根本性的、质的变革，是人性升华的关键性环节。革命的动力，源自劳动者素质技能的提高；革命的动因，在于劳动者争取提高社会地位的要求；革命的成果，体现于劳动者权利的增加和社会制度的变革。从这种意义上说，彻底而最重要的革命，就是争取建立民主劳动社会的变革运动，这是人类摆脱其"史前时期"的决定性一步。但从已有的历史进程看，也可以将此前各社会形态的转变，看成阶段性的革命，它们也是人性升华的关键环节，是应予以重视的。

迄今为止，值得关注的革命，有奴隶制将俘虏从食物变为奴隶的变革，封建农奴制对奴隶制的变革，集权官僚制对封建农奴制的变革，以及资产阶级的革命和社会主义运动。

奴隶制，历来被人称为最残酷的制度，但对于第一个和第一批不杀俘虏的部族首领，特别是免被食用的奴隶而言，不仅是"仁慈"的，也确实带有"革命"的性质。而从毫无权利的奴隶到拥有劳动力和小块土地使用权的农奴，其变化也是一场革命。这在农奴转变为农民，不仅有了劳动力所有权，并有了小块土地的占有权时，得到更明显的体现。这些阶段性的革命，都是经素质技能提高了的劳动者艰难斗争，并由劳动者的斗争引发了统治阶级内部的分化，形成变革势力，并组织利用劳动者进行艰苦斗争才得以完成的。

近代以来的资产阶级革命，较以前的历次革命都更为深刻和彻底，并有明确的思想和政治纲领，系统提出了建立新的以财产所有权为核心的制度，并强调人在人身权基础上的自由、平等、博爱。虽然革命的结果并不如革命理论家所期望的那样美好，但毕竟废除了土地和农奴归领主世袭所有的制度，生产资料资本化和劳动者人身权、劳动力所有权的确立，形成了资产阶级和雇佣劳动者阶级两大阶级的矛盾。资本雇佣劳动制比封建农奴制及集权官僚制的进步性,是显而易见的,但它自身的局限和缺陷,也在其发展中日益明显,因此,也就需要进一步的革命。

这就是以共产主义或劳动社会主义为旗帜的革命:变资本雇佣劳动社会为民主劳动社会。这场革命的实质,是在确保劳动者人身权的前提下,明确其劳动力所有权,并拥有其劳动创造价值的生产资料的所有权,以政治上的民主制来保证劳动者的民主权和社会主体地位。

这场革命不仅是一次历史阶段性的革命,也是人类摆脱其"史前时期",进入真正人的历史的革命。从马克思倡导开始,这场革命已经进行了一百多年,其间曾一度相当辉煌,俄国革命和中国革命的成就,不仅证明了革命的必然性,也极大地鼓舞全世界劳动者争取解放的斗争。但由于这场革命的深刻性及复杂性,到20世纪末又出现了曲折。这并不奇怪,重要的是应从曲折中总结教训,分析矛盾。究其根本,还在渗透于、潜藏于、滋生于革命队伍的旧势力太强,而相对弱小的劳动社会主义势力,又未能充分落实劳动者个人权利,而行政集权体制的保留和扩充,又障碍并破坏了劳动者以民主法制保证其自由发展和在此基础上联合斗争,因而导致在夺取政权后公共权利机构中的投机者与社会上残余旧统治势力联合构成的旧势力逐步增长,并与国外大资本财团相勾结,形成官僚买办资本集团,干扰、破坏革命的进程,在苏联解体后的俄国,这股势力甚至成为社会矛盾的主要方面。而西方以社会民主主义为代表的变革势力,虽然在其"和平演变"资本雇佣劳动制的路线上取得了一定成就,但在制度变革上的力度不够,而且沉迷于"议会道路"和拉选票,因此为一些没有革命精神的政客的投机提供了条件,革命演变为改良,改良演变为机会主义的妥协,致使变革势力依然还处于资本雇佣劳动社会主要矛盾的次要矛盾方面。

劳动社会主义的革命，还是一个漫长的过程，并不因夺取政权就结束。作为人类摆脱"史前时期"的彻底革命，夺取政权只是"万里长征第一步"，还要在这个政权下，进行长期的、艰难的继续革命，在经济、政治、文化全方位实现劳动解放和人性的升华。

第八章

劳动社会主义

劳动主义作为哲学体系,其内容包括基本观念、方法论和社会观,以劳动主义为指导的社会主义就是劳动社会主义。劳动社会主义理论是包括劳动主义哲学在内的大系统,更为重要的是,理论要实践于运动,运动要集合、体现于制度。劳动主义是劳动社会主义理论的哲学基础和出发点,它展开于劳动社会主义理论体系的具体层次,并贯彻于劳动社会主义运动和制度中。

一、劳动者个人主义的集合与实现

"苏联模式"社会主义的特点之一,就是强调总体、集体的利益,将国家、集体说成是至高无上的,个体只是总体、集体的填充物,要无条件地服从国家或集体单位的需要。这个体制排斥个性自由和个人权利,批判并反对个人主义。在苏联教科书中,"社会主义"是与个人主义截然对立的,要求个人只能放弃其个体意识和利益,绝对地服从掌握国家或集体单位总体权利的领导的意志。这是"苏联模式"的局限和根本缺陷,是其未能体现社会主义本质和原则的集中表现,"苏联模式"的失败与之有密切关系。也正是针对

"苏联模式"的这一特点，资本主义思想家迄今仍然以"违背人性和自然权利"、"集权专制"等来攻击社会主义。

不容否认，"苏联模式"是俄国、中国等资本主义不发达国家社会主义运动及其制度化的必要形式，在短期内保留行政集权体制，强调总体发展是有一定合理性的。但这样做的同时，必须明确其短暂性和改革的必要性。可惜的是，"苏联模式"的设计者并没有认知这一点，而是将不断高度集权作为目标。至于这个体制的既得利益者则进一步把行政集权作为其生命线，坚决反对改革，并废除保证民众发表意见的法律条文，制止和镇压民众对"领导"的批评。这样，"苏联模式"所包含的并不充分的社会主义本质和原则就被清除，"苏联模式"被新的官僚资本主义所取代。

分析"苏联模式"的局限，反思已有对社会主义的理论规定，我们认识到：社会主义并不排斥个体利益和个性自由，而是要实现和保证个体利益和个性自由；社会主义并不简单地反对个人主义，而是在克服以财产所有权为根据和核心的个人主义的同时，争取并实现以劳动为根据和核心的个人主义。社会主义就是劳动者个人主义的集合与实现。

也正是在这种反思中，我发现"社会主义"一词并不能准确表示其应有的含义。在《民权国有》[①]一书的前言中，对此做了分析，后来就以"劳动社会主义"来表达我所理解的近现代以劳动者为主体的社会变革及其理论和制度。

汉字中的"社"，意为土地之神，衍指土神之所，即社庙、社官，进而称古代地方基层行政单位，相当于"里"。社仓、社学也简称为"社"。"会"即集合，众人集合的活动。"社会"，古时社日，里社举行赛会，后泛指演艺集会。另，民间还有将家族、亲朋间临

[①] 该书于2002年由中国经济出版社出版。

时性互助称为"社会"的,如"起社"、"请会",有特殊困难者经族长、族尊同意,在特定范围内请人资助,而当"社会"中其他人有困难时,此人也要出相应资助,这大概是民间共济的重要形式。而拉丁语中 Socialis（同伴、同伙）和 Socius（社交）,都有共同、集体活动之意,以"社会"译之,使其义更为准确。现代汉语中的"社会",无疑是从对西语上述两词的翻译确定其义的,"社"为范围,"会"为人们集合性活动。"社会"既可以表示群体的存在,又可以表示人与人之间的相互关系。

"主义"是指学说、理论、观念。"社会"加上"主义"所构成的"社会主义"一词,是很费解的,一可以理解为关于总体、集体、群体的学说;二可以理解为探讨人际关系的学说;三可以理解为从总体、集体、群体立论的学说;四可以理解为以总体、集体为主的学说。第一、二种理解是最贴近词义,也是一般性的,按照这两种理解,"社会主义"就是关于社会和人际关系的学说,而所有的社会学说,无论哪一门派都是如此。"社会主义"等于"社会科学"和"社会学说"。第三种理解比较能反映问题的实质,也是从圣西门、傅立叶、欧文以来主流社会主义的本意,但"从社会立论"还是不明确其主体的,是谁从社会角度来立论？所以又有马克思所批判的"封建的社会主义"之类派别出现。第四种理解是"苏联模式"的理论依据,突出总体,贬低个体;强调集体,要求个体服从集体;强化集中,排斥个性自由。而总体、集体又由少数个体为代表、为领导。

这四种理解囊括了关于"社会主义"一词所包括的全部含义,但它们有一个共同点就是以"社会"为主语、为主体。然而,社会可以作为主语,却不能成为主体。社会是总体,总体并不是绝对的同一,而是分成阶级的矛盾体,"社会主义"是以社会总体中哪个阶级为主体的学说？"社会主义"一词并不能明确其主体性,如果以

"社会"为主体，等于没有主体。而以总体、集体为主体又会导致"苏联模式"的弊端，即最终以"领导"为主体。

不仅没有明确主体，"社会主义"一词也没有明确其根据。与"资本主义"相比，这一点相当明显。"资本主义"是以资本为根据，以资本所有者为主体的学说。"资本"一词相当准确地概括了其性质和特点，而"社会"却不能体现其"主义"所根据的特点。如果说"社会"就是根据，那么，资本统治的社会、集权专制的社会、封建领主统治的社会、奴隶主统治的社会都是"社会"，是否都可以成为"社会主义"的根据？

必须在明确"社会主义"的主体的同时，明确其根据。这正是我提出以"劳动社会主义"取代"社会主义"的缘由。"劳动社会主义"的主体是劳动者，根据是劳动。这样，其性质和特点也就都明确了。联想到马克思坚持使用"共产主义"，而不用"社会主义"一词，原因也应在于此。

孔丘说："名不正，则言不顺；言不顺，则事不成。"所以强调"必也正名乎！"[1] 我之所以用"劳动社会主义"来取代或充实"社会主义"，就在于"正名"，进而以求"言顺"、"事成"。实际上，以往关于"社会主义"理论上的分歧，甚至运动中的分裂，都在一定程度上与其"名不正"有关。

由于"社会主义"一词已成为通用术语，因此，在本书前面各章我还依习惯使用它，但内涵已是"劳动社会主义"。或许在其他文论中也不得不循大众语言习惯用"社会主义"，但其实为这里所论证的"劳动社会主义。"

将"社会主义"理解为以总体、集体为主的学说，"苏联模式"贬低个体、排斥个性自由的弊端导致对个人主义的错误认识。劳动

---

[1] 《论语·子路》。

社会主义并不否认个人主义在历史和逻辑上的地位，但要分清以劳动为根据的个人主义和以资本为根据的个人主义的差别，在保证劳动者个人利益、权利、地位、自由的过程中，集合并实现劳动者的个人主义。

个人主义是在反对封建和专制的过程中提出的。在人类农业文明时代的四大"文化圈"——佛教文化、儒家文化、基督教文化和伊斯兰教文化中，唯有基督教文化进行了内在的批判和改革，这就是路德的"宗教改革"运动，其特点是强调"上帝面前人人平等"，反对教会对教民的控制。这个改革引发了"文艺复兴"和"启蒙运动"，而其思想的出发点和主线就是个人主义。正是这个改革，导致欧洲资本主义的发展，并开创了工业文明。而其他三种文化圈则因没有内生的改革，或改革的力度不够，造成封闭和保守，以致在工业文明的发展中处于落后状态。

个人主义最初是市民意识的体现，逐步成为唯物主义文化观的主要内容，它在演进中逐步与资本主义经济相统一，并成为资本主义文体的基础。但在其形成时，却是立足于受封建和专制统治的第三等级，即农民、农奴、零售商、手工业者和有产业的清教徒等人的立场，以反对封建和专制统治为目的的，其突出的代表是洛克和卢梭。

洛克以"劳动"作为其经济思想的出发点，并以此来论证其文化个人主义观念。洛克在《政府论》中对"生命、自由和财产的自然权利"进行论述，他认为"自然权利"的基础主要就是个人的劳动，并根据劳动来享受劳动的成果。洛克所说的"劳动"，不是奴隶劳动，而是自由的劳动，是以农民和手工业者为主的体力劳动，劳动将土地及其上产出物变成劳动者的私有财产。他由此而得出的个人主义观念，更多的是体现"以个人劳动为基础的私有制"的意识形态。虽然他那个时代的劳动者后来逐步分化，其中有一部分变成了资本家，而这些资本家也在坚持私有制和个人主义，从这个意义上，我们可以说，以洛克为代表的早期唯物主义者所倡导的个人主义，在一定程度上体现着"以个人劳动为基础的私有制"的劳动者的利益和意识。

启蒙运动中，进步思想家公然反对"上帝"的存在，强调人的自然性，认为所有个体人都是生来平等的、自由的。在这方面，卢梭的"天赋人权"说具有代表性，也使个人主义进一步延伸。卢梭认为，人类是自然形成的，在"太古时代"的"自然状态"下，所有个体人都是自由平等的。而且，按照"自然秩序"，任何时代的人也都应是平等的，个体与个体之间，并没有天生的权利、地位差别，大家都是人，人与人"生来是平等的"，而且都有自然的对自由的追求。人的生存欲念和道德情感都是自然的，而首要的情感就是对自己存在的情感，人基本的关怀就是对自己生存的关怀。他写道：

> 人性的首要法则就是要维护自身的生存，人性的首要关怀就是对于自身的关怀。①

> 自由是天赋的权利，是不可侵犯，不应放弃的。

> 放弃自己的自由，就是放弃做人的资格，就是放弃人类的权利，甚至就是放弃自己的责任。对于一个放弃一切的人，是不可能有任何补偿的。这样的一切弃权是不合乎人性的；而且取消自己意志的一切自由，也就取消了自己行为的一切道德性。②

---

① 卢梭：《社会契约论》，北京：商务印书馆1963年版，第7页。
② 同上书，第13页。

强调人的自然权利，以个人为本位，以个人的存在和自由为出发点和归结点，这是个人主义的基本内容。与之相应，早期资本主义政治经济学家在论证经济关系时，提出了劳动创造价值的原则。洛克、配第等人曾对此有过论述，到斯密那里，论证了"经济人"作为个人的经济存在，而且是以劳动为经济人的基本活动方式。从这个意义上说，劳动价值论也就是体现个人主义的经济观念：劳动的个人以其劳动创造的产品与他人劳动的产品相交换，由此满足个人的需求。交换的比例是以所付出的劳动量为标准的。不过，斯密在对劳动价值论作出论证以后，又立即发现其与他所主张的资本主义有矛盾，即不劳动但握有资本所有权的资本家也占有产品和价值，于是提出"购买到的劳动价值论"和"三种收入价值论"。这本身已是对劳动价值论的否定。

初期的个人主义，或"原始的"个人主义，是早期以资产阶级为主的市民意识，但却是以"全体个人共同的主义"的形式出现的。它有如下基本内容：一、自然权利，包括人身权和财产所有权；二、个人自由；三、个人选择；四、个人竞争；五、个人平等；六、个人自立；七、个人隐私；八、个人思考；九、个人表现。

从启蒙思想家到休谟和斯密，乃至现代的哈耶克，都不否认个人与社会的联系。但他们在方法上都有一个共同点，即否认个人的阶级性，因而试图论证一种全体个人都信从的个人主义。当他们做这种论证的时候，又往往是从抽象的个人出发，因此，他们说的个人是没有阶级，也没有社会地位差别的。在这抽象的论证中，个人主义应是以个人的素质技能及其发挥为依据的个人本位主义，在经济上则以劳动为其自由竞争并占有物质财富的根据。然而，由于"私有财产神圣不可侵犯"和资本主义制度，个人本位又以对财产的所有权为依据，这样，虽然在一般原则上还是个人主义的，但事实上已成为资本主义的,个人已成为资本的附庸:或是"资本的人格化"——资本所有者,或是由资本购买的劳动力使用权的所有者——雇佣劳动者。

在成熟的资本雇佣劳动制度下,个人主义已分裂为两种:一是以人身权和劳动力所有权为根据的个人主义;二是以财产所有权为根据的个人主义。这两种个人主义的对立和统一构成资本主义社会文化和经济的基本矛盾。

如果将资本主义社会分为资本所有者和劳动者这两个主要阶级,他们都按自己的地位和利益信从个人主义,也会形成两种不同的个人主义。当资本所有者的个人主义与劳动者的个人主义相冲突,并压制劳动者个人主义的实现时,也就从这原始抽象的个人主义分化出两种具体的个人主义,前者是资本主义,后者是劳动社会主义。

资本主义是资本所有者个人主义的集合与实现,劳动社会主义是劳动者个人主义的集合与实现。资本主义是集合为阶级的资本所有者个人主义;劳动社会主义是集合为阶级的劳动者个人主义。由于资本所有者的个人主义在先并居统治地位,劳动者从其个人主义出发,也即为了其个性、人格、利益、自由,他们必须反对资本所有者的个人主义及其主导的制度,经过长期的努力和斗争,随着他们素质技能的提高,将逐步提高自己的社会地位,并由此而达到对资本所有者个人主义的否定,这也就是劳动社会主义——集合为阶级的劳动者个人主义的实现。如果突出与资本主义的本质区别,劳动社会主义也可以称为"劳本主义"。

劳动社会主义作为劳动者的个人主义并不否定个人利益,而是使个人利益的实现建立在充分尊重个体的人格、个性、尊严的平等的社会条件下,排除各种先天或后天的特权,为所有社会成员提供公平的发展和发挥自己素质技能的主义。

"苏联模式"的社会主义,一个重要缺陷就在于忽视了个人的自由和创造精神,不承认个人对劳动力和生产资料的所有权,限制了劳动者素质技能的培养和发挥,严重地束缚了个人的积极性,从而抑制了整个社会的活力。与此同时,少数在政党、政府、军队、企业等机构任职的公职人员,又利用其职务之便,为自己谋取各种特权,甚至以权谋私,这不仅严重地侵害了劳动群众的个人利益,也从根本上败坏了社会主义。这是封建主义和集权官僚主义在现实中的回光返照,而当这种人也以"社会主义"名义批判个人主义,并要求劳动群众"大公无私",甚至鼓噪"改革"的时候,民众对社会主义会怎么看?社会主义的真谛又怎么能体现出来?

苏联的解体,不是劳动社会主义的失败,而是少数封建主义者和集权官僚主义者为谋取其个人私利,侵害劳动群众个人利益,进而将其以权谋私而得到的利益和特权合法化、制度化的结果。

劳动社会主义是劳动者的个人主义的集合、升华和实现。劳动者是人,是体现着人本质核心要素的人。劳动者当然有自己的私利,因为他们要生存,要自由,要发展。劳动者并不要求剥削和控制他人。劳动者只有依靠劳动来生存并实现自己的价值,才能保持自己的本性,一旦他们不去劳动,而是以某种特权和手段去剥夺他人劳动成果时,他也就丧失了劳动者的资格。

以往论证社会主义时,往往是从自然物质和社会总体,从"历史规律"论起。"苏联模式"的缺陷,就在于把总体绝对化,把规律"客观"化、绝对化,从而贬抑个人权利和自由。劳动社会主义的论证,以人的存在和个体人格、价值、利益、权利、自由作为起点,即从劳动者个体,作为劳动者的"我"论起。

我生来人世,赤条条一个生命,与其他动物的区别,只在于人的形体及其所包含的遗传基因。但我生命成长的每一阶段、每一环节,都是在社会的养育培训之下进行的,我的父母、亲属、教师、同学、朋友,以及有关的各色人等,都是社会的成员,他们对我的成长所做的，无非是促使我具备人的体力和智力，具有与人交往的品德和知识。这样说来，我已经是我的社会的集合，而非纯粹之我，但我又是我，是区别于社会他人的，是社会总体的一员。

我是一个劳动者，以自己的体力和智力作用于社会，在为人类总体的存在和发展作出自己的努力。

然而，社会又是复杂的，不同的我有着不同的行为方式。自古以来，就有少数人不是将其体力和智力投于劳动，而是投于利用社会关系对他人的统治上，这样的人，不仅不必劳其心力而获得物质财富，且所占有的财富量远多于劳动的我。这批人是人类社会在特定条件下异化的表现，他们不是以劳动为本质，而是以劳动为耻辱，资本主义经济学家将劳动说成"负效用"，充分表明了这一点。按照他们的逻辑，人本性上就是"好逸恶劳"的，只有低等人才不得不以劳动为生，至于高等人，则应利用其对政权和财富的控制，管教低等人，强迫他们去做那些苦不堪言的劳动。

我是劳动者，而且并不想因改变自己的行为方式而将我的本质异化。在这个前提下，我的利益就是：能够正常地、在与他人的平等的社会环境中成长我的体力和智力，并有适当的资源和社会条件发挥我的体力和智力，进而，我的劳动成果能够得到社会的确认，我能从社会得到与我所付出的劳动量相当的物质资料，以及社会成员对我的价值认可。

当我把上述利益以理论进行表述的时候，就是我作为劳动者的个人主义。而为了在一个已经被异化，且阶级统治已经几千年的社会中达到我作为劳动者这么简单明了的利益，会遇到各种各样的阻力，这阻力不仅有经济上的，而且有政治、法律上的，有文化观念上的。总之一句话：那些非劳动的统治者是不愿意放弃既得利益，更不愿意恢复其人的本质和本性而成为劳动者的。由于阶级统治，劳动者中的相当一部分人，也接受了非劳动者的文化：他们也将劳动视为"负效用",是迫不得已而为之的,他们盼望着摆脱自己的苦难,但摆脱的方式又是设法不劳动而获得劳动的成果。中国历史上无数的农民起义领袖,不是被杀头,就是被"招安"当官,甚至"打天下"做皇帝当大官。他们的"造反",只是要与原来的统治者换个位置,由他们来当新的统治者。也正因此,朝代更替,而阶级统治依然。"文化大革命"中所集中暴露出来的"血统论",是这种观念在新中国政权中存在并反对变革的突出表现。在一定意义上说,正是这种观念所集合的那股势力,毁坏了中国劳动社会主义在夺取政权后继续革命所要达到的民主化目标。

劳动社会主义不是为使少数劳动者变成新的非劳动的统治者的主义,而是使所有的人都根据人本质的核心要素而劳动存在,并在共同劳动中建立人的社会关系的主义,马克思所用的"共产主义",即人人都共同劳动的主义,是比较准确的。当我在这里说"劳动社会主义"时,其基本含义就是"共产"。劳动不仅表示一种学说,还表现为以此学说进行的社会变革运动,表现为运动成果所体现的社会制度,它是对所有阶级统治制度的否定。

我的劳动社会主义,也即劳动主义,是以劳动为本位和根据的主义,是劳本主义,是劳动者个人主义的集合与实现。它的确立和系统论证,是对以往阶级统治制度和文化的批判,这种主义又必须凝聚起越来越多的劳动者,形成浩大的社会运动,才能逐步地实现,即建立劳动社会主义制度。

我的劳动社会主义需要劳动社会主义的我,也塑造劳动社会主义的我。劳动社会主义作为一种理论、运动和制度,必然对社会中的个体人产生影响,并制约他们依循劳动社会主义的原则去思想和行为。

劳动社会主义将使劳动者意识到人的本质,并为从事人本质核心要素的劳动而感到充实,劳动社会主义制度将保证每个劳动者的劳动得到相当的报酬和社会承认,从而也就使"劳动是人的第一需要"成为现实。劳动社会主义将改造旧的剥削者成为劳动者,他们也有体力和智力,也能从事劳动,并由此而实现其作为人的本质,他们曾有过的视劳动下贱的观念将得到克服。人类社会在公认劳动这个人本质的核心要素的同时,改变其需要、交往和意识。劳动社会主义要求并促进人的自由发展,而自由并不是任意,自由是在遵循人本质及其发展规律,即劳动人道主义前提下的发展。劳动社会主义在给全体社会成员提供自由条件的同时,也对全体社会成员予以制约。

劳动社会主义并不是天堂。它只是人类漫长历史发展进程中的一个阶段。人的存在实践及其社会交往中的矛盾是永恒的,劳动社会主义不是消灭社会矛盾,而是改变了矛盾的内容和形式。劳动社会主义的理论、运动和制度,都是由此而生的。

劳动社会主义的我,将是我在几千年的历史演化中的新生,而新生的我又会在新的社会矛盾中演化,并会由演化而再度新生。

当劳动社会主义成为全人类现实的社会制度时,曾经因它而产生的迷惑和分歧也将消失。但人的个性绝不会消失,而且随着素质技能的提高和自由发展,还会更为突出。在这种条件下,人们又会结成一种新型的、充满矛盾的社会生活和社会关系。未来的我和今天的我一样,还会对现实不满并希求变革,而这又会促成新的主义——劳动者自由发展的新理论、运动和制度。

二、以劳动者为主体的社会变革:理论、运动、制度的内在统一

劳动社会主义的主体是劳动者,这是它与以往各种社会学说的根本区别,不论封建主义、集权官僚主义,还是资本主义,虽然都在历史进程中起过进步作用,曾经是特定历史阶段社会变革的理论,并导引运动和贯彻于制度,但它们的主体都是非劳动者,所建立的

社会制度也都是阶级统治制度。劳动者是人本质意义上真正的社会主体，是体现人性升华，克服人性中动物一般性野蛮成分的主体。阶级统治的各种主义，其主体虽然也是人群中的一部分，却不能以人本质的核心要素劳动为根据，而是以非人的诸神、上帝、天命、自然物质为根据，将暴力和财富作为实行其主义的目的和手段。统治阶级中的个体也有人的形体、头脑和相应的智力、体力，他们也可以将之用于劳动，从而在本质上成为人。但他们却因自己的社会地位和利益结成非劳动的阶级，由此将智力变成欺骗力和统治术，将体力变成暴力，以此来确立其统治地位和占有劳动者的劳动成果。由此造成双重的异化，一是劳动者劳动的异化，二是统治者作为人本质的异化——当他们不再从事劳动时，也就放弃了人本质的核心，而其需要、交往和意识脱离了劳动这个核心，也就脱离了人的本质。

以这些脱离了人本质核心的统治阶级为主体的社会，是不完全、不成熟的社会。马克思将之称为人类的"史前时期"，是相当准确的。

劳动社会主义不是要用一个新的阶级统治取代旧的阶级统治，而是要消除阶级统治。这样，就必须确立劳动者的社会主体地位，由此构筑真正人的社会。劳动者作为社会主体的根据是劳动，是人本质的核心要素，当劳动者以劳动来确立其社会主体地位时，那些非劳动的统治者也就只有两条路可以选择：一是用脑力和体力于劳动，成为劳动者；二是因不劳动而被历史淘汰。当然，这个过程又是充满矛盾和斗争的，不仅旧的统治者会努力不劳动而获取财富，那些曾经的劳动者也会因在公共权利机构供职，而设法以权谋私——为自己及后代创造不劳而获，甚至统治他人的条件。这是人性升华进程中的干扰和反动势力，人性升华就是不断克服这种势力的过程。

只有确立劳动者的主体地位，才能建立和完善公有制与民主制，才能形成劳动者主体文化,才有劳动者的自由发展。

劳动社会主义或马克思说的"共产主义",在劳动者主体地位和主体意识确立的基础上,使人的本质得以展现,人性得以升华。

劳动社会主义并不是上帝救世的"福音",不是"天命"的意旨,也不是"自然规律"的实现,而是人类由其本质决定并要求的发展,是这种发展所体现的人性升华的总体形式。那些将神、上帝、天命、财富,乃至"自然规律"视为人类主宰和社会主体的社会观,不可能提出人性升华的观念,它们或许承认某种形式的社会变革,但不过是由一种新形式的主宰取代旧的主宰,这些主宰的共同点,就在于都是外在于人的。阶级社会中的统治者,即其社会主体,在观念上并不承认,或不明白人的本质和人性,而是将自己视为神、上帝、天命、财富、"自然规律"的代表。这样,不仅他们统治下的劳动者是被动的,他们自己也是被动的,他们关注的是运用暴力和欺骗来保住既有地位、利益,以及为后代继续其地位和利益。他们并不想改变社会制度,也不想提升自己的人性。

只有在阶级统治重压下的劳动者,在劳动的过程中,缓慢地提高素质技能,发展生产力,进而争取提高社会地位,才能促进社会量的变化,使人性有所升华,但其速度之慢,在几千年的时间内,竟还未能确立人本质的核心要素劳动在社会存在和关系中的核心地位,人性中动物一般性仍在人性的矛盾中占主要矛盾方面,其野蛮成分仍在社会生活中起主导作用。劳动社会主义所要进行的社会变革,不仅是对资本雇佣劳动制度的变革,而且是对所有阶级统治制度的变革;不是人性量的升华,而是人性质的升华,即将人性中动物一般性降为次要矛盾方面,并进一步克服其野蛮成分。而为明确和达到这一目的,劳动者成为社会主体是必要的前提,也只有成为社会主体的劳动者才能明确并争取实现这一目的。

劳动社会主义的变革和人性质的升华不能靠乞求统治阶级自我

修炼消磨其动物性野蛮成分，放弃统治和压迫来完成，而应由劳动者意识自己的主体地位，确立主体意识，并在联合起来为争取和保护自己的权利的运动中，在建立、改革、完善公有制和民主制的进程中实现，这不是号召劳动者为社会做什么"贡献"，而是劳动者自己明白这就是自己的利益，是作为人内在需要的自由发展的体现。

劳动社会主义的理论、运动、制度，是以劳动者联合起来争取和保护自己利益为内容的，其本质就是对这些内容中各要素内在联系的规定。

劳动社会主义理论是劳动者争取成为社会主体的社会变革的学说体系。劳动者以自己的辛勤和智慧创造了人类文明，但是，几千年有文字记载的历史上，劳动者却被描绘成"群氓"，只有在非劳动的统治者的"牧"、"管理"之下，才得以存活下来。他们没有政治、经济权利，只有在统治者意识形态的"教化"之下，才以"民"的身份保留在人类之中。在统治者的意识形态中，"民"不过是比动物多了说话的本领，其劳动与马、牛的拉车、耕田并无区别。"民"是不配有思想的，他们的头脑只是统治者指令的接收器而已。在沉重的阶级压迫之下，劳动者也不可能将其利益和意识概括成理论。而那些脑力劳动者们，也在特定的历史条件下，将自己的利益与统治者联在一起。读书人的目的就在做官或为阶级统治出谋划策，他们以自己的脑力劳动编织了一套如何牧民、教民、治民的意识形态。这是一种特殊的劳动异化。

代表劳动者利益的劳动社会主义的思想家们以自己的智力劳动，将劳动者的利益和意识做了理论的概括，形成了系统的学说体系，与统治阶级的意识形态相对立，并由更多的劳动社会主义者将之付诸实践，形成劳动社会主义运动，以期建立劳动社会主义制度。

劳动社会主义首先是以理论出现的，理论不仅是劳动社会主义逻辑和历史的第一阶段，也是它的基本形态，在劳动社会主义运动和制度中，理论并不是消失，而是在实践中验证和发展。理论对于运动的每一步骤，对于制度的每一环节，都是必要的前导；理论的演进，又都要以运动和制度的实践为基础，来源于实践，指导实践。

当劳动社会主义以理论的形式系统地概括了劳动者利益的时候，标志着劳动者已经摆脱了原来在意识上的个体性，确立了总体性，即形成了自己的阶段意识。阶级意识是阶级存在的反映，也是阶级存在的内在条件，在劳动社会主义理论出现之前，劳动者虽然有自己的阶级存在，但没有系统的阶级意识，从而也就不能组织成阶级来与统治阶级相对抗。奴隶、农奴和农民，只是在经济和社会结构中是一个阶级，而他们的经济和社会地位，又使他们分散地孤立存在。历代统治阶段，奴隶主、封建领主、官僚地主，都明确并熟练地运用着一个原则，即将所有的被统治者分隔，阻抑其联合，而统治阶级内部，却又要紧密联系。这样，统治者在总人口中虽占少数，但他们是联合着的；被统治者在总人口中虽占多数，但他们是分散而个别存在的。统治者以国家权力将被统治者分别创造的剩余产品聚敛起来，蓄养军队、政府、警察，以及一批御用文人。由此，阶级统治形成一个庞大而严密有力的机器，它面对的又是分散个别的被统治者，其优势是相当明显的。

劳动社会主义是工业文明时代雇佣劳动者阶级意识的理论形态，是在劳动者素质技能不断提高的基础上形成和发展的，它同时也是人类以劳动创造并发展自身以来，劳动者利益和意识的集中体现，是全部劳动者的意识的理论形态。既然劳动是人本质的核心，那么，劳动社会主义也就是人本质的理论形态，是人类经过几千年在劳动中的变革发展，对其本质的理论概括。劳动社会主义理论包括哲学观念，本质和原则，对资本主义及各种旧社会制度的批判，对社会主义运动和制度的论证，以至各国、各时代特殊矛盾的规定等内容。

劳动社会主义不主张由劳动者阶级变成新的统治阶级，放弃人本质核心的劳动，成为非劳动的剥削者。劳动社会主义主张消灭任何形式的阶级统治，它只是要求解除非劳动者对劳动者的控制和对劳动产品的无偿占有。劳动解放后的劳动者依然是劳动者，但是自由的劳动者，是人本质核心要素的实现。

劳动的解放也就是人的解放，是人类从社会总体上为所有个体人的劳动及其自由发展创造条件的过程，也是在劳动的基础上创造与个体人自由发展相适应的社会关系的过程。

现代劳动者的个体意识是劳动社会主义的基础，但并不直接就能成为劳动社会主义理论。劳动社会主义需要从劳动者的个体意识中进行理论概括，更需要对其作为阶级存在的社会关系和社会条件进行总体批判。个别的劳动者是从其个体存在来看待利益，形成意识的。在资本主义统治下，个别劳动者也会遵从资本主义，并将其利益放在摆脱自己的存在条件，甚至要求上升为资本所有者。但劳动者阶级总体，却不能以此为利益，其阶级意识也必须以消灭使自己作为阶级存在的社会关系为主要内容。卢卡奇写道：

> 由于无产阶级被历史赋予了自觉地改造社会的任务，它的阶级意识必然会在直接利益和长远目标之间、孤立因素和整体之间产生辩证的矛盾。因为孤立因素的具体地位和具体要求，从本性上说就是现在资本主义社会的组成部分。这种因素为社会规律所控制并从属于它的经济结构，只有当这种直接的利益结合到总的认识中来，并且同发展过程的最终目标联系起来时，它们才能成为革命的、具体而有意识地表明它已超出了资本主义社会的范围。这意味着，从主观上来说，即对于无产阶级的阶级意识而言，直接的利益和对整个社会的客观影响之间的辩证关系就在于无产阶级自身的意识之中。作为完全脱离所有（被归属的）

意识的纯客观过程，无产阶级并没有把自己搞得精疲力尽——像迄今为止的所有阶级那样。这样，无产阶级革命的胜利并不意味着，如同它以前的阶级那样，作为直接现实的特定社会的阶级存在，而是像青年马克思所清楚地看到和确定的那样，无产阶级革命的胜利就意味着它自身的消亡。《共产党宣言》阐述了这种区别：过去一切阶级在争得统治权之后，总是力图把已经获得的生活地位巩固起来，使全社会都服从保障它们的占有方式的条件。无产阶级只有消灭自己现有的占有方式，从而消灭全部至今存在的占有方式，才能获得社会生产力。①

卢卡奇是比较准确地理解了马克思有关共产主义的论述的。而某些夺取政权后以"马克思主义者"名义出现的政治人物，却不理解、或不愿理解马克思的有关思想。他们将夺得的政权视为自己的利益，并把巩固自己的利益作为主要目的。虽然他们为此想出了种种理由，但当他们为自己规定各种特权，甚至以政治权力来谋取个人私利的时候，他们已经与非劳动者的统治阶级无异。他们正依循着贵族、官僚或资本家的意识形态，设法将自己与劳动者分离，成为"上等人"，而视劳动者为"下等人"。

这种情况，在劳动社会主义运动及其制度化的初期，是难以避免的。它不仅说明劳动社会主义运动及其制度化是曲折的，也表明劳动社会主义的理论在这个阶段是需要不断充实和发展的。

马克思有关劳动社会主义的思想，是相当深刻，并具有一般性的，但他辩证的思维也不能脱离其所实证的对象的局限。马克思笔下的无产阶级，还是以 19 世纪中期的体力工人为主的，在他那里，

---

① 卢卡奇：《历史和阶级意识》，重庆：重庆出版社 1989 年版，第 81 页。

虽然没有将脑力雇佣劳动者排除在无产阶级之外,但也未能对其在劳动社会主义理论中的地位予以系统的论证。一个多世纪的历史发展,不仅使资本统治发生了重大变化,也使雇佣劳动者发生了重大变化。虽然这种变化并未改变两个阶级对立的实质,但量的变化也需要从理论上予以概括。

劳动社会主义不仅是对资本主义的批判和否定,更是劳动者自由发展的理论。只有不断提高素质技能的劳动者才能批判和否定资本主义,也只有在对资本主义的批判和否定中,才能提高劳动者素质技能。劳动者素质技能的提高是其自由发展的内在要素,也是劳动社会主义的根据。

劳动社会主义也有一般和特殊。从理论上说,劳动社会主义一般是人类社会发展特定阶段上劳动者利益和社会变革的抽象理论规定,而劳动社会主义特殊则是不同阶段、地区和国度劳动者利益和社会变革的具体理论规定。

劳动社会主义一般是以劳动社会主义特殊为基础的,劳动社会主义特殊又是以劳动社会主义一般为前导的。这种关系,只有在发展中才能表现出来。也只有辩证地处理好这种关系,才有劳动社会主义理论的发展。

任何以理论形式出现的劳动社会主义体系,都是特殊的,是个别思想家在其特殊历史条件下对劳动者利益和社会变革的理论表述。劳动社会主义的一般就存在于这些特殊的理论体系之中。所有的劳动社会主义特殊理论都应遵循劳动社会主义一般,并充实和发展它。劳动社会主义一般既是原则,也是方法论。它不是空幻的,而是实在的。这种实在并不是孤立的,而是体现于各特殊体系的发展和演化中。

理论只有付诸实践,才是真实的,也只有在实践的验证和推动下,才能发展。由劳动社会主义理论聚合的组织及其进行的社会变革运动，就是劳动社会主义运动。

运动是理论的实践过程，也是理论形成、验证和发展的根据。理论是运动的前提和指导，但并不是说在运动之前理论已经完备，理论是发展的，是逻辑与历史统一的演进过程。初始的劳动社会主义理论，是从其所代表的当时劳动者利益和意识及社会矛盾的理性概括中形成的，因而也只能是原则的、不完善的。而当由这初始的理论所促成的运动展开以后，不仅其原则在实践中有所体现，更使理论的局限和缺陷得以暴露，因而也就形成对理论发展的要求。由此而论，理论的发展就与运动内在统一，既要指导运动，更要根据运动的经验和需要而充实和丰富，乃至修正。

早期的社会主义者，往往将自己视为理性的化身，他们高尚而天真地以为，只要将理性之光照耀人类的心灵，就会克服因愚昧、野蛮而形成的阶级统治及其罪恶，人与人就会平等相处，达到和谐与幸福。为此，他们写了大量的著作，以求感化权贵和富人，希望他们在理性的感召下，带头实行这种高尚的理想。然而，看起来很有理性头脑的那些"上等人"，对这高尚的理想不屑一顾，却热衷于追名逐利争权的庸俗行径。除了欧文这个"蠢透了"的资本家会将自家财产搞什么社会主义实验，并直到破产还痴心不改，老来仍向人宣扬他的思想，而且"理性"到这样的程度：他从来不认为自己会有错，当他说不服人或被人诘难时，也不会气恼，只为此人如此不开窍而遗憾。

欧文的实验，比起其他早期社会主义的学说，已经是一种社会运动了。而当工人为了自己的经济利益，减少工时，增加工资，举行罢工，甚至游行示威和采取其他更为激烈的斗争方式时，也就遭到了资本统治者的严肃而残酷的镇压。不过，镇压的结果并非平息了斗争，而是激发了更大范围的斗争。从文化而经济、从经济而政治，甚至军事的斗争，使劳动社会主义成为全面的社会运动，并在运动中组织成一股强大的社会势力。

当青年马克思刚刚步入劳动社会主义的阵线,并对劳动解放进行理性思考时,劳动社会主义运动还仅仅是开始,但他已经明确认识到,社会主义只有通过运动造成比反动统治更强大的势力,才能实现其目的。他以自己的理论研究证明:劳动社会主义运动所要变革的那个社会制度,即资本统治的制度,是人类历史发展过程的一个必然的阶段,它不仅有其不合理性,也有其合理性。它的生命力就在于这种历史的必然性和合理性。对它的变革,也是必然的,但不是轻易的、偶然的,而是长期的、曲折的历史过程。

马克思从来没有说过一句像算命先生那样的话:劳动社会主义运动能在哪年哪月胜利,并给所有受苦受难的人提供一个"天堂"。

当然,马克思以他力求"彻底"的理论"说服"了,或者是启发了一部分人参与劳动社会主义运动,但绝不是他"制造"了劳动社会主义运动。劳动社会主义运动是资本统治及其与封建统治、集权官僚制统治结合形成的社会矛盾的必然产物,是人类进入近、现代以来历史发展大趋势的体现。那些资本家和权贵们总在指责:是马克思或别的什么"不安分守己"的思想家,给这本来按上帝旨意或天命或"自然规律"很有秩序的社会制造"动乱",劳动社会主义运动就是对秩序的破坏。实际上,正是这种秩序本身,包含着人与人关系的矛盾,少数人以暴力和欺诈对多数人的统治及对其创造的财富的占有,必然引起多数人的反抗和斗争。"官逼民反",中国这句古语至今仍表明一种通则。不过,与中国历史上反复出现的农民起义不同,劳动社会主义运动并不是要由少数过去的"民"来当官做皇帝,或者让贫民"富起来",成为资本家,变成新的统治者,而是要以一种新的社会制度取代旧的社会制度,从根本上改变社会秩序。

单个的劳动者并不形成变革社会的势力,只有组织起来,才能形成势力。劳动社会主义运动的基本条件,也是起点,就是对劳动者的组织。在组织中,充分体现了理论的作用,正是由于劳动社会主义的理论,或者说概括了的阶级意识,才能使劳动者认识到自己的共同利益,并由此而联合。劳动社会主义运动的组织以雇佣劳动者的工会、政党,及其他社会团体的形式存在。一百多年来,以社会主义名义建立的组织不可计数,其规模有大有小,组织方式也多种多样,存在和作用的时间也各有长短。正是这些组织,构成了现代人类社会变革的势力和运动。

总起来看,在既有的社会主义运动中,势力最大,也坚持时间最长的,是由马克思学说所引发的社会民主党及由其分化出去的共产党两大派系。虽然这两大派系之间及其各自内部,在近一个世纪的时间内,在运动的路线、策略等方面出现分歧,甚至造成分裂,但在总的目标上,即反对和否定资本统治上,却是一致的。造成这些分歧和分裂的原因,既有理论上的,又有因不同国度及历史所形成的特殊条件。理论上的分歧,一是来自对马克思学说原则的不同理解,二是接受了与马克思学说不同的其他学说。这方面表现最突出的就是社会民主党国际在20世纪初因伯恩斯坦对马克思学说的"修正",导致第二国际的分歧,以后因在对帝国主义问题上理论认识的差异,又导致分裂。共产国际由第二国际分化出去,并坚持武装夺取政权的路线。"十月革命"的胜利证明这条路线的成功,并引起中国等落后国家追随这条路线而纳入社会主义运动。这些国家的社会主义运动在夺取政权之后,建立了初级的公有制,积极开展工业化发展经济。而社会民主党坚持其对资本统治的"和平演变"路线,即利用资本统治制度下劳动者对劳动力的所有权,以及由此派生的从事政治活动的部分权利,有组织地与资本统治斗争,从经济到政治,再到文化领域,逐渐地扩展劳动者的人身权和经济、政治权利,特别是在反法西斯的斗争中,社会民主党人和共产党人发挥了相当重要的作用,从而提高了社会地位和声望,不仅争得了合法地位,而且在议会和政府选举中不断增加席位,以致上台执政。虽然并未改变资本统治制度,但也在政策、法律等方面给资本统治以强有力的制约,资本统治不得不作出一些被迫的让步,从而也就造成了人权、福利、民主等各方面的进步。

劳动社会主义运动是一个长期的历史进程,19、20世纪的社会主义运动只是这个历史进程的初级阶段,它体现着历史进步的主线,不论社会民主党人还是共产党人,都在反对资本统治及集权官僚制和封建领主制的斗争中,促进了各国社会的发展,其标志就是劳动者社会地位和素质技能的提高,并由此发展了生产力。由于社会矛盾的错综复杂,劳动社会主义运动必然遇到来自资本统治和各种旧统治势力的阻抑,更为危险的是那些投机分子的加入,使之成为从内部干扰运动的破坏力量。各国社会主义的曲折和失败,就是这两股力量内外夹击所导致的。国际资本财团通过对其本国政权、政党的控制,并收买、驭使其他国家的政权,从外部镇压社会主义运动,同时又勾结、控制社会主义组织中的投机分子,全方位破坏劳动社会主义运动。特别是对那些已夺取政权的社会主义政党和政权的渗透,引发了投机分子和革命精神不充分者利用职权谋取私利,并由此结成内在的反劳动社会主义势力。20世纪末劳动社会主义运动之所以陷入低谷,根本原因就在这里。

劳动社会主义运动并不会因为陷入低谷而停止。人本质发展和人性升华的大趋势要求劳动社会主义运动的复兴。在自以为"消灭了"社会主义势力,其统治不受制约而肆意妄为的近20年时间里,金融资本财团利用所谓"高端人才",以"高等科学"的数学工具设计了玄奥神秘的金融杠杆,制造了数不清的"衍生品",疯狂地骗取、搜刮全世界的资财,最终导致有史以来最大的经济危机。这是资本统治之危,也是劳动解放之机。劳动社会主义要在对这场经济危机暴露的资本主义及各种阶级统治制度矛盾的分析中，更新理论，展开并扩大运动，进而争取制度化。

劳动社会主义制度是运动成果的凝结，又是进一步运动的起点和保证。劳动社会主义制度并不是固定不变的，它是运动的形式，而非运动的坟墓。制度建立以后，还要不断运动，即对传统下来的资本统治及各种旧统治势力进行斗争，改革制度所展开的体制和结构，使之适应劳动者素质技能的提高和发挥。劳动社会主义制度建立以后运动的主要内容，就是逐步确立、巩固、完善劳动者的社会主体地位，而制度的改革，就是适应这个内容而在形式上进行的改变，并保证内容的落实和理论的实现。

劳动社会主义制度的根本，就在于确立并保证劳动者的社会主体地位。在这个根本之上，促进劳动者素质技能的提高，并由此发展生产力和全部文明。从这个意义上说，劳动社会主义制度并不是凝固的，它不需要、也不应该固守任何与劳动者社会主体地位相抵触，与劳动者素质技能提高和发挥相冲突的法律法规，而是根据劳动者素质技能提高和实现社会主体地位的需要，不断地变革。劳动社会主义制度是运动的、发展的制度。与之相应，劳动社会主义理论也要在制度的运动中不断变革和发展。

劳动社会主义运动及其制度化，也是有阶段性的，劳动社会主义理论也要与之相适应。这种阶段性的确立，根据就在劳动解放的程度和进一步解放的需要。

社会制度，是对人类社会关系的法律规定，并由相应的社会机构和机制予以保证实施。从个体人来说，制度就是对其社会地位和权利的规定；从人类总体而言，制度的基本要素，也是对权利的规范和保证。

人类已有的各种社会制度，都是矛盾均衡的产物和体现。制度是有明显的阶级性和阶段性的，制度所保证的，是在社会矛盾中占主导地位的阶级及其个体人的利益优势,这是其社会势力优势的必然表现和要求。统治阶级及其个体人的利益,集合为经济、政治、文化及社会生活各方面的相应权利,这些权利都要以法律的形式规定下来,不仅是统治阶级行使其权利的依据,也是被统治者为了生存,不得不遵从的准则。

在人们的日常用语中,"制度"还有一种含义,即行为的准则,但其作用的范围和时间都是有限的。如各个社会单位自行规定的各种制度,如"作息制度"、"管理制度"等,其严格的含义应是"规则"或"纪律",但可将它们视为社会制度的展开和具体形式。

社会制度所规范的,是人类社会中相对长期而稳定的社会关系,这种关系以法律所规定的个人权利为基本内容,每个人的行为,都要依循自己的权利,并认可他人的权利。法律不仅规定这些权利,还要对侵害这些权利的行为予以制裁。为此,就应有相当的机构,来从事立法和执法、司法、行政。这些机构就构成国家。国家是制度的必要构件,它集中了统治阶级的势力和意志,并维护统治阶级的利益及由此而规定的权利。

国家在以法律规定统治阶级权利的同时,也对被统治阶级的权利和义务作出相应的规定。这样,似乎显得国家及其法律是超乎阶级之上的,但只要对统治阶级和被统治阶级的权利关系进行分析,就会发现,国家和法律的倾向性是相当明确的,它是在特定阶级矛盾制衡态的基础上所形成的阶级统治的形式。社会制度本身,就是阶级势力斗争的结果,是阶级矛盾制衡状态的法权化。

随着劳动者素质技能的提高和文明的发展,劳动者的权利也在相应提高着。从奴隶到农奴到农民到雇佣劳动者,其权利是在逐步增加的。奴隶类似牲畜,根本无权利可言,他们的生存,取决于主人的需要及他们能满足这种需要的程度;农奴已经拥有对一小块土地的使用权及对其产品的消费权;农民进一步有了只依附于皇帝的人身权和对小块土地的占有权。到资本雇佣劳动社会，雇佣劳动者虽然没有对生产资料的所有权，但法律却承认了其人身权和劳动力的所有权，正是依据这个权利，雇佣劳动者才可以自由地出卖自己的劳动力，并在出卖时以商品所有者的身份与购买者平等地交易，而且在劳动力的使用过程和劳动力的价格上，与其购买者相争执。

对劳动力的所有权和按商品交换规律自由出卖其使用权，是资本雇佣劳动制度承认的，也是其必要内容。也正是这个权利，为雇佣劳动者向资本统治的斗争提供了法律的依据，劳动社会主义运动也由此而生发。从资本制度的性质看，或者说从资本统治的本意来讲，雇佣劳动者只有或只应有劳动力的所有权，并不能享有参与政治的权利。这从初期资本统治制度下对选民财产量的限制及不容许妇女参加选举，就可以明确。然而，雇佣劳动者并不能满足于劳动力所有权这局限于经济的权利，而是依据其人身权进一步要求公民权和民主权。没有民主权利，不能参与政治，劳动力的所有权也就不能得到保证。从19世纪初的"宪章运动"开始，资本统治下的雇佣劳动者展开了连续不断的要求民主权利的斗争。与此同时，要求妇女解放的"女权运动"也蓬勃兴起。

经过一个世纪多的斗争，付出不可计数的代价和牺牲——这不仅包括经济上的，还包括生命，由劳动社会主义引导的劳动解放运动，才争得了普选权，即参与政治的民主权利。这种权利不是资本统治所恩赐，而是劳动者组织起来的势力斗争的结果。在日益壮大的劳动社会主义运动势力面前，资本统治不得不在两条出路面前作出选择：或是妥协，或是在对抗中迅速灭亡。资本统治是相当实用主义的，它明确认识到自己的脆弱，为了维持统治，被迫选择了妥协。这是一种多么不情愿，又是多么艰难的选择啊！当资本家第一次看到他所雇佣和支配的劳动者也和他一样，用那本来只应为他创造利润的手填写选票时，心中的滋味是多么苦涩！

虽然承认雇佣劳动者的民主权利并未改变资本统治的制度性质，但这毕竟是劳动社会主义运动在法律上争得的一大成果。正是依据这种民主权利，雇佣劳动者更为广泛和紧密地组织起来，并展开了进一步的经济和政治斗争。

也是在这种意义上，我认为西方发达资本主义国家在人权、福利、民主等方面的进步，都是劳动社会主义运动所导引的劳动解放斗争的结果及其在制度上的体现。

资本雇佣劳动制度的根本权利是对财产，主要是生产资料的所有权，只要这个权利还归少数人私有，资本雇佣劳动制度的性质就依然保持。劳动社会主义运动的制度化，或者说劳动社会主义制度建立的根本标志，就是废除由少数人对生产资料所有权的私有，而由全体劳动者，即生产资料的创造者来拥有其所有权，由此劳动社会主义势力才能成为社会主要矛盾的主要方面，在矛盾制衡态中居优势和主导。

劳动社会主义制度在将劳动者人身权和对劳动力与生产资料的所有权作出明确法律规定的基础上，形成并规定劳动者的政治民主权利。这是比资本主义制度下的民主权利更为普遍和充实的民主权利。其根据不在于对财富的所有，而是创造财富的劳动。这是人本的民主，与资本的民主有着本质的区别。劳动社会主义的民主权利，是以人身权和公民权为基础的，不仅体现着劳动者对劳动力的所有权，还体现着劳动者对生产资料的个人所有权，同时也是对这两种所有权的保证。

对劳动力所有权和对生产资料所有权的统一，使劳动者真正地、全面地摆脱了经济上的被统治地位，而民主权利则既体现了劳动者在经济上的主体地位，又使他们在政治上成为社会的主体。

劳动社会主义制度就是由上述三个权利为基本要素构成的，这三个权利中，劳动者对劳动力的所有权是核心，正是由于这个权利的规范和保证，才使劳动者对生产资料的所有权得以实现，使其民主权得到充分发挥。

在平等的人身权和公民权基础上，以劳动者对劳动力的所有权为核心，组合成劳动社会主义的权利体系，而这个体系就是劳动社会主义制度的主体内容。

正是这个权利体系，规定了劳动社会主义制度下劳动者的主体地位和相互关系，它保证劳动者以社会主体身份成为自己劳动和全部经济、社会生活的主导，同时，明确地排除了不从事劳动但又占有大量物质财富，并在社会生活中居支配地位的少数人的存在，消除了其阶级统治。

在劳动社会主义制度下，所有社会成员都是平等的、自由的劳动者，他们之间的差别，不在于其出身和父祖辈社会地位，而在于个人的素质发展和发挥的程度。

劳动社会主义制度的建立，并不是社会矛盾的彻底消灭，而是步入社会矛盾的一个新阶段，因此，建立了民主劳动制度，并不是劳动社会主义运动的结束，而是劳动社会主义运动在新阶段的继续，正是依据民主劳动制度所规定的劳动者的经济、政治权利，劳动者以其组织和运动与违反、侵害其利益的现象、行为进行斗争，并不断地克服阶级统治社会的旧文化，改革和完善民主劳动社会制度。这是民主劳动社会制度下的继续社会变革，它将贯穿于整个民主劳动社会形态。

民主劳动制度只是解决社会矛盾的前提，而非社会矛盾的清除。民主劳动制度建立的初期，不仅旧的统治阶级的残余势力仍然在进行抵抗，而且，旧的文化还在制约、侵蚀新制度。更为重要的是，由于民主法制的不健全，劳动者对劳动力和生产资料的所有权与由其派生的占有权之间也存在矛盾。占有权是由国家或集体单位的特定机构来行使的，这些机构又由少数个人构成，这样，这些少数人就有可能利用行使占有权的机构来谋取私利,或者因失职渎职而损害所有者的利益。这个矛盾将贯彻于民主劳动制度演进的全过程,也是建立制度以后劳动社会主义运动所要解决的主要问题。

劳动社会主义的民主劳动制度只有在不断的运动中,才能发展和完善,而这又要求劳动社会主义理论的创新和演进。

三、劳动社会主义的本质:劳动者在建立、完善公有制与民主制的进程中,实现其社会主体地位和自由发展

以劳动者为主体的劳动社会主义理论、运动、制度是内在统一、相互制约的,无论在任何国家或历史条件下,都是以劳动者联合起来争取和保证自己的利益、权利为内容的。正是劳动社会主义理论、运动、制度内容各要素的内在联系和发展趋势,构成了其本质和原则。坚持、贯彻劳动社会主义本质和原则,是其理论、运动、制度发展的核心和纲要。

劳动社会主义的本质,是人本质发展中的一个关键环节,是人性升华的要求与体现,是在确定劳动者主体性的基础上,由理论反复探讨和论证,在运动中不断实践、验证和充实,并集中体现于制度的建立和完善过程的核心内容。

劳动者在各阶级社会中,都是被统治者,他们的意识和行为,都要服从于统治者。劳动社会主义就是劳动者要求摆脱被统治、被支配的地位,成为社会主体的利益和意志的集合概括。只有成为社会主体,劳动才能按照人本质发展和人性升华的逻辑来进行,才有真正的自由。也只有这样,才有真正意义上文明的发展。那些因统治者非劳动而异化了的人性所主导的"负文明"(暴力欺凌、骗术、奢侈、浪费资源、污染环境、毒品等),也就在劳动者成为社会主体的过程中逐步被克服,人类由此步入文明的高级阶段。

劳动者成为社会主体并自由发展，必须在变革旧制度、旧文化的同时，建立新制度、新文化。劳动社会主义的公有经济、民主政治和自由文化，就是由此而生的，这三者在劳动者主体自由发展中的体现和实现，就是劳动社会主义的本质所在。

这里，劳动者的自由发展是宗旨，公有制和民主制则是实现这一宗旨的途径和保证。而公有制和民主制又是内在统一、不断演进的，正是在公有制和民主制内在统一的演进中，劳动者逐步自由发展，并由此促成文明发展。

对劳动社会主义本质的规定，一是要充分考虑劳动社会主义理论、运动、制度的统一；二是要包括经济、政治、文化三个层面。劳动社会主义本质是劳动者争取自由发展社会过程的总体概括。

据此，我将劳动社会主义本质规定为：

劳动者在建立、完善公有制与民主制的进程中，实现其社会主体地位和自由发展。

劳动社会主义制度主要是由经济上的公有制与政治上的民主制构成。公有制和民主制并不是两种独立或并行的制度，而是同一个制度的两个要素，表现为两个层次，它们是相互交错并制约的内在统一的制度。公有制的基础，是劳动者对其劳动力的所有权和生产资料的个人所有权，由这两个所有权派生出占有权、经营权、收益权、处置权、管理权、监督权。这些权利构成一个权利体系，成为公有制的主体框架。所有权是根本性权利，占有权作为所有权的派生形式，是由所有权主体选举并监督的国有或合作企业的专门机构行使的，经营权则由行使占有权的机构聘任的经营者行使，收益权和处置权归所有权主体，管理权由所有权主体选举和监督的公共行政权机构行使，监督权由所有权主体及其选举的执法、司法及其他相应机构行使。

公有制的关键性权利是占有权，而其主要矛盾就是所有权主体与行使占有权机构的矛盾。这个矛盾的处理,以及其他各权利间矛盾的解决,不仅要有经济权利的制约,更要有政治上的民主制为其保证。

公有制与民主制并不是两个相互外在领域中的独立范畴,而是内在统一的社会制度的两个要素和层面。公有制的权利体系,并不是单独存在的,正是在这个体系的权利关系中,体现着民主制,或者说,民主制的各权利主要存在并作用于公有制的权利体系中,它们共同构成统一的劳动社会主义权利体系。

在劳动社会主义民主制中,基本的政治权利是公民的选举权和被选举权,这个权利是作为劳动者的公民权及对其劳动力个人所有权和公有的生产资料个人所有权的直接体现,而它的作用,也主要表现为民主权在立法权的集合及对其行使者的选举,以及对行使由所有权派生的占有权、经营权、管理权、监督权机构负责人的选举和监督上;选举权和被选举权的展开,表现为结社权、言论自由权、游行示威权、批评监督权,它们配合选举权和被选举权,形成立法权、执法权、司法权、行政权,由此而建立相应的国家机构,其中主要负责人都要经选举产生,并受民主权主体监督。由民主选举并受民主监督的公共权利还包括国有企业和合作企业占有权行使机构的负责人。国有企业和合作企业公共权利的行使还要受同样由民主选举和监督的立法权、执法权、司法权、行政权行使机构的制约。

因此,当我们谈公有制和民主制时,不应将其各自的权利分别对待,而应根据其特定的权限,规定其内在的统一。也就是说,民主制中的各项权利,都是以公有制中劳动者对其劳动力所有权和生产资料个人所有权为基础的,它们都是公民权和个人所有权派生的,又都是对所有权及其派生的公有制中其他权利的保证和制约。其中,基本的权利关系,就是个人所有权通过选举权和立法权,来形成行使共同占有权的机构和负责人,并通过选举产生行使执法权和司法权的机构，以及通过公民的言论权、结社自由权来监督行使占有权、管理权的机构。

这样的权利体系，才是劳动者为主体的劳动社会主义制度，公有制和民主制也在这个体系中内在统一起来。制度中的各个经济权利，都因公民权和所有权派生的民主权利而得到保证和实现；而各个民主权利，又因以所有权为基础并作用于各经济权利得以确立。民主权利只有作用于经济权利，才是真正的政治权利；所有权与其派生的占有权、经营权、收益权、处置权、管理权、监督权的关系，只有在民主权利的保证下，才能得以规定和实现，并解决其间可能出现的各种矛盾。

公有制只有在民主制的保证下，才是真正意义上的公有制；民主制只有植根并作用于公有制，才能存在并发展。这里的核心，就是以民主制来保证劳动者对劳动力和共同占有的生产资料的个人所有权，并由此实现所有权主体对行使占有权的机构及其负责人的控制与支配。进而，监督行使占有权机构及其负责人选聘经营者行使经营权的过程和结果，监督行使管理权机构及其负责人对国民经济的总体管理。

既然是权利，就应有法律的明确规定，要由立法机构规定相应的法律，有相应的执法、司法机构予以实施和保证。这就是法制。劳动社会主义法制是公有制和民主制内在统一的表现，也是对这种统一所构成的劳动社会主义制度的保证。

由此而论，公有制和民主制就是劳动社会主义相辅相成的两种制度形式，它们的内在统一，是劳动者的社会主体地位的保证，而这又是劳动者自由和文明发展的根据。

劳动社会主义从理论到运动到制度，所论证、争取、变革、建立、完善的基本内容，就是公有制和民主制及其对劳动者自由和文明发展的促进。这里，当然包括生产力和生活水平的提高，但如果只在这个层面定义,否认劳动者的社会主体地位及其自由发展,那所论的还不是劳动社会主义,而是以人类历史共有的一般性要求,如发展生产力,提高生活水平等来混淆劳动社会主义本质,进而削弱劳动者权利,削弱乃至取消劳动者的社会主体地位,以维护少数人专制掌控社会发展的制度。

如果从"唯生产力论"对社会主义本质进行规定,就会将劳动者视为生产力的"要素",为了"发展生产力",劳动者应当放弃其社会主体地位,只求物质生活的"富裕",不去要求民主权和所有权、公民权。这样的定义,甚至比唯物主义者对资本主义的定义还要退步,因为由唯物主义社会观指导建立的资本雇佣劳动制还承认劳动者的人身权和劳动力所有权。在对资本雇佣劳动制的批判中产生的劳动社会主义,也就成为变革雇佣劳动制和阶级统治的理论基础,由此而形成的社会运动,只能以民主的方式发动和组织劳动群众。民主是劳动社会主义运动从一开始就必须具备的政治形式。而劳动社会主义所赖以号召群众的文化观念,归结起来,也就是自由。这同时也是批判资本私有制和其他剥削制度的依据。因此,当劳动社会主义运动达到制度化的程度,其所建立的只能是内在统一的公有制和民主制。

公有制和民主制的建立,只是劳动社会主义运动的一个阶段性成果,也是对曾指导运动的理论的证明。但这绝非劳动社会主义运动的终结,更不是其理论的完成。初步建立的公有制和民主制也有其历史的局限和缺陷,那些传统下来的旧文化、旧势力还会在新制度下残留,并利用各种机会干扰和破坏公有制和民主制。这是人性中动物一般性的野蛮成分在新条件下的表现,如果不予以必要的、有效的抑制,体现这股势力的集团和个人,甚至会结成新的阶级,并努力恢复对劳动群众的统治、欺诈,巧取豪夺公共财物。劳动社会主义制度最为重要,也最为危险的敌人,就是以各种方式控制行使公有经济占有权、经营权、管理权，乃至立法权、执法权、司法权的机构中以权谋私的个人、集团构成的社会势力。这些人的行为，不仅是他们本人人性中动物一般性野蛮成分膨胀的表现，也是对人类总体利益的侵害，是对人性升华的干扰。

公有制和民主制，从根本上说，就是对人性中动物一般性野蛮成分的抑制和克服。这种野蛮成分，并不只注定传统于某些个别人身上，它带有普遍性，也就是说，所有人都有可能在条件容许的情况下，作出侵害公共利益，违背人本质的行为。

劳动社会主义是以发扬人本质的核心要素劳动来升华人性，并以公有制和民主制来保证劳动者的自由发展。这种自由不是任意，更不是任由人性中的动物一般性野蛮成分的无限发挥，而是在抑制、克服这种野蛮成分的过程中，使人性发展到一个新境界，从而激发人的劳动积极性和创造性，提高素质技能，合理利用资源，保护环境，促进生产力和全部文明向着健康的方向发展。

劳动社会主义公有制和民主制的建立，是在旧制度下劳动社会主义运动成果的体现，同时也是继续进行的劳动社会主义运动的法权保证，因此，它们也要在不断的运动中逐步改革和完善。这同时也是人性升华，或者说克服人性中动物一般性野蛮成分的体现和制度保证。也只有在强化公有制和民主制内在统一的改革、发展中，才能真正保证劳动者的社会主体地位，才有他们从人本质发展意义上的自由，而文明的进程也和劳动者的自由相统一。

四、劳动社会主义原则：以民主促进并强化劳动者的自由联合

劳动社会主义原则是其本质的展开，是贯穿于理论、运动、制度中的基本精神和总方针，并具体化了路线、政策、策略、法律，

乃至组织形式和管理过程。

根据对劳动社会主义本质的认识,我将其原则规定为:**以民主促进并强化劳动者的自由联合**。

自由、民主、公有是劳动者在成为社会主体的社会变革过程中三个有机统一的关节点。其中,民主既是劳动者自由的体现,又是劳动者联合成社会势力,进行争取自由发展的社会运动,并促进和制约劳动者在经济中的联合与发展的政治方式。因此,当我们规定劳动社会主义原则时,将民主作为主导和主动的内容。

民主,是既无权势又无资财的劳动者联合起来反对阶级统治的唯一政治方式,当然,这里包括对资本主义民主制的利用,特别是对劳动者从其人身权和劳动力所有权所争取到的民主权利的运用。但这种民主权利绝非资本所有者恩赐的,而是作为文明主体的劳动者在其素质技能提高的基础上,经过长期的艰苦斗争,付出巨大牺牲之后争取来的。这种争取本身就是劳动社会主义民主的进程,它充分体现了劳动者自由发展的意识,也是实现公有制的必要条件。而当劳动者争取自由发展的斗争达到制度化,即建立劳动社会主义制度以后,民主又是劳动社会主义制度的主要内容,民主制是劳动者政治权利的法权体系,又是公有制的内在保证机制。

以民主来保证劳动者个人的自由,以民主来实现自由的个人之间的联合,并在联合的过程中变革经济关系和文化观念,由此来促进人性升华和文明发展。

马克思曾把否定资本统治以后所建立的社会称为"自由人的联合体",这一提法为我们认识劳动社会主义的本质和原则提供了深刻的启示。"自由人的联合体"的制度化,就是劳动社会主义制度,但在制度化之前,关于"自由人的联合"的思想,主要贯彻并体现于劳动社会主义的理论中,而组织起来的劳动社会主义运动,已经是一种联合体,是尚未实现自由的劳动者争取自由的组织与行动。劳动社会主义制度的建立，标志着争取自由的联合体转变为保证自由的联合体，它依然要发展关于"自由人的联合"的思想，并以法权形式实现劳动者的自由发展，而劳动者为了自由发展，又必须不断地进行联合的运动，以克服那些干扰、破坏其自由发展的势力——这种势力作为人性中动物一般性野蛮成分的集合，是不可能清除干净，要不断地克服，使之减少和削弱。

自由不是任意，不是任由个体人单纯地随自己的欲望和意念为所欲为。自由是有目的、有方向的自觉行为，这个目的和方向就是人本质的发展和人性的升华。一个社会的发展程度，取决于其个体人的自由发展程度，或者说是构成社会机体各细胞的个体人素质技能发展和发挥的程度。个体人的潜能是相当大的，若从体力论，是有限的，但从智力而言却是无限的——它只受人生命的时间限制。一个正常人的脑细胞，几乎能够容纳并处理人类所拥有的全部信息，个体人只要具体物质的和其他的条件合适，都能够从事几乎所有与其素质技能相对应的劳动。工业文明不过二百多年的时间，所创造的文明成果是农业文明时期的人不可能设想的。再过二百年，文明将发展到什么程度？但有一点却是肯定的，无论文明如何发展，都是个体人素质技能的体现。也只有提高人的素质技能并充分发挥它，才能发展文明。正是因此，才要求个体人的自由及其联合。

个体人就像单个细胞一样，离开了社会机体，是不可能存活的。对个体人来说，物质资料是不可缺少的生存条件，但物质资料的生产和消费，又是社会的，个体人之间的交往和关系是其生存和发展的必要条件。个体自由不是逃离社会，走向孤独，任何人都会在脱离社会的条件下死去。古往今来，多少人在做"隐士梦"，但真正的隐士却是没有的。他们所"隐"的，只是逃离社会或他人之恶，由于这种恶的存在，而且感到无力克服，才产生避世的想法。但即令真有那么一两个人隐了起来，也不过是在行为上脱离了社会的恶，而这种恶对他心灵上的伤害又会伴随着他那孤独的残生。

人的自由不仅是向自然界的索取，人从自然界所能索取的只是维持其生理存在的物质资料和活动的空间。人的自由更在于创造一个适合人的本质发展和人性升华，同时又与自然规律相统一的世界。人的自由，是个体与总体关系的体现。生命和意志，思想和行为，都是通过社会进行的。个体脱离不了总体，总体界定着个体。总体中的个体在人身权和自由的基本点上应该是平等的，但总体又必须承认个体人之间在素质技能上的差异，以此来保证个体自由，从而也是总体的进步。阶级统治以暴力或财富的所有权来保证少数人对多数人的特权，少数人拥有这种特权，似乎拥有了自由。但以他人被奴役为代价的自由，或奴役他人的自由，只能是人性中动物一般性野蛮成分所支配的任意，绝非自由。占人口大多数的劳动者失去了所有、享用自己劳动成果的权利，少数不劳动的物质财富所有者则失去了作为人应从事的本质性活动，从而也丧失了作为人的资格。

劳动社会主义的自由是以劳动这人的本质性活动为根据的自由，同时也是保证劳动者提高和发挥素质技能，所有并享用其劳动成果的自由。这是平等的人身权的体现，也是个人价值的真正实现。

劳动社会主义原则不是上帝制定的，不是"绝对精神"的实现，不是信崇官文化的"领导"意志，不是少数先知先觉者的"真理"。劳动社会主义原则是其本质的展开，是劳动者自由发展内在要求的集中体现。因此，当我们将劳动社会主义原则规定为以民主促进并强化劳动者的自由联合时，必须明确以下内容：

一、劳动社会主义并不是消灭人的个性，而是保证个性的发展和实现。但这并不包括对那些从人性中动物一般性野蛮成分衍生的侵吞他人劳动成果，损害他人生存的少数人的"个性"，而是要克服、抑制这些"个性"，使个体人的个性建立在以劳动为本质活动的共性基础上，个性的差异只是劳动者素质技能及其发挥程度的差异。

个性是自由的前提,也是联合的基础。"自由人的联合"并非强制,而是在素质技能提高,特别是精神文化素质提高基础上自觉的联合。

二、自由的联合以民主为内在机制,无论是在劳动社会主义制度建立以前,还是建立以后,都要突出民主的作用。民主是自由人联合的必要形式和机制,民主的内容和根据就是个体的自由。民主以权利的平等为特征,排斥各种方式的特权,也要克服各种侵害平等权利的行为。民主作为自由人联合的机制,不仅要遵循大多数人的意志,也要容纳少数人的意志,但在决定总体行动时,又要按大多数人意志所决议的方针、政策行事。

三、民主要为个人自由发展创造条件,在自由联合的基础上建立社会制度和结构。只有民主,才能保证充分的个人自由;只有充分的个人自由,才能实行民主。依据民主与自由的辩证统一,我们可以对任何一种社会制度作出这样的判断:如果该制度的辩护者口头上强调其民主性,但又排斥个人自由,那么,该制度就是非民主的;如果该制度的辩护者强调其自由性,却排斥个人为本位的民主,那么,该制度就是非自由的。

四、以民主为内在机制联合民众,展开争取自由的社会变革运动;以民主为内在机制建立公有制,以保证劳动者个人对其劳动力和共同占有的生产资料的所有权,以此为实现个人自由的基础。无论劳动者在政治上还是经济上的联合,都应充分体现民主这个机制。即令在短期内具体的细节上出现问题,如实行民主的初期一些人对民主机制的不了解、不适应,也要坚持民主,以此来促进民众的觉悟和民主机制的逐步完善。

五、民主和自由都是发展的,民主的形式要随劳动者的自由发展而演变。这是劳动社会主义运动和制度得以不断推进的内在条件。如果固守在前一阶段行得通,但在现阶段已经不适宜的民主形式,其中必然是有少数既得利益者在起作用,它的作用就是阻碍和干扰劳动者在自由发展中的联合。必须经过与这少数既得利益者的斗争，才能促进并强化民主形式的变革，而这种变革，又是劳动社会主义得以发展的内在精神的体现。

六、劳动者的自由联合，应充分体现其相互间的团结、互助。不仅要建立相应的社会机制，还要确立必要的道德规范。团结互助，既是个体之间的，也是民族、国家之间的。但团结不是取消个性，互助不是依赖他人或怜悯他人。必须充分尊重每个人的人格、个性和自由。在个性和自由基础上的团结互助，是民主的必要补充，也是民主得以强化和演进的必要条件。

劳动社会主义原则的这些内容是有机统一的。贯彻劳动社会主义原则，是对其理论、运动和制度的基本要求，也是判断一种理论、运动和制度是否为劳动社会主义的标准。几百年来，特别是20世纪，世界上出现了各种各样的以社会主义为旗号的理论、运动、制度，对于它们的现实与历史的研究，必须充分体现劳动社会主义的原则。对那些自称"社会主义者"提出的所谓理论，他们所推行的政策，乃至更为具体的行为，我们完全有理由以劳动社会主义原则对之进行判断，只要是不符合，甚至违背这一原则的，就应剥去他们"社会主义者"的外衣，露出其真正的主义的本质。而劳动社会主义原则更为重要的作用，则在克服来自各方面的阻碍、干扰的过程中，不断发展民主，由此而促进并强化劳动者的自由联合。

19世纪以来的劳动社会主义运动，虽然有多种形式，也有失误和曲折，但其共同点，就在于劳动者主体意识的觉醒，并以主体意识来导引争取权利和利益的行动。这种行动不可能是个体的，而是在一定程度上联合的总体性运动。要将独立的个体联合起来，唯一的途径就是思想上的统一，在统一思想的凝合下，使个体人明确自己在联合体中的地位和价值，或者说联合体对个体价值的认可，以及相应的纪律、法律、道德约束。

与统治阶级以暴力、欺骗、金钱集合个体人不同,劳动者的联合不依靠权力和财富来吸引人,只能以主体意识来凝聚人,为此,民主是组织和统一行动的原则。然而,当劳动者联合起来形成一种社会势力,甚至夺取政权以后,其组织本身也就有了一定权力,并掌握了一定财富。这在夺取政权后,表现得更为突出。这样,又会产生一种倾向,即掌握公共权利和财富者将之视为自己的权利与私产,并以此来拉帮结派,形成团伙和势力。这是劳动社会主义运动和制度的异化,即在其内部形成的与其本质和原则相违反的力量。这也是旧统治势力的残存与作用的表现,它反映了人性中动物一般性野蛮成分的存在。

并不因为是劳动者,就能天然地意识到自己应有的社会主体地位,并以主体意识自觉地参与劳动社会主义运动,自觉地维护劳动社会主义制度。个体劳动者能够意识到劳动对其存在的意义,但在不同的社会关系中,劳动在社会总体中的意义却有不同评判。阶级统治的制度和意识形态,贬抑劳动,低贱劳动者,也就使劳动者产生自卑感,只能在制度所界定的狭小范围内劳作,消费缴足贡、赋、租、税之后的劳动产品,维持生命,进行劳动力的简单再生产。中国的小农意识可以说是阶级压迫下劳动者意识的典型,现在城市中的小市民意识,是小农意识的转化形式。这样的意识主导下的劳动者,也会在"民不聊生"的情况下起而反抗,但这种反抗只是要求压迫减轻一些,而非要取得社会主体地位并建立相应的社会制度。也许会有极少数反抗者会成为统治者,如朱元璋、洪秀全之流,但他们依然要维护阶级统治的制度,统治和剥削劳动者。"打天下,坐江山"的思路,一直延续到今天,文化大革命时期的"血统论",是其突出表现,而如今那些权贵子孙的优越感,及其以权谋私的"大手笔",充分说明了这一点。

只有概括劳动者个体意识而形成的总体劳动者意识,才能导引劳动者参与社会变革,并争取社会主体地位和自由发展。这里的关键,又在劳动者依然是劳动者。劳动社会主义理论就是劳动者总体意识的理论概括。确立劳动者的社会主体地位,并不是将劳动者变成不劳动的统治者,而是在保证劳动者社会主体地位的前提下,将旧的统治者改造成劳动者,并制约新制度下的公共权利行使者真正代表劳动者,进而将其职业改造成一种特殊的劳动活动,而非以暴力和欺骗对劳动者进行统治。

马克思之所以能够创立他的共产主义理论,并由此导引一个多世纪的社会变革运动,其中所体现的,就是劳动社会主义的本质和原则。虽然他没有专门对此进行论述,但基本的精神和要点,都已涉及,这包括"自由人的联合体"、公有制、无产阶级专政和民主、人的自由发展等。不同国家各时期的社会主义政党和组织,都从中吸取了某些内容,同时也根据自己的思想程度和具体情况,做了一定的修改或补充。但也有各自的片面性和缺陷。历史的经验教训告诉我们,要想取得劳动社会主义在理论、运动和制度上的全面进展,必须贯彻其本质和原则,并以此划清与那些打着"社会主义"旗号的旧统治势力的界限。

在理论上,首先是对劳动社会主义本质和原则的系统探讨和论证,进而,以它们为基点和出发点,概括发展了的劳动者利益和意识,论证劳动者的主体地位及其实现的制度,揭示制度中的权利关系和矛盾,探讨矛盾的解决。

在运动上,则注重将理论普及,使之成为劳动者的自我意识,由此而组织联合,并形成运动的路线、方针,有组织有部署地展开争取劳动者人身权、公民权、所有权、民主权的斗争,在制度化以后,又要在明确权利体系,强化民主法制的基础上,克服那些侵害劳动者权利,干扰和危及其主体地位的现象,保证劳动者在其主体地位上的自由发展。

在制度上，公有制和民主制都是劳动者社会主体地位的形式，其基本和核心权利，就是劳动者的所有权与民主权。以这两个权利为基本和核心派生的一系列权利体系，就是公有制和民主制的主要内容。公有制和民主制又是内在统一的，其权利体系也要相互照应和制约。

劳动社会主义的理论和制度，都不是固定不变的，而是在运动中随劳动者素质技能的提高，随着因劳动者要求提高与强化其社会主体地位引发的社会矛盾而不断改进。从这个意义上，也可以说劳动社会主义就是运动的过程，其本质和原则就贯彻于这个过程的各个环节和方面。

劳动社会主义理论、运动、制度的演进，又会形成新的矛盾，对此，应在贯彻其本质和原则的前提下加以解决，同时注意总结经验、教训，进一步概括对本质和原则的认识。贯彻与发展劳动社会主义本质和原则，本身就是一个矛盾斗争的过程，这不仅是与外部的旧势力的斗争，更是与运动内部受外部旧势力的影响而滋生的违背劳动社会主义本质和原则的观念、势力的斗争。已有的历史经验、教训充分证明了这种观念、势力产生的可能性和严重性。"堡垒往往从内部攻破"，在苏联解体及中国面临的尖锐矛盾中，都表明违背劳动社会主义本质和原则的观念、势力之强大，它对劳动社会主义理论、运动、制度的干扰和破坏，往往是致命的。真正的劳动社会主义者必须坚持本质和原则，在贯彻和发展的进程中，与这种观念和势力进行不懈斗争。

五、劳动价值论：规定资本雇佣劳动制和民主劳动制的基石

劳动社会主义是商品经济和公民社会条件下劳动者利益和意识的集中体现，它是在批判资本雇佣劳动制的过程中形成的，对资本雇佣劳动制和否定它的民主劳动制的规定，是劳动社会主义的主干内容。在劳动主义基本观念和社会观前提下，运用实践辩证法，展开劳动社会主义本质和原则，概括劳动者的经济观，探讨商品经济和公民社会的一般矛盾，以此确立规定雇佣劳动制和民主劳动制的基石。劳动社会主义的这个逻辑环节就是劳动价值论。

劳动价值论是商品经济形态中劳动者的经济观，它包括：对价值及其来源的规定，价值量的规定，对需要的界定及其对价值量的影响，交换过程及货币的演变，价格的规定及其实现。

劳动价值论所论价值，并不是物的价值，而是体现于交换关系中的人的价值，它可以表现于物，也可以表现为服务，其根据就在于劳动。由于交换关系的错综复杂，价值形式演化为货币，并以价格表现其价值量，因而经济关系中的各种矛盾，也由此生发并集合于此。劳动价值论并不是"自然规律"的"客观"展示，也不是商品经济全部参与者的共识，而是劳动者的经济观，是劳动者根据自己的利益和要求，对商品经济基本矛盾和一般原则的理论规定。

劳动社会主义所论的价值，并不是物的品质，而是体现于商品中的人与人的关系。价值的主体是人，不是物，不是商品。商品只是人的劳动所创造价值的载体，它必须在人与人的交换关系中才成为商品，也只有在交换中才体现出交换双方的价值，这个价值是由劳动决定的。而商品之所以交换，就在于它可以给人提供效用，即满足人的需要。因此，那些不由商品承载的劳动，只要是通过交换并能给对方提供效用，也表现为价值。

也正是在这一点上，经济意义上的价值，与一般意义上的价值统一起来了——它们都是人的价值，区别体现于不同的逻辑层面。一般意义上的价值，是人与人关系中对人全部活动的社会评判，经济意义上的价值，则是在经济生活中人与人关系中对人的劳动的评判。而劳动作为人的本质活动，它所决定的人在交换关系中的价值，又是人在全部社会活动中的价值的基础和核心。

劳动价值论，是以劳动为根据对交换关系中的人的价值的理论界定。这种交换关系是矛盾的，而且存在各种不合理，即不符合平等或等价交换的情况。不同的社会地位和环境，都会制约人的交换关系，从而影响人的价值创造和实现。经济学上的价值论，就是要规定一种在交换关系中判定人的价值的标准，并由此制定交换的原则。反对劳动价值论的观点，不论"三要素"或"五要素"价值论，其根据都是资本，是资本所有者在占统治地位的条件下，对交换关系中人的价值衡量标准的规定，并由此制定的交换原则。这些价值论绝非"客观"的，而是资本所有者经济意识的概括，并据这种概括对经济关系及其矛盾作出的一种界说。

劳动价值论，则是交换关系中的劳动者经济意识的概括，并由此对经济关系和矛盾的规定。"三要素"和"五要素"价值论的主体是资本所有者，劳动价值论的主体是劳动者。

在"三要素"和"五要素"价值论者看来，劳动及劳动者，不过都是资本所主导的生产与交换活动的"要素"或"资源"，只有资本所有者即生产和交换的主导者才是主体；劳动价值论则以劳动为根据，以劳动者为主体，资本不过是劳动所制造的生产资料的货币形式，土地等自然资源只是劳动的自然条件，它们并无价值可言，至于技术和管理，不过是劳动本身的要素。

当我们以劳动者的身份来谈论价值的时候，必须明确自己的主体性，而不能错位于资本所有者的立场，更不能幻想自己是超脱现实经济矛盾的"客观规律"的代表。劳动价值论是劳动者经济利益的体现，是其经济意识的概括，是以概括的劳动者经济意识对交换关系及其矛盾的规定，因此，劳动价值论也就是劳动者的经济观。

经济过程中的价值，自交换关系形成就已存在，但劳动价值论的提出，却要以劳动者确立其主体性和主体意识为前提。如此说，配第、洛克等人对劳动创造价值的论证,不过是劳动价值论的历史前导。这些反封建、反专制的思想家,在重商主义政策所营造的广泛商品交换关系中,开始意识到当时还参加劳动,特别是从事管理和技术劳动的资本所有者的主体性,而且将这种意识扩展至全体"第三等级",并从个体劳动者角度立论,提出了可以对抗封建、专制统治和重商主义交换价值论的初级劳动价值论。其观点在洛克那里表达得相当明确:土地等自然资源是上帝恩赏的,本身是没有价值的,农民以其劳动施加其上,生产物的价值就是劳动创造的。这种观点被斯密所接受,但他同时又将资本和土地也作为构成价值的要素,由此开启了萨伊的"三要素"论和"三位一体公式"。而坚持用单一的劳动创造价值观点来论证资本关系,论证利润合理性的李嘉图,却因此陷入不可解脱的矛盾。

真正站在劳动者立场的劳动价值论者,是西斯蒙第和早期社会主义者,但西斯蒙第作为小生产者的代表,又不能将劳动价值论系统化,并据此揭示资本雇佣劳动制度的矛盾,他只是对之进行脆弱的指责罢了。早期社会主义者对劳动价值论的认识,停留在李嘉图体系,但又将之变成对资本制度批判的依据。他们暴露了资本雇佣劳动制度的矛盾,但未能揭示其本质。

劳动价值论的系统化,是在马克思那里完成的。他明确站在产业工人阶级立场,概括了他们的经济意识,并对资本与劳动力之间的交换关系进行了系统分析。劳动价值论是这种分析的逻辑前提和原则。马克思不仅论证了劳动创造商品价值,也对价值实体、价值量、价值形式、货币,以及等价交换原则等进行了系统论证,并有力地批驳了"三要素"论等观点。依据这个前提和原则,马克思具体分析了劳动力商品与货币资本的交换,以及资本所有者支配下的价值创造过程所形成的剩余价值的占有、实现和分割。由此揭示并论证了资本雇佣劳动制度的矛盾。

劳动者的素质技能在不断提高，劳动方式也在不断改变。经过一百多年的演进，现代劳动方式与马克思时代相比变化主要表现为：一、由体力劳动为主转向以脑力劳动为主；二、服务业已由原来很小的行业发展为足以与农业、工业相并列的"第三产业"；三、劳动技术提高和机器设备的改进；四、由于生产规模的扩大和分工的系统化，管理劳动的作用日益突出。根据现代劳动方式及现代劳动者的利益，以及现代经济矛盾的特点，我们在马克思已有成果的基础上，对劳动价值论进一步充实和发展。

这些变化，都是劳动者素质技能提高的表现。正是由于劳动者素质技能的提高，他们的主体意识也在提升，争取实现社会主体地位的要求和斗争也日益扩展，特别是一些国家初级社会主义制度的建立与演变，使劳动社会主义运动发展到一个新阶段。在这种情况下，劳动价值论作为劳动者的经济观，更应明确并突出其主体性，不断地深化、充实和系统，成为揭示现代资本雇佣劳动制度的矛盾、建立和改革民主劳动制度的理论基石。

劳动价值论是为劳动者认知自己经济利益，规定其所处的经济矛盾的基本理论依据。只要有劳动，有劳动者参与的经济交换关系，劳动者就要依据劳动价值论来认识劳动者之间的交换关系；认识他与不劳动但又以体现价值的货币购买他的劳动力使用权，支使他劳动的资本所有者的关系；认识"自由人的联合体"中的人际关系。这些关系是经济过程的主要内容，也是社会经济矛盾之所在。至于这些劳动的交换是否体现于商品，并不是问题的根本。当然，在农业生产方式，特别是工业生产方式初期，劳动交换主要体现于商品，劳动的交换表现为商品的交换，劳动关系表现为商品关系，这也是历史的必然。但即使是在那个时期，服务劳动也是存在的。服务劳动的交换关系也体现为价值关系，不过因其比重小，才被经济学家略而不计。

现在发达资本主义国家已进入工业生产方式的高级阶段，而且又在"资本全球化"的驱动下，向全世界扩展。虽然全世界都达到工业生产方式的高级阶段还需要相当一段时日，但这种趋势是必然的。工业生产方式高级阶段的一个重要特征，就是服务劳动的产业化，特别是信息行业的迅速发展，使服务劳动更加扩展。服务产业的劳动，大部分都不体现于物，不体现为商品，而是利用生产资料直接为人的生产和生活服务，这种服务并不是无偿的，是需要以相应的劳动与之交换才可以得到的。因此，服务劳动虽然不生产商品，但却要交换，要经过交换关系才能得到服务劳动。劳动价值论是对商品经济基本矛盾的规定，当我们把劳动价值论的基本点放在逻辑上，或者说在逻辑上规定劳动价值论的基本点，而不是以资本雇佣劳动关系的历史顺序为论述顺序时，就可以发现，能够直接表现劳动决定价值的，恰是服务劳动，它虽然形成产业要晚于生产商品的工、农产业，但在劳动方式上却是更基本的。

商品交换是交换双方将其劳动作用于物，改造物的形态使之成为对双方有用的物，为对方提供体现于商品化的物中的效用。这种关系，是人在意识指导下的劳动，通过交往而满足他人，或以他人劳动产品来满足自己需要的过程。这正是人本质四要素的相互作用，或者说人的存在中本质四要素内在统一的社会表现。在这种关系中加进了物这个因素，该物就表现为商品，商品已不单独是物，而是人的劳动交换关系的载体，因此，才会形成"商品拜物教"乃至劳动的异化。

劳动的效用，不必通过商品这个物化的中介，也是存在的；而只要人以劳动作用于他人，并且这种作用要经交换进行，这个劳动就决定了价值，或者说这种劳动交换关系就体现为价值的交换。

从人的本质论，服务劳动的价值是比生产商品劳动的价值更为直接，也更为基本的。服务劳动并不是商品交换关系的"变异"形态,而是生产商品的劳动为劳动交换关系的特殊形态。规定劳动价值论,不是从商品出发,而应从人,从人本质核心要素的劳动出发。劳动与需要的关系和矛盾是交换的社会基础。人类的社会性,随劳动的发展而发展,而劳动也在社会性的发展中不断分化,即分工的层次和种类增加并专门化。劳动分工与需要的多样性是对立统一的,多样性的需要是分工的动因,分工又是需要多样性的导引。人类的需要,已非简单的基于生理本能的动物一般性需要,而是受劳动分工所导引的社会性需要。需要并不是单纯的索取,而是以分工劳动的创造为条件,在为他人创造满足需要的效用的同时,与他人交换其劳动创造的效用,以满足自己的需要。

当我们把经济价值规定为人的劳动交换关系,主体就是交换中的人,而非人用于交换的商品,是人在交换,所交换的内容,从人本质来说,只能是其核心要素的劳动,物质资料只能是劳动的对象和手段,当人将自己的劳动对象化于物,即形成产品,并把该产品拿来交换别人的产品和服务时,他实际上依然是在出让自己的劳动,这种关系还是人的劳动交换关系。制约和衡量人的交换关系的,只能是所交换的劳动,因此,交换关系中体现的价值只能由所交换的劳动来决定。

但人又对劳动所生产的物质财富进行观念上的占有,即此物是我的,他物是你的,当这种观念上的占有被法律所界定,并以政治的暴力和强制予以保证时,私有财产也就出现了。私有财产的出现是劳动的异化,同时也是交换关系的异化,人本质的异化提供了社会条件。本来,私有财产及其所有制应当是保证劳动者本人对他生产的产品及其用于交换得来的价值(货币)的所有权的,但是,当一部分人以他所有的他人劳动的产品(货币)来购买他人(其中可能就包括生产该产品的劳动者)的劳动力,并支配这些劳动力的所有者按其意志来劳动,而劳动的产品又归购买劳动力的人所有时,劳动力的这种体现于劳动过程的人的素质技能，就异化为与购买它的货币中的价值相等的商品。是资本雇佣劳动关系使人的劳动力商品化，或者说，人的劳动力的商品化就是资本雇佣劳动关系的体现。由此，劳动和交换关系就出现异化，并引发人本质的异化。

为了更明确地论证劳动者的经济观，为了从劳动者经济观揭示现实经济矛盾，为了从劳动者经济观探讨实现、保证劳动者利益——也是人作为人的利益，为了建立一种以劳动为基础的人际交往关系的制度，我们必须从劳动出发，来论证价值是由劳动决定这一命题。

劳动决定价值，不仅体现于产品间的交换，即商品中，也体现于劳动服务与劳动产品的交换，以及劳动服务与劳动服务的交换中。

关于产品间的交换，即劳动体现于商品的交换，马克思在《资本论》中详细地论证了其价值决定及价值量、价值形式等。对此，我们要强调决定价值的劳动不是局限于生产商品，而是更为一般的交换性劳动。生产商品的劳动只是交换性劳动的特殊形式。商品间的交换，无非商品所有者将体现于商品中的劳动按相应的价值量进行交换。

劳动交换是商品经济形态的主要内容，交换劳动是概括生产商品的劳动和服务劳动一般性的概念，人的经济生活中各种形式的交换，无论是将物化劳动体现于商品，还是直接由劳动提供效用，所交换的都是劳动，其价值也就是由交换的劳动决定的。至于技术劳动和管理劳动，作为现代企业劳动系统的必要环节，统一作用并体现于生产商品的劳动和服务劳动中，它们也都是交换劳动的一部分，因此也是决定价值的劳动。

作为交换劳动的集中体现，价值必须表现为价值量，或者说价值是以量表现出来的。价值量是以所交换劳动的社会必要平均时间决定的。而正是这种社会必要平均劳动时间里，包含着劳动的质与量的关系。

劳动的质,从形式上说,是劳动的简单性与复杂性的规定,但其内容,则是劳动力的质的差别,这是以劳动者的素质技能为基础的,是劳动者素质技能的展开。劳动力是运作起来的技能素质(脑力和体力的统一),它以身体素质为基础,以文化精神素质为导引,作用于商品或服务。无论何种劳动,都是劳动者素质技能的综合运用,其直接的体现,就是体能和技能的作用,它是针对人的各种需要的,是经过意识和交往而将劳动与需要相统一的过程。

劳动者技能的高低,即其劳动力水平的差别,是劳动的质的规定。从劳动者技能的角度,对劳动力及劳动的质作出界定,是现代劳动方式发展的要求,也是现代劳动价值论的必要内容。

劳动质的差别,并不是将所有个别的具体劳动都视为一种特殊的质,而是按劳动的分工、行业、职业,以及劳动者技能的层次及其运用,分出若干类别的劳动,并规定其质。比如,脑力劳动和体力劳动,技术创新劳动与技术应用劳动,生产商品劳动与服务劳动,技术劳动与管理劳动,并进一步按行业、专业进行划分。这种质的规定,又要以量的形式表现出来,即在分类、行业、专业的同时,界定若干等级。而各类和各等级的劳动又是可以换算的,即在本企业内部相比较和换算的基础上,在全社会的交换中进行对比和换算。

劳动质的规定,是一个不断运动、变化的过程,它与社会劳动生产力是内在统一的,并受社会劳动生产力的制约。劳动质的差别,具体表现于每个劳动者的技能及其运用上。明确劳动的质,不仅可以从社会总体上规定价值量,也可以对各个行业、企业、专业,乃至劳动者个人的价值量进行计算。当然,劳动者个人及企业、行业、专业的劳动技能也是在变化的,正是这种变化,促进着劳动生产率的提高,并形成错综复杂、丰富多彩的价值量的关系及其运动。

如果说劳动者技能是多种类、多级别的,那么劳动时间却是简单明了的，即按自然的、由地球自转所决定的秒、分、小时、天来计算。不同劳动者或企业、行业的劳动技能是有差别的，但劳动时间却是等一的。以劳动时间规定劳动量，使不同质的劳动在相同的时间内表现为相同的劳动量。

据此，我认为，价值量是在一定社会劳动生产力的条件下，以各种质的劳动经社会平均而形成的一般性的劳动时间，即生产某种商品或提供某种服务所需要的社会平均必要劳动时间来衡量的。劳动的质高，即技能相对高的劳动，其价值量也高于社会平均必要劳动时间，劳动的质低，即技能相对低的劳动，其价值量也低于社会平均必要劳动时间。这里，不妨设定一个与社会平均必要劳动时间相当的劳动的质或技能水准，由此来换算各种质的劳动的价值量。

也就是说，在社会的总体交换关系中，不同质的劳动，其创造的价值量是不同的，技能高的劳动在同一时间创造的价值量，会成比例地高于社会平均劳动时间所界定的一般性或"标准"的价值量；技能低的劳动则相反。

劳动技能的高低，是由社会劳动生产力水平界定的，而这同时就有了一个技能的新旧问题。社会劳动生产力，既是对社会总体劳动的生产能力的概括，也是对社会劳动生产力一般水平的界定。

社会劳动生产力并不包括作为劳动条件的自然资源和人为的生产资料。很明显，劳动过程的要素并不等于劳动本身，劳动者作为劳动过程的主体，将各种自然资源和人为的生产资料运作起来，作用于特定的物形成产品或作用于人提供效用。劳动的力不等于劳动所利用的物力，也不等于劳动力利用物力所产生的产品或效用。在生产资料和自然资源都被人私有的情况下，劳动力运用它们时，是要付出代价的，劳动力的所有者甚至要由这些物的所有者来购买其劳动力使用权并支配其劳动，这样，生产资料和自然资源也就容易被视为劳动的必要组成部分，乃至生产力的内容。这是"要素价值论"形成的根据。

我们并不否认生产资料和自然资源在劳动过程中的作用——没有它们，任何劳动都不能进行，但这并不等于生产资料和自然资源就是劳动及其生产力的一部分。

劳动生产力是作为劳动主体的人的劳动力的运用，至于它使用什么样的生产资料，需要什么样的自然资源，则应视具体劳动形式来定，生产资料和自然资源并不等于劳动力，也不能劳动，因而不可能产生劳动力。劳动生产力的发展，在一定意义上说，就是劳动所调动、发挥生产资料和自然资源本身的潜在效用于人的需要的过程。人所能发展的，就是运用这些人为物和自然物潜在效用的能力，这包括自然科学对物质的性能的研究，以及从工艺角度将自然科学的研究成果技术化，技术的研究又要体现于人的技能，形成劳动生产力，这是人类社会中的有机联系。与此同时，社会科学对人本质、人性及社会关系的探讨，特别是如何调动人的劳动积极性，如何使生产过程的社会关系有助于发挥这种积极性的探讨，是对劳动生产力主体的研究，它的意义，应该比针对物这个劳动客体的自然科学和工艺学的研究更为重要。历史也已证明这一点：凡是大的生产力发展阶段，都是由人的社会关系变革促成的，即通过变革社会关系而促进劳动者的积极性和提高其技能。

劳动生产力的发展，正是人本质发展及人性升华所要求并促成的社会关系变革的集中体现。劳动生产力的发展，要体现于对物质资料的改造和利用上，但被改造和利用的物质资料的自然力并不是劳动力，而是劳动力在生产中作用的条件和表现，只有改造和利用物质资料自然力的技能及其运用，才是劳动力。

这样，当我们规定劳动生产力与价值量的关系时，就应当，而且必须将劳动者技能作为根据，并从技能本身的工艺学程度，来评判其高低和新旧。通常来说，新技术所体现的能力，是要高于旧技术的，即可以更有效地利用和发动物质资料的效用，或给人提供更大的效用。表现在劳动时间上，则是生产同一件产品或提供同一项服务，所耗时间的减少。更为重要的，是能够生产新的产品或提供新的服务以满足人的需要。

在商品经济普及即充分交往的社会中，不同质劳动的社会生产力是可以衡量的，这就是社会劳动生产力的平均水平，它的具体化，体现于劳动时间上，就是社会平均劳动时间。用社会平均劳动生产力来计量生产某种产品或提供某项服务的时间，就得出社会平均劳动时间，而这也就是价值量的规定。

当然，价值量的规定本身，是一个社会过程，它还受需要的制约，并要体现于价值形式或价值交换过程。

需要作为人本质的要素之一，是由劳动这个核心要素决定的，是应服从劳动所引导的人本质的发展的。规定价值量的"社会平均必要劳动时间"中的"必要"，就是需要在交换中的体现。从一般意义上说，需要对价值量的制约，是通过供求关系表现的，它和劳动生产力发展对价值对价值量的制约是对应的。但是，我们必须看到，在阶级统治的条件下，统治者由于脱离劳动并大量占有财富，更重要的是可以支配众多劳动者来为自己服务，从而也就导致其需要的异化。异化的需要是建筑在异化劳动基础上的，是异化劳动的必然表现。需要已从人本质的要素变成了资本增殖的手段。当人们在赞扬资本制度所造成的财富增长的"物质文明"的时候，并没有想到因为资本生出的"负需要"和满足它的"负效用"。这里最为突出的，就是军火和毒品。前者的效用是杀人，其需要首先是维护阶级统治，镇压民众，进而是统治阶级的不同集团（包括不同集团所组成的国家机器）相互的利益之争，以及民众为了反抗阶级统治进行的武装斗争——这是一种被迫的、被动的反抗。后者则是资本创造、开发需要的典型，这里还不包括像香烟、酒精类轻度的合法毒品、麻醉品。资本统治给人以各种压抑，使之产生麻醉和刺激的需要，然后提供这些产品的特有效用。据国际上权威机构的统计，军火和毒品是"全球化"贸易中的冠军和亚军——杀人和害人成了当今人类的统治者所制造和促成的最大需求，也是资本制度所带来的两项最大效用，更是资本增殖的主要来源。而季军则是贩卖人口。杀人、害人、卖人，如果是开世界贸易"奥运会"的话，这三项都可以光荣地挂在资本主义的脖子上。

异化需要和异化劳动一样，都是私有财产制度的表现，也是人本质发展过程的一个环节。它的进步意义在于：在私有财产制的驱使下，人类可以充分地展示自己的生产力，而这些生产力所创造的物质财富在少数人手中的积累及其引致的多数人贫困的积累，能使人类通过反思来验证自己的本质，并在尖锐的社会矛盾所导致的阶级斗争——这种斗争的主张就是劳动社会主义——中，逐步克服私有制和劳动与需要的异化。

人的需要是随人本质的发展而不断演进的，我们在规定劳动价值论，探讨价值量的时候，一方面要承认现有需要的实在性——起码是在对价值量的制约上是实在的；另一方面又要看到现有的需要中相当一部分是被异化的，而且会随着社会的进步被逐步克服。

需要对价值量的制约，是通过供求关系体现出来的，它和劳动生产力发展对价值量的制约是对应的。凡某种商品和服务的需要增加，就会使相应的行业和企业的劳动在社会必要劳动时间的平均中处于有利地位，虽然它并不能改变本企业和行业同质劳动间的对比，但可以改变其在社会总体各类劳动时间上的对比。这一点，在现实生活中是随时都能发现的。某种商品的需求量大增，比如，前些年中国的家电热、计算机热、手机热等，都可以使这些商品的劳动因需要的增加，而提升其质在各类劳动中的地位，由此增加其价值量。相反，那些没落的行业和企业，因其产品无人需要或很少需要，其劳动的质也就低旧,从而其劳动创造的价值量降低。而许多热销的商品,都会因需要的充分满足,成为没落的,其单位劳动时间的价值量也就会降低。

至于那些负需要所需求的商品,如军火、毒品等,虽然在现实中和其他商品一样,也要耗费劳动,而其劳动时间所创造的价值量,也和其他商品一样,会因需要的变化而改变。随着社会的进步,这些需要将逐步消失,生产和提供满足这些负需要效用的劳动,也会转向为正需要提供效用。

价值量在劳动受需要的制约下得以形成,但它还要在交换过程表现出来,并体现于货币。

价值由劳动决定,劳动的社会必要平均时间决定其价值量,是从生产角度的探讨,价值量只有在交换过程才能表现出来。交换过程,是以各自的劳动所生产的商品及服务中的效用,按一定的价值量比率相互的交换,在实现其效用的同时,实现其价值。

交换过程是价值的实现过程,它可以制约价值量,但不能改变价值质。由于价值量对于资本所有者及普通参与交换的生产者而言,都是至关重要的,因此,才有从重商主义一直传统至今的交换价值论。劳动价值论则从交换过程对价值量的制约中,明确价值量是由劳动决定的,进而从质与量的统一中,论证体现于生产和交换过程的经济关系。

决定价值质的劳动过程与制约价值量的交换过程,在社会经济运动中是两个环节,它们是统一的,但又是分离的。交换过程中由供给与需求双方所制约的价值量,会反馈于生产过程,这不仅会影响到劳动方式,特别是所生产产品和提供服务的品种,也会促使其改变劳动技能,由此而制约价值的质。

交换过程,是生产者以各自的商品及服务中的效用,按一定的价值量比率相互的交换,在实现其效用的同时,实现其价值。交换过程是价值的实现过程，它可以制约价值量，但不能改变价值质。

马克思从价值形式的分析，探讨了交换过程演变及其所反映的价值量的关系。价值形式的基本和简单形式，就是此物与他物的直接交换，正是物物交换使双方所包含的价值量得以表现。他物是此物的等价物，此物的相对价值通过等价物表现，而当视角由此物转到他物，他物就变成相对价值形式，此物成为等价物。随着历史和逻辑的进程，简单的价值形式经总和的或扩大的价值形式、一般价值形式而达货币形式。

现实生活中的交换，无非卖和买两种方式，前者是商品所有者或服务劳动提供者与货币所有者交换，货币是等价物；后者是货币所有者与商品所有者或服务劳动提供者交换，货币又成了相对价值形式。这简单的、分立的卖和买，是一个不断连续的过程，货币就是这个过程中不断流通的环节和纽带。无论商品还是服务，都会在交换之后实现其效用，从而退出流通，唯独货币在交换之后仍要进入流通过程，行使其职能。

那么，货币又是什么？怎样规定货币的本质和职能？

自古以来，关于货币的本质，就有两种观点，一是货币金属论，二是货币名目论。这两种观点，都有其道理，也有表面性。

货币金属论和货币名目论都是以表面特征直接规定本质的。

货币的形式和作用是国家权威与商品经济矛盾的体现，国家以其权威对商品经济的干预是一直存在的，国家是商品经济形成和演化的内在因素，而对货币的制约和控制，是国家干预商品经济的集合点和基础点。以金属为币材，不仅取决于金属是特殊商品，还取决于国家权威对金属作为币材的认可。金属本身只是商品，它之所以成为货币，就在于国家权威的认可与规定。即使在以金属为币材的时候，其作为货币所标的价值量，也较其作为商品的价值量为大，这在铸币上充分体现着。这种价值量上的差距，就是国家权威的体现。而货币名目论则只看到了国家权威的作用，忽略了商品经济关系对国家的制约。

货币是商品经济关系矛盾的体现和要求，国家也是商品关系矛盾的集中体现，是代表居统治地位的主导势力一方协调矛盾，建立并稳定秩序的机构。国家的权威实际上是商品经济矛盾中主要矛盾方面与次要矛盾方面制衡态的政治表现，它对商品经济的干预和调整的首要环节，就是对货币的规定，无论是选择金属铸造，还是纸张印刷，以致电子磁卡，货币都以国家的权威为依据。但国家权威的作用，又受到商品经济发展及其矛盾关系的制约，它对货币的规定和发行，必须充分考虑商品生产和交换的状况，以及商品经济关系中矛盾各方面的势力对比。

据此，我将货币定义为：以国家的权威认可并保证的特殊商品或信用的购买力。

货币作为商品经济的基本范畴，大体以两种形式存在，一是金本位的金属货币；二是废除金本位的纸币或电子货币。二者的分野，是在20世纪30年代至70年代。30年代以前，主要资本主义国家基本上都是实行金属货币制，纸币只是金属币的辅助形式，虽然第一次世界大战期间各国曾放弃金本位制，但战争结束后，又陆续恢复，1929年的大危机给刚刚恢复的金本位制以彻底的打击。英国于1931年9月，日本于1931年12月，美国于1933年3月相继放弃了金本位制。1944年布雷顿森林会议确定各国货币同美元联系，美元同黄金联系，以维持汇价。但到1972年，这种联系也不能维持。实际上，30年代后纸币不再是黄金货币的代表，黄金也不再直接就是货币。

20世纪建立初级社会主义制度的国家，无论是苏联，还是中国，都未实行金本位制，而是由国家根据经济发展需要，通过中央银行发行纸币流通。

货币及对货币的理论规定在20世纪的演变,是现代经济矛盾演变的集中反映。虽然金银不再是货币,货币本身也不是商品,但货币在现代经济生活中的作用并未消除,相反,由于它摆脱了金银等贵金属的躯体,显得相当机动灵活,更重要的是,国家以货币的发行权为切入点,直接渗入全部经济生活,参与并干预经济活动。

在这种情况下,货币的本质和职能无疑会发生一些变化,其中最重要的,还是货币本质的规定,即货币不再是一种特殊的商品,其本身也不具备价值。但其基本职能,即马克思所说的价值尺度及流通手段、支付手段、储藏手段、世界货币等,依然保持,而且在经济生活中的作用日益突出。但金本位时的储藏手段和世界货币,则有重大改变。

价值尺度是货币的首要和主要职能,即以货币为尺度衡量和表示商品与服务的价值;流通手段,就是充当商品和服务交换的中介,货币的流通手段职能改变了物物直接交换,使买和卖相对独立,打破了交换在时间和空间上的限制;支付手段职能包括清偿债务和支付租金、利息、工资、税等;世界货币职能是指货币在国际市场上执行一般等价物的职能,由于各国币制的差距,这种职能在金本位制时是比较简单的,即无论各国币制有什么差别,最后都归结于黄金,废除金本位之后各国的货币及其相互间的汇率表现出错综复杂的状态,但其世界货币的职能依然从总体供给与需求关系及国家关系中得以规定和体现。

2008年爆发的金融海啸及其引发的经济危机,充分暴露了现代资本主义与其货币体系的缺陷。美国金融资本财团利用其操纵的国家机器,不仅滥印没有价值的美元纸币,以此来换取中国及世界各国的有实在价值的商品,更在金融机构组织所谓"高级人才"以高等数学编造出玄奥莫测的衍生品,搜刮全世界资财。膨胀的美元导致全世界货币的膨胀,而这些没有实际价值的货币聚集于少数资本财团和达官贵人之手，进而又转化为资本，并按资本的本性来获取利润，但大量资本停滞于金融领域，金融机构只能提供利润，却不能将资本投入产业，从而世界总资本所提供的剩余价值与总资本所要获取的利润之间出现巨大差额，金融资本的危机势必导致产业的危机，为了应对这场致命危机，美国政府又带领各国政府滥印钞票，从而使世界经济陷入恶性的通货膨胀。货币名目论和货币国定论就在金融资本与其帮凶官僚资本的配合下，横行于世，祸害人类，资本主义的腐朽与没落也就不可避免。现代以美元为核心的资本主义货币体系，正在丧失信用的同时，面临着变革，只有将货币体系变革与经济制度变革统一起来，人类才能进入商品经济的新阶段。

货币的演化，标志着商品和服务所包含的社会平均劳动时间实现方式的变化，国家的作用因废除金本位制而日益突出，从而不仅影响货币量，还会进一步影响到各种质的劳动的价值量，但不会影响价值的质——交换劳动决定价值。而价值量因货币量的影响所产生的与价值质之间的矛盾，也就成了交换过程的主要矛盾。这个矛盾直接制约价值量的实现，并体现于供给与需求的矛盾，作用于市场、竞争和价格。

价格是价值量的货币表现，但并不能说所有货币的价格都是价值量，比如马克思所说的良心、名誉等等，也可以有货币的价格，但它们并不是价值表现。对这些内容，应把它们排斥于研究的范围之外，我们所探讨的，只是以货币表现的价值量。

需要是制约价格的重要因素，但需要不可能在生产中表现，只能在交换中表现出来。并不是生产出了可以交换的产品或提供相应的服务，就能够卖给它的有购买力的需要者。并不是此商品或服务的提供者必然需要彼商品或服务的提供者的商品或服务。生产者提供的效用中的劳动时间不等于他需要的效用中包含的劳动时间。需要与劳动时间之间的比例只能在交换中，在市场上表现出来。市场上的需要，既不能以购买者本人的主观需求，也不能以他所能提供市场的商品或服务来衡量，而是以他可以购买所需商品或服务的货币，即购买力加上他的需求程度来衡量。

因此，所谓社会平均必要劳动时间，应在交换后才能计算，而非在生产中就可以计量出来。社会上所能表现的需要，是以已经实现了其价值量的商品和服务为基础，并由拥有相应价值的货币所有者的需求来决定的。也就是说，计算社会必要劳动时间，一是不能在生产领域，而应在交换领域；二是要对购买力与需求量进行综合计算，而这种计算只能在交换的结果中才是可行的；三是交换过程所耗费的劳动应计算在内。

这样，社会必要劳动时间，既非单纯由生产者一方的生产力水平及相应行业不同生产者的技术能力决定，也不能以市场上可能与本行业商品或服务交换的他行业的商品与服务的比例来计量，而是以实际的需要或已实现的需要与提供的商品或服务的比例计量。这个比例，就表现为价格。从这个意义上说，价格就是实现了的价值量，而交换过程，则是某一种质的劳动与有购买力的需要的交换。这个过程，既可以证明其劳动的必要性和程度，又是其劳动平均化过程的延续。因此，作为实现了的价值量，价格就是生产与需要的矛盾所制约的社会平均必要劳动时间的体现。当然，同一类商品或服务的每一件或某一项，其价格也可能是不同的，除去因商业服务而加于其上的社会平均必要劳动时间，这一类商品或服务的总价格，可以进行平均计算，从而得出其价值量——社会平均必要劳动时间。而各具体商品或服务的价格，则会因时间、地点及需要等各种因素，在平均价格上下波动。

交换劳动决定价值，劳动交换决定并实现价值量。劳动交换过程，有货币作为中介，使双方的交换劳动对象化，体现于商品和服务与需要的统一。交换的等价性，根据在劳动的一般性，并以社会平均必要劳动时间来计量,以货币量来表示。这样,价值量也就表现为价格,或者说,价格就是实现了的价值量,是以货币形式表示的实现了的价值量。交换劳动决定价值,社会平均必要劳动时间规定价值量,这个定义本身,就已包括供给、需求、竞争、市场及政府干预等各种因素,也就是说,这些因素作用于从价值的形成到价值量的规定到价值量的实现的全过程,这样,价值量的实现,就是现实的价值量。对这实现的价值量或现实的价值量,可以用货币价格来表示,它们的区别,只在标志的单位不同,前者是社会平均必要劳动时间(日、小时、分钟),后者是货币单位(元、角、分),这二者也是可以换算的,如1劳动日等于10元货币。价格的变动,同时也是价值量的变动,如1劳动日所生产的商品或提供的服务的价格上升为15元,那么,1劳动日的价值量等于15元。

这是现代普遍性的以市场为总体交换关系,或者说在由市场所集合的总体交换关系前提下,体现于商品和服务中的交换劳动的价值量的实现形式,它与马克思时代的市场及其货币(具有价值的贵金属商品)等条件下的价值量实现形式,是有重大差别的。但这种差别还是量的差别,而非质的差别。我们完全可以将上述分析用于19世纪或更早的商品交换中,只要改变价值形式,即退回到货币是金属商品,也能得出价格就是实现了的价值量这一结论。

价值量以货币形式的价格表现并实现,是在抽象层面的一般规定,在不同的经济制度和历史阶段,还会有其特殊性,即所有权、所有制、经济体制、国家的法律、政策等,都在价值量实现过程有所作用,从而影响市场的总体交换关系。但这并不能否认一般性规定,恰恰是在这些具体的特殊性中,存在着、贯穿着一般性规定。

从上述分析我们可以看到,政治经济学教科书上所说的价格与价值的"背离",价格围绕价值上下波动的观点,其实是不必要的。任何一次成交的价格,都是价值量的确定与实现,都是劳动与以相应劳动为依托的需要的关系，并不存在先验性的一般价值量。价值量就体现于每次成交的价格上，在个别成交价格或其体现的具体价值量中，表现出一般价值量。某一类商品或服务的全部个别价格的加总，是总价格，同时也是总价值量，以它除以商品量或服务量，可以得到平均价格，而这同时就是平均价值量。以平均价值量去衡量个别商品或服务的成交价格，并得出其围绕价值上下波动的结论，只有统计学意义，进而对经营管理会有作用。但在政治经济学角度，分析交换双方的关系，以及公有制中劳动者个人与公有制企业的关系，是没有意义的。相反，却会因注重众多个别交换过程的差异，以及考究其价格是否"与价值量背离"，而使问题复杂化，不利于认识现实的经济关系和矛盾。

正是现代的资本主义市场经济使价值的存在和作用更为普遍和充分，与之同处一个时代的社会主义初级公有制，也必然地体现着价值的存在和作用。虽说这二者在特殊性的所有制上是有本质差别的，但在普遍性的经济交往中，又有其共性。这里，还是从现代经济生活的普遍性上探讨影响价值量的供给、需求、竞争、市场等范畴及其关系。供给即生产或服务的劳动在交换中的体现，需求则是对交换的商品或服务中效用的需要，由于这种需要是表现于交换的，因此，它必须以等价的劳动作为基础，即以等价的劳动才能换来具有相当价值量的商品或服务。市场则是供给与需求所集合而成的社会交换关系及其过程。竞争是在市场条件下，众多供给者为了多生产商品和提供服务并争取尽可能大的价值量实现，而展开的在商品和服务的品种、劳动技术、资金投入及销售等各环节的竞比和争夺需求的活动。而政府又会以货币政策和财政政策来干预市场，调控供给与需求的关系，制约竞争，从而在总体上影响价格。

1929年的大危机，使生产过剩达到极端，自由竞争体制到此结束，庞巴维克、马歇尔等人在此前提出的"边际效用论"及对需求的探讨，派上了大用场。但他们的用意还在从理论上约束资本所有者，使之在生产时注意需求。这一层在自由竞争体制下是很难实现的，因为每个资本家都在争取利润最大化，而社会总体的无政府状态又不可能指导和制约其按科学预测的需求来生产。凯恩斯从个量的需求与供给分析上升到总量的需求与供给的探讨，正是为解决自由竞争体制中所不能解决的矛盾而作出的。而凯恩斯之所以要恢复货币名目论，也是为其总量需求和供给的分析提供理论基础。

当资本统治认可了凯恩斯学说，并将之制度化以后，市场已不再是各个独立的资本生产者和消费者的混杂体，而是受国家货币政策和财政政策干预、调控的总供给与总需求相互制约的场。竞争依然由资本统治所坚持，但政府却要考虑总供给与总需求的关系加以调控。

在这种情况下，价值量的形成与实现必然受已经变化了的供给与需求，以及市场与竞争的制约。但无论如何，价值依然是由交换的劳动决定的，而且技能素质高的劳动者在社会平均必要劳动时间决定价值量的条件下，还是能够生产出较高的价值量，并表现于货币价格上。也正是由于社会平均必要劳动决定价值量，市场上总供给的各生产单位，才努力去开发新的产品和服务，并导引新的需求，由此展开竞争和资本与劳动的交换。

2008年爆发的金融海啸是对资本主义市场经济体制的剧烈冲击，它充分暴露了凯恩斯学说的局限，展示了市场经济体制的根本缺陷，从而会对价格体系产生巨大影响。对此，我们应密切关注，尤其是美国及各国政府的干预，以及国际货币体系的作用等，既是现代资本主义市场经济体制矛盾的展现，又是劳动社会主义经济理论发展的必要契机。但无论如何，劳动价值论作为劳动者的经济观，是随着劳动者社会地位和素质技能的提高及经济矛盾的演化而发展的，是劳动社会主义理论的基本，它在发展中成为揭示和论证商品经济两大阶段矛盾的理论基础,是批判资本雇佣劳动制度和探讨民主劳动制度的必要前提。

六、资本雇佣劳动制度批判

当代的人类世界,正处于马克思所说的人类"史前时期"的最后阶段——资本雇佣劳动社会,批判并否定资本雇佣劳动制度,是劳动社会主义的历史意义之所在。从劳动主义社会观和劳动价值论,辩证地规定、批判资本雇佣劳动制度,论证其经济、政治、文化,是劳动社会主义理论的主要内容之一,也只有在这样的理论指导下,才能进行劳动社会主义运动,以不断发展的劳动者联合势力,变革社会制度,实现劳动者的社会主体地位,提高其素质技能,使人类真正开始人的历史。

资本雇佣劳动制度创始于二三百年前的西欧,后扩展至北美,先以英国为中心,再以美国为中心,到20世纪末,金融资本财团在美国占了主导,并利用武力、欺骗和收买落后国家的权贵,展开了声势浩大的"全球化","和平演变"了与之对抗的"社会主义阵营",形成对全人类的统治。金融资本这个"上帝",成了真正的主宰。当它支使其派往人间的"天使"布什总统借"9·11事件"[①]而发动对阿富汗和伊拉克的侵略,以此进一步威吓、控制、压制中国及其他"发展中国家"的同时,华尔街的"上帝"雇用一批"金融精英",使用高等数学和高倍计算机,制造了高傲的杠杆,编织了

---

① 这是21世纪最大的疑案。对于此事件的制造者,布什政府一口咬定是"基地组织",但又没有充分证据。而美国及欧洲的一些研究机构,则从该事件不能被美国政府"保密"和销毁的录像资料的分析中,得出是布什集团自编自导自演了这一事件的结论,如"双子座"的定向爆破式倒塌,五星大楼的巡船导弹弹洞等。或许多少年后,人们可以从"解密"的材料中认知真相。

玄妙的金融"衍生品",与"常规"的国际贸易、投资攫取超额利润相配合,向全世界推行其金融大骗局。然而,把戏确实演"过"了,在骗取大量金钱之后,却又引发了全球金融海啸和经济危机。这次危机之惨烈,不仅祸害了全世界,"回头浪"还冲击了华尔街的精英们——他们在为"上帝"骗了巨额财富之后,也面临"下岗"的危机。

当金融学家和经济学家从技术层面论说"次贷危机"和"金融危机"的成因,并用凯恩斯的"原理"来补救资本雇佣劳动[①]制度的时候,严肃的现实却向我们昭示了这个制度的本质及其必然灭亡的趋势。

资本主义之危,正是劳动社会主义机。对这场金融大海啸引发的经济大危机的分析,使我们深化了对资本雇佣劳动制度的认识。我们的探讨还是从这个制度的基本权利和主要矛盾的分析开始。

资本雇佣劳动制是商品经济和公民社会的初级阶段,它突破了封建领主制和集权官僚制,初步实现了全体人的人身权,并经劳动者的长期斗争,逐步争得了公民权。资本雇佣劳动制的基本经济权利是两个,一是资本化的生产资料所有权,二是劳动力的所有权。这两个权利是分离的,分属于资本所有者和雇佣劳动者。正是这两个分离的权利主体,构成资本雇佣劳动制的基本经济关系,他们之间的矛盾,是资本雇佣劳动社会的主要矛盾。

这两个阶级的经济基础,是资本雇佣劳动,其法权体系,是资本所有权和劳动力所有权的矛盾及其在各经济矛盾层次的展开。资

---

① 用"次贷危机"的表面现象作为金融海啸的原因,是典型的诡辩论方法。实际上,美国房地产的"次级贷",不过金融资本获取利润的一种方式,即使它全部亏损,其涉及的资金量也不及世界各国为救经济而花费的财政投入和滥印钞票的百分之一。至于只说"金融危机",也是掩饰本质的一种手法。

本所有权是以资本形式存在的生产资料所有权,同时也包括用于购买劳动力使用权的货币资本的所有权,不过,当它作为功能资本以后,就已经转化为对劳动力的使用权,而货币资本则转化为劳动力所有权主体的生活资料。在资本雇佣劳动制中,资本所有权与劳动力所有权这对矛盾的主要矛盾方面是资本所有权,劳动力所有权是次要矛盾方面。劳动力作为劳动者个人的劳动能力,只有在与生产资料的结合中,即在劳动过程中才能发挥作用。在资本雇佣劳动制度下,劳动者不可能拥有大工业的机器设备,他们要生活,就得劳动,就只有出卖劳动力的使用权给资本所有者。虽然劳动力使用权的买卖过程,要遵循等价交换原则,而且是自由的交易,但不出卖劳动力使用权就没有生活资料的劳动者,必然在出卖时处于不利地位,这不仅表现于劳动力使用权的价格上,而且表现于劳动力的使用过程中。既然劳动力的使用权已卖给了资本所有者,那么,如何使用,使用的时间和强度,都取决于买者。但卖者出卖的并不是一件物品,而是他的人身中体现的劳动力,也就是说,其人身也要随劳动力的出卖而由买者支配。这样,他的人身权利就与劳动力的使用权相冲突,为了捍卫人身权利和劳动力所有权,必然与购买劳动力使用权的资本所有者产生矛盾。

资本所有权的确立,是以财产所有权作为"自然权利"的主要内容由资产阶级革命夺取的政权从法律上规定的。这也是唯物主义者长期论争的成果。资本所有权是资本雇佣劳动制度权利体系的基本和核心权利,是资本雇佣劳动关系矛盾的主要和主导方面。相比之下,作为次要方面之相应的劳动力所有权的确立,却要晚一些。这样说,并非指在劳动力所有权确立之前没有劳动力的出卖,而是说有相当一段时间没有法律对劳动力所有权的规定和保护。直到19世纪中、后期,在产业革命的进程中,资本得以迅速扩张,资本所有权也已经确立并争得了政治上的统治权。在这种情况下,雇佣劳动者争取劳动力所有权的斗争也不断高涨,经过长期的、联合起来的斗争,终于迫使资产阶级作出让步,承认劳动力的所有权,各国的劳动法、工厂法都对此有所规定。从此,资本雇佣劳动制才真正确立。雇佣劳动者依据其劳动力所有权与资本所有者的斗争也进入一个新阶段——争取民主权的阶段。资本雇佣劳动制的主要矛盾,即分离的生产资料和劳动力的所有权主体之间的矛盾,制约着社会经济、政治、文化各层次的矛盾和斗争。资本雇佣劳动制的各种具体矛盾,都应以此为前提加以规定。

资本雇佣劳动关系是特殊的交换关系,它以货币所体现的价值来确定其所有权主体在交换中的地位,并依据所有权来支配货币价值所能交换的具有相应价值的财富和劳动力使用权。资本不过是以货币形式标志其价值的劳动的集中体现和积累。资本的积累就是劳动的积累,是资本关系中资本所有者对其支配的劳动力的使用超过劳动力价格的剩余劳动时间创造的剩余价值的所有权的体现。

随着资本关系的制度化,资本积累的劳动价值日益增加,这是资本所有权及其支配、控制劳动力的地位的强化。资本的本性是要不断增殖,因此要不断扩大生产规模,改进经营方式。在这个过程中,资本的所有权作为根本的权利,只能采取新的组合,并由此派生出一个新的权利,即占有权。

占有作为所有权的基本权能,不仅表现于所有权确立之后,还表现于所有权确立之先。罗马法中"先占"这个概念,是"自然取得方式"的一种,指用劳动对无主的财物的占有,或以武力对所战胜的敌人财产的占有。先占即对没有确定所有权的物品的先行占有,是确定占有者所有权的根据。这种先占,不仅是"自然法",也是人为法中确定所有权的前提。一直到现代社会,先行占有依然是所有权的依据,包括资本家对剩余价值的所有权,也是以占有包含剩余价值在内的产品为前提,待该产品价值实现以后,才能对以货币形式存在的剩余价值拥有所有权。

而更为实在的占有，则是在所有权确立之后，由所有权展开的控制或管领。占有持续于所有权的法定期限内，只要该所有者拥有特定的所有权，就拥有占有的权能；而能否行使占有的权能，又是所有权的证明。占有权能从所有权中派生出来成为占有权，并不是取消了所有权，而是所有权权能的延伸，它还要受所有权主体支配。但由此引发的所有权主体与占有权行使者的矛盾，不仅是资本雇佣劳动制，更是民主劳动制经济生活的重要内容。

在若干私人资本家组成股份公司时，已从联合的所有权中派生出占有权，由占有权来支配和控制经营权，而非由分散的所有权来支配和控制经营权——若干个分散、独立的所有权主体支配和控制统一经营权行使者的经理，是不可能，也不可行的。只有由各所有权主体分别将所有权派生的占有权能集中起来，形成一个相对独立的权利及相应机构，并统一行使占有的权能，以支配和控制经营权的行使者，才是有效的、可行的。

事实上，资本的所有者在组建其股份公司时，早就意识到了这一点，并成立了公司董事会来集合占有权能，而当它集合了占有权能并统一行使时，占有权就确立了。

然而，无论经济学，还是法学的理论，都未能对此作出规定。如果说一个多世纪前尚处资本主义自由竞争阶段，股份公司刚刚起步时的马克思，只能注意到股份公司的所有权与经营权的分离，是有其历史原因的话，那么，进入资本主义市场经济体制，股份公司已成为经济的主要形式，而且其资本额巨大，股东众多，并以股票来吸纳社会闲散资金的时候，依然看不到占有权的存在，不能以概念对之进行规定的话，就很难说清现代资本主义经济矛盾的特点了。

对股份公司，经济学和法学界都是注意到了的。美国在20世纪初形成并演化至今的制度学派，一开始就很关注股份公司的权利关系和组织形式，其所说的"制度"，主要是就此而发的。可是，从凡勃伦、康芒斯一直到现在依然支撑制度学派门户的科斯等人，虽然反复探讨了股份公司的所有权联合，公司董事会如何控制经营权行使者，以及经营者的权利和责任、利益，他们与所有权主体的关系等。但就是提不出占有权这一概念，从而使其论证在所有权与经营权之间打转。其所谓"产权理论"，主要目的是解决这些问题，但"产权"一词的不准确，不仅显示了英语的模糊性，也暴露了美国实用主义思维方式的严重缺陷。

"产权"之"产"，是一般性的财产，还是特殊性的资产？制度学派并不明确。"产权"之"权"，是所有权，还是占有权、经营权、收益权？制度学派也不明确。

制度学派虽然不能说明资本化的生产资料所有权因股份公司或股份制而派生占有权，从而导致资本所有制关系的变化，但他们毕竟在关注这个问题，而且试图说明其间的各种关系。而以"主流派"自居的所谓"新古典综合派"，则对此不屑一顾，毅然地在那里用高等数学来计算马歇尔一百多年前和凯恩斯六十多年前提出的那些"原理"，只要有某一定律甚或公式可以演算出来，就弹冠相庆。在他们看来，资本私有制是绝对的、永恒的，不可能，也不应该有变化。制度学派的"产权理论"已是多此一举，是非主流派不得不做的经济学中的"勤杂工"活计。

无论经济学家怎么看，现实中的股份制及所谓"法人资本"体现的资本占有权，都是现代资本主义经济关系和制度中的一个主要特点。而以占有权概念规定这个特点，不仅可以明确现代资本制度的性质，也可以认识它在资本主义市场经济体制中的地位和作用。资本主义市场经济体制中的资本，主要不是由自然人所有的私人资本，而是由自然人的私人资本所有权派生的占有权所集合的法人资本。虽然私人资本由其所有权主体自己经营或直接委托他人经营的企业还存在，但已不是经济生活的主体。

资本不过是由非劳动的所有者掌握积累了过去劳动创造的价值而形成的对劳动者的劳动力使用权购买与使用的关系。在这种关系中，主导者是资本所有权主体，被动者是劳动力所有权主体。在出卖劳动力使用权时，劳动力的所有者与资本的所有者是平等的交换关系。当资本所有者以股份公司等形式将其资本联合起来的同时，劳动力的所有者也在强化其劳动力所有权意识的基础上，进一步联合起来，组织成工会并形成与资本所有者相对立的社会势力，并以不断的斗争维护自己的利益。

劳动力的所有权是劳动者在资本关系中存在的依据，劳动力的质与量则是其所有权的力，这一点，与资本的货币量是其所有权的力是一样的。资本与劳动力所有权主体之间的交换，是自由的权利主体间按商品经济一般原则的平等交换。劳动力的所有权是劳动者的基本权利，但只有在劳动者意识到这个权利，并以自己的斗争在法律上明确这个权利，进而在劳动力所有权的基础上联合起来与资本所有权主体进行斗争的时候，这个劳动者在现代社会赖以存在的基本权利才算真正确立。

在经济生活中只要有雇佣关系，就已经出现劳动力的所有权，但对它在法律上的明确规定，以及其主体运用相应的法律来维护自己的权益，都是在资本雇佣劳动制度确立之后出现的。这在西欧和美国，大体是19世纪以后开始的，其他国家则更晚。规定劳动力所有权及劳动者相关权利的《劳动法》、《工厂法》等相继出台，并不断修订。虽然这些法律在总体上还是以维护资本家的利益为主，但毕竟承认了劳动者的权利，从而使他们可以依据劳动力所有权等权利来争取和保护自己的利益。

现代资本雇佣劳动制度下劳动者的联合，是以劳动者技能素质提高为根据，在提高了的文化精神素质凝聚和导引下，对劳动力所有权派生的经济权利和政治权利的集合运用,并由此形成强大的社会势力。从经济权利而言,主要是将劳动力所有权派生的占有权能集合成总体的劳动力占有权,由工会行使;从政治权利而言,主要是将劳动者的公民权及其与劳动力所有权共同派生的民主权中的结社权集合于政党,由政党统一行使。这两方面的联合,往往是相辅相成的。

劳动者的联合强化了其劳动力所有权,并进而要求和扩大劳动力所有权主体应有的民主权。这些也就成为劳动社会主义运动的主要内容。

发达资本主义国家中劳动者联合的劳动社会主义运动,波及并影响到落后国家,20世纪的俄国革命和中国革命就是其典范,而亚洲、非洲、拉丁美洲等诸多国家,也都建立了以社会主义为旗号的政党,实行了社会变革。虽然这些国家的社会主义政党及其社会变革尚有很多缺陷,其势力尚敌不过国际资本及其代理人官僚资产阶级,但它们将社会主义思想引入本国,并组织劳动群众为争取民族解放和自由发展而斗争,从而也就在资本全球化的过程中,将劳动社会主义全球化,为全世界劳动者的大联合创造了历史和逻辑的基础。

虽然劳动者因其劳动力所有权的强化和联合,而不断提高自己的素质技能和社会地位——这是现代西方国家发达的根据,但其发达成果更多地还是集合于资本,或被资本雇佣劳动关系归结于资本所有者。剩余价值依然存在,但也有诸多新特点,在剩余价值的创造、占有与分割上都表现出来。

剩余价值的创造,或曰生产,是劳动力使用权出卖者在其购买者支配下的劳动的体现。与自由竞争体制阶段相比,现代资本主义市场经济体制阶段,一是用于生产剩余价值的劳动范围扩大了,原来规模很小的服务性劳动不仅参加进来,而且成为日益重要的组成部分;二是国家垄断资本对剩余价值的生产与实现过程的控制;三是国有企业的出现;四是国家对经济的总体干预和调控;五是资本国际化和国际资本。这五点,是现代资本统治下的剩余价值创造的条件,也是其实现的条件。

现代发达资本主义国家中,垄断资本企业操纵着某一行业甚或几个行业的市场价格,并按自己实现垄断利润的需要,定出垄断价格,即成本 + 垄断利润 = 垄断价格。但本企业的垄断价格并不直接等于市场价格,它还要受供给与需求关系的制约,更为重要的,是国家的总体调控,虽然国家并不直接给商品定价,但能以法律(如"反不正当竞争法"或"反垄断法")和政策方式,干预市场价格,由此制约垄断价格。也就是说,垄断价格在垄断企业以"成本加利润定价法"或"目标利润定价法"予以制定,并推向市场时,并不能保证它就是市场价格,还要受供求双方的比例和国家干预的制约。更进一步说,这种制约早在垄断企业给自己的产品或服务定价时就已发挥作用。

垄断价格到市场价格之间会有一些变量,其中商业劳动所创造的价值也要参加进来,而市场价格作为实现了的价值量,减去其中商业劳动的价值量,就是垄断企业的价值量,再从中减去成本,得出垄断企业利润,而利润与可变资本之比,就是垄断企业的剩余价值率。其关系为:

[垄断企业产品(或服务)的市场价格 − 商业劳动创造价值 − 成本 = 垄断企业利润] ÷ 可变资本 = 剩余价值率

国家对经济的调控,当然也包括国际资本及其经营,但这与国内调控又不尽相同,国家间必须达成双边或多边的协议,甚至建立世界性和地区性(如"世界贸易组织"和"欧洲共同体"等)的经济组织，并缔结带有法律性的长期协议。这是市场经济体制的国际化，其中占统治和支配地位的，依然是大资本财团控制的大国，它的秩序也必然是有利于这些大国资本财团的，其目的是协调全世界或地区间资本企业的关系，以便资本在国际间有效地利用各地的资源和雇佣劳动者，特别是落后国家廉价的劳动力，获取更多的剩余价值。资本国际化和国际资本对国际劳动力的雇佣，使资本关系及剩余价值生产全球化，由此，人类也将在日益密切的劳动交换中不断加强联系，人的总体性和社会性得以强化。这是资本占有剩余价值的必然结果，也是资本最终走向否定的内因。

现代资本主义市场经济体制下，由于国家的总体调控和资本的国际化，已经形成了广泛而密切联系的资产阶级，它们以联合起来的巨额资本所建立的资本雇佣劳动关系，创造了巨额剩余价值。剩余价值生产的总体性和复杂性，也就体现于剩余价值的占有上。

从一般意义上说，或者按资本雇佣劳动制度的原则，剩余价值的占有，依然属于资本所有者，这在现代资本主义经济中并没有改变。但由于国家的总体调控，企业对剩余价值的占有，并不是最终的所有，还要由国家以税收的方式提取一部分，同时国家还规定企业要从利润中拿出一部分作为职工失业保险等。国有企业的情况大致与此相似。

国家以税收对企业剩余价值的提取，是剩余价值占有后的第一次分割。而国家以政策硬性规定企业支付的职工失业保险等费用，既可以看成对剩余价值的分割，也可以视为工资的一部分，是第二次支付工资。

剩余价值在经上述分割之后，在企业中，还要按一定比例用于积累（其所有权归股东），即扩大再生产，然后按股份分配利润给股东。国家资本则没有分利问题，其剩余价值或由国家提取，或用于扩大再生产。

而国家以税收形式提取的那部分剩余价值，连同以税收收取的劳动者收入及其他收入，构成财政基金。其用途，一是国家机构的开支，二是军费，三是公费教育和其他公共事业，四是公益设施和社会保障，五是投资于国有企业。第三四项的享用者主要是劳动者，但最终受益者还是资本所有者，因为这些支出，等于从总体上支付劳动者的工资，并有利于提高劳动力的质，同时降低劳动力价格，由此形成资本企业的相对剩余价值。由于国家的干预和调控，市场经济体制下，剩余价值的创造与实现，占有与分割，表现为总体资本控制下的个别资本行为，与之相应，雇佣劳动也从个体发展到总体，并在创造剩余价值的同时，参与并制约其占有与分割。

在现代资本主义经济矛盾中，国家是一个重要范畴，由国家组建并控制的资本，就是国家资本及其国有企业。随着国家资本的出现，也就促使私人资本垄断演变为国家资本垄断。

在资本主义的自由竞争体制下，国家被唯物主义经济学家视为"守夜人"，国家只办一些必需的军工等企业，国家对经济的调控作用虽然保持，但强度已经减弱。1929年至1933年的大危机，使自由竞争体制的矛盾日益加剧。墨索里尼和希特勒的法西斯主义，以及罗斯福的"新政"，都把国家干预和调控经济作为摆脱危机的手段，其中，由国家投资办企业，是重要内容。凯恩斯的学说，虽然没有公开鼓吹国有企业，但他已为国家投资办企业找到了理由：增加就业，扩大总需求等。

虽说二战时的国家资本和国有企业主要在军事和与军事密切相关的行业，战后，这些行业的需求缩小，国家资本也会相应缩减，但战后资本主义国家逐步进入市场经济体制，特别是社会民主党势力的壮大，它们在执政期间投资办国有企业，还有与私有企业的合资等形式，从而到20世纪70年代末，西方各国的国有资本和国有企业都有了长足发展，成为现代资本主义经济的重要组成部分。70

年代初，英国国有企业固定资本占全国总投资的 40% 以上，雇佣人员占总雇员的 15.4%；西德（联邦德国）国有企业投资占全国总投资的 31%，就业人数超过 250 万；法国国有资本占全国总投资的 38%，职工人数占总雇员的 30%；美国国有资本 1976 年为 2086 亿美元，就业人数占总就业人口的 16%；日本国有企业固定资本占全国固定资本的 19.6%，就业人数为全国就业人口的 8%。国有企业占据了关乎国民经济基础和命脉的主要行业，如邮政、电力、电信、铁路、航空、运输、石油、钢铁、造船、航空以及高速公路等。

西方发达国家国有资本及其国有企业的形成与发展，是资本主义市场经济体制的表现，是国家干预和调控经济的重要方式，同时也是资本统治与雇佣劳动新矛盾的体现。

资本主义国家的国有资本还是资本，它和私有资本一样，都是以货币形式存在的劳动价值的积累，并以增殖为目的投放于生产和服务行业。国家资本的来源，首先是税收，进而是国有企业自身的积累。国家资本的作用，主要是维持资本国家的存在与统治，它表现在各个方面：一是维护资本主义制度，二是调和阶级矛盾，三是为私有资本的发展提供必要的基础条件，四是增加就业机会，五是增强国际竞争力。

作为国家资本所有权主体的公民，以其纳税为主要出资方式，当然所纳税额有多有少，但其所有权却不能以纳税额计量，只能以个人为单位表现出来，并通过选举权来作用于集合并行使占有权的机构——议会。从这个意义上说，国家资本带有一定的"公有制"性质，因此也受到资本财团雇佣的经济学家们的指责。

国家资本，作为集合于国家机构并由其行使占有权的资本，是资本主义经济关系的特殊形式，雇佣劳动与资本的矛盾发生了量的变化，但并未发生质变。其一，国家资本及其国有企业的所有权主体虽然是全体公民，但其占有权由国家机构（议会）行使，谁掌握了议会中的主导权，谁就掌握了国家资本的占有权，以及相应的经营权和处置权。资产阶级政党掌握议会主导权时，就会按资产阶级利益经营和处置国有企业。既令社会民主党或工党掌握了议会的主导权，也不能不考虑仍居统治地位的资产阶级利益。只要资本主义制度未发生质变，国家资本就仍是资本主义性质的。

其二，国有企业的职工与企业的关系，依然是雇佣劳动关系，虽然他们在名义上（不论是"纳税人"，还是公民）拥有对国家资本的所有权，但在该企业就业时，仍要以劳动力使用权的出卖者身份与经营者签订合同。但因为国有企业是由议会通过政府来选聘经营者，其经营管理的具体方式与私有企业会有些差别，因而在国有企业就业的职工能更多一些权益。

其三，建立国有企业的一个重要理由，是扩大就业，这也是社会民主党利用凯恩斯学说的重要表现。其初衷是为失业工人提供就业机会，但从结果看，又在保护资本雇佣劳动制度不因工人运动而毁灭，也正是在这一点上，社会民主党常被共产党指责为以改良来维护资本统治。

其四，国有企业中有相当一部分"事业"单位，主要提供公共产品和服务，其受益者是全体社会成员，其中有些企业是有益于劳动者，有些企业则是为私有企业提供方便。更有军工企业等，是维护资本主义国家统治的手段。

其五，作为市场竞争中的国有企业，其目的也是利润，并因其加入竞争，而影响市场经济的发展。这在一定程度上是对私有企业不利的，但那些用于高风险和先导性技术研制开发的国有企业，又会为私有企业提供低价的技术专利和生产资料。特别是那些针对国际市场的国有企业，往往像重商主义时期那样，成为其本国私有企业开拓国际市场的"排头兵"。而当资产阶级政党执政时，又往往会将积累了巨额劳动价值（包括投资和企业自身增殖）的国家资本，以极低的价格处理给私人资本,造成对劳动者利益的又一种掠夺。

其六,国有企业分竞争性和非竞争性两大类,前者也以增加剩余价值为目的,其剩余价值除企业积累外,用于社会公共事业和社会保障等,这也在一定程度上减轻了私有企业相关的负担,有助于提高其相对剩余价值。因此,国有企业与私有企业虽然是竞争对手,同时又能为私有企业发展提供必要社会条件。而非竞争性国有企业的目标,虽然不以获取剩余价值为目的,但它们在公共事业和设施等方面的作用,却为私人资本降低了其购买劳动力使用权的成本,有助于其在国际市场上的竞争。

总之,国家资本及其国有企业作为现代资本主义经济中的一个新事物,有其新的特点,它比股份公司更为明显地预示着私人资本的社会化趋势,而这个趋势的进一步演化,必然是资本雇佣劳动制度的否定。资本这种特殊的劳动交换关系,演化到国家资本,也表明劳动交换及其价值规定达到高度社会化、总体化。经济矛盾在国家资本上的集中体现,也使国家具有了更多的参与和调控交换关系的职能,从而使资本雇佣劳动制的矛盾进一步集中于国家。国家日益明确地成为资本雇佣劳动制经济的一个范畴,又是经济与政治内在统一的关键。

现代资本主义国家虽因劳动者联合的势力不断增强而受到制约,但其性质仍是资本统治的工具,并以新的形式代表资产阶级总体来掌控经济。国家资本的出现及国家经济职能的加强,使旧时的私人垄断资本转变为国家垄断资本。

国家垄断资本并不是消除私人垄断资本,而是资产阶级利用其国家政权来代表、保护、调节私人资本的总体利益,或者说,国家作为资产阶级掌控的政治机器,不仅直接办企业,占有巨额资本,还运用财政、货币及其他政策、法律手段从总体上控制全国经济,既在国内保证私人资本的利益,又在国际上保持竞争力和霸权地位。

这是1929年经济大危机以后，资本家个体为了共同利益，不得不认可总体阶级利益，进而改变原来排斥国家干预经济的思路为由国家代表其阶级总体，调节本阶级内部的无序竞争，在保证阶级利益和阶级统治的前提下，保证资本家个体利益。与此同时，由于工人运动和社会主义运动势力的不断壮大，社会民主党甚至能够上台执政，虽然并未能改变资本主义国家的性质，但也可以利用执政或立法等权利，为劳动者争取局部利益。在这种情况下，国家也就成了阶级矛盾、斗争的集合体，国家在协调、保证资产阶级利益的同时，也要协调阶级之间的矛盾，由此维持资本雇佣劳动制度。

国家垄断资本是资本主义市场经济体制的核心，是资本雇佣劳动制在现阶段的主要特点，它由一系列的学说、法律、政策所构成，因此，也被称做为国家垄断资本主义。

国家垄断资本的实质，是集合于国家并由国家掌控的资本雇佣劳动关系，其特点是由仍被资产阶级掌控的国家政权干预、调控经济和社会生活，其主要方式为：

一、国家资本在经济中的比重日益加大，如果将国家资本以一个资本单位计算，那么任何个体私人资本都不可能超过国家资本的量和势力。面对私人资本，国家资本有绝对优势。国家资本垄断是以国家资本为经济基础的，但国家垄断并不是国家资本的垄断，国家在保证国家资本经营和利益的同时，还要全面照顾私人资本的存在和利益。在国家资本的发展损害私人资本利益时，代表资产阶级的政党甚至会采取削弱国家资本的手段来保证私人资本的利益。

二、国家政权所具有的各项权能，都被充分地调动，运用于干预、调控经济，形成实际权力，全面掌控经济生活。这些权能包括立法、执法、司法、行政，采取的手段有法律、法规、政策。

三、国家对经济的计划，包括两部分，一是对国有企业的带有指令性的直接计划；二是对私有企业的指导性计划。前者是作为占有权行使机构对其企业生产经营的计划安排,由于国有企业地位的重要,这类计划已经对全国经济发展的大趋势作出了限定。后者虽非指令,但因国家的权威和第一类计划的限制,对于私有企业及个人的作用也是明显的,它包括:(一)对经济运行前景的中期和长期预测;(二)规定近几年(一般与政府任期同)和年度的主要经济目标;(三)完成上述经济目标的政策和措施。

四、"政府采购"私有企业的产品,庞大的国家机构需要巨额的支出,这包括政府及各机构的建筑、办公设施,以及军事设备,同时还有由政府支配管理的各种公共设施等,会提出巨量的消费需求,除由国有企业提供(亦付费)外,大部分要从私有企业采购,这是私有企业获取利润的重要途径。政府的采购将直接制约相关企业的经营和发展。

五、政府以财政政策、货币政策为调控经济的两大杠杆,辅之以价格、工资、福利等政策,全方位控制、调节经济生活。财政在资本主义国家是对国民收入的再分配和消费形式,国家从掌控经济发展的目的出发,动态地调节税率和财政支出,由此制约经济;货币政策的主导权由国家掌握,中央银行是国有银行或由政府认可操纵的金融机构,以利息率的浮动和对金融市场的政策干预,来制约经济。价格、工资、福利等政策,虽然都是指导性和原则性限制,但对于调整各产业、行业的经济发展,以及资劳双方的关系,都有重要作用。

六、在国际经济交往中,国家作为一国资产阶级的总代表而发挥作用。国家资本垄断在国际经济关系中更为明显,无论是参加国际经济组织、制定国际经济法律、签订国与国的经济、贸易协议,以致国际间的金融等,都充分体现着国家这个总代表的作用。至于发动战争来谋取本国资产阶级利益,则是国家垄断资本主义的传统,至今依然在美国大资本财团掌控的国家机器那里应用着,如侵略伊拉克就是掠夺石油和控制世界市场的必要手段。

作为现代资本雇佣劳动关系在国家形式上的集合，国家垄断资本对于维持资本雇佣劳动制的延续，起到了决定性、主导性作用。但由于劳动者的素质技能提高及其争取权利的斗争，形成了一股强大的社会变革势力，这股势力与国家垄断资本相比虽然仍是矛盾的次要方面，但其作用不断通过政治斗争而影响到国家的法律和政策，从而为劳动者争得了局部利益。更为重要的是，国家垄断资本的职能和机制，不仅是当资产阶级占主导时维护其总体利益的工具，也可以成为劳动者制约并主导国家，乃至变革制度可利用的手段。

国家垄断资本使国家在经济中的作用日益突出，而其矛盾也在集合于国家的同时，导致资本的国际化和国际资本。

资本的国际化包括两方面内容：一是资本雇佣劳动关系发达国家的资本向外输出；二是受资本输入的影响，落后国家自身资本雇佣劳动关系的形成。前者无疑是主动的，也是主导的，后者是在前者的主导下形成的，而且受前者的制约，甚至成为前者的附庸。

资本的国际化——现在一些人称之为"经济全球化"——并不是从现在开始的，自从资本雇佣劳动关系形成以来，这个进程就开始了。先是欧洲间的国际化，再是全世界的国际化，当列宁在20世纪初说帝国主义各国已经把世界"瓜分完毕"的时候，那种初级的以占领殖民地和附属国方式的资本国际化确实"功德圆满"了。第一次世界大战是再次瓜分，第二次世界大战则促使殖民地和附属国的劳动群众展开民族解放斗争，战后几十年，民族独立已成现实。

在这种情况下，资本的国际化不能不采取新的方式，虽然战争威胁和侵略还是必不可少的手段（这在美国大资本财团所控制的国家机器那里表现得最为突出，二战以后几乎所有的世界各区域性的战争，都是它们为输出资本、谋取利润发动和挑动的，布什政府秉承其老板的旨意而进行对伊拉克的战争，可谓其又一标本），但更多的则是利用"经济的"方式，如"关贸总协定"、"世界贸易组织""世界银行"及各种地区间的协作组织，合法地、和平地输出资本于"发展中国家"。广泛而普遍的跨国公司和金融市场，不仅使这种输出相当快捷，而且还会将"发展中国家"那些专制统治者所占有的巨额货币吸纳进来，再以资本形式输入这些"发展中国家"。

资本国际化的实质和结果，是资本雇佣劳动关系的全球化。随着苏联东欧剧变和中国对国际资本的开放，现代资本的国际化又进入新阶段。这是自重商主义开始的以商品交换所体现的资本关系雇佣劳动在全人类的普及。就资本雇佣劳动关系中的劳动交换关系而言，也可以说，劳动价值论也随着资本的国际化而国际化了，即普及于全球化了的经济矛盾规定。

资本的国际化，同时也是劳动的国际化，是劳动社会主义的国际化。作为资本雇佣劳动关系一方的雇佣劳动者，自资本雇佣劳动制度建立以来，不断展开变革运动，特别是马克思主义形成以后，社会主义政党和工会在斗争中逐步壮大势力，并将运动国际化。

资本的国际化，大体经历了商品资本国际化、货币资本国际化、生产资本国际化和金融资本国际化四个阶段。第一个阶段大约是自资本雇佣劳动关系出现到19世纪中期，其表现主要是商品的输出与输入，即国际贸易；第二阶段自19世纪末到20世纪初，其表现主要是借贷资本和股票、证券买卖的间接投资；第三阶段自第二次世界大战以后至20世纪80年代初；第四阶段从20世纪80年代至今。需要说明的是，在第四阶段，商品资本国际化、货币资本国际化和生产资本国际化并不是消失，而是作为传统方式依然存在着，但纳入金融资本的国际化的进程，并被金融资本所控制。

资本国际化的过程，还在落后国家制造了一个怪胎——官僚资本。这是倚仗国际资本势力，并为国际资本充当代理人的官僚集团侵吞国有或公共财产，出卖主权和资源而形成的。该官僚集团都是这些国家旧的统治势力和文化的代表，自愿投靠国际资本，为其镇压民众，维持投资秩序，低价购买劳动力和资源；侵吞本国公有资产，或低价向国际资本出卖公有资产和资源，收取回扣或代办费；压制本国私人资本，阻抑社会变革；充当倾销国际大资本财团产品的中间商，操纵市场，控制金融。官僚资本所占有的大量财富，往往不是在国内投资，而是在将其中一部分用于巩固自己专制统治的同时，将另外一部分购买跨国公司的股票，或在国外购买房地产等——他们本人非常清楚，自己的统治根基是脆弱的，一旦遇到革命或政变，赶紧逃往国外。为此，他们几乎一律把子孙送到国外，加入外国籍，为其经营巨额"黑金"，甚或以"外商"名义，来国内投资，他们再为之提供各种优惠政策。官僚资本不仅吞噬了本国资财，更断送了社会发展的机会。

官僚资本是现代社会机体上巨大的癌，也是落后国家社会变革和发展的主要障碍。而国际资本对官僚资本的利用，进一步表明资本雇佣劳动制度对人类进步的负作用：它们对货币的无限贪欲，虽然能在一定程度扩展人类交往，短期内会提升生产力，但同时却又扶植旧的反动势力，阻碍社会进步。国际资本的垄断性，又严重压制了落后国家自身私人资本的发展，对于落后国家的民族解放和社会变革，国际资本则支使官僚资本集团坚决予以镇压。

资本雇佣劳动制以资本为主导的资本主义民主制为其政治制度。17、18世纪，资产阶级革命就以民主为政治口号，号召以资本家为领导的第三等级参与和主导政治。这在当时是革命的，也是政治与经济进步的集中体现。

将"民"的范畴界定在第三等级，并以此号召农奴、农民、手工业者等参加革命，这是资产阶级领导对封建特权和集权专制的革命成功的根据。这场革命开创了公民社会，并为商品经济发展创造了社会条件。但资产阶级的局限性，又导致其革命取得政权后，民主的性质发生变化。由资产阶级掌控的立法权明确规定了选举权的财产和性别限制,以及性别和在本国、本地居留时限等限制。这实际上是将广大的工人、农民和全部妇女,以及移民都排斥于选举权之外,不仅如此,法律还限制了他们的言论、结社、集会等权利。

如果说这种制度是"民主"的话,那么,拥有"民主权"的只是那些拥有大量资财的人,而他们之所以能拥有"民主权",并不因为他们的血统——如果按血统来拥有"民主权",则与旧领主专制无异——而是因为资财。法律所承认的政治权利,不是根据人,而是根据财产所有量。也就是说,一个人,能否有政治上的"民主权",就在于他对财产的所有权。"民主权"是财产所有权的政治形式。

这可以说是资产阶级"民主制"的基本形式或"原生态",虽然拥有大量财产的人不见得都是资本所有者,但其主体是资本所有者,而那些非资本所有者的富人——旧贵族、地主等——也可以随时将其财产转化为资本。这样,在资产阶级革命夺得政权,资本统治确立其政治制度时,虽然名义上还沿用革命中的民主口号,但其实质已经是"资主"或"财主"。

资产阶级的国家政权成了"管理整个资产阶级的共同事务的委员会"(马克思语),这个委员会以政党和立法、执法、司法、行政、警察、军队等政权机构的形式存在,它们的表现,可能样样种种,但归结起来,目的只有一个:维护资本所有权,保证资本的增殖。二百余年来,虽有多种变化,实质依然。

在资本雇佣劳动制的经济关系中,劳动力所有权也是一个基本权利,虽然这个权利的确定经过了相当长的时间,但劳动力使用权作为商品与货币资本的交换,已使雇佣劳动者意识到自己应有的权利,并据此争取利益。当他们从个体的争取到联合的斗争,逐步迫使法律认可了劳动力所有权主体依据这个权利而组成的联合体——工会以后,就又展开新的斗争,要求从公民权和劳动力所有权派生并保证劳动力所有权的政治权利。也正是在这一点上,资产阶级反对封建专制的民主思想被雇佣劳动者阶级所继承,这里最突出的,就是发生于19世纪初、中期的英国"宪章运动",明确提出要求普选权及相应的民主权利。在工会等组织的基础上,要求普选权的斗争自"宪章运动"以后,一浪高过一浪,而成立政党,则是这个斗争的必要形式。

在雇佣劳动者阶级政党的建立过程中,马克思和恩格斯的《共产党宣言》是一个关键环节。这个宣言,宣布了劳动者政党的理论、原则和纲领,也是劳动者联合起来争取民主权的基础。从19世纪中期至20世纪初,西方各国以社会主义为旗帜的政党纷纷成立,并展开了艰难的斗争。这种斗争,不仅明确了劳动者的公民权和劳动力所有权,而且逐步争得了一些政治权利。到20世纪中期,西方各国被迫取消了对有关选举权的财产限制,实现了普选制。选举权和被选举权是民主权的重要组成部分,是公民身份的体现。对于今天西方国家的青年人来说,这个权利似乎习以为常,甚至会嫌麻烦而不去投票,但对于他们的祖辈而言,却因没有这个权利而苦恼和压抑,为争取这个权利付出了巨大的牺牲。选举权是劳动者联合斗争的结晶,也是他们继续联合斗争的手段。

民主权中还包括结社权、言论自由权、示威权等权利。政党就是结社权的社会体现。正是依据并运用结社权,劳动者才组织了自己的政党,并由政党集合劳动者民主权中的选举权、言论自由权、示威权等,形成政治势力和政治运动,在更大范围内争取和维护劳动者的利益。

经过两个世纪的艰苦斗争,特别是20世纪下半叶以来由社会主义政党组织的变革运动,西方国家中的民主政治,虽然并未改变其资本主义性质,但社会主义势力在其中所占比重日益增大。现代资本雇佣劳动制中的政治制度,已是体现资本所有者利益的资主权与体现劳动者利益的民（劳）主权的矛盾制衡态，其中资主权占矛盾的主要方面，决定着政治制度的性质。但居次要方面的民（劳）主权，也对资本统治予以制约。西欧社会民主党与共产党、绿党等的联合执政，以及在议会中的斗争，明确了劳动者的民主权利，强化了社会保障，干预并协调工资制度，切实地维护了劳动者的利益。当然，社会民主党的渐变改良路线，也滞缓了制度变革，从而使劳动者在总体上还处于被统治地位，还要出卖劳动力使用权，并为资本所有者生产剩余价值。只有在集合了劳动者民主权的政党的正确路线导引下，才能不仅争取局部利益，还要为长远利益而进行制度变革。

作为对人生和社会关系的意识，文化是资本雇佣劳动制度的意识形态，也是其社会矛盾的重要内容，与经济、政治是统一的。资本所有权主体和劳动力所有权主体，不仅在经济利益上对立着，也在政治关系上对立着，这双重对立，反映到人们的意识形态上，就形成对立的文化，即资本文化和劳动文化，它们存在并作用于资本雇佣劳动制度中所有的人，导引并制约人们的经济和政治活动。

资产阶级领导的对封建领主制和集权官僚制的革命，首先是一场文化大革命，它以路德为代表的"宗教改革"开始，经"文艺复兴"到启蒙运动，这几百年的时间内，展开了基督教的自我否定，并形成了新的文化——市民文化和资本文化。市民文化是一般，资本文化是特殊，是以市民文化为基础的资产阶级文化。在市民文化的基础上，依据其原则，还形成了劳动文化。这二者的对应统一，构成了市民文化。其矛盾的主要方面，在初期是资本文化，随着劳动者素质技能的提高和不断的斗争，劳动文化逐步明确和系统，并与资本文化相抗衡。

资本是一种社会关系，要求并形成与之相应的文化。资本文化是对资本家利益及资本雇佣劳动制社会关系的意识，它体现为价值观、思想和道德，全方位地支配资本所有者的意识，并主导社会意识。

资本文化的主体是资本所有者。作为个体人，他们与普通人没有什么差别，也有劳动能力，会思维，有各种生理和心理欲求。然而，当他们成为资本的所有者，就成了"资本的人格化"，他们的劳动能力，不是用于劳动，而是执行"资本的人格化"的职能；他们的思维，也遵循资本增殖的逻辑；他们的生理和心理的欲求，不仅要通过资本的增殖过程来满足，而且资本增殖成了他们主要的欲求。与之相应，人的本质和人性在他们那里已经异化，起码是在执行"资本的人格化"时已经异化。作为"资本的人格化"，他们像"神魂"附体的巫婆、神汉，忘我地在传达着、履行着资本增殖的"神意"。由于资本在经济和政治上的统治地位，资本文化也就经资本所有者及其所雇佣的特殊劳动者——经济学家和其他社会科学家——的论证宣传而漫布于全社会。

资本文化的价值观，集中体现为对财富的贪欲和崇拜，并以所有的财富量来衡量人的价值。在这里，文化上的价值与经济上的价值得以统一。之所以用所拥有财富的量来衡量人的价值，就在于财富集中体现着经济的价值，这个价值是人类劳动创造的，是已有劳动力的结晶。对这个价值的所有权，不仅可以满足自己生存的需要，还可以支配人们的生产劳动。所有权中的占有、支配、处置等权能，就是一种社会权力，这种权力包含着荣誉和地位。对物质财富，特别是货币化了的资本所有权，保证了其所有者在生产和社会关系中的主体地位与主导作用，他们在自己所有权支配的范围内，就是专制的领主，所有权表现为至高无上的权威。这样的价值观，不仅主导着资本所有者的意识，也主导着社会的意识，导引那些没有资本所有权的人也为此而奋争。

资本文化的思想，是其价值观的展开，是从资本所有者的立场对经济关系与矛盾的认识。其基本内容，就是资本主义经济学，从重商主义开始，它的宗旨就已明确，即通过对经济关系的认识，贯彻资本所有者的价值观，实现其利益，保证资本所有权对经济活动的支配。几百年来，各学派层出不穷，所论问题、概念体系都有变化，但其宗旨如一。在经济学的基础上，法学、管理学、政治学、社会学等，甚至哲学——它曾是思想的前导，但在资本统治确定以后成为经济学的附庸和注释——都围绕这个宗旨，并将资本的价值观向社会生活的各个层面扩展。

资本文化的道德，是其价值观经思想而达到的对人们行为的具体规范。对人们行为的规范，分为两种方式，一是法律的规范，二是道德的规范。前者是"硬"性的，后者是"软"性的，但作用范围更广。资本主义的道德，表现为义务、良心、信誉、幸福等范畴。其义务是与权利对应的，是对权利的意识和运用，主要就是如何认知资本所有权并实行"资本的人格化"的各种义务。良心和信誉，则要求人们服从所有权的支配，并按所有权的规定，来处理人们的社会关系。以资本的增殖为幸福，是资本主义道德的最高层次，而且，这种增殖不仅是合法的，也是合乎义务、良心、信誉的。资本所有者因其资本量，也即所有权的增加而感到幸福，社会因此而承认其价值。这些，就是资本文化的主体。

与资本文化相对立的，是劳动文化。这是在市民社会和商品经济形态中，市民文化的又一种特殊形式，其主体是近现代已经具有自主意识的劳动者，首先是雇佣劳动者。劳动文化是人类有史以来首次以系统的阶级意识所表现出来的劳动者的文化。资本雇佣劳动社会以前的阶级社会中，虽然也有奴隶意识、农奴意识、小农意识，但都没有形成独立的阶级意识，而是从属于统治阶级意识的，是对奴隶主文化、封建领主文化、官文化的认可与屈从。只有当劳动者具有了劳动力所有权，并在与资本所有权的矛盾斗争中，才逐步形成了与资本文化相抗衡的劳动文化,其系统就是劳动社会主义的自由文化。

劳动文化的基础,是劳动者的人身权和劳动力的所有权。在明确劳动力所有权的基础上,确立劳动者的主体意识,并以此导引劳动者争取和保证社会主体地位的运动,建立并改革公有制和民主制,促进劳动者的自由发展。关于劳动社会主义的自由文化的内容,下面还将具体论证,这里只从与资本文化对立的角度,做一些提要式论证。

劳动文化也由价值观、思想和道德构成。即劳动者主体价值观、劳动者主体思想、劳动者主体道德,它们是内在统一的层次。

劳动者主体价值观是劳动文化的基本环节,这也是真正以人为本位,以劳动为标准的价值观。从个体而言,努力提高和发挥素质技能,是创造价值的内在根据,从总体而言,则应为个体提高和发挥素质技能提供必要条件,并形成一个公正的评判个人价值的社会机制。这是劳动者主体价值观的核心。在资本雇佣劳动制度下,这个机制并不具备,劳动者主体价值观是批判资本统治的出发点,进而在劳动者联合中起内在的凝聚作用。

劳动者主体思想,是在展开劳动者主体价值观的基础上,对现实经济矛盾和社会矛盾的系统认识。在劳动者尚未实现社会主体地位时,其重点在于批判资本统治及其他旧势力统治的社会制度,论证劳动者的公民权、劳动力所有权及其利益,进而说明社会矛盾的状况及其演化趋势,以指导劳动社会主义运动。建立公有制和民主制,也以劳动者主体思想为指导,进而根据其演化和劳动者素质技能的提高,不断探讨改革与发展——其实质在于强化劳动者社会主体地位——公有制和民主制的途径。

劳动者主体道德集合并具体化了劳动者主体价值观和思想,是劳动文化从总体上对个体意识和行为的规范。这是与资本道德相对立的，它的义务、良心、信誉和幸福，都是以劳动为根据，并在平等的交往中实现的。在劳动社会主义运动尚未制度化时，劳动者主体道德既是批判资本道德的准则，又是联合劳动者的内在机制；制度化以后，则与法律相辅相成，在保证劳动者的社会主体地位，改革和完善公有制与民主制进程中发挥其规范导引作用。

资本文化与劳动文化的对立，是资本雇佣劳动制中资本所有权主体与劳动力所有权主体、资主权与民（劳）主权矛盾的表现，它们的对立构成的统一体成为资本雇佣劳动社会意识形态的主要内容。而劳动文化的实质，就是体现人本质发展和人性升华的自由精神，从而是真正的自由文化，由其导引的劳动社会主义运动，也就成为社会变革的推动力。

资本雇佣劳动制度，不仅是西方国家社会关系的集中体现，也是现代世界的基本制度，而构成其主要矛盾的资本统治与劳动社会主义运动，就是现代世界的主要矛盾。我们丝毫不否认人类在资本雇佣劳动制度下的进步，民主、自由、福利、人权等，这些都是人性升华的体现。但是，这些成就的根据，不是资本的统治，而是对资本统治的斗争，即劳动社会主义运动。正是劳动社会主义运动，争得并保证了劳动者的劳动力所有权及民主权，才为其素质技能的提高与发挥创造了必要条件。劳动者素质技能的提高与发挥，形成了现代的科学技术和生产力。现代人可以向祖先炫耀的所有文明成果，都是劳动社会主义运动，即联合起来的劳动者在争取其经济和政治权利斗争的进程，对劳动者素质技能提高的促进而创造的。现代劳动者比其祖先的聪明才智，正是其社会地位和素质技能提高的表现。劳动者素质技能的提高与其社会地位的提高是成正比的。

然而，劳动者现有的社会地位尚不足以掌控其素质技能的提高与发挥的主动权，社会的统治权和支配权，还操纵在资本所有者及其附庸的封建领主和专制官僚的手里。也就是说，资本统治依然是现代世界主要矛盾的主要方面。

美国的金融、军火与石油财团支使其代理人布什发动的侵略伊拉克的战争，是资本统治仍在控制世界的最好证明。它也是自资本形成以来几百年间掠夺世界资源的无数次战争的缩影。金融资本是现代资本主义经济的主导，为了获取利润，不仅操控产业资本，更制造了占总资本97.5%的投机资本（亦称虚拟资本），而实体经济的资本量只占2.5%！当前正在进行的金融危机和经济危机，正是金融资本主导的展现。而军火业资本，是资本本性的最好显示。这种以杀人为产业的资本所有者，将最尖端的科学、技术用于杀人，由杀人而获取"最大化"的利润。当世界稍有平息，他们就采用各种方式挑拨矛盾，制造战争。当然，如果只有军火业资本，还不足以发动大规模的战争。对军火的需求，来自全部资本的扩张，对资源的掠夺、市场的开拓、廉价劳动力的剥削，这就是资本的功业。只要遇到阻碍，资本就会用尽一切手段来清除，收买那些反动的统治势力，诸如封建领主、专制官僚——这些势力曾是西方国家资产阶级革命的对象，现在却成了大资本财团的盟友。资本的增殖要求在其本国推翻这些势力，但在国际上，却要保护并利用这些反动势力，并作资本的代理人，从而形成作为大资本财团附庸的领主资本和官僚资本。而当这些代理人被革命所冲击的时候，大资本财团就会以武力镇压革命，以扶持这些代理人继续为其效力。这一点在中国20世纪的历史上表现得相当突出。

为资本增殖——这是资本的真理和正义——而杀人，为资本统治而侵略，这就是资本向全世界扩张的主要方式。近现代的科学、技术，首先也被用于杀人和侵略，因为战争的利润是最大的。其次才是用于赚取一般利润的"民用"行业。今天人们所津津乐道的"信息技术"和航空、交通技术及其设施，与军火商的高科技杀人武器相比，不过是下脚料！

资本以其所有权控制了"人格化"的资本所有者,并结成了以资本所有权为基础的系统权利体系,构成资本统治的制度。这个制度像一面巨大的网,将全人类罩于其中,使全人类成为资本增殖的工具。现代世界的演变,虽然有诸多形式上的变化,但资本全球化的绳索不仅从军事、经济、政治,而且从文化上,将人类束缚起来。

资本统治及其制度,不仅存在于资本的发祥地,也蔓延至全世界。那少数还保留着的封建君主和专制官僚,只是因为"识时务"而卖身投靠大资本财团,才得以保持形式上的统治。

资本的全球化势必造成雇佣劳动的全球化,资本统治在全世界的扩张,也为劳动社会主义运动在全世界的发展提供了条件。资本雇佣劳动制度已成为国际性制度,作为资本对立面的雇佣劳动,也在矛盾斗争中形成其社会势力,虽然这个势力尚不足以推翻和取代资本统治,但它已经成为矛盾的一方,存在并作用于这个世界。

资本统治与劳动社会主义运动的矛盾,是现代世界的主要矛盾。资本统治是主要矛盾方面,劳动社会主义运动是次要矛盾方面。

虽然处于矛盾的次要方面,劳动社会主义运动作为联合起来的劳动者势力,与历史上没有联合的奴隶、农奴、农民等的作用是不同的。他们不仅是被动的被统治者,又是主动的要求解放的具备自主意识的主体。劳动社会主义理论号召并调动劳动者起而斗争,为个体的权利,也为制度的变革联合起来。这种联合,不仅明确了劳动力的所有权,而且部分争得了这个权利应有的利益,进一步又争得政治上的民主权。以前各社会阶段被统治的劳动者,都未能在该制度内争得自己新的权利,其社会地位基本不变。而资本雇佣劳动制度下的劳动者,却以联合的运动,建立了自己的工会和政党,并一步一步地争得权利,迫使资本统治不得不作出让步。

当然,劳动社会主义运动在生长过程中也存在矛盾,也有利用组织、机构的公共权利谋取私利的个人和集团,这是内在的反劳动社会主义的势力，它的存在，使运动呈现出曲折性。20世纪末初步实现社会主义运动制度化国度的剧变，是资本统治利用劳动社会主义运动内部的反动势力所取得的最大胜利，也是初级公有制和民主制内在缺陷的集中反映。有人据此宣称社会主义的"终结"。但这只是资本统治的一厢情愿。只要资本统治存在，劳动社会主义运动就存在。当我们摘掉传统的"派性"眼镜，放眼全球，今日之劳动社会主义运动，不仅没有终结，反而正在全世界兴起。

七、劳动社会主义运动

劳动社会主义运动并不是马克思等思想家"蛊惑"的结果，也不是列宁、毛泽东等"政治野心家"煽动所能发起的，它是劳动者利益和意识的集合，是他们根据自己的素质技能要求相应权利的斗争。

劳动者依据人身权和劳动力所有权展开的斗争，其实质，就是作为人本质核心要素的劳动在创造财富，服务人类的进程中，不断突破交往中形成的既有关系和意识，使人性得以升华，也即劳动解放的过程。

劳动解放，包括两方面的内容：一是劳动主体的社会主体地位的确立；二是劳动者素质技能的提高与发挥。这两个方面是相辅相成的。

劳动主体的社会主体地位，也就是劳动者经济、政治权利的规定与保证。资本雇佣劳动社会之前的阶级社会中，劳动者的权利是很少的，且法律规定不明确，也没有充分的法制保证。这既是劳动者素质技能低下的表现，也是其素质技能不能提高的原因。劳动者虽是劳动的主体，但由于没有或很少有权利，因而没有劳动的主动性，也没有提高自身素质技能的主动性，更为重要的是没有明确争取权利的自主意识。权利是社会总体对个体地位和关系的界定，个体争取权利，不同于争取利益。争取个体利益，是在法律规定范围内，保证其既有权利的实现，这是个体人能够做到的。而争取权利，则要突破既有法律规定，必须由众多个体人联合，形成总体势力，改变社会制度，在总体上规定个体人的新权利，包括那些没有参加联合，但处于同一社会层面的个人，也能得到法律规定的与参加联合斗争者同样的权利。争取权利是总体性的社会变革，对于劳动者来说，参加变革的个体人越多，其联合的势力也就越大，成功的可能性也越大。

资本雇佣劳动制度下，劳动者在争取权利的联合中形成了变革势力，这种势力与资本统治的对抗与斗争，为劳动者个人争得了一定利益，并为劳动者素质技能的提高创造了必要条件。从公费教育到职业培训，以及科学技术知识的普及等，都是劳动者通过其政治斗争争得的。而劳动力所有权又保证了素质技能提高的劳动者的利益，即可以卖得较高的价钱，由此激发了劳动者个人提高其素质技能的积极性。素质技能提高了的劳动者又会进一步要求和争取其利益，从而巩固并充实劳动力所有权和民主权。劳动者素质技能和社会地位的提高，越来越证明资本这种经济关系和社会制度是与人的本质相悖的，在劳动解放进程中不仅是反动的，也是多余的，当劳动者的素质技能提高到可以充分实现其权利，并能有效地运用其权利来组织社会生产，协调社会关系的时候，资本雇佣劳动的关系就成为多余的，民主劳动制度也就应运而生。劳动解放至此也就上了一个新的台阶。

劳动社会主义运动是以劳动者素质技能为根据的，劳动者素质技能的提高，表现在两个方面，一是技能素质增长，即其劳动力的质的提高；二是文化精神素质的提高，其表现就是认识到与其他劳动者利益的一致，或者说从个体意识上升到总体意识。劳动力的所有权只有从总体意识上形成，进而在个体意识中确立，并经联合起来的斗争，才能逐步成为劳动者争取利益的依据。

初期的、基本的劳动社会主义运动，是依据劳动力所有权联合起来争取利益的斗争，主要表现为提高劳动力使用权的价格、缩短工时、减轻劳动强度几个方面。几百年来，围绕增加工资、缩短工时，减轻劳动强度，以及改善劳动条件等，雇佣劳动者联合起来进行了无数次斗争，付出了沉痛的代价，才逐步在法律上和经济上争得了劳动力所有权应得的部分利益。当我们看到今天西方国家雇佣劳动者的高额工资和每周40至35小时工作日的时候，不要以为这是——如一些人所说——资本主义制度的"优越性"，而是几百年雇佣劳动者联合斗争的结果，也是劳动社会主义运动的基本内容。在此基础上，劳动者的联合，还迫使资本统治者不得不在社会保障等方面让步，从而营造了现代西方国家雇佣劳动者相比好一些的生存条件。

从19世纪英国的"宪章运动"开始，西方国家的雇佣劳动者，进行了不屈不挠的争取民主权的斗争。与之同步进行的，还有"妇女解放"或"女权运动"——从将妇女排斥于公民权和政治权利之外这一点看，资本统治在政治上实际承继了封建专制，不过是以资本寡头专制代替了领主专制。

与争取劳动力所有权利益的经济斗争不同，争取民主权的政治斗争，在开始以后相当一段时间是"非法"的。因为法律并未规定劳动者的民主权，他们的言论、结社、集会、示威等，都得不到法律保护，而且要随时受到迫害和镇压。劳动者的政治组织长期处于"地下"状态，是"非法"的。资产阶级的国家机构可以任意捉捕其组织者，镇压其集会和示威活动。这在19世纪到20世纪的历史上是屡见不鲜的。即令进入21世纪，虽然西方国家的劳动者已拥有了法定民主权，但在世界上相当多的国家，劳动者的民主权依然没有落实,他们的选举权、言论自由权、结社权、集会权、示威权等,依然没有法律保证,他们的政治组织,甚至工会等,仍被统治者宣布为"非法",并任意取缔和镇压。

从劳动者争取民主权的历史进程和现实状况,我们可以得出这样的结论:民主,并不是少数官僚"为民做主",而是劳动者从其主体意识出发,依据人身权和劳动力所有权而展开的争取政治权利的斗争;民主,就是作为民的劳动者争取成为社会主体的政治意识和行为,进而集合为民主权,并以民主权争取保证其主体地位的过程。

争取和保证民主权的斗争,是贯彻劳动社会主义运动的主线,不仅在制度化以前是如此,制度化以后也是如此。在劳动社会主义制度建立以前,这种斗争主要是依据人身权和劳动力所有权而展开的,是针对"股份公司式"的财主和资主的,或者是针对更为落后的封建和官僚专制的。民主权的争得,又会促进运动的发展壮大,并扩展为争取生产资料所有权的斗争,由此建立公有制。在公有制中,劳动者的劳动力所有权是基本权利,并派生对共同占有的生产资料的个人所有权,这两个所有权又成为民主权的基础,由此建立民主劳动制。

民主劳动制下的劳动者民主权是比资本雇佣劳动制度下的民主权更为充分的,这不仅在于它以公民权和劳动力、生产资料两个所有权为根据,而且在于有一系列的法权规范和法制保证。然而,这并不等于说民主制下就没有争取和保证民主权的斗争。那种利用国家公共权利机构来谋取私利,即将民主权和所有权集合而成的公共权利视为其个人权利的少数"公仆",是民主劳动制的内在危害,也是对民主权的侵害。对此,劳动者依然要根据其公民权和劳动力所有权,及其派生的生产资料所有权和民主权,与侵害其权利的个人和行为进行斗争,由此而强化和保证民主权。这是劳动社会主义运动在制度化以后的主要内容。

劳动社会主义运动是组织起来的劳动者争取并保证其社会主体地位的社会运动，组织是联合的形式，也是运动得以发展的内在机制。工会和政党，是劳动社会主义运动的基本组织形式。工会侧重于经济，政党侧重于政治，二者内在统一，相互呼应和制约。

经过多年斗争，现代资本主义国家的劳动立法中，几乎都承认工会有代表职工与雇主或雇主组织进行集体谈判，并签订集体合同的权利，并规定了集体合同的签订程序，集体合同的形式和内容、有效期限、适用范围，以及破坏集体合同的责任等。瑞典更实行了一种包括全部企业在内的全国性合同。集体合同作为工会与资方签订的有关工资、劳保、培训、社会保障、争议的契约，表明工会组织实际上已经集合了劳动力所有权所派生的占有权。这与股份公司所集合的资本所有权派生的占有权是对应的。

劳动力占有权经工会以集体合同方式的行使，无疑强化了劳动力所有权。当个体劳动者向资本家出卖其劳动力使用权时，劳动力所有权的占有权能体现于他是否出卖或出卖的价格上，但个体的力量太小，加上出卖者相互间的竞争，使劳动者个体处于非常不利的地位。而工会将个体劳动者的劳动力所有权的占有权能集中起来，就形成了一个相对独立，并具有集体力的占有权，这样，不仅可以避免劳动者的相互竞争，还使劳动者总体在谈判中争取有利地位，特别是在罢工等方面，会给资本家以巨大压力。20世纪，特别是其后半叶，工会在行使劳动力占有权中发挥了明显的效力，几乎西方国家在工资、工伤、劳动保护、职业培训、社会保障等各方面的改进，都与工会组织的作用有直接关系，这同时也是劳动力所有权个体利益的体现。当劳动者不是个体，而是集体出卖自己的劳动力使用权时，不仅形成了在市场上的集体力——它甚至能达到某种程度的垄断，而且可以由专门的组织者和法律顾问更为专业、有效地运用这种集体力，依法争取和保护劳动者个体的利益。

工会的形成与发展，经过了艰难的动员和组织，先从某几个企业工会向地区性、行业性工会扩张，又在地区性、行业性工会指导和帮助下成立普遍性企业工会，进而是全国性和国际性工会，由此工会运动大普及，几乎所有企业，以致事业和政府机构的公务员，但凡有雇佣关系的单位，都成立了工会。

政党是在工会发展基础上的升华，是更为密切的联合。从法理上讲，政党是公民结社权的体现，但由于资本统治的限制，雇佣劳动者在相当长的一段时期，是没有公民身份的，因而，也不具备结社权，不仅政党，连工会都是非法的。雇佣劳动者或无产阶级政党的成立是以马克思的《共产党宣言》为理论基础的。《宣言》论证了无产阶级政党的历史和法权依据，提出"共产主义"为无产阶级政党的主义，从对资本雇佣劳动制的矛盾演化中指出共产主义的必然性。

《共产党宣言》提出了明确系统的指导思想，是原则性纲领。它的发表及一批无产阶级政治活动家在马克思、恩格斯指导下的努力工作，促使雇佣劳动者的政党逐步成熟。1869年，在全德工人联合会的基础上，成立了德国社会民主工党，1875年又由拉萨尔派和艾森纳赫派联合，成立了德国社会主义工人党，1890年改名为德国社会民主党。这是在马克思和恩格斯指导下的无产阶级政党，它是19世纪末20世纪初国际无产阶级政党的中坚。在德国社会民主党的带动下，丹麦社会民主党于1871年成立，西班牙工人社会党于1879年成立，英国工党于1900年成立。

无产阶级政党的成立，使劳动社会主义运动上升至一个新阶段。这个新阶段的标志，在于明确的政治纲领，即争取社会制度的变革。社会制度的变革，关键在于争得政治上的民主权，并建立民主制。

政党是比工会更为紧密的组织，为实践其政治纲领，就要建立相应的机构，并制定纪律，这使其活动更加有效率。而以工会为基础建立的政党，又成了工会的核心和指导者，其党员也就成了工会的组织者和骨干。由此，经济斗争和政治斗争结合起来，对资本统治的威胁也越来越大。资产阶级在利用其政治权力镇压无产阶级政党的同时，也以各种方式联合起来，包括"雇主联合会"及其合法的政党。两大阶级的矛盾和冲突日益尖锐。

也正是在雇佣劳动者以工会和政党组织壮大其势力，并有效地进行社会变革的时候，20世纪初，国际社会主义运动的政党却发生了分裂。从总体上看，这种分裂在于斗争的纲领，一派主张革命，另一派主张改良。前者以共产党为主，后者以社会民主党为主。20世纪的劳动社会主义运动，就是在这两大派的矛盾和并不密切的合作中展开的。到20世纪末，全世界的社会主义政党已有二三百个，遍布发达资本主义国家和曾是其附属国、殖民地的各个国家，带领全世界的劳动者展开了与资本统治及封建领主、集权官僚地主的阶级斗争。20世纪人类的进步，实质上就是由这些政党所领导的劳动社会主义和民族解放运动所促成的。而如何以统一的思想使全世界的劳动社会主义政党联合起来，存小异求大同，则是21世纪劳动社会主义运动的主题之一。

20世纪劳动社会主义运动的一个主要教训，就在于不能完全充分贯彻《共产党宣言》所号召的"全世界无产者联合起来"的大原则，因党的领导人在理念和纲领上的分歧，导致党的分裂，从而不能在运动中密切联合，统一行动，由此分散了力量，未能取得应有的制度变革成果。造成分歧和分裂的原因是多方面的，但根本的一点，还在于未能明确并坚持劳动社会主义的本质和原则，致使本来策略层面的分歧或差异造成纲领甚至运动性质上的分裂。

改良与革命的分歧，最先出自德国社会民主党内，而且是由主张改良的伯恩斯坦挑明的，他在《社会主义的前提和社会民主党的任务》一书中，公开提出要把社会民主党变成"民主社会主义的改良的党"。此论引发了论争,李卜克内西等左派坚持革命,考茨基则力图折中。这种争论后来扩展到第二国际,列宁从俄国的实际出发,强调武装革命,并逐渐成为革命的领袖,特别是俄国十月革命的胜利,使列宁主义成为革命的指导思想。而改良派(考茨基也加入)则攻击列宁和俄国革命,导致第二国际的大分裂,列宁及其拥护者将党的名称改为"共产党",并成立了"共产国际"(第三国际)推行武装革命路线,而改良派更加明确地主张"议会道路"。由此展开了20世纪劳动社会主义运动的两条路线。

革命派所取得的伟大成就,一是俄国革命及随后苏联工业化的成功,并在反击德意法西斯侵略战争后将革命政权扩展至东欧各国;二是中国革命的胜利;三是受俄国革命和中国革命的影响,全世界掀起了以社会主义为旗号的革命运动,包括民族解放斗争。革命的共产党或工人党、劳动党以武装斗争在十几个国家夺取并执掌政权,并在世界各国都建立了政党,有的国家还成立了革命政党领导的武装。革命派中还有受斯大林排挤而分化出去的托洛茨基派,亦称"第四国际",虽在政治上成效不明显,但在理论上,特别是对现代资本主义的批判上颇有建树。

改良派所取得的伟大成就,在于联合劳动者,通过合法的手段,为劳动者争取经济利益,在增加工资、缩短工时、减少劳动强度、完善劳动保护,以及建立、健全社会保障体系,发展公费教育等各方面迫使资本统治作出让步,从而取得了西方国家在经济上的实质性进步。与此同时,争得了劳动者的民主权,使社会主义政党合法化,并通过选举扩大了自己的政治势力,西方大多数国家的社会民主党都在议会中占有明显优势,或上台执政,或作为最大的在野党制约政府。政治上的成就与经济上的成就是相呼应的,正是明确了为劳动者争经济利益这一方针,才得到劳动者在政治上的支持;而政治斗争的成就,又是实现经济利益的必要手段。西方国家在20世纪政治上的进步，其主导力量就在于此。也是在宗主国社会民主党和共产党主张废除殖民地的努力，与殖民地的民族解放斗争相呼应，西方各国被迫改变了其殖民地政策，促进了民族独立。

改良派与革命派在理论上的分歧是明显的，这限制了他们在社会变革中的合作，但在具体的斗争中，也有局部的合作，比如，西欧各国的社会民主党与共产党经常联合执政，或在重大问题上，特别是有关劳动者利益问题上，都是联合行动的。也正是这种联合，才使劳动社会主义运动取得了实质性的进步。

西方国家的变革，改良派是主导，但在全世界范围内，革命派曾一度起主导作用，它不仅从总体上给西方国家的改良派以支持，而且也得到改良派在其作用范围内的实际支持。这是一个并不公开的统一阵线。从第二次世界大战开始，直至20世纪60年代，这实质性的统一阵线是人类文明进步的主要机制。西方国家在民主、自由、人权、社会保障等方面的进步，如果没有苏联、中国等国初级公有制和民主制的优越性对西方国家劳动者的感召与鼓舞，及其对资本统治的巨大压力，是很难实现的。而社会民主党执政或在野期间对附属国和半殖民地国家民族解放运动的支持，也是20世纪后半叶这些国家摆脱殖民统治，并推翻其本国反动势力的必要外部条件。

然而，20世纪革命派与改良派的理论分歧，及其导致的分裂造成的损失，远远超过了其统一阵线所取得的成就。

劳动社会主义运动是全人类的总体社会变革，它在不同国家和民族也必然采取不同的形式，这是国家和民族的特殊性决定的。这一点我们也可以从历史上已有的几次大变革，特别是资本雇佣劳动制取代封建领主制的变革中得到佐证，不用说日本这亚洲小岛以"明治维新"实行君主专制统驭下的垄断资本和军国主义与西欧各国的差别，就是英、法、德、意等西欧诸国，其变革的形式及时间等，也都有很大差异。但这些差异并不表明变革的目标和一般性质是不同的，恰恰是由于这些差异，才构成了近代史上的一次次大的变革。无论是英国的资本所有者，还是法国或德国的资本所有者，都没有理由说自己是典型的资本主义者，并指责他国的资本雇佣劳动制是"冒牌"的，是"修正主义"的等等。

比起资本主义者来说，劳动社会主义者更应明确并坚信：在主义的本质和原则一致的大前提下，各国、各民族劳动社会主义运动的特殊形式是不同的，也应该是不同的。如果都按某一国家或民族的模式进行变革，不仅没有实际的可行性，理论上也是错误的。我们应当承认差异，也要坚持总体的一般性，辩证地处理好理论的一般与特殊，根据本国本民族的实际情况，制订切实可行的运动路线和策略，而且要理解别国同志的运动路线和策略，互相支持。

劳动社会主义运动的总体性质，是社会变革，是人性升华，也就是革命。不仅社会关系及其制度要革命，每个人也都要革命。革命就是根本性的质变。但质变是由量变积累而成，改良作为一种量变的进程，实为质变的内容和过程。不可能出现没有量变的质变。包括俄国的"十月革命"，也是其前几十年量变积累的集中体现，而且夺取政权后依然要继续量变。中国革命最明显地表明了量变与质变的辩证关系，几十年的艰苦斗争，清楚地记载着量变的进程。新中国的成立，不过是这些量变积累的成果，而其后的量变仍在继续。西欧诸国的社会民主党人以议会道路"和平演变"资本雇佣劳动制度，不断地以量的积累扩大劳动者权利，提高其素质技能，强化其联合，这本身就是在进行革命。而他们之所以不能采取武装斗争的方式夺取政权，是其具体的阶级关系、劳动者的权利和素质技能，以及其国家的大小、地理条件等决定的。不能因此指责其不革命。应当指责或批评的，只是这些国家某些社会民主党领导者看不到改良应包含的革命性质，并满足于改良的量变成果，放弃革命的总目标，因此，当量变积累已经成熟时，也不能采取质变的方式，从而延滞了革命。

虽然因分歧和分裂而延滞了革命,但20世纪浩浩荡荡的劳动社会主义运动仍极大地促进了历史的进步。劳动者素质技能及其社会地位的提高,是社会变革和人性升华的具体表现,而且这在人类总体历史上是刚性的,21世纪的劳动社会主义运动,也就以此为起点。只要我们处理好改良与革命的辩证关系,劳动社会主义运动的制度化就是必然的。

劳动社会主义运动质变的标志,就是制度的变革,即将量变进程所累积的成果,上升到质变,以法律规定下来,并以政权和法制保障其实现。从社会矛盾的角度说,量变或改良过程中,劳动社会主义的势力虽在增长,但仍处次要方面,达到质变后,则上升为主要方面。由此,成为社会关系和社会生活的主导,并将劳动者所争得的权利以法律明确规定,改变社会关系。

如果是在发达的资本雇佣劳动社会,劳动社会主义运动所要争取的新权利,主要就是对集合于公共占有的生产资料的所有权。当劳动者不仅拥有人身权、公民权和劳动力所有权,而且拥有生产资料所有权,并在这些权利基础上派生民主权的时候,他们的社会主体地位就已经确立。这看起来简单的权利增加,恰是革命性的变革,也是劳动社会主义运动制度化的基本。它不仅使劳动者个人多了一个生产资料的所有权,更在于它使劳动者可以掌握自己的命运,不必再因为没有生产资料而不能自主劳动,只得将劳动力使用权作为商品出卖给拥有生产资料所有权的资产阶级,并受他们的支配;而劳动者所拥有的生产资料所有权,又不是独立的手工劳动的工具和小块土地,而是整体的机器设备系统的一部分,他们并不能单独使用其所有的那部分生产资料进行劳动,生产资料的整体性要求对其总体的占有,这就要求分散、个别的所有权派生出占有权,并集合起来行使;资本雇佣劳动制度下劳动者的民主权,只是由其人身权、公民权和劳动力所有权派生,当他们拥有了生产资料所有权,并综合已有权利派生出民主权时,不仅使民主权的内涵增加,也使民主权的对立面发生变化,这个对立面不再是资主权或财主权,而是行使其民主权派生的公共权利机构和劳动力、生产资料派生的公共占有权的机构,这个机构如果不能有效地被民主权控制,就会成为侵害民主权主体的条件。

在中国这样的资本雇佣劳动制度不发达的国家中,劳动社会主义运动的制度化,更要明确劳动者的人身权、公民权、劳动力所有权、生产资料所有权和民主权,但因劳动者素质技能相对较低,以及旧势力旧文化的存在,实行起来困难会更大。

劳动社会主义运动的制度化,有一个关键性环节就是夺取政权,这是劳动者成为社会主体,其联合的势力成为社会主要矛盾主要方面的标志,也是规定其权利和地位的社会机制。"政权",是集合起来的总体政治权利,它以国家机构为载体,是统治阶级行使其权利和意志的工具。夺取政权,就是马克思所说的"炸毁"旧的国家机器,建立新的国家机器。这个新国家机器,不仅其执掌者是新的阶级,而且它的构成及运行机制,也有质的变化。它以集合起来的总体政治权利之能之力,摧毁旧的统治势力,其核心就是废除旧的法权体系,建立新的法权体系,并以法制来保证,以政策来推行并落实这个法权体系。

劳动社会主义运动并不是把制度化作为终极目的,也并不因为建立了公有制和民主制就结束了运动。与历史上曾有过的社会变革运动不同,劳动社会主义运动不是为少数人谋利益,以新的阶级统治取代旧的阶级统治,而是消灭阶级,实现人性的升华。对于历史上谋求统治地位而进行社会变革的阶级来说,夺取政权,建立其统治的社会制度,就已经完成了变革,之后就是如何巩固和扩大既得权利和利益,继续其统治。劳动社会主义运动则以劳动者素质技能的提高和社会主体地位的实现为目的，制度的建立只是其关键性的阶段，建立后的制度，还要不断地改革和完善，以克服因制度自身的矛盾与缺陷而对劳动者社会主体地位的侵害，并不断强化和提升劳动者的权利，保证劳动者素质技能的不断提高。

毋庸否认，一部分受旧统治阶级意识影响的人，在参加劳动社会主义运动时，就抱有"打天下，坐江山"，谋求个人私利的意图，夺取政权以后，他们会利用自己在公共权利机构中的职位，谋取私利。而更多的人，则把现有的公共权利看成个人的权利，虽然不犯法违纪，但却会反对改革这既定的权利体系，甚至谋求以各种方式，将自己的权利传给子孙。中国文化大革命初期某些高官子弟鼓吹"血统论"，喊出"老子英雄儿好汉"的口号，试图将其父辈的地位作为遗产由他们垄断，以及文化大革命后种种样样猖狂的以其长辈之权谋私行为，充分表明了这一点。这是比集权官僚还落后的封建领主意识的表现。它在中国的负作用，是相当明显的。

这种利用职务谋取私利的行为，是民主法制不健全的表现，也是公有制中所有权与占有权矛盾的表现。劳动力的所有权和生产资料的所有权归劳动者个人，但由于社会化大生产，这两种所有权又必须派生并集合为占有权，由相应的公共机构行使，派生并控制经营权、收益权等。为了监督占有权行使机构和经营权行使者，以及保证社会生活的秩序，要设立执法权、司法权的行使机构，以及管理社会生活的行政权行使机构。这些机构都是公共权利行使的工具或手段，而非权利主体，是由权利主体的劳动者或公民个人权利派生并集合的公共权利的行使机构。从法理上讲，这些机构是受权利主体控制和监督的，但由于公共权利形成以后具有相对独立性，而行使公共权利机构中的负责人又有可能利用该机构的特点，以旧的统治阶级意识和统治术将公共权利机构变成不受权利主体控制，甚至控制权利主体的机构，而他们本人则成为公共权利的实际主体，不仅以权谋私，更有可能改变公有制和全部社会制度的性质。苏联的剧变充分证明了这一点，而中国陈良宇所暴露的集团之所作所为也正在证明这一点。这是劳动社会主义运动制度化后最大的危险，也是制度化后劳动社会主义运动所要解决的主要问题。

马克思在一百多年前就预见到了无产阶级夺取政权以后，在不得不保留国家的情况下，对劳动解放的最大威胁就是国家机器，并提出无产阶级专政以克服这个威胁。无产阶级专政的对象，并不是在公有制中已不能存在的资产阶级及其他旧的统治阶级，而是那些在公共权利机构中的"社会公仆变成社会主人"的个人。至于一些人所说的刑事犯罪分子、国内外反对新政权的人，是属于由国家政权依法惩治者，对他们的惩治，是国家政权的职能。将这些人说成是无产阶级专政的对象，甚至认为无产阶级专政的主要任务就是对这些人的惩治，是转移斗争方向以至歪曲无产阶级专政的本质，反对民主制，企图摆脱民主权主体对国家政权及其权利机构的控制和监督。无产阶级专政的本质，只能是与公有制内在统一的民主制，是民主制决定了国家政权及其公共权利机构的性质，并制约它们的运行。

因此，当我们说制度化后劳动社会主义的继续运动时，包括两个内容，一是建立和健全民主制，明确规定劳动者的民主权及其行使的机制；二是充分发挥并强化劳动者的民主权，改革和完善民主制。

这在理论上说似乎简单，但实际做起来却有相当大的难度。任何社会变革运动都是有组织的，劳动社会主义运动也不例外，运动的组织要求一定的专门负责人，随着组织的扩大，这些负责人数量也在增多。组织性要求一定的等级和指挥系统，这也就形成了某种准官僚的体制，特别是以武装斗争为主要形式的组织，其组织性更强，也有更严密的纪律和上下级关系。夺取政权以后，前一阶段的准官僚体制势必被改造成新的公共权利机构，或者说，新的公共权利机构的负责人和骨干，要由准官僚来构成。这在形式上与"打天下，坐江山"有类似之处。

20世纪的历史经验，显示了劳动社会主义制度建立以后的矛盾及其危险。现在有人否认苏联、中国所建立的新制度的劳动社会主义性质，这是不必要的，也是不能成立的。俄国革命和中国革命是在马克思主义、列宁主义的指导下进行的，所代表的是广大劳动群众的利益，这是毋庸置疑的，不能因为革命的参加者并非纯粹的产业工人，就否认其劳动社会主义性质。特别是中国革命，其主体是农民，但农民也是劳动者，觉悟了的农民以劳动社会主义原则组织起来的革命，建立了初级的公有制和民主制，这不仅是中国的大进步，也是人类的大进步。

问题在于如何建立制度和如何改革、完善制度。对此，深谙马克思无产阶级专政真谛的列宁和毛泽东都有所考虑。但列宁所能做的，只是在建政时强调原则，他没有时间去做更多的事就与世长辞了。毛泽东在夺取政权前就反复强调"继续革命"，但由于集权官僚制和官文化两千多年的传统，并受苏联模式的影响，新中国的政治体制依然是行政集权体制，按无产阶级专政的要求仍存在很大缺陷，这是他所无力左右的，后来他努力以改革克服这个缺陷，"无产阶级文化大革命"就是他的伟大创举，也是对劳动社会主义运动及人类进步最重要的贡献，其意义在未来的历史进程中将不断得以证明。但由于既得利益者势力太大，以及所用"群众运动"方式存在的问题，依然使缺陷延续下来。现在严重的腐败及公有制经济受到的巨大损害，正是制度建立时的缺陷膨胀的表现。

初级的劳动社会主义制度确立了劳动者的所有权和民主权，但这是不充分，也未全面落实的。制度化后的劳动社会主义运动，就是在已有的法律规定前提下，继续坚持并发扬民主原则，提高劳动者的主体意识,强化他们的联合,要发挥工会及其他劳动者的经济组织,尤其是政党在组织劳动者联合方面的作用,集中行使其民主权,控制并监督公共权利机构及其公职人员,惩治以权谋私的腐败行为。在此基础上,根据劳动者素质技能的提高,逐步改革和完善公有制与民主制,使劳动者的所有权与民主权进一步落实;确立劳动者对公共权利机构选举、控制、监督、惩处的机制;强化立法权的主导地位和作用,有效制约行使执法权、司法权、行政权、公有资产与资源占有权等机构;在明确各公共权利机构法权关系的同时,密切其相互协调;加强对公职人员的教育和培训,完善公共机构负责人的选举制与公务员的职业制,严肃其纪律。

劳动社会主义制度建立以后的运动,集中体现于其制度和体制的改革,是持续不断的发展进程。这样,不仅能贯彻劳动社会主义的精神,又使社会充满活力,由此促进人性的升华。

八、公有制经济与公共价值

劳动社会主义的制度,是其理论和运动的实现与进一步发展的根据,它主要是经济上的公有制和政治上的民主制。民主制与公有制是内在统一的。公有制是民主制的基础,民主制是公有制的政治机制。公有制作为劳动社会主义的基本经济制度,它的本质体现为公共价值。公共价值是公有制中基本矛盾的集合,也是规定公有制经济的核心概念。

20世纪人类历史的最伟大的创造,不是核武器,不是电子计算机,不是航天器,而是公有制。这是社会关系的革命,它的历史意义,不仅在于加速度实现了俄国、中国等国的工业化,更在于体现了人类摆脱"史前时期"的大趋势。然而,由于旧统治势力的强大反扑,而公有制尚处初级阶段,到世纪末,这初级的公有制因其内在的矛盾与缺陷，被美国及日本、西欧的大资本财团勾结实行初级公有制国家中以权谋私的官僚资本势力，实行"私有化"，以致衰败不堪。公有制的声誉一落千丈，它被说成"经济怪物"，是对生产力的束缚，必除之才能发展生产力——这被称之为人的自然本性所赋予的目的。

初级公有制的创造与失败，为我们进一步认识公有制，改革、发展公有制，提供了必要的经验依据。如果说一百多年前马克思预见公有制时，还只是依据对资本私有制的逻辑推论，我们现在对公有制的论证，则是对充分实际材料的实证分析。

苏联20世纪50年代教科书在论说公有制时，一个主要论点，就是强调公有制适合生产力发展的要求，这话并不错，但不能表现公有制的本质。资本私有制的辩护者都是从唯生产力论来论证其"优越性"的。为了证明公有制的优越，苏联教科书的编写者同样从唯生产力论来说它"更"能发展生产力，苏联的领导人赫鲁晓夫则进一步把与资本私有制的美国竞比经济指标增长的量，确定为公有制经济的目的。从唯生产力论排列对比经济指标，势必抹杀公有制与私有制的本质区别，片面性的对经济指标增长的追求，最终导致公有制内在缺陷的日益突出，以致因忽视劳动者权利和素质技能的提高，而削弱民主法制，使官僚资本得以"化"公有制经济而在俄罗斯居统治地位。

生产力无非劳动者素质技能的社会表现，劳动社会主义公有制的根据，在于劳动者素质技能的提高，其优越性，在于它有利于劳动者素质技能的持续提高。之所以能提高劳动者素质技能，原因不在于领导者是否知道"发展生产力"，而在于制度保证了劳动者的社会主体地位，在于劳动者的权利在不断增强和充实。

公有制的基本权利是劳动力所有权，它归劳动者个人所有，由它派生的对生产资料的所有权，也归劳动者个人所有，并由所有权主体所选举控制的社会机构行使其占有权,选聘经营者。劳动力是有质和量的差别的,质高量多的劳动力,其所有权所规定的内容也是相对大的,正是在这一点上,体现出劳动者在平等权利上的差别,劳动者的社会地位及其利益,取决于他个人的劳动力及其发挥。公有制并不是取消个人权利,而是将个人权利建立于其劳动的基础上。劳动者的劳动力所有权和生产资料所有权,因社会化大生产,不可能由个人行使其派生的占有权,而是由社会机构行使,这里的关键,是所有权主体如何以民主法制来选举、控制行使占有权的社会机构。做到了这一点,也就能保证劳动者的所有权主体地位及其利益,从而保证劳动者素质技能的提高与发挥。

在公有制下,劳动者的利益,一是取得其劳动力的发挥所创造价值中除去作为公共价值的那部分,以之用于个人消费;二是劳动者的素质技能不断提高;三是为劳动者生存和素质技能的提高而由公共价值所提供的公共设施与福利。只有公有制,才能为劳动者素质技能的提高提供必要条件,其中最根本的,就是劳动者的劳动力所有权和对公共占有的生产资料个人所有权及由之而确定的社会地位。在保证劳动者的所有权基础上,提高其素质技能,并为之提供充分发挥的社会条件,生产力作为素质技能发挥的结果,自然也能够提高。

劳动是创造性活动,素质技能提高了的劳动者,必然增强其主体意识,进而争取其权利和社会地位,由此而自由发展。公有制与资本私有制的本质区别,就在于它在依循商品经济和公民社会的一般原则,进一步强调人格和权利的平等的基础上,明确权利的根据是劳动。公有制的建立,是人性升华的要求和必要形式,但并不等于有了公有制,就自然实现人性升华。公有制还会因其权利体系的缺陷,以及少数人的动物性野蛮成分的膨胀,而利用其在公有制权利体系中的负责地位,侵吞公有资产,损害他人利益,短期内甚至可以毁灭公有制，实行官僚资本制这种较资本私有制更为野蛮落后的制度。为此，公有制建立以后，不仅要以强化民主法制来保证，更要不断改革，以克服其权利体系的缺陷。

劳动社会主义的根据和出发点是劳动，公有制的权利基础也是劳动，其基本权利，就是劳动力的个人所有权。20世纪以苏联教科书为代表，对公有制的论证，将生产资料的所有权说成基本权利，同时却不明确生产资料所有权归属劳动者个人，而是在泛泛论说劳动者是生产资料的"主人翁"之后，又说公有的生产资料所有权属于国家或集体单位等"公"的机构。尤为严重的是，教科书及由其指导的公有制，并不承认劳动力的个人所有权，甚至还以批判"劳动力商品"来否认劳动力个人所有权。

公有制中，劳动力所有权作为基本和核心的权利，不仅处于主导地位，而且由它派生并支配生产资料所有权，生产资料所有权也归劳动者个人。但由于生产资料要经公共占有并行使其经营权，劳动者对生产资料的所有权是以人为单位，是平等的，这与不同质量劳动力的使用所创造的不同量的用于生产资料的公共价值是有差异的，即多创造了生产资料价值的劳动者与其他劳动者对生产资料的个人所有权是平等的。这也是一对矛盾，但这个矛盾不是公有制的主要矛盾，公有制的主要矛盾是劳动力和生产资料两个所有权与其派生的占有权之间的矛盾。

在劳动力所有权的基础上，派生出劳动力的占有权，以及生产资料的个人所有权及其派生并集合而成的公共占有权，这两个占有权共同控制支配其使用权的经营权。与之相应，劳动者的人身权、公民权与劳动力所有权和生产资料所有权又派生民主权，民主权集合为立法权，立法权派生执法权、司法权、行政权，以此作为所有权主体控制占有权行使机构，占有权行使机构支配经营权的政治机制。劳动力所有权还派生出按劳动的质与量领取报酬，用于生活资料的权利。劳动力所有权和生产资料所有权还决定着公有制经济的收益权和处置权，即其公共价值的占有、分割、使用以及公共资产的投资、转产、转让等，都应由所有权主体决定，使之服从于劳动者素质技能的提高和人性升华。确定并保证劳动力所有权，是公有制建立和改革、发展的根本。

劳动力所有权在总体上是保证公有制性质及劳动者社会主体地位的，从个体角度说，又是规定劳动者个人地位、利益，处理其相互关系的依据。公有制，必须消灭非劳动者对劳动者的控制与剥削，同时，要保证劳动者之间在权利上的平等，以及在权利平等基础上因所付出劳动力质与量的差别而得到的不平等的利益，以促其努力提高和发挥自己的素质技能。劳动者的平等，是权利的平等，而非权利保障的利益的平等。这主要表现于劳动力所有权上，作为劳动者，都有平等的对自己劳动力的所有权，但各自的劳动力是不平等的，其发挥的程度也是不平等的。以平等的劳动力所有权保障不平等的劳动力及其发挥所应得到的不平等的利益，这是公有制内在的活力，也是劳动者素质技能不断提高并发挥的根据。

劳动力所有权的存在和作用，在合作制企业中表现得最为突出，而在国有企业中就表现得不明显。合作制企业以合作（劳动）者的自愿参加为前提，并由此界定其范围，参加者又都是以其劳动力所有权为基本权利，同时也拥有对共同占有的生产资料的个人所有权，这包括其加入合作企业时所投入的部分，但主要是合作企业由参加者创造价值积累的生产资料，它明显地是来自劳动力的使用所创造的公共价值。国有企业中，劳动者不是以合作者的身份加入，而是以类似公务员或雇佣劳动者的身份被招聘的，况且国有企业生产资料的最初投资，是来自国家财政所集聚的全体劳动者的公共价值，包括其发展资金，有时也要来自财政。这样，就很难规定其劳动者的劳动力所有权与生产资料所有权的关系。

对于国有企业的劳动力所有权和生产资料所有权，应分别规定，前者是基本权利，只要是参加国有企业的职工，都具有这一权利。这里的关键，是成立一个机构，集合并行使劳动力所有权派生的占有权，并由该机构与行使生产资料占有权的机构结合，控制经营权的行使；后者则应明确，国有企业职工与本区域范围内的其他劳动者，都具有平等的对国有企业生产资料的个人所有权，并由所有权主体选举和控制占有权行使机构。这样，劳动力所有权在国有企业中的核心和主体地位也就明确了。

生产资料是物，非劳动者可以用某种理由，将人身外之物的生产资料说成归其所有。论证公有制，必须明确生产资料的所有权归劳动者，而其根据，就在于只有劳动者以其所有的劳动力施加于物，该物因劳动而改变性能，才能成为进一步劳动的工具或原料，并由此体现了劳动所创造的价值。劳动者由其劳动力的所有权，而拥有对生产资料的所有权。而自然资源既非劳动创造的，也不是"上帝"赏给少数贵族的，它作为人劳动的对象，是属于全体劳动者的。

直接表现劳动创造其价值的生产资料的所有权应属于劳动者个人的，是合作企业，它是联合起来的"以个人自己劳动为基础的私有制"，即"重新建立个人所有制"。因为联合，生产资料采取共同占有的形式，虽然也有少量最初由个人投入的生产资料，但其价值是既定的，生产资料价值的增加，只能来自合作劳动中个人所创造的公共价值。

20世纪的社会主义国家中，曾对马克思所说的"在协作和对土地及靠劳动本身生产的生产资料的共同占有的基础上，重新建立个人所有制"，[1] 产生过许多误解。通常的解释是把"个人所有制"针

---

[1] 马克思：《资本论》第1卷，北京：人民出版社2004年版，第874页。

对生活资料,而生产资料则归国家和集体所有。但国家和集体单位只是行使公共占有权的机构,不应该,也不能成为所有权主体。按照劳动价值论,生产资料的所有权应归劳动者个人,即创造生产资料价值的个体人,在《法兰西内战》中,马克思这样写道:

> 把现在主要用做奴役和剥削劳动的工具的生产资料、土地和资本变成自由集体劳动的工具,以实现个人所有权[①]。

这句话可以看成是他说的"重建个人所有制"的注解。但只从生产资料所有权论公有制是远远不够的,还要进一步明确并强调公有制的生产资料所有权属于劳动者个人,是劳动力个人所有权的派生与体现,这二者构成公有制建立和改革、发展的根本。公有制的建立,要求并体现权利的转化,即所有权派生并集合为公共占有权。这种转化所形成的所有权与占有权之间的关系,是公有制经济的主要矛盾。

"苏联模式"的初级公有制的主要缺陷,在于忽略了占有权这一关键环节。不论是劳动力所有权还是生产资料所有权,在公有制中,都要派生出占有权,并将个体占有权集合,形成公共占有权。全体公民和企业职工以劳动力与生产资料所有权主体的地位,来控制与监督共同占有权的行使机构。这一点与资本股份制企业和工会相类似,但又有质的区别。其一是生产资料占有权单位的平等性,股份制公司是以资本股份来计算占有权,公有制则以个人为单位计算占有权;其二,劳动力占有权在资本私有制下是外在于企业的,是由

---

① 马克思:《法兰西内战》,《马克思恩格斯选集》第 2 卷,北京:人民出版社 1972 年版,第 378 页。

与资本所有权及其派生的占有权控制的经营权谈判劳动力使用权的买卖时，代表劳动力所有权主体的工会来行使的，一旦劳动力使用权买卖成交，工会对企业的经营，也就无权干预，而公有制中，劳动力占有权不仅是内在于企业的，还是企业公共权利体系的第一权利。

劳动力所有权与生产资料所有权所派生的公共占有权，是有差异的，在不同的公有制（这里只涉及合作企业或经济实体和国有企业）经济中，又有所不同。

合作企业或经济实体是简单而直接的公有制，其参加者的劳动力所有权和生产资料所有权是统一的，都以劳动者个人为单位。合作企业明显地体现着劳动力所有权的基本和核心地位，劳动力所有权派生生产资料所有权。由于合作企业或经济实体的范围比较小，因此，其劳动力和生产资料的占有权，往往是合一的，每个参加者都有平等的权利选举占有权行使机构的负责人，决定占有权的行使原则和经营规划。其方式就是由全体参加者大会实行选举和决策。

在合作企业中，还有一种合作股份企业，除大多数参加者拥有平等的劳动力和生产资料所有权，还有少部分参加者，甚至本企业外的人员，以超过平等的生产资料的份额，投资于本企业，这部分生产资料的所有权，也应派生占有权，并参与统一的占有权行使机构的选举和决策。对此，可由这部分投资者，按其股份选举董事会成员参与占有权行使。至于股份资金占多数的企业，应为股份合作制，其性质已非合作制，但其中劳动力所有权主体，仍派生并选举相应的占有权机构，其代表应参与董事会，以代表劳动力所有权主体行使其占有权，而劳动者同时依据所投入的作为生产资料的资金，按股份制原则参加董事会。

国有企业的劳动力所有权和生产资料所有权是分开的，因此其派生并集合占有权,是比较复杂的,这里分论之。

国有企业的劳动力所有权属于全体职工个人,它派生并集合的占有权,由国有企业职工代表大会行使。国有企业并不是以单个企业为占有权单位,而是以特定区域为占有权单位,比如,县、市、省、全国,该区域内的全体国有企业职工,按人数比例,选举代表,构成国有企业职工代表大会,该大会为行使劳动力占有权的机构,它再推举专职代表参与国有企业占有权执行委员会。

国有企业生产资料的所有权,属于特定区域内全体劳动者个人,或全体公民,国有企业职工也在其内。行使国有企业占有权的机构,是国有资产和资源占有委员会,它的构成及其负责人的选举,由该区域的人民代表大会决定。也就是说,国有企业生产资料的个人所有权派生并集合占有权,是要通过民主政治机制,经人民代表大会制定机构,选举负责人,而非单独进行。人民代表大会的一个重要职责,也在于此。国有资产和资源占有委员会是人民代表大会所要选举的各公共权利行使机构之一,它与立法权、执法权、司法权、行政权的行使机构一样,应设立常设机构,并由其委员会选举专职常务委员参加国有企业占有权执行委员会。

国有企业劳动力所有权和生产资料所有权,分别派生集合行使其占有权的机构,再经两机构的联合,构成国有企业占有权执行委员会,以统一行使占有权。

这样,国有企业占有权执行委员会作为劳动力和生产资料两个占有权联合的机构,具体行使劳动力和生产资料的公共占有权。而国有企业职工代表大会和国有资产与资源占有委员会,则应根据国有企业发展的具体情况,按照法律,依比例选派代表参与国有企业占有权执行委员会(其关系如图1)。

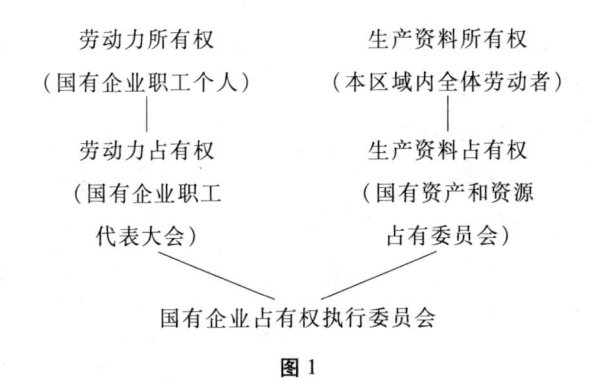

```
劳动力所有权            生产资料所有权
(国有企业职工个人)      (本区域内全体劳动者)
     │                        │
劳动力占有权            生产资料占有权
(国有企业职工           (国有资产和资源
  代表大会)               占有委员会)
         ╲              ╱
      国有企业占有权执行委员会
```

图 1

真正建立并实现公有制中所有权主体对占有权行使机构的控制，关键还在由劳动者人身权、公民权、所有权派生的民主权的落实，以及相应的法制保证。而在实行过程中，还会有许多具体问题和矛盾，需要不断探讨解决。在公有制的权利体系中，主要矛盾就是分散的所有权主体与集中的占有权行使机构的关系，进一步说就是作为所有权主体的分散的个人与集中的占有权行使机构及其负责人的关系，前者能否有效地选举、控制后者，是公有制权利体系得以实现的关键。

公有制企业的占有权要展开于经营，也即劳动力与生产资料的结合使用。经营权是所有权经占有权的展开，它要由专职的经营者行使。经营权的行使者由占有权执行机构选聘。在选聘经营者之前，占有权执行机构又要决策其范围内各企业的发展方向和总体规划，并据此确定企业的经营目标。选聘经营者，必须以这总体决策及各企业经营目标为依据。

经营权的确立，是一个严格的法制过程，其前提是所有权对占有权的控制，占有权派生经营权，又是一层权利转化。其基本程序为：占有权执行机构对企业经营权的权能、职责、经营目标的规定与公布；公开选聘经营者；经营者候选人应聘；协商经营条件，包括经营所要达到的各项指标,经营者的利益,以及奖惩;签订经营合同,经公证后生效。

公有制企业经营权的确定,主动和主导方面在占有权执行机构,企业经营方针、基本的经营指标,以及经营者应具备的条件等,都要由占有权执行机构确定。相比之下,经营者是被动的一方,但这种被动中又有主动,他可以根据自身素质能力,以及对企业状况的认识,提出自己的经营条件,并在应聘过程中与占有权执行机构协商,如能达成协议,则签订合同,取得经营权,行使其权能,主导经营过程。

经营权包括劳动力使用权和生产资料使用权两个基本内容,也就是说,劳动力和生产资料两个所有权,经占有权而集合,再由占有权执行机构委托经营权行使者具体组织管理其使用。在经营过程,劳动者作为企业职工,要充分履行其义务,即发挥劳动力的作用,并在经营者的组织、指挥、协调下,使用生产资料,制造产品,提供服务,创造价值。而企业经营的结果、效益,也就在劳动者所创造的价值及其创造价值过程的素质技能提高上得到集中体现。

公有制企业的经营权行使者,并不像私有制企业那样,是被雇佣劳动者,而是公有制企业的参加者或职工。这里有两种情况,一是本身已是合作企业或国有企业的参加者或职工,他们根据自己的能力和对占有权行使机构经营者的要求,应聘成为经营者;二是非合作企业或本区域范围内国有企业的职工,甚至是个体经营者或私有企业的经营者,当他们被聘为合作企业的经营者以后,必须履行加入该合作企业的手续;被聘为某国有企业的经营者,则应履行成为本区域国有企业职工的手续。也就是说,不论应聘者原来身份如何,当其成为公有制企业经营者时,必须是本合作企业的参加者或本区域国有企业的职工,即以其劳动力所有权派生的占有权加入本合作企业或本地区国有企业。这一点对于明确经营者责任心和实际的经营管理，是至关重要的。

公有制企业经营权的权能和经营者的职责，主要有以下几点。

第一，公有制企业的经营权行使参加者或职工劳动力使用的组织权和指挥权。第二，经营权行使公有资产（包括其资金和生产资料）的使用权。第三，负责企业产品和服务的销售。第四，负责生产资料的购买及借贷资金。第五，按职工劳动的质和量，发给工资和奖金。第六，经营权的行使者要对经营全过程负责。第七，经营权的行使者要按合同，定期向公有制企业占有权执行委员会汇报经营情况，并按年度总结经营结果，向占有权执行委员会交纳合同中规定的经营收益，即本企业创造的公共价值。

经营者作为公有制企业的参加者或职工，其所负责任重大，所付出劳动的质相对要高，量也更多，因此，在经营合同中规定按其劳动和绩效，给予报酬和奖励，并在合同期满予以兑现。同时也应明确和执行对其不能履行职能或失误造成损失的惩罚。还要在法律和纪律等层面，保证经营者行使其权能。职工应服从指挥，并负起监督批评和建议经营的职责。

公有制经济矛盾是一个多层次的系统，上述制度层面的权利关系，都要具体化并展开于体制、结构与运行机制、经营管理、国际关系各层次，由此而贯彻制约全部社会经济活动。

经济制度是对一种社会形态中经济关系总体性质的规定，其中的主要矛盾决定经济制度的性质，进而制约经济体制、经济结构与运行机制、经营管理和国际经济关系等各层次的矛盾。经济体制则是一种社会形态中不同阶段上特殊经济关系性质的规定，也是阶段性经济矛盾的集中体现。经济制度是一般，是总体，经济体制则是特殊，是阶段；一般具体化于特殊之中，总体展开于阶段中，经济体制是经济制度的具体存在，是经济制度的展开与阶段性形式。公有制经济的经济体制，核心在于确立并保证劳动者作为劳动力和生产资料所有权主体对占有权行使机构等公共权利机构的控制，围绕这个核心，根据公有制经济发展的不同阶段，形成具有特殊性的体制。

从原则上说，公有制经济体制之典型，应是计划体制，这是公有制经济成熟阶段的体制形式。但由于公有制经济在不同国家的形成和发展有其特殊性，因此，在确立计划体制之前，会有统制体制和计划市场体制两种形式。

计划是具有理性的人与只具有感性的动物的本质区别之一。经济活动要有计划，是人类社会生活的特点，也是经济发展的重要因素。计划是商品经济高级阶段的必然要求，如何实现劳动力和生产资料的最佳结合，既有效地发挥并提高劳动者素质技能，又能最大限度地发动物质资源的能量和作用，是经济发展的理想境界。以追求利润和增值资本为目的资本雇佣劳动制不可能达到这一境界，而公有制经济却可以实现这个目标。计划是实现这一目标的必要方式。从劳动者社会主体地位出发，以提高劳动者素质技能为目的，就能从全社会的角度计划安排劳动力和生产资源，并对需求作出理性制约，既可以有效地发挥劳动力的作用和生产资料的能量，又能达到真正的节省，克服浪费，减小以至消除对自然界的破坏，由此达到人与人之间、人与自然间的协调。以计划为主要方式，从占有权层面进行全社会的经济计划，不仅是必要的，也是可能的。这就是公有制达到成熟阶段的经济体制。

然而，在达到计划体制之前，还因各种条件的限制，会在不同国家出现统制体制和计划市场体制。前者在"苏联模式"中表现得相当充分，包括中国初级公有制的经济体制，都是统制体制。其特点是由行政集权的政治体制统率经济，由高度集权的国家以行政方式对经济进行全面控制。这个体制曾被称为"计划经济体制"，是一种误解。统制体制在公有制的初级阶段是必要的，它以行政方式集中了几乎全部经济权利，包括生产资料和自然资源的所有权、占有权、使用权，以及劳动力的占有权（在不承认劳动力所有权的情况下，对占有权的掌控等于控制了所有权）和使用权，由此加速度实行工业化。但统制体制毕竟是与公有制的原则相悖，随着工业化进程和劳动者素质技能的提高，这个体制的合理性已经不存在，并成为经济发展的障碍。对其改革是必然的。

经济体制改革并不是改变公有制的性质，而是在强化民主法制过程中坚持公有制性质，发扬其原则，克服行政集权体制及统制体制的弊端，根据劳动者素质技能提高与发挥的需要，改变经济权利体系，确立并保证所有权主体对占有权等公共权利行使机构的控制，进而改革这些公共权利机构。在当前世界经济仍由资本垄断财团控制，并实行资本私有制的市场体制情况下，要承认并引入市场体制的某些机制，强化公有制经济的计划性。为此，改革所建立的经济体制，应是计划市场体制，而非美国大资本财团及其代理人所强加的"市场经济体制"。计划市场体制是民主法制的体现与运用，它在保证劳动者的劳动力和生产资料所有权及其对占有权行使机构控制的前提下，实行对社会经济生活的总体性指令性计划（针对国有企业）和指导性计划（针对非国有的企业及个人），并维护和实现市场在经济生活中的积极作用，为向下一阶段的计划体制转变创造条件。

经济结构是经济体制在总体经济过程的存在形式，运行机制是经济结构功能的动态发挥。经济结构的要素，依然是人们的经济权利，即劳动力和生产资料所有权为基本权利，由其派生占有权、经营权、使用权、收益权、处置权、监督权、管理权等。在经济结构中，主要涉及的是这些权利关系。在所有权的层面，形成阶级结构，这是经济制度矛盾的集中体现。进而是劳动者素质技能结构、投资结构、就业结构，这主要涉及劳动力和生产资料所有权与占有权的关系。再展开，则是产业结构、产品结构、区域结构、流通结构、分配结构、消费结构等，这里涉及的权利主要有占有权与经营权的关系，以及收益权、处置权、监督权、管理权的相互作用。

经济结构在经济矛盾的发展中发挥其对经济总体的制约和调解功能，这个功能，就表现为运行机制。或者说，运行机制是经济结构功能的作用。这种作用取决于经济结构，但也会引起经济关系的变化，反作用于经济结构。而经济结构的变化又表现于其功能，引起运行机制的变化。

公有制经济不同阶段的体制，经济结构和运行机制也有其特殊性，但在特殊性之中，又有其一般性，这就是以劳动者素质技能结构为核心，并围绕这个核心建构投资结构、产业结构、产品结构、流通结构、分配结构、消费结构。而其运行机制，则应是民主制下的法制主导式机制，即在以法制规范所有权主体控制占有权行使机构的前提下，由占有权行使机构和其他公共权利行使机构相配合，有效地操纵经营权、监督权、管理权的行使者或机构，调节经济结构及其运行中的关系，调动劳动力和生产资料使用权，使经济结构内在的功能有机地发挥，调整经济发展。

这是一般性要求，也是理想状态。具体到已建立公有制的苏联和中国来说，由于在制度和体制层面的原因，其初级公有制的统制体制下的经济结构表现为集约转化型，运行机制则是政治主导式。集约转化型经济结构的特点是：一、以国家机构集权来集合劳动力及资金和其他生产资料、自然资源，强力调整产业结构，建立主干性工业企业，并使其他产业服从工业化；二、自主自力型的工业化结构；三、具有防卫性；四、高积累、低消费和趋于平均主义的分配结构；五、流通结构制约产业结构、分配结构、消费结构。政治主导式运行机制的特点是：一、有一个坚定主义、革命精神支撑的廉洁高效的行政集权国家机构；二、政治路线的统一指导；三、民众对国家政权的拥护。政治主导型的运行机制,集合了人力、财力和物力,在集约转化型结构的组合中运作,促进了工业化进程。但集约转化型经济结构和政治主导式运行机制的合理性都是短暂的,一旦失去了其存在的条件,也就丧失了其特点和合理性。

对经济结构和运行机制的调整,是服从经济体制改革的,是经济体制改革的具体内容。其要旨,是坚持公有制经济的性质和原则,在改革并强化所有权主体对占有权行使机构控制的过程中,调整占有权与经营权之间的关系。确立劳动者素质技能结构在经济结构中的核心地位,围绕发挥和提高劳动者素质技能这个核心,调整投资、产业、产品及流通、分配、消费结构。由此克服集约转化型经济结构的弊端。与此同时,改变政治主导式运行机制为法制主导式运行机制,使改革后经济结构的功能得以有效、充分的发挥,由此带动经营管理的改革与完善。

经营管理是企业和个人经济活动及其矛盾的体现,是经济结构和运行机制的展开和具体形式。公有制的经营管理,基于这样的权利关系:劳动力所有权和生产资料所有权属于劳动者个人,由这两个所有权派生一个(合作企业)占有权行使机构,或两个(国有企业)占有权行使机构。再由占有权执行机构(国有企业的两个占有权行使机构要结合为一个占有权执行机构)选聘经营权行使者。经营权行使者组织、指挥职工使用生产资料进行劳动,制造产品或提供服务。其销售后的价值,上交税收后,由占有权行使机构提出积累与消费比例,其中消费部分,按职工所付出劳动的质与量分配,积累部分则用于再生产。经营管理就是经营权的行使,是对劳动力和生产资料使用权的支配和运用。公有制企业的经营管理,是联合起来的自由劳动者通过民主法制,控制其所有权派生的公共占有权行使机构选聘的经营者,行使对劳动力和生产资料使用权的过程。在经营管理过程中,职工既是被管理者,又是生产经营活动的主体,具有批评建议权,其所应尽的义务,不仅在于服从管理,充分地发挥自己的劳动力,还在于对经营管理提出自己的意见,并进行监督。

公有制企业经营管理的主要职责是:1.对参加者或职工劳动力使用的组织和指挥;2.对本企业资产的使用权;3.负责生产资料的购买及资金借贷;4.负责企业产品和服务的销售;5.按参加者或职工劳动的质与量,发放工资和奖金。经营权行使者的责任,主要有:1.按经营合同负责企业的全部生产经营活动;2.遇到重大问题,特别是合同中没有规定的,要及时向占有权行使和执行机构通报和请示,并提出解决的方案,经占有权执行委员会同意后,付诸实施;3.定期向占有权行使和执行机构汇报经营情况,按年度总结经营结果;4.向占有权行使和执行机构交纳经营利润,即本企业创造的公共价值;5.向职工说明自己的经营设想和对职工的要求,并征求职工对经营的建议,听取批评。

现代企业的经营管理,无论针对生产产品还是提供服务,协作都是主要内容,对协作的组织、协调、指挥,使企业成为一个有机体。无论资金投入,还是技术、质量,以及财务、营销等,都是协作的具体形式。公有制是使协作成为劳动者自由意志所支配的行为的制度。但在20世纪中国的初级公有制中,由于行政集权体制的作用,公有制企业职工的协作往往被"长官意志"所左右,甚至成为少数人"以权谋私"的手段。当职工的意志得到一定程度的表达时,协作的积极性和创造性就能体现,20世纪五六十年代中国工业化的起步,其实质就在于此。虽然某些"长官意志"的"瞎指挥"导致协作的无效或低效,但那时的职工确有一种"主人"意识。而在20世纪末被"以权谋私"者左右的领域内,不仅职工成了其谋取私利的手段,甚至被其谋取私利的行为驱逐出了协作场所——下岗、失业成了对公有制企业"私有化"的必要手段。

革新公有制企业的经营管理,不是将它"私有化",并代之以

"守财奴"、"周扒皮"式的管理，而是以民主法制取代行政集权体制，确立职工的主体地位，明确经营的职能和责任在于组织、协调、指挥职工协作。为此，在坚持公有制原则的前提下，突出职工的主体地位和主动精神，革新公有制企业的经营管理，创建劳动社会主义的经营管理方式。

国际经济交往的内容，包括两个要素，一是实力，二是制度。这二者是国内经济矛盾总体集合的外在表现。实力与综合国力、综合竞争力有相同之处，其主体由本国劳动者素质技能构成，表现为技术水平、生产力、资金与资源、产业结构、产品结构，以及人口、国土面积、地理位置、自然条件等；制度则是对劳动者社会地位的规定，是社会关系的法律形式，表现为所有制的权利体系及经济体制、结构与运行机制、企业经营管理等。实力与制度的统一，构成一国的经济总体。各国之间的交往，包括经济与政治、文化，在交往中实力和制度集中表现为主权。

当然，国际经济交往并不是都将本国的经济单位集合为一个总体再相互发生关系，而是由各经济单位进行商品、技术的交换，或在对方国家投资等。正是在各经济单位的具体经济交往中，体现着国家的总体性，这就是由国家经济地位所决定的对外交往的目的、原则和策略。

公有制经济对外经济交往的目的，是为了确保劳动者的社会主体地位和提高素质技能，改革发展公有制经济及其体制，配合并促进经济结构和运行机制的调整，革新经营管理。归结起来，就是将对外经济交往作为解决本国经济矛盾的手段之一，同时将对外经济交往作为本国经济发展的必要环节。

对外经济交往的原则，是由目的决定并作为实现目的的纲领，其要点就是以我为主，知己知彼，根据本国经济结构调整和经营的需要，有选择地与他国企业进行商品、技术、服务的交往，取长补短。坚持本国主权,同时尊重他国主权,经济交往与文化和政治交往相配合,制定总体性和区域、行业性对外经济交往的策略。

国际经济交往应服从本国经济发展,要认知利弊,强化并扩展生产性交往,节制消费性经济交往,特别是消费品和奢侈品的进口。要有选择和限制地引进外来资本,绝不能让外国资本操纵以致取代公有制经济;竞争与保护并举;强化对外经济交往的法制规范,包括积极主动地参与国际经济法规的制定,努力将本国的利益充实进相关法规。

公有制经济中劳动者个人劳动价值的创造与生活资料的按劳分配,是一个重要环节。以劳动价值论为根据的按劳分配,在于公有制的建立,在于劳动力所有权的确立和劳动者对公有生产资料个人所有权的保证,以及所有权主体对占有权行使机构的控制,占有权行使机构对经营权行使者的支配等环节。与之相应,职工在劳动力使用方面的权利和利益,也应得到相应的落实。

按劳分配原则,正是"以个人自己的劳动为基础的私有制"在社会化大生产条件下的实现,也可以说是在公有制中实现"以个人自己劳动为基础的生活资料分配"。其道理,是相当简明的:在消除了生产资料被非劳动者所有的"自由人联合体"里,大家都是劳动者,也是所有者,并共同占有生产资料。生产资料的增加和公共福利等,由公共机构从总的劳动成果中扣除,余下的按个人所付出的劳动量分配。

公有制中劳动者个人价值的创造,是在社会化大生产中分工、协作进行的,其价值量,根据在于劳动力的质与所付出的劳动量。无论合作企业还是国有企业,都要定期评价劳动力的质,将之划为若干等级,以此为基础,再按所付出的劳动时间计量。再者,劳动中所创造的价值量,又须经交换而实现,即表现为货币。其中一部分,应作为公共价值,归企业和社会,余者以货币形式分配给个人,用于生活消费。

公有制企业中劳动者按劳分配的具体形式，主要有以下三种。

第一，是基本报酬，即工资。这种规定的权利依据，在劳动力所有权。合作企业的工资是由其占有权行使机构根据参加者劳动的质确定等级，并按本企业经营状况，定出标准，再按每个职工付出的劳动量支付。国有企业的劳动力所有权与生产资料所有权是分离的，并不像合作企业那样统一于企业职工本人，因此，确定国有企业职工的工资标准，应由国有企业职工代表大会提出草案，与行使生产资料占有权的国有资产和资源占有委员会协商，达成原则性协议后，交国有企业占有权执行委员会制定细则。

第二，特殊工种的补贴性报酬。这是指从事劳动强度大，对身体有较大损害，以及高难度工种的职工所应得到的在基本报酬之外的补贴，其等级和标准，也应由占有权执行委员会规定。

第三，奖励。这是指对超额完成正常劳动量，或在企业的生产和经营中作出了突出贡献（即超过其工资级别应有的劳动量效益）的职工所给予的物质奖励，其标准应由占有权执行委员会规定，同时要注明细则。

这种"按劳分配"，是拥有共同占有的劳动力和生产资料个人所有权的劳动者的权利，这与出卖其劳动力使用权给生产资料所有者的"按劳动力使用权价格"的交换所表现的工资有着本质的不同。[①]

"按劳分配"的是个人生活资料，它在现阶段以货币形式出现，之所以用货币计算，还在于货币的特性——它可以顺利地换回所需

[①] 这里澄清一个传统的观点：无论西方资本主义政治经济学，还是苏联、中国的社会主义政治经济学，都把工资列为分配范畴。实际上，在资本雇佣劳动制下，工资是劳动力使用权与货币资本相交换所表现的价格，应归入交换范畴，而非平等权利主体之间的生活资料分配。

要的商品或服务。

公有制企业中的劳动者（包括从事经营管理和技术指导的专业人员）有权按其所付出劳动的质（技能水平）和量（时间）统一计算的社会平均必要劳动时间，来领取其生活资料，或者说公有制企业应按此标准分配给他们生活资料。这是他们劳动力所有权经占有权行使机构的安排，在生产经营活动中发挥其使用权后应得的报酬。也只有在公有制经济中，才能实行"按劳分配"生活资料的原则。

公有制经济中人与人的关系，依然是一种劳动交换关系，是通过公有制企业及社会公共机构的以劳动为根据的交往。因此，它还要表现为价值，劳动者个体的劳动形成价值并在总体关系中实现。与私有制中的对立与竞争关系不同，公有制中的劳动交换，是联合劳动的关系。但这并不等于没有矛盾。联合劳动是在明确劳动者个体权利的前提下，由不同素质技能的劳动者协作发挥其劳动力，共同创造并实现价值的过程。在联合劳动中，不仅劳动者个体的劳动力可以创造价值，而且会由协作形成集体劳动力的价值。这种集体劳动力的价值及从劳动者个体创造价值中扣除的一部分，构成公共价值。公共价值集合并体现了公有制经济的内在矛盾，对它的规定，也就是对公有制经济本质的规定。

协作产生集体劳动力，劳动者个体劳动分为必要部分和剩余部分，是人类劳动及社会生产发展的普遍性。只是在资本雇佣劳动制下，它们才表现为剩余价值，并为资本所有者占有。

协作产生的"集体力"或"社会生产力"，是源于劳动者个体的，但又不分属于任何个体劳动者，而是属于社会劳动的总体。当这种社会劳动量由资本所有者以购买个体劳动的使用权，并由他或他所雇佣的经营者组织和管理的时候，其创造的价值，当然应属于资本所有者。现代工业文明及其生产方式达到一个新阶段，众多高新技术的出现，使协作发生了巨大变化，而因协作产生的集体力，也成为主要的社会生产力。在这种情况下，建立公有制，当然要保持并提高协作的社会生产力。这也是马克思论说公有制的基础将协作列为首位，而且强调对"由协作和劳动生产的生产资料与土地"的共同占有，是公有制的特殊性。

既然协作是众多劳动者"有计划地一起协同劳动"，那么，协作的集体力所创造的价值及其物的形式，即生产资料，也就理所当然地要归参与协作的劳动者个人所有，但由于工业生产资料的不可分割性，更由于进一步协作的需要，这部分生产资料必须"共同占有"。而协作及其集体力所创造的价值，又不全都体现于生产资料，其中相当一部分要体现于生活资料，包括用于个人消费和公共享用的物质资料。协作的集体力所形成的价值，归该协作体中的全体劳动者个人所有，并在共同占有其中属于生产资料的部分的同时，将属于生活资料的部分，或将一部分价值用于生活资料按所付劳动的社会平均量分配给个人，以及用于公共享用的设施（如公园、道路、环境保护、文娱场所、卫生、医疗等）。

公有制经济所创造的公共价值，绝大部分应来自协作产生的集体力；民主劳动公有制比资本雇佣劳动私有制的优越性，或者说它能取代资本雇佣劳动制的根本原因，就在于它更有助于协作及其集体力的生成与发挥。

公有制中的个人劳动价值，也不是一次性消费完，"分光吃净"，每个劳动者，都有义务，也有必要，在创造可以满足自己需要，维持其本人劳动力的再生产和子女的培养费用（这部分由个人支出的将减少，改由社会公共价值支付）的价值之后，还要付出一定的剩余劳动，以形成公共价值。当然，也可以这样说，在社会规定的劳动时间中，有一部分是劳动者再生产其劳动力和培养子女的必要劳动时间，余下一部分为剩余劳动时间——对他本人是剩余，对社会总体而言又是必要的，为公有制企业的再生产和公共事业等创造公共价值。

正如剩余价值集中体现着资本私有制的主要矛盾，公共价值也集中体现着公有制的主要矛盾。公共价值的创造和形成是公有制经济中全体劳动者联合的成果，因此，公共价值的所有权应归全体劳动者个人，并由全体劳动者即所有权主体派生其占有权、收益权、处置权，委托行使劳动力和生产资料占有权的机构来集中行使。

这里，我们先探讨合作企业的公共价值占有，再分析国有企业公共价值的占有。

由于合作企业的劳动力占有权和生产资料占有权是统归其全体成员大会行使，而且合作企业的所有权范围也限于本企业，因此，其公共价值的占有权相当明确，即由该合作企业全体成员大会选出的机构，来代表全体成员在法律上行使占有权、收益权和处置权，进而控制其提取、分割、使用等环节。

国有企业公共价值的占有权，要比合作企业复杂得多，其一，国有企业的劳动力所有权和生产资料所有权分别由国有企业职工个人和本行政区划范围内的全体公民个人拥有；其二，国有企业的占有权不是以一个企业为单位，而是由相应行政区划范围内的国有企业职工代表大会和国有资产与资源占有委员会行使，该行政区划范围内的全部国有企业的占有权，统归这两个机构；其三，不同国有企业所创造的公共价值率不同，对它们公共价值的提取比率也应有所差别。基于上述三点，国有企业公共价值的占有，将是其各种矛盾的集合点，必须认真研究，慎重处理。

当我们说公有制企业公共价值的占有时，主要是从法律上论说其占有权的归属，之所以公共价值的占有权由行使劳动力和生产资料占有权的机构来行使，原因在于劳动力所有权和生产资料所有权主体同时又是公共价值的所有权主体，他们可以通过其对占有权行使机构的控制机制，来控制对公共价值的占有权。

公共价值的占有权在被劳动力所有权和生产资料所有权主体控制的前提下,其行使机构就可以进一步行使收益权、处置权,这也是两个所有权派生的权利。收益权和处置权表现为三个环节,一是对公共价值的提取,二是对公共价值的分割,三是对公共价值的使用。

由于现时期社会主义的国家政权还存在,而且国家代表着全体公民占有土地和全部自然资源,当公有制企业使用土地和自然资源时,也应和私有资本企业与个体经营者一样,支付一定的代价,特别是对资源和环境的保护费用。国有资源的占有权与国有企业生产资料(即资产)的占有权统归一个占有委员会,但二者的使用有所区别,国有资产的使用权限于国有企业,而国有资源的使用权则面对国有企业、合作企业、私有企业与个体经营者。这样,当国有资产和资源占有委员会提取国有资产和资源使用权的收益时,又要分成两部分,一是针对国有企业的,二是针对全部企业和经营者的,也就是说,从国有企业提取的,不仅包括国有资产的收益权所体现的公共价值,还要包括国有资源的收益权所体现的公共价值;从合作企业、私有企业与个体经营者提取的,则只是国有资源的收益权所体现的公共价值——至于从私有企业中提取的那部分是来自其资本所有者的剩余价值,这并不影响提取后作为公共价值存在。

除国有资产和资源占有委员会要对全部企业和经营者提取资源占有权派生的收益权体现的公共价值,行政院或政府,还要依其管理权,向全部企业和个体经营者提取税收,以用于国家机构(立法权、执法权、司法权、行政权的行使机构)及国防、教育、公共事业、科学研究等的经费。税收,是行政权行使机构对公有制企业公共价值的再提取。

下面,我们还是先探讨合作企业公共价值的提取、分割、使用。

合作企业的规模,相对要小些,就是规模较大的合作企业,其所有权与占有权，占有权与经营权的关系也是比较简单明确的。从占有权与经营权看，大体有两种情况：一是单一企业，其占有权与经营权都是针对一个企业；二是分两层或三层经营的企业，即在总公司下有分公司，其占有权在总公司的全体参加者大会所选出的占有权执行委员会，经营权由总经理和子公司孙公司经理分层执行，这里又分两种形式：一是分公司经理向总公司经理负责，由总公司经理与占有权执行委员会签订经营合同；二是分公司经理直接与占有权执行委员会签订经营合同，其经营独立核算。

对于单一型合作企业的公共价值，由占有权执行委员会按经营合同和经营效益进行提取，经营者应配合这种提取；对于分层经营企业，第一种情况下，由占有权执行委员会按经营合同和效益，向总经理进行提取，分公司经理按其责任书向总经理上交其经营中所创造的公共价值；第二种情况下，则由占有权执行委员会分别向总公司经理和分公司经理按经营合同规定的比例和经营效益提取。提取的比例，应在经营合同中明确规定；也可视情况在合同中规定提取的数量。

合作企业占有权执行委员会将提取的公共价值汇总之后，向全体参加者大会汇报，并向大会提出其分割、使用方案，经大会议决批准后，由占有权执行委员会负责实施。合作企业公共价值的分割，大体分这些部分：一、上交政府的税金；二、上交国有资产和资源委员会的资源使用费；三、用于企业扩大再生产的资金；四、用于本合作企业全体参加者的福利；五、退休、工伤、疾病等职工的社会保障；六、全体参加者大会和占有权执行委员会的活动经费。

经过这样的分割与使用，该合作企业就可以进入下一年度的再生产和经营。

国有企业公共价值的提取、分割与使用要比合作企业复杂，但其原则是一样的。

国有企业的占有权行使机构是以特定的行政区划为单位的，其公共价值的提取，一般按年度，即年终结算后，按照经营合同，由占有权执行委员会从企业收入中划拨。各地区的国有企业数量不等，但无论多少，都由一个占有权执行委员会与其经营者签订合同，并分别向各企业提取按合同应交的公共价值（也可以用"利润"或"盈余"等术语表示）。

国有企业占有权执行委员会提取各企业的公共价值以后，要加以汇总，并分别向劳动力和生产资料占有权行使机构汇报，由它们根据相关的法律（如《国有企业法》）和已经达成的协议，确定第一次分割比例，进而按比例分割。其中包括：一、上交政府的税金（这部分也可由政府直接向企业收取，若这样，就不在本次分割之内，合作企业也与此同）；二、国有资源的使用费，这部分是必交的，而且归国有资产和资源占有委员会收取，其中一部分还要转交政府财政（合作企业及私有企业、个体经营者上交的部分也与此同）；三、归国有企业职工代表大会占有部分；四、归国有资产和资源占有委员会占有部分（即针对生产资料使用所应收益的部分）；五、国有企业占有权执行委员会的经费。

第一次分割以后，还要分别由两个占有权行使机构进行第二次分割。

国有企业职工代表大会对其收取的公共价值的分割。这部分公共价值是劳动力所有权的收益，因此，主要用于劳动力所有权主体的个人福利、社会保障和公益事业。具体分来，大致有：一、全体职工的福利性支出；二、职工的医疗费用；三、职工退休、转岗期间的生活费用；四、提高职工素质技能的培训费用；五、用于全体职工的公益设施和活动经费；六、国有企业职工代表大会的经费。

国有资产和资源占有委员会对其收取的公共价值的分割。大体有：一、用于扩大再生产及其技术创新等的投资（不含生产资料折旧费，这部分费用在占有权执行委员会向企业提取公共价值时，已经留在企业，而且，折旧费不属于公共价值），这部分公共价值要返还给占有权执行委员会，再由该委员会根据其发展规划投资于各企业，或新建企业；二、用于全体所有权主体的公共费用，这部分公共价值还应转交政府，由其使用；三、用于国有资源和环境开发保护的费用（其中一部分也要转交政府）；四、用于本委员会的经费。

第二次分割后，已经有相当一部分公共价值投入使用，还剩下没有分割使用的部分，就是由政府所收取的税金、国有资产与资源占有委员会交来的那部分自然资源使用费和用于全体所有权主体的公共费用。对这部分公共价值，应由人民代表大会议决其分割原则、比例，交由行政院具体分割、使用。大体上应分为：一、教育费用；二、国防费用；三、国土资源的保护和环境治理费用；四、社会保障费用；五、全社会的公共事业和公益活动费用；六、国家机构的开支。

在公共价值的占有与提取、分割、使用的各个环节，都要由相应的公共权利机构来行使权能。也正是这一点，成为公有制经济矛盾的焦点。公有制的进步意义，就在于打破并逐步消除私有制依对剩余劳动所创造财富的占有而形成的少数人控制多数劳动者的状态，使劳动者真正成为自主自立自由的生产者，这里的关键又在对公共价值的占有与提取、分割、使用等环节。既然作为一个连续的社会进程，公有制也不可能消灭剩余劳动，而且其创造的价值又不能都分归个体劳动者占有和使用，它就必须表现为公共价值。公共价值的性质又要求由公共权利机构来行使其占有和提取、分割、使用等权能，而公共权利机构又由个体人组成，这样，就会出现与所有权主体的利益和意志相背离的情况：一是该机构的公职人员，特别是其负责人在素质技能上有欠缺，或没有足够的责任心，从而导致其对公共权利的行使不能符合所有者的根本利益，不能有效地促进劳动者的素质技能提高与发展；二是该机构的公职人员，特别是其负责人利用行使公共权利之便，谋取个人私利，甚至大量侵吞公共价值；三是这些公共权利机构的负责人视公共权利为自己的权利，把它变成实现其个人主观意志的手段，"长官意志"决定一切，由此造成公共价值使用上的偏差，使公有制经济变成他们本人支配劳动者的社会形式。这后两种情况，正是马克思恩格斯所担心的"社会公仆变成社会主人"危险性的实现。20世纪的公有制经济中，上述三种情况普遍地、严重地存在着。从一定意义上说，正是在公共价值占有和提取、分割、使用这些环节出现的问题，导致公有制经济发展中的损失、衰退，乃至破败。

20世纪公有制的经验和教训，告诉我们这一点：在对公有制改革的过程中，主要和核心的问题，就是在权利体系上强化所有权主体的地位，并以民主法制保证其对公共价值的占有和提取、分割、使用等环节及公共权利机构和负责人的控制。

九、民主制政治

公有制和民主制是劳动社会主义的两种基本制度，也是民主劳动社会得以形成、发展的根本。公有制与民主制是内在统一的，公有制是民主制的经济基础，民主制是公有制经济和社会生活的政治机制。

民主，是公民社会以来出现的政治、法律术语，也是社会关系和社会生活的基本范畴。

民主，是与君主、领主、官主相对立并有本质区别的。资本雇佣劳动社会以前的各阶级社会，民都是绝对的被统治、被压迫者，他们虽然占人口大多数，但没有任何政治权利，只有被动地服从统治的义务。民主，就是由民成为政治主体，并拥有相应权利，议论、决定政治制度和公共政治事务。民主是人与人社会关系的革命，它在总体上是一种制度,而对个体人来说,则是一种权利。只有明确并保证个体人的民主权,才能实现民主制;民主制也就是规定并实现个体民主权,并据此控制公共权利,协调社会关系,制约社会生活的制度。它要以法律的形式规定民主权,并通过法律的实现机制,即法制来实施和保证民主权。

民主制政治,必须以民主权利构成,而民主权利的基础,又是民的公民权和所有权的确立,这是资本雇佣劳动制建立后,才逐步形成的。先是资本化的生产资料所有权派生并主导"民主权",进而是劳动力所有权主体争得了民主权,因而也就有了不平等的民主权。他们分别运用自己的民主权,展开政治斗争,以维护自己所有权的利益。资本雇佣劳动制度中的民主制,并不是完全的民主。资本所有者的"民主权",实为其资本所有权的体现,是"资主权",而非其作为人的"民主权"。当然,他们也有作为公民的民主权,但这只是他们参与民主政治的门票,而其在民主政治中的活动,主要是依靠资本所有权的势力。劳动社会主义制度作为资本雇佣劳动制度的否定,是劳动力所有权主体长期斗争的结果,劳动者构成社会主体的"民",民主权作为劳动者人身权、公民权、劳动力所有权和生产资料所有权的体现与保证,也就归其主体劳动者。

20世纪建立的"苏联模式"公有制的主要缺陷,就是没有明确并保证劳动者对劳动力和生产资料的所有权,而这一点,又集中体现于其民主制的不完善,表现为劳动者民主权的不明确、不落实。

劳动社会主义的民主制是立足于公有制,体现并保证劳动者所有权的政治制度。它的核心权利,就是公民的民主权,其基本权能派生为选举和被选举权,以及言论自由权、结社权、集会示威权等。从形式上看,其与资本雇佣劳动社会中的民主权差别不大,真正的差别是在内容上。劳动社会主义民主制中的民主权利,分别体现着劳动者的人身权、公民权和对其劳动力的所有权与对生产资料的所有权。虽然在法律的规定中也强调公民政治权利的平等和一致性，但实际上，两种所有权体现的民主权利也是有差异的。

劳动社会主义社会，特别是其初级阶段，劳动者对劳动力和生产资料的所有权，因存在不同的所有制，而有所不同。这里主要分为六种情况：一是个体劳动者；二是私有企业主；三是被私有企业主雇佣的劳动者；四是合作企业的参加者；五是国有企业职工；六是国家机构的公务员和事业单位职工。

个体劳动者的民主权，根据在于他们的公民权，而其在社会上的作用，则是以自己的劳动和经营，创造并提供（主要是纳税）了一部分公共价值，这部分公共价值不仅用于社会公益事业和公共设施，也会由国家机构投资于国有企业。这样，个体劳动者也以间接形式参与了国有企业的投资，其对国有企业生产资料的个人所有权由此而生。因此，个体劳动者作为公民，有参与社会政治活动的民主权利，这个权利也包括对行使国有企业占有权机构的控制。

私有企业主是处于初级阶段的劳动社会主义制度下政策容许的一个特有阶级，他们与个体劳动者有相似处，但也有重大区别。其一，他们主要是作为资本（生产资料）所有权主体而存在；其二，他们的主要活动，是控制其生产资料所有权和提取相应剩余价值的收益权；其三，他们之中也有一些人从事部分经营管理和技术等劳动，但由于是在自家企业劳动，因而不显现其劳动力所有权。私有企业主作为公民的民主权利，根据在于他们的公民权，以及自己的部分劳动和其私有企业的剩余价值上交税收形成的公共价值。他们的民主权利范围，与个体劳动者相同。

私有企业主雇佣的劳动者，是他们本人劳动力使用权的出卖者，也是私有企业剩余价值的创造者，他们的民主权利，根据在于其公民权，以及私有企业主从其剩余价值中提供的公共价值，其范围，与个体劳动者也是一样的。

参加合作企业的劳动者,是以自己的劳动力所有权和生产资料所有权联合起来的,合作企业类似"合伙",但是一个长期性的、人数也较多的公有制企业。他们在合作企业内部,以个人的劳动力所有权和生产资料所有权形成民主权利,控制所有权派生的占有权,享有收益权,并对生产、经营有建议权和监督权。合作企业也和个体劳动者或私有企业一样,要向国家纳税,由此提供公共价值。因此,合作企业的劳动者享有公民的民主权利,其作用范围也与个体劳动者相同。

以上四种劳动者或公民,其劳动力所有权都与国有企业无关,他们的民主权利,根据在于公民权和对社会公共价值的贡献,也因此而与国有企业的生产资料发生关系,即国家投资于国有企业用于购买生产资料的资金,有一部分是他们提供的。虽然经过了国家机构这个中介环节,但要承认并确保他们对国有企业生产资料的个人所有权,而这正是他们的民主权利在国有企业中的主要作用。

国有企业的职工(包括受聘行使经营权者),与上述四种人的主要区别,就在于他们的劳动力所有权,要经过一个机构将其派生的占有权集合起来,再由这个机构将劳动力占有权所支配的使用权组织、运用于国有企业的生产和经营过程。国有企业职工的民主权利,分为两个层面:一是与上述四种人的权利相同的由公民权派生的民主权利,在经济上就是对国有企业生产资料的所有权,之所以如此,在于国有企业职工的劳动创造并提供了公共价值,其中一部分用于纳税,另一部分又直接用于企业扩大再生产。以自己的劳动创造了国有企业的生产资料,当然就应有对它的个人所有权。二是由劳动力所有权派生的民主权,这是非国有企业职工所没有的,主要体现于对集合劳动力所有权派生的公共占有权的职工代表大会的选举,并控制、监督该委员会对劳动力占有权的行使,以及如何保证职工利益等。这是国有企业职工所特有的民主权利,它作用的范围也只是国有企业劳动力的占有、使用、收益等环节。

由于国有企业的两个所有权也是分离的,而国有企业职工的这两个所有权派生的民主权也有差异,因此会出现矛盾。这一点,在探讨国有企业的改革时,必须慎重对待。

国家公务员(包括国家机构中的负责人)和公共事业单位的职工,他们以劳动直接服务于社会,其中,相当一部分事业单位职工,也创造公共价值,因此,他们也拥有公民权和民主权。他们的民主权利作用范围,在经济上主要是保证其对国有企业生产资料的个人所有权及相关的权利。对于国家公务员,特别是国家机构的负责人而言,有一些人从事的工作,是在行使国有企业生产资料所有权派生的占有权、监督权、管理权的机构中供职,该机构的权利是公共权利,并非他们个人的权利。但他们工作的内容,又是行使这些权利。这样,就出现了以权谋私的可能性,以及失职、渎职造成巨大损失的危险。因此,如何以法制明确界定公职人员的个人公民权及民主权和对国有企业的生产资料所有权,进而严格规范其供职机构的公共权利及其工作职责,是解决国有企业矛盾的关键之一。

总起来说,劳动社会主义民主制也是有诸多矛盾的,其中的权利关系也很复杂。如何遵循劳动社会主义原则,建立起与公有制相统一的民主制,是人类总体面临的最有集合性的问题。

劳动社会主义民主制对劳动者所有权的保证,是由一系列权利及相应的机构进行的。民主权是公民的基本政治权利,它具有个体性,即每个公民可以分别拥有并行使选举权、言论自由权、结社权、集会权等。在此基础上,每个公民的民主权又在总体上集合为立法权,并派生执法权、司法权和行政权。

在"苏联模式"中,立法权、执法权、司法权、行政权也是存在的,但却忽视了这些权利的基础和来源,即民主权。在苏联的教科书及宣传上,也反复宣称民主,并说劳动者是国家的主人翁,在宪法上也宣布公民有选举权、言论自由权、结社权、集会权等，但这也是宣传性的，因为宪法并不进入司法程序，上述权利也没有切实的保证。与之相应，国家机构的行政权、立法权、执法权、司法权等却是实在的，高度集中行使的。这是没有民主权基础的集权，它的根据，并不在于公民个人的民主权，而在于国家政权本身。国家就是权利，各国家机构集中掌握并行使由国家发源的各种权利。作为公民的劳动者只能服从国家机构的权威，并履行其所要求的各种义务。

这样的政治权利体系，与劳动社会主义民主制的原则相比较，是有明显缺陷的，甚至可以说它并未充分体现劳动社会主义民主制的原则。

个体性的民主权，是劳动者公民权和个人所有权的体现。社会化大生产要求劳动者将分散的个人所有权派生并集合成占有权，从而形成公有制；公有制和日益密切的社会关系，要求公民将个人的民主权派生并集合为立法权，再由立法权派生和制约执法权、司法权、行政权，从而形成民主制。也只有在立法权中，才能体现民主权，或者说，只有体现民主权的立法权，才是民主制的基本环节。

立法权，在劳动社会主义制度中，不仅是首要权利，而且是核心和主导权利，它与执法权、司法权、行政权，并不是平等的"分立"关系。明确这一点，是认识劳动社会主义民主制的关键。

立法，也即通过一定的机构和形式，由特定的被授予权利的代表，制定和颁布法律的过程。劳动社会主义制度下的立法权，从选举权和选举制度上，都应比资本雇佣劳动制度有重大改进，更为充分普遍地体现民主权主体的利益和意识。以中国现行的人民代表大会制度与西方的议会制度相比，在原则规定和形式上，前者都优于后者，只要能落实其原则于内容，肯定要比后者更能在立法权上体现民主权。问题在于，劳动社会主义民主原则在"苏联模式"中并没有得到充分实施，在不明确劳动者民主权利的情况下，虽然也有立法，甚至有时会强调"法治"，但没有充分民主权为前提的立法权，只能操纵在少数人手里，而且不能在所立法律上充分体现劳动者作为劳动力和生产资料所有权主体的利益，也不能明确和保证劳动者的民主权与所有权，而更多的是强调劳动者的义务，强调他们对法律的服从。近几年，中国的一些报刊在宣传"以法治国"时，甚至有人只强调民众应当如何遵从法律，将"以法治国"说成"以法治民"。

民主的实质，不是为民做主，而是由民做主，是民对行使由其民主权派生并集合的立法权及执法权、司法权、行政权机构的控制及其中公职人员的制约，并由此而制定、实行体现并保证作为所有权主体的全体公民的利益，协调他们之间的关系。而非只要求民守法，履行法律对民所规定的各种义务。直到今天，一些党政官员还在以"高标准"来要求自己"为民做主"，并认为这就是民主了。

有人强调"市场经济就是法制经济"，就要大量地立法。这话不错，但关键在于由谁来立法，立什么样的法。不明确和保证民主权，就不能有民主制的立法权，所立的法很难保证作为经济主体的所有者的利益。劳动社会主义法制只有在民主权确定的情况下，才能形成体现所有权主体利益的立法机构并制定颁布法律。需要明确的是，劳动社会主义制度中并不包含"市场经济"体制，时下人们所说的"市场经济"，如果理解为经济体制或经济制度，显然是错误的，只有将其理解为更为一般的商品经济形态，才能明确其与法制的一般关系。

立法权的行使，包括立法程序的制定，以及各种法律的提出、讨论、议定、颁布等，都应经民主权主体自由讨论，并通过言论自由、结社或其他组织方式，提出自己的意见，而且要求选出的人民代表切实反映其利益，具体地以法律条文来规范权利关系和经济社会活动，所定法律，又要有可操作性，以便执法、司法和行政。

执法，是立法后的执行过程，执法权是立法权的展开与运用。相对于立法，司法和行政也是执法过程，因此，在执法、司法和行政三项权利中,执法权又是基本权利,司法权和行政权是具体的执法权。这样,当我们说执法权时,又要分出一般性或广义的执法权和特殊性或狭义的执法权。广义执法权包括司法权和行政权,狭义执法权则专指针对不法和违法行为的查处和纠正,它涉及对国家机构及公民个人行为的法律监督,并将查处结果移交司法权行使机构。执法权的行使要设立专门机构,对该机构要有明确的法律规范,限定其职权范围和工作程序,其主要负责人要经行使立法权的人民代表大会选举,其主干公务人员要经人民代表大会的常设机构——常务委员会审批。

确立执法权的相对独立地位,首先是建立与司法、行政机构并列的执法机构,负责全部法律执行情况的监督,查处违法行为。其要旨是:扩大现有检察院的职权范围,将现在归属政府的公安、环保、资源、卫生等的监督部门,从政府中分立出来,与检察院相结合,即在明确执法权的相对独立性的前提下,建立或改造、完善一个包括全部法律的监督和对违法行为查处的系统机构,以此来保证所立法律能够贯彻于实际的经济社会生活中。

司法权,是依据所定法律,对行使执法权机构所查处的违法嫌疑人及其行为的审查、判定、处罚、纠正。从广义上说,司法权也是执法权,是特殊的执法环节。应根据司法权的职权内涵和外延,建立相应的系统机构,全权负责各种违法行为和事件的审理、处罚、纠正。

行使司法权机构的职权范围和工作程序,都要经立法权机构的人民代表大会规定,其主要负责人要经人民代表大会选举,各机构的主干公职人员,也要经人民代表大会的常务委员会审批。

行政权,也是广义执法权的一部分,是依据立法权所规定的各项法律,对社会公共事务的管理和协调。行政权要以政策将法律展开,具体化为各种可操作性的措施,并由行政机构推行。与狭义的执法权和司法权不同,行政权的主要职能,是要明确并规范经济社会生活中应该做什么,并如何去做,而执法权和司法权则主要制约人们不可以做什么,又如何对违背法律的行为予以制裁和纠正。从这个意义上说,行政权与执法权、司法权是相辅相成的,它们共同构成劳动社会主义民主制的基本框架,也是公有制经济,特别是国有企业建立和发展的法制保证。

"苏联模式"的行政集权体制,行政权的权势过大,不仅包括了执法权和司法权的一些职权,更将国有企业的所有权也归之于行使行政权的政府。这样,由一党执掌的政府,不仅是一个行政单位,而且是国有企业的所有者;不仅对经济社会生活进行管理,还行使相当一部分执法和司法权力。这种情况,有人概括为"党政不分"、"政企不分",是比较确切的。还应加上一条,就是"(行)政监(督)不分"。从而造成高度行政集权体制,行政权在某种程度上甚至超乎于立法权之上,立法权成了行政权的工具,法律成了政策的手段。这样的行政集权体制,不仅必然产生以权谋私的腐败,而且不利于发展公有制经济。国有企业的衰败,就是这种体制的必然结果。

民主要以法制来实现,法制是民主制的实现机制。一种政治制度是否民主,不仅在于它的原则,更在于以相应的法制来保证民主原则,实现民主权利。

在取消了资本家及其他非劳动者的阶级统治的社会里,能够对劳动者的民主权和所有权构成威胁,或者说造成侵害的,主要就是立法权及执法权、司法权、行政权等公共权利机构,和行使国有企业、合作(集体)企业占有权的机构中的负责人和公职人员,以及这些企业的经营者,他们利用因法制不健全而导致的这些公共权利规范中的弊端,将这些机构和企业的权利变成个人的权利。无论是在文化上、政治上,还是经济上,都会有这种侵权行为。这些行为若不及时制止和惩处,势必导致官僚资本,演化成新的统治阶级。这种危害,马克思早在19世纪70年代就已预见到了,为此,提出了无产阶级专政学说，毛泽东在20世纪60年代也从"苏联模式"的历史教训中，现实地、严重地指出这一点，虽说毛泽东的解决办法，即"群众运动"尚嫌初级和粗陋，但他对问题的揭示却接近实质。

劳动社会主义法制是民主制的展开，也是以民主权为核心的权利体系的规定和实现。以法律规定权利和相应的义务，规范权利主体和行使公共权利机构及其公职人员的行为，明确其相互之间的关系，并以必要的社会机制保证法律的实施，切实惩处违法行为者，纠正其造成的损害。

法制，不同于法治。今有好事者，常以法治取代法制，强调"以法治国"，其要旨在于以并未充分体现民主权控制立法权条件下所立的法律来治理社会，治理民众。一言以蔽之，"以法治国"者，以法治民也！其所谓"国"，是指国内之民也。

法制，是一种制度形式，它的特点在于以法律为制度的主干，以法律规定权利义务，以法律规范行为，并确定系统的执法、司法机制。以此标准，人类只有进入公民社会，实行民主制以后，才有法制。法制是民主制的体现。劳动社会主义法制是比资本主义法制更为进步的制度形式，它是劳动社会主义民主的体现。其要旨，在于民主权对立法权的控制使所立之法真正体现民主。进而是对执法、司法、行政等公共权利行使机构的控制与监督。二者的区别，根本还在民主权的所有权根据，这在前边已论及。

法治，则是以法律为依据的统治、治理，是一种政策取向，并非制度形式。当然，在法制社会，也有法治，但此时的法治，只是法制的展开和运用。而在非法制社会，法治只是统治的一种方式或手段，中国战国时法家所主张的，就是这种方式，而古罗马也曾是"以法治民"的典型。实际上，古代凡是有国家的地域，统有"以法治民"，不过运用程度和范围不同而已。

那些自认为发现了"法治"高于"法制"，并主张以"法治"

代替"法制"的人，大概不知道上述历史事实。这也无所谓，但他们企图用"法治"代替"社会主义法制"的现实危害，即将政策高于法律，以政策统驭法律，排斥法制，进而排斥民主，却不可不加注意。只有坚持劳动社会主义民主，才能建立健全法制；只有在法制中的"法治"，才能有助于国有企业和合作（集体）企业改革，有助于个体经济和私有企业的发展。

作为一种政治体制，劳动社会主义法制在总体上由民主权派生并集合立法权及执法权、司法权、行政权，并以法律明确这些权利机构的关系和运行机制为其基本内容，或者说，劳动社会主义法制在总体上就是根据民主制规范民主权利及其主体与行使机构的相互关系。正是这样的政治体制，才能保证公有制经济体制的建立，保证个体经济与私有企业的发展。具体到国有企业，就是所有权主体对行使占有权机构的控制，行使占有权机构对经营权行使者的选聘和控制，保证所有权主体的收益权，以及国有企业职工依据其劳动力所有权对经营管理的参与和监督。

明确民主权派生并集合立法权为首要环节，并确定立法权在法制体系中的核心地位，是劳动社会主义民主制的基本要求，只有这样，才能保证拥有劳动力和生产资料所有权的劳动者民主权的实现。而做到这一点的关键，就是切实建立和健全人民代表大会的选举制度，改变由上级党的组织部门决定候选人名单的现况，真正做到候选人的自由竞选；各层次的人民代表候选人，都要与其所代表的选区内选民直接见面，公开自己的理念，并由选民根据自己对候选人的理念、品行、能力等的判断，投票选举；人民代表作为立法权的行使者，不能再担任执法权、司法权、行政权以及国有资产占有权行使机构的职务；选举程序和结果要有严格的法律规范，对营私舞弊者予以惩处。与此同时，要充分保证并发挥公民的言论自由权，对人民代表及行使执法权、司法权、行政权、国有资产占有权等机构负责人的选举，进行舆论批评和监督，更重要的是对其任职期间的监督、批评；保证公民的结社权、集会权，以此来实现民主选举和监督。

作为立法权行使机构的人民代表大会成立以后，要认真严肃地行使其立法责任，提出、讨论、规定各项法律，选举行使执法、司法、行政、国有资产和资源占有等公共权利机构的负责人。人民代表还负有监督、批评这些负责人及其机构行为的责任。人民代表大会的常务委员会由人民代表选举产生，它要设相应的专门机构（专门委员会），处理日常有关的法律解释和法律监督，以及审批行使执法权等公共权利机构的主干公职人员。该常务委员会还应通过听取公民及行使执法权等权利机构的意见，总结立法在执行过程中的经验教训，为人民代表大会提供新法律草案，提出对已立法律的修正案等。人民代表大会常务委员会委员，应为专职，并具有在专门委员会任职的素质技能，他们只对人民代表和公民负责，任何其他公共权利机构不得干涉其独立行使职权。当然，若其违犯法律，也要受执法、司法机构的查处，并应报人民代表大会批准。

对立法权及行使立法权机构的保证，是劳动社会主义法制的核心，也是在执法权、司法权、行政权、国有资产占有权等总体权利机构贯彻民主权的前提。这些总体性权利，都要由相应的机构来行使，其职权范围，需经法律明确规定；其主要负责人，需经人民代表大会选举；其主干公职人员，需由人民代表大会常务委员会审批。这些机构的负责人要定期向人民代表大会汇报其工作，接受人民代表及全体公民的监督和批评。这些社会总体性公共权利都是立法权所派生的，它们之间的分立和制约是劳动社会主义法制的主要内容。为此，必须有充分、明确的法律规范，其机构的设立及负责人、主干公职人员的选任，都取决于行使立法权的人民代表大会。

从政治层面论，劳动社会主义法制体系的基本权利是公民个体的民主权，由其派生并控制的核心公共权利是立法权并由其再派生

展开为执法权、司法权、行政权,其关系为:

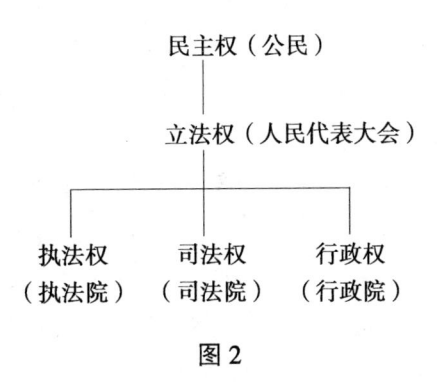

民主权(公民)
｜
立法权(人民代表大会)
┌─────┬─────┐
执法权　司法权　行政权
(执法院)(司法院)(行政院)

图 2

劳动社会主义民主法制对劳动者民主权的保证与实现,是政治层面的,而其作用,又要落实于经济层面,即保证和实现劳动者的所有权。为此,法制还直接规范并保证作为所有权主体的劳动者对占有权行使机构,以及经营权行使者的控制和监督。劳动社会主义法制对公有制企业劳动者的所有权的保证,因企业的区别而有所不同。

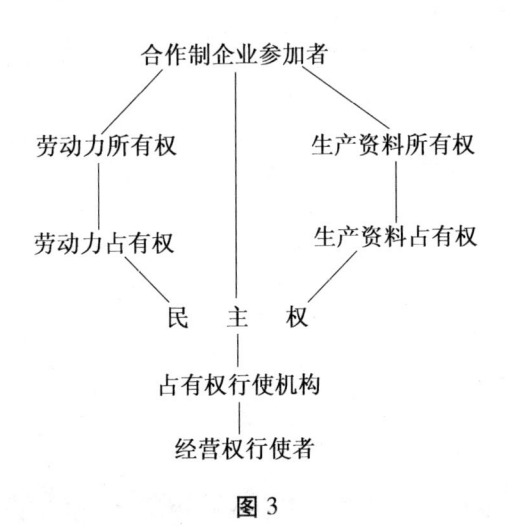

合作制企业参加者
┌────┴────┐
劳动力所有权　生产资料所有权
｜　　　　　　｜
劳动力占有权　生产资料占有权
└────┬────┘
民　主　权
｜
占有权行使机构
｜
经营权行使者

图 3

劳动社会主义法制对合作企业的作用，一是以立法明确规定所有权主体与占有权行使机构，占有权行使机构与经营权行使者的关系，其关系如图3所示。二是通过执法权、司法权、行政权来保证和监督上述权利关系的实现，对违反者予以惩处和纠正。合作企业参加者本人，也有对企业经营的建议权和监督权，并受法制保证。

国有企业所有权主体以民主法制对占有权行使机构的控制，以及该机构对经营权行使者的控制，所有权主体对经营权行使者的监督，要比合作企业复杂一些，先看其生产资料所有权主体，即全体公民对占有权行使机构的控制与监督，以图4表示其法制关系。

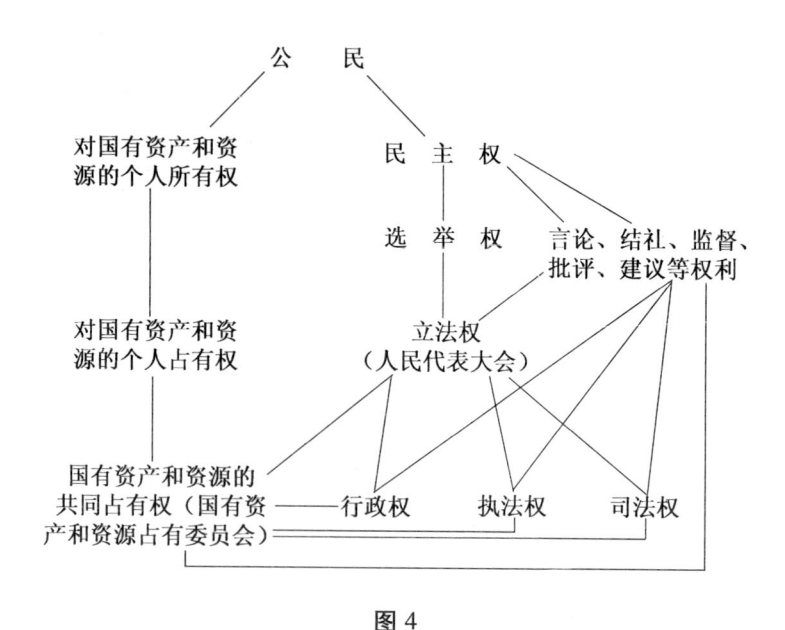

```
                        公    民
           ┌──────────────┼──────────────┐
   对国有资产和资         民   主   权
   源的个人所有权           │
                         选  举  权      言论、结社、监督、
                                        批评、建议等权利
   对国有资产和资         立 法 权
   源的个人占有权       （人民代表大会）

   国有资产和资源的
   共同占有权（国有资——行政权   执法权   司法权
   产和资源占有委员会）
```

图4

劳动力所有权对国有企业占有权的控制，也和生产资料所有权

对国有企业占有权的控制一样,是法制体系的重要内容。但因国有企业劳动力所有权主体的职工在生产资料上与其他劳动者的所有权是相等的,所以在上述法律体系之外,还应有国有企业职工从其劳动力所有权派生的对占有权的控制关系,即

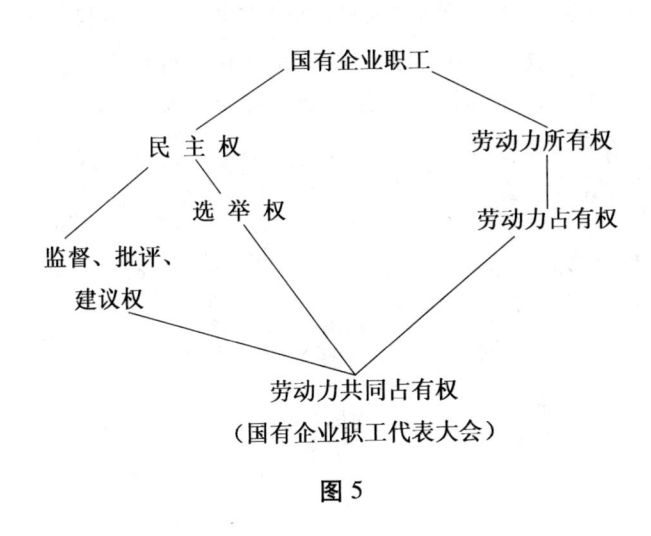

```
                    国有企业职工
         民 主 权              劳动力所有权
                 选 举 权
                              劳动力占有权
    监督、批评、
      建议权
                  劳动力共同占有权
                （国有企业职工代表大会）
```

图 5

国有企业的经营权是受两个（生产资料和劳动力）占有权共同支配的,为此,这两个占有权的行使机构,就要联合组成一个执行委员会,由它来选聘经营权的行使者,并决定国有企业发展规划,审核验收经营状况等。经营权的职权在于组织指挥职工运用生产资料进行生产经营,由占有权执行机构选聘的经营权行使者,负有这个环节的职责,职工应服从经营权行使者的组织和指挥,同时,他们作为劳动力所有权主体,也有对经营活动的建议和监督权利与义务,但不能因此而违抗经营权行使者的指挥。对企业经营的总体性建议及所发现经营权行使中的重大问题,应通过职工代表大会反馈于占有权执行机构,由该机构提出并作出处理。

从国有企业占有权的执行机构对经营权的控制,到经营权的运

用过程中的各种权利和义务关系，可以说是国有企业的"内部"权利关系，对此，也要有明确、细致的法律规定。同时，国有企业的全部经营活动，又要在总体上受行使执法权、司法权机构的监督，并接受行使行政权机构的管理，依法纳税。

从公民对国有资产和资源的所有权生出相应民主权，民主权集合为立法权，立法权展开为执法权、司法权、行政权，这一系列的法制体系，是对国有企业的总体规范。国有企业职工劳动力所有权集合的占有权，全体劳动者对国有资产和资源的所有权派生的占有

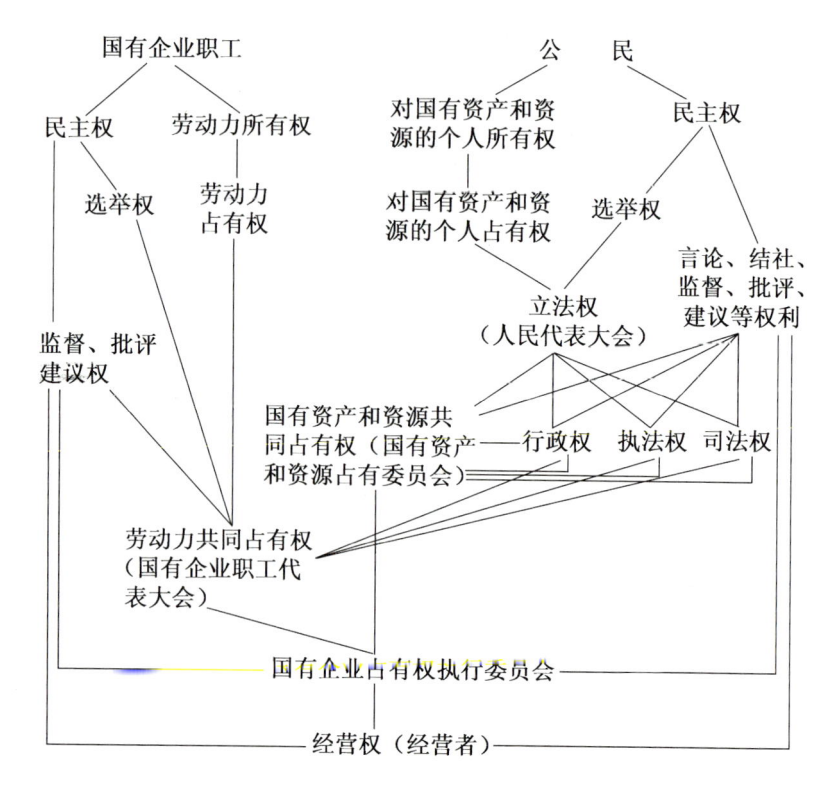

图 6

权，这两个占有权作为其各自所有权的体现，必须受所有权主体控制，而这种控制的法律关系和社会机制，就是严格的法制体系。由这两种占有权结合而形成的国有企业占有权执行委员会，必须在由所有权主体选举的代表中，依法制程序选举产生。占有权执行委员会对经营权的控制，选聘行使经营权的经营者，并签订明细的经营合同，经营者对职工的组织与指挥，职工对经营的建议和监督等权利与义务。这一系列权利关系，是国有企业内部的法制。它与总体的立法权、执法权、司法权、行政权的法制（也可以看成"外部"的法制）相统一，就构成对国有企业的系统法制体系。其关系如图6。

这样的法制体系，核心在于确立并实现、保证劳动者的所有权和民主权，因此它是劳动社会主义的，也是唯一能保证国有企业健康发展的法制体系。

以法制形式规范和制约公有制，保证并实现劳动者的所有权，是民主制的基本和主要社会功能。在此基础上，民主法制对全部社会生活也起着规范和制约的作用。

前述公共的立法权及执法权、司法权、行政权、占有权等，不仅是针对公有制经济的，也针对与经济密切相关的教育、军事、治安、环境保护等，这些都是社会生活的必要内容，也都要受民主法制的规范和制约。

教育，是劳动者素质技能形成和提高的主要条件，在民主劳动制度下，教育应成为第一事业。为此，必须在民主制下强化教育立法，规定每个人应有的受教育权，以及由行政机构实施的公费教育。公共价值的主要用途，就在于兴办教育，行政权行使机构所提取的公共价值中，必须依法规定其用于教育的比例。与此同时，还要在立法中明确行政权行使机构兴办教育的各种具体内容和指标。公费教育比重的提升，乃至全额公费教育，教育体制和教育内容的革新，教育机构负责人和教师的选任，教育方法的改进等，这些都要有法律规范，并由执法、司法机构监督执行。

军事，是政治的延伸。劳动社会主义制度下的军事，绝不是对劳动者的镇压，而是在尚有非劳动社会主义制度国家存在的情况下，对本国劳动者权利和利益的保障。军事的决策和指挥权，是行政权的一部分，因而也是公民民主权所派生的一种公共权利。军队的性质、规模、建制，以及其行动的指挥，必须有严格的立法，并在行政权的管制之下。这一点对于民主法制而言至关重要。军队的特殊性质，使它很有可能成为个别人以权谋私的工具，甚至有可能变成镇压民主的手段。为此，民主法制要对之严加管束。

治安，是对公民人身及财产，对公共财产、社会秩序的保障。治安权是一种公共权利，属于行政权的一部分，是由民主权支配行政权而对人身权和所有权的保证。从法律角度讲，治安是刑法的范畴，也是行政权行使机构必须履行的职责。从古至今，维持治安，都是政府要做的重要事情，但在劳动社会主义制度以前的治安，不论法律规定，还是所要达到的目的，都是维护统治阶级利益。其所谓秩序，无非是统治阶级的有效统治，是他们意志的贯彻；其所治的"安"，是统治秩序的安全，是制止"造反"、"动乱"，以保证统治者地位的"稳定"。劳动社会主义制度的主体，是劳动者，因此，治安就是保证劳动者有一个安全的生存发展环境，并制止和惩处那些侵害劳动者权益，包括个人财产与公共财产不受侵吞和损害，以及人身安全等。

环境保护，这是随工业化进程出现的新问题。西方国家所走的路，是"先破坏，后治理"，而且将污染企业向外国转移。当我们今天到这些国家，看见其山清水秀，街道洁净，又感叹我们的脏、乱时，不能不将之与资本雇佣劳动制的矛盾统一起来。这个制度的初期，资本统治占绝对优势，为了增殖资本，不仅残酷剥削工人，而且肆无忌惮地掠夺自然资源，造成严重的环境污染。只是在劳动社会主义政党和广大劳动群众强烈反对下，并利用法律等方式予以抵制时，才有所收敛。从资本统治本性而言，资本增殖仍然是当今世界环境污染的根源。其所制造的生活需求，如汽车、飞机的滥用，以及浪费性消费方式，正广泛而严重地破坏地球的环境。劳动社会主义制度的建立，必须以法制规定对自然资源的合理利用，同时将消除，乃至以不产生污染作为生产的前提，各项技术的研制和投入生产，必须包括这一内容，否则就不应投产。对于已经出现的环境问题，要依法治理。环境保护的主要职责，也由行政权行使机构负责。为此，必须立法规定其权责，同时由执法、司法机构监督执行。

人的社会生活是多方面的，民主法制应体现于其全部。但绝不能单纯靠行政权行使机构或执法权、司法权行使机构的消极治理，而应在明确劳动者个人权利的基础上，以法制体系的健全为根据，个人主动，机构负责，达到个体与总体的互动，并与自由文化相呼应，形成劳动者自由发展的经济与社会生活。

十、自由文化

经济和政治是文化的基础，文化是经济政治的意识形态。劳动社会主义文化既是公有制经济和民主制政治的集中体现，也是公有制和民主制建立与改革的导引。与以前的阶级统治文化不同，劳动社会主义文化是自由文化，它不是要求劳动者如何服从统治，而是确立和发展劳动者的主体意识，并由此来制约社会的经济政治制度及个体人的行为。

劳动社会主义文化是自由文化，是依据劳动社会观，确立劳动者主体意识，并将这种意识体现于经济、政治及人们的全部社会生活中。劳动社会主义文化的主体是劳动者，在确定劳动者社会主体意识的同时，导引其自由发展。

劳动者的主体意识，是其争取社会主体地位的要求和实现主体地位后的确证，并由这种意识来导引劳动者为实现和保证主体地位的努力所构成的社会运动及其制度化。

劳动者主体意识是劳动社会主义理论的基本内容，它是先于劳动者社会主体地位的确立的。大体说来，马克思共产主义学说的形成，就从理论上初次系统论证了劳动者的主体意识。他对劳动价值论的规定，并由此对资本雇佣劳动制矛盾的揭示，对资本化的生产资料所有权与劳动力所有权之间关系的论证，以及无产阶级革命和无产阶级专政的论述，对公有制和"自由人联合体"社会关系的预见，其中体现的基本观念，就是劳动者的主体意识。正是通过主体意识的理论论证和传播，才使劳动者意识到自己应有的社会主体地位，并为争取社会主体地位而联合起来斗争。劳动社会主义运动，就是联合起来的具有主体意识的劳动者争取其社会主体地位的社会运动。

总结一个多世纪劳动者争取社会主体地位的斗争经验，我将劳动社会主义文化规定为自由文化，其实质是劳动者主体意识的确立与发展。劳动社会主义文化，以自由为核心，以自由为原则，是真正的自由文化。自由意识是劳动者主体意识的展开，也只有在劳动者成为社会主体的条件下，才能实现劳动者，从而全人类的自由。自由并非任性，并非我行我素，并非对他人的支使和控制，而是由人本质核心要素作用与导引，并以劳动为根据，形成与之统一的需要、交往、意识。对于个体人来说，他的素质技能及其作用，即在社会生活中表现其价值，就是他自由的根据和实现。从社会总体而言，自由是以保证个人的社会主体地位为条件的，只有具备社会主体地位，才有自由的可能。然而，统治阶级虽有社会主体地位，但当他们以不劳动而占有他人劳动成果，并压迫、限制他人时，他们也就丧失了人本质和人性，丧失了自由。真正的自由，必须以所有人都成为劳动者，必须以劳动者平等的社会权利和主体地位为条件，也就是说，社会要为每一个劳动者都提供其自由发展的条件。在这种情况下，才能充分地体现平等社会权利下的劳动与其价值的不平等，才有为争取更大人生价值和提升人格而努力劳动，才有为创造人生价值自觉的素质技能的提高。这样的每个人的自由发展，也就是社会全体成员自由发展的条件，同样，社会全体成员的自由发展，也是每个人自由发展的条件。

劳动社会主义的自由，是以人为单位、以劳动为根据的全体社会成员的自由。劳动者的主体意识，作为自由文化的核心和原则，是劳动社会主义运动的灵魂，也是其制度化后公有制和民主制的内在精神。是否明确这一点，是验证劳动社会主义文化及其经济、政治制度的重要标准。20世纪公有制和民主制的建立，是自由文化所导引的劳动者追求自由的结果，其中的缺陷，在于未能充分确立并贯彻自由原则。"苏联模式"的失败，则在于背弃了这一原则，从而使官僚资本得以复兴并暂时占了统治地位。

劳动者为主体的自由文化的确立，也是一个过程，从争取建立公有制和民主制，到公有制和民主制建立以后的改革与完善，都是劳动者自由文化确立并逐步发展的进程。公有制和民主制是劳动者自由文化的体现与发展条件，但只有制度上的条件，不等于劳动者自由文化的真正确立与发展，还需要在思想层面，不断地与各种旧社会传统下来的观念和意识进行斗争。"苏联模式"失败的教训，从反面充分证明了这一点。

自由文化的确立和发展，既要以经济、政治层面的制度变革为其保证，还要从文化上进行变革。这种变革，包括：一、对各种旧的传统文化观念的批判；二、对自由文化的论证与普及；三、劳动者的自我改造与提升。

现在文化领域中仍传统的旧文化，主要有资本主义文化、封建主义文化和官文化、小农意识。资本主义文化在今天的世界上依然处统治地位，但它已是旧的、没落的文化。它虽说也在宣扬自由，中国的一些人甚至将其说成"自由主义"，但它所主张的自由，是资本的自由，是为了资本的增殖而驱使其"人格化"的资本家去竞争，去千方百计占有劳动者的剩余价值的自由；是为了少数人因资本增殖的自由而剥夺多数人自由的主义。劳动社会主义是与资本主义直接对立的，是在批判资本主义的过程中生成的，现在乃至今后相当一段时间，对资本主义的批判都是劳动社会主义自由文化的重要内容。相比之下，封建主义文化在世界范围的影响，要比资本主义小，但在一些落后国家，仍占主导地位，这些国家的劳动社会主义文化，应以批判和清除封建主义为重点。对于中国的劳动社会主义者来说，确立劳动者自由意识的主要文化障碍，是传统的官文化及其现代变种官僚资本主义，当然，也包括日益滋生的资本主义文化，但对中国初级公有制和民主制威胁最大，且会以"社会主义"之名来压制、扼杀劳动者自由文化的，还是官文化及官僚资本主义文化。中国的文化变革，主要任务仍在对它们的批判与克服。与此同时，还要批判和克服小农意识。

对自由文化的论证和普及，是劳动社会主义文化发展的主要内容，这是自劳动社会主义出现以来一直要进行的，是随劳动者素质技能的提高及社会矛盾的演化而不断发展的，马克思规定并论证了劳动者自由意识及其总体自由文化的基本点，但他并未穷尽自由文化的论证。"苏联模式"造就的教条主义者从来都是少说或不说劳动者自由意识的，更反对自由文化——在他们的观念中自由文化就是资本主义文化。特别是在"苏联模式"下官僚化了的教条主义者，甚至在批判资本主义的名义下批判自由文化。这种情况表明论证和普及劳动自由文化的重要性。而对自由文化的论证，必须以对社会矛盾的分析为前提，广泛而深入地概括劳动者的主体意识。自由文化作为劳动者的意识形态，是不断发展的，只有发展，才能论证劳动者的主体意识；只有发展了的对主体意识和自由文化的论证，才能在劳动者中间普及。

劳动者自由意识是其主体意识的展开，对于现代劳动者来说，自由意识是其本人的利益和要求。理论上对劳动者自由文化的论证，是一般性的，也是对个别的劳动者意识的概括，它在原则上导引劳动者个体自由意识的进展。自由文化并不是"上帝"的旨意，不是绝对真理，劳动者个人自由意识的确立，不能只靠理论论证来普及，而应由劳动者个人自觉地进行观念改造和提升。这是一个总体理论和个体观念互动的过程，理论为个体观念提供指导，个体观念既是理论的基础，又是理论的实现。劳动者在观念上受各种传统文化的影响，从而制约其个体观念，他们的自我改造，在一定意义上说，就是自觉地在头脑中以劳动社会主义自由文化来克服头脑中传统的旧文化，这就是自由意识的确立过程。更为重要的，则是劳动者对自己利益的认识，从个人自由发展的主体意识，来改造和提升自由观念，同时克服个体自私自利的小农意识和小市民意识，将个体的自由发展与总体的社会变革统一起来。

自由文化是公有经济的要求，也是民主政治的内在精神。所有权和民主权是劳动者社会主体地位的基础，也是其主体意识和自由文化的根据。自由文化的重要内容，就是对劳动者所有权和民主权的论证，进而在劳动者本人那里，形成对自己权利的确认。

劳动者的劳动力所有权、生产资料所有权和民主权，是人本质的体现，也是人类社会摆脱神、上帝、天命、财富等外在意识和物质控制，立足于人自身发展的要求和保证。

劳动社会主义事业并不是个别领导人的事业，而是全体劳动者的事业。这个事业的根本，就在于劳动者从思想上对自己所有权和民主权的确认。只有在这个根本点上建立的公有制和民主制才是真实可靠的。而公有制和民主制的建立,又是劳动者确认自己所有权和民主权的最主要条件,劳动者以确认所有权和民主权的主体意识,来改革公有制和民主制,是劳动社会主义自由文化的意义所在。

劳动者应主动地确认自己的所有权和民主权,并为实现这两个权利而进行必要的斗争。无论公有制和民主制建立以前,还是以后,压制、侵害劳动者权利的情况都会发生,只有确认了自己权利的劳动者,才能在自由文化的导引下,联合起来与压制和侵害其权利的人和势力进行斗争。

劳动社会主义的自由文化由价值观、思想和道德三个环节或层次构成,它们是一个内在统一的体系,从理论上对它们的论证是自由文化的基干内容。

劳动者主体价值观是自由文化的基本环节,也是劳动者主体意识的展开,是劳动者确认其所有权和民主权的具体表现。劳动社会主义的自由文化是对以暴力和财富为根据的官文化和资本主义文化的否定。劳动者主体价值观,将人的价值定位于个人行为对社会的作用,其根据主要是劳动。明确非劳动者的欺骗、暴力及由此得到的财富占有是违背人本质的,是人性中动物一般性野蛮成分的表现,排除对政治权力和财富的崇拜,批判和克服因阶级统治而形成的政治权力和财富崇拜的文化。更为重要的,则是论证与普及以劳动为根据的价值观。

劳动者主体价值观,也就是人的价值观。其要点,就在于把人的价值定位于其生命活动,同时要建立相应的社会评判机制。通过思想的论证和道德的规范,使每个人都确立这样的价值观:个人的价值是其劳动在社会总体中作用的体现,而且社会也会公正地作出这种评价。对于每个个体人来说,提升其价值的唯一方式,就是提高和发挥素质技能,为他人、为社会提供产品和服务。这是劳动者主体价值观的基本内容,它与作为劳动者经济观的劳动价值论是统一的,劳动价值论可以说是劳动者主体价值观在经济关系中的具体化,但它又先于主体价值观而形成,是主体价值观得以系统的基础。

劳动者主体价值观又不同于劳动价值论,它不仅包括经济价值,还包括经济交换关系之外人的作用与交往。经济交换中的价值,体现于生产物和服务上,因而都是有效用的;非经济交换中的价值,还包括有效用的物品馈赠,以及抚育子女、赡养老人等支出,以及相关的服务性劳动,这些都不是通过交换体现,而是由接受者本人及社会评判的。如捐助、见义勇为,以及抚育子女、赡养老人等,都是个人价值的实现。再有就是一个人的品德等,也是价值评判的重要内容,而这些又是以劳动为基础的。

在劳动者主体价值观中,还应包括一个内容,就是"负价值",即对源自人动物属性中野蛮成分的损害他人行为的评判。这种行为在人类社会中是普遍存在的,从原始人的杀俘为食,到今天布什为了大资本财团的利益而以高科技的大杀伤力武器去屠杀伊拉克人民,都是如此。除杀人这种极端行为外,更多的是骗人、压迫人、伤人、污辱人等行为,它们给他人、给社会造成的结果是负面的,是真正的"负效用"。

自由文化中的思想,是在人类进入资本雇佣劳动社会以后,以劳动者价值观为基础,对其利益和社会矛盾的规定。它始发于市民社会与商品经济发达的西欧诸国,以后逐步向全世界扩展,在不同国家和民族,又有其特殊性。对于今天的劳动社会主义思想者来说,概括现代劳动者的利益和需求,表述其价值观,探讨现代社会矛盾,是主要的任务,也是劳动社会主义思想发展的内容。

自由文化的思想,其主体是劳动者,这是必须明确和坚持的。从劳动者的立场,以劳动为根据,展开劳动者主体价值观,概括劳动者利益,分析和论证社会矛盾,解决矛盾,同时也就是实现劳动者价值观，保证其利益，促进其自由发展。这既是劳动者为主体的自由文化的特点，也是其主要内容。

劳动者主体思想的基本点，就在于争取和维护劳动者的社会主体地位。由主体而生主动，由主动论证主体，以劳动来主动地改造世界和自身。对主体性的意识和维护，是劳动社会主义思想的功能，并贯彻于其总体系统和个体观念中。

劳动者主体思想主要包括：一、对劳动及劳动者社会主体地位的认识；二、对劳动者主体价值观的系统表述；三、对劳动者利益和要求的论证；四、对与劳动者利益密切相关的社会矛盾和社会制度的分析；五、劳动社会主义运动的方针、策略；六、劳动者作为社会主体应有的权利及相应制度的论证。

劳动者主体思想在总体形式上，也可以分为多层次、多角度，从不同学科进行研究和论证。为此，资本主义文化中的思想领域形成的各种学科，如哲学、法学、经济学、社会学、政治学等，也可以在形式上有所继承，但必须从内容上创新。更重要的是根据新内容，创建新的学科和学科体系。在方法上，坚持和发展实践辩证法，克服资本主义思想中各学科的"只分不合"及教条主义、实用主义、技术主义方法。

自由文化中的道德，与历代阶级统治社会道德的根本区别，就在于其主体是劳动者，并由劳动者主体道德主导社会总体道德。劳动者主体道德，集合并具体化了劳动者主体价值观和劳动者主体思想，是自由文化存在并作用的总体形式。

劳动者主体道德的根据和出发点，是劳动。劳动者从其价值观和思想所形成的对个人存在与地位的意识，确定其个人的目的和交往观念，并在明确和提升人格的过程中，规范总体道德，进而普及于个体人，由此而制约人们的意识和行为。

劳动者主体地位的基本，在于所有权和民主权，这是其价值观和思想的基础，也是其道德的基础。也就是说，劳动者主体道德，是在劳动者争取并保证其所有权和民主权的进程中形成的，并服从于这些基本权利的确立与实现的。

劳动者主体道德，由义务、良心、信誉、幸福等范畴构成，但在内涵上与资本主义道德及官文化的道德有本质区别。

劳动者主体道德的义务观，与剥削阶级义务观的差别，就在于它是以劳动为根据的，也就是说，义务的根据在劳动。在争取所有权和民主权的时候，劳动者要明确自己的人格在于劳动，而损害自己人格的则是非劳动者剥削劳动成果、支配劳动行为的制度，其义务就在于联合起来，争取实现劳动者社会主体地位，消除剥削制度。劳动者的义务是服从自己利益的，而这个利益又要在联合中，在与其他劳动者共同的斗争中体现出来。当劳动者的所有权和民主权得以确立，即公有制和民主制建立以后，其义务的主要内容，就在于维护公有制和民主制，保证和充实其权利，实现其社会主体地位。这里，既包括劳动者个体对总体的义务，又包括对其他个体劳动者的义务，其核心，就是不断提高和充分发挥自己的素质技能，同时向多种侵害公有制和民主制的行为斗争。

劳动者主体道德的良心，其根据也在劳动。良心是对义务的认知和履行，劳动者所能履行的义务，主要是劳动。认识自己的价值和人格，履行自己对他人、对社会的义务，就是劳动者主体良心的主要内容。良心包括社会与个人的关系，也包括个人与个人的关系。从社会与个人关系上讲，有社会总体观念对个人的制约，还有个人对应负社会义务的认知和履行；从个人与个人关系上讲，则是个人相互间对义务的认知和履行。更为基本的良心，就是明确自己的社会主体地位，承担起社会主体的责任与义务，无论是争取社会主体地位，还是维护社会主体地位，都需要劳动者从良心上尽其义务，同时尊重其他劳动者的地位和人格。

劳动者主体道德的信誉，是其良心的社会认可。这也是立足于其社会主体地位的，信誉是针对人格的，它取决于个人从主体地位出发对他人和社会的良心。公有制和民主制保证了劳动者在人格和基本权利上的平等，从而也就为其从社会主体地位与他人发生关系提供了依据。在劳动者为主体的社会里，评价个体人信誉的主要标准，在于他以劳动对社会总体和他人的良心与义务。而劳动者主体的信誉观，既是对劳动者个人的道德约束和要求，又是社会对个体价值的评判，由此而促进劳动者提高并发挥其素质技能。

劳动者主体道德的幸福，是以劳动为根据，由劳动创造的人的价值实现的幸福观，它综合了从义务到良心、信誉三个环节。也就是说，当劳动者根据其社会主体地位，真正承担对社会和他人的义务，认知并实践了自己的良心，并得到社会评价的应有信誉，他就会形成一种幸福感。这是生存的结果，又是进一步生存的动因。马克思说的"劳动是人的第一需要"，在这个层面上才能得到体现。劳动者主体的幸福，前提是其社会主体地位的确立，因此，争取和保护社会主体地位，是其幸福的核心，围绕这个核心，形成并依循劳动者主体义务、良心、信誉，才能有幸福，即从主体意识出发努力提高并发挥素质技能，在建立和完善公有经济和民主政治的社会进程中，自由发展。

自由文化与公有经济和民主政治是内在统一的。这种统一就在于劳动者的主体性，在于争取和保证劳动者的社会主体地位。

劳动者的社会主体地位以其公民权与劳动力和对共同占有的生产资料的所有权，以及由公民权与所有权派生并保证公民权与所有权的民主权为标志，而所有权和民主权的统一，构成公有制和民主制的基本权利，由基本权利展开的一系列经济权利和政治权利系统的运行，就是公有经济和民主政治。自由文化是对公有经济和民主政治的总体意识，也是导引劳动者争取和行使自由所有权和民主权的文化。

公有制和民主制的建立、改革和完善,只能取决于其权利主体劳动者素质技能的提高,这包括由此而提高了的劳动生产力,也包括其文化精神素质。任何一种权利,如果其权利主体不能意识它,也就不能行使和保证它。而由权利体系所构成的社会制度,其权利主体不能明确意识它,也就不可能有机地构成,不能有效地发挥其作用。几千年的阶级统治制度,虽然经历了几个不同阶段,但其共同点在于权利的主体有明确的主体意识,并充分地运用这种意识来行使权利。只有权利的充分行使,才有权利的保证;而权利的保证,又是权利行使的根据。所有权和民主权是公有制经济和民主制政治的基本权利,其权利主体都是劳动者。"苏联模式"的缺陷,在于未能明确、具体地规定劳动者的个人所有权,同时没有相应的机制来保证并行使这个所有权,由此而导致经济发展过程中的问题。这里的关键,又在于民主权的不明确及民主法制的不健全。对它的改革,必须在思想上明确其矛盾和缺陷,而要达到这一点,就应在价值观上确立劳动者的权利意识和主体地位,以此为思想探讨的依据。劳动者主体思想,对公有经济和民主政治的内在统一性及其现阶段存在的问题,作出明白、系统论证之后,由劳动者主体道德引导他们维护和行使自己的权利,保护公有制,健全民主法制。这样,才有公有经济和民主政治的改革和发展。

自由文化与公有经济和民主政治的内在统一,也就在这个过程中充分体现出来。以自由文化导引的公有经济和民主政治,又是自由文化普及发展的基础和条件,这三者的相互制约和促进,就是劳动社会主义制度优越性发挥和发展的根据。自由文化并不是纯粹精神或想象的结果,而是劳动者在争取自己权利,建立和改革公有经济和民主政治的进程中逐步形成和发展的,是劳动者素质中文化精神素质的主要内容。也就是说,自由文化是以劳动者提高素质技能和争取社会主体地位的斗争为根据的。公有经济和民主政治的建立,是自由文化占主导地位的标志和基础，它们的改革和发展，又需要发展了的自由文化的导引。

十一、对需求的制约和自然资源的合理利用

劳动社会主义不仅要从经济、政治、文化的统一中促进劳动者素质技能的提高以发展生产力，还要对人们的需求予以制约，由此实现对自然资源的合理有效利用。

需求，是生理的需要，也是文化的需要。经济、政治制度及其集合的社会矛盾，体现于文化，既支配生产，也制约需求。社会的需求状况，人们的需求观念和生活方式，并不是对生产的消极适应，而是对生产的需求与导引。资本主义制度，不仅支配着其生产方式，也制约着人们的需求观念和生活方式。以"最大化"地获取利润、增殖资本、所有财产为目的的资本主义，体现于生产，更体现于需求。为了使产品中包含的价值得以实现，并进行扩大再生产，必须不断地刺激、扩展需求。马克思在一百六十多年前就指出：为了骗取金钱，资本家这些"工业的宦官"制造了"非人的、过分精致的、非自然的和臆想出来的欲望"，"投合消费者的最下流的意念，充当他和他的需要之间的牵线人，激起他的病态的欲望，窥伺他的每一个弱点，然后要求对这种殷勤的服务付报酬。"① 资本不仅把货币变成了能够生蛋的"黄金鸟"，还将人们的需要变成了金蛋的孵化器，"对货币的需要是国民经济学所产生的真正需要，并且是它所产生的唯一需要。"②

---

① 马克思：《1844年经济学—哲学手稿》，《马克思恩格斯全集》第42卷，北京：人民出版社1979年版，第133页。
② 同上书，第132页。

人的需求变成了资本的需求，人只是实现资本需求的手段。劳动的异化与需求的异化相呼应，并由此构筑了资本主义的经济、政治和文化。

历经一个多世纪，资本统治所制造的劳动异化和需求异化较马克思那个时代发生了巨大变化，不仅在实体经济中仍不断"激起病态的欲望"，更设计了一个庞大的虚拟经济，即不从事任何生产，因而很少甚至不生产剩余价值，却要获取高额利润的经济。虚拟经济中的虚拟资本也是由货币转化而来，它所需求的利润最终也只能来自实体经济。巨额的用于投机的虚拟资本会不时转向实体经济，或者投向获利较高的行业，或者作为"风险投资"投向能激起新的欲望的行业。更大量的虚拟资本则在股票、期货、债券等"金融市场"兴风作浪，驱使实体经济不断寻求市场，开拓新的要求。

以"最大化"增殖资本为目的的生产，在开拓出各种正常的和"病态的"需求之后，进行了疯狂的扩张，"自由竞争"利润，不仅强化了对劳动者剩余劳动的剥夺，更无限制地开采、使用自然资源。矿产和森林的滥采滥伐，耕地、草原的超负荷的耕作、放牧，河流、湖泊、海洋的严重污染，化石能源几乎枯竭及其造成的天气暖化、臭氧层空洞。人类在资本的驱动下，在不到二百年的时间里，就对自己赖以形成、生存、演进的自然资源进行了如此严重的破坏，这种破坏的危险性，使所有人都深受其害，不仅祸及活人的生理，更殃害、毁灭了后代人的生存条件。单是简单地补救已经毁坏的自然环境，粗略算来，所需要的资金量就远远高出资本两个世纪以来获得的利润量。也就是说，资本所主导的"发展"所取得的"效益"，尚不足以弥补它给自然条件造成的损害！更何况有相当多的损害是无法补救的，而且有些损害，如因天气暖化造成的海平面上升将淹没纽约、上海、东京等特大都市及以其为中心的现代经济区，虽现在还未实现，但科学的预测已充分证明了这种损害之巨大！

资本统治对自然资源的破坏,越来越显现出来,以致西方国家出现了以保护自然环境为宗旨的"绿党",并演化成第三大社会政治势力。虽然"绿党"没有明显的阶级性,但其宗旨显然是接近劳动社会主义的。在"绿党"的影响下,社会民主党也将环境保护作为其纲领中的重要组成部分,并与"绿党"联合,形成了一个声势浩大的环境保护运动。环境保护运动在本质上是反对资本主义的,理应成为劳动社会主义运动的一部分。环境保护的道理并不玄奥,资产阶级也能明白,然而,资本的本性却是反对环境保护的,对资本的所有者来说,生命固然可贵,但尚不及其资本的利润,何况他们还会使用金钱尽可能地躲避和减少环境破坏对他们自身的损害。也正因此,资产阶级的政党,如布什为首的美国共和党,会千方百计地阻挠初级的环境保护运动,拒绝在《京都议定书》上签字。而单纯的环境保护运动对资产阶级政党和政府的阻挠又无能为力,只能眼睁睁地看着人类呼吸着严重污染的空气和南、北极的冰雪快速融化。

环境保护运动必须纳入劳动社会主义运动,才有生命力;劳动社会主义运动必须将环境保护作为重要内容,与劳动者的自由发展相统一,才能实现其人性升华的目的。

将环境保护作为劳动社会主义运动的内容,就要从理论上明确环境破坏的社会原因是资本统治,进而从生产与需求的关系、生产与自然资源利用的关系进行系统探讨,寻求从根本上解决问题的途径。

资本统治下的人类,已濒临死亡的边缘,究其根本,就在资本的私人所有制及其追逐"利润最大化"的目的。这不仅导致对自然资源的破坏,更导致人类社会内部的对立、冲突。二百余年来,为争夺资源和市场而进行的战争,无论从数量,还是规模,以及杀害的人口、毁坏的财物,都远超过历史上任何一个时代。有人说,中国两千多年的历史就是一部杀人史，我们则可以更为明确地说，资本统治的历史就是杀人、害人、骗人史。它不仅杀、害了所有活着的人，而且祸害了后来几代、几十代人，这是古代所有统治阶级都做不到的。资本主义的哲学观念唯物主义所信奉的自然物质和自然规律，已被资本主义制度的演化所否定。资本统治的制度是以资本所聚合的人性中动物一般性野蛮成分的集中体现，它对人性，对人的本质和存在，对自然规律都是破坏性的。正是在这种意义上，马克思早就指出：否定资本主义制度的"共产主义，作为完成了的自然主义，等于人道主义，而作为完成了的人道主义，等于自然主义，它是人和自然界之间、人和人之间的矛盾的真正解决。"①

劳动社会主义之所以能够否定资本主义，根本原因就在于以人本质发展为根据，以人性升华为导向，克服资本统治对人类存在，对自然资源的破坏。在创建公有经济、民主政治、自由文化的过程中，制约人的需求，合理地利用自然资源，保护环境，营造适宜人类生存发展的条件。

劳动主义哲学所规定的人生目的并不是占有物，而是发展人。劳动主义社会观所确定的社会发展的根据，是劳动，是劳动者的素质技能。阶级统治将劳动，将劳动者的素质技能作为其获取物质财富的手段，并将劳动和劳动者素质技能用于破坏自然环境，滥用自然资源，甚至制造杀人武器。劳动社会主义从理论到运动到制度，都要贯彻发展人这个目的，无论经济、政治、还是文化，都要以发展人为宗旨。发展人，就是提高人从其本质核心要素劳动的素质技能，进而克服人性中动物一般属性的野蛮成分，促进人性升华。制约人的需求，是人性升华的重要内容。劳动社会主义并非苦行僧主

---

① 马克思：《1844年经济学—哲学手稿》，《马克思恩格斯全集》第42卷，北京：人民出版社1979年版，第120页。

义，制约需求，并不是减少消费，也不是让生活越苦越好。苦行僧是脱离劳动的，其所谓"苦行"，是抛弃了劳动这个人本质核心要素之后莫名其妙的修炼，包括那些寺院中的僧人，不劳动而研修所谓的"佛"性，实际上是人性中动物一般性的"惰"成分的集合。不劳动，就废弃了人性的根据。以不劳动为根据的"佛性"，实则"惰性"。我不否认佛教有其合理因素，特别是禅宗在方法上的一些造诣是有认识论价值的，但应归结于人本质和人性，应以劳动为根据，改造为实践辩证法的成分，才有其生命力。

劳动社会主义对需求的制约，是要限制与人素质技能提高无关或关系不密切的奢侈性需求，取消那些有损人素质技能提高的需求，坚决阻止那些杀人、害人、骗人的需求。相应地在生产领域对有关行业也要限制、取消和阻止。与此同时，注重和鼓励与人素质技能提高密切相关的需求，并从生产上予以保证。时下人们常说"可持续发展"，但往往只看外延，即某个行业能否持续发展，而且将利润作为一个重要指标。这还是从资本主义观念的认识，从劳动社会主义角度看，发展的主体是人，可持续发展的根据是劳动者素质技能的提高与发挥。劳动者素质技能的提高，不仅体现在生产上，也体现在需求上，即从提高素质技能来对个人需求的选择和节制，进而形成社会总体性的文化，并影响政治和经济，由此社会和个人都进入良性的可持续发展。

在以能否提高劳动者素质技能来制约需求的前提下，合理地利用自然资源，是劳动社会主义取代资本主义的又一原因和原则。劳动者的素质技能是受自然条件制约的，提高素质技能就包括对自然资源的认知和利用。劳动者的素质技能是以人的生存和发展为标准的，那些破坏自然环境的技能，是与人的生存相违背的，不仅不应提高，还要限制，乃至取消。

利用自然资源，是人存在必不可少的条件。所谓合理利用自然资源，其"理"也在人的生存和发展。对自然资源的利用，不止在"用"，更在于"利"，这个利，是人类总体的大利，而非少数人的私利。资本统治以少数资本所有者的利益为出发点，肆意采伐自然资源，造成资源的浪费，甚至枯竭，并导致环境的严重破坏。这是以私利、小利损害大利。劳动社会主义则应从人类总体的大利来考虑、规划对自然资源的利用。这包括以下内容，一是要保护维持地球生态和气候平衡的森林、湿地等资源；二是有计划地开采不能再生的化石能源和矿物资源，提高利用的技术，尽可能延长其利用周期；三是充分考虑生态平衡来布局种植业、畜牧业、渔业，对相关自然资源合理有效地利用；四是大力发展太阳能、风能等无损自然环境，又可以长效利用的自然资源；五是注重回收、利用各行业的废弃物资；六是强化对自然资源和环境的修复与改造，如植树造林、改造沙漠等；七是加强探究地球及太空可供人类利用，又不损害自然环境和人类生存的尚未发现的自然资源，拓展人类生存和发展的空间。

　　上述这些内容，绿党及其环保运动都在一定程度上有所涉及，受其影响，一些自然科学家、技术专家和经济学家，也在进行专业探讨，形成了相应思路和技术。然而，受资本统治的控制，这些思路并未形成切实的政策，有关技术也不能得到开发运用。对于资本所有者来说，利润最大化是基本原则，他们并非不知道环境恶化的危害，但从其私利计，新能源的开发远比传统化石能源的使用成本高，获利小，甚至不获利，因而不愿意投资，并抵制对化石能源使用的限制。美国大资本财团操纵的布什政府，在这方面的恶劣表现，充分证明资本统治既是自然环境恶化的罪魁，又是合理利用自然资源、维护自然环境的主要障碍。

　　绿色环境保护运动只有纳入劳动社会主义运动，即将合理利用自然资源的主张统一于对社会制度的变革，才能实现其目的。同理，现代劳动社会主义也必须吸纳绿色环保运动的主张，将合理利用自然资源作为制度变革的必要环节和目标之一。

劳动社会主义并非主张不计成本地开发利用新能源和资源，但对成本的计算，不是个别资本的短期效益，而是社会总体的长远利益。从总体规划，将环境保护、合理利用自然资源与提高劳动者素质技能有机统一，有计划地使用资金和安排生产、制约需求，环境保护的目标并不难实现。人性升华的过程，也就是创造适宜人类生存和发展的自然条件的过程。劳动社会主义在理论、运动和制度的各环节，必须将这二者统一起来，人与社会和谐，人与自然和谐，由此结束马克思所说的人类发展的"史前时期"。

十二、中国的劳动社会主义

劳动社会主义是现代人类发展的大趋势，它发端于西欧，扩展至全世界。中国因集权官僚制两千余年的统治，严重束缚了商品经济发展，限制了农业文明向工业文明的转化，并未形成资本主义。俄国革命的胜利震撼了中国，促使中国的先进分子接受劳动社会主义，探讨中国革命和发展的途径。近一个世纪的艰难思索和斗争，以陈独秀、毛泽东为代表的中国共产党人，开创了中国的劳动社会主义道路。中国的劳动社会主义运动，就是生活着的中国人在矛盾斗争中改变自己的生存方式、能力、意识和社会关系的过程。其动因和动力，是占中国人口绝大多数的劳动者素质技能的提高及其提高社会地位的要求和努力。中国的劳动社会主义是世界劳动社会主义的重要组成部分，它的经验、教训，它的前途，对于劳动社会主义理论、运动、制度的发展有着重要意义。

中国在农业生产方式发展的历史上曾是相当先进的，因此，率先（三千余年前）从奴隶制转变为封建农奴制，又在两千多年前进入集权官僚制。而直到公元5世纪，欧洲才从奴隶制转变为封建农奴制。

秦汉以来的中国社会，是集权官僚制社会，从政治而论，其主要特征就在集权和委官。所集之权，首先是政治权利，进而是土地所有权。以暴力夺取政权，由政权控制土地所有权。所谓"打天下，坐江山"。政治权利是以各级行政机构组成金字塔形的官僚系统操纵并行使的。各级官员由以皇帝名义的中央政府委派，官职不得世袭，而是采取荐举、科举、军功等方式遴选。各级官吏在遵循中央政府的统一号令前提下，可以按自己的意志、思想、价值观、能力来处理政务。民众被罩在这庞大而严密的官僚系统之中，没有任何政治权利，只有无条件服从政治统治的义务。官僚地主阶级以政治的集权来保证对土地的所有权。土地的所有权属于以皇帝为名义的国家，即整个官僚地主阶级，任何一个官僚地主都没有对土地的所有权，他们只拥有对皇帝以禄田、勋田名义配给，以及用掠夺、购买等方式兼并的土地占有权。此外，国家还以"均配土田"的方式，不定期地将非官僚地主占有的土地，按丁口（有时还包括耕牛）分配给农民，这样，就形成一个拥有少量土地占有权的"自耕农"阶级。那些无地或少地的农民，则以相当比例的剩余产品向官僚地主租其占有土地的使用权。

集权官僚制是中国先进的农业文明的体现，也是保持中国农业文明长期领先于世界的制度。与中国相比，欧洲直到公元5世纪才进入封建领主制，而此时中国已废除这个制度七八个世纪了。当13世纪开始，欧洲各大国的君主和先进思想家效仿中国的集权官僚制时，却因其所倚重的商业资本在重商主义导引下转化为工业资本而进入资本雇佣劳动制。羽翼丰满的资本统治的扩张严重冲击了中国的集权官僚制。集权官僚制中处于统治地位的官僚地主阶级，并未因外来资本的冲击而灭亡，这个经悠久统治历史形成深厚统治意识的阶级，面对新形势，找到了其虽不情愿，但又实用的自保之路——官僚资本和官僚资本主义。而官僚地主阶级也由此而转变为官僚资产阶级。对外投靠强大的资本财团，对内残酷镇压变革势力。中国革命的主要对象，就是延续了两千余年已经保守、腐朽、反动的集权官僚制及官僚统治在现代的变种——官僚资本。

如今被某些人宣传为"中国现代化开山者"的李鸿章、张之洞等人，是官僚资本主义的首倡者，也是中国官僚资本第一阶段的代表。他们以"洋务"为名，作出"开明"形象，试图通过学习、利用西方先进技术而强大自己的势力，争取并巩固在政治上的主导地位，并以"官办"、"官督商办"方式建立了一批工业企业，作为维护集权官僚制的经济基础。第二阶段以袁世凯及其余党北洋军阀为代表，其趁"辛亥革命"之机窃取政权，恃仗军力，各自独霸一方，为了增加实力，不仅以官办形式投资经营企业，还由官僚私人办企业，对外国资本的依附性和买办性更为明显。第三阶段以蒋介石集团为代表，依美国大垄断财团为靠山，达成短期形式上的"统一"，利用政权，发展官办及官僚私办企业，垄断了全国的经济命脉，此为官僚资本的全盛期。

官僚资本统治，对内专制，对外卖国，致使国弱民贫。但劳动社会主义运动的大潮也随外国资本的入侵而涌入中国，毛泽东领导的以农民为主体的中国革命，推翻蒋介石集团统治，建立起新的革命政权。历经半个多世纪，在曲折中生发起强大的劳动社会主义势力，并处于社会主要矛盾的主要方面。然而，旧的官僚资本势力并未彻底消失，依然以各种形式存在，作为主要矛盾的次要方面，制约着中国革命的进一步发展。夺取政权后的中国革命，其对象依然是这股官僚资本势力。

官僚资本形成的历史根据，就是纵横两千余年的集权官僚制；官僚资产阶级作为官僚资本的"人格化"存在，是官僚地主阶级在现代的转型。中国官僚资本的来源主要是其垄断的政治权利，官僚们之所以要以政治权利占有财富，并投资于工、商、金融业，并不是要改变自己的政治地位，而是要维护集权官僚制，以攫取更多的剩余劳动产品来支撑其政治统治。因此，他们不可能像西方资产阶级那样要求民主，倡导自由，而是进一步强化专制。他们是中国商品经济和市民社会的主要反对者，也是历史进步的主要障碍。对中国的官僚资产阶级来说，政治权利是其固有的，也是拼命要维持的，并要传之于子孙万代的——官僚资本甚至比旧式地主的土地占有权更有利于传续于后代。

官僚资本的存在方式，一是官僚个人所有的资本，由其本人或亲属、亲信经营；二是官僚资产阶级以其政权所有的资本，表面上，它带着"国有"、"公产"的形式，但除其资金来自国家财政外，其剩余价值的收益权，资本的支配权，都属于中央或地方政府的独裁者，并用于维护其专制统治和骄奢淫逸的消费。这两种形式虽有一定区别，但有时界限并不清楚。官僚个人，特别是那些独裁者，往往可以通过简单的手续，就将"国有"的"公产"，划归其"私产"，或指派其子女、亲属、亲信掌握"国有"、"官办"的企业，任意调用其资产。更为突出的，就是利用其控制财政、金融、社会保障的权力，大量侵吞"国产"、"公产"。

官僚资本是在工业文明条件下形成的特殊经济关系，它的主体并不是资本所有者，而是官僚，但官僚又拥有资本，更掌握着以国家名义存在的资本的支配权。官僚资本主义制度下，雇佣劳动者并没有公民权和明确的劳动力所有权，也没有由此派生的民主权。既不能平等地与劳动力使用权的购买者交换，也不能组织自己的工会和政党在政治上争取其权利和利益。因此，他们很少有提高和发挥素质技能的积极性。与之相应，官僚资产阶级充当外国大资本财团买办和剥夺劳动者所得到的巨额财富，也主要不是用来扩大再生产，而是在肆意挥霍的同时，用于巩固和强化自己的政治权利。资本官僚化，从而阻抑经济的发展。而其政治专制，往往更为严厉，镇压民众的手段，也更加充分地利用"工业化"来武装——这是官僚资本统治下工业化的主要表现。

随着集权官僚制转化为官僚资本制，其意识形态也发生了变化。原来的官文化，转变为官僚资本主义。在坚持集权官僚制，保持官本位、官至尚，以及愚民政策等方面，官僚资本主义与官文化并无差别，从这个意义上，它就是现代官文化。但它毕竟又有了资本的成分，为此，不再坚持重农抑商政策，而是采取鼓励商业和工业的政策，但这种鼓励只是形式上的，或者说是作出样子表示出其"开明"的。实际做法，却是千方百计排挤和压制私人自由资本，所推行的政策实则都是有利于官僚资本及其所依附的国际垄断资本的。因此，官僚资本主义是反动的，是官文化的存续，它固守着官文化的理论基础——儒家道统，坚持其方法论和全部统治术，并根据新的社会条件有所充实、发展。从理论性质而言，官僚资本主义并不从属于资本主义范畴，而且是反对自由资本主义的。也正因此，它的倡导者和坚守者才会以"爱国主义"、"民族主义"的面目出现，坚决地打压中国的自由资本主义者。虽然他们也从自由资本主义那里抄来几句时髦的新词儿，如"科学"、"民主"、"民权"、"法治"之类，但这不过是"用"以表示其"开明"，其反人民、反社会变革的本性依然如故。

官僚资本主义作为官文化的现代变种，在今天依然严重存在，它是支撑行政集权体制的意识形态，不仅体现于少数官员的观念中，也弥散于民众的意识中，由此而成为阻抑民主，对抗劳动社会主义，甚至曲解社会主义的重要文化因素，是中国自由文化的主要对立面。

中国劳动社会主义的革命，与西方及俄国的革命对象是不同的，其任务也有区别，因此，不能教条式地照搬"俄式革命"。毛泽东以

"马克思主义中国化"的理念和路线，明确了中国革命的性质与任务，才得以夺取政权，并实行了初级的公有制，展开了工业化。

毛泽东的理念和路线，哲学基础就是他关于矛盾的辩证法：内外因的区别，主要矛盾和主要矛盾方面的界定，由此规定了中国的主体和革命的主体，确定了主要任务和斗争的方式。而毛泽东路线之思想基础，就在于他青年时代确立的"民众的大联合"，即以联合起来的民众之力，推翻联合着的旧统治势力。

"民众的大联合"，是青年毛泽东对劳动社会主义的最初，也是最基本的认识。这种认识的形成，无疑受到马克思及欧洲进步思想（包括无政府主义）的启发，但更多的是源自他对中国历史和现实的思考。

民众的大联合，核心就在于主义，即概括以劳动者为主体的民众的利益和意识，并导引他们改变现有社会地位，增进权利，实现人格的主导观念。这就是劳动社会主义。

中国革命的性质，是由中国社会的特殊性决定的，由革命的对象和革命的主体、主义等各方面因素综合而成。关于中国革命的对象，虽然受当时社会科学水平的局限，仍使用"封建主义"、"封建制度"等词句，但毛泽东明确提出了"官僚资本主义"这一概念，并把它与帝国主义、封建主义并列为"三座大山"，视为革命的对象。

革命的主体或主力，既不是资产阶级，也不是无产阶级——这二者在中国力量都很弱小，而是占人口大多数的农民。但因将中国革命视为世界社会主义运动的一部分，因此又强调无产阶级的领导地位，主张"工农联盟"，实行包括自由资本家在内的"统一阵线"。

这样，就在夺取政权之前，从理论上明确了中国革命的性质、主体力量及其任务。革命的过程，就是不断强化"民众的大联合"，壮大革命势力，并充分地利用国际和国内反动势力间的矛盾，展开有效的斗争，逐步扩大胜利、以致夺取政权。中国革命在一定程度上也可以说是农民为主体的革命，为了这种革命，即变革生产和生活方式，改变社会地位，提高权利和素质，又必须对集权官僚制进行斗争。这种斗争因反动统治的残酷，又显得相当艰难。

毛泽东从一介书生到人类有史以来最伟大的军事家，并通过最多也最激烈的战争而夺取政权，不在于他及其领导的革命势力天生就喜爱暴力，而在于统治者以暴力来镇压革命。那些"正统"的当权者，为了维护其利益和地位，对于胆敢造反的民众，历来都是手硬得很。虽说也会采取一些口头上的"怀柔"政策，但这只是表面文章，如果反抗者真的被欺骗或被唬住，他们也乐得就此罢手。但若唬不住，还要"闹事"、"动乱"，乃至"暴乱"，那么，统治者就可以任意使用其掌握的武装，镇压民众运动。

这是几千年通行的"铁律"。阶级统治就是暴力。然而，统治者却会以其意识形态和政治制度，将对民众的暴力镇压说成是"合法"的，是"维护社会稳定"，是"天经地义"。但民众以暴力反抗暴力，却被说成是"造反"，是"大逆不道"，是"破坏社会秩序"。

马克思的批判，已经充分证明了阶级统治，特别是其国家的暴力性质，他号召无产阶级革命，已充分认识到统治阶级暴力镇压的必然性，因此才主张"即以其人之道还治其人之身"。这是对历史规律深透理解的论说。毛泽东以其切身体会，领悟了这一点。

> 马克思主义的道理千条万绪，归根结底就是一句话："造反有理"。几千年总是说：压迫有理，剥削有理，造反无理。自从马克思主义出来，就把这个旧案翻过来了。这是一个大功劳。这个道理是无产阶级从斗争中得来的，而马克思作了结论。根据这个道理，于是就反抗，就斗争，

就干社会主义。①

造反有理，反抗有理，以武装的革命对付武装的反革命，进而夺取政权，建立劳动者的政权，正是中国革命所必须采取的方针策略。毛泽东将这概括为"枪杆子里面出政权"。

按旧的统治阶级的社会观，不劳动的剥削者是代表神、上帝、天命、财富的，他们是正，而劳动者是反，是被治的。只许统治者以暴力压迫劳动者，不许劳动者以暴力反抗统治者。但按劳动社会观，劳动者是正，剥削者是反，是负数，是应当被清除，被改造的。当剥削者不愿放弃剥削，并以暴力来对抗社会变革时，联合起来的劳动者当然有理由，也有必要以革命武装来对付反革命的武装。

"理直气壮"。当革命的领袖明确了武装斗争的合理性和必要性，并在武装斗争中积累了丰富的经验，形成了自己的战略战术，就能率领虽无财富支撑，又无先进武器，但由觉悟了的民众所组成的士气旺盛的革命军队，克服各种艰难险阻，战胜武器精良的强大反动武装，不断取得胜利，直到夺取政权。这一点，从1927年秋的"八一起义"和"秋收起义"开始，到1949年10月1日建立中华人民共和国，以及随后的西南战役和抗美援朝战争，得到充分证明。

以武装革命夺取政权，是中国革命的一个阶段性胜利，革命的任务远未完成，还要在新政权下进行连续不断的革命，即劳动社会主义的运动。正如毛泽东所说，夺取政权不过是万里长征的第一步，以后的路还很长，也更为艰难。

中国革命与历史上农民起义的本质区别，就在于它是以劳动者为主体的劳动社会主义为指导，并以变革集权官僚制，建立以劳动

---

① 毛泽东:《在延安各界庆祝斯大林六十寿辰大会上的讲话》，引自《人民日报》1949年12月20日。

社会主义制度为目的。新中国的建立，为劳动社会主义民主创造了前提，但并不等于完成了民主。民主是一个进程，也是一个不断斗争演化的社会运动。中国革命的性质，决定了中国的民主只能是劳动社会主义的民主，即以人为本位，以公民权及劳动力个人所有权和对共同占有的生产资料的个人所有权为基础的民主权，这些权利归劳动者个人拥有，并通过立法而集合为各种公共权利机构，选举该机构的负责人，同时以相应的法制控制它，监督其负责人的行为。对此，新中国的创立者是意识到了，并在宪法及其他法律中做了规范，虽然仍需明确和具体，但其原则和方向是清楚的。人民代表大会制度是中国民主制的集中体现，从原则论，它比西方的议会制更能体现以人为本位的民主，关键在于如何进一步落实这一原则。

中国并没有民主的传统，而中国革命又是以武装斗争为主，并由此夺取政权的。这样，民主制度的建立，是没有历史传统，也不可能是成熟的，而是由夺取政权的革命领导人组成最初的政权机构，其民主形式则是政治协商，进而逐步建立人民代表大会制度。但由于中国共产党在夺取政权时的决定性作用，人民代表大会处在中国共产党领导之下，随之而来，政府、检察院、法院、军队等，也统由党领导。这是劳动社会主义民主的初级形式，而其前提是党必须一切实代表民众的利益。

这种初级民主形式中也存在矛盾，因为中国共产党也是由个体人构成的，其成员中不可避免地会有少数人对党的纲领、原则不明确，在他们意识中，劳动社会主义并不占主导，甚至官僚主义则占主导，于是，马克思和恩格斯所担心的"社会公仆变社会主人"的情况，在条件许可时，就会发生。这在半个多世纪的历史上，有明显的表现。而因民主法制的不健全，又不能对之进行有效的惩治，这样，势必严重危害民主制及公有制经济的发展。

中国的民主，就是作为民主权主体的劳动者及其政治代表与那些侵害民主权的少数人斗争的过程。民主的势力是正,反民主的势力是负,正与负的矛盾与斗争,构成中国的民主政治史。反民主者人数虽然少,却有相当大的负作用,他们千方百计地利用体制上的缺陷,进而扩大这些缺陷,在猖狂地攫取私利的同时,干扰破坏和压制民主进程。而民主势力又因各种原因,虽然有人数上及原则上的优势,但并未凝聚成强大的力量,不能有效地排除反民主势力的干扰和阻碍。

旧有的集权官僚制,虽由革命而推翻,但革命后所建立的政权,又因历史条件的限制,不得不保留行政集权体制。体制层面的行政集权,与制度层面的集权官僚制是有质的区别的。在民主制下所采取的行政集权体制,并非集权专制所展开的制度与体制的统一体。问题不在于现代社会还保留官僚,并由他们集权行政,而在于以什么样的制度,又怎样有效地控制官僚的行政。

民主制是由民众掌握决定并主导公共权利的制度,它本身包含一个矛盾:民众既是主权者,又是被管理者;公共权利行使机构的负责人所行使的权利,是由民众分散的权利所派生并集合起来的,作为被管理者的民,应当服从这种合法的管理;行使公共权利管理社会,无非是一种职业,但这些机构的负责人很有可能将职业上所行使的由公民权利集合起来的公共权利,视为其本人的权利,并以自己的意志来行使这个权利,甚至用这个权利谋取私利。这在苏联和中国都得到了验证。

民主并不是颁布了宪法,规定了原则就完成了的,它是一个相当具体而细致的建设过程,从制度层面的总体设计,到体制层面的建构,以及出现问题后的调整,乃至阶段性的改革,都需要在矛盾斗争中逐步加以完善。在这个过程中,出现曲折,甚至破坏民主的情况,都是不奇怪的。旧的官文化还会因体制层面的行政集权,在少数人身上恢复,从而出现与民主制相悖的情况,有的还会很严重。对此,必须在坚持民主制的前提下,以法制予以克服。

中国革命在夺取政权以后,即由革命政权主导公有制为主干的工业化。这是中国工业化的唯一可行之途。中国以公有制主导的工业化,是历史演化的必然。只有以武装的革命推翻官僚资本的专制统治,才能开辟工业化之路,而以劳动社会主义凝聚的农民为主体的革命,成功之后,又不可能任私有资本自由竞争,一是其力量太弱小,靠它自行积累,工业化要待何年月!二是资本的逐利性和盲目性,不可能在短期内建立工业化的主干框架。三是革命的领导者要实行其理想,即开始公有制经济的建设。四是唯有以革命政权之力,聚合全国人力财力,并有计划按比例地发展,才能在短期内实现工业化。

中国工业化的真正开始,是以中华人民共和国成立为标志的。毛泽东及其领导的革命政权,对此有坚定的认识,虽然美国等帝国主义列强以严密的封锁来阻止中国的工业化,但在苏联等社会主义国家的支持下,革命政权确定了工业化的基本计划,建立了以国有企业为主干的工业体系。后来,虽然苏中冲突,使中国工业化的外部环境更加恶劣,但在自力更生精神的支撑下,艰苦奋斗,依然巩固了工业体系,并进一步发展。80年代以来,虽有"私有化"思路的干扰,但有50年代以来30余年的积累,国有企业和集体企业的实力已大增,其中最重要的是职工素质技能的提高,资金量和企业规模,都有较大增长,因此工业化仍在继续,致使中国形成了现代工业的基本框架。

与发达资本主义国家相比,中国的工业化程度还不够高,工业技术和资金等条件都处于落后状态,但若考虑到中国历史上的衰败,我们只用半个世纪的时间,就走过了发达国家用两个世纪才走完的路,不能说不是个奇迹。虽然在人均占有量或人均产值等指标上,中国工业还处较低水平,但从总体上看,现代工业的主干和支柱性行业，如能源、钢铁、化工、机器制造、精密仪器、电子、生物工程、船舶、航空航天等，中国都有了自己的企业体系，有些还处世界先进水平。

中国工业化的成就，充分说明了公有制为主干的工业化的必要性和合理性。也只有坚持公有制，才能进一步工业化。至于"私有化"论者所指责的公有制经济中的一些弊端，确实是存在的，我们不必为之辩解，而且要感谢他们的一些实事求是的指责，这对于改革公有制经济，进一步发展工业化，是必要的借鉴。但对他们提出的"化公为私"的主张，却绝对不能接受。公有制经济既有的缺陷，是它在发展中必然出现的，是旧统治势力在新制度下残存的表现，只有通过改革，抑制和消除旧势力，克服这些缺陷，进一步完善公有制，才有中国工业化的发展。

公有制经济的改革，是一个全方位的自我更新，它有许多具体问题要解决，但原则就是强化劳动者对其劳动力和共同占有的生产资料的个人所有权，加强民主法制。在这个原则指导下，调整公有制经济结构，改善其机制，加强经营管理，制止侵吞公有资产行为，提高职工素质技能，改革分配方式等，使初级公有制摆脱初级阶段而进入一个新阶段。

工业化并不只是发展工业，而是将工业生产方式和技术推广到全部生产、服务行业，从而使经济生活提升至一个新阶段。在中国，这方面的重要内容，就是以工业技术对农业的改造。这是一个比发展工业企业更为艰巨的历史任务。新中国成立之初，先是实行"耕者有其田"的土地改革，使全体农民都可占有一小块土地，进而在此基础上实行合作化，以合作化的公有制形式，来逐步展开工业化。这条路线是符合中国实际，并能够取得成功的。但受官文化和小农意识的制约，未能坚持下来，反而在将合作制变成集体制的过程中，削弱了农民的经济权利，损害了其利益，从而使农业的工业化受阻滞。随后的"联产承包责任制",又使农民退回个体小生产,虽然短期内提高了其积极性,并在种子改良、化肥、激素的作用下,增加了农产品数量,但却大大降低了其质量。这期间,农业机械的供应虽然增加了,但由于个体生产方式,很难广泛应用,并不能全面实行工业化。

农业的工业化和农村的城市化是统一的,这个问题已成为中国经济和社会发展的重大难题。而其解决的途径,根本的一条,还在于以继续革命的精神推进公有制的改革与发展。如何在现有条件下,实行农业生产合作化,以其主导农业的工业化,是与工业经济的公有制改革同等重要,且需统一进行的。这是中国劳动社会主义经济发展的唯一出路。

中国的劳动社会主义革命在政治、经济变革的同时,必须在确立自由文化的基础上,克服官文化,这既是与政治、经济变革内在统一的文化革命,又是政治、经济变革的导引与内容。

官文化是集权官僚制的意识形态,是官僚地主阶级的阶级意识,它以儒家道统为理论基础,两千余年来,经万亿官僚的经验累积和文人士子的研究传播,具有相当丰富的内容,且直接关系官僚们的利益,因此,对它的批判和克服是相当困难的。20世纪初,陈独秀等先进分子,曾以西方近现代资本主义和社会主义文化对之进行批判,但由于受"欧洲中心论"影响,误以为中国古代文化就是封建文化。以封建文化来规定官文化,虽然有一般意义上的相同点(如专制),但不能明确其特殊性,因而不能指明其要害。而且,由于当时国难深重,陈独秀等人又在文化批判开始不久,转而投入政治变革,因此未能完成这一批判。

对官文化的批判,由此也就与政治变革统一起来。对集权官僚制的革命,包含着对官文化的批判,并为进一步的深入批判创造了条件。新中国成立以后,由毛泽东发起的历次政治运动,实际上都把批判官文化作为重要内容。但由于未有明确的概念规定（迄今，人们还沿用"封建文化"来指称"官文化"），特别是曾一度把资本主义文化作为批判的重点，而忽略了官文化的危害，因此，并未能彻底克服官文化。由于行政集权体制的存在，当政治环境适宜时，官文化又得以在少数人意识中复活，甚至演变成官僚资本主义，成为今天中国文化，乃至政治、经济生活中的主要危害。

克服官文化，已成为中国革命能否继续的关键，它直接关系民主法制和公有制经济的发展。

克服官文化与确立自由文化的主导地位，是统一的。官文化生成于中国，作用于中国，对它的批判，也应当来自中国，来自中国社会矛盾演化所形成的与官文化代表的社会势力相对立的变革势力。而这变革势力的阶级意识所概括的文化，就是劳动社会主义的自由文化。旧中国受官僚地主阶级压迫剥削的主要是农民，但农民的小农生产方式只能形成小农意识。小农意识与官文化是统一的，是农民适应集权官僚制统治而形成的生存意识，而非与官文化相对抗的阶级意识。在一定意义上，甚至可以说小农意识就是官文化统治的体现。因此，不可能以小农意识批判和克服官文化，历史上没有，现实中也不可能。

能够批判并克服官文化的，唯有集中概括现代中国劳动者利益和意识的中国劳动社会主义，这是世界性的一般劳动社会主义的一部分，是从中国的实际社会矛盾演化中形成的。

理论上的批判，就是在坚持和发展劳动社会主义的前提下，通过对中国社会矛盾的分析，概括现代劳动者利益和意识，逐步形成现代中国的劳动社会主义自由文化，以此为依据，对官文化的理论基础和具体内容，及其在现实中的存在与表现，进行深入系统的批判。这种批判又是中国劳动社会主义发展的必要内容。

理论上的批判，必须落实到实践中，即现实的民主法制建设中去。民主法制是劳动社会主义制度的核心和骨架，它的确立是一个生成的过程，也是一个不断地与官文化及其聚合并导引的社会势力斗争的过程。这种斗争，是在劳动社会主义指导下展开的，要有的放矢，有步骤地进行。民主法制的强化，同时就是坚持劳动社会主义，对信奉官文化那股社会势力的斗争，是错综复杂的，它不仅涉及政治领域，更涉及经济领域，是全方位的社会进程。它的复杂性和艰巨性，决定了它的长期性，而且注定要有曲折，但只要坚持和发展劳动社会主义的自由文化，并以它指导劳动者的政党和政权的运作，胜利也是必然的。

中国是当今世界唯一在宪法上明确规定着的社会主义大国，依法理论，劳动社会主义势力，还是社会的主导方面。自 2008 年秋季金融海啸引发史无前例的经济危机，西方国家的大资本财团就突然改变其从"人权"、"反倾销"等名义对中国的攻击，转而表扬中国经济如何如何好，实力多么强大，是对抗金融海啸的"中流砥柱"，是"领导世界走出危机的力量"，如此拙劣的假话虽然会让一些人听来十分受用，并可以掩饰其失误给中华民族发展造成的巨大损害，但大资本财团的政界、学界代言人的目的是很清楚的：利用中国政治的缺陷，调用几十年中国劳动者以血汗生产的剩余价值、公共价值所积聚的外汇储备，买美国国债救其金融，同时再继续生产超低价格的日用品出口美国、西欧、日本来缓解其因严重失业问题造成的社会保障压力。中国的劳动人民今天被赋予如此光荣的使命：以过去、现在和未来的辛劳来解救欺凌了我们一个多世纪的国际资本财团！

我们有这样的义务吗？

我们的权利又在哪里？

我们不具有控制国际大资本财团的权利，我们也就没有挽救它们因掠夺我们的资源和廉价劳动力积累巨额资本,又以金融资本的方式进一步骗取我们仅有的"外汇"和全世界的资财而引发尖锐矛盾所陷入的深重危难的义务。资本大财团统治的危难是其自身矛盾深化的必然结果,即令能够获取中国的"外援",也只能延缓,不能摆脱其在矛盾中崩溃的趋势。

我们的权利是劳动力和共同占有的生产资料的所有权与由此而生的民主权,我们的义务因权利而生,首要的就是改革、完善因权利而形成并保证权利的民主制和公有制,以此为依据,提高我们的素质技能,发展社会生产力,完成中国劳动社会主义的历史使命——克服集权官僚制及其现代残余官僚资本,实现工业化和现代化。

中国劳动社会主义的成功与发展,不仅是中华民族历史演进的要求,也是对世界劳动者阶级解放的贡献。中国的劳动者没有义务去救国际大资本财团,但有责任与世界各国的劳动社会主义运动联合,充分利用我们还保有的法律意义上的社会主义制度的条件,在解决中国特殊矛盾的同时,探讨世界劳动社会主义运动的一般理论和规律,在借鉴各国劳动社会主义运动经验的过程中,提供我们的经验。中国劳动社会主义是世界劳动社会主义的重要组成部分,我们的努力与奋斗,既是中华民族进步的动力,也是全人类发展的必要内容。

我们的祖先,率先创立了封建领主制和集权官僚制,并由此导引人类历史的进步,虽然未能创立资本雇佣劳动制,并因此而在近现代落后,但毛泽东为代表的先进分子接受了劳动社会主义的理念,并发起了劳动社会主义运动,中国由此而步入现代化之大道。尽管官文化与行政集权体制所滋生的官僚资本与国际大资本财团相勾结形成巨大的反动力,但劳动社会主义所唤起、聚合的劳动社会主义势力及以其为正动力的社会变革已成浩荡洪流,只要理论、路线、策略得当,胜利是必然的。

人活着,就要劳动。

劳动创造人性,劳动变革人生。

只要人还想成为人,那么劳动的理性就集合并驱动劳动社会主义运动的发展和成就。

跋

我命在劳动。从下乡务农到上学读书、教书、写作，虽有累烦，却也体健心安。以劳动探究劳动，概括与我同命运之劳动者群体利益意识，承马克思、毛泽东之理论实践，日积月累，得劳动主义之观念。本书既为总结，亦再探索之发端。导论与第一、二章，为新作之篇。第三至八章，以前各书曾有涉及，但分散论之，未能系统妥善。归总于劳动主义之基本，旧文必更新，删改增添，虽不完美，却也逻辑一贯。吾辈以劳动立命处世，无他求，只争平等利权。立民主，废专制，天下人皆尽心力于劳动，创价值，重人格，护环境，自由发展。

刘永佶

二〇〇九年五月二十二日